Das Domain-Name-System

Europäische Hochschulschriften

Publications Universitaires Européennes
European University Studies

Reihe II
Rechtswissenschaft

Série II Series II
Droit
Law

Bd./Vol. 3271

PETER LANG
Frankfurt am Main · Berlin · Bern · Bruxelles · New York · Oxford · Wien

Rolf Andreas Eckhard

Das Domain–Name–System

Eine kritische Bestandsaufnahme aus kartellrechtlicher Sicht

PETER LANG
Europäischer Verlag der Wissenschaften

Die Deutsche Bibliothek - CIP-Einheitsaufnahme

Eckhard, Rolf Andreas:

Das Domain–Name–System : eine kritische Bestandsaufnahme aus kartellrechtlicher Sicht / Rolf Andreas Eckhard. - Frankfurt am Main ; Berlin ; Bern ; Bruxelles ; New York ; Oxford ; Wien : Lang, 2001
(Europäische Hochschulschriften : Reihe 2, Rechtswissenschaft ; Bd. 3271)
Zugl.: Münster (Westfalen), Univ., Diss., 2001
ISBN 3-631-38630-3

D 6
ISSN 0531-7312
ISBN 3-631-38630-3

www.peterlang.de

Inhaltsverzeichnis

Abkürzungsverzeichnis

ABl-EG	Amtsblatt der Europäischen Gemeinschaften
ACPs	Administrative Domain Name Challenge Panels
AlterNIC	Alternative Network Information Center
APNIC	Asia Pacific Network Information Center
ARPA	Advanced Research Projects Agency
ASO	Address Supporting Organization
BB	Betriebs-Berater (Zeitschrift)
ccTLD	country code Top Level Domain
CORE	Council of Registrars
CORE-MoU	Memorandum of Understanding für den Council of Registrars
CR	Computer und Recht (Zeitschrift)
c't	Magazin für Computertechnik (Zeitschrift)
DARPA	Defense Advanced Research Projects Agency
DB	Der Betrieb (Zeitschrift)
DENIC	Deutsches Network Information Center
DNS	Domain-Name-System/Services
DNSO	Domain Names Supporting Organization
DOC	United States Department of Commerce
eDNS	Enhanced-Domain-Name-Sevices
EIPR	European Intellectual Property Review
EuGH	Europäischer Gerichtshof
EuZW	Europäische Zeitschrift für Wirtschaftsrecht (Zeitschrift)
FKVO	Fusionskontrollverordnung
FNC	Federal Network Council
GA	General Assembly
GRUR	Gewerblicher Rechtsschutz und Urheberrecht (Zeitschrift)
GRUR Int.	Gewerblicher Rechtsschutz und Urheberrecht, Internationaler Teil
gTLD	generische Top Level Domain
gTLD-MoU	Memorandum of Understanding on the generic Top Level Domain
GWB	Gesetz gegen Wettbewerbsbeschränkungen
IAB	Internet Architecture Board
IAHC	International Ad Hoc Commitee
IANA	Internet Assigned Numbers Authority
ICANN	Internet Corporation for Assigned Names and Numbers
IESG	Internet Engineering Steering Group
IETF	Internet Engineering Task Force
INTA	International Trademark Association
IP	Internet Protocol
iPOC	interim Policy Oversight Committee
ISOC	Internet Society
ISP	Internet Service Provider
ITU	International Telecommunication Union
IV-DENIC	Interessenvereinigung Deutsches Network Information Center
JZ	Juristen Zeitung
KKB	Bekanntmachung über Konzentrations- und Kooperationstatbestände

KOMM	Kommissionsentscheidung
K&R	Kommunikation & Recht (Zeitschrift)
LM	Das Nachschlagwerk des Bundesgerichtshofs in Zivilsachen,Lindenmaier,Fritz/Möhring,Philip (Hrsg.), München
MA	Markenartikel (Zeitschrift)
MarkenG	Markengesetz
MarkenRichtl.	Erste Richtlinie 89/104/EWG des Rates vom 21.12.1988 zur Angleichung der Rechtsvorschriften der Mitgliedsstaaten über die Marken
MarkenV	Markenverordnung
MMR	Multimedia und Recht (Zeitschrift)
MoU	Memorandum of Understanding
MuW	Markenschutz und Wettbewerb (Zeitschrift)
NC	Name Council
NIC	Network Information Center
NJW	Neue Juristische Wochenschrift (Zeitschrift)
NJW-CoR	NJW-CoR Computerreport (Zeitschrift)
NSF	National Science Foundation
NSI	Network Solutiones, Inc.
PAB	Policy Advisory Body
POC	Policy Oversight Committee
PSO	Policy Supporting Organization
RAA	Registrar Accreditation Agreement
RFC	Request for Comments
RIPE	Reseaux IP Europeens
RLA	Registrar License and Agreement
SLD	Second Level Domain
Slg.	Sammlung der Rechtsprechung des Gerichtshofes
SO	Supporting Organizationes
TB	Bericht des Bundeskartellamtes über seine Tätigkeit
TCP/IP	Tansmission Control Protocol/ Internet Protocol
TLD	Top Level Domain
TLT	Trademark Law Treaty (Markenrechtsvertrag) vom 24.10. 1994, WIPR 1994, S. 362 (nichtamtl. Übersetzung)
UNO	United Nations Organization
URL	Uniform Resource Locator
U.S.	United States
VO Nr. 17	Verordnung Nr. 17 des Rates vom 6. Februar 1962 (Amtsblatt der Europäischen Gemeinschaften Nr. 13 vom 21.2.192 S. 204)
WB	Bericht über die Wettbewerbspolitik (auch: Wettbewerbsbericht)
Whois	Programm zur Suche von Personeninformationen im Internet
WIPO	World Intellectual Property Organization
WIPR	World Intellectual Property Report
WM	Wertpapiermitteilungen, Zeitschrift für Wirtschafts- und Bankrecht
WRP	Wettbewerb in Recht und Praxis (Zeitschrift)
WuW	Wirtschaft und Wettbewerb (Zeitschrift)
ZfG	Zeitschrift für das gesamte Genossenschaftswesen
ZHR	Zeitschrift für das gesamte Handels- und Wirtschaftsrecht

Vorbemerkung

Die vorliegende Bestandsaufnahme des Domain-Name-Systems befindet sich im Wesentlichen auf dem Stand Anfang Juli 2000. Seit diesem Zeitpunkt haben sich im tatsächlichen Bereich schon wieder Änderungen ergeben. So hat die DENIC eG im August 2000 neue Geschäftsbedingungen und Vergaberichtlinien veröffentlicht und die ICANN hat die Pläne zur At-Large-Membership umgesetzt und Anfang Oktober 2000 hat die At-Large-Membership neue Vorstandsmitglieder gewählt. Darüber hinaus wird zwischenzeitlich auch im Rahmen des Vorschlags der U.S. Regierung / der ICANN die Einführung neuer gTLDs diskutiert und durchgeführt.

Die Auswirkungen dieser Veränderungen auf die Ergebnisse der vorliegenden Analyse sollen hier kurz angesprochen und müssen bei den entsprechenden Darstellungen einbezogen werden. Soweit dabei einzelne kartellrechtliche Vorschriften geprüft werden, bleibt die Untersuchung auf die „kritischen" Tatbestandsmerkmale beschränkt. Im übrigen gilt das in den jeweiligen Kapiteln des Manuskripts ausgeführte.

I. Aktuelle Änderung hinsichtlich der .de-Domain

In den neuen Registrierungsrichtlinien[1] stellt die DENIC eG jetzt ausdrücklich klar, dass ein Registrierungsvertrag ausschließlich mit der Genossenschaft zustande kommt und dass die DENIC-Mitglieder allenfalls eine Auftragsvermittlerrolle haben. Für die Untersuchung ergeben sich hieraus keine Änderungen, da nach der hier vertretenen Ansicht auch die bisherigen Registrierungsrichtlinien dahingehend auszulegen waren, dass nur die DENIC eG Registrierungsverträge abschließt.

Bedeutsamer für die vorliegende Darstellung ist, dass nach den neuen Vergaberichtlinien, der Domain-Name-Inhaber keinen Sitz im Inland mehr haben muss. Allerdings muss der Domain-Inhaber nach § 3 I S. 2 und § 7 II g, h der neuen DENIC-Registrierungsbedingungen[2] sowie nach Ziff. III der neuen DENIC-Registrierungsrichtlinien als sogenannten „admin-c" einen Zustellungsbevollmächtigten mit Sitz in Deutschland benennen. Vollständig neu und deshalb bei der vorliegenden Analyse nicht berücksichtigt ist darüber hinaus, dass nach § 2 III der neuen DENIC-Registrierungsbedingungen die Möglichkeit eines sogenannten „Dispute-Eintrags" gegeben wird.

1. Inländerklausel

Durch die neuen DENIC-Registrierungsbedingungen/-richtlinien wird die Inländerklausel in ihrer bisherigen Form aufgegeben und es stellt sich die Frage, ob damit die diesbezüglichen Ausführungen im zweiten Kapitel der vorliegenden Untersuchung vollständig gegenstandslos werden.

---

[1] Anlage 14

[2] Anlage 15

Dies hängt davon ab, ob in dem Erfordernis eines Zustellungsbevollmächtigten mit Sitz im Inland ein der bisherigen Inländerklausel vergleichbarer Sachverhalt zu sehen ist. Allgemein wird ein Abstellen auf die Nationalität oder den Wohnsitz eines Vertragspartners im Rahmen des Art. 82 EGV für unzulässig gehalten.[3] Die Kommission hat im Zusammenhang mit der Fußballweltmeisterschaft in Frankreich aber auch schon eine Regelung, nach der nur Personen mit einer Adresse in Frankreich zum Erwerb einer Stadionkarte berechtigt sein sollen, als Verstoß gegen Art. 82 EGV angesehen.[4] Dem Adresserfordernis der Organisatoren der Fußball-WM kommt es gleich, wenn Personen nur dann einen Domain-Name unter der .de-Domain registrieren können, wenn sie einen Zustellungsbevollmächtigten im Inland benennen. Der Zustellungsbevollmächtigte übernimmt dann die Rolle des inländischen Briefkastens.

Der Ansicht der Kommission ist zuzustimmen. Ausländer werden sonst gegenüber Inländern diskriminiert. Die Ungleichbehandlung durch die DENIC eG lässt sich angesichts des problemlosen innergemeinschaftlichen Postverkehrs und der entsprechenden Zustellungsabkommen auch nicht auf eine sonst nicht zu gewährleistende Erreichbarkeit des Domain-Inhabers stützen. Umgekehrt stellt es für einen ausländischen Antragssteller eine häufig mit Kosten verbundene Erschwernis dar, wenn er einen inländischen Zustellungsbevollmächtigten benennen muss. Auch die neue eingeschränkte Inländerklausel der DENIC eG kann daher zu keiner wesentlich anderen kartellrechtlichen Beurteilung führen.

2. Dispute-Eintrag

Ein vollständig neues Element ist durch die Möglichkeit eines sogenannten Dispute-Eintrags in die Registrierungsbedingungen der DENIC eG aufgenommen worden. Nach § 2 III der neuen DENIC-Registrierungsbedingungen versieht die DENIC eine Domain mit einem Dispute-Eintrag, wenn ein Dritter glaubhaft macht, dass er ein Recht auf die Domain hat und dieses gegenüber dem Domain-Inhaber geltend macht. Weitere Voraussetzung ist, dass der Dritte die DENIC eG und den DENIC-Genossen über den der Domainantrag vermittelt wurde von möglichen Ansprüchen des Domain-Inhabers und Dritter freistellt. Der Dispute-Eintrag hat Wirkung für ein Jahr. Die DENIC eG verlängert auf Antrag den Dispute-Eintrag, wenn der Dritte nachweist, dass die Auseinandersetzung noch nicht abgeschlossen ist. Eine Domain, die mit einem Dispute-Eintrag versehen ist, kann vom Inhaber weiter genutzt, jedoch nicht übertragen werden.

a. Art. 81 EGV

Die DENIC-Registrierungsbedingungen beruhen nach § 17 des Statuts der DENIC eG auf einem Beschluss des Vorstandes und des Aufsichtsrates. Es könnte sich insoweit um einen wettbewerbsbeschränkenden Beschluss einer Unternehmensvereinigung i.S.d. Art. 81 EGV handeln.

Allerdings regeln die entsprechenden Bestimmungen der neuen Registrierungsbedingungen die eigene unternehmerische Betätigung der DENIC eG. Hier stellt sich daher

---

[3] Vgl. EuGH Slg. 1983, S. 483, 509 – GVL; Grabitz/Hilf/Deselaers: Art. 82 Rn 318

[4] Vgl. Grabitz/Hilf/Deselaers: Art. 82 Rn 307; Deselaers in: WuW 1998, S. 946

zunächst die in Kapitel 2 unter Ziff. D. I. untersuchte Frage, inwieweit Beschlüsse einer selbst unternehmerisch tätigen Unternehmensvereinigung, die sich auf die Tätigkeit des Unternehmens beziehen, als Beschlüsse einer Unternehmensvereinigung i.S.d. Art. 81 EGV gewertet werden können. Dies ist nur dann der Fall, wenn diese Beschlüsse nicht ausschließlich die eigene, sondern zumindest auch die Tätigkeit der Anteilseigner regeln.[5] Anders als bei der im Kapitel 2 behandelten Frage der Antragsvermittlungsregelung oder der Inländerklausel wird hier auch nicht mittelbar die Tätigkeit der Genossen geregelt, da der Dispute-Eintrag unabhängig von einer Vermittlung durch die Genossen unmittelbar durch die DENIC eG selbst erfolgt. Schon aus diesem Grund ist Art. 81 EGV auf die entsprechende Regelung daher nicht anwendbar.

b. Art. 82 EGV

Durch die Regelung über den Dispute-Eintrag wird die Freiheit des Domain-Inhabers zur Übertragung der Domain eingeschränkt. Dies könnte sich als eine erzwungene unangemessene Geschäftsbedingung i.S.d Art. 82 S. 2 a EGV bzw. als eine Ungleichbehandlung i.S.d. Art. 82 S. 2 c darstellen. Gleichzeitig stellt dies möglicherweise eine Geschäftsverweigerung gegenüber demjenigen dar, an den der Domain-Inhaber die Domain übertragen möchte. Auch hierin könnte eine missbräuchliche Ausnutzung einer beherrschenden Stellung auf dem Gemeinsamen Markt und damit ein Verstoß gegen Art. 82 EGV zu sehen sein.

Angesichts der überlegenen Machtposition der DENIC eG besteht kein Zweifel, dass es sich bei ihren Geschäftsbedingungen um „erzwungene" im Sinne der Vorschrift handelt.

Unangemessen sind Geschäftsbedingungen dann, wenn sie offensichtlich unbillig sind.[6] Im Zweifelsfall bedarf es einer Abwägung der Interessen der Beteiligten, um den unangemessenen Charakter von Vertragsklauseln festzustellen. Das beherrschende Unternehmen hat bei der Wahrnehmung seiner Interessen, den Grundsatz der Verhältnismäßigkeit zu beachten.[7] Insbesondere trifft den Marktbeherrscher das Übermaßverbot. Dem Vertragspartner dürfen keine Verpflichtungen auferlegt werden, die für die Verwirklichung eines an sich legitimen Ziels entbehrlich sind und/oder die Freiheit des Vertragspartners unbillig einschränken.[8]

Eine offenbare Unbilligkeit wird allgemein dann angenommen, wenn die Maßstäbe der Einzelfallgerechtigkeit in grober, für den unbefangenen, sachverständigen Beurteiler sofort erkennbarer Weise verletzt sind. Dabei muss sich die Unbilligkeit zwar nicht jedermann, aber doch jedem sachkundigen und unbefangenen Beobachter ohne weiteres

---

[5] Vgl. FN 345

[6] Vgl. EuGH Slg. 1974, S. 409, 431 - Sacchi; Komm., Dritter Wettbewerbsbericht (1973), Ziff. 68 - Eisenbahnmaterial

[7] Vgl.EuGH Slg. 1978, S. 207, 298 - United Brands; Schröter in: GTE, Art 86 Rn 155; Langen/Dirksen: Art 86 Rn 105; Möschel in: Imm/Mest: EG-WbR Art 86 Rn 148; Weiß in: Calliess/Ruffert, EGV/EUV Art. 82 Rn 45

[8] Vgl. EuGH Slg. 1974, S. 313, 317 - BRT II; Komm. ABl-EG 1971 L134/15, 22, 24 - GEMA I; ABl-EG 1972 L 166/22 - GEMA II; ABl-EG 1982 L 94/12, 16 ff. - GEMA-Satzung; Langen/Dirksen: Art 86 Rn 105; Schröter in: GTE, Art 86 Rn 155

aufdrängen, wenn auch möglicherweise erst nach einer eingehenden Prüfung.[9] Die Unbilligkeit muss offen zutage liegen und in die Augen springen.[10]

Gegen eine solche offensichtliche Unbilligkeit spricht, dass ein Domain Name dem jeweiligen Inhaber in der Regel zur Bezeichnung seiner eigenen Internetseite zugewiesen wird und nicht zum Zwecke der Weiterübertragung. Ein Recht des Domain-Inhabers zur Übertragung der Domain ergibt sich also nicht bereits aus der Natur des zugrundeliegenden Rechtsverhältnisses. Entsprechend kann hieraus auch kein überwiegendes Interesse des Domain-Inhabers an einer Übertragung abgeleitet werden. Darüber hinaus handelt es sich bei der Bestimmung, dass nach § 6 II der neuen DENIC-Registrierungsbedingungen eine Domain übertragbar ist, um ein einseitiges Entgegenkommen der DENIC eG auf das ansonsten kein Anspruch besteht. Auch ein marktbeherrschendes Unternehmen darf grundsätzlich seine Absatzpolitik frei und selbständig bestimmen.[11] Es ist daher grundsätzlich auch Sache der DENIC eG zu bestimmen in welchem Umfang sie ein Übertragungsrecht gewähren will. Dies gilt umso mehr, als die DENIC eG durch die Übertragung einen anderen Vertragspartner erhält. Das Selbstbestimmungsinteresse der DENIC eG überwiegt auch insoweit das Übertragungsinteresse des Domain-Inhabers. Die Regelung stellt demnach keine unangemessene Bedingung i.S.d. Art. 82 S. a EGV dar.

Ein Missbrauch der marktbeherrschenden Stellung der DENIC eG könnte aber auch in einer Diskriminierung i.S.d Art. 82 S. 2 c EGV liegen. Durch die Regelung werden die Inhaber einer mit einem Dispute-Eintrag versehenen Registrierung gegenüber anderen Domain-Inhabern ungleich behandelt. Voraussetzung einer Diskriminierung i.S.d. Vorschrift wäre allerdings, dass die Leistungen der Beteiligten gleichwertig sind. Hiergegen spricht, dass die DENIC eG nach § 2 I der neuen Registrierungsbedingungen registriert ohne die Rechtmäßigkeit der Nutzung durch den Anmelder zu prüfen. Sie vertraut dabei ausschließlich auf die Erklärung des Anmelders nach § 3 I der neuen Registrierungsbedingungen. Ein Dispute-Eintrag erfolgt nach § 2 III der neuen Registrierungsbedingungen aber erst, wenn ein Dritter glaubhaft macht, dass er einen Anspruch auf die Domain hat. In dieser Situation kann die DENIC eG eine Übertragung nicht mehr ungeprüft vornehmen, ohne sich dem Vorwurf einer bewussten Teilnahme an einer zumindest möglichen Rechtsverletzung auszusetzen. Eine solche Überprüfung ist, soweit sie der DENIC eG überhaupt möglich ist, mit einem erheblichen zeitlichen, personellen und finanziellen Aufwand verbunden. Die Übertragung von Domains gegen deren rechtmäßige Nutzung Einwände vorgebracht wurden unterscheidet sich daher deutlich von der Übertragung unbelasteter Domains. Eine Ungleichbehandlung i.S.d. Art. 82 S. 2 c EGV liegt daher nicht vor.

Bleibt die Frage, ob mit dem Dispute-Eintrag mittelbar eine mißbräuchliche Geschäftsverweigerung i.S.d. Art. 82 EGV gegenüber demjenigen verbunden ist, an den der Domain-Inhaber die Domain übertragen möchte. Dies kommt nur dann in Betracht, wenn aufgrund der besonderen Marktstellung der DENIC eG eine Kontrahierungspflicht besteht und sie ihre Geschäftsverweigerung nicht sachlich rechtfertigen kann.[12]

---

[9]Vgl. Hoyningen-Huene, Billigkeit, S. 38; Sauer, Juristische Methodenlehre, S. 274; Staudinger/Mader (1995) § 319 Rn 9 f.

[10]Vgl. RGZ 96, 62

[11]Vgl. Langen/Dirksen: Art 86 Rn 168; Möschel in: Immenga/Mestmäcker: EG-WbR, Art. 86 Rn 215

[12] Vgl. Langen/Dirksen: KartR, Art 86 Rn; Schröter in: GTE, Art 86 Rn 204, 210 f.; Koch in: Grabitz/Hilf, Art 86 Rn 63 f.; Möschel in: Immenga/Mestmäcker: EG-WbR, Art. 86 Rn 225

Eine sachliche Rechtfertigung der auf die mit einem Dispute-Eintrag versehenen Domain beschränkten Geschäftsverweigerung könnte darin zu sehen sein, dass der Dispute-Eintrag zugunsten des Dritten, der diesen veranlasst hat, eine Reservierungswirkung entfaltet. Die Geschäftsverweigerung stellt sich insoweit als eine Ausprägung des bei der Domain-Name-Registrierung allgemein üblichen Grundsatzes: „first come, first serve", dar. Es handelt sich hier also nur um eine in der Branche allgemein übliche Regelung der eigenen Absatzpolitik über die grundsätzlich auch ein marktbeherrschendes Unternehmen frei und selbständig bestimmen darf.[13] Die Verweigerung ist daher durch den Grundsatz: „first come, first serve", gerechtfertigt. Ein Verstoß gegen das Missbrauchsverbot nach Art. 82 EGV liegt also auch insoweit nicht vor.

II. Aktuelle Änderungen hinsichtlich des Vorschlags der U.S. Regierung / ICANN

Der Reformvorschlag der U.S. Regierung setzt sich immer mehr durch und wird auch immer weiter konkretisiert, umgesetzt und weiterentwickelt. So wurde zwischenzeitlich die in der vorliegenden Untersuchung beschriebene At-Large-Membership in der Satzung der ICANN verankert[14] und bereits im Oktober 2000 wurden durch die At-Large-Membership fünf neue Vorstandsmitglieder gewählt und in den Vorstand der ICANN entsandt. Dies hat allerdings keine inhaltlichen Auswirkungen auf die vorliegende Analyse, da die derzeitige Regelung weitgehend dem in der Untersuchung wiedergegebenen Diskussionsstand entspricht. Die Errichtung der At-Large-Membership führt, soweit ersichtlich, nicht zu einer körperschaftlichen Struktur der ICANN.

Darüber hinaus wurde im Rahmen des Vorschlags der U.S. Regierung/ der ICANN zwischenzeitlich auch in eine Diskussion über die Einführung neuer gTLDs eingetreten und Mitte November die Einführung sieben neuer gTLDs[15] beschlossen. Diese neu einzuführenden gTLDs sind den im Rahmen des IAHC-Vorschlags beschlossenen neuen gTLDs teilweise sehr ähnlich oder sogar identisch.

Da die neuen gTLDs, wie die bisherigen, sinntragend und deshalb allenfalls bedingt austauschbar sind, dürften sich ihre Einführung auf die in dieser Untersuchung bei der Darstellung des Vorschlags der U.S. Regierung/ der ICANN angesprochenen kartellrechtlichen Probleme kaum auswirken. Dies gilt umso mehr, als auch bei den neuen gTLDs zwischen Registerführung und Registerführern unterschieden wird. Im Bereich der Registerführung wird also ebenfalls eine Monopol- bzw. Marktbeherrschungsproblematik zu beachten und die Verträge werden im Einzelnen unter Missbrauchsgesichtspunkten zu untersuchen sein.

Was die kennzeichenrechtliche Relevanz dieser neuen gTLDs angeht, wird hier aus zweierlei Gründen auf eine Untersuchung verzichtet. Zum einen ist diese nur am Rande Thema der vorliegenden Darstellung und zum anderen kann wegen der Ähnlichkeit zum Vorschlag des IAHC auf die dortigen Ausführungen verwiesen werden.

---

[13] Vgl. Langen/Dirksen: Art 86 Rn 168; Möschel in: Immenga/Mestmäcker: EG-WbR, Art. 86 Rn 215

[14] Eine aktuelle Version der Statuten (Bylaws) der ICANN lässt sich über deren Internetseite unter: http://www.icann.org abrufen.

[15] Die Liste der neuen gTLDs und der vorgesehenen Registries kann über die Internetseite der ICANN unter: http://www.icann.org abgerufen werden.

Einführung

Das Internet hat die juristische Wissenschaft auch in Deutschland in den vergangenen Jahren mit zahlreichen Problemen konfrontiert. Dabei wurden bislang Fragen, insbesondere im Bereich des Strafrechts[16], des Urheberrechts[17] aber auch allgemeine zivilrechtliche[18] Fragen aufgeworfen. Im Bereich der Domain Names wurden bislang vor allem kennzeichenrechtliche Fragestellungen[19] diskutiert. Die möglicherweise mit der Vergabe von Domain Names verbundenen kartellrechtlichen Probleme haben hingegen bislang noch kaum Beachtung gefunden.

Dabei bietet das System der Domain-Name-Registrierung (DNS) in dieser Hinsicht genügend Anlass für eine kritische Betrachtung. Zum einen haben die Registrierungsstellen bislang zumeist eine Alleinstellung[20] und es stellt sich die Frage, ob und in wieweit sie diese missbrauchen. Darüber hinaus koordinieren die Beteiligten ihr Verhalten bei der Domain-Name-Registrierung in erheblichem Umfang und schaffen hierdurch möglicherweise nach Gemeinschaftsrecht und/oder deutschem Kartellrecht verbotene Kartelle.

Hier soll mit der Untersuchung angesetzt und eine kritische Bestandsaufnahme geleistet werden. Dabei können im Rahmen dieser Arbeit nicht die kartellrechtlich relevanten Verhaltensweisen aller an der Vergabe von Domain Names Beteiligter begutachtet werden, immerhin gibt es über zweihundert verschiedene Registrierungsstellen für Domain Names. Die Betrachtung beschränkt sich daher auf die aus deutscher Sicht wichtigsten Sachverhalte. Im Vordergrund steht zunächst die Delegation der Registrierungsverantwortung für die Top Level Domaines (TLDs) selbst, also die Zuweisung der Befugnis - beispielsweise unter der .de-Domain - Domain Names zu registrieren. Daneben soll die Registrierung von Domain Names unter der .de-Domain und unter den generischen TLDs (gTLDs) untersucht werden.

Die kennzeichenrechtlichen Probleme des DNS und der fehlende Wettbewerb im Bereich der Domain-Name-Registrierung haben eine Reformdiskussion ausgelöst. Die Reformvorhaben zielen zum Teil auf die Beseitigung des fehlenden Wettbewerbs im Bereich der Domain-Name-Registrierung ab, sehen andererseits aber eine nicht unerhebliche Koordination des Marktverhaltens der beteiligten Unternehmen vor. Bei einer solchen Unternehmenskoordination besteht grundsätzlich die Gefahr, dass sie zur Errichtung eines verbotenen Kartells führt. Aus diesem Grund sollen verschiedene Reformvorschlä-

---

[16] Vgl. z.B. Vassilaki, CR 1999, S. 574 ff.; dieselbe, CR 1999, S. 85 ff; dies., MMR 1999, S. 525 ff.; Kochinke, Clemens/Tröndle, Rüdiger, CR 1999, S. 190 ff.; Lackum, MMR 1999, S. 697 ff.; Koch, MMR 1999, S. 704 ff.; Breuer, MMR 1998, S. 141 ff.; Sieber, CR 1997, S. 581 ff. und 653 ff.

[17] Vgl. z.B. Lehmann/Tucher, CR 1999, S. 700 ff., Cichon, K&R 1999, S. 547 ff.; Decker, MMR 1999, S. 7 ff.; Hoeren, CR 1996, S. 517 ff.

[18] Vgl. z.B. Spindler, CR 1999, S. 626 ff.; ders., K&R 1999, S. 488 ff.; ders., MMR 1999, S. 23 ff. und S. 119 ff.; Mankowski, CR 1999, S. 512 ff. und S. 581 ff.; Kaiser, Andreas/Voigt, Dennis, K&R 1999, S. 445 ff.; Holznagel/Holznagel, K&R 1999,S. 103 ff.; Geert, K&R, 1999, S. 53 ff.; Hoeren, MMR 1999, S. 649 ff.; Koehler, MMR 1998, S. 289 ff.; Mehrings, MMR 1998, S. 30 ff.; Ertl, CR 1998, S. 179 ff.

[19] Vgl. z.B. Kochinke, Clemens/Tröndle, Rüdiger, CR 1999, S. 190 ff.; Bettinger/Freytag, CR 1999, S. 28 ff.; Schmittmann, K&R, 1999, S. 510 ff.; Viefhues, MMR 1999, S. 336 ff.; ders., MMR 1999, S. 123 ff.;

[20] Auf die Ausnahme im Bereich der gTLDs wird im Rahmen eines eigenen Kapitels eingegangen, vgl. Fünftes Kapitel

ge hier vorgestellt und gleichermaßen im Hinblick auf ihre Vereinbarkeit, insbesondere mit dem Kartellrecht der Gemeinschaft analysiert werden.

Abschließend sollen auf der Grundlage dieser Analyse Eckpunkte herausgearbeitet werden, die bei der Reform des Systems der Domain-Name-Registrierung aus kartellrechtlicher Sicht beachtet werden sollten.

I. Historischer Hintergrund

Bevor auf die kartellrechtlichen Probleme des DNS eingegangen wird, soll zunächst die Funktionsweise des Internet insgesamt und des DNS im Besonderen dargestellt werden. Auf diese Weise wird das Verständnis der anschließend zu erörternden Fragestellungen erleichtert. Das Verständnis der Technik des Internet wird wiederum wesentlich erleichtert, wenn man vorab einen Blick auf den geschichtlichen Hintergrund des Internet und das durch diesen bedingte grundlegende Anforderungsprofil für diese neue Kommunikationstechnik wirft.

Das Internet ist letztlich ein Produkt des kalten Krieges. Im Jahre 1957 gelang es der Sowjetunion, mit dem "Sputnik" den ersten künstlichen Satelliten in eine Erdumlaufbahn zu bringen und damit die führende Rolle der USA auf dem Gebiet von Wissenschaft und Technik sowie deren Anwendung im militärischen Bereich ernsthaft in Frage zu stellen. Gleichzeitig wurde deutlich, dass die Sowjetunion in der Lage war, große Raketen zu starten und zielgenau zu lenken. Es wurde offensichtlich, dass die bisherigen zentralistisch angelegten Kommunikationsstrukturen im Falle einer kriegerischen Auseinandersetzung für einen Gegner leicht (gegebenenfalls mit atomaren Waffen) anzugreifende und zerstörbare Ziele darstellen würden. Um hier Abhilfe zu schaffen, wurde unter der Federführung des U.S. Verteidigungsministeriums die "Advanced Research Projects Agency" (ARPA) gegründet.

Aufgabe dieser Organisation war es, die Führungsposition der USA in der Spitzentechnologie zurück zu erlangen. Im Rahmen dieser Aufgabe sollte sie ein System entwickeln, welches die militärische Kommunikation auch im Falle eines Nuklearkrieges funktionsfähig erhielte.

II. Technik des Internet oder was ist TCP/IP[21]

Mit dieser (militärischen) Zielvorgabe wurde an der Idee einer vernetzten Kommunikation gearbeitet. Bereits im Jahre 1964 veröffentlichte die RAND Corporation einen Vorschlag ihres Mitarbeiters Paul Baran. Dieser erläuterte, wie ein solches Netzwerk konzipiert sein müsste.

Grundlegende Prämisse war zunächst, dass ein solches Netzwerk immer unzuverlässig arbeitet. Um trotz potentieller Störungen Nachrichten zuverlässig übermitteln zu können, sollte diese Kommunikationsstruktur keine zentrale Autorität besitzen. Vielmehr sollte

[21] Zur Vertiefung vgl.: Plate, S. 9 ff.; Ute Schnorr: Einfuehrung zum(sic) den Themen Internet und TCP/IP, im Internet abrufbar unter http://ttrip1.fh-worms.de/sem/ss95/tcpip/netz.html

jeder Netzknotenpunkt gegenüber den anderen Netzknoten völlig gleichberechtigt und selbständig zum Empfang, Transport und Versenden von Nachrichten befähigt sein. Die Nachrichten selbst sollten in Datenpakete aufgeteilt werden, wobei jedes mit einer eigenständigen Adressierung versehen, seinen Weg selbständig durch das Netz finden würde. Erst am Bestimmungsort sollten die einzelnen Pakete wieder zu der ganzen Nachricht zusammengesetzt werden, gleichgültig, welchen Weg sie genommen hatten und in welcher Reihenfolge sie angekommen waren.

Dieses Konzept wurde wie folgt umgesetzt:

1. Packaging

Eine beliebige digitalisierte Nachricht wird beim Absender programmtechnisch in mehrere Datenpakete (Packaging) zerlegt. Dies hat den Vorteil, dass bei einem Transportfehler nicht die gesamte Nachricht verloren geht und erneut gesendet werden muss, sondern nur einzelne kleine Teile.

Jedes einzelne dieser Datenpakete wird versehen mit der genauen Angabe des Absenders (der sogenannten "IP-Adresse"), des Empfängers, der Länge des jeweiligen Paketes und der gesamten Nachricht sowie der Position, an welcher das jeweilige Paket in die Gesamtnachricht einzufügen ist. Auf diese Weise ist es dem Empfänger jederzeit möglich zu überprüfen, ob er alle Pakete vollständig und richtig erhalten hat.

Sollte ein Fehler aufgetreten, z.B. ein Paket verlorengegangen oder beschädigt worden sein, so kann sich der Empfänger sofort an den Absender wenden und die erneute Versendung des entsprechenden Paketes fordern. Diese Kontrolle erfolgt auf Empfänger- und Absenderseite programmgesteuert und automatisch.

Auf diese Weise wird sichergestellt, dass jede Nachricht vollständig und richtig übertragen wird, selbst wenn einzelne Teile der Nachricht zunächst einmal verloren gehen oder zerstört werden.

2. Routing

Fraglich bleibt, wie diese Datenpakete im Netz transportiert werden und mit größter Zuverlässigkeit zum Empfänger gelangen, obwohl - anders als beim Telefon - regelmäßig keine direkte und ständige Verbindung zwischen Absender und Empfänger besteht. Hier liegt die Bedeutung der Netzstruktur und des antihierarchischen Aufbaus des Internet, aber auch der IP-Adressierung jedes einzelnen Datenpakets.

An den Schnittstellen der verschiedenen Teilnetze des Internet sind als Verbindungselemente besonders programmierte Computer, sogenannte "Router", eingebaut. Bildlich gesprochen handelt es sich dabei um die Postämter des Internet. Diese Router sind in der Lage, die Adressangaben der ihnen übergebenen Datenpakete zu erfassen. Weiter besitzen diese Computer Informationen darüber, wo ungefähr sich der Empfänger, also der Zielrechner, befindet und welches der nächst gelegene Router auf dem Weg zum Zielrechner ist. Wird dem Router nun ein Datenpaket übergeben, versucht er, zum im Hinblick auf den Empfänger günstigst gelegenen Router eine Verbindung aufzubauen und das Datenpaket an diesen weiterzuleiten. Gelingt dies nicht, z.B. weil dieser Router gerade abgeschaltet oder die Verbindung sonst wie gestört ist, weicht er sofort auf den nächst günstigen Router aus. Der nächste Router verfährt dann wieder nach derselben Methode und so weiter, bis das Nachrichtenpaket schließlich beim Empfänger anlangt.

3. Was ist TCP/IP?

Das Packaging und das Routing einer Nachricht erfolgt automatisch mittels Computerprogrammen. TCP/IP (Transmission Control Protocol / Internet Protocol) ist der Name zweier Protokolle, in denen genau und allgemein verbindlich beschrieben wird, wie Daten im Internet auszutauschen sind. Zwar gibt es eine ganze Reihe von weiteren Protokollen, die die Behandlung der Daten im Internet beschreiben, aber diese beiden übernehmen so grundlegende Aufgaben, dass sie der ganzen "Protokollfamilie" und dem in diesen Protokollen spezifizierten Schichtenmodell den Namen gegeben haben.

Das Internet Protocol (IP) beschreibt, wie die vom Rechner erhaltenen Datenblöcke in eine sichere, für den Transport geeignete Paketform zu bringen, empfangene Pakete auszupacken, zu prüfen und an den Rechner weiterzuleiten sind.

Das Transmission Control Protocol (TCP) ist für den reibungslosen Versand der Datenpakete verantwortlich. Es erkennt, ob Pakete verlorengegangen sind und sorgt gegebenenfalls automatisch für eine Wiederholung der Übertragung. Es sortiert doppelt angekommene Pakete aus und bringt die Datenpakete wieder in die richtige Reihenfolge, bevor es sie zur nächsten Schicht weiterleitet.

4. IP-Adresse

Es wird deutlich, dass die Kommunikation im Internet völlig von einer korrekten und eindeutigen Adressierung der Datenpakete abhängt. Ohne diese Angaben können die Router die Nachrichten nicht weiterleiten und jede Kommunikation wird unmöglich.

Zum Zweck der Adressierung wird - zumindest dem Grundsatz nach - jedem mit dem Internet verbundenen Rechner eine bestimmte eindeutige Ziffernkombination zugewiesen. Mit dieser Ziffernkombination, der IP-Adresse, arbeiten die Router.

5. Zusammenfassung

Der Vorteil dieses Systems liegt klar auf der Hand. Solange noch irgendwo Netzverbindungen existieren, wird eine Nachricht immer ans Ziel gelangen, selbst wenn eine direkte Verbindung zwischen Absender und Empfänger nicht möglich ist, weil die entsprechenden Kommunikationswege zerstört sind. Dabei ist es möglich, dass eine Nachricht von einem Rechner in München-Schwabing über Rechner auf jedem Kontinent dieser Erde läuft, um zu einem Rechner in München-Giesing zu gelangen.

III. Funktionsweise des Domain-Name-System

Das Domain-Name-System dient dazu, die numerische IP-Adresse in eine leichter merkbare Buchstaben- oder Buchstaben-Zahlen-Kombination zu übersetzen.

1. Hierarchisch organisierte Datenbank

Die einfachste - und ursprünglich auch angewandte - Methode wäre, auf jedem Rechner eine Datei abzuspeichern, in der die Rechnernamen und die zugehörigen IP-Adressen festgehalten sind. Dieses System hat jedoch Nachteile. Beim Anschluss eines neuen Rechners an das Internet müssten alle Dateien aktualisiert werden. Die Verwaltung dieser Dateien wäre - angesichts der Zahl der bereits ans Internet angeschlossenen und ständig neu hinzukommenden Rechner - völlig unmöglich. Darüber hinaus müsste jeder Rechner einen eindeutigen Namen haben; doppelte Namen wie in einer hierarchischen Struktur wären ausgeschlossen.

Das heutige Domain-Name-System ist eine hierarchisch organisierte Datenbank, die unterteilt und auf verschiedenen Rechnern repliziert ist. Ähnlich wie bei den von DOS, WINDOWS oder OS/2 bekannten Dateisystemen ist der Namensraum von einem Root- oder Wurzelverzeichnis ausgehend in mehrere Bereiche, sogenannte Domains, unterteilt, die ihrerseits wieder in Sub-Domains gegliedert sein können.

2. Verteilte Verantwortlichkeit

Die Verantwortlichkeit für den Namensraum kann auf verschiedene Stellen verteilt sein. Bislang gab es für jede Domain immer nur einen Verantwortlichen. Hier ergeben sich durch die bereits angesprochenen Reformvorhaben unter Umständen Änderungen. Wer für einen Namensraum, eine Domain, verantwortlich ist, bestimmt im Prinzip allein, ob er diese Domain in weitere Sub-Domains unterteilen und ob er die Verantwortlichkeit für diese Sub-Domains weiter delegieren möchte. Die Praxis des DNS ist hier nicht einheitlich.

Bei den gTLDs oder auch bei der .de-Domain ist die Hierarchie flach. Die auf die TLD folgende Second-Level-Domain (SLD) bezeichnet bereits das Netz des Endnutzers (dieser hat allerdings wiederum die Möglichkeit weitere Sub-Domains einzuführen, für die er dann selbst verantwortlich ist). Andere TLDs, wie z.B. die .us-Domain[22] oder die .uk-Domain arbeiten mit einer stärker gestuften, an geographischen, wirtschaftlichen, politischen oder organisatorischen Strukturen orientierten Hierarchie.

3. Nameserver

Der für eine Domain Verantwortliche ist verpflichtet, die für seinen Bereich relevanten Informationen auf einem sogenannten Primary Nameserver sowie zur Sicherheit und der besseren Erreichbarkeit wegen, mindestens noch auf einem Secondary Nameserver bereitzuhalten[23]. Es bleibt anzumerken, dass diese Informationen, neben der Verknüpfung von Domain Name und IP-Adresse, noch eine ganze Reihe weiterer Angaben umfassen können.[24]

---

[22] Vgl. RFC 1480, im Internet abrufbar, z.B. unter: ftp://ftp.isi.edu/in-notes/rfc1480.txt

[23] Tatsächlich sind die Informationen der TLDs auf eine ganze Reihe von Servern verteilt, um eine bessere Streuung im Netz zu erreichen.

[24] Z.B. kann angegeben sein, welcher Nameserver für eine bestimmte Domain zuständig ist, welcher Rechner für bestimmte andere, die nicht ständig mit dem Netz verbunden sind, die Mails entgegennimmt und speichert oder auch Angaben zum Rechnertyp oder Betriebssystem des Zielrechners.

Skizze 1: Aufbau eines URL

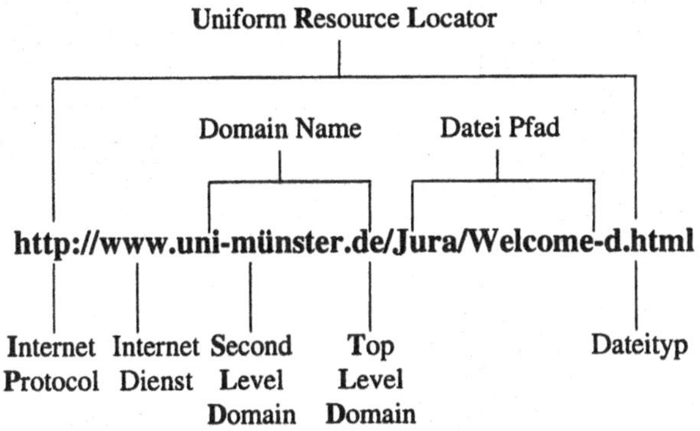

4. Domain Name

Die verschieden Domainbezeichnungen bzw. -ebenen werden durch Punkte voneinander getrennt. Die oberste Domainebene, die sogenannte Top Level Domain (TLD), steht ganz rechts; die nachgeordneten Sub-Domains werden mit einem Punkt abgetrennt und links angefügt. Alle Domains zusammen bilden den Domain Name. Dieser ist der Platzhalter für die IP-Adresse.

5. Welche Zeichen darf ein Domain Name enthalten

Nach dem Internet Standards Document 13 (STD 13), der aus den Requests for Comments (RFCs) 1034[25] und 1035[26] besteht, können gültige Domain Names aus Buchstaben, Ziffern und einem "-" gebildet werden. Der Name muss mit einem Buchstaben beginnen, darf nicht mit einem "-" enden und kann insgesamt maximal eine Länge von 255 Zeichen haben. Allerdings dürfen die einzelnen Domain- bzw. Subdomainbezeichnungen jeweils nicht mehr als 63 Zeichen umfassen. Zwischen Groß- und Kleinschreibung wird nicht unterschieden. Es sind nur die Zeichen des 7-Bit ASCII-Code zulässig, d.h. die deutschen Umlaute sind aufzulösen.

Darüber hinaus können auch die für die Registrierung der Domain Names im Einzelfall Verantwortlichen weitere Anforderungen stellen. Beispielsweise gilt für die .de-Domain, dass die Verwendung der Namen bestehender TLDs unzulässig ist, gleich ob es sich um die generischen Domains oder um Landeskennzeichen handelt. Auch Kfz-Kennzeichen sind als Domain Names unzulässig[27].

---

[25] Im Internet abrufbar, z.B. unter: ftp://ftp.isi.edu/in-notes/rfc1034.txt.txt

[26] Im Internet abrufbar, z.B. unter: ftp://ftp.isi.edu/in-notes/rfc1035.txt.txt

[27] Vgl. DENIC-Vergabebestimmungen, überarbeitete Fassung vom 01.11.1997, Anlage 2 und 3

6. Uniform Resource Locator (URL)

Eine Adresszeile eines Internetdienstprogramms enthält jedoch üblicherweise noch weitere Angaben. Links vom Domain Name wird das verwendete Protokoll und manchmal auch noch der gewünschte Dienst angegeben. Die zentrale Adresse der Universität Münster sieht nach diesem Schema wie folgt aus: "http://www.uni-muenster.de". Diese Gesamtadresse, bestehend aus Protokoll, verwendetem Dienst und Domain Name heißt Uniform Resource Locator (URL). In diesem Schema wird rechts von der Rechneradresse - von dieser durch einen Querstrich abgetrennt - auch die konkret angesprochene Datei, sowie der entsprechende Dateipfad angegeben. Die vollständige URL für die auf dem Rechner der Uni Münster gespeicherte Übersicht über juristische Informationen im Internet lautet z.B.: http://www.uni-muenster.de/Jura/itm/hoeren.

7. "Vorwärts-Name-Mapping"

Soll nun mit Hilfe des Domain Name eine Verbindung zu einem anderen Rechner aufgenommen werden, muss zuerst die zu dem Domain Name passende IP-Adresse gefunden werden. Hierzu wird vom Absenderrechner eine Anfrage an den nächst bekannten Domain-Name-Server[28] gerichtet. Kann dieser die gewünschte Information, die entsprechende IP-Adresse, nicht liefern, wird er in der Antwort angeben, welcher andere Domain-Name-Server hierzu in der Lage sein sollte. An diesen Rechner wird dann die nächste Anfrage gerichtet und so weiter, bis entweder die gewünschte Antwort in Form der IP-Adresse oder aber die Meldung eintrifft, dass der gesuchte Rechner unbekannt ist. In der Praxis bedeutet dies, dass sich der Suchende mit seiner Anfrage die Verzeichnisstruktur des Domain-Name-Systems entlang arbeitet. Diese Vorgehensweise wird "Vorwärts-Name-Mapping" genannt.

Ein ähnliches, wenn auch etwas komplizierteres Verfahren wird angewandt, um den zu einer IP-Adresse gehörenden Domain Name ausfindig zu machen. Dieses Verfahren wird "Umgekehrtes-Name-Mapping" genannt.

8. Top Level Domain (TLD)

Bei der obersten Verzeichnisebene, den sogenannten Top-Level-Domains oder TLDs unterscheidet man zwischen den sieben "Generic"-Domains (gTLDs): "com", "edu", "gov", "mil", "net", "org" und "int" und den Länder-Domains oder auch "country code TLDs (ccTLDs). Die ccTLDs werden mit den in ISO 3166 festgelegten, aus zwei Buchstaben bestehenden Kürzeln für ein Land bezeichnet, z.B. "de" für Deutschland.

9. Generische Top Level Domain (gTLD)

Die generischen Domains werden häufig auch als internationale Domains bezeichnet, weil der Zugang zu diesen Domains regelmäßig keine Verbindung zu einem bestimmten

[28] Voraussetzung für die Zuteilung eines Domain Name ist, dass im Antrag die Adresse eines Name-Servers angegeben ist, der die Verwaltung des neuen Namens übernimmt. Auf diese Art ist gewährleistet, dass jeder Rechner mindestens einen Nameserver kennt.

Staat voraussetzt. Diese Bezeichnung ist irreführend. Zum einen sind die TLDs "gov" und "mil" für die U.S. Regierung bzw. für das U.S. Militär reserviert. Zum anderen nehmen U.S.-amerikanische Internetnutzer vorzugsweise die generischen TLDs in Anspruch.

Hintergrund hierfür ist, dass das Internet in seinen Anfängen weitgehend eine amerikanische Entwicklung war und die Amerikaner zunächst auch die überwiegende Zahl der Nutzer stellten. Diese betrachteten das Internet als eine amerikanische Einrichtung und kamen gar nicht auf den Gedanken die TLD der USA zu verwenden, selbst wenn dies, z.B. bei ausschließlich auf dem amerikanischen Markt tätigen Unternehmen, angezeigt wäre. Wahrhaft international ist nur die ".int"-Domain, da diese internationalen Vereinigungen bzw. auf internationalen Verträgen beruhenden Vereinigungen vorbehalten ist.

IV.Standardentwicklung

Die wichtigsten Internetkonventionen, wie z.B. die TCP/IP-Protokolle oder die das DNS beschreibenden Regeln, sind als Internet Standards Document (STD) veröffentlicht. Bevor sie den Status eines STDs erhalten werden sie als Request for Comments (RFC) im Internet veröffentlicht und durchlaufen mehrere Entwicklungsstadien. Der Prozess der Standardentwicklung ist in STD 1[29] und ausführlich in RFC 2026[30] beschrieben.

Im Rahmen der Entwicklung der Internet-Standards haben sich gewisse, zumindest teilweise hierarchische Organisationsstrukturen herausgebildet. Die beteiligten Organisationen und ihre Rolle bei der Standardentwicklung sowie das Verfahren selbst werden im Folgenden kurz dargestellt.

1. Mitwirkende

Skizze 2: Organisationsstruktur der Standartentwicklung

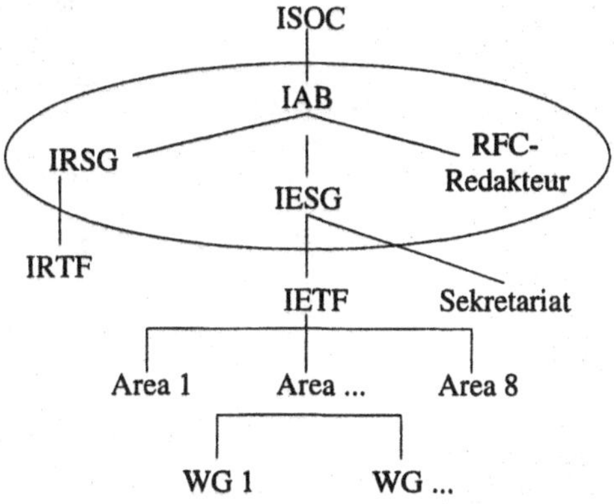

[29] STD 1 ist im Internet abrufbar, z.B. unter: ftp://ftp.isi.edu/in-notes/std/std1.txt

a. Internet Society (ISOC)[31]

Gesponsert wird der Standardentwicklungsprozess von der Internet Society (ISOC). Diese trägt die gesetzliche Schirmherrschaft für das Internet Architecture Board (IAB), die Internet Engineering Steering Group (IESG) oder die Internet Engineering Task Force (IETF). Die ISOC übernimmt die Versicherung dieser Gruppierungen bzw. ihrer Organe und den gesetzlichen Schutz der RFC-Veröffentlichungsreihe sowie den Schutz bei Streitigkeiten über das geistige Eigentum an Internet Standards[32].

Im Rahmen des Standardentwicklungsprozesses fällt der ISOC die Aufgabe zu, Dokumente, die den Standardentwicklungsprozess beschreiben und festlegen, zu überprüfen und verbindlich anzuerkennen. Sie ist bei Streitigkeiten im Zusammenhang mit diesem Prozess oberste Anrufungs- und Entscheidungsinstanz[33]. Einen direkten inhaltlichen Einfluss auf den Standardentwicklungsprozess oder die Internetstandards und deren technischen Inhalt hat sie in der Regel nicht.[34]

Die ISOC ist eine nicht gewinnorientierte Vereinigung mit Sitz in den USA, deren gemeinnütziger Status in Washington DC, USA, anerkannt ist[35]. Satzungsgemäße Aufgabe der Vereinigung ist die Fortführung und Ausweitung der Entwicklung und Erreichbarkeit des Internet und der damit verbundenen Technologien und Anwendungen. Insbesondere gehört zu den satzungsgemäßen Aufgaben der ISOC die Förderung der Unterhaltung, Entwicklung und Weiterentwicklung sowie der Verbreitung der Internetstandards und der entsprechenden Netzwerktechnologien und -anwendungen.[36]

Geleitet wird die Vereinigung vom Vorstand, dem Board of Trustees, und dem Präsidenten. Der Vorstand besteht regelmäßig aus maximal zwanzig Trustees und dem Präsidenten. Wählbar sind nur reguläre individuelle Mitlieder der Vereinigung. Die ISOC hat zwei Arten von Mitgliedern: Organisationen (Organizational Members) und Individualmitglieder (Individual Members). Nur letztere sind stimmberechtigt.[37]

Die Trustees werden von den regulären Individualmitgliedern gewählt. Die Trustees sind - mit Ausnahme des Präsidenten - ehrenamtlich tätig und erhalten keinerlei Vergütung.

Dem Board of Trustees obliegt es auch, die von den jeweiligen Nominierungskomitees der Internet Engineering Task Force (IETF) vorgeschlagenen Mitglieder des Internet

---

[30] RFC 2026 ist im Internet abrufbar, z.B. unter: ftp://ftp.isi.edu/in-notes/rfc2026.txt

[31] Vgl. zu folgenden: Articles of Incorporation of Internet Society, im Internet abrufbar unter: ftp://ftp.isoc.org/isoc/basic_docs/incorp.txt; Internet Society By-Laws, im Internet abrufbar unter: http://www.isoc.org/infosvc/96-007.htm

[32] Vgl. IETF - ISOC Relationship, RFC 2031, im Internet abrufbar unter: ftp://ftp.isi.edu/in-notes/rfc2031.txt

[33] Vgl. IETF - ISOC Relationship, RFC 2031, im Internet abrufbar unter: ftp://ftp.isi.edu/in-notes/rfc2031.txt

[34] Vgl. IETF - ISOC Relationship, RFC 2031, im Internet abrufbar unter: ftp://ftp.isi.edu/in-notes/rfc2031.txt

[35] Vgl. insoweit und zum folgenden: What ist the Internet Society, im Internet abrufbar unter: http://www.isoc.org/whatis/what-is-isoc.html

[36] Vgl. What is the Internet Society, s.o.; Articles of Incorporation of Internet Society, im Internet abrufbar unter: ftp://ftp.isoc.org/isoc/basic_docs/incorp.txt

[37] Auch bei den Individualmitgliedern sind nur die Vollmitglieder (Regular Individual Members) stimmberechtigt und nicht diejenigen, die nur einen ermäßigten Mitgliedsbeitrag bezahlen (Student Members).

Architecture Board (IAB) für ihr Amt zu bestallen[38] und die Vorsitzenden dieser Nominierungskomitees zu bestimmen[39].

b. Internet Engineering Task Force (IETF)[40]

Die Internet Engineering Task Force (IETF) ist eine offene internationale Gemeinschaft von Netzwerkdesignern, -technikern, -verkäufern und Wissenschaftlern, die sich mit der Weiterentwicklung der Internetarchitektur und dem reibungslosen Betrieb des Internets beschäftigen. Sie ist grundsätzlich die Gruppierung, die für die Entwicklung neuer Spezifikationen und für die Qualität der Internetstandards verantwortlich ist[41].

Die IETF ist ein loser Zusammenschluss von Individuen die sich von Fall zu Fall und je nach Bedarf mit den oben genannten Aufgaben beschäftigen. Bezeichnender Weise gibt es keine geschriebene Satzung der IETF, sondern nur eine allgemeine Beschreibung der Aufgaben und Zusammenhänge[42], die Neulingen die Mitarbeit erleichtern soll. Es gibt auch keine Mitglieder im eigentlichen Sinn, sondern nur Personen die sich in die IETF Mailing List oder in die Mailing List einer Arbeitsgruppe eintragen und eventuell bei der Bearbeitung konkreter Fragestellungen mithelfen. Zu erreichen ist die IETF über ihr Sekretariat.

aa. Bereichsdirektoren (Area Director)[43]

Die Arbeit der IETF ist derzeit in acht funktionelle Bereiche aufgeteilt. Jedem dieser Bereiche stehen ein oder zwei Bereichsdirektoren vor. Deren Aufgabe besteht in der Koordinierung der Arbeit der verschiedenen Arbeitsgruppen ihres Bereiches sowie in der Bestimmung, welche Aufgaben innerhalb des Bereiches zu erledigen sind. Gegebenenfalls kann der Direktor selbst eine neue Arbeitsgruppe initiieren. Weiter hat er sicherzustellen, dass die Arbeitsgruppen zügig und koordiniert arbeiten, ihren Zeitrahmen einhalten und architektonisch stimmige Ergebnisse hervorbringen. Er hat der IETF über die Fortschritte in seinem Bereich zu berichten und umgekehrt informiert er gegebenenfalls die Arbeitsgruppe über den Stand der Überprüfung ihrer Dokumente durch die IESG.

---

[38] Vgl. The Tao of IETF - A Guide for New Attendees of the Internet Engineering Task Force, RFC 1718, im Internet abrufbar unter: ftp://ftp.isi.edu/in-notes/rfc1718.txt

[39] Vgl. IETF - ISOC Relationship, RFC 2031, im Internet abrufbar unter: ftp://ftp.isi.edu/in-notes/rfc2031.txt

[40] Vgl. zum folgenden: The Tao of IETF, A Guide for New Attendees of the Internet Engineering Task Force, RFC 1718, im Internet abrufbar unter: ftp://ftp.isi.edu/in-notes/rfc1718.txt oder als aktualisiertes Exzerpt unter: http://www.ietf.org/tao.html; The Organizations Involved in the IETF Standards Process, RFC 2028, im Internet abrufbar unter: ftp://ftp.isi.edu/in-notes/rfc2028.txt

[41] Vgl. IETF - ISOC Relationship, RFC 2031, im Internet abrufbar unter: ftp://ftp.isi.edu/in-notes/rfc2031.txt

[42].The Tao of IETF, A Guide for New Attendees of the Internet Engineering Task Force, RFC 1718, im Internet abrufbar unter: ftp://ftp.isi.edu/in-notes/rfc1718.txt oder als aktualisiertes Exzerpt unter: http://www.ietf.org/tao.html

[43] Vgl. IETF Working Group Guidelines and Procedures, RFC 1603, im Internet abrufbar unter ftp://ftp.isi.edu/in-notes/rfc1603.txt.txt

bb. Arbeitsgruppen (Working Groups)[44]

Die eigentliche Entwicklungsarbeit der IETF wird in den Arbeitsgruppen geleistet. Diese sind nach ihrer thematischen Ausrichtung in verschiedene Bereiche aufgeteilt (z.B.: Netzwerkmanagement, Sicherheit, Anwendungen usw.) und werden von für diesen Bereich zuständigen Bereichsdirektoren koordiniert. Die Initiative zur Gründung einer Arbeitsgruppe kann sowohl vom Bereichsdirektor als auch von einem Einzelnen bzw. einer Gruppe ausgehen.

In einer Arbeitsgruppe muss grundsätzlich jedermann und in gleichberechtigter Weise mitwirken dürfen. Ein großer Teil der Arbeit und der Diskussionen wird üblicherweise per e-Mail abgewickelt. Es können aber auch Treffen durchgeführt werden, über die Protokolle zu führen sind. Diese sind vorab, unter Beifügung eines Tagesordnungsvorschlages, öffentlich anzukündigen.

Die Arbeit der Working Group hat grundsätzlich öffentlich zu erfolgen. Ziel jeder Arbeitsgruppe ist ein grober Konsens (rough consensus) hinsichtlich der gestellten Aufgabe. Eine Übereinstimmung aller Teilnehmer ist bei Entscheidungen der Arbeitsgruppe zwar wünschenswert, aber nicht erforderlich.

Üblicherweise haben Arbeitsgruppen einen eng umrissenen Aufgabenbereich und lösen sich auf, sobald diese Aufgabe erfüllt ist. Etwas anderes gilt, wenn die Arbeit der Gruppe zu einem Dokument geführt hat, das in den offiziellen Standardentwicklungsprozess eingeht. In diesem Fall unternimmt die Arbeitsgruppe zwar keine formellen Aktivitäten mehr, die Mailing List der Gruppe bleibt aber geöffnet, um als Anlaufpunkt für die weitere Erörterung des Dokuments zu dienen, während es die verschiedenen Phasen des Standardentwicklungsprozesses durchläuft.

c. IETF Sekretariat

Alle im Rahmen der IETF anfallenden administrativen Arbeiten werden vom Sekretariat erledigt. Dieses besteht aus dem Geschäftsführer der IETF und seinen Mitarbeitern. Das Sekretariat ist für die offizielle öffentliche Aufzeichnung aller Aktivitäten im Rahmen des Standardentwicklungsprozesses verantwortlich.[45]

Beheimatet ist das Sekretariat bei der Corporation for National Research Initiatives (CNRI). Bei der CNRI handelt es sich um eine nichtgewinnorientierte Organisation.[46] Finanziert wird das Sekretariat - zumindest teilweise - durch die National Science Foundation (NSF) gemäß dem NSF Kooperationsvertrag NCR 9528103.[47]

---

[44] Vgl. IETF Working Group Guidelines and Procedures, RFC 1603, im Internet abrufbar unter: ftp://ftp.isi.edu/in-notes/rfc1603.txt.txt

[45] VGL. The Organizations Involved in the IETF Standards Process, im Internet abrufbar unter: ftp://ftp.isi.edu/in-notes/rfc2028.txt; The Internet Standards Process, Revision 3, im Internet abrufbar unter: ftp://ds.internic.net/rfc/rfc2026.txt

[46] Vgl. Welcome to CNRI! Corporation for National Research Initiatives, im Internet abrufbar unter: http://www.cnri.reston.va.us/home/cnri.html

[47] Vgl. IETF Secretariat, im Internet abrufbar unter: http://www.ietf.org/secretariat.html

d. Internet Engineering Steering Group (IESG)

Die IESG leitet den Internetstandardentwicklungsprozess und ist für das Management der technischen Aktivitäten der IETF verantwortlich[48]. Insbesondere trägt sie die Verantwortung für den Fortschritt der technischen Spezifikationen, wenn diese sich in der Entwicklung zu offiziellen Internetstandards befinden.

Offiziell und vor allem versicherungstechnisch gehört sie zur ISOC[49]. Man wird sie insoweit als einen besonderen Ausschuss der ISOC einstufen müssen. Die Errichtung solcher Ausschüsse ist nach der Satzung der ISOC zulässig.

Die IESG besteht aus den Bereichsdirektoren der IETF und dem Vorsitzenden der IETF, der gleichzeitig auch Vorsitzender der IESG selbst ist[50]. Die Mitglieder werden von den Nominierungskomitees der IETF[51] (NOMCOM) vorgeschlagen und von der IAB bestallt. Wählbar ist jedes "Mitglied" der IETF, das an mindestens zwei der letzten drei IETF-Treffen teilgenommen hat.

e. Internet Architecture Board (IAB)[52]

Das Internet Architecture Board (IAB) gehört, wie die IESG, als beratender Ausschuss organisatorisch und versicherungstechnisch zur ISOC. Es nimmt im Rahmen des Standardentwicklungsprozesses und damit in der IETF - nicht zuletzt durch die Berufung der Mitglieder der IESG, sowie des IESG/IETF-Vorsitzenden - wichtige Funktionen wahr.[53]

Neben den genannten, gehört zu den Aufgaben des IAB insbesondere die Aufsicht über die Architektur der Internetprotokolle und der im Internet benutzten Verfahren, also die langfristige Planung des Internet. Im Rahmen dieser Aufgabe unterstützt und organisiert das IAB die Internet Research Task Force (IRTF) und ernennt oder entlässt den Vorsitzenden der Internet Research Steering Group (IRSG). Zur Entscheidung technischer Streitigkeiten kann das IAB auch ad hoc Kommissionen von unabhängigen technischen Experten aufstellen[54].

Darüber hinaus führt das IAB - als Anrufungsinstanz bei Streitigkeiten über die ordnungsgemäße Durchführung - die Aufsicht über das Standardentwicklungsverfahren. Es

---

[48] Vgl. The Organizations Involved in the IETF Standards Process, RFC 2028, im Internet abrufbar unter: ftp://ftp.isi.edu/in-notes/rfc2028.txt

[49] Vgl. IETF and ISOC, im Internet abrufbar unter: http://www.isoc.org/standards/ietfhis.html; IETF - ISOC Relationship, RFC 2031, im Internet abrufbar unter: ftp://ftp.isi.edu/in-notes/rfc2031.txt

[50] Vgl. The Organizations Involved in the IETF Standards Process, RFC 2028, im Internet abrufbar unter: ftp://ftp.isi.edu/in-notes/rfc2028.txt

[51] Vgl. hierzu IAB and IESG Selection, Confirmation, and Recall Process: Operation of the Nomination and Recall Comittees, RFC 2027, im Internet abrufbar unter: ftp://ftp.isi.edu/in-notes/rfc2027.txt

[52] Vgl. Charter of the Internet Architecture Board (IAB), RFC 1601, im Internet abrufbar unter: ftp://ds.internic.net/rfc/rfc1601.txt

[53] Vgl. IAB and IESG Selection, Confirmation, and Recall Process: Operation of the Nomination and Recall Comittees, RFC 2027, im Internet abrufbar unter: ftp://ftp.isi.edu/in-notes/rfc2027.txt; The Organizations Involved in the IETF Standards Process, RFC 2028, im Internet abrufbar unter: ftp://ftp.isi.edu/in-notes/rfc2028.txt; The Tao of IETF, RFC 1718, im Internet abrufbar unter: ftp://ftp.isi.edu/in-notes/rfc1718.txt; Internet Architecture Board Overview, im Internet abrufbar unter: http://www.iab.org/overview.html

[54] Um eine solche vom IAB aufgestellte Expertenkommission handelt es sich auch bei dem International Ad Hoc Committee (IAHC). Auf den vom IAHC entwickelten Reformvorschlag wird noch gesondert eingegangen, vgl. unten, Viertes Kapitel.

ist auch für die redaktionelle Bearbeitung und die Veröffentlichung der RFC-Dokumente zuständig. Der verantwortliche RFC-Redakteur wird vom IAB ausgewählt. Das IAB bildet auch das Verbindungsglied zu anderen Organisationen, die sich mit Standards und anderen technischen und organisatorischen Fragen beschäftigen, die für das Internet von Bedeutung sein könnten.[55]

Das IAB besteht aus zwölf voll wahlberechtigten Mitgliedern und dem Vorsitzenden der IETF/IESG. Dieser ist mit Ausnahme der Bestallung neuer IESG Mitglieder ebenfalls voll stimmberechtigt. Die Mitglieder werden von Nominierungskomitees der IETF[56] (NOMCOM) vorgeschlagen und vom Board of Trustees der ISOC bestallt. Der IETF/IESG Vorsitzende wird von den voll stimmberechtigten Mitgliedern des IAB gewählt. Wählbar ist jedes "Mitglied" der IETF, das an mindestens zwei der letzten drei IETF Treffen teilgenommen hat.

f. Request for Comments Redakteur[57]

Der RFC-Redakteur ist quasi der "Verleger" der RFC-Dokumentenserie. Seine Aufgabe ist es, die RFCs abschließend zu überprüfen, um das hohe technische und redaktionelle Niveau der Dokumente zu sichern und sie anschließend zu veröffentlichen.

g. Internet Research Task Force (IRTF)[58]

Die IRTF ist nur mittelbar am Internetstandardentwicklungsprozess beteiligt. Ihre Aufgabe ist es, solche Themen zu untersuchen, die für eine Standardisierung noch zu unsicher, zu fortschrittlich oder zu wenig erforscht sind. Ihre Aufgabe ist sozusagen die Grundlagenforschung in Bezug auf das Internet. Führen ihre Bemühungen zu Erkenntnissen die ausreichend gesichert erscheinen, so werden diese in den regulären Standardisierungsprozess der IETF eingebracht.[59]

h. Internet Research Steering Group (IRSG)[60]

Die IRSG erfüllt für die IRTF ungefähr die gleiche Aufgabe, wie die IESG für die IETF. Sie organisiert, koordiniert und plant die Arbeit der IRTF und führt gleichzeitig die Aufsicht. Zusätzlich zu dieser Aufgabe kann die IRSG themenbezogen Workshops zu Forschungsbereichen abhalten, die für die Entwicklung des Internets wichtig sind.

---

[55] Vgl. Internet Architecture Board Overview, im Internet abrufbar unter: http://www.iab.org/overview.html

[56] Vgl. hierzu IAB and IESG Selection, Confirmation, and Recall Process: Operation of the Nomination and Recall Comittees, RFC 2027, im Internet abrufbar unter: ftp://ftp.isi.edu/in-notes/rfc2027.txt

[57] Vgl. Internet "Request for Comment" Editor Overview, im Internet abrufbar unter: http://www.rfc-editor.org/overview.html

[58] Vgl. IRTF Research Group Guidelines and Procedures, RFC 2014, im Internet abrufbar unter: ftp://ftp.isi.edu/in-notes/rfc2014.txt; IRTF Home Page, im Internet abrufbar unter: http://www.irtf.org/

[59] Vgl. The Organizations Involved in the IETF Standards Process, im Internet abrufbar unter: ftp://ftp.isi.edu/in-notes/rfc2028.txt

[60] Vgl. IRTF Research Group Guidelines and Procedures, RFC 2014, im Internet abrufbar unter: ftp://ftp.isi.edu/in-notes/rfc2014.txt; IRTF Home Page, im Internet abrufbar unter: http://www.irtf.org/

2. Verfahren

In Interaktion der angesprochenen Institutionen wird typischerweise ein neuer Internetstandard erarbeitet oder ein alter modifiziert.

a. Request for Comments (RFC)[61]

Grundsätzlich wird das Standardentwicklungsverfahren durch die Veröffentlichung eines entsprechenden Vorschlags als sogenannter "Request for Comments" (RFC) formell eingeleitet. Bei den RFCs handelt es sich um eine für das Internet typische Veröffentlichungsreihe. In RFC 1543 ist beschrieben, wie ein RFC zu formatieren und and dem RFC-Redakteur zu übersenden ist.

Als RFC können aber nicht nur Dokumente veröffentlicht werden, die zur Entwicklung eines neuen oder Modifikation eines alten Internetstandards führen sollen. Die RFC-Veröffentlichungsreihe dient vielmehr allgemein dazu, die am Internet Interessierten zu informieren oder zur Diskussion aufzufordern. Solche nicht der Standardisierung dienenden RFCs werden als "Experimental", "Informational", "Historic" oder als "Best Current Practice" bezeichnet.[62]

b. Reifeprozess (Standard Track)

Jeder Internetstandard durchläuft einen Reifeprozess. Zunächst kann ein entsprechender Vorschlag als Entwurf in einem besonderen von der IETF geführten Verzeichnis ("Internet-Drafts" Verzeichnis) veröffentlicht und zur Diskussion gestellt werden. Wird der Entwurf nicht innerhalb von sechs Monaten verändert oder als RFC veröffentlicht, so wird er einfach wieder aus dem Verzeichnis gelöscht.

Die erste Reifestufe erreicht ein Vorschlag, wenn er unter der Bezeichnung "Proposed Standard" als RFC veröffentlicht wird. Erforderlich hierfür ist eine entsprechende Empfehlung durch die IESG. Eine solche Empfehlung setzt in der Regel voraus, dass der Vorschlag einigermaßen stabil und wohlverstanden ist. Darüber hinaus sollte der Vorschlag bereits signifikante Kritik erfahren haben und ausreichendes Interesse der Internetgemeinschaft wecken, um als bedeutsam eingeordnet zu werden.

Sobald durch mindestens zwei Referenzimplementierungen und deren Zusammenarbeit bewiesen wurde, dass ein Vorschlag praktikabel und implementierbar ist, kann er auf Vorschlag der IESG als RFC unter der Bezeichnung "Draft Standard" veröffentlicht werden. Die Diskussion über einen Vorschlag ist in diesem Stadium bereits weitgehend abgeschlossen. Allerdings soll die Möglichkeit geschaffen werden, bei einer massenhaften Implementierung auftretende Schwierigkeiten auszuräumen und bei dem endgültigen Standard zu berücksichtigen.

Hat sich der als "Draft Standard" veröffentlichte Vorschlag bewährt, kann er auf Vorschlag der IESG unter der Bezeichnung "Standard" veröffentlicht werden. Die als "Standard" bezeichneten RFCs werden als "Standard Tracks Document" (STD) in einem

---

[61] Zu den Einzelheiten vgl. RFC 2026, im Internet abrufbar, beispielsweise unter: ftp.//ftp.isi.edu/in-notes/rfc2026.txt

[62] Beispielsweise hat die IANA ihre Domain-Vergabepraxis im RFC 1591 unter der Bezeichnung "Informational" erläutert.

besonderen Verzeichnis veröffentlicht und mit einer eigenen Nummer versehen. Daneben behalten sie aber auch ihre RFC-Nummerierung.

Um sicherzustellen, dass die Internetgemeinschaft ausreichend Zeit hat einen Standardisierungsvorschlag zu bedenken und auf ihn zu reagieren, ist ein Wechsel von der "Proposed Standard"-Ebene zur "Draft Standard"-Ebene erst nach sechs und der Wechsel vom "Draft Standard" zum "Standard" frühestens nach vier Monaten möglich.[63]

c. Minderheitenschutz

Der Vorschlag zur Entwicklung oder Revision eines Internetstandards kann von einem Mitglied der IETF gemacht, von der IESG angeregt oder von einem Dritten an die IESG herangetragen werden. Üblicherweise wird sich dann eine Arbeitsgruppe der IETF mit dem Vorschlag befassen.

Ist jemand mit der Vorgehensweise der jeweiligen Arbeitsgruppe nicht einverstanden, kann und sollte er sich mit seinen Bedenken zunächst an den Vorsitzenden der Arbeitsgruppe wenden. Sollten sich die Probleme auf diesem Wege nicht ausräumen lassen, kann jeder der Beteiligten die Angelegenheit dem Bereichsdirektor vortragen. Gelingt es auch diesem nicht, die Unstimmigkeiten auszuräumen, kann jeder Beteiligte die gesamte IESG anrufen. Kann auch die IESG die Angelegenheit nicht zur Zufriedenheit der Beteiligten erledigen, können diese das IAB um Entscheidung bitten.

Die IAB entscheidet abschließend in technischen Fragen und darüber, ob das vorgesehene Standardentwicklungsverfahren beachtet wurde. Betreffen die Bedenken aber das Standardentwicklungsverfahren selbst, so ist eine Anrufung des Vorstandes der ISOC möglich. Dieser entscheidet abschließend über die Angelegenheit.

---

[63] Vgl. RFC 2000 (STD 1), Ziff. 1, im Internet abrufbar, beispielsweise unter: ftp.//ftp.isi.edu/in-notes/rfc2000.txt

Erstes Kapitel: Registrierung von Domains in der Rootdatei des Internet (TLDs)

Ursprüngliche und zentrale Registrierungsstelle für alle Domains ist die Internet Assigned Numbers Authority (IANA). Diese ist auch die oberste Instanz bei der Vergabe von IP-Adressen und der Vergabe von Schnittstellenkennzahlen bei der Entwicklung, Erprobung und Anwendung neuer Internetanwendungen.

Die IANA registriert allerdings nicht mehr alle Domains selbst, sondern verwaltet nur noch die Rootdatei des Domain-Name-Systems (DNS), in der die TLDs registriert werden. Die Registrierungsbefugnis für die TLDs, den technischen Betrieb der Rootdatei und der entsprechenden Rootserver[64] hat sie weitgehend auf Dritte übertragen.

Mit der Analyse der Maßnahmen der IANA im Rahmen des derzeitigen DNS soll diese Untersuchung begonnen werden, da diese grundlegend für das gesamte Domain-Name-Systems (DNS) und damit möglicher Hintergrund für kartellrechtliche Probleme bei der Registrierung von Domain Names insgesamt sind. Dies gilt, obwohl oder gerade weil die Pläne zur organisatorischen Umgestaltung der IANA bzw. zur Übertragung ihrer Funktion vom Information Sciences Institute (ISI) der University of Southern California auf eine neue Organisation, die Internet Corporation for Assigned Names and Numbers (ICANN) bereits weit gediehen und umgesetzt sind[65]. Dieses Reformvorhaben ist nämlich - zumindest auch - von dem fehlenden Wettbewerb und den möglicherweise daraus resultierenden kartellrechtlichen Mängeln des bestehenden Systems motiviert.

Schwierigkeiten bereitet bei der Untersuchung, dass keine konkreten Vereinbarungen zwischen der IANA und ihren Auftraggebern oder den Registrierungsstellen, auf die sie ihre Registrierungsbefugnis übertragen hat, veröffentlicht sind. Anhaltspunkte für das Verhältnis zu den Registrierungsstellen geben aber die Ausführungen in dem Request for Comments (RFC) 1591, der die Vergabepraxis der IANA beschreibt, eine inhaltsgleiche Zusammenfassung dieses RFCs[66] und das im Internet veröffentlichte Antragsformular[67] für die Registrierung einer neuen länderspezifischen TLD (country code TLD, kurz: "ccTLD"). Diese bilden im Wesentlichen die Grundlage der anschließenden Ausführungen. Daneben werden Indizien, wie die zu beobachtende Praxis oder allgemeine Veröffentlichungen der Beteiligten herangezogen.

A. Ausgangssituation

Konkret wird die Aufgabe der IANA mittlerweile von der ICANN erfüllt. Soweit im Folgenden von der IANA gesprochen wird, ist damit in der Regel die entsprechende organisatorische und personelle Einheit der ICANN gemeint. Die Aufgabe wurde ur-

---

[64] Rootserver sind spezielle Rechner auf denen die Rootdatei abgelegt ist.

[65] Die folgende Untersuchung gilt uneingeschränkt nur noch für die ccTLDs, nicht aber für die gTLDs .com, .net und .org. Hier greift bereits der von der U.S. Regierung initiierte Reformvorschlag. Dieser wird unten gesondert dargestellt.

[66] IANA TLD Delegation Practices, im Internet abrufbar unter: http://www.iana.org/tld-deleg-prac.html oder http://www.icann.org/tld-deleg-prac.html

[67] New Registration/Modification Template, im Internet abrufbar unter: http://www.iana.org/cctld-template.txt

sprünglich dem Information Sciences Institute (ISI) der University of Southern California von der Defense Advanced Research Projects Agency (DARPA) für das DARPA-Net, später von der National Sience Foundation (NSF) für das NSFNET übertragen. Bei dieser Aufgabenzuweisung ist es geblieben, obwohl sich immer mehr verschiedene Netzwerke zusammenschlossen und das heute bekannte Internet entstand. Finanziert wurde diese Tätigkeit von der U.S. Regierung.

Die Delegation der Verantwortung für eine bestimmte TLD auf eine Registrierungsstelle erfolgte - zumindest für die Registrierungsstelle - unentgeltlich. [68] Die weitere Registrierung von Domain Names unter einer TLD erfolgt dagegen häufig nur gegen Entgelt. Dies gilt beispielsweise für die .com-, .net- und .org-Domain oder die .de-Domain und viele der anderen ccTLDs.

Bislang wurde mit der Verantwortung für eine TLD immer nur eine einzige Registrierungsstelle betraut. Allerdings konnte - wie das Beispiel der gTLDs zeigt[69] - eine Registrierungsstelle durchaus für mehrere TLDs zuständig sein. Darüber hinaus hat die IANA die Bereitschaft signalisiert - unter bestimmten Bedingungen[70] - die Verantwortung für eine TLD an mehrere Registrierungsstellen zu delegieren. Im Bereich bestimmter gTLDs ist bereits eine Registrierung durch verschiedene Registrierungsstellen möglich.[71]

Registrierungsstelle für Domain Names kann nur werden, wer bestimmte technische und organisatorische Voraussetzungen erfüllt. Die Anforderungen werden im RFC 1591 beschrieben. Zunächst muss der Antragsteller nach RFC 1591 Ziff. 3.1 über das Internet zu erreichen sein. Insbesondere muss eine Internet-Protocol-Verbindung zum entsprechenden Nameserver und eine E-Mail-Verbindung zur jeweiligen Verwaltung bestehen. Nach RFC 1591 Ziff. 3.5 muss die zukünftige Registrierungsstelle gleichzeitig einen Reservenameserver vorhalten, der die gleichen Voraussetzungen erfüllen muss, wie der erste. Darüber hinaus muss nach RFC 1591 Ziff. 3.1 je eine Ansprechperson für Verwaltungs- und für technische Fragen benannt werden. Bei ccTLDs soll die Verwaltungskontaktperson ihren Sitz in dem jeweiligen Land haben. Für den Fall, dass sich mehrere Bewerber um eine TLD bemühen, erfolgt die Auswahl nach dem Prioritätsgrundsatz.

Auch an die Umsetzung der Registrierungsaufgabe stellt die IANA Anforderungen. Die jeweilige Registrierungsstelle soll ihre Aufgabe nach RFC 1591 Ziff. 3 unparteiisch, gerecht, ehrlich und kompetent erfüllen. Insbesondere sollen nach RFC 1591 Ziff. 3.3 die Kunden bestimmter Netzwerkbetreiber nicht bevorzugt behandelt werden dürfen.

Sowohl die IANA als auch die ihr nachgeordneten Registrierungsstellen registrieren nur solche Domains, die in Übereinstimmung mit dem Internetstandard 13 (STD 13 = RFC 1034 und 1035) gebildet wurden. Allerdings wird in RFC 1591 nicht ausdrücklich die Anwendung von STD 13 gefordert, sondern nur die zulässigen Domain Names beschrieben. Das Gleiche gilt beispielsweise für die Vergaberichtlinien des DENIC.[72]

---

[68] Die mittlerweile abweichende Situation wird für die gTLDs unten im Fünften Kapitel dargestellt.

[69] Alle gTLDs wurden zunächst von einer Registrierungsstelle, der Firma Network Solutions Inc. (NSI) verwaltet. Zu der inzwischen geänderten Situation bei den gTLDs, vgl. unten, Fünftes Kapitel

[70] Vgl. einerseits den IAHC-Vorschlag, der auf einen Vorstoß des früheren Leiters der IANA, Jon Postel, zurückgeht. Dieser Vorschlag wird als Viertes Kapitel behandelt. Andererseits wird diese Möglichkeit bereits in RFC 1591, Anlage 1, unter Ziff. 4 angesprochen.

[71] Dieser Sachverhalt wird im Zusammenhang mit dem Reformvorschlag der U.S. Regierung im Fünften Kapitel gesondert analysiert.

[72] Vgl. DENIC eG, Richtlinie zur Vergabe von Deutschen Internet-Domain's (Vergaberichtlinien), Stand: 15.05.1997, überarbeitete Fassung vom 01.11.1997, Anlage 2 und DENIC eG, Richtlinie zur

Sofern es bei der Verwaltung einer Domain fortgesetzt Schwierigkeiten gibt, kann nach RFC 1591 Ziff. 3.5 der jeweiligen Registrierungsstelle die Registrierungsverantwortung entzogen und an einen Dritten übertragen werden.

All diese Anforderungen sollen nach RFC 1591 Ziff. 3 und 3.3 grundsätzlich nicht nur für die Registrierungsstellen für die TLDs, sondern auch hinsichtlich der Subdomains gelten.

In den vergangenen Jahren gab es verschiedene Versuche neben diesem von der IANA entwickelten und dominierten Domain-Name-System (DNS), alternative Domain-Name-Registrierungssysteme (z.B.: eDNS, AlterNIC)[73] zu etablieren. Diese konnten sich aber am Markt nicht durchsetzen, so dass die Domain-Name-Registrierung immer noch fast ausschließlich nach dem von der IANA eingeführten System erfolgt.

Kartellrechtliche Bedenken ergeben sich insoweit, als die IANA sich möglicherweise gegenüber ihren Auftraggebern verpflichtet hat, die Registrierung der TLDs mit bestimmten Bedingungen zu verknüpfen und dass diese gegebenenfalls auch für die Registrierung auf tieferen Domain-Ebenen gelten sollen. Darüber hinaus ist zu klären, ob die bisherige Praxis, die Registrierungsverantwortung für eine TLD immer nur an eine Registrierungsstelle zu übertragen, nicht gegen das kartellrechtliche Missbrauchsverbot verstößt.

B. Anwendbarkeit europäischen und deutschen Kartellrechts

Da es sich bei der IANA um eine amerikanische Institution mit Sitz in den Vereinigten Staaten handelt, stellt sich die Frage, ob auf deren Verhalten europäisches oder deutsches Kartellrecht überhaupt anwendbar sind.

I. Gemeinschaftsrecht

Der räumliche Anwendungsbereich der europäischen Wettbewerbsregeln ergibt sich aus Art. 299 EGV und ist im Wesentlichen mit dem Gemeinschaftsgebiet identisch. Nach dem EuGH kommt es sowohl für die Anwendbarkeit des Art. 81 EGV als auch für die des Art. 82 EGV nur darauf an, dass die fraglichen Handlungen auf dem Gemeinsamen Markt wirken.[74] Dabei genügt es bereits, wenn Unternehmen mit Sitz außerhalb der Gemeinschaft, Verträge mit Nachfragern innerhalb der Gemeinschaft abschließen.[75]

Die IANA hat Registrierungsstellen für die ccTLDs, zum Beispiel die DENIC eG für die .de-Domain, im Gemeinschaftsgebiet anerkannt und die Registrierungsbefugnis für die jeweilige TLD auf diese übertragen. Auf die damit im Zusammenhang stehenden Handlungen ist daher europäisches Wettbewerbsrecht grundsätzlich anwendbar.

Vergabe von Deutschen Internet-Domain's, Teil II - Erläuterungen der Einzelpunkte des Antrags (Erläuterungen), Stand: 15.05.1997, überarbeitete Fassung vom 01.11.1997, Anlage 3

[73] Auf diese Systeme wird unten als Drittes Kapitel näher eingegangen

[74] Vgl. EuGH, Slg. 1972, S. 619, 664 - Farbstoffurteil; 1972, S. 772, 837 - Geigy; Slg. 1973, S. 215, 242 - Continental Can

[75] Vgl. EuGH Slg. 1978, S. 207, 287 ff. - United Brands; Slg. 1979, S. 461, 509 ff. - Hoffman-La Roche/Vitamine

II. GWB

Hinsichtlich des GWB[76] bestimmt sich der Anwendungsbereich nach § 130 II GWB[77]. Danach ist das Gesetz auf "alle Wettbewerbsbeschränkungen anwendbar, die sich im Geltungsbereich dieses Gesetzes auswirken, auch wenn sie außerhalb des Geltungsbereiches dieses Gesetzes veranlasst werden". Die Vorschrift folgt damit dem völkerrechtlich grundsätzlich anerkannten "Auswirkungsprinzip"[78].

Dies ist im Hinblick auf das völkerrechtliche Territorialitätsprinzip nicht unproblematisch. Daher wird das Auswirkungsprinzip auf die Fälle begrenzt, wo der beanstandete Vorgang mit Auslandsbezug als hypothetischer Inlandsfall gegen eine Norm des GWB verstößt.[79] Allerdings ist insoweit strittig, ob bereits die Eignung eines Vorgangs zur Wettbewerbsbeschränkung genügt oder ob eine tatsächliche Auswirkung im Inland zu fordern ist.[80] Die Streitfrage braucht vorliegend jedoch nicht entschieden zu werden. Das DENIC als Registrierungsstelle für die .de-Domain hat seinen Sitz und seinen Geschäftsbereich in Deutschland und kartellrechtlich relevante Handlungen zwischen dem DENIC und der IANA, wie beispielsweise die in RFC 1591 skizzierte Vergabepraxis der IANA, wirken sich damit im Inland aus.

Darüber hinaus greift das GWB bei Fällen mit Auslandsbezug nur ein, wenn die Auswirkung der Wettbewerbsbeschränkung auf die deutschen Wettbewerbsverhältnisse "spürbar" ist.[81] Unabhängig davon, ob man den Maßstab für die Spürbarkeit absolut oder auf der Grundlage der verletzten Sachnorm bestimmt[82], wird man eine solche "Spürbarkeit" jedenfalls immer dann annehmen können, wenn - wie in vorliegendem Fall - durch das Verhalten der beteiligten Unternehmen Monopole geschaffen werden und der Wettbewerb insgesamt und weltweit betroffen ist. Durch die Zuweisung der Registrierungsbefugnis für die .de-Domain erlangt die DENIC eG eine weltweite Alleinstellung auf dem Registrierungsmarkt für die .de-Domain.[83] Hinzu kommt, dass dieses Monopol in Deutschland erhebliche wirtschaftliche Bedeutung hat. Immerhin sind unter der .de-Domain zwischenzeitlich über zwei Millionen Subdomains registriert.[84]

---

[76]Dieser Untersuchung wird das GWB in der am 1.1.1999 in Kraft getretenen Fassung zugrundegelegt.

[77]Der Anwendungsbereich ist hier Wortgleich mit dem früher in der Regel einschlägigen Satz 1 des § 98 II GWB a.F. bestimmt.

[78]Vgl. die Kommentierungen zu dem gleichlautenden Satz 1 des § 98 II a.F.: Rehbinder: in Immenga/Mestmäcker § 98 II Rdnr. 16 ff.; Langen/Jungbluth § 98 II Rdnr. 110, 115 ff.

[79]Vgl. Bechtold: Kartellgesetz § 98 Rdnr. 9

[80]Vgl. zum Streitstand: Rehbinder: in Immenga/Mestmäcker § 98 II Rdnr. 63 ff.

[81]Vgl. BGH WuW/E BGH 1279 - Ölfeldrohre; BGH WuW/E BGH 1613 - Organische Pigmente; Bechtold: Kartellgesetz § 98 Rdnr. 11; Rehbinder: in Immenga/Mestmäcker § 98 II Rdnr. 68 f.; Langen/Jungbluth: § 98 II Rdnr. 108, 125

[82]Vgl. zum Streitstand. Rehbinder: in Immenga/Mestmäcker § 98 II Rdnr. 30 ff.

[83]Zur gegebenenfalls erforderlichen Marktabgrenzung, vgl. Zweites Kapitel, C. IV.1.a

[84]Vgl. RIPE Region Hostcount, im Internet abrufbar unter: http://www.ripe.net/ripencc/pub-services/stats/hostcount/

III. Kollisionen

Grundsätzlich sind Gemeinschaftskartellrecht und deutsches Kartellrecht nach der Rechtsprechung des EuGH auch parallel anwendbar.[85] Unproblematisch ist dies, solange beide zum gleichen Ergebnis führen und ein bestimmtes Verhalten übereinstimmend für erlaubt oder verboten halten. Zum Konflikt kommt es, wenn deutsches Kartellrecht ein nach Gemeinschaftsrecht erlaubtes Verhalten verbietet und umgekehrt. Dieser Konflikt ist nach der Rechtsprechung des EuGH, im Sinne eines Vorranges des Gemeinschaftsrechtes zu lösen. Die Anwendung des deutschen Kartellrechts darf die uneingeschränkte und einheitliche Anwendung des Gemeinschaftskartellrechts und die Wirksamkeit der zu seinem Vollzug ergangenen oder zu treffenden Maßnahmen nicht beeinträchtigen.[86] Zu diesen Maßnahmen zählen insbesondere "gewisse positive, obgleich mittelbare Eingriffe zur Förderung einer harmonischen Entwicklung des Wirtschaftslebens innerhalb der Gemeinschaft".[87] Hierzu zählen nach allgemeiner Ansicht die Freistellungsentscheidungen der Kommission nach Art. 81 III EGV.[88] Die zumindest früher in Deutschland vorherrschende Ansicht einer gleichberechtigten Anwendbarkeit beider Regelungsmaterien[89] hat sich in der Gemeinschaft nicht durchgesetzt[90] und ist seit der "Solange-II"-Entscheidung[91] des Bundesverfassungsgerichts überholt.[92]

C. Kartellverbot (Art. 81 EGV)

Nach Art. 81 I EGV sind alle Vereinbarungen zwischen Unternehmen, Beschlüsse von Unternehmensvereinigungen und aufeinander abgestimmte Verhaltensweisen verboten, die eine Verhinderung, Einschränkung oder Verfälschung des Wettbewerbs innerhalb des Gemeinsamen Marktes bezwecken oder bewirken und geeignet sind den Handel zwischen den Mitgliedsstaaten zu beeinträchtigen.

Solche wettbewerbsbeschränkenden Verhaltensabstimmungen sind denkbar zwischen der IANA und der U.S. Regierung oder zwischen der IANA und ihren "Abnehmern", den Registrierungsstellen, oder der "Internetgemeinschaft".

---

[85] Vgl. EuGH Slg. 1969, S. 1 - Walt Wilhelm; Slg. 1980, S. 2327 - Guerlain
[86] Vgl. EuGH Slg. 1969, S. 1 - Walt Wilhelm; Slg. 1980, S. 2327 - Guerlain
[87] Vgl. EuGH Slg. 1969, S. 1, 13 f. - Walt Wilhelm
[88] Vgl. Gleiss/Hirsch: Einl. C Rn. 62, 71; Grill in: Lenz, EGV-Kommentar, Vorbem. Art. 85- 90 Rn 37; Schröter in: GTE, Vorb. zu den Art. 85 - 89 Rn 131
[89] Sog. Zweischrankentheorie, vgl. BGHZ 71, S. 102, 107 f.; KG WuW/E OLG 1745, 1746 - Sachs; Koch, BB 1959, 241 ff.
[90] Vgl. EuGH Slg. 1969, S. 1 - Walt Wilhelm; Slg. 1980, S. 2327 - Guerlain; Slg. 1987, S. 2354, 2359 f. - Albaco
[91] BVerfGE 73, 339 ff. = NJW 1987, 577
[92] Vgl. Hoeren: Selbstregulierung, S. 216

I. Adressaten

Adressaten der Wettbewerbsregeln in Art. 81 EGV sind Unternehmen und Unternehmensvereinigungen.

Unternehmen im Sinne der Vorschrift ist "jede eine wirtschaftliche Tätigkeit ausübende Einheit, unabhängig von ihrer Rechtsform und der Art ihrer Finanzierung".[93] Es muss sich dabei um eine einheitliche Organisation personeller, materieller und immaterieller Faktoren handeln, mit der auf Dauer ein bestimmter wirtschaftlicher Zweck angestrebt wird.[94] Wirtschaftliche Betätigung ist nicht nur im Bereich des Warenverkehrs möglich, sondern auch im Dienstleistungsbereich.[95] Auch der Staat ist nur im Bereich seiner hoheitlichen Betätigung von der Anwendung des Art. 81 I EGV befreit, als Anbieter oder Nachfrager von wirtschaftlichen Gütern, muss er ebenso wie andere Unternehmen die Wettbewerbsregeln beachten.[96]

1. IANA

Die IANA bzw. die entsprechende Abteilung des ISI und nunmehr die ICANN vergibt Domain Names und delegiert die Registrierungsbefugnis für TLDs schon seit vielen Jahren. Es besteht kein Zweifel, dass es sich insoweit um eine einheitliche Organisation personeller, materieller und immaterieller Faktoren handelt.

Seit die ICANN die Aufgabe der IANA übernommen hat wird diese nur noch gegen Entgelt für die Registerführer tätig. Es handelt sich also um eine wirtschaftliche Betätigung. Aber auch das ISI hat die Aufgabe der IANA aufgrund eines Vertrages mit der U.S. Regierung gegen Bezahlung übernommen und ist damit Unternehmer i.S.d. Vorschrift. Es genügt, wenn eine Leistung zwar gegenüber dem Abnehmer unentgeltlich erfolgt, aber vom Auftraggeber bezahlt wird.[97]

2. U.S. Regierung

Auftraggeber der IANA war zunächst die U.S. Regierung und auch die ICANN beruft sich bei ihrer Tätigkeit auf eine Vereinbarung mit der U.S. Regierung.[98] Grundsätzlich kann auch der Staat Unternehmer i.S.d. Art. 81, 82 EGV sein.[99] Entsprechend kommen bei einer unternehmerischen Betätigung des Staates auch wettbewerbsbeschränkende

---

[93] EuGH Slg. 1991, S. 1979 Rn. 21 - Höfner und Elser; Grill in: Lenz, EGV-Kommentar, Vorbem. Art. 85-90 Rn 29

[94] Sogenannter "funktionaler Unternehmensbegriff", EuGH Slg. 1992 II, S. 757 Rn 311 - Shell; Grill in: Lenz, EGV-Kommentar, Vorbem. Art. 85-90 Rn 29

[95] Vgl. EuGH Slg. 1981, S. 2021 - Züchner/Bayerische Vereinsbank; Slg. 1985, S. 873 - Italien; Slg. 1974, S. 409 Sacci, Slg. 1985, S. 3261 CBEM/CLT u. IBP

[96] Vgl.Komm.: IX Wettbewerbsbericht 1979, Tz. 114 - Suralmo; EuGH, Slg. 1994 I, S.43, 63 f. - Eurocontrol Gleiss/Hirsch: Art. 85 I Rn 35 ff.; Emmerich in: Imm/Mest: EG-WbR, Art 85 I A Rn 28; Langen/Bunte: Art 85 Gen.Prinz. Rn 8

[97] Vgl. Gleiss/Hirsch: Art. 85 I Rn 15

[98] Es handelt sich dabei um das "Memorandum of Understanding between the U.S. Department of Commerce and the Internet Corporation for Assigned Names and Numbers", im Internet abrufbar unter: http://www.ntia.doc.gov/ntiahome/domainname/icann-memorandum.htm;

[99] Vgl.Komm.: IX Wettbewerbsbericht 1979, Tz. 114 - Suralmo; EuGH, Slg. 1994 I, S.43, 63 f. - Eurocontrol Gleiss/Hirsch: Art. 85 I Rn 35 ff.; Emmerich in: Imm/Mest: EG-WbR, Art 85 I A Rn 28; Langen/Bunte: Art 85 Gen.Prinz. Rn 8

Verhaltensabstimmungen mit der IANA in Betracht. Die Abgrenzung zwischen hoheitlicher und wirtschaftlicher Betätigung des Staates kann im Einzelfall aber erhebliche Schwierigkeiten bereiten.[100] Es bedarf dabei einer präzisen Abwägung der Umstände des Einzelfalles.

Diese ursprünglichen Umstände sind vorliegend aber weitgehend unbekannt. Insbesondere ist die Vereinbarung zwischen der U.S. Regierung und dem ISI nicht veröffentlicht. Bekannt ist nur, dass die U.S. Regierung die Arbeit der IANA finanziert hat[101] und dass insoweit eine Vereinbarung oder Verhaltensabstimmung bestehen musste. Hier lässt sich nicht abschließend klären, ob die U.S. Regierung dem ISI nur Mittel im Rahmen ihres allgemeinen Forschungs- und Bildungsauftrages oder im Rahmen eines konkreten (militärischen) Forschungsauftrages zukommen lies.

Anders liegen die Dinge seit die ICANN die Aufgabe der IANA übernommen hat. Die Mitwirkung der U.S. Regierung, hinsichtlich des MoU ist darauf gerichtet, die Verwaltung des DNS auf die Privatwirtschaft zu übertragen. Dabei will die Regierung im Interesse der Allgemeinheit darauf achten, daß das DNS stabil bleibt und Wettbewerb ermöglicht. [102] Die U.S. Regierung sichert sich hierbei vertraglich umfassende Kontrollmöglichkeiten.[103] Die Verträge führen nicht zum Austausch von finanziellen Mitteln zwischen den Parteien.[104] Die Kontrolle der wirtschaftlichen Betätigung von Unternehmen ist selbst keine wirtschaftliche Betätigung. Die U.S. Regierung wird hier ausschließlich im öffentlichen Interesse und nicht zu Erwerbszecken tätig. Die Tätigkeit fällt damit nicht unter Art. 81, 82 EGV.[105]

Mangels Unternehmereigenschaft der U.S. Regierung bzw. des DOC fallen die Vereinbarungen zwischen ihr und der ICANN nicht in den Anwendungsbereich der Art. 81, 82 EGV.

3. Registrierungsstellen für die TLDs

Wettbewerbsbeschränkende Verhaltensabstimmungen kommen aber auch zwischen der IANA und ihren "Abnehmern", den Registrierungsstellen für die TLDs, in Betracht. Das DENIC oder vielmehr die DENIC eG beispielsweise registriert gegen Entgelt Domain Names unter der .de-Domain[106] und füllt damit ganz unproblematisch den funktionalen

---

[100] Vgl. Gleiss/Hirsch: Art 85 I Rn 35, 42 f.

[101] Vgl. beispielsweise: cctld News Memo # 2, im Internet abrufbar unter: http://www.iana.org/cctld-news2.html

[102] Vgl. United States Department of Commerc: Management of Internet Names and Adresses (White Paper), Docket Number: 980212036-8145-02, im Internet abrufbar unter: http://www.ntia.doc.gov/ntiahome/domainname/6_5_98dns.htm; Ziff. II Memorandum of Understanding between the U.S. Department of Commerce and the Internet Corporation for Assigned Names and Numbers, im Internet abrufbar unter: http://www.ntia.doc.gov/ntiahome/domainname/icann-memorandum.htm;

[103] Vgl. insbesondere Amendment 1 to the ICANN-DoC MoU, im Internet abrufbar unter: http://www.icann.org/nsi/amend1-jpamou.htm; Ziff. I.B.2. Amentment 19, im Internet abrufbar unter: http://www.icann/nsi/amendment19.htm;

[104] Ziff. VI Memorandum of Understanding between the U.S. Department of Commerce and the Internet Corporation for Assigned Names and Numbers, im Internet abrufbar unter: http://www.ntia.doc.gov/ntiahome/domainname/icann-memorandum.htm

[105] Vgl. EuGH, Slg. 1975, S. 699, 713 - ENCC; Koch in: Grabitz/Hilf: Art 85 Rn 8

[106] Vgl. § 2 des Statuts der DENIC eG, Anlage 4

Unternehmensbegriff des Art. 81 EGV aus. Das gleiche gilt für eine Vielzahl weiterer Registrierungsstellen für die TLDs, insbesondere für die Registrierungsstellen der ccTLDs anderer Mitgliedsstaaten der Gemeinschaft.

II. Zusammenwirken

Das nach Art. 81 EGV verbotene Zusammenwirken umfasst Vereinbarungen, Beschlüsse von Unternehmensvereinigungen und abgestimmte Verhaltensweisen.

Eine Vereinbarung i.S.d. Art. 81 EGV ist eine zwei- oder mehrseitige Übereinkunft, durch die wenigstens einer der Partner zu einem Tun oder Unterlassen verpflichtet wird.[107] Vereinbarungen können schriftlich, mündlich oder konkludent geschlossen werden.[108] Der Tatbestand erfasst sowohl horizontale als auch vertikale Vereinbarungen.[109] Eine abgestimmte Verhaltensweise i.S.d. Vorschrift ist eine Form der Koordinierung zwischen Unternehmen, die zwar noch nicht bis zum Abschluss eines Vertrages im eigentlichen Sinne gediehen ist, jedoch bewusst eine praktische Zusammenarbeit an die Stelle des mit Risiken verbundenen Wettbewerbs treten lässt.[110] Der Streit[111], ob eine Vereinbarung für die Beteiligten rechtlich bindend sein muss oder ob auch eine faktische Bindung genügt, ist in der Praxis irrelevant, da Vereinbarung, Beschluss und abgestimmtes Verhalten gleichermaßen verboten sind.[112] Es ist daher z.B. ohne Bedeutung, ob ein sog. "gentleman's agreement" - wegen der nur faktischen Bindung der Beteiligten - als Vereinbarung oder als abgestimmte Verhaltensweise qualifiziert wird.[113]

1. IANA - Registrierungsstellen

Fraglich ist zunächst, ob zwischen der IANA und den Registrierungsstellen eine Vereinbarung geschlossen wurde.

Jeder, der sich bei der IANA um eine Domain bemüht, muss ein entsprechendes Antragsformular ausfüllen[114] und übermitteln. Die IANA sorgt dafür, dass ein erfolgreicher Bewerber in das Rootverzeichnis eingetragen wird. In der Regel werden keine weiteren Erklärungen ausgetauscht. Die Parteien treffen damit - soweit ersichtlich - keine ausdrückliche Vereinbarung. In Betracht kommt aber ein Vertragsschluss durch schlüssiges Verhalten.

Gegen die Annahme einer Vereinbarung zwischen der IANA und den Registerführern könnte eingewandt werden, dass die IANA ihre Registrierungstätigkeit im Rahmen eines Vertrages mit der U.S. Regierung übernommen hat und von dieser bezahlt wurde.[115]

---

[107] Vgl. Gleiss/Hirsch: Art. 85 I Rn 74; Grill in: Lenz, EGV-Kommentar, Art. 85 Rn 1; Koch in: Grabitz/Hilf KEU Art. 85 Rn 19

[108] EuGH Slg. 1983, S. 3151 Rn 38 - AEG

[109] EuGH Slg. 1966, S. 457, 485 - Italien/Kommission

[110] Vgl. EuGH Slg. 1972, S. 619 Rn 64/67; Gleiss/Hirsch: Art. 85 I Rn 90 ff.; Grill in: Lenz, EGV-Kommentar Art. 85 Rn 5; Koch in: Grabitz/Hilf KEU Art. 85 Rn 26

[111] Vgl. zu Streitstand Schröter in: GTE, Art 85 Rn 40 ff.

[112] So auch Grill in: Lenz, EGV-Kommentar Art. 85 Rn 1

[113] Vgl. EuGH Slg. 1985, S. 2015 Rn 17 - Binon/AMP; Grill in: Lenz, EGV-Kommentar Art. 85 Rn 1

[114] Das Antragsformular kann im Internet abgerufen werden unter: http://www.iana.org/cctld-template.txt

[115] Bei der Vereinbarung zwischen der IANA und der U.S. Regierung könnte es sich um einen Vertrag zugunsten der Domain-Inhaber, den Registrierungsstellen, i.S.d. § 328 BGB gehandelt haben. Dagegen

Für eine eigenständige Vereinbarung zwischen der IANA und den Domain-Inhabern spricht aber, dass die ICANN nur gegen Entgelt tätig wird und die Interessenlage der Beteiligten. Würde das Recht der Domain-Inhaber ausschließlich auf dem Vertrag zwischen der IANA und der U.S. Regierung beruhen, könnte die IANA nach § 334 BGB alle Einwendungen aus ihrem Verhältnis zur U.S. Regierung auch gegenüber den Domain-Inhabern geltend machen. Dies kann zu einem aus dem Verhältnis zur U.S. Regierung begründeten Leistungsverweigerungsrecht der IANA gegenüber den Domain-Inhabern führen, ohne dass diese hierauf Einfluss nehmen könnten. Eine Leistungsverweigerung der IANA entzieht der Registrierungstätigkeit eines Domain-Inhabers die Grundlage. Dementsprechend ist es für die Domain-Inhaber von größtem Interesse, dass sie einen selbständigen, von der U.S. Regierung unabhängigen Anspruch gegen die IANA begründen. Aus diesem Grund ist in dem Registrierungsantrag der Domain-Inhaber ein Antrag zum Abschluss einer selbständigen Vereinbarung und in der Zuweisung der Domain durch Eintragung des Antragstellers in das Rootverzeichnis eine konkludente Annahme zu sehen.

Mit der Übersendung des Antragsformulars bringt der Bewerber darüber hinaus schlüssig zum Ausdruck, dass er bereit ist, die Registrierungsverantwortung für eine Domain zu den in RFC 1591 ausgeführten Bedingungen zu übernehmen. Der Bewerber ist zumindest faktisch an die Anforderungen der IANA gebunden, beispielsweise hinsichtlich der Art und Weise der Registerführung. Ihm wird sonst die Registrierungsverantwortung nicht übertragen bzw. ihm kann nach RFC 1591 Ziff. 5, Abs. 3 die übertragene Domain wegen des mangelhaften Betriebs der Domain wieder entzogen werden. Zumindest für die Domain-Inhaber ist die Vereinbarung daher auch faktisch verbindlich.

Abschließend stellt sich die Frage, ob sich die Beteiligten neben dieser tatsächlichen Bindung, auch rechtlich binden wollen. Für die Frage nach dem Rechtsbindungswillen der Parteien ist nicht der innere Wille entscheidend; es kommt vielmehr darauf an, wie sich das Verhalten der Beteiligten bei Würdigung aller Umstände einem objektiven Beurteiler darstellt.[116] Zu würdigen sind die wirtschaftliche und rechtliche Bedeutung der Angelegenheit.[117] Eine vertragliche Bindung liegt insbesondere nahe, wenn der Begünstigte sich erkennbar auf die Zusage verlässt und für ihn erhebliche Werte auf dem Spiel stehen.[118]

Wie bereits erwähnt, hängt die Registrierungstätigkeit der Domain-Inhaber vollständig von der Vorleistung der IANA ab. Eine Leistungsverweigerung der IANA entzieht der

---

spricht jedenfalls nicht schon, dass es sich bei den Beteiligten um amerikanische Institutionen handelt, denn auch im anglo-amerikanischen Recht ist der Vertrag zugunsten Dritter anerkannt, vgl. Staudinger/Jagmann (1995): Vorbemerk zu §§ 328 ff. Rn 27. Sollte ein Vertrag zugunsten Dritter zwischen der IANA und der U.S. Regierung geschlossen worden sein, würde dieser als Motiv für die Tätigkeit der IANA genügen. In Betracht käme, dass die IANA nur in Erfüllung ihrer Verpflichtung gegenüber der U.S. Regierung handelt und nicht in Erfüllung einer eigenständigen Vereinbarung mit den Domain-Inhabern. Beim Vertrag zugunsten Dritter wird zwischen dem Versprechenden und dem Dritten in der Regel kein eigenständiges Vertragsverhältnis begründet, vgl. BGHZ 54, S. 147; Münch/Komm/Gottwald: § 328 Rn 24; Staudinger/Jagmann: Vorbemerk zu §§ 328 ff. Rn 31, 41. Bei dem Registrierungsantrag würde es sich dann einfach nur um die Erklärung handeln, dass der Antragssteller die Leistung der IANA als solche im Drittverhältnis i.S.d. § 328 BGB annimmt bzw. um eine erforderliche Mitwirkungshandlung.

[116] Vgl. BGHZ 21, S. 107

[117] Vgl. BGHZ 21, S. 107; 88, S. 382; 92, S. 168

[118] Vgl. BGHZ 56, S. 210

Registrierungstätigkeit eines Domain-Inhabers die Grundlage. Bei vielen Registrierungsstellen, wie beispielsweise der DENIC eG, die ausschließlich zum Betrieb der Registrierungsstelle der .de-Domain gegründet wurde, hat eine Leistungsverweigerung der IANA existenzvernichtende Wirkung. Es liegt nahe, dass sich die Domain-Inhaber angesichts dieser Situation auf die Leistung der IANA verlassen und eine vertragliche Bindung wollen. Es ist daher hier auch von einem Rechtsbindungswillen der Beteiligten auszugehen

Zwischen der IANA und den Registrierungsstellen für die TLDs liegt damit eine Verhaltenskoordination i.S.d. Art. 81 I EGV vor.

2. Einseitige Maßnahmen

Der EuGH[119] hat verschiedentlich auch solche Handlungen eines Beteiligten in den Kartelltatbestand einbezogen, die bei isolierter Betrachtung als einseitige Maßnahmen zu qualifizieren wären, falls sie sich in ein bestehendes Vertragsverhältnis einordnen lassen.

Einseitige Maßnahmen der IANA liegen beispielsweise vor, wenn sie in RFC 1591 festlegt, welche technischen und organisatorischen Voraussetzungen (IP-Konnektivität, Nameserverservice, Secondary Nameserver, e-Mail-Erreichbarkeit, administrativer und technischer Kontakt usw.) sie von einem Bewerber für die Registrierungsverantwortung erwartet.[120] Auch die bisherige Praxis der IANA, die Registrierungsverantwortung für eine TLD immer nur an eine Registrierungsstelle zu delegieren, stellt eine solche einseitige Maßnahme dar.

Von einer solchen Einordnung einer einseitigen Maßnahme in ein bestehendes Vertragsverhältnis kann nur gesprochen werden, wenn sie sich als gezielte Wettbewerbsbeschränkung im Rahmen eines ganzen Vertragssystems darstellt und das Einverständnis mit solchen auch einseitigen Maßnahmen bereits durch den Beitritt zum Vertragssystem erklärt wurde.[121]

Eine solche beispielsweise für Vertragshändlersysteme typische Situation liegt hier nicht vor. Insbesondere ist nicht erkennbar, dass sich die IANA bei der Aufstellung der Auswahlkriterien oder bei ihrer Entscheidung, die Registrierungsverantwortung für eine TLD auf eine Registrierungsstelle zu delegieren, von anderen Erwägungen hat leiten lassen, als dem Prioritätsgrundsatz und der Sicherung der Funktionsfähigkeit des DNS. Auf diese einseitigen Maßnahmen der IANA bleibt Art. 81 EGV daher unanwendbar.

III. Wettbewerbsbeschränkung

Art. 81 I EGV untersagt nicht jedes bewusste und gewollte Zusammenwirken mehrerer Unternehmen, sondern nur solches mit dem Zweck oder der Folge der Wettbewerbsbeschränkung. Es ist daher zu prüfen, ob die Verhaltenskoordination zwischen der IANA und den Registrierungsstellen, wie sie sich in nach RFC 1591 darstellt, zu einer Wettbewerbsbeschränkung führt oder eine solche bezweckt.

---

[119]Vgl. EuGH Slg. 1983, S. 3151 Rn 38 - AEG; Slg. 1985, S. 2725 Rn 21 - Ford
[120]Vgl. Ziff. 3.1, 3.5 RFC 1591, Anlage 1; Lit. a und d IANA TLD Delegation Practices, im Internet abrufbar unter: http://www.iana.org/tld-deleg-prac.html oder http://www.icann.org/tld-deleg-prac.html
[121]Vgl. EuGH a.a.O.

1. Beschränkung der Handlungsfreiheit mit Drittwirkung

Eine Wettbewerbsbeeinträchtigung kommt nach verbreiteter Ansicht in Betracht, wenn die wirtschaftliche Handlungsfreiheit der an einer Vereinbarung oder Verhaltensabstimmung beteiligten oder durch einen Beschluss betroffenen Unternehmen eingeschränkt wird und sich dies auf deren Verhältnis zu Dritten oder zwischen Dritten auswirkt.[122] Nach anderer Ansicht soll bereits die reine Drittwirkung einer Maßnahme genügen.[123] Dieser Streit wird selten relevant und soll daher allenfalls an gegebener Stelle vertieft werden.

Die IANA schreibt den Registrierungsstellen vor, welche Nutzergruppen unter den gTLDs registriert werden dürfen (RFC 1591 Ziff. 2) und wie eine Domain gegenüber den SLD-Inhabern zu verwalten ist (RFC 1591 Ziff. 3). Darüber hinaus bestimmt sie, dass die Anforderungen für die Zuweisung einer Domain (IP-Konnektivität, Nameserverservice, Secondary Nameserver, e-Mail-Erreichbarkeit, administrativer und technischer Kontakt usw.) auch hinsichtlich etwaiger Subdomains (RFC 1591 Ziff. 3.3), also für das Verhältnis der Registrierungsstellen zu Dritten, gelten sollen. Die Handlungsfreiheit der Registrierungsstellen wird damit im Hinblick auf die Auswahl ihrer Geschäftspartner und hinsichtlich der Bedingungen der Geschäftsdurchführung eingeschränkt.

Durch diese Handlungsbeschränkungen werden die Auswahlmöglichkeiten derer reduziert, die die Zuweisung einer Subdomain begehren. Die Vereinbarung hat damit auch Drittwirkung.

2. Ausnahmen

Allerdings ist nicht jede Beschränkung der Handlungsfreiheit der Beteiligten gleichzeitig eine verbotene Wettbewerbsbeschränkung. Die weite Definition der Wettbewerbsbeschränkung bedarf insoweit der Korrektur. Beispielsweise verpflichtet sich der Verkäufer einer Ware zur Übereignung und begibt sich damit der Möglichkeit, die gleiche Ware anderweitig zu verkaufen. Der Verkäufer beschränkt damit seine wirtschaftliche Handlungsfreiheit und dies wirkt auch gegenüber Dritten, denn diesen ist der Verkaufsgegenstand entzogen. Hierin ist aber regelmäßig noch keine Wettbewerbsbeschränkung zu sehen, sondern die Beteiligten haben vielmehr von ihrer Handlungsfreiheit Gebrauch gemacht.[124] Gerade bei vertikalen Vereinbarungen und Absprachen bedarf es einer wertenden Betrachtung unter Berücksichtigung der Gesamtumstände.[125]

Die Rechtsprechung hat Fallgruppen herausgearbeitet, bei denen sie trotz einer Handlungsbeschränkung der Beteiligten mit Drittwirkung, die Anwendbarkeit von Art. 81 EGV verneint. Die Tatbestandsmäßigkeit ist demnach insbesondere zu verneinen,

---

[122] Sog. "Selbständigkeitspostulat", vgl. EuGH Slg. 1975, S. 1663 Rn 173, 174 - Suiker Unie; Slg. 1993 S. 1307 Rn 63 - Ahlström; Emmerich in: Imm/Mest: WbR-EG, Art. 85 I A Rn 140; Gleiss/Hirsch: Art. 85 I Rn 133 ff.; Koch in: Grabitz/Hilf, Art 85 Rn 45 ff.; m.E. Emmerich in: Imm/Mest: EG-WbR, Art 85 I A Rn 157, 199 der bereits die bloße Einschränkung der Handlungsfreiheit genügen lassen will, aber die Drittwirkung im Rahmen der Spürbarkeit der Wettbewerbsbeschränkung fordert und damit regelmäßig zum gleichen Endergebnis kommen wird.

[123] Vgl. Komm. ABl.-EG 1982 L 161/18, 30; Schröter in: GTE, Art 85 I Rn 17, 83 ff.

[124] Vgl. EuGH Slg. 1972 , S. 949 Rn 31 f. - Beguelin; Grill in: Lenz, EGV-Kommentar, Art. 85 Rn 10; Gleiss/Hirsch: Art. 85 I Rn 139 f.; Koch in: Grabitz/Hilf, Art 85 Rn 71 ff.

[125] Vgl. EuGH Slg. 1966, S. 281, 302 - Maschinenbau Ulm; Slg. 1991 I, S. 935, 984 - Delimits/Henninger Bräu; Grill in: Lenz, EGV-Kommentar, Art. 85 Rn 10; Gleiss/Hirsch: Art. 85 I Rn 144

wenn nicht schützenswerter Wettbewerb beschränkt wird[126]. Ebenso ist sie zur verneinen, wenn die Beteiligten durch die getroffenen Maßnahmen neuen Wettbewerb erst ermöglichen ohne vorhandenen Wettbewerb einzuschränken oder andernfalls möglichen Wettbewerb zu verhindern[127]. Das Gleiche gilt, wenn es sich um sonstige sogenannte "kartellfreie Kooperationen" handelt[128].

Zu den "kartellfreien Kooperationen" werden auch diverse Vereinbarungen im Rahmen von vertikalen Vertriebssystemen gerechnet.[129] So wird bei Handelsvertretern, Kommissionsagenten und Kommissionären unter bestimmten Bedingungen eine Bindung an Weisungen des Geschäftsherrn als mit Art. 81 I EGV vereinbar angesehen.[130] Ähnlich werden auch Franchisingvereinbarungen teilweise von der Anwendung des Art. 81 I EGV ausgenommen.[131]

Es stellt sich hier die Frage, ob die Vereinbarungen zwischen den Beteiligten in eine der angesprochenen Fallgruppen eingeordnet bzw. als Franchisingvereinbarung angesehen werden kann und ob dies im Einzelfall die Tatbestandsmäßigkeit des Art. 81 I EGV ausschließt.

a. Franchisinggedanke

Das sogenannte "Franchising" hat sich zwischenzeitlich als neuere Form der Absatzkooperation etabliert.[132] Es handelt sich um ein modernes Marketingsystem, von dem im Idealfall beide Seiten profitieren. Die eine Seite, indem sie ihren Vertrieb auf selbstverantwortlich handelnde Unternehmen auslagert (und sich so den Einsatz eigener Ressourcen erspart), die andere Seite, indem sie sich einem großangelegten oder bewährten Konzept anschließt (statt ganz auf sich selbst angewiesen zu sein).[133] Rechtlich wird unter einem Franchisingvertrag ein als Dauerschuldverhältnis ausgestalteter, einheitlicher, verkehrstypengemischter Vertrag verstanden.[134] Eine vielfach herangezogene, anschauliche, vor allem an den wirtschaftlichen Gegebenheiten orientierte Definition des Deutschen Franchise-Verbandes[135] lautet:

"Franchising ist ein vertikal-kooperativ organisiertes Absatzsystem rechtlich selbständiger Unternehmen auf der Basis eines vertraglichen Dauerschuldverhältnisses. Dieses System tritt am Markt einheitlich auf und wird geprägt durch das arbeitsteilige

---

[126]Vgl. EuGH, Slg. 1988, S. 2117, 2186 - Belasco; Komm. ABl.-EG 1970 L 148/9, 11 - ASPA; Gleiss/Hirsch: Art 85 I Rn 174 ff. m.w.N.; Langen/Bunte. Art 85 Gen.Prinz. Rn 42 f. m.w.N.
[127]Vgl. Schröter in: GTE: Art 85 I Rn 78 ff. m.N.
[128]Vgl. die Zusammenstellungen bei Gleiss/Hirsch: Art 85 I Rn 414 ff. oder Langen/von Stoephasius: Art 85 Fallgruppen Rn 1 ff.
[129]Vgl. die Aufstellung bei Langen/von Stoephasius: Art 85 Fallgruppen Rn 310 ff., 340 ff.
[130]Vgl. Emmerich in: Imm/Mest: EG-WbR, Art 85 I A Rn 270 f.; Langen/von Stoephasius: Art 85 Fallgruppen Rn 344; GTE/Jakob-Siebert/Jorna: Art 85 Fallgruppen, Liefer- und Bezugsvereinbarungen, Rn 19
[131]Vgl. Emmerich in: Imm/Mest: EG-WbR, Art 85 I B Rn 239 ff.; GTE/Jakob-Siebert/Jorna: Art 85 Fallgr, Liefer- und Bezugsvereinbarungen Rn 31 ff.; Gleiss/Hirsch: Art 85 I Rn 1549
[132]Vgl. Martinek: Franchising, S. 7; Skaupy: NJW, 1992, S. 1785 ff.
[133]Vgl. Schmidt, Handelsrecht, S. 772 f.
[134]Vgl. Palandt/Putzo: Einf v § 581 Rn 23; Schmidt, Handelsrecht, S. 776
[135]Zietiert bei Martinek: Franchising, S. 75 und Skaupy: NJW, 1992, S. 1785, 1786

Leistungsprogramm der Systempartner, sowie durch ein Weisungs- und Kontrollsystem eines systemkonformen Verhaltens.

Das Leistungsprogramm des Franchisegebers ist das Franchise-Paket. Es besteht aus einem Beschaffungs-, Absatz- und Organisationskonzept, dem Nutzungsrecht an Schutzrechten, der Ausbildung des Franchisenehmers und der Verpflichtung des Franchisegebers, den Franchisenehmer aktiv und laufend zu unterstützen und das Konzept ständig weiterzuentwickeln.

Der Franchisenehmer ist im eigenen Namen und für eigene Rechnung tätig; er hat das Recht und die Pflicht, das Franchise-Paket gegen Entgelt zu nutzen. Als Leistungsbeitrag liefert er Arbeit, Kapital und Information."

Auch die Kommission geht in der bis zum 31.05.2000 anwendbaren Franchiseverordnung[136] von einem ähnlichen Begriff aus, wenn sie für Franchisevereinbarungen folgenden Mindestinhalt fordert:

die Zahlung einer unmittelbaren oder mittelbaren Vergütung durch den Franchisenehmer an den Franchisegeber;
die Benutzung eines gemeinsamen Namens oder Zeichens sowie die einheitliche Aufmachung der vertraglich bezeichneten Geschäftslokale und/oder Transportmittel;
die Mitteilung von Know-how durch den Franchisegeber an den Franchisenehmer und
die andauernde, kommerzielle oder technische Unterstützung des Franchisenehmers durch den Franchisegeber während der Laufzeit des Vertrages.

Allerdings ist diese Definition bei der Beschreibung des Franchisepaketes[137] unnötig eng. Besser ist es, jedes Immaterialgut im Unternehmensbereich als möglichen Gegenstand der Nutzungsüberlassung miteinzubeziehen[138], denn es ist kein vernünftiges Argument ersichtlich, das eine Beschränkung auf die angeführten Immaterialgüter rechtfertigt. Zu diesen Immaterialgütern im Unternehmensbereich gehört auch der sogenannte "Good Will" und damit die Gesamtheit aller Umstände, die dazu führen, dass das Unternehmen im Verkehr höher eingeschätzt wird, als es dem reinen Sachwert der zum Unternehmen gehörenden Vermögensgegenstände entspricht.[139] Auch der EuGH sieht im Franchising eine Art wirtschaftlicher Verwertung eines Wissensschatzes ohne Einsatz von eigenem Kapital.[140]
Was den ersten Teil dieser Definition angeht, so ist sie weitgehend eine Beschreibung des Verhältnisses der IANA zu den ihr nachgeordneten Registrierungsstellen. Die IANA wird auch gegen Entgelt tätig. Allerdings fehlt es an dem für Franchisesysteme typischen einheitlichen Auftreten am Markt. Als Beispiele für diese Einheitlichkeit seien hier nur die "Obi"-Heimwerkermärkte oder die "McDonald's"-Restaurants genannt. Diese treten

[136]Vgl. Art. 1 III Verordnung (EWG) Nr. 4087/88 Der Kommission vom 30. Nov. 1988 über die Anwendung von Artikel 85 III des Vertrags auf Gruppen von Franchisevereinbarungen
[137]Vgl. zum Begriff: Mack: Neuere Vertragssysteme in der BRD, S. 44 ff.
[138]Vgl. Skaupy: NJW, 1992, S. 1785, 1789
[139]Vgl. BGHZ 75, S. 195, 199
[140]Vgl. EuGH, Slg. 1986, S. 353, 381 - Pronuptia

unter einer einheitlichen Marke und auch sonst in äußerlich kaum unterscheidbarer Weise am Markt auf.

Einheitlich ist bei der IANA und den Registrierungsstellen lediglich, dass sie Domain Names nur im Rahmen des von der IANA entwickelten Systems registrieren und nicht nach denen des "eDNS" oder "AlterNIC"[141]. Von diesen unterscheidet sich das DNS insbesondere dadurch, dass nur ein begrenzter, allen Beteiligten bekannter Satz von TLDs zur Verfügung steht. Im Übrigen stellen sich die Registrierungsstellen nach außen aber als selbständig handelnde Einheiten dar. Das Verhältnis der IANA zu den Registrierungsstellen kann daher jedenfalls nicht als typisches Franchisingverhältnis eingeordnet werden.

Das Leistungsprogramm der IANA ist im Wesentlichen auf zwei Punkte reduziert. Einmal auf die Zuweisung der beantragten Domain und vor allem die Verwaltung und dauernde Pflege der entsprechenden Registrierungsdateien. Insoweit steht nicht der gegenständlich fassbare Erfolg der Eintragung, sondern das dauernde Wirken und damit der Dienstleistungscharakter der Tätigkeit der IANA im Vordergrund. Die IANA selbst erklärt, diese Dienste "treuhänderisch" für die "Internetgemeinschaft" erbringen zu wollen und verlangt dies auch von den Registrierungsstellen.[142] Daneben ist vor allem die Erlaubnis, an dem Good Will der IANA und ihres DNS durch die Registrierung von Subdomains zu partizipieren, für die Beziehung der Beteiligten und das DNS charakteristisch und wichtig. Allein auf diesem Good Will beruht der Erfolg der IANA und ihres DNS.

Dieser Good Will ist so stark, dass es bislang keinem alternativen Domain-Name-Registrierungssystem gelungen ist auf dem Markt Fuß zu fassen. Das System der IANA gilt daher als System für die Domain-Name-Registrierung schlechthin. Es bedarf daher auch keines Auftretens unter einheitlicher Marke oder mit einem einheitlichen äußeren Erscheinung, um den Registrierungsstellen die für das Franchising charakteristische Teilhabe am Erfolg der Geschäftsidee des Franchisegebers zu ermöglichen. Der Unterschied zu den unter einheitlicher Marke und Erscheinungsbild auftretenden Franchisesystemen ist daher nicht so groß wie es zunächst scheint.

Obwohl es beim DNS an dem für Franchisingsysteme typischen einheitlichen äußeren Auftreten fehlt, das allgemein als eine unverzichtbare Voraussetzung des Franchising angesehen wird[143], weist das System der IANA doch deutliche Parallelen auf. In beiden Fällen handelt es sich um Dauerschuldverhältnisse, die sich nicht einzelnen Vertragstypen ausschließlich zuordnen lassen. In beiden Fällen steht neben einer Geschäftsbesorgung die Nutzungsüberlassung an immateriellen Gütern eines Unternehmens im Vordergrund. Das fehlende einheitliche äußere Auftreten wird durch die Einordnung in das von der IANA konzipierte und mit dieser assoziierte einheitliche Leistungskonzept weitgehend kompensiert.

---

[141] Vgl. dazu unten, Drittes Kapitel, D.

[142] Vgl. RFC 1591 Ziff. 2 und 3.2, dort heißt es: "These administrators are performing a public service on behalf of the internet community" und "These designated authorities are Trustees for the delegated domain, and have a duty to server the community". Diese Äußerungen richten sich zwar unmittelbar nur an diejenigen, denen eine Domain zugewiesen wird, dass diese Regelungen prinzipiell für alle Domainebenen gelten sollen, auch für die IANA selbst, folgt aber aus RFC 1591 Ziff. 3.3. wo es heißt: "There are no requirements on subdomains of top-level domains beyond the requirements on higher-level domains themselves."

[143] Vgl. EuGH, Slg. 1986, S. 353, 381 - Pronuptia; Art. 1 III b Verordnung (EWG) Nr. 4087/88 Der Kommission vom 30. Nov. 1988 über die Anwendung von Artikel 85 III des Vertrags auf Gruppen von Franchisevereinbarungen; Skaupy: NJW, 1992, S. 1785 f.; Schmidt, Handelsrecht, S. 776;

Angesichts der genannten Abweichungen, insbesondere wegen des fehlenden typischen einheitlichen äußeren Auftretens, kann das DNS nicht als Franchisingsystem eingeordnet werden. Im Hinblick auf die gezeigten Übereinstimmungen erscheint es aber gerechtfertigt, von einem Vertriebssystem zu sprechen, das dem Franchising nahe steht und auf das deshalb vielfach die im Hinblick auf das Franchising entwickelten Rechtsgedanken Anwendung finden können und sollten. Auf diese Weise kann auch der Dienstleistungscharakter der Tätigkeit der IANA und das Treuhandverhältnis zu den Registrierungsstellen in ein einheitliches Rechtsverhältnis eingeordnet werden.

b. Anwendung der Franchisinggrundsätze

Bei den vorangegangenen Überlegungen wurde festgestellt, dass das Verhältnis der IANA zu den Registrierungsstellen bzw. das DNS deutliche Bezüge zum Franchising aufweist. Es stellt sich nun die Frage, ob die für die kartellrechtliche Beurteilung des Franchising entwickelten Grundsätze, trotz der bestehenden Unterschiede, auch im Einzelfall auf die Tätigkeit der IANA anwendbar sind.

aa. Grundsatz

Beim Franchising handelt es sich, um eine grundsätzlich anerkannte[144] und nicht zu beanstandende[145] Möglichkeit zur wirtschaftlichen Verwertung des eigenen geschäftlichen Erfolges. Das Franchising ermöglicht dem Franchisegeber sozusagen die (entgeltliche) Gebrauchsüberlassung seines ganzen Geschäftssystems[146] und nicht nur einzelner Teile davon, wie beispielsweise bei einer Marken- oder Know-How-Lizenz.

Wettbewerbspolitisch wird das Franchising grundsätzlich positiv beurteilt.[147] Es erleichtert einerseits dem Franchisegeber, beispielsweise durch die Ausnutzung der besonderen Kenntnisse des Franchisenehmers von den lokalen Gegebenheiten und auf Grund dessen hohen persönlichen und finanziellen Einsatzes als selbständiger Unternehmer, das Eindringen in neue Märkte. Gleichzeitig erleichtert es den Franchisenehmern, als selbständige Unternehmen am Markt aufzutreten, da sie sich auf ein bewährtes System einlassen und damit eine Reihe von Risiken der Selbständigkeit ausschließen können. Franchising hat damit markterschließende Wirkung und kann sowohl den intra-brand, als auch den inter-brand Wettbewerb fördern. Schließlich stehen den Abnehmern statt dem Franchisegeber alleine nun eine Reihe von weitgehend selbständig agierende Franchisenehmer gegenüber.

Soweit im Rahmen der Franchisevereinbarung Handlungsbeschränkungen des Franchisenehmers vereinbart werden, die erforderlich sind, um die legitimen Zwecke des Franchisegebers zu erreichen, gelten diese als "vertragsimmanent"[148] und daher ohne

---

[144]Martinek: Franchising, S. 7; Skaupy: NJW, 1992, S. 1785 ff.
[145]Vgl. EuGH, Slg. 1986, S. 353, 381
[146]Vgl. Skaupy: NJW 1992, S. 1785
[147]Komm., 15. Wettbewerbsbericht 1985, S. 42 f.; EuGH, Slg. 1986, S. 353, 381 - Pronuptia; Emmerich in: Imm/Mest: WbR-EG, Art 85 I B Rn 231; Skaupy: NJW 1992, S. 1785, 1786 f.
[148]Das Problem wird im deutschen Kartellrecht unter dem Begriff, "Immanenztheorie", erörtert, vgl. Immenga in: Immenga/Mestmäcker § 1 Rn 353 ff..

weiteres von Art. 81 I EGV ausgenommen.[149] Insoweit handelt es sich um einen Rechtsgedanken der ganz allgemein der kartellrechtlichen Beurteilung von Verträgen zugrunde liegt. Beispielsweise sollen auch bei Unternehmenskäufen Handlungsbeschränkungen der Beteiligten zulässig sein, wenn sie erforderlich sind, um die Übertragung des Eigentums an einem ganzen Unternehmen, inklusive des in ihm verkörperten Know-Hows und Good Wills, zu erreichen.[150]

Die IANA errichtet mit der Zuweisung einer Domain und der damit verbundenen Erlaubnis, unter dieser Domain Subdomains einzurichten, eine vertikale Verteilungsstruktur für die Registrierung von Domain Names im Rahmen des von ihr entwickelten DNS. Die Tätigkeit der IANA ist ebenfalls grundsätzlich erlaubt und wünschenswert. Auf die beim Franchising beschriebene Weise hat sie die weltweite Verbreitung des DNS erleichtert und einer Vielzahl von Registrierungsstellen den Marktzutritt ermöglicht. Wie die erfolglosen Versuche[151] anderer Unternehmen zeigen, ist es derzeit nicht möglich ein alternatives Registrierungssystem durchzusetzen. Entsprechend wäre auch für die Registrierungsstellen ein selbständiger Marktzutritt nicht zu realisieren.

Das System der IANA stellt zwar keinen typischen Fall des Franchising dar. Es fehlt an dem einheitlichen Auftreten unter dem Namen und den Kennzeichen des Franchisegebers, welches im Zusammenhang mit der Beschreibung des Franchising immer in den Vordergrund gerückt wird.[152] Es zeigt jedoch deutliche Parallelen zu den Strukturen des Franchising. Auf diesen Punkt wurde bereits bei der rechtlichen Einordnung der Tätigkeit der IANA näher eingegangen. Hinsichtlich dieser Parallelen sind keine Gründe ersichtlich, weshalb die für das Franchising gültigen Rechtsgedanken nicht grundsätzlich auch auf das von der IANA errichtete Registrierungssystem angewandt werden sollten.

bb. Einzelheiten

Ob die für das Franchising herausgearbeiteten Grundsätze über diesen allgemeinen Gedanken hinaus im Einzelnen auf das DNS übertragen werden können, hängt davon ab, ob die Parallelität der Systeme in dem konkreten Punkt auch eine kartellrechtlich gleiche Beurteilung erlauben.

Beim Franchising sollen insbesondere solche Klauseln zulässig sein, die nötig sind, damit der Franchisegeber sein Geschäftssystem den Franchisenehmern überhaupt zur Nutzung überlassen kann. Dies betrifft Regelungen, die verhindern, dass Wettbewerber direkt, beispielsweise durch Mitteilung des überlassenen Know-Hows,[153] oder indirekt von dem Überlassenen profitieren. Das gleiche gilt für Regelungen, die dem Schutz der Einheitlichkeit und der Qualität des Systems dienen.[154]

---

[149] Vgl. EuGH, Slg. 1986, S. 353, 382 f - Pronuptia.; Emmerich in: Imm/Mest: WbR-EG, Art 85 I B Rn 239

[150] Vgl. EuGH, Slg. 1985, S. 2545, 2571 - Remia; Langen/Bunte: Art 85 GenPrinz Rn 40; GTE/Schröter Art 85 I Rn 81; Emmerich in: Imm/Mest: WbR-EG, Art 85 I A Rn 276

[151] Auf diese Versuche wird im Rahmen des Dritten Kapitels noch einmal eingegangen.

[152] Vgl. EuGH, Slg. 1986, S. 353, 381 - Pronuptia; Emmerich in: Imm/Mest: WbR-EG, Art 85 I B Rn 234; GTE/Jakob-Siebert/Jorna: Art 85 Fallgruppen, Liefer- und Bezugsvereinbarungen, Rn 24; Gleiss/Hirsch: Art. 85 I Rn 1541

[153] Vgl. EuGH, Slg. 1986, S. 353, 381f. - Pronuptia

[154] Vgl. EuGH, Slg. 1986, S. 353, 382 f. - Pronuptia; Emmerich in: Imm/Mest: WbR-EG, Art 85 I B Rn 239; GTE/Jakob-Siebert/Jorna: Art 85 Fallgruppen, Liefer- und Bezugsvereinbarungen, Rn 31 ff.; Gleiss/Hirsch: Art. 85 I Rn 1549, 1587 ff., 1610 ff.

Der EuGH bezieht sich bei seiner Entscheidung allerdings ausschließlich auf das sogenannte "Vertriebsfranchising".[155] Die Kommission ist jedoch zu Recht der Ansicht, dass Dienstleistungsfranchising grundsätzlich nicht anders als das Vertriebsfranchising behandelt werden kann, da die Wettbewerbsregeln der EG unterschiedslos auf Waren und Dienstleistungen Anwendung finden.[156] Insoweit steht also einer entsprechenden Anwendung dieser Grundsätze nichts entgegen.

(1). Schutz des "Good Will"

Beim DNS werden zwar keinerlei geheime Kenntnisse überlassen, dafür beruht aber der ganze Erfolg des DNS auf dem Ansehen und dem Vertrauen, dem "Good Will", das sich die IANA und das von ihr entwickelte Registrierungssystem erworben haben. Nur wenn auch die Registrierungsstellen dieses Ansehen und Vertrauen genießen, kann das System funktionieren. Eine Delegation der Registrierungsbefugnis kommt für die IANA daher nur in Betracht, wenn sie sicherstellen kann, dass auch bei einer Registrierung durch Dritte ihr "Good Will" und der des DNS nicht beschädigt wird. Die Interessenlage ist insoweit identisch mit der Interessenlage bei der Nutzungsüberlassung von Know-how im Rahmen des Franchising und dementsprechend sollten auch die gleichen Regeln gelten. Vereinbarungen die erforderlich sind, diesen "Good Will" zu schützen, verstoßen deshalb nicht gegen Art. 81 I EGV, auch wenn sie die Handlungsfreiheit der Registrierungsstellen mit Wirkung gegenüber deren Abnehmer beschränken.

Das Ansehen und das Vertrauen das die IANA und das DNS genießen, gründet vor allem auf zwei Punkten. Zunächst ist hervorzuheben, dass die Domaines "treuhänderisch" für die ganze "Internetgemeinschaft" verwaltet werden. Das System soll also den Interessen aller am Internet Beteiligten gleichermaßen gerecht werden, ohne einzelne Gruppen zu bevorzugen. Daneben ist die nachgewiesene Funktionsfähigkeit und Stabilität des Systems ausschlaggebend.

Die IANA schränkt die Handlungsfreiheit der Registrierungsstellen ein, indem sie nach RFC 1591 Ziff. 3 vorschreibt, dass die Verwaltung einer Domain "equitable, just, honest, and competent" auszuführen ist, dass beispielsweise "no preferential service for customers of a particular data network provider" zulässig ist und dass die Registrierungsstellen "trustees for the delegated domain" sein sollen "and have a duty to serve the community". Sie stellt damit Minimalanforderungen an die Registrierungsstelle hinsichtlich einer "treuhänderischen" Domainverwaltung. Diese sind erforderlich, um den "Good Will" der IANA und des DNS zu schützen und damit ohne weiteres von Art. 81 I EGV ausgenommen.

(2). Sicherung der Qualität und der Einheitlichkeit

Darüber hinaus bestimmt die IANA, dass die zuvor genannten Beschränkungen und die Anforderungen für die Zuweisung einer Domain (IP-Konnektivität, Nameserverservice, Secondary Nameserver, e-Mail-Erreichbarkeit, administrativer und technischer Kontakt usw.) auch hinsichtlich etwaiger Subdomains (RFC 1591 Ziff. 3.3), also für das Verhältnis der Registrierungsstellen zu Dritten und gegebenenfalls auch für deren Abnehmer, gelten sollen. Diese Einschränkungen haben eine doppelte Funktion. Einerseits sichern

---

[155] Vgl. EuGH, Slg. 1986, S. 353, 381 - Pronuptia

[156] Vgl. Komm. ABl-EG 1988 L 332/38, 39 - ServiceMaster; Gleiss/Hirsch: Art 85 I Rn 1548

sie eine Mindestqualität der Registrierungsstellen und zum anderen helfen sie die Einheitlichkeit des Registrierungssystems zu wahren.

Der Secondary Nameserver sichert die Nameserverfunktion bei einem geplanten oder unbeabsichtigten Ausfall des Primary Nameservers. Die Angabe eines administrativen und eines technischen Kontaktes, soll helfen, dass bei auftretenden Funktionsstörungen schnell Abhilfe geschaffen werden kann. Wäre eine Domain und damit alle in dieser Domain verwalteten Domain Names wegen Hardwareproblemen eines einzelnen Nameservers nicht mehr abrufbar oder ließe sich nicht ohne weiteres ein Ansprechpartner für die Lösung technischer oder administrativer Probleme ermitteln und so die Beseitigung der Probleme beschleunigen, so bestünde die Gefahr, dass wegen häufig auftretender oder lang anhaltender Systemstörungen die Internetnutzer das Vertrauen in das DNS verlören. Diese Gefahr ist um so größer, je höher die Domainebene ist, bei der Schwierigkeiten auftreten, da dort regelmäßig mehr Internetnutzer betroffen sind. Aber auch bei Subdomains gilt grundsätzlich nichts anderes. Solche Qualitätsmängel können den "Good Will" der IANA beeinträchtigen und dazu führen, dass sich die Internetnutzer einem alternativen Registrierungssystem zuwenden.

Die genannten Beschränkungen sollen sicherstellen, dass jeder, dem eine Domain zugewiesen wird, egal auf welcher Domainebene, gewisse einheitliche minimale technische und organisatorische Voraussetzungen für eine Domainverwaltung erfüllt, damit die Funktionsfähigkeit des DNS gewährleistet bleibt bzw. Einschränkungen schnell behoben werden können. Für die Registrierungsstellen weniger einschneidende Maßnahmen, die diesen Zweck hinreichend erfüllen, sind nicht ersichtlich. Die Handlungsbeschränkungen sind daher erforderlich, um den "Good Will" der IANA und die Einheitlichkeit und die Qualität des DNS zu schützen.

Die Interessenlage ist insoweit identisch mit derjenigen bei Maßnahmen zur Qualitätssicherung im Rahmen des Franchising und dementsprechend sollten auch die gleichen Regeln gelten. Vereinbarungen, die erforderlich sind, die Qualität des Registrierungsdienstes zu sichern und damit den "Good Will" des DNS zu schützen, verstoßen deshalb nicht gegen Art. 81 I EGV, auch wenn sie die Handlungsfreiheit der Registrierungsstellen mit Wirkung gegenüber deren Abnehmer beschränken.

Auch die auf Qualitätssicherung gerichteten Bindungen der Registerführer durch die IANA sind daher vom Anwendungsbereich des Art. 81 I EGV ausgenommen.

IV. Zwischenergebnis

Das zwischen der IANA und den Registrierungsstellen für die TLDs abgestimmte Verhalten ist nicht nach Art. 81 I EGV verboten, sondern erforderlich, um die legitimen Zwecke einer Domainzuweisung zu verwirklichen. Diese "Vereinbarungsimmanenz" der angesprochenen Handlungsbeschränkungen der Registrierungsstellen und deren Drittwirkung ergibt sich bereits aus der Nähe des Verhältnisses der IANA zu den Registrierungsstellen zu Franchisingsystemen. Es kann daher an dieser Stelle dahingestellt bleiben, ob sich eine vergleichbare "Vereinbarungsimmanenz" auch aus dem Dienstverhältnis zur U.S. Regierung ableiten lässt.

D. Art. 82 EGV

Mit dem Gemeinsamen Markt unvereinbar und verboten ist nach Art. 82 EGV die missbräuchliche Ausnutzung einer beherrschenden Stellung auf dem Gemeinsamen Markt oder auf einem wesentlichen Teil desselben durch ein oder mehrere Unternehmen, soweit dies dazu führen kann, den Handel zwischen Mitgliedsstaaten zu beeinträchtigen. Die Praxis der IANA, die Registrierungsverantwortung für eine TLD immer nur an eine Institution zu delegieren und alle anderen auszuschließen, könnte gegen dieses Missbrauchsverbot verstoßen.

I. Adressaten

Die Vorschrift wendet sich, wie Art. 81 EGV, an Unternehmen. Auch hier gilt der wirtschaftlich funktionale Unternehmerbegriff.[157] Die IANA wird daher nach dem oben zu Art. 81 EGV Gesagten unproblematisch erfasst.

II. Marktbeherrschende Stellung auf dem Gemeinsamen Markt

Die Feststellung einer marktbeherrschenden Stellung auf dem Gemeinsamen Markt oder auf einem wesentlichen Teil davon, erfordert zunächst die Ermittlung des relevanten Marktes. Die Abgrenzung des sachlich relevanten Marktes erfolgt nach dem Prinzip der funktionalen Austauschbarkeit[158] aus Sicht der jeweiligen Marktgegenseite[159]. Er umfasst sämtliche Erzeugnisse, die sich aufgrund ihrer Merkmale zur Befriedigung eines gleichbleibenden Bedarfs besonders eignen und mit anderen Erzeugnissen nur in geringem Maße austauschbar sind.[160] Örtlich relevanter Markt ist der Bereich, in dem die Erzeugnisse vertrieben werden.[161] Eine beherrschende Stellung ist immer dann gegeben, wenn das Unternehmen ein - auch faktisches - Monopol besitzt.[162]

Vorliegend geht es um die Praxis der weltweit tätigen IANA bei der Zuweisung der TLDs und der Befugnis zur Registrierung von Domain Names unter den TLDs. Dass es sich insoweit um einen Markt handelt, zeigt sich schon daran, dass mittlerweile Millionen von Domains registriert wurden, viele davon gegen Entgelt. Auch für die Übertragung der Registrierungsverantwortung für die TLDs besteht ein Markt. Dies zeigt sich daran, dass sich beispielsweise im Rahmen des IAHC-Planes oder des Planes der U.S. Regierung eine

---

157 Vgl. Koch in: Grabitz/Hilf, KEU, Art 86 Rn 12, Art 85 Rn 7 ff.; Langen/Dirksen: Art. 86 Rn 4

158 Vgl. Koch in: Grabitz/Hilf, KEU, Art 86 Rn 35; Langen/Dirksen: Art. 86 Rn 20; Schröter in: GTE, Art 86 Rn 107 ff.

159 Vgl. Langen/Dirksen: Art. 86 Rn 20; Schröter in: GTE, Art 86 Rn 107 ff.

160 Vgl. EuGH Slg. 1980, S. 3775 Rn 25 - L'Oreal; Slg. 1979, S. 461 Rn 28 - Hoffmann-La Roche; Grill in: Lenz, EGV-Kommentar Art 86 Rn 4; Koch in: Grabitz/Hilf, KEU, Art 86 Rn 35; Langen/Dirksen: Art. 86 Rn 20

161 Vgl. EuGH, Slg. 1978, S. 207 Rn 10 f. - United Brands

162 Vgl. EuGH, Slg. 1986, S. 3263 Rn 9 - British Leyland; Slg. 1973, S. 223, 248 ff. - Commercial Solvents; Slg. 1975, S. 1367, 1378 f. - General Motors Continental; Grill in: Lenz, EGV-Kommentar Art 86 Rn 13

Vielzahl von Unternehmen um eine Übertragung der Registrierungsverantwortung für die geplanten neuen gTLDs bemühen bzw. bemüht haben und dafür nicht unerhebliche Mittel einsetzen. Nachfrager sind hier all diejenigen, die sich aktuell oder potentiell um die Zuweisung[163] einer TLD bemühen.

1. IP-Adresse

Funktionelle Austauschbarkeit könnte zunächst einmal im Hinblick auf die IP-Adresse bestehen. Dagegen spricht, dass die IP-Adresse und die Domain Names unterschiedliche Funktionen erfüllen. Domain Names können in gewissem Umfang frei gewählt, IP-Adressen hingegen nur zugeteilt werden. Zwar dienen beide der Rechneradressierung, aber die Domain Names haben darüber hinaus in der Regel auch noch kennzeichnende Funktion[164]. Auf diese kennzeichnende Funktion kommt es den Registrierungswilligen in der Regel auch gerade an. Wegen dieser Unterschiede ist die wirtschaftliche Bedeutung einer Domain-Name-Registrierung für die am DNS Beteiligten eine ganz andere, als die Zuteilung einer IP-Adresse. Entsprechend ist davon auszugehen, dass die Internetnutzer in stärkerem Umfang bereit sind für einen Domain Name Geld zu investieren, als für eine IP-Adresse. Aus diesem Grund sind diese Formen der Rechneradressierung auch aus Sicht der Registrierungsstelle nicht austauschbar.

2. Alternative Domain-Name-Systeme

In den vergangenen Jahren wurden eine Reihe von alternativen Domain-Name-Systemen entwickelt. Es seien nur die Stichworte "enhanced DNS (eDNS)" und "AlterNIC" genannt. Diese Systeme konnten sich bislang nicht durchsetzen. Sie werden nur von einem kleinen Teil der im Internet zusammengeschlossenen Netzwerkbetreiber unterstützt und in die entsprechenden Routerdateien aufgenommen. In diesen Systemen registrierte Domain Names sind daher für viele Internetnutzer "unsichtbar". Die für das Internet typische weltweite Abrufbarkeit und Erreichbarkeit für alle, die Zugang zum Internet haben, ist bei diesen Systemen nicht gewährleistet.[165]

Zumindest derzeit sind diese Systeme nur für solche Internetnutzer attraktiv, die Zugang zum Internet über einen Access-Provider erhalten, dessen Router diese Systeme unterstützen und denen es nicht auf eine allgemeine Erreichbarkeit ankommt. Die Zahl

---

[163]Die Zuweisung einer Domain ist immer mit der Übertragung der Registrierungsbefugnis für diese Domain, also der Befugnis unter dieser Domain weitere Subdomains einzurichten, verbunden. Dies gilt für alle Domainebenen gleichermaßen.

[164]Diese kennzeichnende Funktion ist zwischenzeitlich h.M., vgl.: OLG Düsseldorf, WRP 1999, S. 405; OLG Karlsruhe, WRP 1998, S. 900; OLG München, NJW-RR 1998, S. 984; OLG Hamm, CR 1998, S. 241, 242; OLG Frankfurt, GRUR 1997, S. 52; LG Manheim, CR 1996, S. 353; LG Frankfurt: NJW-CoR 1997, S. 303; LG Lüneburg: NJW-CoR 1997, S. 304; LG Braunschweig, CR 1997, S. 303; LG Düsseldorf: NJW-CoR 1997, LG München: NJW-CoR 1997, S. 231; S. 304; Bettinger: GRUR Int. 1997, 402, 409; Bücking: NJW 1997, 1886, 1887; Ernst, BB 1997, S. 1057, 1062; Fezer: MarkenG, § 3 Rn 304 ff.; Freitag: MA 1996, S, 495, 496; Gabel: NJW-CoR 1996, S. 322, 324; Kur: CR 1996, S. 325, 327 und S. 590, 591; Nordemann/Goddar/Tönhardt/Czychowski: CR 1996, S. 645, 652; Ubber: WRP 1997, S. 497, 505; Viefhues in: Hoeren/Sieber, 6 Rn 69 ff.; Völker/Weidert: WRP 1997, S. 652, 658; Wiebe, CR 1998, S. 157 ff.; a.A. LG Köln, CR 1997, S. 291 f.; Graefe, Marken und Internet, MA 1996, S. 100, 101 f.; Wilmer: CR 1997, S. 562, 564 f.

[165]Vgl. unten: Drittes Kapitel, D

der potentiellen Abnehmer für eine Registrierungsstelle im Rahmen dieser alternativen Domain-Name-Systeme ist daher begrenzt. Wegen diesen Einschränkungen stellt die Möglichkeit Domain Names innerhalb der alternativen Domain-Name-Systeme zu registrieren, keine Alternative zur Delegation der Registrierungsbefugnis für eine TLD durch die IANA dar.

Damit steht fest: austauschbare Produkte zur Leistung der IANA und zu dem von ihr entwickelten DNS gibt es nicht. Bei der Zuweisung der TLDs und der Befugnis zur Registrierung von Domain Names unter den TLDs hat die IANA eine weltweite Alleinstellung. Die IANA hat insoweit also eine marktbeherrschende Stellung.

III. Missbrauch

Ein Missbrauch der marktbeherrschenden Stellung der IANA könnte darin liegen, dass sie die Registrierungsverantwortung für eine TLD immer nur an eine Registrierungsstelle delegiert und damit alle anderen an dieser TLD interessierten (potentiellen) Registrierungsstellen von dem jeweiligen Registrierungsmarkt ausschließt.[166]

Allerdings darf auch ein marktbeherrschendes Unternehmen grundsätzlich seine Absatzpolitik frei und selbständig bestimmen.[167] Gleichzeitig trägt es dabei aber die besondere Verantwortung, dass es durch sein Verhalten einen wirksamen und unverfälschten Wettbewerb auf dem Gemeinsamen Markt nicht beeinträchtigt.[168] Die Weigerung eines Unternehmens, mit weiteren potentiellen Registrierungsstellen Beziehungen aufzunehmen, stellt sich daher dann als missbräuchlich dar, wenn auf Grund der besonderen Marktstellung eine Kontrahierungspflicht besteht und die IANA ihre Weigerung sachlich nicht rechtfertigen kann.[169]

1. Kontrahierungspflicht

Eine Kontrahierungspflicht kommt immer dann in Betracht, wenn ein Unternehmen aufgrund seiner tatsächlichen Monopolstellung den Marktzugang kontrolliert.[170]

Die IANA hat das faktische Monopol für die Domain-Name-Registrierung insgesamt. Wer selbst Domain Names registrieren möchte, ist dafür zunächst auf die Zuweisung einer TLD durch die IANA angewiesen. Die IANA kontrolliert damit den Marktzugang zum Registrierungsmarkt. Die Registrierung von Domain Names unter einer TLD ist einem Unternehmen nur möglich, wenn die IANA die Registrierungsbefugnis auf dieses Unternehmen überträgt. Marktalternativen zur IANA gibt es nicht.

---

[166] Dies gilt uneingeschränkt immer noch für die ccTLDs und einige gTLDs, hinsichtlich der .com-, .net- und .org-Domain ist derzeit versuchsweise eine Registrierung durch mehrere Registrierungsstellen möglich, vgl. hierzu auch unten: Füntes Kapitel.

[167] Vgl. Langen/Dirksen: Art 86 Rn 168; Möschel in: Immenga/Mestmäcker: EG-WbR, Art. 86 Rn 215

[168] Vgl. EuGH, Slg. 1983, S. 3461, 3511 - Michelin

[169] Vgl. Langen/Dirksen: KartR, Art 86 Rn; Schröter in: GTE, Art 86 Rn 204, 210 f.; Koch in: Grabitz/Hilf, Art 86 Rn 63 f.; Möschel in: Immenga/Mestmäcker: EG-WbR, Art. 86 Rn 225

[170] Vgl. EuGH, Slg. 1974, S. 409, 431 - Sacchi; Slg. 1985, S. 3261, 3278 - CBEM-Telemarketing; Slg. 1983, S. 483, 509 - GVL; Slg. 1991, II, S. 535 ff. - BBC/Kommission;

2. Sachliche Rechtfertigung

An einer sachlichen Rechtfertigung fehlt es insbesondere dann, wenn mit der Geschäftsverweigerung primär wettbewerbsfeindliche Ziele verfolgt werden sollen.[171] Entscheidend ist also, ob die Verhaltensweise eines Unternehmens zur Wahrung seiner geschäftlichen Eigeninteressen gerechtfertigt ist oder über das hinausgeht, was unter Berücksichtigung der wirtschaftlichen Eigeninteressen der Beteiligten angemessen ist.[172] Bei der Beurteilung stellt der EuGH auf die Grundsätze der Verhältnismäßigkeit und Billigkeit ab.[173]

a. Adressfunktion

Eine Rechtfertigung könnte sich aus der Adressfunktion eines Domain Names ergeben. Jeder Domain Name kann eine Adressfunktion haben, also einen einzelnen Rechner im Netz individualisiert. Ein Domain Name besteht regelmäßig aus mehreren Domains, die durch einen Punkt von einander getrennt sind. Nur der letzten, der am weitesten links stehenden Domain kommt im Rahmen eines Domain Names eine Individualisierungsfunktion zu. Die Befugnis zur Nutzung einer Domain in dieser Adressfunktion kann notwendigerweise immer nur einem Internetnutzer zugewiesen werden.

Allerdings bietet jede Domainzuweisung auch die Möglichkeit unter der zugewiesenen Domain selbst wieder Subdomains zu registrieren. Wird von dieser Registrierungsmöglichkeit Gebrauch gemacht, bekommt die Domain eine Art "Vorwahlfunktion" für die entsprechenden Subdomains. Jede Domain kann - muss aber nicht - beide Funktionen haben. Beispielsweise haben die TLDs - soweit ersichtlich - allesamt nur Vorwahl- und keine Adressfunktion (im Sinne einer Rechnerindividualisierung).

In der Regel werden beide Funktionen einheitlich zugewiesen. Dies muss aber nicht der Fall sein. Es besteht keine technisch, logisch oder funktionell absolute Notwendigkeit, dass die Registrierungsbefugnis für eine Domain, also die Nutzung einer Domain in ihrer "Vorwahlfunktion", auf eine einzige Stelle übertragen wird. Wie gerade das Beispiel der TLDs zeigt, lassen sich auch beide Funktionen voneinander trennen. Entsprechend lässt sich die bisherige Praxis nicht bereits aus der Adressfunktion einer Domain rechtfertigen.

b. Zweckmäßigkeitserwägungen

Für die Übertragung der Registrierungsbefugnis auf eine einzige Institution sprechen jedoch Zweckmäßigkeitserwägungen. Die Funktionsfähigkeit des DNS ist nur gewährleistet, wenn für jede Domainebene ein einheitlicher Datenbestand existiert. Es muss gewährleistet sein, dass die Domain Names einheitlich zugeordnet werden, dass also die Adressfunktion nur einem Nutzer zugewiesen wird. Bei Mehrfachzuweisungen wäre die Funktionsfähigkeit des DNS gestört. Darüber hinaus muss der Datenbestand aber auch immer bei allen Registrierungsstellen vollständig sein, sonst könnte es bei den Internetnutzern, die einen unter dieser Domain registrierten Rechner aufrufen wollen, zu wider-

---

[171]Vgl. EuGH, Slg. 1986, S. 3263, 3300 f. - British Leyland; Möschel in: Immenga/Mestmäcker: EG-WbR, Art 86 Rn 229;

[172]Vgl. EuGH, Slg. 1978, S. 207, 298 Rn 184/194 - United Brands; GA Kirschner, Schlußantrag, EuGH, Slg. 1990, II, S. 307, 341 Rn 89 - Tetra Pak

[173]Vgl. EuGH, Slg. 1978, S. 207, 298 Rn 184/194 - United Brands

sprüchlichen Rückmeldungen hinsichtlich einer Domain kommen. Dadurch könnte im Endeffekt das Vertrauen in das DNS insgesamt beschädigt werden.

Am einfachsten und zuverlässigsten lässt sich die Einheitlichkeit und Vollständigkeit der Datenbestände gewährleisten, wenn die Registrierungsbefugnis für eine TLD nur an eine Registrierungsstelle vergeben wird. Schon bei zwei Registrierungsstellen besteht grundsätzlich die Gefahr einer Doppeleintragung oder unvollständiger Datenbestände. Es fehlen Hinweise, dass die IANA mit ihrer bisherigen Praxis andere als diese an der Funktionsfähigkeit, Stabilität und Zuverlässigkeit des DNS orientierte Ziele verfolgt.

c. Wettbewerbsförderungspflicht

Gegen eine Rechtfertigung der Praxis der IANA durch die vorgenannten Zweckmäßigkeitserwägungen spricht, dass (programm-) technische Lösungen denkbar sind, mit Hilfe derer Doppeleintragungen usw. auch bei mehreren Registrierungsstellen zuverlässig vermieden werden können. Darüber hinaus wird im Bereich der gTLDs, .com, .net und .org bereits eine geteilte Registrierungsverantwortung praktiziert.[174]

Es fragt sich daher, ob die IANA aufgrund ihrer den Marktzugang kontrollierenden Monopolstellung verpflichtet ist, nur Unternehmen die solche Lösungen einsetzen wollen, als Registrierungsstellen zuzulassen bzw. die bereits bestehenden Registrierungsstellen zum Einsatz solcher(programm-) technischen Lösungen zu verpflichten.

Eine allgemeine Rechtspflicht des Marktbeherrschers zur aktiven Förderung wettbewerblicher Strukturen lässt sich dem Gemeinschaftsrecht nicht entnehmen.[175] Trotzdem haben die Kommission und der EuGH[176] marktbeherrschende Unternehmen immer wieder zu wettbewerbsfördernden Maßnahmen verpflichtet. Nach dieser Rechtsprechung ist ein Monopolunternehmen zur Wettbewerbsermöglichung verpflichtet, wenn anderweitig kein wirksamer Wettbewerb herstellbar ist und die Geschäftsverweigerung nicht durch die besonderen Bedingungen des jeweiligen Erzeugnisses gerechtfertigt ist.[177]

d. Abwägung

Die IANA selbst hat mit der Zustimmung zum Plan des IAHC[178] und mit der Umsetzung des Vorhabens der U.S. Regierung durch die IANA-Nachfolgeorganisation, der Internet Corporation for Assigned Names and Numbers (ICANN)[179], die für die generischen TLDs mehrere parallele Registrierungsstellen vorsehen, bereits zum Ausdruck gebracht, dass der völlige Wettbewerbsausschluss nicht das einzige Mittel ist, die Funktionsfähigkeit des DNS zu sichern. Vielmehr ist es aus Sicht der IANA ausreichend, wenn die parallelen Registrierungsstellen ihre Tätigkeit zur Vermeidung von Doppelregistrierungen koordinieren. Dies spricht dafür - zumindest für die Zukunft - ein berechtigtes Interesse der IANA an der bisherigen Praxis zu verneinen. Insbesondere wenn diese Alternative bei

---

[174] Vgl. dazu unten: Fünftes Kapitel

[175] Vgl. Schröter in: GTE, Art 86 Rn 211

[176] Vgl. Kommission, 14. Wettbewerbsbericht, 1984, Ziff. 94 f.; EuGH, Slg. 1986, S. 3263, 3300 f. - British Leyland;

[177] Vgl. EuGH, Slg. 1991, II, S. 485, 517 ff., Rn 73 - RTE

[178] Vgl. gTLD-MoU, Anlage 5

[179] Vgl. zu diesem Plan unten: Fünftes Kapitel

der IANA zu keiner nennenswerten Mehrbelastung führt, weil diese durch entsprechende Geschäftsbedingungen auf die Registrierungsstellen abgewälzt werden können.

Allerdings kann im Rahmen einer an dem Grundsatz der Verhältnismäßigkeit orientierten Interessenabwägung nicht in das Auswahlermessen der IANA eingegriffen und ihr vorgeschrieben werden, mit welchen Mitteln sie eine geteilte Registrierungsverantwortung verwirklichen will. Auch insoweit muss der Grundsatz der Verhältnismäßigkeit gelten und der IANA die Möglichkeit gewährt werden selbst eine entsprechende Lösung auszuwählen und gegebenenfalls zu testen. Die bisherige Praxis der IANA war demnach sachlich gerechtfertigt und ist es, soweit sie im Bereich der ccTLDs noch fortgesetzt wird, noch immer.

Etwas anderes könnte nur gelten, wenn die IANA die parallele Zuweisung der Registrierungsbefugnis für eine Domain trotz der Existenz geeigneter, funktionsfähiger und funktionssicherer Lösungen ungebührlich verzögern würde, um möglichst lange an ihrer bisherigen Praxis festhalten zu können. Dafür sind aber keine Anhaltspunkte ersichtlich. Im Gegenteil, die IANA hat nach Abschluss der bereits angesprochenen Versuchsphase im Bereich der .com-, .net- und .org-Domain konkurrierende Registrierungsstellen zugelassen.

IV. Zwischenergebnis

Damit steht fest, dass die IANA mit ihrer Praxis, die Registrierungsbefugnis immer nur an eine Registrierungsstelle zu delegieren, ihre beherrschende Stellung auf dem Gemeinsamen Markt (noch) nicht missbräuchlich ausnutzt. Dementsprechend ist das Verhalten der IANA auch nicht nach Art. 82 EGV verboten.

E. Kartellverbot (§ 1 GWB)

Wie oben festgestellt wurde, ist Gemeinschaftskartellrecht und deutsches Kartellrecht grundsätzlich parallel anwendbar. Es fragt sich daher, ob das dargestellte Verhalten der IANA nach deutschem Kartellrecht unzulässig ist. Nach § 1 GWB sind Vereinbarungen zwischen miteinander im Wettbewerb stehenden Unternehmen, Beschlüsse von Unternehmensvereinigungen und aufeinander abgestimmte Verhaltensweisen, die eine Verhinderung, Einschränkung oder Verfälschung des Wettbewerbs bezwecken oder bewirken, verboten.

I. Verhaltenskoordination zwischen Unternehmen

Zu klären ist, ob die zwischen der IANA und den Registrierungsstellen getroffenen Vereinbarungen, eine Verhaltenskoordination zwischen Unternehmen im Sinne des § 1 GWB darstellen. Das Verhältnis zur U.S. Regierung entzieht sich aus den bereits bei der Prüfung eines Kartellverstoßes nach Art. 81 EGV erwähnten Gründen einer Beurteilung auch nach deutschem Kartellrecht.

Auch im deutschen Kartellrecht gilt ein funktionaler[180] Unternehmensbegriff. Der funktionale Unternehmerbegriff erfasst jedwede Tätigkeit im geschäftlichen Verkehr, sofern diese nicht ausschließlich dem Bereich der hoheitlichen Staatsverwaltung, der privaten Haushalte bzw. der Arbeitnehmer zuzurechnen ist.[181]

Die IANA, wird für die Erfüllung ihrer Aufgaben insgesamt und damit auch für die Domain-Name-Registrierung bezahlt und ist damit Unternehmen in diesem Sinne. Das DENIC oder vielmehr die DENIC eG registriert gegen Entgelt Domain Names unter der .de-Domain[182] und füllt damit ganz unproblematisch den funktionalen Unternehmensbegriff des § 1 GWB aus. Das gleiche wird in der Regel auch für eine große Zahl der anderen Registrierungsstellen gelten. Auch die kommen hier in Betracht, soweit sich ihre Registrierungstätigkeit in Deutschland auswirkt.

Die Verwendung des Begriffs "Vereinbarung" im Wortlauts der §§ 1, 14 GWB, statt des Begriffs "Vertrag" in den §§ 1, 15 GWB a.F. führt zu keiner inhaltlichen Änderung der Vorschrift, sondern bringt nur zum Ausdruck, was von Rechtsprechung und Literatur schon vorher anerkannt war. Es sollen auch solche Einigungen zwischen den Parteien erfasst werden, denen zwar die Rechtsverbindlichkeit[183] des zivilrechtlichen Vertrages fehlt, die aber zumindest tatsächlich verbindlich sind.[184]

Entsprechend der Harmonisierungszielsetzung der Bundesregierung[185] wurde mit dieser Gesetzesänderung die Rechtslage im deutschen Kartellrecht der in Art. 81, 82 EGV angeglichen. Es wird nun einheitlich von einer "Vereinbarung" gesprochen. Deshalb kann hier auch inhaltlich auf das bei Art. 81, 82 EGV zur Vereinbarung ausgeführte verwiesen werden. Es liegt damit eine Vereinbarung zwischen der IANA und den Registrierungsstellen, wie beispielsweise der DENIC eG, vor. Um Wiederholungen zu vermeiden wird auf die Darlegungen zu Art. 81 I EGV verwiesen.

II. Wettbewerb

Allerdings betrifft § 1 KartG nur Vereinbarungen zwischen Unternehmen, die miteinander im Wettbewerb stehen. Damit wird auch nach der Neufassung des deutschen Kartellrechts die Unterscheidung zwischen horizontalen und vertikalen Wettbewerbsbeschränkungen beibehalten, die bisher das deutsche Recht der wettbewerbsbeschränkenden Verträge bestimmt hat.[186] Erfasst werden soll der aktuelle und der potentielle Wettbe-

---

[180] Vgl. BGH WuW/E BGH S. 1474, 1477 - Architektenkammer; BGH WuW/E BGH S. 1841 f. -Ganser-Dahlke; Immenga in: Immenga/Mestmäcker § 1 Rdnr. 34

[181] Vgl. die insoweit auch weiterhin relevante einhellige Ansicht zum Unternehmensbegriff des GWB: BGH WuW/E BGH 1469 - Autoanalyzer; Emmerich: Kartellrecht, 7. Aufl., Beck, München 1994, S. 37 ff.; von Wallenberg: Kartellrecht, Luchterhand, Neuwied 1997, S. 17 f.; Langen/Bunte § 1 Rdnr. 7 ff.; Bechtold: Kartellgesetz, § 1Rdnr.2

[182] Vgl. § 2 des Statuts der DENIC eG, Anlage 4

[183] Vgl. Palandt/Heinrichs: Einf v § 145 Rn 1 f.; MünchKomm/Kramer: Vor § 145 Rn 22 a

[184] Vgl. BKartA WuW/E BKartA S. 1179, 1183 - Teerfarbenfall; OLG Celle WuW/E OLG S. 772, 775 - Naturstein; BGH WuW/E BGH S. 1707 - Taxi-Besitzvereinigung; Mestmäcker in: Immenga/Mestmäcker § 1 Rn 126; MünchKomm/Kramer: Vor § 145 Rn 23; Langen/Bunte: KartR § 1 Rn 31 f.

[185] Vgl. Baron: WuW 1998, S. 651; Kahlenberg: BB 1998, S. 1593; Bunte: DB 1998, S. 1748

[186] Vgl. Bunte: DB 1998, S. 1748, 1749; Kahlenberg: BB 1998, S. 1593, 1594

werb.[187] Die Vorschrift ist dahingehend einschränkend auszulegen[188], dass die vereinbarte Wettbewerbsbeschränkung nicht immanenter Bestandteil einer Austauschbeziehung zwischen den Wettbewerbern im Sinne der neuen BGH-Rechtsprechung sein darf[189].

Soweit die IANA die Registrierungsbefugnis für eine TLD delegiert, registriert sie selbst keine SLDs mehr unter dieser TLD und es gibt keinerlei Anhaltspunkte, dass die IANA von dieser Praxis abweichen wird. Es besteht ausschließlich ein vertikales Vertragsverhältnis zwischen den Parteien. Es besteht daher kein aktuelles oder potentielles Wettbewerbsverhältnis zwischen der IANA und den aktuellen oder potentiellen Registrierungsstellen. § 1 GWB ist nicht anwendbar.

F. § 14 GWB[190]

Nach § 14 GWB sind Vereinbarungen zwischen Unternehmen über Waren oder gewerbliche Leistungen, die sich auf Märkte innerhalb des Geltungsbereichs dieses Gesetzes beziehen, verboten, soweit sie einen Beteiligten in der Freiheit der Gestaltung von Preisen oder Geschäftsbedingungen bei solchen Vereinbarungen beschränken, die er mit Dritten über die gelieferten Waren, über andere Waren oder über gewerbliche Leistungen schließt.

I. Vereinbarung

Eine solche Vereinbarung könnte darin zu sehen sein, dass die IANA beispielsweise das DENIC oder die NSI nach RFC 1591 Ziff. 3.3 verpflichtet (Erstvertrag), die ihnen auferlegten Anforderungen auch an die Verantwortlichen der Subdomains weiterzuleiten (Zweitvertrag). "There are no requirements on subdomains of top-level domains beyond the requirements on higher-level domains themselves. That is, the requirements in this memo are applied recursively."

1. Erstvertrag

Gegenstand des sogenannten Erstvertrages, des Vertrages zwischen der IANA und den Registrierungsstellen, müssen Waren oder gewerbliche Leistungen sein. Beide Begriffe sind eigenständig nach der auf die Freiheit des Wettbewerbs gerichteten Zielsetzung des GWB und damit losgelöst von den handelsrechtlichen Begriffen zu verstehen.[191]

---

[187]Vgl. RegE. m. Begr., Stellungnahme Bundesrat, Gegenäußerung Regierung., BT-Drucksache 13/9720 v. 29.1.1998, 2., S. 31

[188]Vgl. Bunte: DB 1998, S. 1748, 1750; Kahlenberg: BB 1998, S. 1593, 1594

[189]Vgl. BGH WuW/BGH 3115, 3118 - Druckgußteile; WuW/BGH 3121, 3125 - Bedside-Testkarten; WuW/BGH 3137 f. - Solelieferung

[190]Im Bereich der Vertikalvereinbarungen sind durch die 6. Reform des GWB nur wenige (formale) Änderungen beschlossen worden. Aus diesem Grund wird im Folgenden auf die Rechtsprechung und Kommentierungen zu den entsprechenden Vorschriften des GWB zurückgegriffen.

[191] Vgl. BGH WuW/E BGH S. 2158, 2160 - Anschlußvertrag; Wolter in: FK § 15 Rdnr.17

In Betracht kommen hier nur gewerbliche Leistungen, da zwischen den Parteien kein Güteraustausch stattfindet. Gewerbliche Leistungen sind ein Tun, Dulden oder Unterlassen für einen anderen, dessen Erfolg oder wirtschaftliches Ergebnis nicht dem Bewirkenden, sondern dem anderen zufällt, der üblicherweise bereit ist, dafür eine Gegenleistung zu erbringen.[192] Gewerblich ist eine Leistung, wenn sie im geschäftlichen Verkehr erbracht wird.[193]

Als gewerbliche Leistung kommen hier die Delegation der Verantwortung für die Registrierung von Domain Names unter einer TLD auf eine Registrierungsstelle, die Aufnahme dieser Registrierungsstelle in das Rootverzeichnis[194] des DNS und die Verwaltung dieses Eintrages durch die IANA in Betracht. Die IANA erhält für ihre Leistung eine Vergütung. Gegenstand des Vertrages ist daher eine gewerbliche Leistung.

2. Zweitvertrag

Einer der Beteiligten muss durch die Vereinbarung in seiner Vertragsgestaltungsfreiheit gegenüber Dritten beschränkt werden. Indem die IANA die Registrierungsstellen verpflichtet, von ihren Vertragspartnern die Erfüllung der oben genannte Bedingungen zu fordern, beschränkt sie deren Möglichkeit zur inhaltlichen Vertragsgestaltung gegenüber ihren Kunden.

II. Inlandsklausel

Die Vereinbarung muss sich nach § 14 GWB auf Märkte innerhalb des Geltungsbereichs des GWB beziehen. Dies ist zumindest im Falle der DENIC eG unproblematisch gegeben. Die Vereinbarung hat ihren Niederschlag in den Vergaberichtlinien der DENIC eG gefunden, diese wenden sich an Personen mit Sitz in Deutschland. Das Gleiche gilt aber auch für die Registrierungstätigkeit im Bereich der gTLDs, .com, .org oder .net. Auch in diesen werden deutsche Internetnutzer registriert.

III. Ausnahmen

Allerdings kennt das Gesetz selbst Ausnahmen vom Verbot der Preis- und Konditionenbindungen. Über die in §§ 15, 17 GWB geregelten Ausnahmen hinaus, hat die Rechtsprechung[195] mit Zustimmung der Literatur[196] noch weitere Fälle zulässiger Preis- und Konditionenbindungen anerkannt, beispielsweise wenn die in § 14 GWB (§ 15 GWB a.F.) geschützte Handlungsfreiheit des Absatzmittlers fehlt, weil sie bereits von vornherein

---

[192] Vgl. Wolter in: FK § 15 Rdnr. 19; Immenga in: Immenga/Mestmäcker § 1 Rdnr. 318

[193] Vgl. KG WuW/E OLG S. 322, 323 - Vereidigte Buchprüfer; Immenga in: Immenga/Mestmäcker § 1 Rdnr. 318

[194] Das Domain-Name-System ist hierarchisch in einer Baumstruktur aufgebaut, das Ausgangsverzeichnis heißt deshalb bildhaft Wurzel (root)- verzeichnis.

[195] Vgl. BGH WuW/E 1851 f. m.w.N. - Bundeswehrheime II

[196] Vgl. Langen/Klosterfelde/Metzlaff: KartR, § 15 Rn 61 ff.; Emmerich in: Immenga/Mestmäcker, § 15 Rn 23 ff.

durch vorgegebene, von der Rechtsordnung anerkannte Rechtsbeziehungen (sog. institutionelle Beziehungen) ausgeschlossen sind. Diese Grundsätze sind auch auf Treuhandverhältnisse angewandt worden.[197]

1. Treuhänderische Verwaltung

Die zwischen der IANA und den Registrierungsstellen vereinbarten Konditionenbindungen fallen möglicherweise nicht in den Anwendungsbereich des § 14 GWB, weil die Handlungsfreiheit der Registrierungsstellen bereits aufgrund eines bestehenden Treuhandverhältnisses eingeschränkt ist.

Bei der Untersuchung zu Art. 81 EGV wurde bereits festgestellt, dass das Verhältnis der IANA zu den Registrierungsstellen Elemente der Treuhand enthält. Einen gesetzlich definierten oder auch nur allgemein anerkannten Begriff der Treuhand gibt es nicht.[198] Einen typischen Treuhandvertrag, der sich nach bestimmten Regeln richtet, gibt es ebenfalls nicht. [199] Als übereinstimmendes Merkmal lässt sich nur feststellen, dass ein "Treugeber" dem "Treuhänder" Rechte überträgt oder Rechtsmacht einräumt (anvertraut), von denen dieser nur nach näherer Maßgabe eines schuldrechtlichen Treuhandvertrages Gebrauch machen darf (sog. fiduziarische Treuhand).[200]

Die IANA delegiert die Berechtigung zur Registrierung von Domain Names unter einer TLD vollständig auf die jeweilige Registrierungsstelle, verpflichtet diese aber von dieser Berechtigung nur in einer ganz bestimmten Weise, nämlich "treuhänderisch", Gebrauch zu machen. Insbesondere darf sich die Ausführung nicht ausschließlich an den eigenen Bedürfnissen der Registrierungsstelle orientieren, sondern muss die Interessen der Internetgemeinschaft wahren. *"Concerns about "rights" and "ownership" of domains are inappropriate. It is appropriate to be concerned about "responsabilities" and "service" to the community."*[201] Die Tätigkeit muss *"equitable, just, honest, and competent"* ausgeübt werden.[202] Insoweit währen also auch die Tatbestandsvoraussetzungen der Treuhand erfüllt.

Zu der von der IANA geprägten "treuhänderischen" Domainverwaltung gehört es, dass eine Domain "equitable, just, honest, and competent" verwaltet wird und dass die jeweilige Registrierungsstelle bereit und in der Lage ist, ein Minimum an organisatorischen und technischen Voraussetzungen zu erfüllen. Damit soll sichergestellt werden, dass die Interessen aller Internetnutzer gleichermaßen berücksichtigt werden und die Funktionsfähigkeit des DNS im Interesse aller gewährleistet ist. Ohne diese Anweisungen und vor allem ohne die Weiterleitungsverpflichtung könnte nicht sichergestellt werden, dass die Domainverwaltung auch auf den Subdomainebenen "treuhänderisch" für die "Internetgemeinschaft" erfolgt.

---

[197] Vgl. Langen/Klosterfelde/Metzlaff: KartR, § 15 Rn 71; Emmerich in: Immenga/Mestmäcker, § 15 Rn 37; Wolter in: FK § 15 Rn 49; indirekt, BGH WuW/E BGH 1661,1664

[198] Vgl. Schilken in: Staudinger, Bd I, Vorbem zu §§ 164 ff. Rn 48; Schramm in: MünchKomm, Vor § 164 Rn 27; Gernhuber, JuS 1988, S. 355

[199] Vgl. BGH BB 1977,10; Schramm in: MünchKomm, Vor § 164 Rn 27

[200] Vgl. Schramm in: MünchKomm, Vor § 164 Rn 27; Gernhuber, JuS 1988, S. 355 f.; Soergel/Leptien: Vor § 164 Rn 61

[201] Vgl. RFC 1591 Ziff. 3.2., Anlage 1

[202] Vgl. RFC 1591 Ziff. 3 und 3.3., Anlage 1

Die Verpflichtung der Registrierungsstellen, auch von dem Verantwortlichen einer Subdomain die "treuhänderische" Verwaltung der Domain sowie die Angabe eines administrativen und technischen Kontaktes und die Vorhaltung eines Nameserverservices zu verlangen, sind daher keine nach § 14 GWB unzulässigen Konditionenbindungen. Sie sind vielmehr durch das institutionell anerkannte Treuhandverhältnis gerechtfertigt. Das Gleiche gilt auch für die Vereinbarung der Weiterleitungsverpflichtung selbst.

2. Franchising

Fraglich ist, ob sich eine Ausnahme von der Anwendbarkeit des § 14 GWB auch aus der Nähe des DNS zu den Franchisesystemen ableiten lässt. Dies wird von der überwiegenden Ansicht in der Literatur abgelehnt.[203] Ohne dass der sogenannten "absoluten" Theorie[204] und ihrer These, § 14 GWB sei auf sogenannte "Interessenwahrungsverträge" grundsätzlich nicht anwendbar[205], gefolgt werden soll, kann die uneingeschränkte Anwendbarkeit von § 14 GWB auf Franchiseverträge nicht unwidersprochen bleiben.

Für § 1 GWB ist anerkannt, dass der Tatbestand insoweit einschränkend auszulegen ist, als eine wettbewerbsbeschränkende Klausel für die Durchführung und die Erreichung eines gesetzlich gebilligten Vertragszweckes unerlässlich ist.[206] Aus dem Gesetz sind keine Gründe ersichtlich, weshalb es einen Unterschied machen soll, ob es sich bei der vereinbarten Handlungsbeschränkung, um eine horizontale - nach § 1 GWB - oder eine vertikale - nach § 14 GWB zu beurteilende - handelt.[207] Auch die im Bereich des § 14 GWB diskutierten Ausnahmen vom Verbot der Preis- oder Konditionenbindung lassen sich - unabhängig von der dogmatischen Begründung[208] - letztlich auf den Immanenzgedanken zurückführen.

Die überwiegende Ansicht in der Literatur begründet ihre Position damit, dass ein Franchisenehmer, anders als ein Handelsvertreter, regelmäßig nicht nur in eigenem Namen, sondern vor allem auch auf eigenes Risiko handelt. Sie verkennt dabei, dass es sich beim Franchising um ein eigenständiges Marketinginstrument handelt, welches starke Bezüge auch zu anderen Absatzformen als dem Handelsvertreter- oder Vertragshändlerrecht aufweist. Anders als bei den genannten Vertriebsformen wird beim Franchising dem Franchisenehmer regelmäßig ein (immaterielles) Gut des Franchisegebers zur Nutzung überlassen. Es handelt sich damit um eine völlig andere Konstellation, die nicht unberücksichtigt bleiben kann.

Aus diesem Grund sollte die Anwendbarkeit des § 14 GWB immer dann eingeschränkt werden, wenn die vereinbarten Handlungseinschränkungen erforderlich sind, um die im Hinblick auf diese Nutzungsüberlassung legitimen Zwecke des Franchisegebers zu erreichen. [209] Dies ist beispielsweise der Fall, wenn die Konditionenbindungen dazu die-

[203] Vgl. Martinek: Franchising, S. 555 ff.; Martinek in: Martinek/Semmler: Vertriebsrecht, S. 425 ff.; Emmerich in: Immenga/Mestmäcker: § 15 Rn 35; a.A. Bechtold: KartellG, § 14 Rn 12
[204] Vgl. dazu Emmerich in: Immenga/Mestmäcker: § 18 Rn 48 f.
[205] Vgl. Rittner: DB 1957, S. 1091 ff., 1094; ders. in: Festschrift für Reinhardt, S. 301 ff.
[206] Vgl. OLG Frankfurt, WuW/E OLG, S. 4488, 4490 - Konkurrenz im selben Haus; Immenga in: Immenga/Mestmäcker: § 1 rn 164 ff. m.w.N.
[207] Vgl. Bosch: BB 1996, S. 1513, 1517
[208] Vgl. Immenga in: Immenga/Mestmäcker: § 1 Rn 165 f.; Wolter in: FK § 15 Rn 36 ff.
[209] Vgl. die Rechtsprechung des EuGH zur Zulässigkeit von Konditionenbindungen beim Franchising, EuGH, Slg. 1986, S. 353, 381 f. - Pronuptia; Immenga in: Immenga/Mestmäcker: Art 85 I B Rn 239

nen, den Bestand des zur Nutzung Überlassenen zu sichern.[210] Auf diese sollte § 14 GWB nicht anwendbar sein. Angesichts der bereits oben angesprochenen Nähe des DNS zu den Franchisingsystemen, müsste Entsprechendes für solche Konditionenbindungen gelten, die dem Schutz des überlassenen "Good Will" der IANA dienen.

Da die zwischen der IANA und den Registrierungsstellen vereinbarten Konditionenbindungen aber bereits dem treuhänderischen Verhältnis zwischen IANA und den Registrierungsstellen immanent und damit vom Anwendungsbereich des § 14 GWB ausgenommen sind, wird dieser Disput hier nicht weiter vertieft.

3. Durchlaufende Bindung

Bei sogenannten durchlaufenden Bindungen, also wenn die gebundene Partei sich verpflichtet, die ihr selbst auferlegten Bindungen auf ihre Abnehmer weiterzuleiten, wird auch von Vertretern der Ansicht über die uneingeschränkte Anwendbarkeit des § 14 GWB dessen Anwendbarkeit verneint.[211] Dies wird teilweise ebenfalls mit dem "Immanenzgedanken"[212], vor allem aber damit gerechtfertigt, dass der regelmäßig ebenfalls anwendbare § 16 GWB Vorrang gegenüber § 14 GWB hat.[213]

§ 16 GWB betrifft insbesondere Vereinbarungen zwischen Unternehmen über Waren oder gewerbliche Leistungen, soweit sie einen Beteiligten in der Freiheit der Verwendungen der gelieferten Waren, anderer Waren oder gewerblicher Leistungen oder in der Freiheit, die gelieferten Waren an Dritte abzugeben, beschränken und soweit durch das Ausmaß solcher Beschränkungen der Wettbewerb auf dem Markt für diese oder andere Waren oder gewerbliche Leistungen wesentlich beeinträchtigt wird.

Der Warenbegriff der Vorschrift gleicht dem des § 1 GWB und ist sehr weit. Er erfasst alle Wirtschaftsgüter, die Gegenstand des geschäftlichen Verkehrs sein können. Die Wareneigenschaft ist damit weder von der Körperlichkeit noch von der Beweglichkeit abhängig.[214] Leistungen unterscheiden sich von Waren dadurch, dass der Erfolg oder das wirtschaftliche Ergebnis einer Anstrengung nicht bei dem Leistenden, sondern unmittelbar bei demjenigen eintritt, für den der Leistende tätig wird.[215]

Die Vereinbarung zwischen der IANA und den Registrierungsstellen betrifft danach zunächst eine Leistung, die Verwaltung der Dateien in denen die TLDs gespeichert werden und den Betrieb der entsprechenden Rechner durch die IANA. Sie betrifft aber auch die Befugnis, unter der zugewiesenen Domain Subdomains zu registrieren und damit am "Good Will" der IANA zu partizipieren. Insoweit betrifft die Vereinbarung eine Ware i.S.d. Vorschrift.

Die Konditionenbindung ergibt sich ausschließlich aus RFC 1591 Ziff. 3.3, der bestimmt, dass die Regeln für die TLDs rekursiv gelten sollen. Die Registrierungsstellen für

---

[210] Vgl. EuGH, Slg. 1986, S. 353, 381 f. - Pronuptia
[211] Vgl. Wolter in: FK, § 15 Rn 69; Langen/Klosterfelde/Metzlaff: § 15 Rn 92 jeweils m.w.N.; a.A. Emmerich in: Immenga/Mestmäcker: § 15 Rn 70
[212] Vgl. Bosch: BB 1996, S. 1513, 1516 f.
[213] Vgl. BGH in: WuW/E BGH S. 1841, 1843 Ganser/Dahlke; S. 1909, 1910 - Mendener Hof; Rahlmeyer in: Martinek/Semmler, Vertriebsrecht, S. 298 und Wolter in: FK, § 15 Rn 69; Langen/Klosterfelde/Metzlaff: § 15 Rn 92 jeweils m.w.N.
[214] Vgl. Immenga in: Immenga/Mestmäcker, § 1 Rn 315 ff.; Langen/Bunte: § 1 Rn 79; Langen/Klosterfeld/Metzlaff: § 18 Rn 22; Wolter in: FK, § 18 Rn 32
[215] Vgl. Langen/Bunte: § 1 Rn 80

die TLDs werden dadurch verpflichtet, die Auswahlkriterien der IANA, die Konditionen ihrer Vereinbarung mit der IANA, inklusive der Weiterleitungsverpflichtung selbst, bei einer Subdomaindelegation zugrundezulegen. Die Registrierungsstellen werden dadurch in der Freiheit der Verwendung der übertragenen Registrierungsbefugnis und in der Freiheit der Auswahl ihrer Geschäftspartner beschränkt. Der Anwendungsbereich des § 16 GWB wäre damit eröffnet.

Auch aus diesem Grund wäre § 14 GWB auf die vorliegenden Konditionenbindungen ausnahmsweise nicht anwendbar.

G. § 16 GWB

Wie bereits ausgeführt, kommt für die Beurteilung der zwischen der IANA und den Registrierungsstellen getroffenen Vereinbarungen auch die Missbrauchsaufsicht nach § 16 GWB in Betracht.

Anders als bei § 14 GWB ist für § 16 GWB anerkannt, dass "vertragsimmanente" Beschränkungen vom Anwendungsbereich der Vorschrift ausgenommen sind.[216] Die Bindungen der Registrierungsstellen könnte der treuhänderischen Verwaltung des DNS immanent oder für die Durchführung der dem Franchising nahen Rechtsbeziehung zwischen der IANA und den Registerführern erforderlich sein.

Zum Wesen der Treuhandschaft gehört es, dass der Treugeber dem Treuhänder Anweisungen im Hinblick auf das anvertraute Gut gibt.[217] Die IANA schreibt den Registrierungsstellen vor, wie die Aufgabe der Domainverwaltung inhaltlich zu erfüllen ist. Ohne diese Anweisung könnten die Registrierungsstellen ihre Aufgabe nicht "treuhänderisch" erfüllen. Die IANA schreibt weiter vor, welche Anforderungen die Registrierungstellen an die technische und organisatorische Ausstattung eines Bewerbers um die Zuweisung einer Subdomain stellen müssen. Ohne diese Vorgaben sind für eine Subdelegation der "treuhänderischen" Domain-Name-Verwaltung erforderlich.

Die vereinbarten Beschränkungen sind demnach bereits aufgrund der Treuhandbeziehung zwischen der IANA und den Registrierungsstellen vom Anwendungsbereich des § 16 GWB ausgenommen.

Darüber hinaus, sind diese Beschränkungen möglicherweise auch aus den für das Franchisingsystem anerkannten Gründen vom Anwendungsbereich des § 16 GWB ausgenommen. Wie im Anwendungsbereich des Art. 81 EGV sollen insbesondere solche Bindungen zulässig sein, die erforderlich sind, um das überlassene Know-how oder die Identität und das Ansehen der Vertriebsorganisation zu schützen.[218]

Bereits bei der Prüfung des Art. 81 EGV wurde klargestellt, dass es sich beim DNS nicht um ein typisches Franchisingsystem handelt, dass es dem Franchising in seiner

---

[216] Vgl. Wolter in: FK, § 18 Rn 44 ff., 50 ff.; Langen/Klosterfelde/Metzlaff: § 18 Rn 197 ff.; Bechthold: KartelG, § 16 Rn 10; a.A. Emmerich in: Immenga/Mestmäcker, § 18 Rn 48 ff., dieser will "vertragsimmanente" Beschränkungen ausschließlich im Rahmen der Interessenabwägung des § 18 GWB a.F. erfassen. Dieser Ansicht dürfte durch die Gesetzesänderung und den Wegfall der Interessenabwägung der Boden entzogen sein.

[217] Vgl. Langen/Klosterfeld/Metzlaff: § 15 Rn 71; Emmerich in: Immenga/Mestmäcker § 15 Rn 37; Wolter in: FK § 15 Rn 49

[218] Vgl. Langen/Klosterfeld/Metzlaff: § 18 Rn 200; TB 1985/86 S. 32

Struktur aber sehr nahe kommt. Aus diesem Grund ist es auch gerechtfertigt, die für den Schutz des überlassenen Know-Hows entwickelten Grundsätze auch auf den im Rahmen des DNS überlassenen Good Will zu übertragen. Die vorgenommenen Bindungen sind auch für den Schutz des überlassenen Good Will bzw. den Schutz der Identität und des Ansehens des DNS erforderlich. Um Wiederholungen zu vermeiden wird auf die entsprechenden Ausführungen bei Art. 81 EGV verwiesen.

Die Bindungen sind damit vertragsimmanent und vom Anwendungsbereich des § 16 GWB ausgenommen.

H. § 19 GWB

Es stellt sich die Frage, ob die bisherige Praxis der IANA, die Registrierungsverantwortung für eine TLD jeweils nur an eine und nicht an mehrere Registrierungsstellen zu delegieren[219], nicht als Missbrauch ihrer marktbeherrschenden Stellung angesehen werden muss. Das Gleiche gilt für die Forderung an die Registrierungsstellen, einen administrativen und technischen Kontakt anzugeben oder die Forderung eines Nameserverservices vorzuhalten sowie die Verpflichtung diese Bindungen bei der Delegation einer Subdomain weiterzuleiten.

I. Marktbeherrschendes Unternehmen

Voraussetzung der Missbrauchskontrolle nach § 19 GWB ist eine bestimmte Marktmacht des in Frage kommenden Unternehmens. Diese lässt sich nur mit Rücksicht auf den relevanten Markt bestimmen.

1. Relevanter Markt

Bei der Frage nach dem relevanten Markt wird unterschieden nach dem sachlich-gegenständlich, räumlich und zeitlich relevanten Markt.

a. Sachlich-gegenständlich relevanter Markt

Bei der Ermittlung des sachlich-gegenständlich relevanten Marktes geht es um die Frage, welche Güter oder Leistungen zu einem Markt gehören, weil zwischen ihnen Wettbewerbsbeziehungen bestehen.[220] Bei der Ermittlung dieser Güter und Leistungen hat sich in der Praxis das sogenannte Bedarfsmarktkonzept durchgesetzt, wonach auf die Sicht der Marktgegenseite abzustellen und zu prüfen ist, welche Güter und Leistungen aus deren Sicht austauschbar sind.[221]

---

[219] Auf die besondere Situation im Bereich der .com-, .net- und .org-Domain wurde bereits mehrfach hingewiesen.

[220] Vgl. Emmerich: Kartellrecht, S. 234, 7. Aufl., Beck, München 1994

[221] Vgl. Emmerich: Kartellrecht, S. 234, 7. Aufl., Beck, München 1994; Möschel in: Immenga/Mestmäcker § 22 Rdnr. 24 ff.; Langen/Ruppelt, KartR § 22 Rdnr. 9 ff.; KG WuW/E OLG S. 1745, 1748 - Kfz-Kupplungen; BGH WuW/E BGH S. 1445, 1447 - Valium; BGH WuW/E BGH S. 2150, 2153 - Edelstahlbestecke

Vorliegend geht es um eine gewerbliche Leistung, um die Delegation der Registrierungsverantwortung für die TLDs allgemein und für jede TLD einzeln, verbunden mit der Eintragung der entsprechenden Registrierungsstelle in das Rootverzeichnis des DNS.

Wie bereits erläutert wurde, gibt es zu dem von der IANA entwickelten DNS keine Alternativen. Insbesondere sind die IP-Adresse und die alternativen Registrierungssysteme nicht austauschbar. Auch die einzelnen TLDs sind untereinander nicht oder nur sehr eingeschränkt austauschbar. Um Wiederholungen zu vermeiden, wird auf die angesprochenen Ausführungen verwiesen.

Sachlich relevant ist also der Markt für die Delegation der Registrierungsbefugnis insgesamt und für jede TLD gesondert.

b. Räumlich und zeitlich relevanter Markt

Der räumlich relevante Markt bestimmt sich nach Maßgabe der räumlich gegebenen Austauschmöglichkeiten aus der Sicht der Abnehmer[222] und deckt sich daher grundsätzlich mit dem Hauptabsatzgebiet eines Produktes.[223] Da es sich bei den generischen TLDs um solche ohne regionale Marktzuordnung handelt, ist der Markt grundsätzlich weltweit. Die Nachfrager für die länderspezifischen TLDs werden sich regelmäßig in den jeweiligen Ländern befinden, für die .de-Domain also in Deutschland. Allerdings kommt gerade in Europa aufgrund der engen europäischen Handelsbeziehungen durchaus auch eine Nachfrage aus anderen Ländern in Betracht. Der Schwerpunkt wird dennoch in Deutschland liegen.

Im Hinblick auf den zeitlich relevanten Markt sind keine Einschränkungen ersichtlich.

2. Marktbeherrschung

Marktbeherrschend ist ein Unternehmen nach § 19 II Nr.1 Alt.1 GWB soweit es als Anbieter oder Nachfrager einer bestimmten Art von Waren oder gewerblichen Leistungen ohne Wettbewerber ist. Die IANA hat für die in Frage kommende gewerbliche Leistung, die Delegation der Registrierungsverantwortung für die TLDs allgemein und für jede TLD einzeln, verbunden mit der Eintragung der entsprechenden Registrierungsstelle in das Rootverzeichnis des DNS eine Alleinstellung. Ihre Marktbeherrschung steht damit außer Frage.

II. Behinderungsmissbrauch (§ 19 I, IV Nr. 1 GWB)

Ein Behinderungsmissbrauch ist anzunehmen, wenn ein marktbeherrschendes Unternehmen als Anbieter oder Nachfrager einer bestimmten Art von Waren oder gewerblichen Leistungen die Wettbewerbsmöglichkeiten anderer Unternehmen in einer für den Wettbewerb auf dem Markt erheblichen Weise ohne sachlich gerechtfertigten Grund beeinträchtigt. Eine solche missbräuchliche Behinderung könnte darin zu sehen sein, dass die

---

[222] Vgl. Möschel in: Immenga/Mestmäcker § 22 Rdnr. 35 ff.; Langen/Ruppelt: KartR § 22 Rdnr. 25 ff.

[223] Vgl. Emmerich: Kartellrecht, S. 239, 7. Aufl., Beck, München 1994

IANA die Verantwortung für die Registrierung unter einer TLD bisher immer nur an eine Registrierungsstelle delegiert.

1. Beeinträchtigung

Beeinträchtigen ist im Sinne eines für die Wettbewerbsmöglichkeiten anderer Unternehmen nachteiligen Wirkungszusammenhanges zu verstehen.[224] Durch die Praxis der IANA, die Registrierungsverantwortung für eine TLD immer nur an eine Registrierungsstelle zu delegieren, werden alle anderen Unternehmen grundsätzlich vom Markt und von jeder Möglichkeit diesbezüglichen Wettbewerbs ausgeschlossen.

2. Auf dem Markt

Die Beeinträchtigung muss sich auf die Funktionsfähigkeit des Marktes insgesamt[225] in erheblicher Weise auswirken. Die bisherige Praxis der IANA nur eine Registrierungsstelle für eine TLD anzuerkennen, lässt keinerlei Wettbewerb auf dem relevanten Markt zu. Der völlige Ausschluss des Wettbewerbs auf einem Markt ist unzweifelhaft immer erheblich.

Dem steht auch nicht entgegen, dass sich die Beeinträchtigung nicht gegenüber Konkurrenten der IANA auswirkt, sondern gegenüber potentiellen Konkurrenten der begünstigten Registrierungsstellen, also gegenüber der Marktgegenseite auf dem beherrschten Markt. Auch deren Beeinträchtigung wird von der Vorschrift erfasst.[226]

Hinzu kommt, dass Markt im Sinne der Vorschrift nach allgemeiner Ansicht nicht nur der beherrschte Markt ist, sondern gegebenenfalls auch ein Drittmarkt.[227] Jedenfalls dann, wenn die marktbeherrschende Stellung auf diesem Markt zwar nicht besteht, aber sich auswirkt.[228]

Vorliegend gibt die IANA ihr eigenes Monopol für die Registrierung von Domain Names unter einer TLD an eine Registrierungsstelle weiter. Auf diese Weise findet auf dem entsprechenden Markt keinerlei Wettbewerb statt. Ohne die Alleinstellung der IANA wäre die Beeinträchtigung nicht vorstellbar. Damit wirkt sich die marktbeherrschende Stellung gerade auch auf dem Drittmarkt aus und ist kausal für die Beeinträchtigung.

3. Rechtfertigung

Für die Beurteilung der Frage, ob das behindernde Verhalten eines Marktbeherrschers sachlich gerechtfertigt ist oder nicht, ist eine Abwägung der Interessen des marktbeherrschenden Unternehmens mit denen der beeinträchtigten Unternehmen unter vorrangiger

---

[224] Vgl. Möschel in: Immenga/Mestmäcker § 22 Rdnr. 111

[225] Vgl. v. Gamm: Kartellrecht § 22 Rdnr. 40; Möschel in: Immenga/Mestmäcker § 22 Rdnr. 112

[226] Vgl. TB 1978, S. 88; Bauer/Weyer in: FK § 22 Rn 540 f.; Langen/Schultz, KartR § 22 Rn 105

[227] Vgl. KG WuW/E OLG S. 3124, 3129 - Milchaustauschfuttermittel; von Wallenberg: Kartellrecht, Neuwied 1997, S. 90; Emmerich: Kartellrecht, 7. Aufl., München 1994, S. 260; Möschel in: Immenga/Mestmäcker § 22 Rdnr. 113; Langen/Schultz: KartR § 22 Rdnr. 105

[228] Vgl. BGH WuW/E BGH S. 407, 410 - Molkereigenossenschaft; Baur/Weyer in: FK § 22 Rdnr. 554

Berücksichtigung der auf die Sicherung von Wettbewerbsstrukturen ausgerichteten Zielsetzung des GWB vorzunehmen.[229]

Die widerstreitenden Interessen sind gegeneinander abzuwägen. In extremen Fällen wie dem Vorliegenden, wo die Beeinträchtigung zu einem völligen Ausschluss des Wettbewerbs führt, ist jedoch die auf die Sicherung von Wettbewerbsstrukturen ausgerichtete Zielsetzung des GWB besonders zu beachten. Daher sind nur besonders wichtige Interessen geeignet, einen solchen völligen Wettbewerbsausschluss zu rechtfertigen.[230]

a. Funktionsfähigkeit des DNS

Die IANA ist verantwortlich dafür, dass Domain Names unter einer TLD nur einmal vergeben werden. Nur so kann die Funktionsfähigkeit des DNS gewährleistet werden. Würden Domain Names mehrfach vergeben, wäre eine eindeutige Rechneradressierung und die Übertragung von Nachrichten im Internet mittels des jeweiligen Domain Names nicht mehr möglich. Selbst wenige Fälle von Doppelregistrierungen könnten dazu führen, dass die Marktteilnehmer das Vertrauen in das DNS und dementsprechend das Interesse an der Registrierung von Domain Names verlieren.

Die Gefahr einer Mehrfachvergabe von Domain Names lässt sich am einfachsten reduzieren, wenn für jede TLD nur eine Registrierungsstelle existiert. Gibt es mehrere Registrierungsstellen erhöht sich naturgemäß die Wahrscheinlichkeit von Mehrfachregistrierungen. Dieses erhöhte Risiko kann nur durch zusätzlichen organisatorischen und technischen Aufwand wieder reduziert werden. Solche Mehrbelastungen kann die IANA durch ihre bisherige Praxis vermeiden.

b. Marktöffnung

Fraglich ist, ob dieses Interesse den damit verbundenen außerordentlich starken Eingriff in die Marktverhältnisse zu rechtfertigen vermag. Die entgegenstehenden Interessen der potentiellen Konkurrenten der jeweiligen Registrierungsstelle sind auf eine grundsätzliche Öffnung des Marktes für weitere Registrierungsstellen und damit auf die Ermöglichung eines Wettbewerbs gerichtet. Die Interessen sind damit deckungsgleich mit dem Grundanliegen des GWB und deshalb besonders gewichtig.

c. Abwägung

Grundsätzlich wird man wohl davon ausgehen können, dass die Sicherung der Funktionsfähigkeit des DNS und damit letztlich die Sicherung des entsprechenden Marktes selbst, die bisherige Praxis der IANA zu rechtfertigen vermag. Etwas anderes muss jedoch dann gelten, wenn das gleiche Ziel durch Einsatz bestimmter organisatorischer und technischer Mittel erreicht werden kann und dies bei der IANA zu keiner nennenswerten Mehrbelastung führt, weil sie diese durch entsprechende Geschäftsbedingungen auf ihre Abnehmer überleiten kann. "Denn ein dem Diskriminierungsverbot unterliegendes Unternehmen

---

[229] Vgl. BGHZ 38, S. 90, 102 - Grote-Revers; Emmerich: Kartellrecht, 7. Aufl., Beck, München 1994, S. 261; Möschel in: Immenga/Mestmäcker § 22 Rdnr. 114 ff.; Langen/Schultz: KartR § 22 Rdnr. 109; Baur/Weyer in: FK § 22 Rdnr. 561; KG WuW/E OLG S. 3124, 3130 f. - Milchaustauschfuttermittel

[230] Vgl. Markert in: Immenga/Mestmäcker § 26 Rdnr. 228

muss bei der Ausübung seines Gestaltungsermessens die Interessen der übrigen Marktbeteiligten und die hauptsächlichen Zielsetzungen des GWB, nämlich die Freiheit des Wettbewerbs, berücksichtigen und sich deshalb bei der Durchsetzung seiner Interessen auf das zu deren Wahrung unbedingt erforderliche Maß an Behinderung des Marktzugangs Dritter im Sinne des "mildesten Mittels" beschränken."[231]

Die IANA selbst hat bereits zum Ausdruck gebracht, dass der völlige Wettbewerbsausschluss nicht das einzige Mittel ist, die Funktionsfähigkeit des DNS zu sichern. Vielmehr ist es aus Sicht der IANA ausreichend, wenn die parallelen Registrierungsstellen ihre Tätigkeit zur Vermeidung von Doppelregistrierungen koordinieren. Dies spricht dafür, - zumindest für die Zukunft - auf Seiten der IANA ein berechtigtes Interesse für die Beibehaltung der bisherigen Praxis zu verneinen.

Allerdings kann im Rahmen einer an dem Grundsatz der Verhältnismäßigkeit orientierten Interessenabwägung von der IANA nicht verlangt werden, dass sie die erste auf dem Markt befindliche technische Lösung einsetzt, um die Delegation der Registrierungsverantwortung an mehrere Registrierungsstellen zu ermöglichen. Auch insoweit muss der Grundsatz des "mildesten Mittels" gelten. Die IANA muss die Möglichkeit haben eine eigene Lösung auszuarbeiten und über einen gewissen Zeitraum zu erproben. Bis sie dies getan hat, ist ihre Vergabepraxis noch sachlich gerechtfertigt. Die damit verbundene Beeinträchtigung der Wettbewerbsmöglichkeiten der nicht berücksichtigten Unternehmen, die potentiell als Registrierungsstelle in Frage kämen, stellt daher keinen Missbrauch der marktbeherrschenden Stellung i.S.d. § 19 I, IV Nr. 1 GWB dar.

III. Ausbeutungsmissbrauch (§ 19 I, IV Nr. 2 GWB)

Die IANA könnte ihre marktbeherrschende Stellung aber dadurch ausnutzen, dass sie Entgelte oder sonstige Geschäftsbedingungen fordert, die von denjenigen abweichen, die sich bei wirksamem Wettbewerb mit hoher Wahrscheinlichkeit ergeben würden. In Betracht kommt insoweit die Forderung der IANA gegenüber den Registrierungsstellen, einen administrativen und technischen Kontakt anzugeben oder die Forderung eines Nameserverservices vorzuhalten sowie die Verpflichtung diese Bindungen bei der Delegation einer Subdomain weiterzuleiten.

1. Vergleichsmarktkonzept

Bei der Beurteilung dieser Frage sind insbesondere die Verhaltensweisen von Unternehmen auf vergleichbaren Märkten mit wirksamem Wettbewerb zu berücksichtigen. Dieses sogenannte Vergleichsmarktkonzept wird jedoch hinsichtlich seiner Eignung zur Beurteilung des Konditionenmissbrauchs grundsätzlich kritisch beurteilt.[232] Auf die Probleme braucht hier jedoch nicht eingegangen zu werden. Die IANA hat eine weltweite Alleinstellung und bei dem DNS bzw. dem Internet insgesamt handelt es sich um einen völlig neuen und einzigartigen Markt, so dass vergleichbare Märkte nicht vorstellbar sind. Ins-

---

[231] Vgl. KG WuW/E OLG 3169, 3171 - Nordmende; OLG Karlsruhe WuW/E OLG 2217, 2220 - Allkauf-Saba

[232] Vgl. Langen/Schultz, KartR, § 22 Rn 95; Möschel in: Immenga/Mestmäcker, § 22 Rn 172; Bauer/Weyer in: FK § 22 Rn 647 f.

besondere die Telefondienste aber auch der traditionelle Rundfunk oder andere Onlinedienste sind auf Grund ihrer zentralistischen Struktur und technischen Realisierung gegenüber der dezentralen Organisation des Internet so unterschiedlich, dass die entsprechenden Märkte nicht zum Vergleich herangezogen werden können.

2. Allgemeine Gerechtigkeitsvorstellungen

Alternativ zum Vergleichsmarktkonzept werden als Prüfungsmaßstab die allgemeinen Gerechtigkeitsvorstellungen, wie sie z.B. im AGBG und in §§ 138, 242 BGB ihren Ausdruck gefunden haben, herangezogen.[233] Missbräuchlich ist danach die einseitig belastende Abweichung von diesen Gerechtigkeitsvorstellungen.

Die angesprochenen Forderungen der IANA unterfallen weder den Klauselverboten mit, noch denen ohne Wertungsmöglichkeit des AGBG. In Betracht käme allenfalls ein Verstoß gegen die Generalklausel des AGBG § 9. Dies würde voraussetzen, dass die Forderung an die Registrierungsstellen, einen administrativen und technischen Kontakt anzugeben oder die Forderung eines Nameserverservices vorzuhalten sowie die Verpflichtung diese Bindungen bei der Delegation einer Subdomain weiterzuleiten, die Registrierungsstellen unangemessen benachteiligen. Ob es sich bei dem RFC 1591 um Geschäftsbedingungen i.S.d. § 1 AGBG handelt und ob diese nach § 2 AGBG wirksam in den Vertrag einbezogen wurden, soll dahingestellt bleiben, da nur die im AGBG zum Ausdruck gekommenen Gerechtigkeitsvorstellungen für das Kartellrecht relevant sind und nicht die sonstigen Tatbestandsvoraussetzungen.

Für die Beurteilung der Frage, ob die Bestimmungen die Registerführer unangemessen benachteiligen, sind die Interessen der Beteiligten gegeneinander abzuwägen.[234] Aus Sicht der IANA dienen die Bestimmungen der Sicherung der Funktionsfähigkeit des DNS. Sie dienen damit nicht nur den Interessen der IANA, sondern auch den Interessen der Registerführer, da die Sicherheit und Funktionsfähigkeit des DNS auch Voraussetzung für deren Tätigkeit ist. Entgegenstehende Interessen der Registerführer sind hier nicht erkennbar. Eine Benachteiligung der Registerführer, besonders eine nach Treu und Glauben unangemessene Benachteiligung, liegt damit nicht vor.

Die Forderungen stehen auch in keinem auffälligen Missverhältnis zur Gegenleistung und sind daher auch nicht sittenwidrig. Ein Verstoß gegen das AGBG oder gegen die §§ 138, 242 BGB ist daher nicht ersichtlich. Die Forderung der IANA gegenüber den Registrierungsstellen, einen administrativen und technischen Kontakt anzugeben oder die Forderung eines Nameserverservices vorzuhalten sowie die Verpflichtung diese Bindungen bei der Delegation einer Subdomain weiterzuleiten, stellt daher keinen Missbrauch ihrer marktbeherrschenden Stellung dar.

I. Behinderungs- und Diskriminierungsverbot (§ 20 I GWB)

Die Praxis der IANA, die Verantwortung für die Registrierung von Domain Names unter einer bestimmten TLD jeweils nur an eine Registrierungsstelle zu delegieren, könnte eine gemäß § 20 I GWB verbotene Behinderung bzw. Diskriminierung darstellen.

---

[233]Vgl. Möschel in: Immenga/Mestmäcker, § 22 Rn 172; Bauer/Weyer in: FK § 22 Rn 649; Monopolkomm. 6. Hauptgutachten 1984/85 Tz 417; Monopolkomm. 4. Hauptgutachten 1980/81 Tz. 506

[234]Vgl. Palandt/Heinrichs, § 9 AGBG Rn 4

I. Marktbeherrschendes Unternehmen

Bei der IANA handelt es sich, wie bereits die Untersuchungen zu § 19 GWB gezeigt haben, um ein marktbeherrschendes Unternehmen i.S.d. Vorschrift.

II. Gleichartigen Unternehmen üblicherweise zugänglicher Geschäftsverkehr

Das verbotswidrige Verhalten müsste gegenüber Unternehmen in einem gleichartigen Unternehmen üblicherweise zugänglichen Geschäftsverkehr erfolgen.

Geschäftsverkehr ist jeder privatrechtlich geregelte Verkehr mit Waren oder gewerblichen Leistungen, wobei der Geschäftsverkehr noch nicht bestehen muss. Es genügt schon, wenn er von einer Seite angestrebt wird.[235] Bereits oben wurde festgestellt, dass es sich auch bei der Delegation der Registrierungsverantwortung für die Registrierung von Domain Names unter einer TLD um eine gewerbliche Leistung handelt. Der Verkehr mit dieser Leistung ist auch privatrechtlich geregelt.

Gleichartige Unternehmen sind solche, die nach ihrer unternehmerischen Tätigkeit und wirtschaftlicher Funktion die gleiche Aufgabe erfüllen.[236] Die Beantwortung dieser Frage ist hier einfach, da das in Frage stehende Verhalten der IANA zu einer Alleinstellung auf dem Markt geführt hat. Es gibt daher nur ein Vergleichsunternehmen, nämlich die Registrierungsstelle selbst. Gleichartig sind danach zunächst alle bestehenden Registrierungsstellen, aber auch alle Unternehmen, die bereit und technisch und organisatorisch in der Lage sind, die Aufgabe einer Registrierungsstelle zu übernehmen.

Bei der Frage nach dem üblicherweise zugänglichen Geschäftsverkehr, ist darauf abzustellen, was sich im gesamten maßgeblichen Geschäftsverkehr innerhalb der in Betracht kommenden Kreise in natürlicher wirtschaftlicher Entwicklung als allgemein geübt und als angemessen empfunden, herausgebildet hat.[237] Entscheidend ist also die generelle Situation in dem betreffenden Wirtschaftsbereich.[238] Es ist daher nicht auf die einzelne TLD, sondern auf die Gesamtheit aller TLDs abzustellen. Hier gilt, dass der Geschäftsverkehr grundsätzlich jedem offen steht, der technisch und organisatorisch in der Lage ist, die Aufgaben einer Registrierungsstelle zu übernehmen.

III. Tathandlung

Als Tathandlung kommt vorliegend die Behinderung der geschützten Unternehmen aber auch die Diskriminierung gegenüber gleichartigen Unternehmen in Betracht.

---

[235] Vgl. BGH WuW/E BGH S. 410 - Molkereigenossenschaft; BKartA WuW/E BKartA S. 383; Langen/Schultz: KartR § 26 Rdnr. 131 f.; Benisch in: GK § 26 II Rdnr. 18

[236] Vgl. BGH WuW/E BGH S. 1530, 1531 - Faßbierpflegekette; S. 1584, 1585 - Anwaltsbücherdienst; S. 1829, 1832 - Orginal-VW-Ersatzteile II; Markert in: Immenga/Mestmäcker § 26 Rdnr. 159 ff.; Carlhoff in: FK § 26 Rdnr. 210; Langen/Schultz: KartR § 26 Rdnr. 134 ff.

[237] Vgl. BGH WuW/E BGH S. 647, 651 - Rinderbesamung I; S. 1211, 1213 - Kraftwagen-Leasing; S. 1729, 1730 - Ölbrenner; Markert in: Immenga/Mestmäcker § 26 Rdnr. 174 ff.; Carlhoff in: FK § 26 Rdnr. 222; Langen/Schultz: KartR § 26 Rdnr. 139 ff.

[238] Vgl. Markert in: Immenga/Mestmäcker § 26 Rdnr. 174

1. Verhältnis der Verbotstatbestände

Die Rechtsprechung und die h.M. im Schrifttum gehen übereinstimmend davon aus, dass die beiden Varianten - obschon in einem Alternativverhältnis stehend - sich überschneiden und nicht klar voneinander abgegrenzt werden können. Die erste Variante schütze vor allem, aber nicht ausschließlich, Wettbewerber, die zweite insbesondere Unternehmen vor- oder nachgelagerter Wirtschaftsstufen.[239] Aus diesem Grund kommt die Verwirklichung beider Tatbestandsvarianten durch ein und dieselbe Handlung in Betracht.

2. Behinderung

Behinderung ist jedes Verhalten, das die wettbewerbliche Betätigungsfreiheit eines anderen Unternehmens nachteilig beeinflusst.[240] Durch die Praxis der IANA wird allen Unternehmen, die potentiell in der Lage wären, als Registrierungsstelle für eine bestimmte TLD aufzutreten, der Zugang zum Registrierungsmarkt für diese TLD verwehrt. Die Verhinderung des Marktzutritts ist die radikalste Form der Behinderung. Diese Tatbestandsalternative ist daher erfüllt.

3. Ungleichbehandlung

Die unterschiedliche Behandlung kann bereits darin bestehen, dass der in Betracht kommende Normadressat das Zustandekommen einer Verbindung verweigert, obwohl er entsprechende Verbindungen mit gleichartigen Unternehmen unterhält.[241] Durch die Praxis der IANA werden alle Unternehmen, die gleichermaßen geeignet, in der Lage und gewillt wären als Registrierungsstelle für eine TLD zu dienen, gegenüber den Unternehmen diskriminiert, denen die Registrierungsbefugnis übertragen wird.

IV. Unwerturteil

Die Verwirklichung der Tathandlung allein hat jedoch noch keine verbotsauslösende Wirkung. Hinzukommen muss noch ein spezifischer Unwertgehalt der Handlung[242]. Dieser folgt aus der Unbilligkeit der Handlung bzw. aus dem Fehlen eines sachlich gerechtfertigten Grundes. Erforderlich ist daher eine umfassende Abwägung der Interessen der Beteiligten unter Berücksichtigung der auf die Freiheit des Wettbewerbs gerichteten Zielsetzung des GWB.[243] Hierbei ist die Unbilligkeit und der fehlende sachliche Grund nach übereinstimmenden Grundsätzen zu beurteilen.[244]

---

[239] Vgl. BGH WuW/E BGH 868, 888 - Jägermeister; BGH WuW/E BGH 1027, 1031 - Sportartikelmesse II; Langen/Schultz: KartR § 26 Rn 145 ff.; Markert in: Immenga/Mestmäcker § 26 Rn 182

[240] Vgl. BGH WuW/E BGH S. 1829, 1832 - Orginal-VW-Ersatzteile II; Langen/Schultz: KartR § 26 Rdnr. 145; Markert in: Immenga/Mestmäcker § 26 Rdnr. 183; Carlhoff in: FK § 26 Rdnr. 232

[241] Vgl. Markert in: Immenga/Mestmäcker § 26 Rdnr. 187; Carlhoff in: FK § 26 Rn 236

[242] Vgl. Carlhoff in: FK § 26 Rdnr. 243; Langen/Schultz: KartR § 26 Rdnr. 155

[243] Vgl. Markert in: Immenga/Mestmäcker § 26 Rdnr. 196; Carlhoff in: FK § 26 Rdnr. 243; Langen/Schultz: KartR § 26 Rdnr. 155

[244] Vgl. Carlhoff in: FK § 26 Rdnr. 243; Langen/Schultz: KartR § 26 Rdnr. 155

Auf Seiten der IANA steht das Interesse zu gewährleisten, dass Domain Names unter einer TLD nur einmal vergeben werden, im Vordergrund. Nur so kann die Funktionsfähigkeit des DNS gewährleistet werden. Würden Domain Names mehrfach vergeben, wäre eine eindeutige Rechneradressierung und die Übertragung von Nachrichten im Internet mittels des jeweiligen Domain Names nicht mehr möglich. Selbst wenige Fälle von Doppelregistrierungen könnten dazu führen, dass die Marktteilnehmer das Vertrauen in das DNS und dementsprechend das Interesse an der Registrierung von Domain Names verlieren.

Dagegen stehen das Interesse der behinderten bzw. diskriminierten Unternehmen an einer Markteröffnung und auf Marktzutritt. Die zu beurteilenden Interessen sind vorliegend also keine anderen, als die, welche bereits oben bei der Prüfung der Eingriffsvoraussetzung des § 19 I, IV Nr. 1 GWB abzuwägen waren. Danach steht fest, dass die Handlung der IANA durch ihr Interesse, Doppelregistrierungen zu vermeiden und damit die Funktionsfähigkeit des DNS und damit auch des Internet und den Markt selbst zu erhalten, (noch) sachlich gerechtfertigt ist.

J. Zusammenfassung

Das Verhalten der IANA verstößt derzeit weder gegen europäisches noch gegen deutsches Kartellrecht. Dies liegt im Wesentlichen daran, dass die kritischen Maßnahmen der IANA im Rahmen ihrer treuhänderischen Domainverwaltung bzw. aufgrund der Ähnlichkeit des DNS zu den Franchisingsystemen, für eine ordnungsgemäße Vertragsdurchführung erforderlich und damit aus dem Anwendungsbereich der Kartellbestimmungen ausgenommen bzw. sachlich gerechtfertigt sind.

Etwas anderes könnte in absehbarer Zeit im Hinblick auf die Praxis der IANA, eine Domain immer nur an eine Registrierungsstelle zu vergeben, gelten. Nach Abschluss des Modellversuchs sowie einer Erprobungsphase im Bereich der .com-, .net- und .org-Domain, gibt es keine Argumente mehr gegen eine allgemeine Wettbewerbsförderungspflicht der IANA. Dementsprechend besteht dann eine Kontrahierungspflicht gegenüber konkurrierenden Registrierungsstellen auch im Bereich der anderen TLDs.

Zweites Kapitel: .de-Domain

Von besonderem Interesse sind im Rahmen dieser Untersuchung die kartellrechtlichen Probleme, die sich im Zusammenhang mit der Registrierung von Domain Names unter der .de-Domain ergeben.

A. Ausgangssituation

Registrierungsstelle für Domain Names unter der ccTLD, ".de", ist die Deutsche Network Information Center eG (DENIC eG). Diese hat die Registrierungsbefugnis als Nachfolger der 1993 gegründeten und anfänglich zuständigen Interessenvereinigung Deutsches Network Information Center (IV-DENIC) bzw. der Universität Karlsruhe, die die Registrierungsstelle im Auftrag der IV-DENIC betrieben hat, übernommen. Die DENIC eG wurde von den Mitgliedern der IV-DENIC errichtet. Die Genossenschaft ist die einzige Registrierungsstelle für die .de-Domain.

Gegenstand der weiteren Untersuchung ist nur die DENIC eG. Zwar ist auch ein kartellrechtliches Fehlverhalten der in der IV-DENIC zusammengeschlossenen Unternehmen oder zwischen der IV-DENIC und der Universität Karlsruhe nicht auszuschließen, aber weder der Inhalt der Vereinbarung zwischen den Mitgliedern der IV-DENIC noch der Vereinbarung zwischen der IV-DENIC und der Universität Karlsruhe ist bekannt. Darüber hinaus hat die DENIC eG zwischenzeitlich den gesamten administrativen und technischen Betrieb der .de-Domain übernommen. Betrachtungen zur IV-DENIC bzw. zur Universität Karlsruhe wären daher überholt.

Satzungsgemäße Aufgabe der DENIC eG ist nach § 2 Ziff. 1 und 2 des Statuts der DENIC eG "die Förderung des Erwerbs und der Wirtschaft ihrer Mitglieder durch gemeinschaftlichen Geschäftsbetrieb" und "die Verwaltung und der Betrieb von Internetadressen (Domain Names), insbesondere der Top Level Domain "de" mit allen dazugehörigen Tätigkeiten".

Mitglied der Genossenschaft kann nach § 3 Statut der DENIC eG nur werden, wer "Dritten in der Bundesrepublik Deutschland gewerblich den technischen Zugang zum Internet (sog. Internet-Konnektivität), einschließlich sämtlicher Basisdienste (E-Mail, WWW, FTP, Telnet usw.), anbietet und für diese unterhält", also sogenannte Internet Service Provider (ISP)[245]. Die Mitglieder dürfen nach § 3 I a bb Statut der DENIC e.G. nicht im Sinne des § 15 Aktiengesetz miteinander verbunden sein.

Ein Domain-Registrierungsantrag kann nur über die Mitglieder der DENIC e.G. oder aber bei der Geschäftsstelle der DENIC e.G. gestellt werden. Hierbei werden einheitliche Vertragsbedingungen, die Richtlinien zur Vergabe von deutschen Internet-Domain's, Stand: 15.05.1997, überarbeitete Fassung 01.11.1997[246] und die Allgemeinen Geschäftsbedingungen der DENIC Domain Verwaltungs- und Betriebsgesellschaft e.G. zugrunde-

[245]Insoweit handelt es sich um einen eingeschränkten Begriff des Internet-Service-Providers im Sinne eines Access-Providers, da unter dem Begriff ISP häufig nicht nur diejenigen erfaßt werden, die den technischen Zugang zum Netz erbringen, sondern auch diejenigen die nur sonstige Internetserviceleistungen erbringen, wie zum Beispiel Internetseitendesigner.
[246]Vergaberichtlinien der DENIC eG, Anlage 2 und 3

gelegt. Nach den Vergaberichtlinien können nur solche natürliche oder juristische Personen unter der .de-Domain registriert werden, die ihren allgemeinen Gerichtsstand in Deutschland haben. Die Preise einer Domain-Name-Registrierung bestimmt jeweils das Mitglied über welches der Antrag gestellt wird oder bei einer Direktregistrierung die DENIC eG selbst.

Der Reingewinn der Genossenschaft wird, nach Abzug der in die gesetzliche Rücklage eingestellten Beträge, unter den Mitgliedern verteilt.[247]

Kartellverstöße kommen bei dieser Ausgangssituation sowohl im Hinblick auf die Errichtung der Genossenschaft als solcher, wie auch im Hinblick auf konkrete Regelungen in der Satzung bzw. in den Vergaberichtlinien der Genossenschaft oder sonstiger Maßnahmen der DENIC eG in Betracht.

B. Anwendbarkeit des Kartellrechts

Vorab ist zu klären, ob auf vorliegenden Sachverhalt kartellrechtliche Bestimmungen überhaupt anwendbar sind.

I. Sachlicher und räumlicher Anwendungsbereich

Sitz der DENIC eG ist Frankfurt a.M.. Mitglied der DENIC eG kann nur werden, wer Dritten in Deutschland Internet-Konnektivität verschafft. Die Genossenschaft registriert Domain Names nur für natürliche und juristische Personen mit Sitz in Deutschland. Sowohl die Errichtung der Genossenschaft als auch ihre Aktivitäten und die ihrer Mitglieder wirken sich in Deutschland und damit im Gemeinschaftsgebiet aus. Damit ist, wie bereits oben ausgeführt wurde, nach § 130 II GWB bzw. Art. 299 EGV der räumliche und sachliche Anwendungsbereich deutschen und europäischen Kartellrechts eröffnet.

II. Kartellrecht und Genossenschaften

Es ist vertreten worden, das Kartellrecht enthalte eine stillschweigende Ausnahme vom Kartellverbot zugunsten von Genossenschaften, weil diese Gesellschaftsform anders nicht lebensfähig sei[248] bzw. weil das Genossenschaftsrecht eine vorrangige Spezialregelung darstelle[249].

---

[247]Vgl. § 20 VI Statut der DENIC e.G. , Anlage 4

[248]Vgl. Baumann: ZfG 1985, S. 229 ff.; Großfeld/Stümpell: Genossenschaften, Kartellgesetz und Mittelstandsempfehlungen, Tübingen 1976

[249]Vgl. Schultz, ZfG 1984, S. 52 ff.; Beuthien, ZHR 1978, S. 259

1. Vorrangige Spezialregelung

Dem kann nicht zugestimmt werden. Das Kartellrecht muss schon deshalb auch auf Genossenschaftsverträge anwendbar sein, da sonst das Kartellverbot allein durch die Wahl der Rechtsform umgangen werden könnte. Im Gegenteil, das Kartellrecht muss von seinem Schutzzweck her rechtsformneutral sein und auf alle körperschaftlichen Organisationsformen gleichermaßen angewandt werden können.[250] Dem europäischen Kartellrecht ist eine ungeschriebene Freistellung von Genossenschaften von den Wettbewerbsregeln ebenso fremd, wie dem deutschen Kartellrecht. Das Genossenschaftsrecht stellt daher keine vorrangige Spezialregelung dar. Kartellrecht gilt daher für genossenschaftlich strukturierte Unternehmen im selben Maße wie für Unternehmen in anderer Rechtsform.[251]

2. "Per se"-Kartell

Genossenschaften sind auch nicht wegen der genossenschaftlichen Förderungspflicht "per se" Kartelle.[252] Ihre Errichtung führt nicht grundsätzlich zu einer Beschränkung des Wettbewerbs. Im Gegenteil können sie den Wettbewerb verstärken, weil sie als neuer selbständiger Anbieter oder Nachfrager auf dem Markt wirken.[253] Es ist daher auch nicht zutreffend, dass Genossenschaften ohne eine Bereichsausnahme vom Kartellrecht nicht lebensfähig wären. Eine Wettbewerbsbeschränkung kommt aber in Betracht, wenn die Errichtung einer Genossenschaft gleichzeitig dazu führt, dass die Genossen als Wettbewerber aus dem Markt ausscheiden.[254] Es sind daher immer die Umstände des Einzelfalles zu würdigen.

C. Errichtung der DENIC eG als Kartellverstoß (Art. 81 EGV)

Nach Art. 81 I EGV sind alle Vereinbarungen zwischen Unternehmen, Beschlüsse von Unternehmensvereinigungen und aufeinander abgestimmte Verhaltensweisen verboten, die eine Verhinderung, Einschränkung oder Verfälschung des Wettbewerbs innerhalb des Gemeinsamen Marktes bezwecken oder bewirken und geeignet sind, den Handel zwischen den Mitgliedsstaaten zu beeinträchtigen. Vorliegend stellt sich die Frage, ob bereits die Errichtung der DENIC eG und ein eventuell damit verbundener Wettbewerbsverzicht der Genossen, eine verbotene Kartellabsprache in diesem Sinne darstellt.

---

[250] Vgl. BGH WuW/E BGH 1313, 1315; Müller: Genossenschaftsgestz, § 1 Rn 24 b

[251] Vgl. EuGH Slg. 1992 II, S. 1931, 1953, 1961, 1970 ff. - DPF; Emmerich in: Imm/Mest, EG-WbR, Art. 85 I B Rn 89; BGH WuW/E BGH S. 2271 ff.; 2341 ff.; 1517 ff.; 1313 ff.; Emmerich: Kartellrecht, S. 86, München 1994; Immenga in Immenga/Mestmäcker § 1 Rdnr. 364; Bechthold: Kartellgesetz, § 1 Rdnr. 17; v. Gamm: Kartellrecht §1 Rdnr. 27; Schmidt: Gesellschaftsrecht, S. 1269 f.; ders.: Kartellverbot und "sonstige Wettbewerbsbeschränkungen", S. 172; Metz in: Lang/Weidenmüller, § 1 Rn 115 ff.; Müller: Genossenschaftsgesetz, § 1 Rn 24a ff.

[252] Vgl. Steindorff: Sind Handelsgenossenschaften Kartelle? S. 85

[253] Vgl. Meier: Genossenschaften als "per se"-Kartelle?, ZHR 1978, S. 124 ff., 142, 146; Müller: Genossenschaftsgesetz, § 1 Rn 24 f

[254] Vgl. Komm. ABl.-EG 1980 L 51/19, 23 - Lab; ABl.-EG 1980 L 260/24, 28 - National Sulphuric Acid Association; EuGH, Slg. 1981, S. 851, 867 - Coöperatieve Stremsel- en Kleurselfabriek

I. Adressaten

Normadressat des Art. 81 I EGV sind zunächst Unternehmen. Es gilt der sog. funktionale Unternehmensbegriff. Unternehmen ist "jede eine wirtschaftliche Tätigkeit ausübende Einheit, unabhängig von ihrer Rechtsform und der Art ihrer Finanzierung".[255] Es muss sich dabei um eine einheitliche Organisation personeller, materieller und immaterieller Faktoren handeln, mit der auf Dauer ein bestimmter wirtschaftlicher Zweck angestrebt wird.[256] Wirtschaftliche Betätigung ist nicht nur im Bereich des Warenverkehrs möglich, sondern auch im Dienstleistungsbereich.[257] Genossenschaften können ebenfalls Unternehmen in diesem Sinne sein.[258]

Die DENIC eG registriert gegen Entgelt SLDs unter der .de-Domain[259] und ist damit Unternehmen i.S.d. Art. 81 I EGV. Mitglied der Genossenschaft können nach § 3 Ziff. 1 a der Satzung der DENIC eG in der Regel nur gewerbliche Internet-Zugangsanbieter, sogenannte Access Provider, werden. Die Genossen sind daher ebenfalls Unternehmen i.S.d. Vorschrift.

II. Vereinbarung

Art. 81 I EGV richtet sich gegen wettbewerbsbeschränkende Vereinbarungen, Beschlüsse von Unternehmensvereinigungen und abgestimmte Verhaltensweisen. Der Begriff der Vereinbarung i.S.d. Art. 81 I EGV ist weit auszulegen.[260] Eine Vereinbarung i.S.d. Art. 81 I EGV ist eine zwei- oder mehrseitige Übereinkunft, durch die wenigstens einer der Partner zu einem Tun oder Unterlassen verpflichtet wird.[261] Jede Verständigung von Unternehmen oder Unternehmensvereinigungen über eine wettbewerbsbeschränkende Praxis soll genügen.[262]

Die Gründungsvereinbarung der DENIC eG selbst ist nicht bekannt, daher kann nur die Satzung der Genossenschaft Prüfungsgegenstand sein. Eine wettbewerbsbeschränkende Vereinbarung könnte insoweit in der Feststellung des Statuts zu sehen sein.

Die Feststellung des Statuts einer Genossenschaft ist, nach der herrschenden Meinung in Rechtsprechung und Literatur, ein Vertrag, der auf die Errichtung der Genossenschaft und die Schaffung von objektiven Rechtsnormen für ihre körperschaftliche Verfassung gerichtet ist.[263] Dieser Vertrag ist für die Beteiligten rechtsverbindlich. Die oben[264] ange-

---

[255] EuGH Slg. 1991, S. 1979 Rn. 21 - Höfner und Elser; Grill in: Lenz, EGV-Kommentar, Vorbem. Art. 85- 90 Rn 29

[256] Sogenannter "funktionaler Unternehmensbegriff", EuGH Slg. 1992 II, S. 757 Rn 311 - Shell; Slg.1962, S. 687 - Ausgleichskasse für Schrott; Grill in: Lenz, EGV-Kommentar, Vorbem. Art. 85- 90 Rn 29; Langen/Bunte, Art.85 Rn 5

[257] Vgl. EuGH Slg. 1981, S. 2021 - Züchner/Bayerische Vereinsbank; Slg. 1985, S. 873 - Italien; Slg. 1974, S. 409 Sacci, Slg. 1985, S. 3261 CBEM/CLT u. IBP

[258] EuGH Slg. 1992 II, S. 1931 Rn 51 f. - Dansk Pelsdyravlerforening

[259] Vgl. § 2 des Statuts der DENIC eG, Anlage 4

[260] Vgl. Emmerich in: Imm/Mest: EG-WbR, Art 85 I A Rn 66; Langen/Bunte: Art 85 GenPrinz Rn 19

[261] Vgl. Gleiss/Hirsch: Art. 85 I Rn 74; Grill in: Lenz, EGV-Kommentar, Art. 85 Rn 1; Koch in: Grabitz/Hilf KEU Art. 85 Rn 19

[262] Vgl. Emmerich in: Imm/Mest: EG-WbR, Art 85 I A Rn 66 m.w.N.

[263] Vgl. BGHZ 13, S. 11; 21, S. 374; Metz in: Lang/Weidmüller, § 5 Rn 1 ff.; Müller: Genossenschaftsgesetz, § 5 Rn 1 m.w.N.; Schmidt: Gesellschaftsrecht, S. 79 ff. m.w.N.

sprochene Streitfrage, ob eine Vereinbarung i.S.d. Art. 81 I EGV rechtsverbindlich sein muss oder ob auch eine tatsächliche Bindung genügt, ist hier bedeutungslos. Mit der Feststellung der Satzung haben die Gründungsmitglieder der Genossenschaft eine Vereinbarung i.S.d. Vorschrift getroffen.

III. Exkurs: Vorrang der Fusionskontrollverordnung

Die in der DENIC eG zusammengeschlossenen Mitglieder sind Unternehmer. In Betracht kommt hier daher möglicherweise auch eine Zusammenschlusskontrolle nach der auf Art. 83, 308 EGV gestützten Fusionskontrollverordnung (FKVO[265]). Die Kommission hat anlässlich der Verabschiedung der FKVO zum Ratsprotokoll erklärt, sie werde im Anwendungsbereich der Verordnung die Art. 81 I, 82 EGV nicht anwenden.[266] Daher ist unabhängig von der Frage des Vorrangs der FKVO[267] vor einer weiteren Untersuchung des Tatbestandes des Art. 81 EGV, die Anwendbarkeit der Verordnung zu klären.

1. Gemeinschaftsunternehmen

Die Gründung eines Gemeinschaftsunternehmens kann die Zusammenschlussvoraussetzungen des Art. 3 FKVO erfüllen. Gemeinschaftsunternehmen i.S.d. Art. 3 FKVO sind nach Ziff. 7 der Bekanntmachung über Konzentrations- und Kooperationstatbestände vom 14.8.1990 (KKB)[268] Unternehmen, die von mehreren anderen Unternehmen kontrolliert werden. Eine Kontrolle durch andere Unternehmen liegt nach Ziff. 9 KKB vor, wenn diese unmittelbar oder mittelbar entscheidenden Einfluss auf die Tätigkeit des Gemeinschaftsunternehmens nehmen können. Von einem solchen Einfluss ist nach Ziff. 10 KKB, insbesondere bei einem Einfluss auf die Bestellung der geschäfts- oder aufsichtsführenden Organe des Unternehmens auszugehen.

Nach § 15 der Satzung der DENIC eG wählt die Generalversammlung der Mitglieder (§ 18 der Satzung) die Aufsichtsratsmitglieder und beschließt nach § 13 der Satzung über die Kandidatenliste aus der der Aufsichtsrat die Mitglieder des Vorstandes auswählt. Die Mitglieder der Genossenschaft haben damit einen bestimmenden Einfluss auf das Unternehmen.

2. Gemeinsame Kontrolle

Jedes Mitglied hat nach § 19 Ziff. 3 des Statuts der DENIC eG nur eine Stimme in der Generalversammlung. Die Genossenschaft hat zwischenzeitlich über achtzig Mitglieder[269]. Damit ist eine alleinige Kontrolle durch eines der Mitgliedsunternehmen ausgeschlossen. In Betracht kommt daher nur eine gemeinsame Kontrolle durch die Mitglieder.

---

[264] Vgl. oben: Erstes Kapitel, C. II.

[265] Verordnung (EWG) Nr. 4064/89 des Rates vom 21.12.1989 über die Kontrolle von Unternehmenszusammenschlüssen, ABl.-EG 1990, L 257/14

[266] Vgl. Rehbinder in: Imm/Mest, EG-WbR, Einl. Rn 66

[267] Str. vgl. Rehbinder in: Imm/Mest, EG-WbR, Einl. Rn 66 m.N.

[268] ABl-EG 1990 C 203/10

[269] Vgl. Mitgliederliste, im Internet abrufbar unter: http://www.denic.de/mitglieder.html, Stand: 05.01.1999

Gemeinsam ist die Kontrolle, wenn die Unternehmen bei Entscheidungen über die Tätigkeit des Gemeinschaftsunternehmens aufeinander angewiesen sind (Ziff. 11 KKB). Bei einer paritätischen Minderheitenbeteiligung ist eine gemeinsame Kontrolle abzulehnen, wenn Entscheidungen bei mehr als zwei Müttern mit einfacher Mehrheit getroffen werden können, sodass wechselnde Mehrheiten denkbar sind.[270] Etwas anderes gilt nur, wenn die tatsächlichen oder rechtlichen Umstände, insbesondere gleichgerichtete wirtschaftliche Interessen, ein planmäßiges gemeinsames Vorgehen der beteiligten Unternehmen erwarten lassen.[271] Die Wahrscheinlichkeit, dass die Gründer eine gemeinsame Politik betreiben, ist bei einem neu gegründeten Gemeinschaftsunternehmen größer, wird aber um so geringer je größer die Zahl der Muttergesellschaften wird.[272]

Nach § 19 Ziff. 4 des Statuts der DENIC eG werden Beschlüsse der Generalversammlung mit einfacher oder mit dreiviertel Mehrheit gefasst. Es sind also immer wechselnde Mehrheiten denkbar. Ein starkes, einen gemeinsamen Kontrollerwerb tragendes gemeinsames Interesse könnte sich daraus ergeben, dass es sich bei allen Genossen/Gründern nach § 3 des Statuts der DENIC eG um Access Provider handelt. Dem steht jedoch entgegen, dass es mittlerweile über achtzig Genossen gibt[273]. Angesichts dieser großen Zahl ist es undenkbar, dass allein die Access-Provider-Eigenschaft ein so starkes gemeinsames Interesse hervorbringt, dass dies die Annahme einer gemeinsamen Kontrolle rechtfertigt. Dies gilt um so mehr, als es sich bei den Genossen, sowohl hinsichtlich der Unternehmensgröße als auch hinsichtlich der sonstigen Unternehmenstätigkeit, um eine sehr heterogene Gruppe mit unterschiedlichsten Interessensschwerpunkten handelt.[274] Angesichts dieser Unterschiede ist davon auszugehen, dass die Genossen selbst hinsichtlich des Betriebs der Registrierungsstelle keine oder zumindest keine völlig einheitlichen Interessen verfolgen. Eine gemeinsame Kontrolle i.S.d. FKVO durch die Mitglieder ist damit nicht gegeben.

Die Errichtung der Genossenschaft unterliegt nicht den Regeln der Zusammenschlusskontrolle.

---

[270]Vgl. Bekanntmachung der Kommission über den Begriff des Zusammenschlusses der Verordnung Nr. 4064/89, ABl. EG 1994 C 385/02, Tz. 35; Mitteilung der Kommission über den Begriff des Zusammenschlusses der Verordnung (EWG)Nr. 4064/89 des Rates über die Kontrolle von Unternehmenszusammenschlüssen, ABl-EG 1998 C 66/5 (Mitteilung), Ziff. 35; Komm. WuW/E EV 1844, 1845; Jäger, Regina: Mitregierungsvarianten an Gemeinschaftsunternehmen, EuZW 1995, S. 203, 205; Immenga in: Imm/Mest.: WbR- EG, FKVO Art. 3 Rn 57

[271]Vgl. Ziff. 12 KKB; Mitteilung der Kommission über den Begriff des Zusammenschlusses der Verordnung (EWG)Nr. 4064/89 des Rates über die Kontrolle von Unternehmenszusammenschlüssen, ABl-EG 1998 C 66/5 (Mitteilung), Ziff. 30 ff.; Immenga in: Imm/Mest: WbR-EG: FKVO D Rn 59 f.; Langen/Löffler: FKVO Art 3 Rn 15 ff.; Bruhn in: GTE: FKVO Art 3 Rn 38 ff., 52 ff.

[272]Vgl. Mitteilung der Kommission über den Begriff des Zusammenschlusses der Verordnung (EWG)Nr. 4064/89 des Rates über die Kontrolle von Unternehmenszusammenschlüssen, ABl-EG 1998 C 66/5 (Mitteilung), Ziff. 34

[273]Vgl. die Mitgliederliste der DENIC eG, im Internet abrufbar unter: http://www.denic.de/doc/DENIC/mitglieder.shtml

[274]Die Spannbreite reicht von großen Aktiengesellschaften (Deutsche Telekom AG, Mannesmann Arcor AG & Co) bis hin zu kleineren bzw. kleinsten Unternehmen (Werbebüro Wolfgang Thaler, Dieterich Computersysteme Informations-Management), von den großen Unternehmen der Telekommunikationsbranche allgemein zu Zeitungsunternehmen (Schwarzwälder Bote GmbH), zu kommunalen Versorgungsunternehmen (Mainz KOM GmbH) oder einem Zusammenschluß von Forschungsnetzbetreibern (DFN-Verein).

IV. Wettbewerbsbeeinträchtigung

Verboten sind nach Art. 81 I EGV nur solche Verhaltenskoordinierungen die eine Verhinderung, Einschränkung oder Verfälschung des Wettbewerbs bezwecken oder bewirken. Als wettbewerbsbeschränkende Maßnahme kommt hier die Errichtung der Genossenschaft selbst und ein damit verbundener Wettbewerbsverzicht der Genossen untereinander und gegenüber der Genossenschaft in Betracht.

1. Wettbewerbsverhinderung

Wettbewerbsverhinderung i.S.d. Art. 81 I EGV ist der vereinbarte Ausschluss jeglichen Wettbewerbs der beteiligten Unternehmen auf den betroffenen Märkten, durch eine der genannten Tathandlungen.[275] Gemeint sind also Abreden der beteiligten Unternehmen, die verhindern sollen, dass überhaupt eine Wettbewerbssituation zwischen ihnen entsteht.[276] Nicht nur die aktuelle, auch die potentielle wirtschaftliche Betätigung wird vom Verbot des Art. 81 I EGV geschützt.[277]

Der Wettbewerb könnte hier dadurch verhindert werden, dass diejenigen Unternehmen, die zumindest potentiell in der Lage wären eine Registrierungsstelle einzurichten, sich unter Vereinbarung eines Wettbewerbsverbots in einer Genossenschaft zusammengeschlossen haben, um gemeinsam eine Registrierungsstelle zu betreiben und den Gewinn untereinander aufzuteilen. Der Wettbewerb würde dadurch verhindert, dass die Beteiligten untereinander auf Wettbewerb verzichten.

a. Relevanter Markt

Ein Wettbewerbsverzicht setzt zunächst einmal voraus, dass es sich bei der Genossenschaft und den Genossen um Wettbewerber auf dem relevanten Markt handelt. Zum selben relevanten Markt gehören alle austauschbaren Erzeugnisse, d.h. alle Erzeugnisse, die aufgrund ihrer Eigenschaften, ihres Preises und ihres Verwendungszwecks als gleichartig angesehen werden und daher einander ganz oder zu einem erheblichen Teil ersetzen können.[278]

Die Errichtung der Genossenschaft wirkt auf verschiedenen Märkten. Die Genossenschaft ist Nachfrager im Hinblick auf Zuweisung der .de-Domain und gleichzeitig Anbieter hinsichtlich der Registrierung von SLDs unter der .de-Domain.

---

[275] Vgl. Emmerich in: Imm/Mest, EG-WbR, Art 85 I A Rn 142

[276] Vgl. EuGH, Slg. 1981, S. 851, 867 - Cooperative Stremsel-en Kleurselfabriek

[277] Vgl. EuGH, Slg. 1973, S. 215, 245, 247 ff. - Continental Can; Slg. 1979, S. 461, 524 - Hoffman-La Roche; Komm. ABl EG 1980 L 236/30, 36 - Lichtwellenleiter; ABl EG 1988 L 50/18, 23 - Enichem/ICI; Koch in: Grabitz/Hilf, Art 85 Rn 34; Gleiss/Hirsch, Art 85 Rn 122; Langen/Bunte, Art 85 Rn 49; Emmerich in: Imm/Mest, WbR-EG, Art 85 I A Rn 172

[278] Vgl. Komm, Abl 1976 L 95/1, S. 11, 12 - Chiquita; EuGH Slg. 1980, S. 3775, 3793 L'Oreál

aa. Nachfragemarkt

Beim Nachfragemarkt ist der Markt im Wesentlichen aus Sicht der Anbieter abzugrenzen.[279] Es kommt darauf an, welche Ausweichmöglichkeiten die Anbieter haben. Daher gehören alle Nachfrager und Produkte zu einem Markt, auf die die Anbieter ohne große Schwierigkeiten ausweichen können.[280]

Vorliegend geht es um die Zuweisung der .de-Domain. Zu dem Markt gehören alle Unternehmen, die die von der IANA aufgestellten Anforderungen für die Zuweisung der .de-Domain erfüllen. Das sind alle Unternehmen mit eigener Internetkonnektivität, eigenem Nameserverservice (mindestens primary und secondary name server) und einer Kontaktperson für technische und einer für administrative Fragen. Wobei die letztere ihren Sitz in Deutschland haben sollte.

Hier kommen eine Vielzahl von Unternehmen in Betracht, insbesondere aber alle, die Dritten den Zugang zum Internet vermitteln, da diese Tätigkeit regelmäßig mindestens die oben genannten Anforderungen voraussetzt. Als Beispiele seien hier nur die Universitätsrechenzentren, die Studierenden Zugang zum Internet vermitteln oder die gewerblichen Access Provider genannt. Zu letzteren gehören nach § 3 Ziff. 1 a der Satzung der DENIC eG auch die Mitglieder der DENIC eG.

bb. Anbietermarkt

Soweit die Genossenschaft als Registrierungsstelle für die .de-Domain auftritt, stellt sich die Frage nach den Austauschmöglichkeiten der Registrierungswilligen, also derer, die ein Interesse haben, sich eine Subdomain der .de-Domain zuweisen zu lassen. In der Regel sind dies Internetnutzer, die bereits in ihrem Domain Name eine Beziehung zu Deutschland ausdrücken wollen. Daneben gibt die DENIC eG ihren Genossen die Möglichkeit Registrierungsanträge zu vermitteln und es stellt sich auch insoweit die Frage nach der Austauschbarkeit für die Genossen.

(1). Domain-Name-Inhaber

Bereits bei der Untersuchung des kartellrechtlich relevanten Verhaltens der IANA wurde gezeigt, dass die Registrierung unter einer bestimmten TLD weder durch die Zuweisung einer IP-Adresse noch durch die Registrierung in einem alternativen Registrierungssystem ersetzt werden kann. Um Wiederholungen zu vermeiden wird auf die entsprechenden Ausführungen verwiesen. Insoweit ist keine Austauschbarkeit gegeben.

Fraglich ist aber auch, ob es sich bei den verschiedenen TLDs des DNS um einen Markt oder jeweils um unterschiedliche Märkte handelt, ob die einzelnen TLDs also aus Sicht der Domain-Name-Inhaber austauschbar sind.

Dagegen spricht schon, dass nur die .de-Domain den Domain-Name-Inhabern die Möglichkeit bietet, ihre Verbindung zu Deutschland bereits in ihrem Domain Name auszudrücken und allen potentiell Kontaktsuchenden einen ersten Hinweis auf ihren Sitz oder möglichen Tätigkeitsbereich zu geben. Die Möglichkeit auf eine Verbindung zu Deutschland hinzuweisen, ist für einen Internetnutzer aus verschiedenen Gründen wich-

---

[279]Allg. Ansicht, vgl. Schröter in: GTE, Art. 85 I Wettbewerbsregeln Rn 108; Emmerich in: Imm/Mest, EG-WbR, Art 85 I A Rn 228; Gleiss/Hirsch: Art 85 I Rn 209

[280]Vgl. Emmerich in: Imm/Mest, EG-WbR, Art 85 I A Rn 228; Gleiss/Hirsch: Art 85 I Rn 209

tig. Sie kann zur Abgrenzung gegenüber - ausländischer - Konkurrenz dienen oder - so der Nutzer eine deutsche Seite sucht - bei der Verwendung einer sogenannten Internetsuchmaschine[281] die Wahrscheinlichkeit eines Aufrufs der bezeichneten Internetseite erhöhen. Letzteres deshalb, weil auf Seiten der Internetnutzer die Erwartungshaltung besteht, dass ein deutscher Inhaltsanbieter in der Regel auch unter der .de-Domain registriert ist.

Weiter fordert die IANA, dass ein Bewerber für die Zuweisung einer TLD seinen (Verwaltungs-) Sitz in dem Land hat, für welches er die Registrierungsverantwortung anstrebt. Für einen Registrierungswilligen macht es aus diversen Gründen (z.B. Kundennähe, Haftungsfragen, Durchsetzbarkeit von Forderungen, anwendbare Rechtsordnung) einen Unterschied, ob der Betreiber seiner Registrierungsstelle seinen Sitz in Deutschland oder aber beispielsweise in Japan (.jp-Domain) hat. Auch aus diesem Grund sind die ccTLDs für die Domain-Name-Inhaber nicht austauschbar.

Die gTLDs passen hingegen schon definitionsgemäß für viele Nutzer der .de-Domain nicht. Beispielsweise sind Privatnutzer als Zielgruppe der gTLDs nicht vorgesehen oder die .int-Domain soll internationalen - insbesondere aufgrund internationaler Verträge errichteten - Organisationen bzw. die .net-Domain soll Netzwerkbetreibern vorbehalten bleiben. Deshalb stellen auch die gTLDs regelmäßig keine Alternative zur .de-Domain dar.

Eine gewisse Sonderstellung hat nur die .com-Domain[282], die von kommerziellen Internetnutzern weltweit in Anspruch genommen wird. Eine Alternative bietet diese TLD allerdings nur für die Internetnutzer, denen ein Hinweis auf Deutschland bereits im Domain Name nicht wichtig ist oder die gerade auf ihren internationalen Tätigkeitsbereich hinweisen wollen. Gegen eine Austauschbarkeit der .com- und der .de-Domain spricht dagegen, dass viele Unternehmen die ursprünglich in der .com-Domain registriert waren auch eine Eintragung unter der .de-Domain suchen und umgekehrt. Auch die geringe Kreuzpreiselastizität zwischen diesen TLDs zeigt, dass die Austauschbarkeit der Beiden nur gering ist.[283] Die Tragweite dieser Ausnahme ist aufgrund der vorgenannten Gründe beschränkt.

Es ist demnach davon auszugehen, dass die ccTLDs und damit auch die .de-Domain in der Regel aus Sicht der Domain-Name-Inhaber gegenüber keiner anderen TLD austauschbar sind. Für die Domain-Name-Inhaber gibt es damit keine Alternative zur .de-Domain.

(2). Antragsvermittler

Im Hinblick auf die Genossen stellt sich die Frage, ob die Antragsvermittlung für Registrierungswillige unter der .de-Domain mit einer Antragsvermittlung oder gar der Übernahme der Registrierungsbefugnis für eine andere TLD austauschbar ist.

---

[281] Diese "Suchmaschinen" verweisen nach unterschiedlichen Kriterien auf Internetseiten, die mit einem vom Nutzer eingegebenen Suchbegriff in Zusammenhang stehen.

[282] Das Gleiche gilt für die ccTLDs einiger kleinerer und kleinster Länder, die von der Praxis wie gTLDs verwendet werden, wenn es auf die Verbindung zum Land nicht ankommt, z.B. ".nu" für Niue.

[283] Die .de-Domain konnte beispielsweise in den Jahren 1997 und 1998 bei den Registrierungszahlen enorme Zuwächse verzeichnen, obwohl die Registrierungsgebühren sehr viel höher waren, als bei einer Registrierung unter der .com-Domain.

Gegen eine Austauschbarkeit zwischen Antragsvermittlung und Registrierungstätigkeit spricht, dass diese Tätigkeiten unterschiedliche technische Anforderungen stellen. Der Betreiber einer Registrierungsstelle und die von ihm verwalteten Registrierungsdateien müssen dauernd online erreichbar sein. Dies ist bei einem bloßen Antragsvermittler nicht der Fall. Der Betrieb einer Registrierungsstelle erfordert daher einen deutlich höheren technischen und organisatorischen Aufwand als die bloße Antragsvermittlung. Allerdings wirkt sich dieser Unterschied bei den Genossen nicht aus, da diese als Access Provider in der Regel ohnehin ständig online sein müssen.

Einer Registrierungstätigkeit für eine andere ccTLD steht aber entgegen, dass die IANA hierfür regelmäßig den Sitz der Registrierungsstelle in dem jeweiligen Land fordert. Vor allem aber sind die TLDs bereits alle einer Registrierungsstelle zugewiesen und damit nicht mehr verfügbar. Aus diesen Gründen stellt eine Registerführung für eine andere ccTLD für einen Genossen keine Alternative dar.

Darüber hinaus kommt eine andere TLD für die Genossen auch deshalb nicht als Ersatz in Betracht, weil es für sie aus verschiedenen Gründen einen Unterschied macht (z.B. Kundennähe, anwendbare Rechtsordnung, Haftungsfragen, Durchsetzbarkeit von Forderungen), wo die Domain-Name-Inhaber ihren Sitz haben. Dieser liegt bei den ccTLD in der Regel in dem Land, das durch das jeweilige ISO 3166-Kürzel bezeichnet wird, bei der .de-Domain eben in Deutschland. Dieses Argument gilt nicht nur hinsichtlich einer Registrierungstätigkeit sondern auch bei der Antragsvermittlung, soweit eine solche im Einzelfall auch bei anderen TLDs möglich ist.

Demnach ist für die Genossen die einzige Austauschalternative die Registrierungstätigkeit für die .de-Domain selbst.

b. Wettbewerber

Wettbewerber sind die Genossen, wenn sie aktuell oder potentiell auf dem relevanten Markt miteinander konkurrieren.

aa. Aktueller Wettbewerb

Soweit ersichtlich, hat sich keiner der Genossen jemals bei der IANA um eine Übertragung der Registrierungsbefugnis für die .de-Domain bemüht, weder vor Zuweisung der Domain an die Universität Karlsruhe bzw. die IV-DENIC noch als deren Nachfolger. Es ist davon auszugehen, dass keiner der Genossen alleine gegenüber der IANA als Nachfrager aufgetreten ist. Insoweit bestand und besteht demnach keine aktuelle Konkurrenzsituation.

Fraglich ist, ob das Gleiche auch im Hinblick auf die Registrierung von SLDs unter der .de-Domain gilt. Dies ist keineswegs so eindeutig wie es zunächst scheint. Die von den Beteiligten gewählte Konzeption hat die Besonderheit, dass zwar eine gemeinsame Registrierungsstelle gebildet wurde, der Kontakt zu den Internetnutzern jedoch überwiegend von denjenigen übernommen wird, die sich zum Betrieb dieser Registrierungsstelle unter dem Dach der Genossenschaft zusammengeschlossen haben.[284] Diesen bleibt es überlassen, zu welchem Preis sie die Leistung der Registrierungsstelle an ihre Kunden

---

[284] Über 90 % der Domain-Name-Registrierungen werden über die Genossen beantragt, vgl. Bettinger/Freytag: CR 1999, S. 28, 30

weitergeben.[285] Daneben ist es auch möglich, eine Registrierung direkt bei der DENIC eG zu beantragen.

(1). Strohmanngeschäft

Für den an einer SLD Interessierten kann hier leicht der Eindruck entstehen, dass es mehrere Registrierungsstellen gibt, die miteinander konkurrieren und dass der Wettbewerb de facto überhaupt nicht beschränkt bzw. ausgeschlossen wird.

Dies käme in Betracht, wenn der Zusammenschluss ausschließlich mit Rücksicht auf die oben dargestellte Praxis der IANA erfolgt wäre, ohne den Wettbewerb zu beeinträchtigen. Die Delegation der Registrierungsbefugnis von der IANA an die Genossenschaft wäre insoweit nur ein Strohmanngeschäft[286] und die Genossenschaft nur der Strohmann ihrer Mitglieder.

Für diese "Strohmannvariante" spricht, dass Ansprechpartner eines Antragstellers, der die Registrierung einer SLD nicht direkt bei der DENIC eG beantragt, in der Regel nur der jeweilige Genosse ist. Nur dieser tritt gegenüber dem Antragsteller auf, setzt den Preis fest und zieht die Forderung ein.

(2). Antragsvermittlung

Gegen diese Möglichkeit und für eine Alleinstellung der Genossenschaft spricht, dass von der IANA nur die DENIC eG als Registrierungsstelle anerkannt und in das Rootverzeichnis aufgenommen ist. Vor allem aber spricht der im Wortlaut der Vergaberichtlinien der DENIC eG zum Ausdruck gekommene Wille der Beteiligten gegen diese Lösung. Dort heißt es beispielsweise im Hinblick auf die Registrierung von Domain Names: "Sie werden zentral vom DENIC für alle deutschen Antragsteller vergeben". Weiter wird in Teil II der Vergaberichtlinien im Hinblick auf die Registrierung über einen Genossen ausgeführt: "Er kann Sie beim Ausfüllen der notwendigen Formulare beraten und stellt den Antrag für Sie direkt beim DENIC."[287] Diese Beispiele zeigen eindeutig, dass Registrierungsstelle im Verhältnis zu den Antragstellern und den Genossen nur die DENIC eG sein soll und dass die Genossen nur vermittelnde Funktion haben.

Es besteht somit kein aktueller Wettbewerb zwischen den Genossen bzw. zwischen den Genossen und der Genossenschaft hinsichtlich der Registrierung von Domain Names.

bb. Potentieller Wettbewerb

Nach allgemeiner Ansicht ist aber nicht nur die aktuelle, sondern auch die potentielle wirtschaftliche Betätigung nach Art. 81 I EGV geschützt.[288] Ausschlaggebend ist, ob

[285] Vgl. DENIC Ihre häufigsten Fragen, unsere Antworten: Frage 3, im Internet abrufbar unter: http://www.denic.de/doc/faq/index.html

[286] Vgl. allgemein zum Strohmann und zum Strohmanngeschäft: MünchKomm/Schramm: Vor §164 Rn 24 ff.

[287] Vgl. DENIC eG, Richtlinie zur Vergabe von Deutschen Internet-Domains, Teil II - Erläuterungen der Einzelpunkte des Antrags (Erläuterungen), Stand: 15.05.1997, überarbeitete Fassung vom 01.11.1997, Anlage 3

[288] Vgl. EuGH, Slg. 1973, S. 215, 245, 247 ff. - Continental Can; Slg. 1979, S. 461, 524 - Hoffman-La Roche; Komm. ABl EG 1980 L 236/30, 36 - Lichtwellenleiter; ABl EG 1988 L 50/18, 23 - Enichem/ICI;

zwischen den Beteiligten wenigstens ein potentielles Wettbewerbsverhältnis besteht. Dies setzt voraus, dass die beteiligten Unternehmen zum Markteintritt fähig waren.[289] Eine nur theoretische, praktisch aber fernliegende Möglichkeit des Markteintritts genügt nicht.[290] Es muss eine gewisse Wahrscheinlichkeit für das Auftreten des Konkurrenten bestehen.[291] Die Beteiligten dürfen ihre diesbezügliche Fähigkeit nicht eingebüßt haben.[292]

(1). Wettbewerbsfähigkeit

Ursprünglich ist die Kommission bei der Annahme eines potentiellen Wettbewerbsverhältnisses ausgesprochen großzügig verfahren.[293] Neuerdings legt sie ihren Entscheidungen eine sogenannte "realistische Betrachtungsweise" zugrunde, die zu einer größeren Zurückhaltung bei der Annahme eines Konkurrenzverhältnisses führt.[294] Danach soll es an einem Wettbewerbsverhältnis fehlen, wenn die beteiligten Unternehmen mangels Erfahrung, Spezialkenntnis, Kapazität, Finanzkraft oder anderen Gründen für sich allein eine bestimmte Tätigkeit nicht ausführen könnten.[295] Die Kommission hat ein potentielles Wettbewerbsverhältnis dagegen insbesondere dann angenommen, wenn Unternehmen, die sich in einem bestimmten Bereich bislang noch nicht betätigen, die dazu erforderliche Technologie bereits beherrschen.[296]

Die Mindestvoraussetzungen, die für den Betrieb einer Registrierungsstelle erforderlich sind, werden von der IANA selbst aufgestellt. Danach ist die Angabe eines technischen - und administrativen Kontaktes, Internetkonnektivität und ein Nameserverservice erforderlich.[297]

Mitglied der Genossenschaft kann nach § 3 des Statuts der Genossenschaft in der Regel nur werden, wer "Dritten in der Bundesrepublik gewerblich den technischen Zugang zum Internet (sog. Internet-Konnektivität), einschließlich sämtlicher Basisdienste (E-Mail, WWW, FTP, Telnet usw.), anbietet und für diese unterhält". Mitglieder können also nur sogenannte Access Provider werden. Diese müssen, um ihre Tätigkeit ausüben zu können, in jedem Fall einen eigenen Nameserverservice vorhalten. Wie ein Vergleich mit der Mitgliederliste[298] der DENIC eG zeigt, haben alle Mitglieder einen eigenen Domain Name unter der .de- oder einer gTLD registriert, was nach den Vergaberichtlinien der

---

Koch in: Grabitz/Hilf, Art 85 Rn 34; Gleiss/Hirsch, Art 85 Rn 122; Langen/Bunte, Art 85 Rn 46; Emmerich in: Imm/Mest, WbR-EG, Art 85 I A Rn 172

[289] Vgl. Langen/Bunte: Art 85 Rn 49; Schröter in: GTE, Art 85 I Rn 86

[290] Vgl. Langen/Bunte: Art 85 Rn 49; Schröter in: GTE, Art 85 I Rn 86

[291] Vgl. Komm. ABl EG 1969 L 122/8 - Chaufourniers; ABl EG 1972 L13/47 - Sopelem/Langen; ABl EG 1977 L 48/32 - Vacuum Interrupters; ABl EG 1980 L 233/43 - Distillers Schiffsausrüster

[292] Vgl. Komm. Bekanntmachung über die Beurteilung kooperativer Gemeinschaftsunternehmen nach Art. 85 EWG, ABl. EG 1993, C 43/02 Rn 18; Emmerich in: Imm/Mest. WbR-EG Art 85 I A Rn 174

[293] Zusammenfassend Komm., 13. Wettbewrbsbericht 1983, Tz. 55, S. 51ff; Beispiele: Komm. ABL.-EG 1976, L 51/15, 18 - Kewa; ABl. EG 1986 L 236/30, 36 - Lichtwellenleiter; ABl. EG 1988 L 52/51, 57 ff. - Olivetti/Canon

[294] Vgl. Komm. ABL.-EG 1990 L 209/15, 18 ff. - Elopak/Metal Box-Odin; ABL.-EG 1990 L 228/31, 33 f. - Konsortium; 24. Wettbewerbsbericht 1994, Tz 278, S. 159 - Voith/Sulzer II; Grill in: Lenz, EGV-Kommentar, Art 85 Rn 70

[295] Vgl. Komm. ABl. EG 1968 L 201/1 - Machines Outils, ABl. EG 1972 L 13/44 - SAFCO; ABl. EG 1986 L 236/30 - Lichtwellenleiter; Langen/Bunte: Art 85 Rn 53; Schröter in: GTE, Art 85 I Rn 87

[296] Vgl. Komm. ABl. EG 1976 L 51/15, 18 - KEWA; ABl. EG 1977 L 215/11, 15 - Laval-Stork

[297] Vgl. RFC 1591 Ziff. 3.1, Anlage 1

[298] Im Internet abrufbar unter: http://www.denic.de/Denic/mitglieder.html

DENIC eG oder der Network Solutions Inc. (NSI)[299] die Angabe eines technischen und administrativen Kontaktes erfordert. Hinzu kommt, dass Access Provider häufig ihre Kunden unter ihrem eigenen Domain Name registrieren, ihnen also eine Third Level Domain zuweisen, sofern diese keinen eigenen, unmittelbar unter der .de-Domain registrierten Domain Name benötigen oder wünschen. Die Tätigkeit eines Access Providers umfasst damit regelmäßig die einer Domain-Name-Registrierungsstelle.

Ferner wird man davon ausgehen können, dass die für die Tätigkeit des Access Providers notwendigen internettechnischen und organisatorischen Kenntnisse und Kapazitäten sowie die Anforderungen an die Finanzkraft des jeweiligen Unternehmens erheblich höher sind als für den Betrieb einer Registrierungsstelle, da ihnen zusätzlich die Aufgabe der Zugangsverschaffung obliegt.

Die technischen und organisatorischen Voraussetzungen einer Mitgliedschaft in der Genossenschaft gehen damit über das hinaus, was von der IANA von einer Registrierungsstelle gefordert wird. Es ist deshalb davon auszugehen, dass jedes der Mitgliedsunternehmen in der Lage gewesen wäre, die Tätigkeit einer Registrierungsstelle für die .de-Domain zu übernehmen. Damit waren die Genossen zum Zeitpunkt der Errichtung der Genossenschaft potentielle Konkurrenten. Dies gilt sowohl im Verhältnis zur IANA als auch gegenüber den an einer SLD Interessierten.

(2). Verlust der Wettbewerbsfähigkeit

Schließen sich die Beteiligten zu einem Gemeinschaftsunternehmen zusammen und überlassen diesem den Markt alleine, liegt ein potentieller Wettbewerb nur vor, wenn die Beteiligten ihre Fähigkeit zum Wettbewerb nicht durch den Zusammenschluss verloren haben. Insbesondere dürfen sich die Beteiligten nicht endgültig und unwiderruflich vom Markt des Gemeinschaftsunternehmens zurückziehen.[300]

Die Genossen haben aus technischer, organisatorischer oder finanzieller Sicht ihre Fähigkeit zum Betrieb einer Registrierungsstelle aus den vorgenannten Gründen nicht durch die Errichtung der Genossenschaft eingebüßt. Die Genossen könnten ihre Chancen auf einen Zutritt zum Markt und damit auch die potentielle Möglichkeit zum Wettbewerb aber endgültig verloren haben, weil die IANA bislang für jede TLD immer nur eine Registrierungsstelle anerkennt und die Registrierungsbefugnis für die .de-Domain bereits auf die Genossenschaft delegiert hat.

Hiergegen sprechen jedoch gewichtige Gründe. Die IANA selbst hat prinzipiell dem Plan des IAHC zugestimmt und ein entsprechendes Memorandum of Understanding unterzeichnet. Dieser Plan sieht für die generischen TLDs mehrere parallele Registrierungsstellen vor. Die IANA hat schon damit grundsätzlich zum Ausdruck gebracht, dass sie beabsichtigt, in Zukunft Wettbewerb bei der Registrierung von Domain Names unter einer TLD zuzulassen. Darüber hinaus hat die im Rahmen des Reformvorschlags der U.S. Regierung vorgesehene Nachfolgeorganisation der IANA, die ICANN, im Bereich der gTLDs .com, .net und .org ein System konkurrierender Registrierungsstellen bereits ver-

---

[299] Diese Firma war bis Herbst 1999 alleine für die Registrierung der gTLDs zuständig.

[300] Vgl. Komm. Bekanntmachung über die Beurteilung kooperativer Gemeinschaftsunternehmen nach Art. 85 EWG, ABl. EG 1993, C 43/02 Rn 18; Emmerich in: Imm/Mest. WbR-EG Art 85 I, A Rn 174, B Rn 270 ff. m.w.N.;

wirklicht. Falls sich dieses System über einen gewissen Zeitraum bewährt, wird die bisherige Praxis der IANA auch im Bereich der ccTLDs kartellrechtlich unzulässig werden.[301]

Es ist davon auszugehen, dass die IANA bzw. ihre Nachfolgeorganisation in absehbarer Zeit ihre bisherige Praxis auch im Bereich der ccTLDs aufgeben und die Registrierung von Domain Names unter einer TLD durch mehrere Registrierungsstellen ermöglichen wird. Ab diesem Zeitpunkt ist ein Wettbewerb zumindest theoretisch wieder möglich.

Für einen praktischen Wiedereintritt der Genossen in den Wettbewerb spricht, dass sich bereits im Rahmen des IAHC-Planes einzelne Genossen[302] neben der DENIC eG als Registrierungsstelle für die gTLDs beworben haben.[303] Dies zeigt, dass es ernsthafte Gründe für die Genossen gibt, auch neben der Genossenschaft als Registrierungsstelle aufzutreten, sobald die Praxis der IANA dies erlaubt. Für einen Markteintritt der Genossen spricht auch, dass die Aufnahme einer selbständigen Registrierungstätigkeit - im Verhältnis zur Tätigkeit als Access Provider und Antragsvermittler - keinen nennenswerten Mehraufwand erfordert. Wie oben ausgeführt wurde, stellt die Ausübung der Tätigkeiten, die Voraussetzung für eine Mitgliedschaft in der Genossenschaft sind, höhere Anforderungen an den Kenntnisstand und die technische und organisatorische Ausstattung, als der Betrieb einer Registrierungsstelle.

Angesichts dieser Situation kann nicht angenommen werden, dass sich die Genossen endgültig und unwiderruflich aus dem Markt der DENIC eG zurückgezogen haben. Es ist daher von einem potentiellen Wettbewerbsverhältnis, zwischen den Genossen einerseits und den Genossen und der Genossenschaft andererseits auszugehen.

c. Wettbewerbsverbot

Allerdings enthält der Genossenschaftsvertrag kein ausdrückliches Wettbewerbsverbot. Eine entsprechende Bindung lässt sich a priori auch nicht aus der allgemeinen genossenschaftlichen Treuepflicht begründen.[304]

Etwas anderes könnte hier ausnahmsweise gelten, weil das Recht zur Registrierung von Domains unter einer länderspezifischen TLD von der IANA bislang immer nur an eine Registrierungsstelle vergeben wird. Diese Praxis der IANA ist - wie die vorausgegangenen Untersuchungen gezeigt haben - "noch" kartellrechtlich zulässig. Die Konkurrenz eines Genossen hätte daher - im Falle ihres Erfolges - notwendig der Genossenschaft die Betriebsgrundlage entzogen.

In einem solchen Fall folgt das Wettbewerbsverbot bereits aus der allgemeinen Treuepflicht eines Genossen, weil das Wettbewerbsverbot zur Sicherung des Zwecks oder der Funktionsfähigkeit der Genossenschaft erforderlich ist.[305] In der Errichtung der Genos-

---

[301]Mit dem Vorliegen dieser Voraussetzungen entfällt die oben: Erstes Kapitel, D. III. 2., angesprochene sachliche Rechtfertigung i.S.d. Art. 82 EGV für die bisherige Praxis der IANA.

[302]Z.B. die Callisto Germany.Net GmbH, die CSL GmbH, die Deutsche Telekom AG und die Knipp OHG

[303]Vgl. Mitgliederliste der DENIC eG, Stand: 05.01.1999, im Internet abrufbar unter: http://www.denic.de/Denic/mitglieder.html und die Liste der Mitglieder des CORE, im Internet abrufbar über die Internetseite des CORE: http://www.corenic.org

[304]Vgl. Hettrich/Pöhlmann: Genossenschaftsgesetz: § 18 Rdnr. 14, § 68 Rdnr. 2; Müller: Genossenschaftsgesetz § 18 Rdnr. 18

[305] Vgl. Hettrich/Pöhlmann: Genossenschaftsgesetz: § 18 Rdnr. 14, § 68 Rdnr. 2; Müller: Genossenschaftsgesetz § 18 Rdnr. 18

senschaft durch Feststellung des Statuts ist daher gleichzeitig die Vereinbarung eines Wettbewerbsverbots für die Genossen zu sehen.

Mit dem Wettbewerbsverzicht haben die Genossen ihre wettbewerbliche Handlungsfreiheit i.S.d. Selbständigkeitspostulats des EuGH[306], wonach jeder Marktteilnehmer selbst zu bestimmen hat, welche Geschäftspolitik er auf dem Gemeinsamen Markt betreiben will, eingeschränkt.

2. Drittwirkung

Umstritten ist, ob - neben der in dem Wettbewerbsverzicht der Genossen liegenden Beschränkung ihrer wirtschaftlichen Handlungsfreiheit - noch eine Drittwirkung der Maßnahme erforderlich ist[307] oder ob sogar eine bloße Drittwirkung der Maßnahme genügt[308]. Der Streit würde hier aber nur relevant, wenn es vorliegend an einer Drittwirkung der Maßnahme fehlen würde.

Die Drittwirkung einer wettbewerbsbeschränkenden Maßnahme ist nach allgemeiner Ansicht gegeben, wenn die Maßnahme die Absatz- und Versorgungsmöglichkeiten dritter Unternehmen oder die Wahlfreiheit der Verbraucher beeinträchtigen.[309] Durch den Zusammenschluss in Verbindung mit dem Wettbewerbsverbot werden die Auswahlalternativen der IANA eingeschränkt. Soweit die DENIC eG gegenüber der IANA als Nachfrager auftritt, ist damit eine Drittwirkung gegeben.

Schwieriger ist die Frage im Hinblick auf die Anbieterposition der Genossenschaft zu beantworten. Hier werden die Auswahlmöglichkeiten der Registrierungswilligen oder der (potentiellen) Antragsvermittler nicht reduziert. Aufgrund der derzeitigen Vergabepraxis der IANA gibt es nämlich immer nur eine Registrierungsstelle. Auch ein Zusammenschluss aller in Frage kommenden Bewerber vermag daher die Auswahlalternativen nicht zu vermindern. Es gibt in jedem Fall nur eine Registrierungsstelle.

Im vorliegenden Fall beschränkt sich der Einfluss der Vereinbarung darauf, dass den Registrierungswilligen oder Antragsvermittlern die DENIC eG und nicht einer der Genossen oder ein Dritter als Anbieter gegenübertritt. Es stellt sich daher die Frage, ob es für eine Drittwirkung schon genügt, wenn dem Abnehmer ein anderer Anbieter entgegentritt, als dies ohne die Maßnahme der Fall wäre, wenn also die Auswahlalternativen nur verändert werden[310].

Dafür spricht, dass sich die Auswahlalternativen zwar zahlenmäßig nicht verändert haben, dass aber das jeweilige Registrierungsverhältnis möglicherweise zu anderen Konditionen zustandekommt, als dies ohne die Errichtung der Genossenschaft und die Ver-

[306]Vgl. EuGH, Slg1975, S. 1663, 1665 - Suiker Unie; Slg. 1981, S. 202, 2031 f. Züchner

[307]So, Komm. ABl-EG 1972 L 13/47 - SOPELEM/Langen; ABl-EG 1977 L 39/19, 24 Theal-Watts; ABl-EG 1984 L 207/26, 33 Carlsberg; EuGH, Slg. 1975 S. 499, 521 - Kali und Salz; Slg. 1977, S. 1353, 1914 - Metro; Slg. 1980, S. 3125, 3263 - FEDETAB; Gleiss/Hirsch: Art 85 I Rn 136; a.A., Emmerich in: Imm/Mest: WbR-EG, Art 85 I A Rn 155 ff., der aber die Drittwirkung im Rahmen der Prüfung der "Spürbarkeit" wieder in den Tatbestand einbezieht.

[308]So, Komm. ABl-EG 1975 L 29/1, 5 - BMW; ABl.-EG 1987 L 35/36 - X/Open Group; EuGH, Slg. 1983, S. 3151, 3194 f. - AEG; Slg. 1984, S. 883, 909 f. Hasselblad; mit Einschränkungen, Emmerich in: Imm/Mest: WbR-EG Art 85 I A Rn 155 ff., 162 ff., der bei einer Verhinderung oder Einschränkung des Wettbewerbs ausschließlich auf die Beschränkung der Handlungsfreiheit der Beteiligten abstellen, bei einer Wettbewerbsverfälschung aber bereits eine bloße Drittwirkung genügen lassen will.

[309]Vgl. Schröter in: GTE, Art 85 I Wettbewerbsregeln Rn 83; Koch in: Grabitz/Hilf: Art 85 Rn 53

[310]So Koch in: Grabitz/Hilf: Art 85 Rn 53

einbarung eines Wettbewerbsverbotes der Fall wäre. Für diese Sichtweise spricht auch, dass die Tätigkeit der Gemeinschaft unter anderem nach Art. 3 I lit. g EGV ein System umfasst, das den Wettbewerb innerhalb des Binnenmarktes vor Verfälschungen schützt. Künstliche Veränderungen der Wettbewerbsbedingungen stehen im Widerspruch zu dem System des unverfälschten Wettbewerbs nach Art. 3 I lit. g EGV.[311] Hier werden die Wettbewerbsbedingungen durch die Errichtung der Genossenschaft künstlich verändert. Den Registrierungswilligen und den Antragsvermittlern steht ein anderer Vertragspartner gegenüber, als dies ohne die Vereinbarung der Fall wäre.

Aus den genannten Gründen hat die Maßnahme also auch auf den Märkten Drittwirkung, auf denen die Genossenschaft als Anbieter auftritt. Eine Wettbewerbsbeschränkung kommt damit nach allen vertretenen Ansichten in Betracht. Die Entscheidung der angesprochenen Streitfrage, ob es in jedem Fall einer Drittwirkung bedarf, kann daher dahingestellt bleiben.

3. Ausnahmen

Allerdings ist nicht jede Beschränkung der Handlungsfreiheit der Beteiligten mit Drittwirkung gleichzeitig eine verbotene Wettbewerbsbeschränkung. Die Rechtsprechung hat Fallgruppen herausgearbeitet, bei denen sie trotz einer Handlungsbeschränkung der Beteiligten mit Drittwirkung die Anwendbarkeit von Art. 81 I EGV verneint. Beispielsweise kann die Tatbestandsmäßigkeit des Art. 81 I EGV zu verneinen sein, wenn nicht schützenswerter Wettbewerb beschränkt wird[312] oder wenn die Beteiligten durch die getroffenen Maßnahmen neuen Wettbewerb erst ermöglichen ohne vorhandenen Wettbewerb einzuschränken oder andernfalls möglichen Wettbewerb zu verhindern[313] oder weil es sich um sonstige sogenannte "kartellfreie Kooperationen" handelt[314].

a. Arbeitsgemeinschaft

Das Wettbewerbsverbot könnte ausnahmsweise vom Anwendungsbereich des Art. 81 I EGV ausgenommen sein, weil es sich bei der DENIC eG um eine Arbeitsgemeinschaft mit dem Ziel der Zuweisung der .de-Domain handelt. Eine Arbeitsgemeinschaft zwischen Wettbewerbern wird als kartellfrei anerkannt, wenn jeder einzelne Mitwirkende für sich alleine nicht in der Lage wäre, die Aufgabe zu übernehmen.[315] In solchen Fällen wird der Wettbewerb nicht beschränkt, sondern überhaupt erst ermöglicht.

Wie bereits gezeigt wurde, konkurrieren die Genossen jedoch nicht nur untereinander im Rahmen ihrer Tätigkeit als Access Provider, sondern sind auch potentielle Wettbewerber im Hinblick auf eine Registrierung von Domain Names unter der .de-Domain. Zu-

---

[311] Vgl. Emmerich in: Imm/Mest: EG-WbR, Art 85 I A Rn 166 ff.; Langen/Bunte: Art 85 GenPrinz Rn 39
[312] Vgl. EuGH, Slg. 1988, S. 2117, 2186 - Belasco; Komm. ABl.-EG 1970 L 148/9, 11 - ASPA; Gleiss/Hirsch: Art 85 I Rn 174 ff. m.w.N.; Langen/Bunte. Art 85 Gen.Prinz. Rn 42 f. m.w.N.
[313] Vgl. Schröter in: GTE: Art 85 I Rn 78 ff. m.N.
[314] Vgl. die Zusammenstellungen bei Gleiss/Hirsch: Art 85 I Rn 414 ff. oder Langen/von Stoephasius: Art 85 Fallgruppen Rn 1 ff.
[315] Vgl. Bekanntmachung der Kommission über Vereinbarungen, Beschlüsse und aufeinander abgestimmte Verhaltensweisen, die eine zwischenbetriebliche Kooperation betreffen (KoB), ABl-EG 1968 C 75/3, berichtigt im ABl-EG 1968 C 84/14, Ziff. II.5.; Komm. ABl-EG 1988, L 311/36, 38 - Eurotunnel; Gleiss/Hirsch: Art 85 I Rn 473, 477; Langen/von Stoephasius: Art 85 Fallgruppen Rn 31

mindest eine ganze Reihe dieser Genossen wäre in der Lage die Registrierungsaufgabe auch alleine zu übernehmen. Damit sind die Voraussetzungen für eine kartellfreie Kooperation im Rahmen einer Arbeitsgemeinschaft nicht erfüllt.

b. Nachfrage-/Absatzkooperation

Die Kommission und die Rechtsprechung haben im Einzelfall auch Einkaufsgemeinschaften als kartellfreie Kooperationen anerkannt.[316] Die DENIC eG stellt eine vergleichbare Bündelung von Nachfragemacht dar. Allerdings beschränkt sich die DENIC eG nicht auf die Nachfrage, sondern tritt selbst als Anbieter auf. Vertriebskooperationen sind nach Ansicht der Kommission jedoch nur dann vom Anwendungsbereich des Art. 81 I EGV ausgenommen, wenn es sich um die Zusammenarbeit von Nicht-Wettbewerbern handelt.[317] Bei den Genossen handelt es sich aber um Wettbewerber.

c. Genossenschaft

Es bleibt die Frage, ob das Wettbewerbsverbot nicht nach den Grundsätzen der Immanenztheorie[318] vom Anwendungsbereich des Art. 81 I EGV ausgenommen ist, weil es für den Bestand einer Genossenschaft als institutionell anerkanntem Rechtsverhältnis erforderlich ist.

Genossenschaften sind zwar nicht grundsätzlich vom Anwendungsbereich des Kartellrechts ausgenommen[319], sie sind aber auch nicht "per se" Kartelle. Ihre Errichtung führt nicht prinzipiell zu einer Beschränkung des Wettbewerbs. Im Gegenteil können sie den Wettbewerb verstärken, weil sie als neuer selbständiger Anbieter oder Nachfrager auf dem Markt wirken.[320]

Ein Wettbewerbsverbot ist aber in der Regel nicht für den Bestand einer Genossenschaft erforderlich und ergibt sich dementsprechend normalerweise auch nicht aus der allgemeinen genossenschaftlichen Treuepflicht.[321] Im Gegenteil, eine Genossenschaft ist gerade dann kartellrechtlich bedenklich, wenn die Errichtung dazu führt, dass die Genossen als Wettbewerber aus dem Markt ausscheiden.[322] Allerdings schränkt der EuGH diesen Grundsatz bei Bezugsgenossenschaften ein. Wettbewerbsverbote, die erforderlich

---

[316]Vgl. Komm. ABl-EG 190 L 51/19 - Lab; ABl-EG 1980 L 260/24 - National Sulphuric Acid Ass; EuGH, Slg. 1981, S. 851 - Cooperatieve Stremsel-en Kleurselfabriek;

[317]Vgl. KoB, ABl-EG 1968 C 75/3, berichtigt im ABl-EG 1968 C 84/14, Ziff. II.6; Gleiss/Hirsch: Art 85 I Rn 492; Langen/von Stoephasius: Art 85 Fallgruppen Rn 132

[318]Vgl. Emmerich in: Imm/Mest: WbR-EG, Art 85 I A Rn 276 m.w.N

[319]Vgl. EuGH Slg. 1992 II, S. 1931, 1953, 1961, 1970 ff. - DPF; Emmerich in: Imm/Mest, EG-WbR, Art. 85 I B Rn 89; BGH WuW/E BGH S. 2271 ff.; 2341 ff.; 1517 ff.; 1313 ff.; Emmerich: Kartellrecht, S. 86, Beck, München 1994; Immenga in Immenga/Mestmäcker § 1 Rdnr. 364; Bechthold: Kartellgesetz, § 1 Rdnr. 17; v. Gamm: Kartellrecht §1 Rdnr. 27; Schmidt: Gesellschaftsrecht, S. 1269 f.; ders.: Kartellverbot und "sonstige Wettbewerbsbeschränkungen", S. 172; Metz in: Lang/Weidenmüller, § 1 Rn 115 ff.; Müller: Genossenschaftsgesetz, § 1 Rn 24a ff.

[320]Vgl. Meier: Genossenschaften als "per se"-Kartelle?, ZHR 1978, S. 124 ff., 142, 146; Müller: Genossenschaftsgesetz, § 1 Rn 24 f

[321]Vgl. Hettrich/Pöhlmann: Genossenschaftsgesetz: § 18 Rdnr. 14, § 68 Rdnr. 2; Müller: Genossenschaftsgesetz § 18 Rdnr. 18

[322]Vgl. Komm. ABl.-EG 1980 L 51/19, 23 - Lab; ABl.-EG 1980 L 260/24, 28 - National Sulphuric Acid Association; EuGH, Slg. 1981, S. 851, 867 - Coöperatieve Stremsel- en Kleurselfabriek

sind, um das ordnungsgemäße Funktionieren der Genossenschaft sicherzustellen, sollen vom Anwendungsbereich des Art. 81 I EGV ausgenommen sein.[323]

Die DENIC eG, bzw. ihre Rechtsvorgängerin, wurde mit dem Ziel der Zuweisung der .de-Domain gegründet. Es wurde festgestellt, dass das Wettbewerbsverbot zwar nicht ausdrücklich vereinbart wurde, sich aber ausnahmsweise aus der allgemeinen genossenschaftlichen Treuepflicht ergibt. Diese Treuepflicht folgt aus der bisherigen Praxis der IANA, eine Domain immer nur an eine Stelle zuzuweisen. Ein (erfolgreicher) Wettbewerb eines Genossen würde derzeit die Funktionsfähigkeit der Genossenschaft aufheben. Entsprechend ist ein Wettbewerbsverbot erforderlich, um die Funktionsfähigkeit der Genossenschaft zu sichern.

Es ist jedoch fraglich, ob sich diese genossenschaftsfreundliche Rechtsprechung des EuGH[324] auf den vorliegenden Fall übertragen lässt. Nach ständiger Rechtsprechung müssen die Kriterien für die Anwendung des Art.81 I EGV auf einen konkreten Einzelfall, unter Berücksichtigung des wirtschaftlichen Zusammenhangs, in dem die Unternehmen tätig sind, der von diesen Vereinbarungen erfassten Erzeugnisse und Dienstleistungen sowie der Struktur des betreffenden Marktes und der auf diesem bestehenden Bedingungen bestimmt werden.[325]

Die Privilegierung von Wettbewerbsverboten bei Bezugsgenossenschaften in den vom EuGH entschiedenen Fällen ist eine Folge davon, dass die Funktionsfähigkeit der Genossenschaft letztlich als wettbewerbsfördernd eingeschätzt wurde. Hintergrund ist, dass eine solche Genossenschaft durch die Bündelung von Nachfragemacht meist kleinerer Unternehmen, diesen besseren und günstigeren Zugang zu den entsprechenden Erzeugnissen ermöglichen und somit ein Gegengewicht[326] zu marktstarken Anbietern oder Konkurrenten bilden soll.[327]

Im vorliegenden Fall ist die Situation aber eine andere. Die Bündelung von Marktmacht ist nur dann für den Wettbewerb förderlich, wenn sie es den Genossen ermöglicht in einen Marktbereich vorzustoßen, beispielsweise in den Bereich eines Großhandelsrabattes, der ihnen sonst verschlossen bleiben würde. Dies ist hier nicht gegeben. Für die Entscheidung der IANA, ob sie eine Domain delegiert oder nicht, kommt es neben den genannten technischen und organisatorischen Voraussetzungen, die auch von den Genossen erfüllt werden, ausschließlich auf den Prioritätsgrundsatz an; es gilt: "first come first served". Die Errichtung der DENIC eG hat also insoweit keine unmittelbar marktöffnende Wirkung. Der Selbsthilfegedanke[328] lässt sich auf die DENIC eG nicht übertragen.

Möglicherweise hat die Bündelung von Nachfragemacht aber eine mittelbar markterschließende Wirkung. Die bisherige Praxis der IANA ermöglicht es immer nur einem Unternehmen als Registrierungsstelle für die .de-Domain aufzutreten. Wollen mehrere Unternehmen als Registrierungsstellen auftreten sind sie gezwungen, die Zuweisung der

---

[323]Vgl. EuGH Slg. 1994 I, S. 5671, 5687 - DLG; Slg. 1995 I, S. 4520, 4525 f. - Oude Luttikhues; Schröter in: GTE, Art 85 I Wettbewerbsregeln Rn 80; kritisch: Emmerich in: Imm/Mest: WbR-EG Art 85 I A Rn 196

[324]Vgl. EuGH Slg. 1994 I, S. 5671, 5687 - DLG; Slg. 1995 I, S. 4520, 4525 f. - Oude Luttikhues

[325]Vgl. EuGH Slg. 1994 I, S. 5671, 5687 - DLG; Slg. 1995 I, S. 4520, 4525 - Oude Luttikhues

[326]Kritisch zu diesem Gedanken des "Gegengewichts", Emmerich in: Imm/Mest: WbR-EG, Art 85 I A Rn 196

[327]Vgl. EuGH Slg. 1994 I, S. 5671, 5687 - DLG;

[328]Vgl. Metz in: Lang/Weidmüller, § 1 Rn 1,5; Meyer/Meulenberg/Beuthien: § 1 Rn 45 f.

Domain an alle gemeinsam anzustreben, um dann bei der Zuweisung von Subdomains als Konkurrenten auftreten zu können.

Auf den ersten Blick erscheint es auch so, als ob die Registrierung einer Subdomain der .de-Domain sowohl bei der Genossenschaft als auch bei den Genossen möglich wäre. Allerdings hat sich gezeigt, dass dies nicht der Fall ist. Registrierungsstelle ist alleine die DENIC eG. Die Genossen treten nur als Absatzhelfer der DENIC eG auf. Die Bündelung von Nachfragemacht hat also auch insoweit keine marktöffnende Wirkung. Die Situation ist daher mit den vom EuGH entschiedenen Fällen nicht vergleichbar. Dementsprechend ist hier auch kein Raum für ein "Genossenschaftsprivileg".

Hinzu kommt, dass das zuvor zu den Absatzkooperationen Gesagte auch dann gelten muss, wenn die Kooperation in Form einer Genossenschaft erfolgt, ansonsten wäre eine Umgehung des Kartellverbots allein durch die Wahl der Rechtsform möglich.[329]

4. Spürbarkeit der Wettbewerbsbeeinträchtigung

Nach der ständigen Rechtsprechung des EuGH[330] und der Praxis der Kommission[331] enthält Art. 81 I EGV als weiteres ungeschriebenes Tatbestandsmerkmal das Erfordernis der Spürbarkeit. Maßnahmen im Sinne des Art. 81 I EGV sind nur dann verboten, wenn sie eine spürbare Verhinderung, Einschränkung oder Verfälschung des Wettbewerbs innerhalb des Gemeinsamen Marktes bezwecken oder bewirken.[332] Eine Vereinbarung fällt daher nicht unter das Verbot des Art. 81 EGV, wenn sie sich in Anbetracht der schwachen Stellung der Betroffenen auf dem Markt nur in unbedeutender Weise auswirkt.[333]

Im Vordergrund der Spürbarkeitsprüfung steht zumeist eine quantitative Beurteilung der tatsächlichen oder möglichen Auswirkungen der fraglichen Absprache. Diese bemessen sich in erster Linie nach der Stellung und Bedeutung der beteiligten Unternehmen auf dem relevanten Markt.[334] Zur Konkretisierung der Spürbarkeit hat die Kommission eine Bekanntmachung[335] über die sogenannten Bagatellkartelle erlassen. Der Marktanteil der

[329] Vgl. Vgl. EuGH Slg. 1992 II, S. 1931, 1953, 1961, 1970 ff. - DPF; Emmerich in: Imm/Mest, EG-WbR, Art. 85 I B Rn 89; BGH WuW/E BGH S. 2271 ff.; 2341 ff.; 1517 ff.; 1313 ff.; Emmerich: Kartellrecht, S. 86, Beck, München 1994; Immenga in Immenga/Mestmäcker § 1 Rdnr. 364; Bechthold: Kartellgesetz, § 1 Rdnr. 17; v. Gamm: Kartellrecht § 1 Rdnr. 27; Schmidt: Gesellschaftsrecht, S. 1269 f.; ders.: Kartellverbot und "sonstige Wettbewerbsbeschränkungen", S. 172; Metz in: Lang/Weidenmüller, § 1 Rn 115 ff.; Müller: Genossenschaftsgesetz, § 1 Rn 24a ff.

[330] Vgl. EuGH: Slg. 1969, S. 295, 302 - Völk/Vervaecke; Slg. 1971, S. 351, 356 - Cadillon/Höss; Slg. 1971, S. 949, 960 - Béguelin; Slg. 1985, S. 3801, 3824 f., 3827 - Distillers; Slg 1992 II, S. 1931, 1957, 1986 f. - Dansk Pelsdyravlerforening

[331] Vgl. Komm. ABl-EG 1964 Nr. 58 S. 915 - Grossfillex/Fillistorf; ABl-EG 1968, L 201/4 - SOCEMAS; ABl-EG 1969 L 122/8

[332] Vgl. EuGH: Slg. 1969, S. 295, 302 - Völk/Vervaecke; Slg. 1971, S. 351, 356 - Cadillon/Höss; Slg. 1971, S. 949, 960 - Béguelin; Slg. 1985, S. 3801, 3824 f., 3827 - Distillers; Slg 1992 II, S. 1931, 1957, 1986 f. - Dansk Pelsdyravlerforening

[333] Vgl. Koenigs in: Festschrift für Pfeifer, S. 569, 571

[334] Vgl. Schöter in: GTE Art 85 I Wettbewerbsregeln Rn 181; EuGH: Slg. 1969, S. 295, 302 - Völk/Vervaecke; Slg. 1971, S. 351, 356 - Cadillon/Höss; Slg. 1971, S. 949, 960 - Béguelin; Slg. 1985, S. 3801, 3824 f., 3827 - Distillers; Slg 1992 II, S. 1931, 1957, 1986 f. - Dansk Pelsdyravlerforening

[335] Bekanntmachung der Kommission vom 3. Sept. 1986 über Vereinbarungen von geringer Bedeutung, die nicht unter Art. 85 I des Vertrages zur Gründung der Europäischen Wirtschaftsgemeinschaft fallen, ABl. 1986 C 231/2 i.d.F. ABl. 1994 C 368/20

beteiligten Unternehmen darf auf dem relevanten Markt für die Erzeugnisse, um die es geht, nicht höher als 5 % sein. Die Gesamtumsätze aller beteiligten Unternehmen dürfen zusammen 300 Mio. Ecu/Euro[336] nicht übersteigen.

Die DENIC eG hat bei der Registrierung von Domain Names unter der .de-Domain eine Alleinstellung. Dementsprechend wird der gesamte Markt von der Wettbewerbsbeschränkung erfasst. Darüber hinaus überschreitet aber auch der Umsatz einzelner beteiligter Unternehmen die Gesamtumsatzschwelle von 300 Mio. Ecu/Euro.[337] Die Wettbewerbsbeeinträchtigung ist daher in jedem Fall spürbar.

V. Zwischenstaatlichkeitsklausel

Die wettbewerbsbeschränkende Errichtung der Genossenschaft ist nach Art. 81 I EGV nur verboten, wenn sie geeignet ist, den Handel zwischen den Mitgliedsstaaten zu beeinträchtigen.

1. Eignung zur Handelsbeeinträchtigung

Eine Eignung zur Handelsbeeinträchtigung ist immer dann anzunehmen, wenn sich anhand einer Gesamtheit objektiver, rechtlicher oder tatsächlicher Umstände mit hinreichender Wahrscheinlichkeit voraussehen lässt, dass die Vereinbarung unmittelbar oder mittelbar, tatsächlich oder potentiell den Geschäftsverkehr zwischen Mitgliedsstaaten beeinflussen und dadurch die Errichtung eines einheitlichen Marktes zwischen den Mitgliedsstaaten behindern kann.[338]

Handel im Sinne der Vorschrift ist nach allgemeiner Ansicht der gesamte grenzüberschreitende Wirtschaftsverkehr und erfasst sowohl den Güter- als auch den Dienstleistungsverkehr.[339] Der zwischenstaatliche Handel wird insbesondere durch solche Praktiken beeinträchtigt, die der Verwirklichung der Ziele eines einheitlichen Marktes zwischen den Mitgliedsstaaten nachteilig sein können, indem insbesondere die nationalen Märkte abgeschottet oder die Wettbewerbsstrukturen im Gemeinsamen Markt verändert werden.[340] Auch Verhaltensweisen von Unternehmern, die keine Marktspaltung bezwecken oder bewirken, können deshalb geeignet sein, den Handel zwischen den Mitgliedsstaaten zu

---

[336] Nach Art. 109 I (4) EU-Vertrag und Art. 2 I der Verordnung (EG) Nr. 1103/97, vom 17. Juni 1997 über bestimmte Vorschriften im Zusammenhang mit der Einführung des Euro wird jede Bezugnahme in einem Rechtsinstrument auf die Ecu durch eine Bezugnahme auf den Euro zum Kurs von 1 Euro zu 1 Ecu ersetzt.

[337] Z.B. betrug der Gesamtumsatz der Deutschen Telekom AG im Jahr 1999 über 34 Milliarden Euro, vgl. die Unternehmensdaten, abrufbar im Internet unter: http://www.telekom.de

[338] Vgl. EuGH Rs. 56/65, Slg. 1966 S. 282, 303 - Maschinenbau Ulm; Slg. 1966, S. 322, 389 - Grundig/Consten; Slg. 1980, S. 3775, 3791 - L'Oreal; Koch in: Grabitz/Hilf: KEU, Art 85 Rdnr. 91; Schröter in: GTE, Art. 85 Rdnr. 165 f.

[339] Vgl. Koch in: Grabitz/Hilf: KEU, Art 85 Rdnr. 90 m.w.N.

[340] Vgl. EuGH Slg. 1979 S. 1869, 1899 - Hugin; Slg. 1974, S. 213, 252 f. - Commercial Solvents/Kommission; Koch in: Grabitz/Hilf, KEU, Art. 86 Rdnr. 92; Schröter in: GTE, Art. 86 Rdnr. 233; Art. 85 Rdnr. 168

beeinträchtigen, weil sie auf andere Weise den Wettbewerb einschränken oder verfälschen.[341]

Was die Bündelung von Nachfragemacht gegenüber der IANA angeht, könnte es an einer Beeinträchtigung des zwischenstaatlichen Handels schon deshalb fehlen, weil diese ihren Sitz in den USA hat. Dementsprechend wirkt sich das Wettbewerbsverbot zwischen den Genossen und der Genossenschaft auch nur in den USA aus. Hinzu kommt, dass die Errichtung der Genossenschaft die Chancen anderer Unternehmen mit Sitz im Gemeinsamen Markt auf Zuweisung der .de-Domain weder positiv noch negativ zu beeinflussen vermag. Die IANA weist Domains grundsätzlich nach dem Prioritätsgrundsatz zu.[342] Die Errichtung der Genossenschaft hat damit bezüglich ihrer Stellung als Nachfrager keine Wirkung auf dem Gemeinsamen Markt.

Soweit die DENIC eG selbst als Anbieter auftritt, könnte es an einer Beeinträchtigung des zwischenstaatlichen Handels fehlen, weil ihr Geschäftsbereich auf Deutschland beschränkt ist. Darüber hinaus handelt es sich bei den an der Absprache beteiligten Unternehmen ausschließlich um solche mit Sitz in Deutschland. Die Genossenschaft stellt durch die Regelung über die Mitgliedschaft und über die Zulassung zur auch Registrierungsvermittlung sicher, dass nur Personen mit Sitz in Deutschland als Genossen bzw. als Vertragspartner in Betracht kommen. Zwar fordert § 3 I a aa des Statuts der DENIC e.G. nicht ausdrücklich, dass die Genossen ihren Sitz in Deutschland haben, sondern nur, dass sie Dritten in der BRD gewerblich den technischen Zugang zum Internet vermitteln. Die Erfüllung dieser Voraussetzung macht jedoch aus praktischen Gründen regelmäßig einen Sitz in Deutschland erforderlich.

Nach inzwischen ständiger Rechtsprechung des EuGH und der Praxis der Kommission, ist eine Eignung zur Beeinträchtigung des zwischenstaatlichen Handels aber immer schon dann gegeben, wenn sich die fragliche Absprache auf das gesamte Hoheitsgebiet eines Mitgliedsstaates erstreckt.[343] Dies ist hier der Fall. Schon deshalb wäre eine Eignung zur Beeinträchtigung des zwischenstaatlichen Handels durch die Errichtung der DENIC eG anzunehmen.

Darüber hinaus kann die Wirkung der wettbewerbsbeschränkenden Vereinbarung nicht durch die Praxis der IANA oder die Selbstbeschränkung der DENIC eG auf Deutschland beschränkt werden. Beispielsweise besteht ein Interesse an einer Registrierung unter der .de-Domain aus den bereits genannten Gründen auch bei Unternehmen ohne Sitz im Inland, insbesondere bei Unternehmen, die sich auf dem deutschen Markt betätigen und dies deshalb auch durch die gewählte TLD zum Ausdruck bringen wollen. Soweit es sich bei den Registrierungswilligen aus anderen Mitgliedstaaten um Unternehmen handelt, wird diesen nicht nur die Registrierung verweigert, sondern auch der Zugang zum deutschen Markt erschwert, da ihnen die Möglichkeit genommen wird, bereits im Domain Name auf den Bezug ihres Geschäftsbereiches zu Deutschland hinzuweisen. Dies kann zu Wettbewerbsnachteilen gegenüber ihren deutschen Konkurrenten führen. Die Errichtung der DENIC eG ist auch insoweit geeignet den zwischenstaatlichen Handel zu beeinträchtigen.

---

[341] EuGH Slg. 1966, S. 457, 483 - Italien/Rat; Slg. !975, S. 563, 584 - Frubo; Schröter in: GTE, Art. 86 Rdnr. 232

[342] Allerdings mit der Einschränkung, dass bei den ccTLDs Unternehmen mit (Verwaltungs-) Sitz in dem jeweiligen Land bevorzugt werden, vgl. RFC 1591 Ziff. 3.1., Anlage 1

[343] Vgl. EuGH: Slg. 1989, S. 2117, 2190 - Belasco; Slg. 1985, S. 2545, 2572 - Remia; Slg. 1981, S. 1563, 1578 - Salonia/Poidomani; Komm. ABl-EG 1983 L 200/44, 49 - Vimpoltu

2. Spürbarkeit

Nach der ständigen Rechtsprechung des EuGH[344] und der Praxis der Kommission[345] enthält Art. 81 I EGV als weiteres ungeschriebenes Tatbestandsmerkmal das Erfordernis der Spürbarkeit. Maßnahmen im Sinne des Art. 81 I EGV sind nur dann verboten, wenn sie auch geeignet sind, den Handel zwischen den Mitgliedsstaaten spürbar zu beeinträchtigen.[346] Für die Spürbarkeit der Beeinträchtigung des Handels zwischen den Mitgliedsstaaten gelten die gleichen Grundsätze wie für die Spürbarkeit der Wettbewerbsbeeinträchtigung.[347] Eine Vereinbarung fällt daher nicht unter das Verbot des Art. 81 I EGV, wenn sie sich in Anbetracht der schwachen Stellung der Betroffenen auf dem Markt nur in unbedeutender Weise auswirkt.[348] Angesichts der Alleinstellung der DENIC eG bei der Verwaltung der .de-Domain, ist die Beeinträchtigung des zwischenstaatlichen Handels spürbar.

Da die Frage der Spürbarkeit der Beeinträchtigung des Handels zwischen den Mitgliedsstaaten und die Spürbarkeit der Wettbewerbsbeeinträchtigung nach denselben Grundsätzen beurteilt werden und da ohne eine spürbare Wettbewerbsbeschränkung der zwischenstaatliche Handel nicht spürbar beeinträchtig werden kann, wird in der Folge auf eine gesonderte Prüfung der Spürbarkeit der Wettbewerbsbeeinträchtigung verzichtet. Die Spürbarkeit der Wettbewerbsbeeinträchtigung folgt insoweit aus der Feststellung der Spürbarkeit der Beeinträchtigung des zwischenstaatlichen Handels.

VI. Freistellung

Nachdem die Errichtung der DENIC eG die Tatbestandsvoraussetzungen des Art. 81 I EGV erfüllt, stellt sich nunmehr die Frage, ob hier eine Freistellung nach Art. 81 III EGV gegeben ist bzw. deren Voraussetzungen vorliegen. Der Vertrag unterscheidet zwischen Gruppen- und Einzelfreistellung. Für beide Arten der Freistellung gelten nach Art 81 III EGV die gleichen Voraussetzungen.

1. Gruppenfreistellungen

Eine Gruppenfreistellung erfolgt durch eine Verordnung i.S.d. Art. 249 EGV. In einer solchen Verordnung werden für Gruppen von typischen Fällen Vereinbarungen festge-

---

[344]Vgl. EuGH: Slg. 1969, S. 295, 302 - Völk/Vervaecke; Slg. 1971, S. 351, 356 - Cadillon/Höss; Slg. 1971, S. 949, 960 - Béguelin; Slg. 1985, S. 3801, 3824 f., 3827 - Distillers; Slg 1992 II, S. 1931, 1957, 1986 f. - Dansk Pelsdyravlerforening

[345]Vgl. Komm. ABl-EG 1964 Nr. 58 S. 915 - Grossfillex/Fillistorf; ABl-EG 1968, L 201/4 - SOCEMAS; ABl-EG 1969 L 122/8

[346]Vgl. EuGH: Slg. 1969, S. 295, 302 - Völk/Vervaecke; Slg. 1971, S. 351, 356 - Cadillon/Höss; Slg. 1971, S. 949, 960 - Béguelin; Slg. 1985, S. 3801, 3824 f., 3827 - Distillers; Slg 1992 II, S. 1931, 1957, 1986 f. - Dansk Pelsdyravlerforening

[347]Vgl. Langen/Bunte: Art. 85 GenPrin Rn 89

[348]Vgl. Koenigs in: Festschrift für Pfeifer, S. 569, 571

stellt, die regelmäßig nicht gegen das Kartellverbot verstoßen. In Betracht kommt hier die Gruppenfreistellungsverordnung für Spezialisierungsvereinbarungen.[349]

Gegenstand der Spezialisierungsverordnung[350] sind nach Art 1 Spezialisierungsvereinbarungen im Bereich der Produktion von Erzeugnissen. Spezialisierungsvereinbarungen im Bereich der Dienstleistungen und des Handels werden nicht erfasst.[351] Bei der Registrierung von Domain Names handelt es sich aber - wie bereits im Zusammenhang mit der Registrierung von TLDs[352] gezeigt wurde - um eine Tätigkeit mit Dienstvertragscharakter. Schon aus diesem Grund ist die Spezialisierungsverordnung nicht auf die DENIC eG anwendbar.

Hinzu kommt, dass nach Art. 3 der Verordnung Höchstgrenzen für die Marktanteile und Gesamtumsätze der beteiligten Unternehmen gelten. Insbesondere darf der Gesamtumsatz der Beteiligten eine Milliarde ECU bzw. Euro nicht überschreiten. Zu den Mitgliedern der Genossenschaft gehören Unternehmen, die diesen Umsatz bereits alleine fast erreichen bzw. sogar um ein Vielfaches überschreiten.[353] Auch aus diesem Grund ist die Spezialisierungsverordnung nicht auf die DENIC eG anwendbar.

2. Einzelfreistellung

In Betracht kommt aber auch eine Einzelfreistellung. Bislang ist noch keine Einzelfreistellung durch die Kommission veröffentlicht. Die Frage ist daher, ob die beschriebenen Maßnahmen freistellungsfähig wären, ob also die materiellen Freistellungsvoraussetzungen vorliegen.

Eine Freistellung hat zwei positive und zwei negative Voraussetzungen. Zum einen muss in positiver Hinsicht ein Beitrag zur Verbesserung der Warenerzeugung oder -verteilung oder zur Förderung des technischen oder wirtschaftlichen Fortschritts geleistet werden und eine angemessene Beteiligung der Verbraucher an dem entstehenden Gewinn garantiert sein. Zum anderen ist in negativer Hinsicht die Unerlässlichkeit der auferlegten Wettbewerbsbeschränkungen erforderlich sowie die Unmöglichkeit, für einen wesentlichen Teil der betreffenden Waren den Wettbewerb auszuschalten. Die Freistellungsvoraussetzungen müssen kumulativ erfüllt sein.[354]

Problematisch ist hier auf jeden Fall die letzte Voraussetzung. Durch die Errichtung der Genossenschaft wird der (potentielle) Wettbewerb hinsichtlich der Registrierung von Domain Names insgesamt ausgeschlossen. Daran ändert auch nichts, dass sich die DENIC eG beim "Vertrieb" ihrer Leistung der Genossen bedient und diesen die Preisgestaltung überlässt. Registrierungsstelle bleibt ausschließlich die DENIC eG. Ein Wett-

[349] Verordnung (EWG) Nr. 417/85 der Kommission vom 19.12.1984 über die Anwendung von Art. 85 III des Vertrages auf Gruppen von Spezialisierungsvereinbarungen, ABl-EG 1985 L 53/1

[350] Verordnung (EWG) Nr. 417/85 der Kommission vom 19.12.1984 über die Anwendung von Art. 85 III des Vertrages auf Gruppen von Spezialisierungsvereinbarungen, ABl-EG 1985 L 53/1

[351] Vgl. Spormann: WuW 1973, S. 165, 167; Ritter: NJW 1983, S. 489, 490; Veelken in: Imm/Mest: WbR-EG, GFVO G Rn 11; Langen/v. Soephasius: Art 85 Fallgruppen Rn 88

[352] Vgl. oben: Erstes Kapitel, C. III. 2. a.

[353] Z.B. die Talkline GmBH mit einem Umsatz von 1,5 Milliarden DM oder die Deutsche Telekom AG mit einem Umsatz von über 69 Milliarden DM bzw. über 35 Milliarden Euro, entsprechende Daten sind über die Internetseiten dieser Unternehmen abrufbar unter: http://www.talkline.de oder http://www.telekom.de

[354] Vgl. EuGH, Slg. 1966, S. 321, 396, 399 - Grundig/Consten; Slg. 1975, S. 585 - FRUBO; Slg. 1984, S. 19, 70 - VBVB und VBBB; Langen/Bunte: Art 85 GenPrinz Rn 130; Schröter in: GTE, Art 85 III Rn 295

bewerb findet insoweit nicht statt. Selbst wenn man, entgegen der hier vertretenen Ansicht, von einem Preiswettbewerb ausgeht, weil die Genossen und die DENIC eG die SLD-Registrierung zu unterschiedlichen Preisen anbieten, bleiben die anderen Wettbewerbsparameter einheitlich, insbesondere werden alle SLDs einheitlich nach den Vergaberichtlinien der DENIC eG registriert. Für die Frage nach dem wesentlichen Wettbewerb ist aber der Preiswettbewerb nicht allein ausschlaggebend. Von Bedeutung ist auch der Mengen-, Qualitäts- und Konditionenwettbewerb. Eine Freistellung kommt auch dann nicht in Betracht, wenn der Wettbewerb insoweit vollständig ausgeschlossen wird.[355]

Dementsprechend ist eine Freistellung nach Art. 81 III EGV hier nicht möglich.

VII. Zwischenergebnis

Bereits die Errichtung der DENIC eG stellt unter den derzeitigen Bedingungen ein verbotenes Kartell i.S.d. Art. 81 EGV dar.

D. Kartellverbotsverstärkende Maßnahmen der DENIC eG (Art. 81 EGV)

Neben der Errichtung der Genossenschaft gibt es noch weitere Maßnahmen der DENIC eG, die eine Wettbewerbsbeschränkung bezwecken oder bewirken und gegen das Kartellverbot des Art. 81 I EGV verstoßen könnten. In Betracht kommen hier die Regelung der Antragsvermittlungstätigkeit oder die Bestimmung, dass nur Unternehmen mit Sitz in Deutschland berechtigt sein sollen, eine SLD unter der .de-Domain zu registrieren (Inländerklausel). Da aber bereits die Errichtung der DENIC eG ein verbotenes Kartell i.S.d. Art. 81 EGV darstellt, können diese Maßnahmen den Verbotstatbestand nur noch "verstärken". Relevanz kann diese Fragestellung dann bekommen, wenn nicht mehr bereits die Errichtung der DENIC eG gegen das Kartellverbot verstößt, beispielsweise weil die IANA ihre Vergabepraxis ändert und auch im Bereich der ccTLD konkurrierende Registrierungstellen ermöglicht.

I. Beschluss einer Unternehmensvereinigung

Die Regelung der Antragsvermittlungstätigkeit oder die Inländerklausel sind nicht Teil des Gründungsstatuts der DENIC eG, sondern ergeben sich aus den Vergaberichtlinien der Genossenschaft. Diese beruhen auf Beschlüssen der Organe der DENIC eG.

Der Verbotstatbestand des Art. 81 I EGV erfasst nicht nur Vereinbarungen oder abgestimmte Verhaltensweisen zwischen Unternehmen, sondern auch Beschlüsse einer Unternehmensvereinigung. Es stellt sich daher die Frage, ob es sich bei den Vergaberichtlinien bzw. bei den Beschlüssen auf denen sie beruhen um Beschlüsse einer Unternehmensvereinigung i.S.d. Art. 81 I EGV handelt.

---

[355]Vgl. Langen/Bunte: Art 85 GenPrinz Rn 145; Schröter in: GTE, Art 85 III Rn 318

Der Begriff der Unternehmensvereinigung ist weit auszulegen.[356] Zweck, Organisation, Rechtsform oder Sitz spielen keine Rolle. Selbst eine lose Interessenverknüpfung kann genügen.[357] Entscheidend ist, dass es sich um einen (beliebig strukturierten) Zusammenschluss mehrerer Unternehmen handelt, dessen Zweck (u.a.) darin besteht, die Interessen seiner Mitglieder zu wahren.[358] Dass es sich bei den Genossen der DENIC eG um Unternehmen handelt, wurde bereits festgestellt und der interessenwahrende Zweck einer Genossenschaft ergibt sich bereits aus § 1 GenG. Die DENIC eG ist daher eine Unternehmensvereinigung.

Unter Beschlüssen i.S.d. Art. 81 I EGV sind alle Rechtsakte zu verstehen, durch die eine Unternehmensvereinigung ihren Willen bildet. Auf das Verfahren der Willensbildung kommt es nicht an. Insbesondere liegt ein Beschluss nicht nur vor, wenn die Mitglieder in einer Mitgliederversammlung abstimmen, sondern auch wenn Organe der Vereinigung im Rahmen ihrer satzungsmäßigen Befugnis beschließen.[359] Die Beschlüsse müssen nach überwiegender Ansicht in der Literatur[360] rechtlich oder faktisch verbindlich sein, sonst handelt es sich um kartellrechtlich unerhebliche Empfehlungen. Insoweit besteht eine Parallele zur Vereinbarung.

Vorstand und Aufsichtsrat sind nach § 17 Ziff. 2 Statut der DENIC eG befugt, gemeinsam Beschlüsse über die Inanspruchnahme der Genossenschaftsleistungen zu fassen. Diese Beschlüsse sind nach § 9 Ziff. 1 b Statut der DENIC eG für die Genossen bindend. Von der Befugnis des § 17 Ziff. 2 Statut der DENIC eG haben Vorstand und Aufsichtsrat durch die Beschlüsse über die Vergaberichtlinien, die Preise und die AGB Gebrauch gemacht.

Eine Besonderheit ergibt sich hier daraus, dass die Genossenschaft selbst als Unternehmen am Markt auftritt. Organbeschlüsse einer juristischen Person, die selbst als Unternehmen tätig wird und ebenso wie die Anteilseigner am Markt auftritt, können nach überwiegender Ansicht[361] nur dann als Beschlüsse einer Unternehmensvereinigung gewertet werden, wenn sie nicht ausschließlich die eigene Tätigkeit, sondern zumindest auch diejenige der Anteilseigner regeln.

Die Beschlüsse über die Vergaberichtlinien, die Preise und die AGB der DENIC eG regeln durch die Beschränkung der Antragsvermittlungstätigkeit auf Genossen[362] auch die Tätigkeit der Genossen. Es handelt sich demnach um Beschlüsse einer Unternehmensvereinigung.

---

[356]Vgl. Emmerich in: WbR-EG: Art 85 I A Rn 36

[357]Vgl. Komm. ABl.-EG 1977 L 32726, /31 - GEC/Weir

[358]Vgl. Emmerich in: WbR-EG: Art 85 I A Rn 36; Gleiss/Hirsch: Art 85 I Rn 69 ff.; Schröter in: GTE, Art 85 I Rn 55 ff.

[359]Vgl. Emmerich in: WbR-EG: Art 85 I A Rn 91; Koch in: Grabitz/Hilf: Art 85 Rn 23; Schröter in: GTE, Art 85 I Rn 56; Langen/Bunte: Art 85 Rn 25

[360]Vgl. Emmerich in: WbR-EG: Art 85 I A Rn 93 f.; Koch in: Grabitz/Hilf: Art 85 Rn 24; Schröter in: GTE, Art 85 I Rn 57; Langen/Bunte: Art 85 Rn 26

[361]Vgl. Schröter in: GTE, Art 85 Wettbewerbsregeln Rn 57; Mestmäcker: Europ. WbR, S. 209; Emmerich in. Imm/Mest: WbR-EG Art 85 I A Rn 95; Hailbronner/Müller-Graff: Art 85 Rn 47; a.A. Langen/Bunte: Art. 85 GenPrin Rn 13, der Unternehmensvereinigungen die selbst wirtschaftlich tätig werden, ausschließlich als Unternehmen und nicht als Unternehmensvereinigung behandeln möchte.

[362]Hierauf wird bei der Frage der Wettbewerbsbeeinträchtigung noch vertieft eingegangen.

II. Wettbewerbsbeeinträchtigung

Verboten sind nach Art. 81 I EGV nur solche Verhaltenskoordinierungen zwischen Unternehmen, die eine Verhinderung, Einschränkung oder Verfälschung des Wettbewerbs bezwecken oder bewirken. Ausgehend vom Selbständigkeitspostulat des EuGH[363], wonach jeder Marktteilnehmer selbst zu bestimmen hat, welche Geschäftspolitik er auf dem Gemeinsamen Markt betreiben will, wird eine solche Wettbewerbsbeschränkung regelmäßig angenommen, wenn die an einer Verhaltensabstimmung Beteiligten ihre wettbewerbliche Handlungsfreiheit einschränken. Umstritten ist allerdings, ob daneben noch eine Drittwirkung der Maßnahme erforderlich ist[364] oder ob sogar eine bloße Drittwirkung einer Maßnahme genügt[365]. Der Streit wird jedoch nur relevant, wenn eine dieser Voraussetzungen nicht vorliegt.

1. Antragsvermittlungstätigkeit

Eine wettbewerbsbeschränkende Maßnahme könnte zunächst in dem Beschluss der DENIC eG zu sehen sein, die Registrierung eines Domain Name nur direkt bei der Genossenschaft oder aber über einen Genossen zu ermöglichen. Dies gilt hier um so mehr, als Mitglied in der Genossenschaft nach § 3 I des Statuts der DENIC eG in der Regel nur werden kann, wer "Dritten in der Bundesrepublik Deutschland gewerblich den technischen Zugang zum Internet (sog. Internet-Konnektivität), einschließlich sämtlicher Basisdienste (E-Mail, WWW, FTP, Telnet usw.), anbietet und für diese unterhält" ohne mit einem "anderen Mitglied der Genossenschaft (...) im Sinne des § 15 des Aktiengesetzes verbunden" zu sein und ohne "ihre eigene oder die Dritten angebotene Internet-Konnektivität weder unmittelbar noch mittelbar, insbesondere als Franchisenehmer, ausschließlich von einem anderen Mitglied der Genossenschaft" abzuleiten.

Hiergegen könnte eingewandt werden, dass zweifelhaft ist, ob die Antragsvermittlungstätigkeit tatsächlich auf die Genossen beschränkt werden soll, da in Teil II 1. Absatz der Vergaberichtlinien der DENIC eG nicht ausdrücklich steht, dass der Antrag nur über einen Genossen gestellt werden kann, sondern allgemein auf "Internet Service Provider" verwiesen wird. In anderen Veröffentlichungen stellt die Genossenschaft jedoch klar, dass nur solche ISP gemeint sind, die Mitglied in der Genossenschaft sind.[366] Registrierungsanträge können demnach tatsächlich nur von Genossen vermittelt werden.

---

[363]Vgl. EuGH, Slg1975, S. 1663, 1665 - Suiker Unie; Slg. 1981, S. 202, 2031 f. Züchner

[364]So, Komm. ABl-EG 1972 L 13/47 - SOPELEM/Langen; ABl-EG 1977 L 39/19, 24 Theal-Watts; ABl-EG 1984 L 207/26, 33 Carlsberg; EuGH, Slg. 1975 S. 499, 521 - Kali und Salz; Slg. 1977, S. 1353, 1914 - Metro; Slg. 1980, S. 3125, 3263 - FEDETAB; Gleiss/Hirsch: Art 85 I Rn 136; a.A., Emmerich in: Imm/Mest: WbR-EG, Art 85 I A Rn 155 ff., der aber die Drittwirkung im Rahmen der Prüfung der "Spürbarkeit" wieder in den Tatbestand einbezieht.

[365]So, Komm. ABl-EG 1975 L 29/1, 5 - BMW; ABl.-EG 1987 L 35/36 - X/Open Group; EuGH, Slg. 1983, S. 3151, 3194 f. - AEG; Slg. 1984, S. 883, 909 f. Hasselblad; mit Einschränkungen, Emmerich in: Imm/Mest: WbR-EG Art 85 I A Rn 155 ff., 162 ff., der bei einer Verhinderung oder Einschränkung des Wettbewerbs ausschließlich auf die Beschränkung der Handlungsfreiheit der Beteiligten abstellen, bei einer Wettbewerbsverfälschung aber bereits eine bloße Drittwirkung genügen lassen will.

[366]Vgl. DENIC: Ihre häufigsten Fragen, unsere Anworten, im Internet abrufbar unter: http://www.nic.de/fragen.html

a. Drittwirkung

Eine Drittwirkung ist nach allgemeiner Ansicht gegeben, wenn die Maßnahme die Absatz- und Versorgungsmöglichkeiten dritter Unternehmen oder die Wahlfreiheit der Verbraucher beeinträchtigt.[367]

Durch die angesprochenen Maßnahmen werden die Marktzutrittsmöglichkeiten für diejenigen beschränkt, die Anträge vermitteln wollen, ohne Mitglied der Genossenschaft zu sein. Dies betrifft verstärkt diejenigen, die überhaupt nicht Genosse werden können, weil sie die Voraussetzungen für den Erwerb der Mitgliedschaft nach § 3 des Statuts der DENIC eG nicht erfüllen. Dass es auch tatsächlich solche Unternehmen gibt, zeigt sich schon daran, dass die Genossen ihrerseits wieder Subprovider (Reseller) einschalten, bei denen eine SLD-Registrierung beantragt werden kann. [368] Darüber hinaus werden aber auch die Auswahlmöglichkeiten der an einer Subdomain Interessierten beeinträchtigt, da die Zahl ihrer potentiellen Vertragspartner beschränkt wird.

Die Regelung der Antragsvermittlungstätigkeit hat also Drittwirkung.

b. Beschränkung der Handlungsfreiheit eines Beteiligten

Durch den betreffenden Beschluss über die Vergaberichtlinien i.V.m. der Satzungsbestimmung über den Erwerb der Mitgliedschaft wird die wettbewerbliche Handlungsfreiheit der Genossen nicht beeinträchtigt. Deren Betätigung wird gerade ohne Einschränkungen zugelassen. Der Beschluss regelt vielmehr das wettbewerbliche Verhalten der Genossenschaft und beschränkt sie im Hinblick auf die Auswahl ihrer potentiellen Geschäftspartner.

Es fragt sich zunächst, ob auch eine Handlungsbeschränkung der Genossenschaft durch die Genossen bzw. der von diesen eingesetzten Organe, als Beschränkung der wettbewerblichen Handlungsfreiheit eines Beteiligten angesehen werden kann. Dagegen lässt sich einwenden, dass eine Gesellschaft - gleich welcher Rechtsform - in der Regel niemals unabhängig vom Willen der Gesellschafter agieren kann. Dementsprechend müssten Handlungsbeschränkungen einer wirtschaftlich tätigen Gesellschaft durch ihre Gesellschafter vom Anwendungsbereich des Art. 81 I EGV grundsätzlich ausgenommen werden, weil sonst wirtschaftlich tätige Gesellschaften zwangsläufig immer gegen das Kartellverbot verstoßen würden.

Dem kann allerdings so allgemein nicht zugestimmt werden, sonst wäre es möglich, das Kartellverbot allein durch die Rechtsform, in die das Kartell gekleidet wird, zu umgehen. Zumindest soweit zugleich das Verhalten der Mitglieder im Wettbewerb gesteuert wird, muss Art. 81 I EGV auf solche Beschlüsse anwendbar bleiben.[369] Nach dieser Ansicht würde beispielsweise ein Beschluss, der den Registrierungsmarkt geographisch zwischen den Genossen aufteilt, unter Art. 81 I EGV fallen, da einerseits die Angelegenheiten der Genossen geregelt und andererseits deren wettbewerbliche Handlungsfreiheiten eingeschränkt werden.

[367] Vgl. Schröter in: GTE, Art 85 I Wettbewerbsregeln Rn 83; Koch in: Grabitz/Hilf: Art 85 Rn 53

[368] Abrufbar unter: http://www.denic.de

[369] Vgl. EuGH: Slg. 1995 I, S. 4520, 4525 - Oude Luttikhus; Emmerich in: Imm/Mest: WbR-EG: Art 85 I A Rn 95; Hailbronner/Müller-Graff: Art 85 Rn 47; Mestmäcker: Europ. WbR, S. 209; Schröter in: GTE, Art 85 I Wettbewerbsregeln Rn 57

Eine solche Einschränkung der wirtschaftlichen Handlungsfreiheit der Genossen, durch den Beschluss über die Zulassung zur Antragsvermittlung, liegt hier aber gerade nicht vor. Dementsprechend stellt diese Regelung der Tätigkeit der Genossenschaft keine Handlungsbeschränkung eines Beteiligten dar.

c. Entbehrlichkeit der Handlungsbeschränkung

Da die Handlungsfreiheit der Beteiligten nicht eingeschränkt wird, wird hier der Streit relevant, ob bereits die bloße Drittwirkung einer Maßnahme eine Wettbewerbsbeschränkung i.S.d. Art. 81 I EGV darzustellen vermag.

Gegen einen Verzicht auf die Einschränkung der wettbewerblichen Handlungsfreiheit eines Beteiligten als Voraussetzung für eine Wettbewerbsbeschränkung wird eingewandt, dass ohne diese Bedingung der Tatbestand uferlos würde.[370]

Dieser Ansicht ist zunächst der Wortlaut der Vorschrift entgegenzuhalten. [371] Nach Art. 81 I EGV genügt es, wenn eine Wettbewerbsbeschränkung durch die Verhaltenskoordination der Beteiligten bewirkt wird. Dass die Wettbewerbsbeschränkung durch eine Einschränkung der Handlungsfreiheit der Beteiligten bewirkt werden muss, lässt sich dem Vertragstext nicht entnehmen.

Für eine weite Auslegung des Begriffs der Wettbewerbsbeschränkung spricht auch, dass die Wettbewerbsordnung des EGV nach Art. 3 I lit. g EGV den Wettbewerb innerhalb des Binnenmarktes vor Verfälschungen schützt. Ob die Verfälschung des Wettbewerbs nun durch die Einschränkung der wettbewerblichen Freiheit der Beteiligten erfolgt oder nicht, spielt bei dieser allgemeinen Zielsetzung keine Rolle. [372]

Die Weite dieses Begriffs der Wettbewerbsbeschränkung und damit des Anwendungsbereiches des Art. 81 I EGV kann - wie die Praxis des EuGH[373] zeigt - durch eine wertende Betrachtung korrigiert werden. Es ist daher der Ansicht in Rechtsprechung[374] und Literatur[375] zu folgen, nach der für die Anwendbarkeit des Art. 81 I EGV bereits die wettbewerbsbeschränkende Wirkung einer Maßnahme gegenüber Dritten ausreichen kann.

Demnach kommt hier eine Wettbewerbsbeschränkung durch den Beschluss über die Antragsvermittlung ausschließlich durch Genossen, wegen der damit verbundenen marktverschließenden Wirkung, in Betracht.

---

[370] Vgl. Emmerich in: Imm/Mest: WbR-EG Art 85 Rn 159; Gleiss/Hirsch: Art 85 I Rn 136

[371] Hailbronner/Müller-Graff: Art 85 Rn 80; Schröter in: GTE, Art. 85 Einf. Wettbewerbsregeln Rn 22; a.A. Koch in: Grabitz/Hilf: Art.85 Rn 56; Emmerich in: Imm/Mest: WbR-EG Art 85 Rn 158 f.

[372] Vgl. Schröter in: GTE, Art. 85 Einf. Wettbewerbsregeln Rn 20 ff.; I Rn 83 f.; Mestmäcker: Europ. WbR, S. 190 f.

[373] EuGH, Slg. 1985, S. 2545 - Remia; Slg. 1994 I, S. 5671, 5681 - DLG;

[374] Vgl. EuGH, Slg. 1971, S. 69, 82 f. - Sirena; Slg. 1978, S. 1391, 1415 - Tepea; Komm.: Leitlinien für die Anwendung der EG-Wettbewerbsregeln im Telekommunikationsbereich, ABl-EG 1991 C 233/2, 14; Komm. ABl-EG 1985 L 219/35, 41 -
EATE

[375] Vgl. Schröter in: GTE, Art. 85 Einf. Rn 20 ff.; I Rn 83 f.; Mestmäcker: Europ. WbR, S. 190 f.; Emmerich in: Imm/Mest, WbR-EG Art 85 I A Rn 162 ff.; Langen/Bunte: Art 85 GenPrinz Rn 55 f.; Hailbronner/Müller-Graff: Art. 85 Rn 80; Gerwing: Kooperative Gemeinschaftsunternehmen im EWG-Kartellrecht unter besonderer Berücksichtigung der Abgrenzungsfragen, S. 175

d. Ausnahmen

Aber nicht jede Maßnahme einer Unternehmensvereinigung mit Drittwirkung ist nach Art. 81 I EGV verboten.[376] Nach ständiger Rechtsprechung müssen die Kriterien für die Anwendung des Art. 81 I EGV auf einen konkreten Einzelfall unter Berücksichtigung des wirtschaftlichen Zusammenhangs, in dem die Unternehmen tätig sind, der von diesen Vereinbarungen erfassten Erzeugnisse und Dienstleistungen sowie der Struktur des betreffenden Marktes und der auf diesem bestehenden Bedingungen bestimmt werden.[377]

aa. Marktöffnungswirkung

Wesentliches Argument für die Ausklammerung einer Genossenschaft aus dem Tatbestand des Art.81 I EGV ist, wie bei Arbeitsgemeinschaften zwischen Wettbewerbern[378], dass neuer Wettbewerb geschaffen wird, ohne dabei gleichzeitig vorhandenen oder potentiellen Wettbewerb zu beschränken.[379] Auch Beschlüsse einer Genossenschaft sind an diesem Maßstab zu messen.

Durch die Regelung der Vergaberichtlinie, dass ein Registrierungsantrag nicht nur direkt bei der DENIC eG, sondern auch über die Genossen gestellt werden kann, wird ein Antragsvermittlungsmarkt geschaffen, auf dem die Genossen konkurrieren. Da die Genossen die Preise einer Domainregistrierung selbst bestimmen, entsteht ein Preiswettbewerb zwischen den Genossen. Durch den entsprechenden Beschluss wird daher tatsächlich neuer Wettbewerb ermöglicht. Der Beschluss zur Antragsvermittlungstätigkeit der Genossen könnte daher wegen seiner markteröffnenden Wirkung vom Anwendungsbereich des Art. 81 I EGV auszunehmen sein.

Folge des Beschlusses ist aber auch, dass der Markt der Antragsvermittlung für alle Nichtmitglieder verschlossen wird. Diesen fehlt jegliche Ausweichmöglichkeit. Die Kooperation der Genossen führt hier also dazu, dass sie einen Markt nicht nur eröffnen, sondern gleichzeitig vollständig kontrollieren und möglicherweise gegen Dritte abschotten. Ob dadurch potentieller Wettbewerb beschränkt wird hängt davon ab, ob es neben den Genossen noch Dritte gibt, die potentielle als Antragsvermittler in Betracht kommen ohne gleichzeitig die Voraussetzungen für eine Mitgliedschaft in der Genossenschaft zu erfüllen.

Bereits auf der Internetseite der DENIC eG[380] wird darauf hingewiesen, dass die Genossen ihrerseits wieder Subprovider (Reseller) einschalten, bei denen eine SLD-Registrierung beantragt werden kann. Es sind keine Gründe ersichtlich, weshalb diese Subprovider nicht auch unmittelbar als Antragsvermittler für die DENIC eG tätig werden könnten. Das gleiche gilt beispielsweise auch für ausschließlich im Ausland tätige oder mit einem Genossen im Sinne des § 15 AktG verbundene Access Provider. Als Antragsvermittler kommen damit auch Unternehmen in Betracht, die die Voraussetzungen für eine Mitgliedschaft in der DENIC eG nicht erfüllen. Durch die Maßnahme wird also tatsächlich potentieller Drittwettbewerb ausgeschlossen.

---

[376]Vgl. Hailbronner/Müller-Graff: Art. 85 Rn 80 ff.

[377]Vgl. EuGH Slg. 1994 I, S. 5671, 5687 - DLG; Slg. 1995 I, S. 4520, 4525 - Oude Luttikhues

[378]Vgl. Emmerich in: Imm/Mest: WbR-EG, Art 85 I B Rn 54; Gleiss/Hirsch: Art 85 I Rn 473, 477 ff.

[379]Vgl. Schröter in: GTE: Art 85 I Rn 78 ff. m.N.; Bieling: Das Verhältnis von Kartellen und Genossenschaften, S. 54 ff.

[380]Abrufbar unter: http://www.denic.de

Damit liegen die Voraussetzungen, die allgemein eine positive Beurteilung der Genossenschaft rechtfertigen, hier gerade nicht vor. Das Gleiche gilt für das zu Gunsten der Genossenschaft vorgebrachte Argument der Gegenmachtbildung[381]. Es gibt vorliegend keine von den Genossen unterscheidbare Gegenmacht.

Dementsprechend vermag die Markeröffnungswirkung den Beschluss nicht vom Anwendungsbereich des Art. 81 I EGV auszuklammern, weil er nach Zweck und Wirkung vor allem der Marktabschottung und dem Schutz vor Wettbewerb Dritter dient.

bb. Selektiver Vertrieb

Wirtschaftlich betrachtet entspricht der Beschluss einem ausschließlichen Vertriebsvertrag zwischen den Genossen und der DENIC eG. Darunter versteht man eine Absatzorganisation, bei der sich der Hersteller auf einzelne ausgewählte Abnehmer (unter Ausschluss aller übrigen) beschränkt.[382] Dass es hier nicht um den Vertrieb von Waren, sondern um die Vermittlung von Dienstleistungen geht, rechtfertigt keine unterschiedliche Behandlung.

Nach ständiger Rechtsprechung des EuGH[383] und nach der Literatur[384] beschränken selektive Vertriebssysteme, bei denen die Auswahl der Vertriebspartner aufgrund objektiver Gesichtspunkte qualitativer Art erfolgt, nicht den Wettbewerb i.S.d. Art. 81 I EGV. Die Auswahlkriterien müssen für alle einheitlich festgelegt und ohne Diskriminierung angewendet werden.[385] Die vorgesehenen Selektionskriterien dürfen nicht über das zum Vertrieb des fraglichen Produkts unbedingt erforderliche hinausgehen.[386] Die Erfüllung dieser Bedingungen, ist objektiv unter Berücksichtigung des Verbraucherinteresses zu prüfen.[387]

Ist man der Ansicht, dass wegen seiner kooperativen Wirkung auch ein Beschluss der Organe eines selbständig wirtschaftlich tätigen Gemeinschaftsunternehmens die Voraussetzungen des Art. 81 I EGV erfüllen kann, so ist es nur konsequent, auf ihn die gleichen Grundsätze anzuwenden, wie auf die Formen der Unternehmenskooperation, die er ersetzt. Es stellt sich daher die Frage, ob das durch die Vergaberichtlinien bewirkte selektive Vertriebssystem vom Anwendungsbereich des Art. 81 I EGV auszunehmen ist.

(1). Objektive Kriterien qualitativer Art

Fraglich ist, ob hier die Auswahl der Vertriebspartner aufgrund objektiver Kriterien qualitativer Art erfolgt.

---

[381]Vgl. EuGH Slg. 1994 I, S. 5671, 5687 - DLG; Slg. 1995 I, S. 4520, 4525 - Oude Luttikhues; Allgemein das Gegenmachtsprinzip bejahend: Benisch in: Das Gegenmachtsprinzip in der Wirtschaftsordnung, Bd. 3, S. 63 ff.; kritisch zu diesem Argument: Emmerich in: Imm/Mest, EG-WbR, Art 85 I A Rn 196

[382]Vgl. Langen/Bunte: Art 85 Rn 75

[383]Vgl. EuGH: Slg. 1977, S. 1875, 1905 - SABA I; Slg. 1980, S. 2511, 2536 - Lancome/Etos; Slg. 1983, S. 3151, 3153 f., 3194 f. - AEG Telefunken; Slg. 1986, S. 3021 ff. - SABA II;

[384]Vgl. Langen/Bunte: Art 85 GenPrinz Rn 75; Gleiss/Hirsch: Art 85 I Rn 1658;

[385] Vgl. EuGH, Slg. 1977, S. 1875, 1905 - Metro/SABA I; Slg. 1983, S. 3151 - AEG Telefunken; Slg. 1994 I, S. 15 - Metro/Cartier; Langen/Bunte: Art 85 Rn 75

[386]Vgl. EuGH, Slg. 1980, S. 3775 - L'Oreal; Slg. 1992 II, S. 415, 443 - Vichy;

[387]Vgl. Vgl. EuGH, Slg. 1977, S. 1875, 1905 - Metro/SABA I; Slg. 1996 II, S. 1851, 1898 - Yves Saint Laurent; Langen/Bunte: Art 85 Rn 75

Ausschlaggebend soll nach Teil II 1. Absatz der Vergaberichtlinien der DENIC eG die Mitgliedschaft in der Genossenschaft sein, also ein subjektives Kriterium. Allerdings könnte der Verweis auf die Mitgliedschaft objektive Kriterien qualitativer Art implizieren, wenn der Erwerb der Mitgliedschaft nur von solchen Bedingungen abhängt, die einen Genossen auch zum Vertriebspartner bei der Registrierung von SLDs der .de-Domain qualifizieren.

Mitglied kann nur werden, wer als Access Provider die Internet-Konnektivität in Deutschland anbietet. Diese Tätigkeit setzt zunächst ein vertieftes Verständnis für die Funktionsweise des Internet allgemein und des Domain-Name-Systems im Besonderen voraus. Darüber hinaus erfordert die Tätigkeit naturgemäß zumindest Grundkenntnisse bei der Einziehung von wiederkehrenden Forderungen bei Dauerschuldverhältnissen. Insoweit handelt es sich um objektive Gesichtspunkte qualitativer Art, wie sie auch bei der Auswahl eines Vertriebspartners herangezogen werden können.

Die weitere Bedingung, dass Genosse nur werden kann, wer mit keinem anderen Mitglied der Genossenschaft im Sinne des § 15 des Aktiengesetzes verbunden ist oder die eigene oder die Dritten angebotene Internet-Konnektivität unmittelbar oder mittelbar, insbesondere als Franchisenehmer, ausschließlich von einem anderen Mitglied der Genossenschaft ableitet, ist dagegen kein objektiver Gesichtspunkt qualitativer Art. Vielmehr beschreibt er die subjektiven Verhältnisse eines Genossen. Diese Anforderungen machen zwar im Hinblick auf die Genossenschaftszugehörigkeit Sinn, es soll verhindert werden, dass die Genossenschaft unter die Kontrolle von untereinander abhängigen Unternehmen gerät, nicht aber für die Frage der Befähigung zum Antragsvermittler. Schon insoweit erfüllt die betreffende Regelung der Antragsvermittlungstätigkeit nicht die Voraussetzungen für eine Ausnahme vom Tatbestand des Art. 81 I EGV.

Fragwürdig ist auch, ob die geographische Lage des Geschäftsbereiches noch als qualitative Kriterien im Hinblick auf eine Tätigkeit als Antragsvermittler gelten können. Diese Frage kann jedoch offen bleiben, wenn es insoweit offensichtlich an den weiteren Voraussetzungen einer Ausnahme fehlt.

(2). Erforderlichkeit

Es ist nicht nachvollziehbar, weshalb ein in Österreich tätiger Access Provider oder ein Provider der Österreichern gewerblich den Zugang zum Internet vermittelt nicht genauso für die Tätigkeit als Antragsvermittler geeignet sein soll, wie ein im Inland tätiger Access Provider. Diese zusätzlichen Auswahlgesichtpunkte gehen damit über das unbedingt erforderlich Maß hinaus.

Auf die Frage nach der diskriminierungsfreien Anwendung dieser Kriterien kommt es daher hier gar nicht mehr an. Die Regelung über die Antragsvermittlungstätigkeit bzw. die Beschränkung auf Genossen erfüllen nicht die Voraussetzungen die an ein selektives Vertriebssystem zu stellen sind damit es vom Tatbestand des Art. 81 I EGV ausgenommen werden kann.

cc. Zwischenergebnis

Allgemein wird man daher formulieren können, dass noch eine ganze Reihe weiterer Unternehmen in Betracht kommen, die in gleicher Weise wie die Genossen geeignet sind, die Antragsteller zu beraten und das Inkasso durchzuführen. Deren Ausschluss ist nicht durch objektive Kriterien qualitativer Art gerechtfertigt. Durch den entsprechenden Beschluss wird daher der Wettbewerb zwischen den Genossen und anderen Unternehmen, die nach oben genannten Kriterien in der Lage wären eine Antragsvermittlung durchzuführen, i.S.d. Art. 81 EGV beschränkt.

2. Inländerklausel

Aus den Vergaberichtlinien könnten sich aber noch weitere Wettbewerbsbeschränkungen ergeben. So dürfen nur Personen mit Sitz im Inland nach §§ 13, 17 ZPO Domain Names unter der .de-Domain registrieren lassen.

a. Handlungsbeschränkung

Durch den entsprechenden Beschluss wird nicht nur die Geschäftstätigkeit der DENIC eG festgelegt, sondern mittelbar auch der Genossen selbst, da diese nicht für Personen ohne Sitz in Deutschland tätig werden können. Ihre wettbewerbliche Handlungsfreiheit ist entsprechend beschränkt. Allerdings ist dies ein bloßer Reflex auf das Verhalten der DENIC eG.

b. Drittwirkung

Von dem Beschluss sind alle betroffen, die Interesse an einer SLD unter der .de-Domain aber keinen Sitz im Inland haben. In Betracht kommen hier besonders diejenigen ohne Sitz im Inland, die sich unter Zuhilfenahme des Internets auf dem deutschen Markt betätigen wollen oder die sonstige, vor allem kennzeichenrechtliche Interessen, in Deutschland haben.

Motiv für ein solches Registrierungsinteresse ist zunächst einmal die "Marktplatzfunktion" des Internet. Unternehmen - gleich welcher Branche - präsentieren sich im Internet und das erste "Aushängeschild" ist ihr Domain Name. Angesichts der Größe dieses "Marktplatzes" ist es nicht mehr nur wichtig überhaupt im Internet repräsentiert zu sein, sondern auch wo, unter welcher Adresse. Aus diesem Grund ist es wichtig für ein Unternehmen, das in Deutschland tätig ist, unter einem Domain Name erreichbar zu sein, der auf den ersten Blick auf diese Beziehung zum deutschen Markt hinweist. Ansonsten hat dieses Unternehmen Nachteile zu erwarten.

Hintergrund hierfür ist, dass viele Internetnutzer ihnen bekannte Unternehmen im Internet durch Aufruf des Firmen- oder Markennamens in Verbindung mit der vermuteten ccTLD zu erreichen versuchen. Auch wenn die Internetnutzer eine sogenannte Suchmaschine[388] verwenden, um das betreffende Unternehmen zu finden, ist eine entsprechende TLD wichtig. Mittlerweile werden bereits so viele Internetinhalte angeboten, dass es sinnvoll erscheint, zunächst diejenigen aufzurufen, bei denen bereits aufgrund der TLD zu erwarten ist, dass sie sich auch an deutsche Interessenten wenden. Unternehmen ohne Sitz im Inland wird der Marktzutritt daher durch die Inländerklausel gegenüber Unternehmen mit Sitz im Inland erschwert.

---

[388]Computerprogramme in Verbindung mit speziellen Servern, die Internetinhalte nach bestimmten Suchkriterien auflisten

Aber selbst Unternehmen deren vorrangiges Interesse (zumindest derzeit) gar nicht auf die Nutzung des Internets als Präsentationsmöglichkeit oder Vertriebsweg oder auf eine sonstige kommerzielle Nutzung des Internet gerichtet ist, sind unter Umständen auf eine Registrierung unter der .de-Domain angewiesen. Letztlich stellt nur die eigene Registrierung eines rechtlich geschützten Kennzeichens einen effektiven Schutz gegen dessen Missbrauch als Domain Name durch unberechtigte Dritte dar. Ansonsten bleibt dem Kennzeicheninhaber nur die Möglichkeit, die .de-Domain ständig auf einen Missbrauch seines Kennzeichens hin zu überprüfen und gegen einen Missbrauch - gegebenenfalls auch gerichtlich - vorzugehen. Dieses Verfahren ist aufwendig und mit entsprechenden Risiken und Kosten verbunden. Zumindest mittelbar wird damit die Wettbewerbsposition dieser Unternehmen gegenüber ihren Konkurrenten mit Sitz im Inland geschwächt. Auch hier gilt, für die Erfüllung des Kartelltatbestands genügt grundsätzlich jede künstliche Veränderung der Marktbedingungen, weil sie der Wettbewerbsordnung des Vertrages zuwiderläuft.[389]

Die Inländerklausel hat damit wettbewerbsbeschränkende Drittwirkungen und wie oben gezeigt wurde, vermag dies gegebenenfalls auch ohne korrespondierende Handlungsbeschränkung der beteiligten Unternehmen, eine Wettbewerbsbeschränkung i.S.d. Art. 81 I EGV darzustellen.

c. Ausnahme: Markteröffnungswirkung

Allerdings ist die Beschränkung auf Personen mit Sitz im Inland möglicherweise erforderlich, um die .de-Domain gegenüber anderen TLDs, insbesondere anderen ccTLDs abzugrenzen und damit der Genossenschaft ein Eindringen in den Registrierungsmarkt überhaupt erst zu ermöglichen.

Dagegen spricht, dass es anderen ccTLD-Registrierungsstellen gelingt, sich auch ohne Bindung an einen Sitz im Inland oder eine sonstige Abgrenzung oder mit einer eingeschränkten Inländerklausel auf dem Markt zu etablieren. Dies zeigen die Beispiele der Registrierungsstellen der Schweiz, Liechtensteins, Österreichs oder Luxemburgs[390], bzw. Belgiens und Frankreichs[391]. Es ist nicht ersichtlich, weshalb für die .de-Domain etwas anderes gelten sollte.

Hinzu kommt, dass keine Ausnahme vom Anwendungsbereich des Art. 81 I EGV zu rechtfertigen vermag, was bereits gegen andere Vorschriften des Vertrages verstößt, die die Einheit des Gemeinsamen Marktes schützen sollen. So verbietet Art. 12 EGV jede Diskriminierung aufgrund der Staatsangehörigkeit, wobei juristische Personen nach Art. 48 EGV gleichgestellt sind.

Zwar stellen die Vergaberichtlinien nicht auf die Staatsangehörigkeit ab, verboten ist aber auch die mittelbare Diskriminierung, wenn also an ein anderes Merkmal angeknüpft wird, dieses aber im Ergebnis die gleiche Wirkung hat. Ein Beispiel hierfür ist das An-

---

[389] Vgl. Schröter in: GTE: Art 85 I Wettbewerbsregeln Rn 77

[390] Die entsprechenden Registrierungsrichtlinien sind über die angegebenen Internetseiten abrufbar, für die Schweiz und Liechtenstein unter: http://www.nic.ch oder http://www.nic.li, für Luxembourgs unter: http://www.domain-registration.lu , für Österreich unter: http://www.nic.at) oder für Niuve unter: http://www.nic.nu

[391] Vgl. die Registrierungsstellen für Belgien (http://www.dns.be) und Frankreich (http://www.nic.fr); die beide auch ausländischen Firmen die Registrierung eines Markenzeichens als Domain Name gestatten, wenn die Marke im Inland registriert ist.

knüpfen an den Wohnsitz.[392] Auch wenn diese Vorschrift sich vorrangig an die Organe der Gemeinschaft und die Mitgliedsstaaten richtet, so gilt sie doch auch für Individuen, sofern diese Macht ausüben.[393] Unabhängig von der Frage, ob die DENIC eG "Macht" in diesem Sinne ausübt, sind die Kommission und der EuGH bei der Auslegung anderer Vorschriften des Vertrages, die die Einheit des Gemeinsamen Marktes schützen sollen, entsprechend gebunden. Nach allgemeiner Ansicht sollen gerade auch die Art. 81 ff. EGV den Binnenmarkt sichern.[394]

Die Inlandsklausel kann demzufolge nicht wegen ihres möglichen Beitrages zur Markterschließung vom Anwendungsbereich des Art. 81 I EGV ausgenommen werden.

III. Zwischenstaatlichkeitsklausel

Auch die wettbewerbsbeschränkenden Beschlüsse zur Antragsvermittlung bzw. zur Inlandsklausel sind nach Art. 81 I EGV nur verboten, wenn sie geeignet sind, den Handel zwischen den Mitgliedsstaaten spürbar zu beeinträchtigen.

Wie bereits gezeigt wurde, steht einer Beeinträchtigung des zwischenstaatlichen Handels nicht entgegen, dass es sich bei den an den Absprachen beteiligten Unternehmen ausschließlich um solche mit Sitz in Deutschland handelt und dass die Genossenschaft durch die Regelung über die Mitgliedschaft und über die Zulassung zur Registrierung sicherstellt, dass nur Personen mit Sitz in Deutschland als Genossen bzw. als Vertragspartner in Betracht kommen.

Zum einen ist eine Eignung zur Beeinträchtigung des zwischenstaatlichen Handels immer schon dann gegeben, wenn sich die fragliche Absprache auf das gesamte Hoheitsgebiet eines Mitgliedsstaates erstreckt.[395] Zum anderen begrenzt die Beschränkung des Geschäftsbereichs der DENIC eG die Wirkung ihrer Maßnahmen gerade nicht auf Deutschland.

Beispielsweise besteht ein Interesse an einer Registrierung unter der .de-Domain aus den genannten Gründen auch bei Unternehmen ohne Sitz im Inland, insbesondere bei Unternehmen, die sich auf dem deutschen Markt betätigen und dies deshalb auch durch die gewählte TLD zum Ausdruck bringen wollen. Auch an der Tätigkeit der Antragsvermittlung kann ein Interesse auch außerhalb Deutschlands bzw. bei Unternehmen ohne Sitz in Deutschland bestehen. Ausländische ISPs können ein Interesse an der Antragsvermittlung haben, um ihren Kunden diese Tätigkeit als zusätzlichen Service bieten zu können. Gegenüber all diesen Unternehmen wird der deutsche Markt abgeschottet.

Damit sind die Beschlüsse über die Antragsvermittlung i.V.m. der Satzungsbestimmung über die Mitgliedschaft und das Erfordernis des Inlandssitzes geeignet, den Handel zwischen den Mitgliedsstaaten zu beeinträchtigen.

---

[392] Vgl. EuGH: Slg. 1998 I 2521, 2532 f. - Clean Car; Slg. 1997 I, S. 285, 307 - Pasoors; Slg. 1996 I, S. 1307, 1340 - Komm./Frankreich

[393] Vgl. EuGH: Slg. 1995 I, S. 4921, 5065 f. - Bosman; Lenz in: Lenz, EGV, Art. 12 Rn 11

[394] Vgl. Grill in: Lenz: EGV, Vorbem Art 81 - 86 Rn 4; Langen/Bunte: Art 85 GenPrinz Rn 1, Schröter in: GTE: Vorbem Art 85 - 94 Rn 6, 8, 12 ff.; Gleiss/Hirsch: Art 85 I Rn 116

[395] Vgl. EuGH: Slg. 1989, S. 2117, 2190 - Belasco; Slg. 1985, S. 2545, 2572 - Remia; Slg. 1981, S. 1563, 1578 - Salonia/Poidomani; Komm. ABl-EG 1983 L 200/44, 49 - Vimpoltu

Zur Spürbarkeit der Handelsbeeinträchtigung gilt grundsätzlich das oben zur Errichtung der Genossenschaft Gesagte entsprechend. Die Maßnahmen sind geeignet, den zwischenstaatlichen Handel spürbar zu beeinträchtigen.

Problematisch ist insoweit allenfalls die Wettbewerbsbeeinträchtigung durch die Inländerklausel. Hier hilft das Kriterium des Marktanteils der Beteiligten nicht weiter, da im Wesentlichen[396] nicht der Wettbewerb zwischen den Beteiligten oder den Beteiligten und Dritten betroffen ist, sondern der Wettbewerb zwischen Dritten. Spürbarkeitskriterien sind aber nicht nur die Marktanteile, die Marktstellung, die finanziellen Ressourcen und der Umfang der Produktion der Beteiligten, sondern auch der Umfang der betroffenen Handelsströme.[397]

Der Umfang der betroffenen Handelsströme lässt sich hier allerdings kaum quantifizieren, da hier nicht einzelne Produkt- oder Dienstleistungsmärkte betroffen sind. Grundsätzlich lässt sich nämlich nahezu jedes Erzeugnis oder jede Dienstleistung im Internet präsentieren und in vielen Fällen auch über das Internet vertreiben. Problematisch ist hier nicht das Ausmaß der Betroffenheit einzelner Märkte, sondern dass so viele Märkte betroffen sind. Die Betroffenheit einzelner Märkte kann unter Umständen minimal sein, je nachdem, ob sich das Internet im Einzelfall bereits als Präsentations- und Marketingmedium oder Vertriebsweg durchgesetzt hat.

Auch in anderen Fällen hat die Rechtsprechung die wirtschaftliche Gesamtsituation berücksichtigt und bei der Existenz gleichartiger Verträge nicht nur auf die einzelne Wettbewerbsbeeinträchtigung abgestellt, sondern auf die Gesamtheit.[398] Dementsprechend ist auch hier von einer spürbaren Wettbewerbsbeschränkung und spürbaren Beeinträchtigung des zwischenstaatlichen Handels auszugehen, da sich diese Maßnahme grundsätzlich auf jedem Markt zum Nachteil ausländischer Marktteilnehmer auswirken kann.

IV. Freistellung

Nachdem die Beschlüsse über die Antragsvermittlungstätigkeit (i.V.m. den Satzungsbestimmungen zur Mitgliedschaft) und die Inländerklausel die Tatbestandsvoraussetzungen des Art. 81 I EGV erfüllen, stellt sich nurmehr die Frage, ob hier eine Freistellung nach Art. 81 III EGV gegeben ist bzw. die Voraussetzungen einer Gruppenfreistellungsverordnung oder Einzelfreistellung vorliegen.

1. Gruppenfreistellung

Oben wurde die Nähe des Verhältnisses der IANA zu den Registrierungsstellen zu den Franchisingsystemen herausgearbeitet.[399] Es könnte nun darüber nachgedacht werden, ob nicht auch das Verhältnis zwischen der Genossenschaft und den Genossen als eine Art Subfranchisingsystem anzusehen ist und die Beschlüsse über die Antragsvermittlung bzw.

---

396 Natürlich kann nicht ausgeschlossen werden, dass von dieser Bestimmung auch Unternehmen betroffen sind, die mit den Beteiligten in deren Funktion als ISPs im weiten Sinne konkurrieren.

397 Vgl. EuGH: Slg. 1981S. 1563, 1579 Salonia; Koch in: Grabitz/Hilf: Art 85 Rn 98

398 Sogenannte "Bündeltheorie", vgl. EuGH: Slg. 1991 I, S. 935, 987 - Delimitis/Henninger Bräu; Emmerich in: Imm/Mest: WbR-EG Art 85 I A Rn 207; Langen/Bunte: Art 85 GenPrinz Rn 60, 98

399 Vgl. oben: Erstes Kapitel, C. III. 2. a.

die Inländerklausel im Rahmen der Gruppenfreistellungsverordnungen für Franchisevereinbarungen[400] freigestellt sind.

Dagegen spricht, dass die Genossen nicht selbständig als Registrierungsstellen nach außen auftreten, sondern nur als Vermittler für die Registrierungstätigkeit der DENIC eG. Nach der oben erwähnten Definition des Deutschen Franchise-Verbandes[401] werden Franchisenehmer aber in eigenem Namen und auf eigene Rechnung tätig. Auch die Franchiseverordnung setzt nach Art. 1 III voraus, dass die Franchisenehmer in eigenem Namen und auf eigene Rechnung tätig werden. Zwischen der Genossenschaft und den Genossen besteht daher weder ein franchise- noch ein franchiseähnliches Verhältnis i.S.d. Franchiseverordnung.[402] Aus diesem Grund die Franchiseverordnung auf die DENIC eG nicht anwendbar.

2. Einzelfreistellung

In Betracht kommt demnach nur eine Einzelfreistellung. Bislang ist noch keine Einzelfreistellung durch die Kommission veröffentlicht. Es stellt sich daher die Frage, ob die beschriebenen Maßnahmen freistellungsfähig wären, ob also die materiellen Freistellungsvoraussetzungen vorliegen.

Eine Freistellung hat zwei positive und zwei negative Voraussetzungen. In positiver Hinsicht muss durch die freizustellende Maßnahme ein Beitrag zur Verbesserung der Warenerzeugung oder -verteilung oder zur Förderung des technischen oder wirtschaftlichen Fortschritts geleistet werden und eine angemessene Beteiligung der Verbraucher an dem entstehenden Gewinn, d.h. den wirtschaftlichen Vorteilen, garantiert sein. In negativer Hinsicht ist die Unerlässlichkeit der auferlegten Wettbewerbsbeschränkungen erforderlich sowie die Unmöglichkeit, für einen wesentlichen Teil der betreffenden Waren den Wettbewerb auszuschalten. Die Freistellungsvoraussetzungen müssen kumulativ erfüllt sein.[403]

a. Antragsvermittlungstätigkeit

Fraglich ist, ob der Beschluss, eine Antragsvermittlung nur über die Genossen zuzulassen, die vorgenannten Freistellungsvoraussetzungen erfüllt.

---

[400] Verordnung (EWG) Nr. 4087/88 der Kommission vom 30.11.1988 über die Anwendung von Art. 85 III des Vertrages auf Gruppen von Franchisevereinbarungen, ABl-EG 1988 L 359/46

[401] Zietiert bei Martinek: Franchising, S. 75 und Skaupy: NJW, 1992, S. 1785, 1786

[402] Die Beziehung der DENIC eG zu den Genossen als Antragsvermittler wird zwar möglicherweise von der Verordnung (EG) Nr. 2790/1999 der Kommission vom 22. Dez. 1999 über die Anwendung von Artikel 81 III des Vertrages auf Gruppen von vertikalen Vereinbarungen und aufeinander abgestimmte Verhaltensweisen, ABl-EG 1999 L 336/21, erfaßt, aber auch insoweit kommt eine Freistellung nicht in Betracht, da die vorliegenden Vereinbarungen an der 30% Schranke scheitern, vgl. Erwägungen 8 und 9 der Verordnung. Die neue Freistellungsverordnung wird ab dem 01.06.2000 anwendbar sein und die Franchiseverordnung ablösen.

[403] Vgl. EuGH, Slg. 1966, S. 321, 396, 399 - Grundig/Consten; Slg. 1975, S. 585 - FRUBO; Slg. 1984, S. 19, 70 - VBVB und VBBB; Langen/Bunte: Art 85 GenPrinz Rn 130; Schröter in: GTE, Art 85 III Rn 295

aa. Verbesserung der Warenerzeugung oder -verteilung

Die Begriffe Warenerzeugung oder -verteilung sind weit auszulegen und beziehen sich auch auf die Erbringung von Dienstleistungen.[404] Von Verbesserung im Sinne von Art. 81 III EGV kann nur gesprochen werden, wenn die Absprache spürbare objektive Vorteile mit sich bringt, die geeignet sind, die mit ihr verbundenen Nachteile für den Wettbewerb auszugleichen.[405]

Im Hinblick auf die Antragsvermittlung und den Vorbehalt für Genossen könnte eine Verbesserung darin gesehen werden, dass damit die Kosten der DENIC eG gesenkt und die fachliche Qualität der Beratung und der Betreuung der Verbraucher gesichert werden sollen. Die fachliche Qualifikation der Antragsvermittler ist erforderlich, da die für einen korrekten Domainantrag erforderlichen Kenntnisse derzeit noch nicht allgemeiner Kenntnisstand der Bevölkerung sind. Insbesondere wird ein Antragssteller vielfach nicht erkennen können, ob der von ihm gewählte Domain Name den formellen Vorgaben der Vergaberichtlinien, insbesondere STD 13, entspricht und ob überhaupt die technischen Voraussetzungen für die Zuweisung eines Domain Names, wie IP-Adresse oder Nameserverservice, gegeben sind.

Bei einer Antragsvermittlung tritt den Antragstellern nicht die DENIC eG, sondern ausschließlich der gewählte Antragsvermittler als Anlaufstelle gegenüber. Dementsprechend ist es Sache des Antragsvermittlers den Antragssteller darüber zu informieren, ob sein Antrag den genannten Anforderungen genügt. Die hierfür erforderlichen Kenntnisse sind derzeit noch nicht allgemeiner Kenntnisstand der Bevölkerung, eine entsprechende Antragsvermittlungstätigkeit kann daher nicht von jedermann erbracht werden, sondern bedarf qualifizierter Kenntnisse. Gewerbliche Access Provider verfügen über die erforderlichen Kenntnisse, denn ihre Tätigkeit setzt ein hohes Maß an internetspezifischen Kenntnissen voraus, die im Regelfall auch die Kenntnisse einer Registrierungsstelle umfassen. Da nur gewerbliche Access Provider Genossen und nur Genossen Antragsvermittler werden können, ist sichergestellt, dass die Antragsvermittler über die für eine Antragsvermittlung erforderlichen Kenntnisse verfügen.

Bei einer fachlich kompetenten Beratung und Betreuung der Antragssteller durch Genossen kann sich die DENIC eG selbst, den hierfür erforderlichen organisatorischen und personellen Aufwand und die damit verbundenen Kosten ersparen. Eine fachlich kompetente Beratung und Betreuung der Antragssteller durch Genossen dient darüber hinaus dem reibungslosen Ablauf der Domainregistrierung. Die DENIC eG müsste ansonsten möglicherweise viele Registrierungsanträge zurückweisen, weil diese nicht den Vergaberichtlinien entsprechen. Gleichzeitig hilft die fachliche Qualität der Beratung und Betreuung durch die Antragsvermittler die .de-Domain am Markt zu etablieren. Es besteht die Gefahr, dass ein Antragssteller, dessen Antrag aufgrund einer mangelhaften Beratung durch seinen Antragsvermittler mehrfach zurückgewiesen wird, schnell das Vertrauen in eine Registrierung unter dieser TLD insgesamt verliert.

---

[404] Vgl. Schröter in: GTE Art 85 III Wettbewerbsregeln Rn 297

[405] Vgl. EuGH: Slg. 1966, S. 322, 397 - Grundig/Consten; Slg. 1980, S. 3125 Rn 185 - van Landewiyk; Slg. 1984, S. 19 ff. - VBVB/VBBB; Slg. 1986, S. 3021, 3086 ff. - Metro II; Sauter in: Imm/Mest: WbR-EG Art 85 III C Rn 4 m.w.N.

bb. Angemessene Beteiligung der Verbraucher

Die fachliche Qualität der Beratung und Betreuung durch die Antragsvermittler nutzt auch den Verbrauchern. Fehlerhafte Registrierungsanträge bedeuten auch für den Antragssteller einen vermehrten Zeitaufwand und damit häufig auch Kosten. Der Zeitverlust kann aber auch dazu führen, dass die gewünschte SLD zwischenzeitlich für einen Dritten registriert wurde und damit für den Antragssteller zunächst einmal verloren ist.

Ob die DENIC eG die Verbraucher auch an ihren Kostenvorteilen beteiligt, lässt sich hier nicht zuverlässig klären, da die Satzung der DENIC eG in § 9 II c alle Beteiligten zur vertraulichen Behandlung von Angebotsunterlagen, Preisen und Konditionen verpflichtet. Dementsprechend ist nicht bekannt, ob die DENIC eG bei einer Registrierung über einen Genossen andere Preise in Rechnung stellt als bei einer Direktregistrierung. Dafür spricht jedenfalls, dass SLDs über Genossen oder deren Reseller teilweise erheblich günstiger registriert werden können als direkt bei der DENIC eG.

cc. Unerlässlichkeit

Der Begriff der Unerlässlichkeit bedeutet mehr als lediglich die Eignung, zur Erreichung der positiven Ziele der Absprache beizutragen.[406] Vielmehr dürfen die angestrebten Vorteile sich auf andere Weise entweder überhaupt nicht oder nicht in demselben Ausmaß, innerhalb desselben Zeitraums oder mit derselben Sicherheit herbeiführen lassen.[407]

Auf die Regelung der Antragsvermittlungstätigkeit übertragen würde dies bedeuten, dass nur die Genossen die erforderliche Qualifikation für diese Tätigkeit aufweisen. Dies ist aber nicht der Fall. Es ist nicht nachvollziehbar, weshalb abhängige oder ausländische oder mit einem anderen Mitglied der Genossenschaft im Sinne des § 15 des Aktiengesetzes verbundene Access Provider für diese Tätigkeit weniger qualifiziert sein sollen, als die Genossen. Die Beschränkung auf Genossen als Antragsvermittler ist daher nicht unerlässlich, um die positiven Ziele des Beschlusses zu erreichen. Schon aus diesem Grund kommt eine Freistellung der Regelung der Antragsvermittlungstätigkeit nicht in Betracht.

b. Inländerklausel

Es bleibt zu klären, ob wenigstens die Inlandsklausel nach Art. 81 III EGV freigestellt werden kann.

aa. Verbesserung der Warenerzeugung oder -verteilung

Die Inlandsklausel könnte zur Verbesserung der Warenerzeugung oder -verteilung beitragen, indem sie hilft, die .de-Domain gegenüber den anderen TLDs abzugrenzen und am Markt zu etablieren. Die Inlandsklausel würde insoweit der Markterschließung dienen, einen speziellen Fall der Verbreiterung des Angebots. Dies wird von der Praxis regelmäßig als Verbesserung angesehen.[408]

---

[406] Vgl. EuGH: Slg. 1966, S. 322, 397 - Grundig/Consten

[407] Vgl. EuGH: Slg. 1977, S. 1875, 1916 - Metro/SABA I; Komm. ABl-EG 1978 L 70/47, 52 SOPELEM/Vickers; ABl-EG 1986 L 236/30, 39 - Lichtwellenleiter; ABl-EG 1996 L 54/28, 37 - Lufthansa/SAS

[408] Vgl. Komm. ABl-EG 1967 Nr. 1263/10, 14 - Transocean I; ABl-EG 1978 L 70/47, 51 - SOPELEM/Vickers I; ABl-EG 1981 L 391/1, 2 - SOPELEM/Vickers II; ABl-EG 1994 L 309/24, 29 -

Um in den Genuss der Freistellung zu gelangen, muss eine wettbewerbsbeschränkende Maßnahme zunächst einmal geeignet sein, die behaupteten und angestrebten Vorteile herbeizuführen.[409]

Gegen die Eignung spricht, dass andere ccTLDs sich auch ohne eine Inlandsklausel[410] oder mit einer eingeschränkten Inlandsklausel[411] am Markt etablieren konnten. Dies ist ein deutlicher Hinweis dafür, dass allein die Bezeichnung, z.B. als .de-Domain ("de" als Abkürzung für Deutschland nach ISO 3166), bereits ausreicht, um den Markt gegenüber anderen ccTLDs abzugrenzen und einen neuen Markt zu erschließen.

Allerdings ist nicht ausgeschlossen, dass die Inlandsklausel den aus der Namensgebung folgenden Abgrenzungseffekt positiv verstärkt und damit einer Markterschließung förderlich ist. Insbesondere kann eine deutschen Unternehmen vorbehaltene Domain aus den oben genannten Gründen für viele deutsche Unternehmen attraktiver sein, als beispielsweise die für Unternehmen aus aller Welt offene .com-Domain, sodass sie sich vorzugsweise für eine Registrierung unter der .de-Domain entschließen. Aus diesem Grund wird hier von einer Eignung der Maßnahme zur Markterschließung ausgegangen.

Die Vorteile, die aufgrund der Maßnahme erzielt werden, müssen die Nachteile, die sich aus der Maßnahme für den Wettbewerb ergeben, deutlich überwiegen.[412] Besteht ein Missverhältnis zwischen den Vorteilen und den Nachteilen, kommt eine Freistellung nicht in Frage, weil es von vornherein an den für die erste Voraussetzung des Art. 81 III EGV nötigen Vorteilen fehlt.[413] Bei der hier erforderlichen Abwägung[414] ist zu berücksichtigen, dass die Inlandsklausel keine Voraussetzung der Markterschließung ist, sondern diese allenfalls, in einem gewissen Umfang, zu unterstützen vermag.

Die Inlandsklausel führt dazu, dass der Zugang zum deutschen Markt für ausländische Unternehmer bei allen Waren oder Dienstleistungen, die sich mit Hilfe des Internet vertreiben oder präsentieren lassen, erschwert wird. Absprachen, die darauf abzielen, nationale Märkte innerhalb der Gemeinschaft voneinander abzuschotten, werden von der Praxis und der Literatur ablehnend beurteilt.[415] Der Vorteil für deutsche Marktteilnehmer bleibt hinter dem Nachteil zurück, den die Maßnahme durch ihre marktabschottende Wirkung für den Wettbewerb auf dem Binnenmarkt hat. Damit fehlt es bereits an der ersten Freistellungsvoraussetzung.

Olivetti/Digital; ABl-EG 1997 L 318/24, 36 - Uniworld; ABl-EG !994 L 223/36,50 - BT/MCI; ABl-EG 1996 L 239/23, 43 - Atlas

[409]Vgl. Schröter in: GTE Art 85 III Wettbewerbsregeln Rn 299; Sauter in: Imm/mest: WbR-EG Art 85 III C Rn 7;

[410]Z.B. die Registrierungsstellen für die Schweiz und Liechtenstein (http://www.nic.ch oder http://www.nic.li) oder Luxembourgs (http://www.domain-registration.lu) und die Registrierungsstellen für Österreich (http://www.nic.at) oder Niuve (http://www.nic.nu)

[411]Z.B. die Registrierungsstellen für Belgien (http://www.dns.be), Frankreich (http://www.nic.fr)

[412]Vgl. Langen/Bunte: Art 85 GenPrinz Rn 131; Schröter in: GTE: Art 85 III Wettbewerbsregeln Rn 298; Gleiss/Hirsch: Art 85 III Rn 1864; jeweils m.w.N.

[413]Komm: ABl-EG 1972 L 22/16, 25 - NCH; ABl-EG 1985 L 19/17, 22 - Grohe; ABl-EG 1991 L 63/32, 43 - Screensport/EBU-Mitglieder; Gleiss/Hirsch: Art 85 III Rn 1864

[414]Vgl. Sauter in: Imm/Mest, WbR-EG, Art 85 III C Rn 5; Schröter in:GTE: Art 85 III Wettbewerbsregeln Rn 298

[415]Vgl. Komm. ABl-EG 1972 L 272/35, 39 - Pittburgh Corning Europe; ABl-EG 1978 L 286/23, 34 - Maissaatgut; ABl-EG 1982 L 94/7 10 - Moet & Chandon; ABl-EG 1990 L 21/71, 77 - Bayo-n-ox; Schröter in:GTE: Art 85 III Wettbewerbsregeln Rn 300; Sauter in: Imm/Mest, WbR-EG, Art 85 III C Rn 8

bb. Angemessene Beteiligung der Verbraucher

Aus dem gleichen Grund kann hier auch nicht davon ausgegangen werden, dass die Verbraucher angemessen an den Vorteilen der Maßnahme beteiligt werden. Zwar profitieren deutsche Registrierungswillige von der Verbreiterung des Angebots[416] durch die Einführung einer weiteren TLD. Dieser Vorteil beruht aber, wie gezeigt wurde, nur zu einem Teil auf der Inländerklausel. Dem Vorteil stehen gewichtige Nachteile gegenüber. Vor allem wird ausländischen Unternehmen im Vergleich zu deutschen Unternehmen der Zugang zum deutschen Markt erschwert. Ihnen wird die Möglichkeit genommen sich im deutschen Teil des Internets zu präsentieren und wirksam gegen den Missbrauch ihrer Kennzeichen als Domain Names zu schützen. Dieser Nachteil wiegt besonders schwer, weil er im Widerspruch zu den grundlegenden Zielen des Vertrages, insbesondere der Verwirklichung eines einheitlichen Binnenmarktes steht. Angesichts der geringen Eignung der Maßnahme zur Markterschließung beizutragen, überwiegt dieser schwere Nachteil den Vorteil für die Verbraucher. Es fehlt also auch an der erforderlichen Verbraucherbeteiligung.

cc. Unerlässlichkeit

Weiter ist die Inlandsklausel möglicherweise auch nicht unerlässlich für die dargestellten Verbesserungen. Eine Absprache verstößt insbesondere dann gegen den Grundsatz der Verhältnismäßigkeit, wenn sich der angestrebte Erfolg auch ohne Wettbewerbsbeschränkung erreichen ließe.[417] Denkbar wäre hier beispielsweise eine Regelung, die eine Registrierung auf solche Personen beschränkt, die entweder ihren Sitz in Deutschland haben oder sonstige (wirtschaftliche) Interessen in Deutschland verfolgen. Auf diese Weise könnte die .de-Domain gegenüber anderen TLDs abgegrenzt werden, ohne dass dies zu einer Wettbewerbsbeschränkung führt. Durch eine solche Regelung würden nämlich nur solche Personen betroffen, die nicht als Wettbewerber auftreten wollen. Die Inlandsklausel ist daher auch nicht unerlässlich für den angestrebten Erfolg

Aus den vorgenannten Gründen liegen auch für die Inlandsklausel die Voraussetzungen für eine Einzelfreistellung nach Art. 81 III EGV nicht vor.

V. Zwischenergebnis

Bereits die Errichtung der DENIC eG stellt unter den derzeitigen Bedingungen ein verbotenes Kartell i.S.d. Art. 81 EGV dar. Die Beschlüsse über die Antragsvermittlungstätigkeit oder die Inländerklausel haben insoweit nur "kartellverstärkende" Wirkung. Eine eigenständige Bedeutung könnten diese Beschlüsse allerdings erhalten, wenn die IANA ihre Praxis im Hinblick auf die ccTLDs in einer den gTLDs vergleichbaren Weise ändert und parallele Registrierungsstellen zulässt. In diesem Fall könnte ein Wettbewerbsverbot nicht mehr aus der allgemeinen genossenschaftlichen Treuepflicht abgeleitet werden. Damit könnten unter bestimmten Voraussetzungen auch die kartellrechtlichen Bedenken

---

[416] Vgl. Komm: ABl-EG 1967 Nr. 163/10, 14 Transocean I; ABl-EG 1997 L 318/14, 37 - Uniworld

[417] Vgl. Komm: ABl-EG 1972 L 22/16, 26 - NCH; ABl-EG 1977 L 215/11, 18 - de Laval/Storck; ABl-EG 1991 L 152/54, 60 - ANSAC; EuGH: Slg. 1983, S. 3369, 3414 - IAZ u.a.; Slg. 1985, S. 383, 387 - BAT; Slg. 1987, S. 2201, 2226 - ANTIB; Schröter in: GTE, Art 85 III Wettbewerbsregeln Rn 306

gegen die Errichtung der DENIC eG entfallen bzw. unter Umständen die Genossenschaft freistellungsfähig werden. Dies würde aber nichts an der Beurteilung der angesprochenen Beschlüsse ändern. Diese verstoßen weiterhin gegen das Kartellverbot und sind nach Art. 81 II EGV nichtig.

E. Missbrauchskontrolle (Art. 82 EGV)

Die Vergabebestimmungen, insbesondere die Antragsvermittlungsregelung und die Inländerklausel, könnten neben dem Verstoß gegen das Kartellverbot des Art. 81 EGV auch missbräuchliche Geschäftsbedingungen i.S.d. Art. 82 EGV darstellen.

Soweit diese Maßnahmen bereits Gegenstand einer kartellrechtlichen Überprüfung nach Art. 81 EGV waren, steht einer parallelen Anwendung beider Vorschriften nichts entgegen. Zwischen Art. 81 und Art. 82 EGV besteht wegen ihrer unterschiedlichen Voraussetzungen und Rechtsfolgen Idealkonkurrenz.[418]

I. Marktbeherrschende Stellung

Wie bereits oben gezeigt, tritt die DENIC eG als selbständig wirtschaftlich handelndes Unternehmen am Markt auf. Ihre Handlungen unterliegen damit grundsätzlich auch der Missbrauchskontrolle nach Art. 82 EGV.

Die Missbrauchskontrolle nach Art. 86 EGV setzt zunächst eine beherrschende Stellung des betreffenden Unternehmens auf dem Gemeinsamen Markt oder auf einem wesentlichen Teil desselben voraus.

1. Relevanter Markt

Die Frage der Stellung eines Unternehmens auf dem Markt lässt sich nur beurteilen wenn feststeht, um welchen Markt es im konkreten Fall geht. Bei der Untersuchung, ob es sich bei der Antragsvermittlungsregelung und der Inländerklausel nach Art. 81 I EGV um einen Verstoß gegen das Kartellverbot handelt, wurde festgestellt, dass die Bestimmungen den Markt für die Registrierung von Domain Names unter der .de-Domain betreffen. Die Antragsvermittlung ist ein Teil dieses Marktes.

Bei der Ermittlung des relevanten Marktes gelten für Art. 81 und Art. 82 EGV grundsätzlich die gleichen Kriterien. Das zu Art. 81 Gesagte gilt daher hier entsprechend. Relevanter Markt ist der für die Registrierung von SLDs unter der .de-Domain.

---

[418] Vgl. EuGH, Slg. 1973, S. 215, 245 f. - Continental Can, Slg. 1990 II, S. 309, 364 - Tetra Pak I

2. Beherrschende Stellung

Eine beherrschende Stellung ist immer dann gegeben, wenn das Unternehmen keine Wettbewerber hat, also ein - auch faktisches - Monopol besitzt.[419]

Die DENIC eG ist weltweit die einzige Registrierungsstelle für Domain Names unter der .de-Domain. Sie besitzt damit ein faktisches Monopol und beherrscht den relevanten Markt.[420]

II. Wesentlicher Teil des Gemeinsamen Marktes

Die beherrschende Stellung muss sich auf den Gemeinsamen Markt oder auf einen wesentlichen Teil davon erstrecken. Bereits das Gebiet einzelner Mitgliedsstaaten wird als wesentlicher Teil des Gemeinsamen Marktes angesehen.[421]

Die marktbeherrschende Stellung der DENIC eG erstreckt sich grundsätzlich weltweit. Auch wenn die Genossenschaft ihr Absatzgebiet derzeit auf das Gebiet Deutschlands beschränkt, erstreckt sich ihre beherrschende Stellung auf jeden Fall auf einen wesentlichen Teil des Gemeinsamen Marktes.

III. Missbrauch

Art. 82 S. 1 EGV verbietet die missbräuchliche Ausnutzung der beherrschenden Stellung auf dem Gemeinsamen Markt. Das Verbot erfasst "die Verhaltensweisen eines Unternehmens in beherrschender Stellung, die die Struktur eines Marktes beeinflussen können, auf dem der Wettbewerb gerade wegen der Anwesenheit des fraglichen Unternehmens bereits geschwächt ist, und die die Aufrechterhaltung des auf dem Markt noch bestehenden Wettbewerbs oder dessen Entwicklung durch die Verwendung von Mitteln behindern, welche von den Mitteln eines normalen Produkt- oder Dienstleistungswettbewerbs auf der Grundlage der Leistungen der Marktbürger abweichen".[422] Es handelt sich um einen objektiven Begriff.[423] Ein Verschulden ist nicht erforderlich.[424] Zu prüfen ist, ob der Inhaber der beherrschenden Stellung, die sich daraus ergebenden Möglichkeiten benutzt hat, um geschäftliche Vorteile zu erhalten, die er bei einem normalen und hinreichend wirksamen Wettbewerb nicht erhalten hätte.[425] Es kommt also darauf an, ob die Verhaltensweisen eines Unternehmens zur Wahrung seiner geschäftlichen Eigeninteres-

---

[419] Vgl. EuGH, Slg. 1986, S. 3263 Rn 9 - British Leyland; Slg. 1973, S. 223, 248 ff. - Commercial Solvents; Slg. 1975, S. 1367, 1378 f. - General Motors Continental; Grill in: Lenz, EGV-Kommentar Art 86 Rn 13; Möschel in: Imm/Mest: WbR-EG, Art 86 B Rn 82, m.w.N. aus der Rechtsprechung des EuGH

[420] So auch das LG Frankfurt: CR 1999, S. 452, 453

[421] Vgl. EuGH, Slg. 1983, S. 3461 Rn 28 - Michelin; Slg. 1991 I , S. 2925 Rn 31 - ERT; Möschel in: Imm/Mest: WbR-EG, Art 86 B Rn 57;

[422] Vgl. EuGH, Slg. 1979, S. 461, 541 - Hoffmann-La Roche; Slg. 1980, S. 3775, 3794 - L'Oréal; 1983, S. 3461, 3514 - Michelin; Slg. 1991 I, 1991, S. 3359 Rn 69 - AKZO

[423] Vgl. EuGH, Slg. 1979, S. 461, 541 - Hoffmann-La Roche; Slg. 1980, S. 3775, 3794 - L'Oréal; Slg. 1991 I, 1991, S. 3359 Rn 69 - AKZO

[424] Vgl. Komm. ABl.-EG 1971 L 134/15, 26 - GEMA I; EuGH, Slg. 1973, S. 215, 247 - Continental Can

[425] Vgl. EuGH, Slg. 1978, S. 207, 305 - United Brands

sen gerechtfertigt sind oder über das Maß desjenigen hinausgehen, was unter Berücksichtigung der wirtschaftlichen Eigeninteressen der Beteiligten angemessen ist.[426]

Art. 82 S. 2 EGV konkretisiert die Generalklausel des 1. Satzes und nennt Beispiele für mögliche Missbrauchsfälle. Die Aufzählung in Art. 82 S. 2 EGV ist nicht abschließend.[427]

1. Registrierung nur für Inländer

Im Hinblick auf das Missbrauchsverbot ist zunächst bedenklich, dass die Vergaberichtlinien der DENIC eG bestimmen, dass nur Personen (natürliche oder juristische) die ihren allgemeinen Gerichtsstand (§§ 13, 17 ZPO) in Deutschland haben, Antragsteller oder Inhaber von Domains sein können. In dieser Beschränkung der Registrierungstätigkeit auf Personen mit deutschem allgemeinen Gerichtsstand liegt gleichzeitig eine Liefer- und Geschäftsverweigerung gegenüber allen Registrierungswilligen, die diese Voraussetzung nicht erfüllen.

a. Generalklausel und Regeltatbestände

Umstritten ist, ob eine Liefer- und Geschäftsverweigerung als eine Absatzbeschränkung zum Schaden der Verbraucher i.S.d. Art. 82 S. 2 b EGV[428] oder als eine Diskriminierung i.S.d. Art. 82 S. 2 c EGV[429] oder aber als ein Verstoß gegen die Generalklausel des Art. 82 S. 1 EGV[430] zu behandeln ist. Für letztere Ansicht spricht, dass der missbräuchliche Charakter der Lieferverweigerung nicht davon abhängen kann, dass sie sich zum Nachteil der Verbraucher auswirkt.[431] Der Streit soll hier aber nicht vertieft werden, da Art. 82 S. 2 EGV nur Regelbeispiele des Satz 1 beschreibt. Die verschiedenen Ansichten werden daher ohnehin regelmäßig zum gleichen Ergebnis kommen. Aus diesem Grund stellt auch die Rechtsprechung meist nur allgemein auf eine Verletzung des Art. 82 EGV ab, ohne zwischen Satz 1 und 2 zu differenzieren.[432]

b. Kontrahierungspflicht

Die Nichtaufnahme von Geschäftsbeziehungen ist missbräuchlich, wenn ein Kontrahierungszwang besteht.[433] Von einem Kontrahierungszwang ist regelmäßig dann auszugehen, wenn die Geschäftsverweigerung aufgrund der Monopolstellung des Unternehmens

---

[426] Vgl. EuGH, Slg. 1978, S. 207, 298 - United Brands; GA Kirschner, Schlußantrag EuGH, Slg. 1990 II, S. 309, 341
[427] Vgl. EuGH, Slg. 1973, S. 215, 246 - Continental Can
[428] So EuGH, Slg. 1978, S. 207, 297 - United Brands; Mailänder in: Gemeinschaftskommentar, Art 86 Rn 68; Langen/Ritter, 6. Aufl., § 22 Rn EG 141
[429] So Komm. ABl. 1981 L 370 S. 49, 55 f.; Grill in: Lenz, EGV-Kommentar, Art 86 Rn 36
[430] So EuGH Slg. 1983, S. 483, 509 - GVL; Koch in: Grabitz/Hilf, Art 86 Rn 63; Schröter in: GTE, Art 86 Rn 165, 178
[431] Vgl. Schröter in: GTE, Art 86 Rn 165
[432] Vgl. EuGH Slg. 1973, S. 223, 252 - Commercial Solvents; Slg. 1985, S. 3261, 3277 f. - Télémarketing; Slg. 1986, S. 3297, 3300 ff. - British Leyland
[433] Vgl. Koch in: Grabitz/Hilf, KEU, Art. 86 Rdnr. 63; Langen/Dirksen: Art 86 Rn 172; Möschel in: Imm/Mest: WbR-EG, Art 86 Rn 224

zu einem Marktausschluss des Betroffenen führt und nicht durch besondere Umstände sachlich gerechtfertigt ist.[434] Insbesondere kann sich das Monopolunternehmen nicht auf die Staatsangehörigkeit oder den Wohnsitz der betreffenden Person berufen.[435]

Die DENIC eG ist zumindest faktisch ein Monopolunternehmen und nimmt durch die einschlägige Bestimmung ihrer Vergaberichtlinien allen Personen, die keinen Sitz in Deutschland haben, die Möglichkeit, sich im Internet unter der für Deutschland spezifischen .de-Domain zu präsentieren.

Fraglich ist, ob das Abstellen auf einen deutschen Gerichtsstand nicht ausnahmsweise sachlich gerechtfertigt ist.

Für eine sachliche Rechtfertigung der Inländerklausel spricht, dass grundsätzlich ein Interesse besteht, eine länderspezifische TLD durch besondere Merkmale von anderen TLDs abzugrenzen. Allerdings ist hier das Anknüpfen an den Gerichtsstand des Antragstellers bzw. Domain-Name-Inhabers keineswegs die einzige denkbare Möglichkeit, vielmehr kommen auch andere Kriterien, wie beispielsweise die wirtschaftliche Betätigung auf dem deutschen Markt in Betracht. Im Übrigen besteht auch keine allgemeine Übung oder Vorgabe im Rahmen eines RFCs oder durch die IANA, dass sich nur Personen mit allgemeinem Gerichtsstand in einem Land unter der ccTLD dieses Landes registrieren lassen dürfen.[436]

Gegen eine sachliche Rechtfertigung der Inländerklausel spricht, dass durch die Leistungsverweigerung gegenüber ausländischen Unternehmen diesen der Zugang zur Präsentationsmöglichkeit im Internet unter der .de-Domain völlig versperrt wird. Diese Präsentationsmöglichkeit ist für Unternehmen ohne Sitz aber mit Geschäftstätigkeit oder mit geschäftlichen Interessen in Deutschland von erheblicher Bedeutung.

Diese Bedeutung ist eine Folge der sich herauskristallisierenden Praxis, kommerzielle Angebote nicht im Internet insgesamt, sondern gezielt unter der .de-Domain[437] oder mit Hilfe länderspezifischer Suchmaschinen zu suchen. Darüber hinaus wird ein Internetnutzer bei der Verwendung einer allgemeinen Suchmaschine dazu neigen, aus der Vielzahl der aufgeführten Angebote, diejenigen vorweg aufzurufen, bei denen er aufgrund des Domain Name und insbesondere aufgrund der gewählten TLD vermuten kann, dass sich der Tätigkeitsbereich des entsprechenden Internetanbieters auch auf Deutschland erstreckt.

Zugleich besteht auch aufgrund einer kennzeichenrechtlichen Problematik[438] des DNS für Unternehmen, die zwar keinen Gerichtsstand in Deutschland haben, sich aber wirtschaftlich in Deutschland betätigen, ein starkes Interesse an einer Registrierung unter der .de-Domain. Einfachen und wirksamen Schutz gegen die Verwendung eines Kennzei-

---

[434] Vgl. EuGH Slg. 1983 S. 483, 509 - GVL; Slg. 1974, S. 409, 431- Sacchi; Slg. 1991 II, S. 485 ff. RTE/Kommission; Slg. 1991 II, S. 535 ff. - BBC/Kommission; Slg. 1991 II, S. 575 ff. - ITP/Kommission; Komm. ABl.-EG 1988 L 317/47 ff. - Sabena; Koch in: Grabitz/Hilf, KEU, Art. 86 Rdnr. 64; Langen/Dirksen: Art 86 Rn 172; Möschel in: Imm/Mest: WbR-EG, Art 86 Rn 225, 228 ff.; Grill in: Lenz, EGV-Kommentar, Art 86 Rn 36

[435] Vgl. EuGH Slg. 1983 S. 483, 509 - GVL; Slg. 1974, S. 409, 431- Sacchi

[436] Abweichend die Praxis bei einer ganzen Reihe von ccTLDs. Die entsprechenden Registrierungsrichtlinien sind über die angegebenen Internetseiten abrufbar, für die Schweiz und Liechtenstein unter: http://www.nic.ch oder http://www.nic.li, für Luxembourgs unter: http://www.domain-registration.lu , für Österreich unter: http://www.nic.at) oder für Niuve unter: http://www.nic.nu , für Belgien unter: http://www.dns.be oder für Frankreich unter: http://www.nic.fr

[437] Biere: Anmerkung zu LG Frankfurt: CR 1999, S. 452, 454

[438] Hierzu wird im Dritten Kapitel, A., kurz Stellung genommen

chens als Domain Name unter der .de-Domain durch Dritte kann ein Unternehmen nur erreichen, wenn es sein Kennzeichen selbst unter der .de-Domain registrieren lässt. Dies gilt besonders bei fehlender Branchenidentität oder -ähnlichkeit (vgl. z.B. §§ 14 II Nr. 1 u.2, 15 II MarkenG) oder fehlender Bekanntheit des Zeichens (vgl. z.B. §§ 14 II Nr. 3, 15 III MarkenG).

Angesichts dieses Interesses an einer Registrierung unter der .de-Domain auch bei Personen ohne Gerichtsstand in Deutschland wäre deren Ausschluss nur zu rechtfertigen, wenn er sich als das einzige oder als das mildeste Abgrenzungsmittel darstellen würde und die Abgrenzung unbedingt für den Erfolg der .de-Domain erforderlich wäre. Dies ist aber nach oben Gesagtem und angesichts der Praxis anderer länderspezifischer Registrierungsstellen, gerade nicht der Fall.

Hinzu kommt, dass ein Abstellen auf den Gerichtsstand, zumindest gegenüber europäischen Unternehmen, einen Verstoß gegen das Diskriminierungsverbot des Art. 12 EGV darstellt. Der generelle Ausschluss von Personen ohne inländischen Gerichtsstand ist daher nicht gerechtfertigt. Es besteht eine Kontrahierungspflicht der DENIC eG auch gegenüber Personen ohne inländischen Gerichtsstand. Ihr genereller Ausschluss ist missbräuchlich i.S.d. Art. 82 EGV.

2. Antragsvermittlung

Auch die Regelung der Antragsvermittlungstätigkeit könnte missbräuchlich sein, weil sie eine Geschäftsverweigerung gegenüber allen Nichtmitgliedern darstellt.

Die Vergaberichtlinien bestimmen, dass die Registrierung eines Domain Name nur direkt bei der Genossenschaft oder aber über einen Genossen möglich ist. Zwar steht in Teil II 1. Absatz der Vergaberichtlinien der DENIC eG nicht ausdrücklich, dass der Antrag nur über einen Genossen gestellt werden kann, sondern es wird allgemein auf "Internet Service Provider" verwiesen. In anderen Veröffentlichungen stellt die Genossenschaft jedoch ausdrücklich klar, dass nur solche Internet Service Provider gemeint sind, die Mitglied in der Genossenschaft sind.[439] Die Regelung stellt daher tatsächlich gegenüber Nichtmitgliedern eine Geschäftsverweigerung dar.

a. Kontrahierungspflicht

Die Nichtaufnahme von Geschäftsbeziehungen ist missbräuchlich, wenn ein Kontrahierungszwang besteht.[440] Von einem Kontrahierungszwang ist regelmäßig dann auszugehen, wenn die Geschäftsverweigerung aufgrund der Monopolstellung des Unternehmens zu einem Marktausschluss des Betroffenen führt und nicht durch besondere Umstände sachlich gerechtfertigt ist.[441] Insbesondere kann sich das Monopolunternehmen nicht auf

---

[439] Vgl. DENIC: Ihre häufigsten Fragen, unsere Anworten, im Internet abrufbar unter: http://www.nic.de/fragen.html

[440] Vgl. Schröter in: GTE, Art. 86 Rdnr. 204; Koch in: Grabitz/Hilf, KEU, Art. 86 Rdnr. 63; Langen/Dirksen: Art 86 Rn 172; Möschel in: Imm/Mest: WbR-EG, Art 86 Rn 224

[441] Vgl. EuGH Slg. 1983 S. 483, 509 - GVL; Slg. 1974, S. 409, 431- Sacchi; Slg. 1991 II, S. 485 ff. RTE/Kommission; Slg. 1991 II, S. 535 ff. - BBC/Kommission; Slg. 1991 II, S. 575 ff. - ITP/Kommission; Komm. ABl.-EG 1988 L 317/47 ff. - Sabena; Schröter in: GTE, Art. 86 Rdnr. 207; Koch in: Grabitz/Hilf, KEU, Art. 86 Rdnr. 64; Langen/Dirksen: Art 86 Rn 172; Möschel in: Imm/Mest: WbR-EG, Art 86 Rn 225, 228 ff.; Grill in: Lenz, EGV-Kommentar, Art 86 Rn 36

die Staatsangehörigkeit oder den Wohnsitz der betreffenden Person berufen.[442] Die DENIC eG hat eine Alleinstellung auf dem Registrierungsmarkt. Eine Geschäftsverweigerung seitens der DENIC eG führt damit zwangsläufig zum Ausschluss des betreffenden Unternehmens vom Antragsvermittlungsmarkt.

b. Ausländische originäre Access Provider

Mitglied der Genossenschaft können nach § 3 a nur solche ISP werden, die Dritten in der Bundesrepublik Deutschland gewerblich den technischen Zugang zum Internet (Internet-Konnektivität), einschließlich sämtlicher Basisdienste anbieten und für diese unterhalten, ohne ihre eigene oder die Dritten angebotene Inter-Konnektivität unmittelbar oder mittelbar ausschließlich von einem anderen Mitglied der Genossenschaft abzuleiten (originäre Access Provider).

Diese Regelung stellt zunächst eine Geschäftsverweigerung gegenüber allen originären Access Providern dar, die ihren Geschäftsbereich nicht in Deutschland haben. Dies betrifft in der Praxis vor allem ausländische Access Provider und nimmt ihnen die Möglichkeit, auf dem Markt als Antragsvermittler aufzutreten.

Auf Seiten dieser ausländischen Access Provider kann im Einzelfall aber ein ganz erhebliches Interesse für den Zugang zu diesem Markt bestehen. Dies gilt insbesondere dann, wenn zu den Kunden des Unternehmens solche mit geschäftlichen Interessen in Deutschland gehören, die eine Registrierung unter der .de-Domain wünschen. In diesen Fällen würde sich die Antragsvermittlungstätigkeit, wie bei den Genossen, in die sonstige Tätigkeit des Unternehmens einfügen.

Gründe, die diese Geschäftsverweigerung gegenüber ausländischen originären Access Providern ausnahmsweise sachlich rechtfertigen würden, sind nicht ersichtlich. Die DENIC eG missbraucht insoweit ihre marktbeherrschende Stellung.

c. Sonstige Unternehmen

Das Verhalten der DENIC eG stellt aber auch gegenüber allen anderen Unternehmen eine Geschäftsverweigerung dar, die ohne originäre Access Provider zu sein als Antragsvermittler in Betracht kommen, aber die Voraussetzungen für eine Mitgliedschaft nicht erfüllen. Fraglich ist, ob die Maßnahme insoweit ausnahmsweise sachlich gerechtfertigt ist.

Soweit ein Antrag nicht direkt bei der DENIC eG, sondern über einen Genossen gestellt wird, obliegt diesem die Verpflichtung, den Antragsteller bei der Ausfüllung des Antrages zu beraten und das Inkasso durchzuführen. Dies folgt zum einen aus dem Wortlaut der Vergaberichtlinien[443] und zum anderen aus sonstigen Verlautbarungen der DENIC eG.[444] Die Genossenschaft hat hier ein starkes Interesse, dass eine Antragsvermittlung nur durch Personen erfolgt, die geeignet sind, diese Aufgaben zu übernehmen.

---

[442] Vgl. EuGH Slg. 1983 S. 483, 509 - GVL; Slg. 1974, S. 409, 431- Sacchi

[443] Vgl. DENIC eG, Richtlinie zur Vergabe von Deutschen Internet-Domain's, Teil II - Erläuterungen der Einzelpunkte des Antrags (Erläuterungen), Stand: 15.05.1997, überarbeitete Fassung vom 01.11.1997, Anlage 3

[444] Vgl. DENIC: Ihre häufigsten Fragen, unsere Anworten, im Internet abrufbar unter: http://www.nic.de/fragen.html, Wie und wo beantrage ich meine eigene Domain?

Es fragt sich daher, ob ausschließlich originäre Access Provider, die Internet-Konnektivität in Deutschland anbieten und unterhalten, in der Lage sind, diese Aufgaben zu übernehmen.

Dagegen spricht, dass eine Inkassotätigkeit nicht mehr zu den Tätigkeiten eines Access Providers gehört, als bei jedem anderen gegen Entgelt tätigen Unternehmen. Es steht auch nicht a priori fest, dass originäre Access Provider in Inkassoangelegenheiten zuverlässiger sind, als andere Unternehmen, beispielsweise als abhängige Access Provider.

Auch die Beratung betrifft nur den Domain-Name-Antrag und erfordert keine Kenntnisse, die grundsätzlich nur gewerblich tätigen originären Access Providern zur Verfügung stehen. Es ist insbesondere nicht ersichtlich, weshalb abhängige Access Provider die erforderlichen Kenntnisse nicht besitzen sollen. Das gleiche gilt beispielsweise auch für Firmen, die Internetanbieter bei der Erstellung ihrer Internetseiten betreuen oder für Computerhändler, Softwarefirmen, Consultingfirmen usw., soweit diese eine aufs Internet spezialisierte Fachabteilung unterhalten.

Allgemein wird man formulieren können, dass die Geschäftsverweigerung gegenüber allen Personen, die in gleicher Weise wie die Genossen geeignet sind, die Antragsteller zu beraten und das Inkasso durchzuführen, sachlich nicht gerechtfertigt ist. Gegenüber diesen Personen besteht seitens der DENIC eG eine Kontrahierungspflicht und ihre Geschäftsverweigerung stellt eine missbräuchliche Ausnutzung ihrer beherrschenden Stellung i.S.d. Art. 82 EGV dar.

Ob die betreffenden Unternehmen aus den gleichen Gründen von der DENIC eG die Aufnahme als Genosse fordern könnten, soll hier nicht weiter untersucht werden. Dagegen spräche jedenfalls, dass auch die Handlungseinschränkung, die einem marktbeherrschenden Unternehmen auferlegt wird, verhältnismäßig sein muss und gegebenenfalls das mildeste geeignete Mittel zu wählen ist.

IV. Zwischenstaatlichkeitsklausel

Die missbräuchliche Ausnutzung einer beherrschenden Stellung auf dem Gemeinsamen Markt ist nach Art. 82 EGV nur verboten, soweit sie dazu führen kann, den Handel zwischen Mitgliedsstaaten zu beeinträchtigen. Die Zwischenstaatlichkeitsklausel hat hier, wie in Art. 81 I EGV, die Funktion, den Geltungsbereich des Gemeinschaftsrechts von dem des innerstaatlichen Rechts abzugrenzen.[445] Verhaltensweisen, deren Auswirkungen sich auf das Gebiet eines Mitgliedstaates beschränken, fallen in den Geltungsbereich der nationalen Rechtsordnung.[446] Eine tatsächliche Beeinträchtigung ist nicht erforderlich, sondern die objektive Eignung zur Beeinträchtigung genügt.[447] Dies ist der Fall, wenn sich anhand einer Gesamtheit objektiver rechtlicher oder tatsächlicher Umstände mit hinreichender Wahrscheinlichkeit voraussehen lässt, dass die entsprechende Verhaltens-

---

[445] Vgl. Schröter in: GTE, Art 86 Rn 233; Langen/Dirksen: Art 86 Rn 199;

[446] Vgl. EuGH Slg. 1878, S. 1869, 1899 - Hugin; Slg. 1988, S. 6005 ff. Rn. 11 - Alsotel; Schröter in: GTE, Art 86 Rn 233; Langen/Dirksen: Art 86 Rn 199

[447] Vgl. EuGH Slg. 1978, S.131, 150 f. - Miller International Schallplatten; Slg. 1983, S. 3461 ff. Rn 104 - Michelin; Schröter in: GTE, Art 86 Rn 234; Koch in: Grabitz/Hilf: Art 86 Rn 82

weise des Marktbeherrschers unmittelbar oder mittelbar, tatsächlich oder potentiell den Waren oder Dienstleistungsverkehr zwischen den Mitgliedsstaaten beeinflussen kann.[448]

Problematisch ist hier, dass die DENIC eG ihre Geschäftstätigkeit ausdrücklich auf Geschäftspartner mit Gerichtsstand in Deutschland beschränkt. Damit beschränkt sich aber nicht die Wirkung der Bedingungen auf Deutschland. Im Gegenteil, diese Selbstbeschränkung ist missbräuchlich und führt zu einer Benachteiligung von Unternehmen, die ihren Geschäftsbereich aber keinen Sitz in Deutschland haben. Das Gleiche gilt im Falle der Antragsvermittlung für Unternehmen, beispielsweise ausländische Access Provider, die zwar ihren Geschäftsbereich nicht auf Deutschland ausdehnen wollen, aber Kunden haben, die aus den dargestellten Gründen eine Registrierung unter der .de-Domain anstreben. Damit wird der deutsche Markt in allen Bereichen, in denen eine Internetpräsentation von Vorteil ist, und bei der Antragsvermittlung gegenüber Wettbewerbern aus anderen Gemeinschaftsstaaten abgeschottet. Nach der Rechtsprechung des EuGH[449] sind insbesondere Maßnahmen, die zu einer Abschottung nationaler Märkte führen, geeignet, den Handel zwischen den Mitgliedsstaaten zu beeinträchtigen.

Damit sind die Praxis zur Antragsvermittlung i.V.m. der Satzungsbestimmung über die Mitgliedschaft und das Erfordernis des Inlandssitzes geeignet, den Handel zwischen den Mitgliedsstaaten zu beeinträchtigen.

V. Spürbarkeit

Nach der Rechtsprechung des EuGH[450] enthält Art. 82 EGV als weiteres ungeschriebenes Tatbestandsmerkmal das Erfordernis der Spürbarkeit. Maßnahmen im Sinne des Art. 82 EGV sind nur dann verboten, wenn sie geeignet sind, den Handel zwischen den Mitgliedsstaaten spürbar zu beeinträchtigen.[451]

Im Vordergrund der Spürbarkeitsprüfung steht zumeist eine quantitative Beurteilung des tatsächlichen oder möglichen Auswirkungen der fraglichen Absprache. Diese bemessen sich in erster Linie nach der Stellung und Bedeutung der beteiligten Unternehmen auf dem relevanten Markt.[452] Angesichts der Alleinstellung der Genossenschaft auf dem Markt für die Registrierung von Subdomains der .de-Domain ist die Spürbarkeit der angesprochenen Maßnahmen kaum zweifelhaft.

Etwas anderes könnte nur gelten, wenn die Missbräuche wirtschaftlich betrachtet nicht ins Gewicht fallen, z.B. weil sie nur gelegentlich oder nur gegenüber wenigen Handelspartnern begangen werden.[453] Die missbräuchlichen Geschäftsbedingungen richten sich aber gegen alle aktuellen und potentiellen Geschäftspartner. Durch die Regelung über die Antragsvermittlung und durch die Inlandsklausel sind auch eine Vielzahl von potentiellen Handelspartnern betroffen. Einerseits kommen für die Tätigkeit als Antragsvermittler

---

[448] Vgl. EuGH Slg. 1966, S. 281, 303 - Maschinenbau Ulm; Slg. 1980, S. 3775, 3791, 3794 - L'Oréal; Schröter in: GTE, Art 86 Rn 234

[449] Vgl. EuGH Slg. 1878, S. 1869, 1899 - Hugin; Slg. 1983, S. 3461, 3523 - Michelin

[450] Vgl. EuGH: Slg. 1978, S. 207, 299- United Brands; Slg. 1991 II, S. 535, 567 f. - BBC

[451] Vgl. EuGH: Slg. 1978, S. 207, 299- United Brands; Slg. 1991 II, S. 535, 567 f. - BBC; Schröter in: GTE: Art 86 Rn 242

[452] Vgl. Schöter in: GTE Art 85 I Wettbewerbsregeln Rn 181; EuGH: Slg. 1969, S. 295, 302 - Völk/Vervaecke; Slg. 1971, S. 351, 356 - Cadillon/Höss; Slg. 1971, S. 949, 960 - Béguelin; Slg. 1985, S. 3801, 3824 f., 3827 - Distillers; Slg 1992 II, S. 1931, 1957, 1986 f. - Dansk Pelsdyravlerforening

[453] Vgl. Koch in: Grabitz/Hilf: Art 86 Rn 85

neben den Genossen noch eine große Zahl weiterer Unternehmer in Betracht. Andererseits gibt es eine Vielzahl von Unternehmern im Ausland, die ein Interesse an einer Registrierung unter der .de-Domain haben. Die angesprochenen Maßnahmen sind damit auch geeignet den zwischenstaatlichen Handel spürbar zu beeinträchtigen.

VI. Zwischenergebnis

Die Regelung der Antragsvermittlungstätigkeit und die Inlandsklausel verstoßen nicht nur gegen Art. 81 EGV, sondern sind auch nach Art. 82 EGV verboten.

F. Zusammenfassung

Bereits die Errichtung der DENIC eG stellt in der derzeitigen Situation ein nach Art. 81 EGV verbotenes Kartell dar. Allerdings könnte sich dies bald ändern, weil die IANA ihre Praxis ändert und in Zukunft auch bei den ccTLDs eine parallele Registrierung durch mehrere Registrierungsstellen ermöglicht, wie sie es im Bereich einzelner gTLDs bereits getan hat[454]. Aber selbst wenn diese Situation eintritt und dadurch das ausnahmsweise aus der allgemeinen genossenschaftlichen Treuepflicht folgende Wettbewerbsverbot und insoweit möglicherweise auch der Tatbestand des Art. 81 EGV entfällt, bleiben die Regelung der Antragsvermittlung und die Inlandsklausel nach Art. 81 EGV verboten. Auch das Verbot der Regelung über die Antragsvermittlung und der Inlandsklausel nach Art. 82 EGV dürfte selbst bei einer Änderung der Praxis der IANA zunächst bestehen bleiben. Allerdings könnte sich insoweit die Situation ändern, wenn sich tatsächlich ein Wettbewerb entwickelt und die DENIC eG ihre marktbeherrschende Position verliert.

In Betracht käme hier naturgemäß auch noch ein Verstoß gegen das Kartell- und Missbrauchsverbot nach deutschem Kartellrecht. Eine abweichende Beurteilung des Sachverhalts nach deutschem Kartellrecht, beispielsweise eine Freistellung nach den §§ 2 ff. GWB, bliebe Angesichts des Vorrangs des Gemeinschaftsrechts[455] und dem Umstand, dass die Errichtung der Genossenschaft und die angesprochenen Maßnahmen bereits nach Art. 81, 82 EGV verboten sind, ohne Konsequenz. Aus diesem Grund wird hier auf eine Prüfung des deutschen Kartellrechts verzichtet.

[454]Die Situation bei den gTLDs wird im Fünften Kapitel dargestellt.

[455]Vgl. EuGH Slg. 1969, S. 1 - Walt Wilhelm; Slg. 1980, S. 2327 - Guerlain; Slg. 1987, S. 2354, 2359 f. - Albaco; Hetmeier in: Lenz, EGV-Kommentar, Art 249 Rn 22 ff.; Rehbinder in: GTE: Einleitung F Rn 14; Langen/Bunte: Einführung zum EG-Kartellrecht Rn 48 ff.

Drittes Kapitel: Diverse Änderungsvorschläge

Die dargestellten Probleme, vor allem der fehlende Wettbewerb, aber auch kennzeichenrechtliche Probleme haben im Laufe der Zeit zu einer heftigen Kritik des bestehenden Domain-Name-System und zu einer Reihe unterschiedlicher Lösungsvorschläge geführt. Diese sollen hier und in den folgenden Kapiteln mit ihren Vor- und Nachteilen erörtert werden.

Die Diskussion um geeignete Alternativen zum bestehenden System wurde und wird dabei überwiegend via Internet geführt.[456] Gerade hinsichtlich der Frage des fehlenden Wettbewerbs und der damit verbundenen kartellrechtlichen Probleme, hat diese Diskussion in der deutschsprachigen juristischen Literatur kaum Beachtung gefunden.[457] Große Aufmerksamkeit wurde hierzulande dagegen den kennzeichenrechtlichen Problemen gewidmet, die mit dem bestehenden DNS verknüpft sind bzw. durch dieses hervorgerufen werden.[458]

Die in der Folge dargestellten Vorschläge zur Umgestaltung des DNS sind auch nicht nur eine Reaktion auf den fehlenden Wettbewerb oder die dargestellten kartellrechtlichen Probleme, sondern gerade auch auf diese kennzeichenrechtlichen Schwierigkeiten. Gleichzeitig erklärt die mangelnde Eignung dieser Vorschläge, zur Lösung der kennzeichenrechtlichen Probleme beizutragen, zum Teil, weshalb einige der Vorschläge keine breite Unterstützung gefunden haben. Aus diesem Grund sollen die kennzeichenrechtlichen Kernprobleme, soweit sie für die Frage der Neugestaltung des DNS und die Beurteilung der vorgeschlagenen Alternativen bedeutsam sind, vorab kurz dargestellt und bei der Darstellung der einzelnen Reformvorschläge berücksichtigt werden.

Gegenstand der Untersuchung sollen zunächst Änderungsvorschläge sein, die teilweise durchaus interessante Lösungen bieten, aber keine breite Akzeptanz gefunden haben und deshalb zwischenzeitlich nicht mehr diskutiert werden. Entsprechend ihrer geringen Bedeutung soll auch die Auseinandersetzung mit diesen Vorschlägen in der gebotenen Kürze erfolgen.

---

[456]Vgl. beispielsweise die über die Seite des IAHC abrufbaren Diskussionsbeiträge, im Internet abrufbar unter: http://www.iahc.org

[457]Beispielsweise: Nordemann, Jan Bern/Czychowsky, Christian/Grüter, Patrick Winfried: Das Internet, die Name Server und das Kartellrecht, NJW 1997, S. 1897

[458]Vgl. beispielsweise aus Rechtsprechung und Literatur: LG Mannheim, CR 1996, S. 353 ff.; LG Frankfurt, NJW CoR 1997, S. 303; LG Lüneburg, CR 1997, S. 288; LG Düsseldorf, CR 1998, S. 165; Kur, CR 1996, S. 327 ff. und S. 590 ff.; Kur: Festgabe Beier, 1996, S. 265 ff. Bettinger, GRUR Int. 1997, S. 402 ff.; Graefe: Marken und Internet, MA 1996, S. 100 ff.; Nordemann, NJW 1997, 1891 ff.; Poeck in: Schwarz, Recht im Internet, Stadtbergen, 1996, 4.2.2.; Ubber: WRP 1997, S. 497 ff.; Stratmann: BB 1997, S. 689 ff.; Wilmer: CR 1997, S. 562 ff.; Völker/Weidert: WRP 1997, S. 652 ff.; Freitag: MA 1996, S. 495 ff.; Omsels: CR 1997, S. 328 ff.; Wiebe: CR 1998, S. 157 ff.; Kelly/Kumor: Intellectual Property Protection on the Information Super Highway, in EIPR 1995, S. 481 ff.

A. Kennzeichenrechtliche Probleme

Die kennzeichenrechtlichen Probleme erwachsen im wesentlichen aus dem Konflikt zwischen der internetspezifischen Funktion der Domain Names und der kennzeichnenden Wirkung, die sie darüber hinaus haben können.

Für die Zwecke des Internet sind Domain Names nur ein Ersatz für die schwer zu memorierenden numerischen IP-Adressen. Über diese "Adressfunktion" hinaus kann ihnen aber auch eine kennzeichnende Funktion, beispielsweise i.S.d. Marken- oder des Namensrechts, zufallen.[459] Diese Funktion ist mittlerweile, im Rahmen der kommerziellen Nutzung des Internet, häufig genauso wichtig, wie die der Rechneradressierung. Domain Names müssen, wenn sie diese unterschiedlichen Funktionen erfüllen, ganz unterschiedlichen Anforderungen genügen.

Domain Names müssen, um ihre internetspezifische Aufgabe erfüllen zu können, weltweit einmalig sein. Sonstige (rechtlich geschützte) Kennzeichen (z.B.: Namen oder Firma, Marken, Unternehmenskennzeichen oder Werktitel) können hingegen häufig parallel existieren, da ihr Schutzbereich regelmäßig nur ein territorial oder sachlich begrenzter ist. Bereits die kleinste Abweichung genügt, damit Domain Names ihre Funktion im Internet erfüllen können. Ein kennzeichenrechtlicher Konflikt kann hingegen nach § 12 BGB, §§ 14 II, 15 II, III MarkenG bereits drohen, wenn die Zeichen eine mehr oder weniger große (beispielsweise klangliche oder typographische)[460] Ähnlichkeit aufweisen.

Bei dieser Ausgangssituation ergeben sich typische Konfliktpunkte. Aus Sicht der Kennzeicheninhaber drohen Kennzeichenrechtsverletzungen durch unberechtigte Dritte, die ihr Kennzeichen in identischer oder ähnlicher Form als Domain Names registrieren lassen.[461] Andererseits besteht die Möglichkeit, dass ein Kennzeichenrechtsinhaber sein

---

[459]Mittlerweile wohl h.M., vgl.: OLG Düsseldorf, WRP 1999, S. 405; OLG Karlsruhe, WRP 1998, S. 900; OLG München, NJW-RR 1998, S. 984; OLG Hamm, CR 1998, S. 241, 242; OLG Frankfurt, GRUR 1997, S. 52; LG Manheim, CR 1996, S. 353; LG Frankfurt: NJW-CoR 1997, S. 303; LG Lüneburg: NJW-CoR 1997, S. 304; LG Braunschweig, CR 1997, S. 303; LG Düsselsdorf: NJW-CoR 1997, LG München: NJW-CoR 1997, S. 231; S. 304; Bettinger: GRUR Int. 1997, 402, 409; Bücking: NJW 1997, 1886, 1887; Ernst, BB 1997, S. 1057, 1062; Fezer: MarkenG, § 3 Rn 304 ff.; Freitag: MA 1996, S, 495, 496; Gabel: NJW-CoR 1996, S. 322, 324; Kur: CR 1996, S. 325, 327 und S. 590, 591; Nordemann/Goddar/Tönhardt/Czychowski: CR 1996, S. 645, 652; Ubber: WRP 1997, S. 497, 505; Viefhues in: Hoeren/Sieber, 6 Rn 69 ff.; Völker/Weidert: WRP 1997, S. 652, 658; Wiebe, CR 1998, S. 157 ff.; a.A. LG Köln, CR 1997, S. 291 f.; Graefe, Marken und Internet, MA 1996, S. 100, 101 f.; Wilmer: CR 1997, S. 562, 564 f.

[460]Vgl. Ströbele in: Althammer/Ströbele/Klaka, MarkenG: § 9 Rn 80 ff., 90 ff.; Fezer: MarkenG: § 14 Rn 160 ff, 179 ff.; Ingerl/Rohnke: MarkenG: § 14 Rn 330 ff., 343 ff.

[461]Zwischenzeitlich ist anerkannt, dass die Registrierung und Nutzung eines Domain Names Kennzeichenrechte verletzen kann, vgl. OLG Düsseldorf, WRP 1999, S. 405; OLG Karlsruhe, WRP 1998, S. 900; OLG München, NJW-RR 1998, S. 984; OLG Hamm, CR 1998, S. 241, 242; OLG Frankfurt, GRUR 1997, S. 52; LG Manheim, CR 1996, S. 353; LG Frankfurt: NJW-CoR 1997, S. 303; LG Lüneburg: NJW-CoR 1997, S. 304; LG Braunschweig, CR 1997, S. 303; LG Düsselsdorf: NJW-CoR 1997, LG München: NJW-CoR 1997, S. 231; S. 304; Bettinger: GRUR Int. 1997, 402, 410 ff.; Bücking: NJW 1997, 1886, 1887 f.; Ernst, BB 1997, S. 1057, 1061 ff.; Fezer: MarkenG, § 3 Rn 314 ff.; Freitag: MA 1996, S, 495, 496; Gabel: NJW-CoR 1996, S. 322, 324; Kur: CR 1996, S. 325, 327 f. und S. 590, 591; Kur, Festschrift für Beier, 1996, S. 265, 274; Nordemann/Goddar/Tönhardt/Czychowski: CR 1996, S. 645, 652; Ubber: WRP 1997, S. 497, 505; Viefhues in: Hoeren/Sieber, 6 Rn 69 ff.; Völker/Weidert: WRP 1997, S. 652, 658

eigenes Kennzeichen nicht als Domain Name registrieren kann, weil dieses bereits von einem ebenfalls berechtigten Dritten registriert wurde. Aus Sicht der Internetnutzer führt die Möglichkeit der Kennzeicheninhaber, die Nutzung ihres Zeichens oder eventuell eines auch nur ähnlichen Zeichens als Domain Name zu verhindern, zu einer drastischen Reduzierung der zur Verfügung stehenden sinnvollen Domain Names.

Diese Probleme sollten aus kennzeichenrechtlicher Sicht bei einer Umgestaltung des DNS beachtet werden.

B. IP-Adresse

Ein wenig beachteter Reformvorschlag ist zwar radikal, dafür aber verführerisch einfach und geeignet, vor allem die kennzeichenrechtlichen und bis zu einem gewissen Grad auch die kartellrechtlichen Probleme des DNS auf einen Schlag aus der Welt zu schaffen. Der Vorschlag geht dahin, das Domain-Name-System völlig aufzugeben und die verschiedenen Internetrechner wieder ausschließlich über die IP-Adresse anzusteuern.[462]

I. Kartellrechtliche Probleme

Die kartellrechtlichen Probleme des DNS werden auf diese Weise naturgemäß mit einem Schlag gelöst. Zwar bestehen auch im Bereich der für die Registrierung der IP-Adressen zuständigen Organisationen möglicherweise kartellrechtliche Probleme aber die sind nicht Gegenstand dieser Untersuchung.

II. Kennzeichenrechtliche Probleme

Es ist klar, dass mit den Domain Names auch die kennzeichenrechtlichen Probleme weitgehend verschwinden. IP-Adressen haben in der Regel, wie z.B. Telefonnummern keine kennzeichnende Wirkung. Konflikte mit bestehenden oder zukünftigen Kennzeichenrechten sind daher - von seltenen Ausnahmefällen abgesehen - ausgeschlossen.[463] Hinzu kommt, dass die IP-Adresse nicht frei wählbar ist, sondern von der Netzwerkstruktur des Internet vorgegeben ist und zugeteilt wird.

III. Gegenargumente

Gegen diesen Vorschlag spricht zunächst, dass Domain Names mittlerweile aufgrund ihrer kennzeichnenden Funktion einen eigenen wirtschaftlichen Wert haben können.

---

[462] Vgl. Kelly/Kumor: Intellectual Property Protection on the Information Super Highway, in EIPR 1995, S. 481, 485; Oppendahl, Carl: Analysis and Suggestions Regarding NSI Domain Trademark Dispute Policy, im Internet abrufbar unter: http://www.patents.com/nsi/iip.sht, auch veröffentlicht in: Fordham Intellectual Property, Media& Entertainment Law Journal, vol. 7, no 1, Autum 1996, p. 73

[463] Vgl. Fezer:MarkenR § 15 Rn 144; Althammer/Klaka: MarkenG § 5 Rn 16

Gerichtsverfahren und nicht unerhebliche Kosten oder zumindest ein Kostenrisiko werden in Kauf genommen, um die eigene Nutzung eines bestimmten Domain Names zu ermöglichen oder zumindest die Nutzung durch einen Dritten auszuschließen. Von vielen Firmen wurde auch in ganz erheblichem Umfang in die Markteinführung ihres Domain Names investiert. Diese Investitionen würden durch diesen Vorschlag vollständig vernichtet.

Gegen diesen Vorschlag spricht auch die mangelnde Benutzerfreundlichkeit der IP-Adressen, die ja letztlich zur Einführung des DNS geführt hat.[464]

Die Ausgangssituation hat sich zwar seit Einführung des DNS stark verändert. Damals gab es nur wenige hundert angeschlossene Rechner, die meist großen und bekannten Bildungseinrichtungen oder Organisationen gehörten. Die wenigen zur Rechneradressierung verwendeten Domain Names waren leichter zu memorieren, als die bis zu zwölfstellige IP-Adressen, da die zur Bildung der Domain Names verwendeten Zeichen meist kurz und den Benutzern bereits vorher bekannt waren. Mittlerweile gibt es aber viele Millionen angeschlossener Rechner.[465] Deren Domain Names sind häufig sehr ähnlich und können eine Länge von bis zu sechsundzwanzig Zeichen erreichen. Diese Domain Names können in vielen Fällen sehr schwer zu memorieren sein. Es ist insoweit nicht mehr eindeutig, welches System das benutzerfreundlichere ist, insbesondere wenn man berücksichtigt, dass der Umgang mit bis zu fünfzehnstelligen Zahlenkombinationen vom Telefonverkehr vertraut ist.

Das Argument der mangelnden Benutzerfreundlichkeit der IP-Adressen ist aber immer noch tragfähig, weil derzeit ein Wechsel von der Version 4 des der IP-Adressierung zugrundeliegenden IP-Protokolls zur Version 6 erfolgt. Die IP-Adresse besteht bei der neuen Version aus einem viel längeren Ziffernblock als bislang. Eine IP-Adresse wird dann eine Länge von 128 Bit, statt der bisher 32 Bit haben.[466] Zahlenkombinationen dieser Länge können sich Menschen in der Regel schlechter merken als die derzeit üblichen Domain Names.

C. Nach dem Zufallsprinzip gebildete TLDs

Weniger radikal ist der Reformvorschlag nach dem die bisherigen TLDs durch Buchstabenkombinationen in einer Länge von drei bis fünf Buchstaben oder durch Buchstaben-/Zahlenkombinationen in entsprechender Länge ersetzt werden sollen, die in keiner Sprache der Welt eine Bedeutung ergeben.[467]

Dieser Vorschlag hat den Vorteil, dass eine sehr große Zahl von TLDs möglich wird. Auf diese Weise kann der technisch bedingten Forderung nach der Einzigartigkeit eines Domain Names relativ leicht entsprochen werden, selbst wenn die Namen auf der zweiten

---

[464] Vgl. Bettinger, Torsten: Kennzeichenrecht im Cyberspace: der Kampf um die Domain-Namen, in GRUR Int. 1997, S. 402, 418

[465] Vgl. die verschiedenen Internetstatistiken, die über die Homepage des RIPE NCC unter: http://www.ripe.net, abrufbar sind.

[466] Vgl. Hosenfeld, Friedhelm: Next Generation, Internet-Protokoll Version 6: ein neues Kommunikationszeitalter?, in c't, 1996, S. 380 ff.

[467] Zitiert nach: Maher, David W.: TRADEMARK ON THE INTERNET: WHO'S IN CHARGE?, im Internet abrufbar unter: http://aldea.com/cix/maher.html

Ebene identisch sind. Da diese TLDs für die Internetnutzer alle gleich attraktiv bzw. unattraktiv sind, spielt es keinerlei Rolle unter welcher eine Eintragung erfolgt. Das Problem einer Verknappung von möglichen sinnvollen SLDs in einer, zum Beispiel der besonders begehrten .com-Domain, würde damit entfallen.

I. Kartellrechtliche Probleme

Das Problem des fehlenden Wettbewerbs könnte auf diese Weise entschärft werden. Jede Registrierungsstelle könnte eine oder mehrere eigene TLDs entwickeln. Diese wären aus Sicht der Verbraucher grundsätzlich austauschbar. Wegen der Austauschbarkeit der TLDs stünden alle Registrierungsstellen untereinander in Konkurrenz. Es ist daher schwer vorstellbar, dass einzelne Unternehmen in absehbarer Zeit eine marktbeherrschende Stellung erlangen könnten. Entsprechend wäre ein Verstoß gegen den Missbrauchstatbestand des Art. 82 EGV oder der §§ 19 ff. GWB kaum wahrscheinlich. Insoweit bliebe nur die Position der IANA kritisch.

Auch das Problem eines Kartellverstoßes nach Art. 81 I EGV bzw. §§ 1, 14 GWB würde wahrscheinlich an Bedeutung verlieren. Größere Unternehmen würden sicherlich in vielen Fällen die Delegation der Registrierungsbefugnis für eine eigene TLD einer kartellrechtlich problematischen Kooperation mit Wettbewerbern vorziehen. Soweit auch zukünftig kleinere und mittlere Unternehmen kooperieren, um die Wettbewerbsnachteile gegenüber größeren Unternehmen auszugleichen, wären diese Kooperationen - soweit sie überhaupt in den Anwendungsbereich der Vorschriften fallen - in vielen Fällen nach Art. 81 III EGV oder gegebenenfalls auch nach §§ 2 ff. GWB freistellbar.

II. Kennzeichenrechtliche Probleme

Für die auf der kennzeichnenden Funktion der Domain Names beruhenden Probleme bietet dieser Vorschlag allerdings nur bedingt eine Lösung.

1. Parallele Nutzung identischer Zeichen

Zunächst bietet dieser Vorschlag den Vorteil, dass identische Marken oder sonstige Kennzeichen, die kennzeichenrechtlich problemlos nebeneinander existieren können, weil sie sich aufgrund ihrer fehlenden Waren-/Dienstleistungsidentität bzw. -ähnlichkeit nicht gegenseitig ausschließen, nun auch als Domain Names parallel verwendet werden können. Die entsprechenden Zeichen könnten unter ganz unterschiedlichen TLDs eingetragen werden, ohne dass die jeweilige TLD für den Domain-Name-Inhaber einen Vor- oder Nachteil bedeutete.

2. Eindringen in territoriale Schutzbereiche

Das Problem der Kollision von verwechselbaren Kennzeichen bei bestehender Waren-/Branchenähnlichkeit aber mit unterschiedlichen territorialen Schutzbereichen bliebe jedoch bestehen bzw. würde eventuell sogar noch verschärft.

Solche Kennzeichen können nur problemlos nebeneinander existieren, solange keines der Kennzeichen in den territorialen Schutzbereich des anderen eindringt. Typisch für das Internet ist aber seine im Grundsatz weltweite Verfügbarkeit. Die Reichweite und Wirkung eines Domain Names ist prinzipiell gerade nicht an territoriale Grenzen gebunden und lässt sich derzeit auch technisch nicht an solche Grenzen binden.

Im Rahmen des bestehenden DNS kann jeder Domain-Name-Inhaber durch die Auswahl der jeweiligen TLD ein erstes Zeichen dafür setzen, welchem Territorium er zugerechnet werden möchte. Ob und gegebenenfalls inwieweit diese Wahl einer TLD, insbesondere einer ccTLD, auch kennzeichenrechtlich zu berücksichtigen ist, ist in der kennzeichenrechtlichen Rechtsprechung und Literatur noch nicht geklärt und kann im Rahmen dieser Untersuchung auch nicht vertieft werden. Es erscheint aber auf jeden Fall nicht a priori ausgeschlossen, dass der selbstgewählten territorialen Zuordnung durch die Wahl einer TLD bei der Lösung entsprechender Kennzeichenkonflikte entscheidende Bedeutung zukommen kann.

Hierfür spricht, dass die Rechtsprechung bei dem vergleichbaren Problem identischer Geschäfts- bzw. Etablissementbenennungen einen ähnlichen Lösungsansatz verfolgt. Dort ist anerkannt, dass obwohl der räumliche Schutzbereich einer Unternehmensbezeichnung grundsätzlich das ganze Territorium der BRD erfasst[468], der Schutz räumlich begrenzt sein kann, wenn sie aufgrund ihres Wirkungsbereichs nur in Verbindung mit einem bestimmten Ort im Verkehr bekannt ist oder in den Verkehr dringt[469].

Darüber hinaus ist von der Rechtsprechung anerkannt, dass die grundsätzlich bestehende Verwechselbarkeit zwischen zwei Kennzeichen durch Hinzufügen einer Ortsangabe aufgehoben werden kann. Dies gilt unabhängig davon, ob es sich um ein nach MarkenG, BGB oder UWG geschütztes Kennzeichen handelt. So kollidiert beispielsweise Münchener Löwenbräu nicht mit Düsseldorfer Löwenbräu, trotz Identität der Zeichen.[470] Dass diese Rechtsprechung noch unter der Geltung des Warenzeichengesetzes entstanden ist, steht einer Heranziehung grundsätzlich nicht im Wege.[471]

Hinter dieser Rechtsprechung steht die Überlegung, dass der Kennzeichenschutz nicht weiter reichen soll, als der tatsächliche Wirkungsbereich eines Unternehmens, weil es in einem solchen Fall eben gerade nicht zu einem Interessenskonflikt kommt.

Ganz vergleichbar ist die Situation, wenn identische Kennzeichen verschiedener Inhaber bei bestehender Branchenidentität und unterschiedlichen territorialen Schutzbereichen nur deshalb in Konflikt geraten, weil die Verwendung als Domain Name dazu führt, dass damit grundsätzlich eine Erreichbarkeit auch aus dem territorialen Schutzbereich des anderen gegeben ist, ohne dass sich aber die Wirkungsbereiche der verschiedenen Unternehmen tatsächlich berühren. Dementsprechend sollte auch hier der Schutzbereich eines Kennzeichens bzw. die Abwehrmöglichkeiten gegen Domain Names entsprechend eingeschränkt werden.

Ein solcher Ansatz für die Lösung kennzeichenrechtlicher Konflikte ist bei den vorgeschlagenen TLDs von vornherein ausgeschlossen.

---

[468] Vgl. BGH GRUR 1961, S. 535 - arko; BGHZ 130, S. 134, 141 - Altenburger Spielkarten; BGHZ 11, S. 214, 219 - KfA

[469] Vgl. RG MuW 1913, S. 507, 508; RGZ 171, S. 30, 32 - Am Rauchfang; BGHZ 24, S. 238, 243 - tabu I; BGH GRUR 1970, S. 479, 480 - Treppchen

[470] Vgl. BA RPA in Bl. 1904 S. 176; RG in: MuW 1932 S. 76, 79 f. - Löwenbräu; Busse/Starck: WZG § 31 Rdnr. 96; Fritz Traub: GRUR 1993, S. 327, 329

[471] Vgl. Althammer/Ströbele MarkenG, 5. Aufl., § 5 Rdnr. 1

III. Benutzerfreundlichkeit

Der Vorschlag ist auch nur bedingt benutzerfreundlich. Dieses System ermöglicht zwar insgesamt verhältnismäßig kurze und damit leicht merkbare Domain Names. Die Suche nach Internetinhalten, die unter einem dem Internetnutzer unbekannten Domain Name im Internet abrufbar sind, würde bei diesem Registrierungssystem aber leicht zur Sisyphusarbeit und jedenfalls gegenüber dem bestehenden System deutlich erschwert.

Dies liegt einmal daran, dass eine Zufallssuche[472], bei der ein bekanntes Zeichen eines potentiellen Inhaltsanbieters als SLD zusammen mit einer vermuteten TLD auf gut Glück in die Adresszeile eines Internetdienstprogrammes eingetragen wird, nach diesem System nicht mehr möglich ist. Vermutungen sind bei den nach dem Zufallsprinzip gebildeten TLDs nicht möglich, da diese gerade keine Rückschlüsse auf die Herkunft oder Art der Betätigung des Domain-Name-Inhabers zulassen.

Auch die Suche von Internetinhalten unter Verwendung einer Suchmaschine wird erschwert. Diese werden angesichts der riesigen Menge der im Internet angebotenen Inhalte unter Umständen mehrere hundert oder tausend verschiedene mögliche Adressen anbieten. Auch hier ist die Möglichkeit des bestehenden DNS, eine Vorauswahl nach der TLD zu treffen, eine große Erleichterung.

D. Freie Gestaltung von TLDs/Enhanced Domain Name Service

Alle bisher dargestellten Vorschläge haben nicht nur wenig Unterstützung, sondern vor allem keine praktische Umsetzung erfahren. Anders jedoch der von verschiedenen Gruppen und unter verschiedenen Bezeichnungen, wie Enhanced Domain Name Service (eDNS), Alternative Internet Network Information Center (AlterNIC) oder Name.Space verfolgte Lösungsansatz.[473] Die Protagonisten dieser Änderungsmodelle haben versucht, ihre Vorschläge praktisch umzusetzen und neben dem DNS alternative Registrierungssysteme zu errichten.

Der gemeinsame Grundgedanke dieser Vorschläge ist, dass jedermann Registrierungsstelle für eine TLD oder eine Subdomain werden kann, diese selbst benennt und für diese dann ausschließlich zuständig ist. Die Vergabe der TLDs soll ausschließlich nach der Prioritätsregel erfolgen. Von den Vertretern dieses Vorschlags wurden eigene Name- und Rootserver eingerichtet. Es ist daher möglich, beispielsweise beim AlterNIC, sich eine eigene TLD reservieren zu lassen und für diese, fortan als Registrierungsstelle aufzutreten. Allerdings werden diese Vorschläge nicht von allen Netzbetreibern und Internetprovidern unterstützt, so dass nicht gewährleistet ist, dass diese neuen Adressen im ganzen Internet bekannt sind und bei einer Anfrage gefunden werden können.

---

[472] Beispielsweise kann, wer Internetinhalte der Firma Siemens sucht, einfach "siemens.de" in die Adresszeile seines Dienstprogrammes eingeben. Angesichts der Praxis, möglichst bekannte Zeichen als SLD bei der Bildung eines Domain Names zu verwenden und diese möglichst unter einer TLD einzutragen, die mit dem Kennzeicheninhaber assoziiert werden kann, besteht eine hohe Wahrscheinlichkeit, dass diese Methode zu den Internetinhalten der Firma Siemens führt.

[473] Informationen zu diesen Vorschlägen sind im Internet abrufbar unter: http://www.newdomain.com oder http://www.edns.com oder http://alternic.net oder http://www.name-space.com.; Informationen zu weiteren Alternativvorschlägen sind über die Seite des IAHC abrufbar: http://www.iahc.org

Darüber hinaus fehlt es den Betreibern dieser alternativen Domain-Name-Systeme auch an einem unmittelbaren Zugriff auf die Daten der Rootserver des "offiziellen" Domain-Name-Systems, so dass diese nicht gewährleisten können, dass ihnen alle Adressen im "offiziellen" DNS bekannt sind, was zu Problemen beim Aufruf von, mit den traditionellen TLDs gebildeten Domain Names führen kann. Allerdings hat der Vertreter von Name.Space zwischenzeitlich NSI verklagt, um Zugriff auf die Informationen der von NSI unterhalten Rootserver zu erhalten.[474]

I. Kartellrechtliche Probleme

Der Vorteil dieser Reformvorschläge ist, dass durch die Vielzahl der möglichen TLDs die Bedeutung der einzelnen TLDs abnimmt, so dass diese aus Sicht der Verbraucher möglicherweise austauschbar werden. Denkbar wären beispielsweise auf unterschiedlichste Art und Weise gebildete länderspezifische TLDs, wie z.B. statt ".de" auch ".ger", ".germany" oder ".brd" usw.. Zwischen diesen TLDs wird man sicher eine funktionale Austauschbarkeit annehmen können. Das Gleiche gilt natürlich auch für entsprechende gTLDs.

Eine Reihe der angesprochenen kartellrechtlichen Probleme könnten sich durch die dann mögliche Konkurrenz zwischen verschiedenen TLDs und den entsprechenden Registrierungsstellen sehr schnell von alleine erledigen. Die strukturbedingte Monopolstellung der bisherigen Registrierungsstellen wäre jedenfalls aufgehoben, da sowohl im länderspezifischen Bereich als bei den generischen TLDs die Bildung neuer austauschbarer TLDs möglich wäre. Ob die aufgrund des zeitlichen Vorsprungs der bestehenden Registrierungsstellen zunächst noch bestehende marktbeherrschende Stellung dieser Registrierungsstellen Bestand hätte, bliebe abzuwarten.

Hinzu kommt, dass größere Unternehmen sicherlich in vielen Fällen die Delegation der Registrierungsbefugnis für eine eigene TLD einer kartellrechtlich problematischen Kooperation mit Wettbewerbern vorziehen würden. Soweit auch zukünftig kleinere und mittlere Unternehmen kooperieren, um Wettbewerbsnachteile gegenüber größeren Unternehmen auszugleichen, wären diese Kooperationen in vielen Fällen nach Art. 81 III EGV oder gegebenenfalls auch nach §§ 2 ff. GWB freistellbar.

II. Kennzeichenrechtliche Probleme

Problematisch sind diese Vorschläge aber aus kennzeichenrechtlicher Sicht. Die größte Gefahr ist, dass die Probleme des derzeitigen DNS nicht gelöst, sondern in den Bereich der TLDs verlagert und damit noch verschärft werden. Beispielsweise könnte es dann, statt dem sogenannten "Domain-Name-Grabbing", zum "TLD-Grabbing", also zur Bildung von TLDs wie "Coca Cola", "McDonalds", "Siemens" oder "Krupp", durch an diesen Zeichen unberechtigte Dritte kommen.

Auch aus anderen Gründen ist dieser Vorschlag für Kennzeicheninhaber problematisch. Zum einen dürfte es bei einer Vielzahl von TLDs erheblich schwerer, wenn nicht unmöglich sein, das DNS auf eventuelle Verletzungshandlungen hin zu überprüfen und gegebenenfalls einen Verletzer dingfest zu machen. Darüber hinaus kann ein Verletzer

---

[474] Informationen zu diesem Verfahren sind im Internet abrufbar unter: http://www.name-space.com

versuchen, rechtliche Konsequenzen seines Tuns zu vermeiden, indem er zu immer neuen TLDs wechselt. Dadurch könnte er dem Kennzeicheninhaber den gerichtlichen Schutz seiner Rechte erheblich erschweren oder gar unmöglich machen.

Andererseits bietet dieser Vorschlag die Möglichkeit der Verwendung von Waren- oder Dienstleistungsbezeichnungen als TLD. Dies hätte aus kennzeichenrechtlicher Sicht Vorteile. In Fällen, in denen eine kennzeichenrechtliche Kollision ausgeschlossen ist, beispielsweise weil es wegen der fehlenden Waren- oder Dienstleistungsähnlichkeit an der Verwechselbarkeit der Kennzeichen fehlt, könnte die Verwechselbarkeit auch auf der Ebene der Domain Names durch die Wahl einer entsprechenden TLD ausgeschlossen werden. So könnte beispielsweise der in München ansässige Beck-Verlag - vorausgesetzt entsprechende TLDs bestehen - als Domain Name "Beck.buch" oder "Beck.verlag" wählen und das ebenfalls in München ansässige Modehaus Beck den Domain Name "Beck.mode". Auf diese Weise könnte die für die Funktionsfähigkeit des DNS erforderliche Einmaligkeit des Domain Names sichergestellt und gleichzeitig beiden Unternehmen die Nutzung ihres Namens ermöglicht werden.

III. Sonstige Gegenargumente

Diese Vorschläge begegnen aber vor allem technischen Bedenken. Da hier verschiedene voneinander unabhängige Rootserver eingerichtet werden, besteht die Gefahr, dass die Datensätze auf diesen Rootservern nicht mehr einheitlich und vollständig sind. Die Einheitlichkeit und Vollständigkeit dieser Datensätze ist jedoch eine Grundvoraussetzung für die Funktionsfähigkeit des Domain-Name-Systems. Ansonsten besteht die Gefahr von Mehrfachregistrierungen oder bestimmte Domain Names könnten im Netz zumindest zeitweilig unauffindbar sein.

Darüber hinaus ist eine Zufallssuche nach Internetinhalten durch Eingabe eines Firmenkenn- oder Markenzeichens und einer vermuteten TLD in die Adresszeile des jeweiligen Internetprogramms angesichts der Vielzahl der möglichen TLDs bei diesem System nicht mehr möglich bzw. wenig erfolgversprechend. Der Vorschlag hat also auch Nachteile im Hinblick auf die Benutzerfreundlichkeit.

E. Zusammenfassung

Trotz interessanter und hinsichtlich der kartellrechtlichen Probleme erfolgversprechender Lösungsansätze ist es den hier vorgestellten Reformvorschlägen nicht gelungen, die breite Anerkennung der Internetnutzer zu finden, die erforderlich ist, um sich gegenüber dem bisherigen System oder anderen Reformvorschlägen durchzusetzen. Dies mag einerseits daran liegen, dass diese Vorschläge nur zur Lösung einzelner der angesprochenen kennzeichen- oder kartellrechtlichen Probleme beizutragen vermögen. Vor allem dürfte sich aber der Umstand, dass sie die im Rahmen des derzeitigen DNS erworbenen Besitzstände nicht zu wahren vermögen und dass sie weniger benutzerfreundlich sind, nachteilhaft ausgewirkt haben.

Viertes Kapitel: IAHC-Plan

Bekannter, detaillierter und diskutierter als die zuvor angesprochenen Reformvorschläge ist der des International Ad Hoc Commitee (IAHC) [475]. Er soll hier ausführlicher vorgestellt werden.

Am 22. Oktober 1996 hatte die Internet Society (ISOC) das International Ad Hoc Committee (IAHC) ins Leben gerufen.[476] Aufgabe dieses Komitees war die Ausarbeitung eines Planes zur Bewältigung der Probleme, die sich aus der Registrierung von Domain Names im Bereich der generischen TLDs ergeben. Das Komitee hatte insgesamt neun Mitglieder, wobei je ein Mitglied von der International Telecommunication Union (ITU), der World Intellectual Property Organization (WIPO) und der International Trademark Association (INTA) sowie je zwei Mitglieder von der ISOC, der IANA und dem Internet Architecture Board (IAB) benannt wurden.[477]

Das IAHC hatte seinen Plan zunächst als Entwurf[478] am 19.12.1996 zur Diskussion gestellt und dann, nach Auswertung der ca. 4000 Diskussionsbeiträge, in einem am 04.02.1997 veröffentlichten Abschlußbericht veröffentlicht.[479] Im Mai 1997 wurde das Komitee wieder aufgelöst.

Der Reformvorschlag des IAHC sieht die Vorlage eines Memorandum of Understanding über den generischen Top-Level-Domainnamensraum (gTLD-MoU) und zu dessen Konkretisierung und Umsetzung eine Reihe von Folgevereinbarungen und Organisationsgründungen vor. Dieses gTLD-MoU[480] wurde auf einem internationalen Treffen vom 29.04. - 01.05.1997 unter der Ägide der International Telecommunications Union (ITU) von ca. 80 Organisationen unterzeichnet.[481] Das gTLD-MoU ist bei der ITU hinterlegt und wurde zwischenzeitlich von knapp zweihundert Organisationen unterzeichnet, unter ihnen die Internet Society (ISOC) und eine Reihe ihrer nationalen Sektionen, die IANA, die International Trademark Association (INTA) sowie zahlreiche Firmen aus der Telekommunikationsbranche.[482]

---

[475] Das IAHC hat sich inzwischen selbst aufgelöst, wenn in der Folge vom IAHC-Plan gesprochen wird, dann nur zur Vereinfachung. Gemeint ist die Gesamtheit der Maßnahmen, die auf dem Vorschlag des IAHC beruhen, in ihrem derzeitigen Entwicklungsstand.

[476] Vgl. IAHC Press Release, im Internet abrufbar unter: http://www. iahc. org/press/press1.html

[477] Vgl. IAHC Press Release, im Internet abrufbar unter: http://www. iahc. org/press/press1.html

[478] Vgl. Draft Specification for Administration and Management of gTLDs, im Internet abrufbar unter: http://www.iahc.org/draft-iahc-gTLDspec-00.html

[479] Vgl. IAHC Proposal, Ziff. 4.1.1, im Internet abrufbar unter: http://www.iahc.org/draft-iahc-recommend-00.html

[480] Anlage 5

[481] Vgl. Kur: Der Bericht des Internationalen Ad Hoc Committee, CR 1997, S. 325

[482] Vgl. Signatories to the gTLD-MoU, im Internet abrufbar unter: http://www.itu.int/net-itu/gtld-mou/simple.htm

A. Vorhaben

Der Reformvorschlag sieht die Einführung neuer TLDs und die Möglichkeit konkurrierender Registrierungsstellen für diese neuen TLDs vor.

I. Neue generische TLDs

Zum einen sollen sieben neue generische TLDs (ngTLDs) eingeführt werden und zwar:
".firm" für Unternehmen oder Firmen;
".shop" für Handelsunternehmen;
".web" für (juristische) Personen, die auf das WWW bezogene Aktivitäten betreiben;
".arts" für (juristische) Personen, die Aktivitäten im Bereich Kultur oder Unterhaltung betreiben;
".info" für (juristische) Personen, die Informationsdienste anbieten;
".nom" für alle, die unter ihrem eigenen Namen, einem Pseudonym oder Künstlernamen im Netz erscheinen möchten.

Ohne dass dies ausdrücklich betont wird, sollen auch für die Gestaltung eines Domain Names unter den neuen gTLDs die gleichen RFCs gelten wie bisher. Dies ergibt sich durch den Verweis auf RFC 1591 und damit auf die bisherige Vergabepraxis der IANA.[483] Die Anträge werden weiter streng nach dem Prioritätsgrundsatz bearbeitet.[484] Anders als bisher soll ein Antragsteller bestimmen können, dass der beantragte Domain Name bis zu sechzig Tage bevor die Zuweisung wirksam wird, zu veröffentlichen ist.

II. Geteilte Registrierungsverantwortung

Für die Registrierung von Domain Names unter den generischen TLDs soll nicht länger eine einzige Registrierungsstelle zuständig sein, sondern mehrere. Dabei wird unterschieden zwischen der Aufgabe der Registerführung (der Stelle, die die zentrale Datei für die jeweilige TLD verwaltet) und den Registerführern (den Stellen, die berechtigt sein sollen, Einträge in die zentrale Datei vorzunehmen).

Die Aufgabe der Registerführung soll dem Council of Registrars (CORE) übertragen werden. Die Registerführer müssen Mitglied des CORE werden. Grundsätzlich soll jeder Registerführer berechtigt aber nicht verpflichtet sein, für jede generische TLD Registrierungsanträge entgegenzunehmen und entsprechende Einträge in die Registerdateien einzufügen. Wie diese Zielvorstellung in die Praxis umgesetzt werden soll, insbesondere wer von der IANA in die Rootdatei eingetragen wird, lässt sich aufgrund der vorliegenden Dokumente nicht eindeutig klären.

Grundsätzlich sind zwei Möglichkeiten denkbar. Erstens: Die IANA überträgt die Registrierungsbefugnis für die ngTLDs ausschließlich auf den CORE. Nur der CORE wird in die Rootdatei eingetragen. Der CORE seinerseits delegiert die Registrierungsbefugnis

[483] Vgl. § 1 des gTLD-MoU, Anlage 5
[484] Vgl. Art. 5 e CORE-MoU, Anlage 6

dann weiter an seine Mitglieder. In diesem Fall hätten die Mitglieder des CORE keine unmittelbare Verbindung zur IANA. Diese Alternative weist eine gewisse Parallele zu der Situation bei der .de-Domain auf. Zweitens: Die IANA trägt parallel alle Registerführer in die Rootdatei ein. Diese wiederum errichten für jede ngTLD eine zentrale Datei, in die alle SLDs eingetragen werden. Das CORE ist für den Betrieb dieser zentralen Dateien verantwortlich und wäre in diesem Fall eine reine Betriebsorganisation, derer sich die Registerführer zur Ausübung ihrer Tätigkeit bedienen.

Für beide Alternativen lassen sich im gTLD-MoU und im CORE-MoU Hinweise finden. Beispielsweise spricht für die erste Alternative, dass nach Art.5 c CORE-MoU der CORE und nicht die IANA befugt sein soll, die geeigneten Registerführer auszuwählen oder dass nach Art. 6 CORE-MoU eine SLD nur nach Zahlung einer Gebühr an das CORE zugewiesen werden kann, bzw. nur gültig bleibt, wenn eine jährliche Gebühr an das CORE gezahlt wird. Hinzu kommt, dass der CORE nach Art. 6 h CORE-MoU eine SLD entziehen kann. Der jeweilige Registerführer muss dabei nicht mitwirken, sondern nur informiert werden. Aus Sicht der IANA sprechen auch praktische Gründe für diese Alternative. Sie muss nur ein Unternehmen in das Rootverzeichnis des DNS aufnehmen und nicht mehrere, dementsprechend muss die Rootdatei auch nicht wegen jedem neuen oder ausscheidenden Registerführer geändert werden. Für die zweite Alternative spricht, dass nach Art. 5 j, 6 CORE-MoU die Registerführer SLDs unter den ngTLDs registrieren.

Angesichts dieser Unklarheit erscheint es sehr wahrscheinlich, dass sich die Beteiligten in dieser Frage noch nicht abschließend entschieden haben. Dafür spricht auch, dass die Dokumente in der Frage, ob nur ein Registerführer Mitglied des CORE und Unterzeichner des CORE-MoU werden kann oder umgekehrt, sehr widersprüchlich sind. Nach § 7 c gTLD-MoU muss, wer als Registerführer Zugang zu den ngTLDs erhalten will, erst Unterzeichner des CORE-MoU und Mitglied des CORE sein. Andererseits setzt Art. 5. 1, Art 6. 1 c der Satzung des CORE voraus, dass derjenige, der Mitglied werden oder bleiben möchte, Registerführer ist. Nach Art. 5 a CORE-MoU wird Registerführer, wer die Voraussetzungen für die Unterzeichnung des CORE-MoU und die Mitgliedschaft im CORE erfüllt, und nur Registerführer können Mitglied des CORE bleiben.

Erst die Praxis könnte durch weitere eindeutige Hinweise zeigen, für welche Alternative sich die Beteiligten entscheiden wollen. Derzeit kann diese Frage, jedenfalls auf der Grundlage der vorliegenden Informationen, nicht geklärt werden.

Noch in dem am 04.02.1997 veröffentlichten Abschlußbericht des IAHC war vorgesehen, die Zahl der Registerführer auf 28 zu beschränken.[485] Diese Beschränkung wurde jedoch im weiteren Verlauf der Entwicklung wegen der anhaltenden weltweiten öffentlichen Kritik aufgegeben. Nunmehr soll jeder, der die entsprechende Qualifikation aufweist und dies bis spätestens 16.10.1997 beim Internet CORE beantragt hat, Registerführer werden können.[486]

Voraussetzung für eine erfolgreiche Bewerbung als Registerführer ist:

---

[485] Vgl. IAHC Proposal, Ziff. 4.1.1, im Internet abrufbar unter: http://www.iahc.org/draft-iahc-recommen-00.html

[486] Vgl. IAHC Press Release vom 06.05.1997, im Internet abrufbar unter: http://www.iahc.org/press/press-lottery.html; Application Form, Ziff. I.13, im Internet abrufbar unter: http://www.gtld-mou.org/docs/application.htm

- der Nachweis einer Haftpflichtversicherung, mit einer Haftungssumme in Höhe von mindestens US $ 500.000,00;
- die Versicherung, mindestens fünf Vollzeitarbeitsplätze für die Registrierungsaufgabe einzurichten;
- der Nachweis von jederzeit verfügbarem Kapital in Höhe von mindestens US $ 300.000,00 und
- ein existierender eigener Domain Name.

Darüber hinaus ist mit dem Bewerbungsantrag eine Bewerbungsgebühr in Höhe von US $ 10.000,00 fällig, die jedoch im Falle einer Ablehnung, abzüglich der entstandenen Bearbeitungsaufwendungen, zurückzuerstatten ist.[487]

III. Organisationen

Das gTLD-MoU sieht die Errichtung einer Reihe von Organisationen vor.

1. Council of Registrars (CORE)

Die Registerführer sollen sich in einen Council of Registrars zusammenschließen. Dieser hat sich zwischenzeitlich auf der Grundlage eines weiteren Memorandum of Understanding (CORE-MoU)[488] als nicht erwerbsorientierter Verband nach Schweizer Recht, mit Sitz in Genf etabliert.[489]

Wesentliche Aufgabe des CORE ist die Errichtung und Unterhaltung einer zentralen Datenbank zur Erfassung und zum Abgleich der bei den Registerführern anfallenden Anmeldungen und Eintragungen.[490] Organisatorisch besteht CORE aus der Vollversammlung der Mitglieder[491], dem Exekutivausschuss[492] und einem ständigen Sekretariat[493]. Finanziert wird die Arbeit des CORE aus den Beiträgen seiner Mitglieder.[494] Nur Registerführer können Mitglied werden.[495]

2. gTLD Policy Oversight Committee (POC)

Zur Überwachung des CORE und der CORE-gTLDs wird ein Ausschuss eingerichtet, das gTLD Policy Oversight Committee (POC).[496] Von ihm werden auf der Grundlage des

---

[487] Vgl. Application Form, Ziff. 7 - 10, im Internet abrufbar unter: http://www.gtld-mou.org/docs/application.htm
[488] CORE-MoU, Anlage 6
[489] Vgl. Satzung der "Council of Registrars (CORE) Association", Anlage 7
[490] Vgl. § 5 f des CORE-MoU, Anlage 6
[491] Vgl. Art. 7 ff. der Satzung der "Council of Registrars (CORE) Association", Anlage 7
[492] Vgl. Art. 11 ff. der Satzung der "Council of Registrars (CORE) Association", Anlage 7
[493] Vgl. Art. 10 m der Satzung der "Council of Registrars (CORE) Association", Anlage 7; sowie die Regelungen der CORE Association zur Geschäftsordnung, in deutscher Übersetzung im Internet abrufbar unter: http://www.gtld-mou.org/docs/core-ass-g.htm
[494] Vgl. Art. 4 der Satzung der "Council of Registrars (CORE) Association", Anlage 7
[495] Vgl. Art. 5 der Satzung der "Council of Registrars (CORE) Association", Anlage 7
[496] Vgl. hierzu und zum Folgenden § 6 des gTLD-MoU, Anlage 5

gTLD-MoU Maßnahmen für den CORE bzw. die Registerführer festgelegt und alle wichtigen, die gTLDs betreffenden Grundsatzentscheidungen getroffen. Dies betrifft z.B. die Festlegung der Anzahl der gTLDs und deren Namen, die Bestimmung der Anzahl der Registerführer sowie der Voraussetzungen für eine Antragsstellung bzw. Zulassung zum Registerführer und dem Entzug der Registerführungsbefugnis oder die Beitragsfestsetzung durch das CORE.

Die Mitglieder des POC werden von verschiedenen Organisationen benannt, je zwei Mitglieder von der IANA, der ISOC, dem IAB und dem CORE und je ein Mitglied von der WIPO, der INTA, der ITU und der Hinterlegungstelle für das gTLD-MoU, also ebenfalls der ITU. Die Amtszeit der Mitglieder beträgt im Regelfall drei Jahre.

3. gTLD Policy Advisory Body (PAB)

Die Unterzeichner des gTLD-MoU können an einem gTLD Policy Advisory Body (PAB) mitwirken, der in regelmäßigen Abständen zusammentritt. Aufgabe des PAB ist es dem POC Empfehlungen im Hinblick auf die allgemeine Politik im Zusammenhang mit den gTLDs und dem Domain-Name-System zu unterbreiten und es bei Änderungen des gTLD-MoU oder des CORE-MoU zu beraten.[497]

4. Administrativ Domain Name Challenge Panels (ACPs)

Um kennzeichenrechtliche Konflikte durch die Nutzung von Domain Names zu vermeiden oder zu lösen, sollen Verwaltungsgremien für Einwendungen gegen Domain Names, sogenannte "Administrative Domain Name Challenge Panels" (ACPs), eingerichtet werden.[498] Organisatorisch werden diese ACPs WIPO Arbitration and Mediation Center (WIPO-Center) in Genf zugeordnet. Dieses bestimmt auch die Verfahrensordnung.[499]

IV. Domain-Name-Konfliktbewältigung

Für die Konfliktbewältigung im Zusammenhang mit Domain Names sieht der Plan zwei verschiedene Verfahren vor.

1. WIPO-Schlichtungs- und Schiedsgerichtsverfahren

Zunächst kann jegliche Streitigkeit oder Kontroverse und jegliche Forderung zwischen dem Antragsteller und einem Dritten, die aus einem Registrierungsantrag, der Registrierung selbst oder der Nutzung des Domain Names entsteht oder damit in Zusammenhang steht, aufgrund eines durch diesen Dritten beim WIPO-Center gestellten Schlichtungsantrages einer Online-Schlichtung gemäß den WIPO-Onlineschlichtungsregeln unterworfen

---

[497] Vgl. § 5 des gTLD-MoU, Anlage 5

[498] Vgl. §§ 2 f, 8 des gTLD-MoU, Anlage 5

[499] Vgl. § 8 des gTLD-MoU, Anlage 5; Art. 7 a des CORE-MoU, Anlage 6

werden. Etwas anderes gilt, wenn der Antragssteller eine zwangsweise Unterwerfung unter dieses Verfahren ausdrücklich ablehnt.[500]

Das Verfahren bestimmt sich nach den vom WIPO-Center aufgestellten Schlichtungs- und Schiedsgerichtsbarkeitsregeln bzw. beschleunigten Schiedsgerichtsbarkeitsregeln.[501] Die Angelegenheit kann auf Antrag des Dritten im beschleunigten Schiedsgerichtsverfahren behandelt und endgültig entschieden werden, wenn das Schlichtungsverfahren nicht innerhalb von dreißig Tagen nach Beginn der Schlichtung beigelegt wurde. Dasselbe gilt, wenn eine Partei innerhalb dieses Zeitraums nicht oder nicht mehr an dem Verfahren teilnimmt.[502] Weiter soll das Verfahren überwiegend "Online" abgewickelt werden.[503]

2. Verfahren vor den ACPs

Das gTLD-MoU sieht weiter vor, dass bestimmte[504] Konflikte bezüglich der Zuweisung, Registrierung und Nutzung eines Domain Names durch die ACPs entschieden werden.[505] Die Registerführer sind verpflichtet, eine entsprechende Klausel in ihre Vertragsbedingungen aufzunehmen.[506]

Im Rahmen dieses Verfahrens können nur bestimmte vorgegebene Anträge gestellt werden[507] und der Katalog der möglichen Entscheidungen ist beschränkt[508]. Die Verfahrenseinleitung ist nur innerhalb eines begrenzten Zeitraumes nach Registrierung des Domain Names möglich[509] und für die Verfahrensdurchführung sind sehr kurze Fristen vorgesehen[510]. Eine Berufung ist möglich.[511]

---

[500] Vgl. Art. 7 und Anhang C Nr. 16 des CORE-MoU, Anlage 6

[501] Vgl. Art. 7 und Anhang C Nr. 16 des CORE-MoU, Anlage 6; WIPO Mediation Rules, im Internet abrufbar unter: http://www.wipo.int/eng/arb/rules/mediatio/med_rule.htm; WIPO Arbitration Rules, im Internet abrufbar unter: http://www.wipo.int/eng/arb/rules/arbitrat/arb_rule.htm; WIPO Expedited Arbitration Rules, im Internet abrufbar unter: http://www.wipo.int/eng/arb/rules/expedite/exp_rule.htm

[502] Vgl. Art. 7 und Anhang C Nr. 16 des CORE-MoU, Anlage 6

[503] Vgl. On-Line Dispute Resolution Procedures for Domain Names and Other Intellectual Property Disputes, im Internet abrufbar unter: http://www.wipo.int/eng/arbit/online.htm

[504] Vgl. Ziff. IV und Annex A und B der Substantive Guidelines concerning Administrative Domain Name Panels (Third Revised Draft), im Internet abrufbar unter: http://www.gtld-mou.org/docs/tracps.htm

[505] Vgl. §§ 2 f, 8 des gTLD-MoU, Anlage 5; Art. 7 und Anhang C Nr. 15, 16 des CORE-MoU, Anlage 6

[506] Vgl. Art. 7 und Anhang C Nr. 15, 16 des CORE-MoU,Anlage 6

[507] Vgl. Ziff. III. A der Substantive Guidelines concerning Administrative Domain Name Panels (Third Revised Draft), im Internet abrufbar unter: http://www.gtld-mou.org/docs/tracps.htm

[508] Vgl. Ziff. V A der Substantive Guidelines concerning Administrative Domain Name Panels (Third Revised Draft), im Internet abrufbar unter: http://www.gtld-mou.org/docs/tracps.htm

[509] Vgl. Ziff. III. D der Substantive Guidelines concerning Administrative Domain Name Panels (Third Revised Draft), im Internet abrufbar unter: http://www.gtld-mou.org/docs/tracps.htm

[510] Vgl. Art. 55 WIPO ACP RULES, Draft: WIPO Rules for Administrative Challenge Panel Procedures concerning internet Domain Names, im Internet abrufbar unter: http://www.wipo.int/eng/arbit/acprules.htm

[511] Vgl. Ziff. VII der Substantive Guidelines concerning Administrative Domain Name Panels (Third Revised Draft), im Internet abrufbar unter: http://www.gtld-mou.org/docs/tracps.htm; Art. 59 und Art. 61 WIPO ACP RULES, Draft: WIPO Rules for Administrative Challenge Panel Procedures concerning internet Domain Names, im Internet abrufbar unter: http://www.wipo.int/eng/arbit/acprules.htm

B. Kennzeichenrechtliche Problematik

Ein Vorteil des IAHC-Planes könnte aus kennzeichenrechtlicher Sicht darin bestehen, dass bei einer größeren Zahl von TLDs auch eine größere Zahl von einzigartigen sinnvollen Domain Names möglich wird. Entsprechend wäre zu erwarten, dass der Nachfragedruck auf bestehende gTLDs, insbesondere auf die .com-Domain reduziert wird. Gleichzeit könnte so den Inhabern identischer oder ähnlicher Zeichen eine parallele Nutzung ihrer Zeichen als Domain Name ermöglicht werden, soweit diese beispielsweise mangels Waren-/Dienstleistungsidentität oder -ähnlichkeit bzw. Branchennähe und der deshalb fehlenden Verwechselbarkeit nach §§ 14, 15 MarkenG kennzeichenrechtlich nicht kollidieren. Insoweit könnten zumindest in einem Teilbereich Konflikte vermieden werden.

Allerdings ist fraglich, ob die denkbaren Vorzüge der ngTLDs überhaupt realisiert werden können oder ob sie nicht sogar zu einer Verschärfung der kennzeichenrechtlichen Problematik beitragen können. Dies liegt daran, dass der Plan die außerhalb des Internet bestehenden kennzeichenrechtlichen Strukturen bei der Auswahl der neuen gTLDs eventuell nicht oder nur unzureichend berücksichtigt.

I. Keine Abgrenzung privater und geschäftlicher Betätigung

Das Markenrecht[512] (vgl. §§ 4, 5, 14, 15 MarkenG) und das UWG[513] (vgl. §§ 1, 3, 5, 6 a - 6 e, 12, 16, 18 UWG) stellen maßgeblich darauf ab, ob eine Handlung dem "geschäftlichen Verkehr"[514] zuzuordnen ist. Nur wenn dies der Fall ist, kommt ein Konflikt zwischen zwei Kennzeichen in Betracht. Die neu einzuführende .nom-Domain stellt aber nur darauf ab, ob es sich um einen Personennamen (oder ein persönliches Pseudonym) handelt . Ob der Registrierende mit den unter dem Domain Name abrufbaren Inhalten rein private oder aber geschäftliche Zwecke verfolgt, ist für die Registrierung gleichgültig. Entsprechendes gilt auch für die vorgesehenen Domains .arts, .rec und .info.

Die Chance zum Hinweis auf eine Betätigung im privaten oder im geschäftlichen Bereich bereits durch die Wahl der TLD wird durch die Einführung der .nom-, .rec- oder .info-Domain nicht genutzt. Dies ist besonders für die Kennzeicheninhaber, die sich gegen eine Fremdnutzung ihres Zeichens als Domain Name durch Dritte wehren wollen, misslich. Solange unter einem Domain Name keine konkreten Internetinhalte abrufbar sind, aus denen sich ableiten lässt, ob eine private oder geschäftliche Domain-Name-Nutzung vorliegt, birgt eine gerichtliche Auseinandersetzung um eine Kennzeichennutzung immer das Risiko, dass es sich um eine private Nutzung handelt, gegen die die Abwehransprüche aus dem MarkenG oder UWG nicht greifen. Das entsprechende Kostenrisiko liegt hier vollständig beim Kennzeicheninhaber.

---

[512]Vgl. Ingerl/Rohnke: MarkenG § 14 Rn 34 ff.; Althammer/Klaka: MarkenG § 14 Rn 21, § 15 Rn 3

[513]Vgl. Köhler/Piper: UWG Einf. Rn 156 ff.

[514]Zum Begriff: vgl. BGH GRUR 1953, S. 293 f. - Fleischbezug; GRUR 1964, S. 208 f. - Fernsehinterview; Ingerl/Rohnke: MarkenG § 14 Rn 34 ff.; Althammer/Klaka: MarkenG § 14 Rn 21, § 15 Rn 3; Köhler/Piper: UWG Einf. Rn 156 ff.

II. Keine Abgrenzung nach dem Geschäftsgegenstand

Darüber hinaus bestimmt sich nach §§ 14, 15 MarkenG bei bestehender Zeichenidentität oder -ähnlichkeit die Möglichkeit einer Rechtsverletzung grundsätzlich nach der Waren-/Dienstleistungsidentität oder -ähnlichkeit und der deshalb bestehenden Verwechselbarkeit. Ob es sich um die Herstellung, den Vertrieb oder eine mit der Ware verknüpfte Dienstleistung handelt, spielt hingegen regelmäßig keine Rolle. Dementsprechend kommt eine Verwechslungsgefahr auch zwischen der Herstellung von Waren und dem Verkauf dieser Waren in Betracht.[515] Beispielsweise hat die Rechtsprechung als gleichartig beurteilt: Spirituosen und Verpflegung von Gästen[516], Tee, Speiseeis und Verpflegung von Gästen[517].

Die vorgesehenen neuen Domains .firm und .shop unterscheiden sich hingegen nur dadurch, dass letztere Warenverkäufer als Zielgruppe hat. Die bestehende .com-Domain umfasst die beiden neuen Domains ohnehin. Es wurde die Chance verpasst, den Domain-Name-Inhabern eine Möglichkeit zu geben, bereits durch die Wahl der TLD in kennzeichenrechtlich relevanter Weise auf ihr wirtschaftliches Betätigungsfeld hinzuweisen.

Für einen Kennzeicheninhaber bringen diese neuen TLDs sogar zusätzliche Schwierigkeiten beim Schutz seines Zeichens vor einer unberechtigten Nutzung als Domain Name mit sich. Beispielsweise musste der C.H.Beck Verlag im Bereich der gTLDs bisher im Grunde nur die .com-Domain und wegen seiner eigenen Onlineaktivitäten allenfalls noch die .net-Domain hinsichtlich einer unberechtigten Nutzung seines Zeichens überwachen. Unter den neuen gTLDs muss er nun auch noch die Domains .firm, .shop, .web und .arts kontrollieren. Dies bedeutet zumindest einen erhöhten Aufwand und damit höhere Kosten für den Kennzeicheninhaber.

Hinzu kommt, dass solange unter dem Domain Name keine konkreten Internetinhalte abrufbar sind, aus denen sich eine für das Kennzeichenrecht relevante Waren- oder Branchenzuordnung ableiten lässt, ein Kennzeicheninhaber bei diesen TLDs nur bedingt beurteilen kann, ob eine Kennzeichenverletzung durch einen unter Verwendung seines Zeichens gebildeten Domain Name vorliegt. Bei einer gegebenenfalls erforderlichen gerichtlichen Klärung, trägt der Kennzeicheninhaber insoweit das ganze Prozesskostenrisiko-.

Diese Risiken und Aufwendungen lassen sich seitens der Kennzeicheninhaber nur vermeiden oder zumindest reduzieren, wenn diese ihr Kennzeichen selbst unter allen in Frage kommenden TLDs registrieren lassen. Eine solche Verhaltensweise der betroffenen Unternehmen ist auch nicht unwahrscheinlich. Beispielsweise bietet bereits heute die Registrierungsstelle für die .com-Domain, NSI, pauschal die Registrierung unter bis zu achtzig ccTLDs an.[518] Auf diese Weise wird der eingangs erwähnte Vorteil einer größeren Anzahl möglicher sinnvoller Domain Names wieder zunichte gemacht.

---

[515] Vgl. Ingerl/Rohnke: MarkenG § 14 Rn 301 ff.; Fezer: MarkenG § 14 Rn 396 ff.

[516] Vgl. BPatG GRUR 1983, S. 117, 119 - Schnick-Schnack; GRUR 1992, S. 392 - Parkhotel Landenberg

[517] Vgl. BPatGE 28, S. 161

[518] Informationen hierzu sind im Internet abrufbar unter: http://www.networksolutions.com oder http://netsol.com

IV. Konfliktvermeidung-/ Konfliktentscheidungsmaßnahmen

Inwieweit die vorgesehen Konfliktvermeidungs- bzw. Konfliktentscheidungsmaßnahmen tatsächlich bei der Lösung der kennzeichenrechtlichen Probleme dienlich sein können, wird die Praxis gegebenenfalls noch zeigen müssen. Insbesondere, ob das Verfahren vor den ACPs bzw. der WIPO-Schlichtung oder der WIPO-Schiedsgerichtsbarkeit gegenüber den staatlichen Gerichten eine schnellere oder kostengünstigere Alternative darstellt, ist fraglich. Wettbewerbliche Streitigkeiten werden beispielsweise vor deutschen Gerichten häufig bereits im Verfahren des einstweiligen Rechtsschutzes entschieden, ohne dass noch ein Hauptverfahren durchgeführt würde.[519] Damit steht bereits eine schnelle Verfahrensart zur Verfügung.

Allerdings könnten die vorgeschlagenen Verfahren in gewissem Umfang zur Rechtssicherheit beitragen, da die Streitigkeiten unabhängig vom Sitz der Beteiligten auf der Grundlage einheitlicher Entscheidungskriterien beigelegt werden sollen.[520] Angesichts der grundsätzlich weltweiten Wirkung gerade der gTLDs ist dagegen ein gerichtliches Verfahren mit Unwägbarkeiten verbunden, da das Risiko der Anwendbarkeit einer Vielzahl von Rechtsordnungen besteht.[521] Zudem können durch die Bindung der Registerführer an die Entscheidungen der ACPs usw. doppelte Verfahren (einmal gegen den Domain-Name-Inhaber und zum anderen gegen den Registerführer) oder ein zusätzliches Vollstreckungsverfahren vermieden werden.

Diese Vorteile kommen uneingeschränkt allerdings nur dem beschwerdeführenden Dritten zugute. Nur dieser kann das Verfahren vor den ACPs bzw. der WIPO-Schlichtung oder der WIPO-Schiedsgerichtsbarkeit in Gang setzen. Den Domain-Name-Inhabern steht diese Möglichkeit, mangels vertraglicher Bindung des beschwerdeführenden Dritten, nicht zur Verfügung.

V. Zwischenergebnis

Insgesamt ist davon auszugehen, dass der IAHC-Plan nur wenig zur Lösung der kennzeichenrechtlichen Probleme beitragen könnte.

C. Kartellrechtsproblematik

Ein Vorteil des Vorschlags besteht darin, dass das faktische Monopol der derzeitigen Registrierungsstelle für die gTLDs (NSI) durchbrochen und durch ein System konkurrierender Registerführer ersetzt werden soll. Auf diese Weise wird die Wahrscheinlichkeit einer marktbeherrschenden Stellung eines einzelnen Registerführers und damit die Wahrscheinlichkeit eines Missbrauches dieser marktbeherrschenden Stellung i.S.d. Art. 82 EGV bzw. der §§ 19, 20 KartG reduziert. Allerdings sieht der IAHC-Plan in er-

---

[519] Vgl. Teplitzky: Wettbewerbliche Ansprüche, 7. Aufl., Heymann, Köln 1997, S. 605 Rn 1

[520] Vgl. Substantive Guidelines concerning Administrative Domain Name Panels (Third Revised Draft), im Internet abrufbar unter: http://www.gtld-mou.org/docs/tracps.htm

[521] Vgl. Rüßmann: Wettbewerbshandlungen im Internet, K&R 1998 S. 422 ff. , 427

heblichem Umfang eine Koordinierung der beteiligten Unternehmen vor. Diese Koordination könnte ebenfalls kartellrechtlich problematisch sein. Ferner besteht die Gefahr, dass das bestehende Monopol durch ein Oligopol ersetzt wird. Es stellt sich daher die Frage, ob nicht die im Rahmen des IAHC-Plans vorgesehenen Maßnahmen selbst gegen europäisches Kartellrecht verstoßen. Auf eine gesonderte Prüfung deutschen Kartellrechts wird angesichts des internationalen Zusammenhangs und des Vorrangs des Gemeinschaftsrechts verzichtet.

Kartellrechtswidrige Maßnahmen kommen dabei auf verschiedenen Ebenen in Betracht: zwischen den Unterzeichnern des gTLD-MoU, zwischen den Unterzeichnern des CORE-MoU, zwischen den Mitgliedern des CORE und zwischen der IANA und den Registerführern.

I. Anwendbarkeit europäischen Kartellrechts

Der räumliche Anwendungsbereich der europäischen Wettbewerbsregeln ergibt sich aus Art. 299 EGV und ist im Wesentlichen mit dem Gemeinschaftsgebiet identisch. Nach dem EuGH kommt es sowohl für die Anwendbarkeit des Art. 81 EGV als auch für die des Art. 82 EGV nur darauf an, dass die fraglichen Handlungen auf dem Gemeinsamen Markt wirken.[522] Für eine Anwendung der Wettbewerbsregeln genügt es bereits, wenn Unternehmen mit Sitz außerhalb der Gemeinschaft, Verträge mit Nachfragern innerhalb der Gemeinschaft abschließen.[523]

Das gTLD-MoU hat Unterzeichner aus einer Vielzahl von Staaten, auch aus Mitgliedsstaaten der Gemeinschaft. Als Registrierungsstelle für die neuen gTLDs kommen Bewerber aus aller Welt in Betracht. Tatsächlich haben sich auch eine ganze Reihe von Unternehmen aus dem Gemeinschaftsgebiet beworben und sind Unterzeichner des CORE-MoU und Mitglied des CORE geworden.[524] Die neuen gTLDs sollen für Internetnutzer weltweit, also auch im Bereich des Gemeinsamen Marktes und in Deutschland zugänglich sein. Der IAHC-Plan wirkt sich danach auf das Gemeinschaftsgebiet aus.

II. gTLD-MoU: Bloße Absichtserklärung oder Kartellvereinbarung

Zunächst fragt sich, ob durch das gTLD-MoU nicht ein nach Art. 81 I EGV verbotenes Kartell zwischen den Unterzeichnern geschaffen wird. Nach Art. 81 I EGV sind alle Vereinbarungen zwischen Unternehmen, Beschlüsse von Unternehmensvereinigungen und aufeinander abgestimmte Verhaltensweisen verboten, die eine Verhinderung, Einschränkung oder Verfälschung des Wettbewerbs innerhalb des Gemeinsamen Marktes bezwecken oder bewirken und geeignet sind, den Handel zwischen den Mitgliedsstaaten zu beeinträchtigen.

---

[522] Vgl. EuGH, Slg. 1972, S. 619, 664 - Farbstoffurteil; 1972, S. 772, 837 - Geigy; Slg. 1973, S. 215, 242 - Continental Can

[523] Vgl. EuGH Slg. 1978, S. 207, 287 ff. - United Brands; Slg. 1979, S. 461, 509 ff. - Hoffman-La Roche/Vitamine

[524] Vgl. die Mitgliederliste des CORE, im Internet abrufbar unter: http://www.corenic.org/number.htm

1. Vereinbarung zwischen Unternehmen

Das Kartellverbot des Art. 81 I EGV bezieht sich zunächst auf Vereinbarungen zwischen Unternehmen.

a. Unternehmen

Zu den Unterzeichnern des gTLD-MoU gehören die IANA, die ISOC und eine Vielzahl von Firmen aus unterschiedlichen Branchen aus der ganzen Welt, auch aus Europa und Deutschland.

Die Unternehmereigenschaft der IANA wurde bereits oben festgestellt. Bei vielen der Unterzeichner[525] des gTLD-MoU handelt es sich ebenfalls um eine einheitliche Organisation personeller, materieller und immaterieller Faktoren, mit der auf Dauer ein bestimmter wirtschaftlicher Zweck angestrebt wird und damit um Unternehmen i.S.d. Art. 81 I EGV.[526]

b. Vereinbarung

Das gTLD-MoU ist eine Vereinbarung i.S.d. Art. 81 I EGV, wenn die Unterzeichner eine zwei- oder mehrseitige Übereinkunft treffen, durch die wenigstens einer der Partner zu einem Tun oder Unterlassen verpflichtet wird.[527] Umstritten[528] ist, ob die Vereinbarung für die Beteiligten rechtlich bindend sein muss oder ob auch eine faktische Bindung genügt. Auf eine Entscheidung dieses Streits kommt es aber nicht an, wenn die Beteiligten sich entweder rechtsverbindlich oder weder rechtlich noch faktisch gebunden haben.

Das gTLD-MoU hat inzwischen über zweihundert Unterzeichner, von denen viele Unternehmen sind.[529] Es handelt sich also in jedem Fall um eine mehrseitige Übereinkunft. Die Parteien verpflichten sich beispielsweise zur Einführung neuer gTLDs, zur Errichtung des CORE oder des POC usw..[530]

Fraglich ist jedoch, ob sich die Unterzeichner rechtlich oder faktisch verbindlich verpflichten wollten. Die aus dem angelsächsischen Rechtskreis stammende Bezeichnung der Vereinbarung als "Memorandum of Understanding" gibt diesbezüglich kaum einen Anhaltspunkt. Sie wird regelmäßig im Zusammenhang mit völkerrechtlichen Vereinbarungen oder Abmachungen verwendet.[531] Sie kann aber auch die Bedeutung einer

---

[525] Vgl. die Liste der Unterzeichner, im Internet abrufbar unter: http://www.itu.int/net-itu/gtld-mou/simple.htm

[526] Sogenannter "funktionaler Unternehmensbegriff", EuGH Slg. 1992 II, S. 757 Rn 311 - Shell; Grill in: Lenz, EGV-Kommentar, Vorbem. Art. 85- 90 Rn 29

[527] Vgl. Gleiss/Hirsch: Art. 85 I Rn 74; Grill in: Lenz, EGV-Kommentar, Art. 85 Rn 1; Koch in: Grabitz/Hilf KEU Art. 85 Rn 19

[528] Vgl. zu Streitstand Schröter in: GTE, Art 85 I Rn 40 ff.

[529] Vgl. die Liste der Unterzeichner, im Internet abrufbar unter: http://www.itu.int/net-itu/gtld-mou/simple.htm

[530] Vgl. Sec. 6,7 und 9 des gTLD-MoU, Anlage 5

[531] Vgl. Dietl, Clara-Erika: Wörterbuch für Recht, Wirtschaft und Politik, Teil I, Englisch - Deutsch, 3. Aufl., Beck, München 1985

"informal note or instrument embodying something that the parties desire to fix in memory by the aid of written evidence"[532] haben.

Auch der Wortlaut des gTLD-MoU enthält keine Formulierung, aus der zwingend geschlossen werden könnte, dass auch nur einer der Unterzeichner rechtlich oder faktisch gebunden sein will. Eher das Gegenteil ist der Fall. Im einleitenden Satz heißt es: "the Signatories to this Memorandum of Understanding ("gTLD-MoU") hereby agree to voluntarily cooperate,"[533]. Allerdings wird in der Präambel ebenfalls die Freiwilligkeit betont: "... a self-regulatory structure under a voluntary Memorandum of Understanding (MoU)..." oder "...entities should be invited to voluntarily sign the MoU..." oder "...circulate the gTLD-MoU to the relevant public and private sector entities with an invitation to sign, if they so wish ...".[534] Tendenziell scheint der Wortlaut des gTLD-MoU daher gegen eine rechtliche oder faktische Verbindlichkeit und für eine bloße Absichtserklärung zu sprechen.

Für eine solche Auslegung spricht auch, dass im amerikanischen Rechtskreis die Bindungswirkung einer Absprache verneint wird, wenn es an der Vereinbarung einer Gegenleistung fehlt.[535] Bei vielen der Unterzeichner des gTLD-MoU, vor allem aber bei der IANA, handelt es sich um amerikanische Organisationen. Bei der Auslegung des Willens dieser Organisationen wird man, mangels entgegenstehender Hinweise, berücksichtigen müssen, dass diese von der amerikanischen Rechtstradition geprägt sind. Das gTLD-MoU ist nicht auf einen Leistungsaustausch gerichtet, so dass nach amerikanischem Recht eine vertragliche Bindung nicht in Betracht kommt.[536]

Für das Fehlen einer rechtlichen oder faktischen Bindung spricht aber auch, dass die IANA ihre weitere Zusammenarbeit mit Rücksicht auf das sogenannte "White Paper" der U.S. Regierung[537] einseitig ausgesetzt hat.[538] Das gTLD-MoU bietet keinerlei rechtliche oder faktische Handhabe die IANA zu einer weiteren Mitwirkung zu verpflichten. Ob die IANA ihre Mitwirkung je wieder aufnehmen wird, ist zumindest zweifelhaft. Sie hat jedenfalls erklärt, dass die Entscheidung über die Einführung neuer TLDs sehr wahrscheinlich in den Verantwortungsbereich ihrer Nachfolgeorganisation fallen wird.[539] Die im Rahmen des Reformvorschlags der U.S. Regierung vorgesehene Nachfolgeorganisation der IANA, die Internet Corporation for Assigned Names and Numbers (ICANN), hat ihrerseits wiederum ein Memorandum of Understandig mit dem U.S. Department of

---

[532] Vgl. Black, Henry Campbell: Black's Law Dictionary, 4. Aufl., West Publishing Co., St. Paul, Minn.1951

[533] Vgl. den einleitenden Satz vor Ziff. I des gTLD-MoU, Anlage 5

[534] Vgl. den einleitenden Satz vor Ziff. I des gTLD-MoU, Anlage 5

[535] Vgl. Hay, Peter: Einführung in das Amerikanische Recht, Wissenschaftliche Buchgesellschaft, Darmstadt 1975, S. 54 f.

[536] Vgl. Hay,Peter: a.a.O.

[537] Im "White Paper", im Internet abrufbar unter: http://www.ntia.doc.gov/ntiahome/domainname/6_5_98dns.htm, wird das Rerformvorhaben der U.S. Regierung erläutert und ist insoweit Untersuchungsegenstand des anschließenden fünften Kapitels.

[538] Vgl. IANA Statement on New Generic TLDs, im Internet abrufbar unter: http://www.iana.org/new-gtld-statement.html

[539] Vgl. IANA Statement on New Generic TLDs, im Internet abrufbar unter: http://www.iana.org/new-gtld-statement.html

Commerce unterzeichnet, das die eigenständige Entwicklung von Anforderungen für die Einführung neuer TLDs und einer geteilten Registrierungsverantwortung vorsieht.[540]

Demnach ist die IANA offenbar weder rechtlich noch faktisch gebunden. Es spricht auch nichts dafür, dass sich die anderen Unterzeichner in einem stärkeren Maße binden wollten als die IANA. Das gTLD-MoU stellt also keine für die Unterzeichner (rechtlich oder faktisch) verbindliche Vereinbarung, sondern nur eine unverbindliche Absichtserklärung dar.

2. Abgestimmte Verhaltensweise

Hinsichtlich des gTLD-MoU fehlt es zwar an einem rechtlichen oder faktischen Bindungswillen der Unterzeichner. Möglicherweise haben sie aber ihr Verhalten entsprechend den Bestimmungen des Memorandums aufeinander abgestimmt. Nach Art. 81 I EGV sind Vereinbarungen, Beschlüsse von Unternehmensvereinigungen und abgestimmte Verhaltensweisen gleichermaßen verboten.[541] Nur reines Parallelverhalten (auch ein bewusstes) ist im Hinblick auf Art. 81 I EGV unbeachtlich.[542]

Eine aufeinander abgestimmte Verhaltensweise i.S.d. Vorschrift ist eine Form der Koordinierung zwischen Unternehmen, die zwar noch nicht bis zum Abschluss eines Vertrages im eigentlichen Sinne gediehen ist, jedoch bewusst eine praktische Zusammenarbeit an die Stelle des mit Risiken verbundenen Wettbewerbs treten lässt.[543] Dies folgt aus der Grundidee der Wettbewerbsvorschriften des Vertrages, nach der jeder Unternehmer selbständig zu bestimmen hat, welche Geschäftspolitik er auf dem Gemeinsamen Markt zu betreiben gedenkt.[544] Dieses "Selbständigkeitspostulat" beseitigt nicht das Recht der Unternehmen, sich dem festgestellten oder erwarteten Verhalten ihrer Mitbewerber mit wachem Sinn anzupassen. Es steht nur strikt jeder unmittelbaren oder mittelbaren Fühlungsnahme zwischen Unternehmen entgegen, die bezweckt oder bewirkt, entweder das Marktverhalten eines gegenwärtigen oder potentiellen Wettbewerbers zu beeinflussen oder einen solchen Mitbewerber über das Marktverhalten, das man selbst an den Tag zu legen entschlossen ist, ins Bild zu setzen.[545]

Entsprechend wird man ein abgestimmtes Verhalten dann nicht annehmen können, wenn ein Unternehmen einseitig auf Wünsche des Marktes reagiert und sein Verhalten den Erfordernissen des Marktes anpasst. Dies gilt um so mehr, wenn das Unternehmen sich nicht am Verhalten seiner Wettbewerber, sondern an den Wünschen seiner Zielgruppe orientiert. Das muss auch dann gelten, wenn ein Unternehmen zuvor aktiv die Wünsche seiner Zielgruppe ermittelt.

Der IAHC-Vorschlag geht zurück auf einen vom inzwischen verstorbenen Leiter der IANA, Jon Postel, formulierten Plan, den dieser allgemein zur Diskussion gestellt hat. Auch wenn die IANA die Ergebnisse dieser Diskussion in einem rechtlich und faktisch

---

[540] Vgl. Memorandum of Understanding, Dept. of Commerce and ICANN, im Internet abrufbar unter: http://www.ntia.doc.gov/ntiahome/domainname/icann-memorandum

[541] So auch Grill in: Lenz, EGV-Kommentar Art. 85 Rn 1

[542] Vgl. EuGH, Slg. 1972, S. 619, 658 - ICI; Komm. ABl.-EG 1984 L 220/27, 39 Zink

[543] Vgl. EuGH Slg. 1972, S. 619 Rn 64/67; Gleiss/Hirsch: Art. 85 I Rn 90 ff.; Grill in: Lenz, EGV-Kommentar Art. 85 Rn 5; Koch in: Grabitz/Hilf KEU Art. 85 Rn 26

[544] Vgl. EuGH, Slg. 1975, S. 1663, 1665 - Suiker Unie

[545] Vgl. EuGH, Slg. 1975, S. 1663, 1665 - Suiker Unie; Slg. 1985, S. 2015, 2039 - Binon; Langen/Bunte: Art 85 GenPrinz Rn 28

unverbindlichen Memorandum of Understanding fixiert, reagiert sie damit nur einseitig auf die Wünsche ihrer Zielgruppe. Das ist aber kartellrechtlich unbedenklich, auch wenn sie sich damit auf Wünsche von Unternehmen einstellt, weil auch diese zur Zielgruppe gehören. Soweit die IANA entsprechend den Bestimmungen des gTLD-MoU vorgeht, handelt es sich nicht um eine Verhaltensabstimmung i.S.d. Art. 81 I EGV, sondern um eine einseitige Reaktion auf die Erfordernisse des Marktes.

3. Zwischenergebnis

Das gTLD-MoU stellt mangels rechtlicher oder faktischer Bindungswirkung für die Beteiligten keine Vereinbarung i.S.d. Art. 81 I EGV dar. Vielmehr handelt es sich insoweit um einseitige Absichtserklärungen. An einer Verhaltensabstimmung i.S.d. Art. 81 I EGV fehlt es schon deshalb, weil sich die IANA selbst nicht gemäß dem Vereinbarten verhält. Das gTLD-MoU stellt daher kein verbotenes Zusammenwirken von Unternehmen i.S.d. Art. 81 I EGV dar und ist deshalb kartellrechtlich zulässig.

III. Das CORE-MoU als Kartellvereinbarung

Der IAHC-Plan bzw. das gTLD-MoU sieht vor, dass alle Registerführer für die ngTLDs das CORE-MoU unterzeichnen müssen. Im CORE-MoU bzw. in seinen Anhängen wird unter anderem geregelt, welche Voraussetzungen die (potentiellen) Registerführer erfüllen und welche Bestimmungen die Registerführer mindestens in ihre Vertragsbedingungen aufnehmen müssen sowie nach welchen Regeln gegebenenfalls die ACPs entscheiden sollen. Im CORE-MoU wird ferner festgelegt, dass die Unterzeichner das CORE errichten bzw. Mitglied werden und die Dienste des CORE in Anspruch nehmen müssen.

Auch durch das CORE-MoU wird möglicherweise ein nach Art. 81 I EGV verbotenes Kartell errichtet. Nach Art. 81 I EGV sind alle Vereinbarungen zwischen Unternehmen, Beschlüsse von Unternehmensvereinigungen und aufeinander abgestimmte Verhaltensweisen verboten, die eine Verhinderung, Einschränkung oder Verfälschung des Wettbewerbs innerhalb des Gemeinsamen Marktes bezwecken oder bewirken und geeignet sind den Handel zwischen den Mitgliedsstaaten zu beeinträchtigen.

1. Vereinbarung zwischen Unternehmen

Das Kartellverbot des Art. 81 I EGV bezieht sich zunächst auf Vereinbarungen zwischen Unternehmen.

a. Unternehmen

Unternehmen im Sinne der Vorschrift ist "jede eine wirtschaftliche Tätigkeit ausübende Einheit, unabhängig von ihrer Rechtsform und der Art ihrer Finanzierung".[546]

---

[546]EuGH Slg. 1991, S. 1979 Rn. 21 - Höfner und Elser; Grill in: Lenz, EGV-Kommentar, Vorbem. Art. 85- 90 Rn 29

Als Unterzeichner des CORE-MoU sind nach Art. 4 CORE-MoU nur zukünftige Registerführer vorgesehen. Die bisher existierenden Registrierungsstellen erbringen ihre Dienste derzeit überwiegend gegen Entgelt.[547] Es gibt auch keine Hinweise, dass die neuen Registerführer unentgeltlich tätig werden wollen. Zu den anerkannten Bewerben für das CORE-MoU und damit zu den tatsächlichen oder potentiellen Unterzeichnern gehören auch die DENIC eG oder die Deutsche Telekom AG, deren Unternehmereigenschaft bereits festgestellt[548] wurde bzw. nicht zweifelhaft ist. Bei den Unterzeichner des CORE-MoU handelt es sich demnach typischerweise um Unternehmen i.S.d. Vorschrift.

b. Vereinbarung

Eine Vereinbarung i.S.d. Art. 81 EGV ist das CORE-MoU, wenn es sich dabei um eine zwei- oder mehrseitige Übereinkunft handelt, durch die wenigstens einer der Partner zu einem Tun oder Unterlassen verpflichtet wird.[549]

Die Unterzeichner des CORE-MoU verpflichten sich unter anderem gegenseitig Mitglied des CORE zu werden und bei der Registrierung von Domain Names die im CORE-MoU und seinen Anhängen festgelegte Bedingungen zu beachten. Anders als beim gTLD-MoU könnte sich hier aber aus dem Inhalt des CORE-MoU ergeben, dass die Beteiligten sich rechtlich binden wollen.

Art. 9 CORE-MoU regelt das Entstehen von Ansprüchen zwischen den Beteiligten aus dem Memorandum. Auf solche Ansprüche und auf das CORE-MoU allgemein soll das Recht der Schweiz anwendbar sein. Alle Streitigkeiten, Kontroversen oder Forderungen sollen nach Art. 8 e und 9 f CORE-MoU durch ein Schlichtungsverfahren gemäß den UNCITRAL-Schiedsgerichtsverfahrensregeln beigelegt werden. Ein Verstoß gegen die Bestimmungen des CORE-MoU kann nach Art. 4 b CORE-MoU vom POC durch Entzug der Registrierungsbefugnis geahndet werden. Dies alles setzt die rechtliche Verbindlichkeit der Bestimmungen des CORE-MoU für die Beteiligten voraus. Beim CORE-MoU handelt es sich daher um eine Vereinbarung i.S.d. Art. 81 I EGV

2. Wettbewerbsbeschränkung

Die in Art. 81 I EGV genannten Maßnahmen sind nur verboten, wenn sie eine Verhinderung, Einschränkung oder Verfälschung des Wettbewerbs innerhalb des Gemeinsamen Marktes bezwecken oder bewirken.

a. Beschränkung der Handlungsfreiheit mit Drittwirkung

Eine Wettbewerbsbeeinträchtigung kommt nach verbreiteter Ansicht in Betracht, wenn die wirtschaftliche Handlungsfreiheit der an einer Vereinbarung oder Verhaltensabstim-

---

[547] Vgl. die Registrierungsstellen für die .de-Domain, die bereits Gegenstand dieser Untersuchung war.

[548] Vgl. oben: Zweites Kapitel, C. I

[549] Vgl. Gleiss/Hirsch: Art. 85 I Rn 74; Grill in: Lenz, EGV-Kommentar, Art. 85 Rn 1; Koch in: Grabitz/Hilf KEU Art. 85 Rn 19

mung beteiligten oder durch einen Beschluss betroffenen Unternehmen eingeschränkt wird und sich dies auf deren Verhältnis zu Dritten oder zwischen Dritten auswirkt.[550]

aa. einheitliche Geschäftsbedingungen

Die Unterzeichner des CORE-MoU vereinbaren nach Art. 6 und 7 i.V.m. Anhang B und C CORE-MoU die Verwendung zumindest teilweise einheitlicher Geschäftsbedingungen. Sie verzichten damit auf die Möglichkeit der Vereinbarung abweichender Konditionen und schränken dadurch ihre wettbewerbliche Handlungsfreiheit ein.

bb. Verbot des Domain-Name-Handels

Weiter verpflichten sie sich nach Art. 5 i CORE-MoU, keine SLDs in den ngTLDs für ihre eigenen Kunden oder für Kunden eines verbundenen Unternehmens zum Zweck des Handelns mit SLDs zum Zweck des Verkaufs, Wiederverkaufs oder der Übertragung auf Antragsteller einzurichten. Dies betrifft ihre Rolle als Anbieter von Registrierungsdienstleistungen. Auch hier beschränken die Beteiligten ihre wettbewerbliche Handlungsfreiheit.

cc. CORE

Darüber hinaus verpflichten sich die Beteiligten nach Art. 5 CORE-MoU zur Errichtung des, zur Mitgliedschaft im und zur Inanspruchnahme der Dienste des CORE. Unklar ist noch, ob der CORE unmittelbarer Vertragspartner der IANA werden und eine selbständige Zwischenhändlerfunktion gegenüber der IANA und den Registerführern übernehmen soll oder ob der CORE nur eine gemeinsame Betriebsorganisation der Registerführer ist. Die Unterzeichner verzichten, je nach der gewählten Alternative, auf die Möglichkeit selbständig, entweder als Nachfrager oder als Anbieter, aufzutreten. Ohne die Vereinbarung käme jeder der Unterzeichner selbst als Vertragspartner in Betracht, denn grundsätzlich sind die technischen und organisatorischen Anforderungen an einen Registerführer nach dem IAHC-Plan keine anderen als an eine Registrierungsstelle bisher. Diese Anforderungen umfassen auch die Fähigkeit zum Betrieb einer Registrierungsdatei. Ob die Handlungsfreiheit der Beteiligten im Angebots- oder im Nachfragebereich beschränkt wird, ist unerheblich.[551]

dd. Drittwirkung

Die Vereinbarung einheitlicher Geschäftsbedingungen schränkt die Auswahlmöglichkeiten registrierungswilliger Dritter ein und ebenso die Verpflichtung keine SLDs zum Zwecke des Handelns zu registrieren. Insoweit ist eine Drittwirkung unproblematisch gegeben.

---

[550] Sog. "Selbständigkeitspostulat", vgl. EuGH Slg. 1975, S. 1663 Rn 173, 174 - Suiker Unie; Slg. 1993 S. 1307 Rn 63 - Ahlström; Emmerich in: Imm/Mest: WbR-EG, Art. 85 I A Rn 140; Gleiss/Hirsch: Art. 85 I Rn 133 ff.; Koch in: Grabitz/Hilf, Art 85 Rn 45 ff.

[551] Vgl. Komm. ABl.-EG 1983 L 376/11, 13 - VW/MAN; EuGH Slg. 1981, S. 851, 867 Coöperatieve Stremsel - en Kleurselfabrieck; Gleiss/Hirsch: Art 85 I Rn 120; Emmerich in: Imm/Mest: EG-WbR, Art 85 I A Rn 149

Für den Fall, dass der CORE Vertragspartner der IANA werden sollte, würden die Auswahlmöglichkeiten der IANA eingeschränkt. Dessen Errichtung hätte damit Drittwirkung.

Soweit die zweite Alternative Anwendung finden soll und die Registerführer selbst und nicht das CORE Vertragspartner der IANA werden, haben die vereinbarten Maßnahmen ebenfalls Drittwirkung. Durch die Errichtung des CORE und durch die Verpflichtung zur Inanspruchnahme der Dienste des CORE wird den Unterzeichnern des CORE-MoU und anderen Unternehmen, die in der Lage wären, die Verwaltung einer Registrierungsdatei für die Registerführer zu übernehmen, der Marktzutritt verwehrt.

c. Ausnahmen

Allerdings stellt nicht jede Beschränkung der Handlungsfreiheit der Beteiligten mit Drittwirkung automatisch eine verbotene Wettbewerbsbeschränkung dar.[552] Eine verbotene Wettbewerbsbeschränkung liegt beispielsweise nicht vor, wenn nicht schützenswerter Wettbewerb beschränkt wird[553] oder wenn die Beteiligten durch die getroffenen Maßnahmen neuen Wettbewerb erst ermöglichen ohne vorhandenen Wettbewerb einzuschränken oder andernfalls möglichen Wettbewerb zu verhindern[554] oder weil es sich um eine sogenannte "kartellfreie Kooperation" handelt[555]

aa. Nicht schützenswerter Wettbewerb

Durch das Verbot des Art. 5 i CORE-MoU, mit Domain Names Handel zu betreiben bzw. bei einem solchen Handel mitzuwirken, wollen die Beteiligten möglicherweise nur bestimmte rechtswidrige oder unlautere Praktiken verhindern. Das Gleiche gilt für die Verpflichtung zum Angebot eines einheitlichen Streitschlichtungsverfahrens nach Art. 7 i.V.m. Anhang D CORE-MoU.

Unlauterer oder rechtswidriger Wettbewerb ist nicht schützenswert.[556] Darunter ist Wettbewerb zu verstehen, der gegen nationale Lauterkeitsregeln verstößt oder gewerbliche Schutzrechte verletzt.[557] Die zur Abwehr des unlauteren oder nicht leistungsgerechten Wettbewerbs ins Auge gefassten Maßnahmen haben sich aber auf das unerlässliche Maß zu beschränken, damit der freie Warenverkehr und der Wettbewerb möglichst wenig beeinträchtigt werden.[558]

Der Handel mit Domain Names ist keineswegs a priori unlauter. Etwas anderes könnte allenfalls dann gelten, wenn der Domain-Name-Händler dabei die Kennzeichenrechte anderer verletzt und deshalb rechtswidrig handelt. Die Unterzeichner verpflichten sich aber nicht nur, den Domain-Name-Handel mit kennzeichenrechtsverletzenden Domain Names zu unterlassen oder nicht zu fördern, sondern jeglichen Domain-Name-Handel.

---

[552] Vgl. Vgl. EuGH Slg. 1966, S. 281, 302 - Maschinenbau Ulm; Grill in: Lenz, EGV-Kommentar, Art. 85 Rn 10; Gleiss/Hirsch: Art. 85 I Rn 139 f.; Koch in: Grabitz/Hilf, Art 85 Rn 71 ff.

[553] Vgl. Komm. ABl.-EG 1970 L 148/9, 11 - ASPA; Gleiss/Hirsch: Art 85 I Rn 174 ff. m.w.N.; Langen/Bunte. Art 85 Gen.Prinz. Rn 42 f.

[554] Vgl. Schröter in: GTE: Art 85 I Rn 78 ff. m.w.N.

[555] Vgl. Gleiss/Hirsch: Art 85 I Rn 414 ff.; Langen/von Stoephasius: Art 85 Fallgruppen Rn 1 ff.

[556] Vgl. EuGH, Slg. 1988, S. 2117, 2186 - Belasco; Komm. ABl.-EG 1990 L 21/71, 76 Bay-n-ox

[557] Vgl. Langen/Bunte: Art 85 Gen.Prinz. Rn 42; Gleiss/Hirsch: Art. 85 I Rn 175 ff.

[558] Vgl. Langen/Bunte: Art 85 Gen.Prinz. Rn 44

Die Vereinbarung dient also nicht oder nicht nur der Verhinderung nicht geschützten Wettbewerbs.

Das einheitliche Angebot eines Streitschlichtungsverfahrens soll möglicherweise nur die Vorgaben aus § 2 f gTLD-MoU und Art. 2 f CORE-MoU umsetzen und die identische oder ähnliche Nutzung eines international bekannten Zeichens durch einen Nichtberechtigten verhindern. Problematisch hierbei ist schon, dass das Markenrecht den Begriff des international bekannten Zeichens nicht kennt. Allerdings wird ein international bekanntes Zeichen regelmäßig auch im Inland bekannt sein und die unbefugte Nutzung eines im Inland bekannten Zeichens ist beispielsweise nach §§ 14 II Nr. 3, 15 III MarkenG untersagt. § 2 f gTLD-MoU und Art. 2 f CORE-MoU zielen insoweit tatsächlich auf die Verhinderung eines rechtswidrigen Wettbewerbs.

Das einheitliche Angebot eines Streitschlichtungsverfahrens nach Art. 7 i.V.m. Anhang C Ziff. 15, 16 und Anhang D setzt die Vorgaben des § 2 f gTLD-MoU und Art. 2 f CORE-MoU jedoch nur bedingt um. Das Verfahren verhindert nämlich zunächst nicht die unbefugte Nutzung eines international bekannten Zeichens, sondern stellt nur einheitlich ein Verfahren für die Beilegung von kennzeichenrechtlichen Streitigkeiten zur Verfügung. Dies dient allenfalls mittelbar der Verhinderung rechtswidrigen Wettbewerbs.

Das mit dem Streitschlichtungsverfahren verfolgte Ziel, Dritten die Möglichkeit zu geben, sich nachträglich gegen die Verletzung ihrer Kennzeichenrechte zu wehren, ist regelmäßig bereits durch die nationalen Rechtsordnungen der europäischen Gemeinschaft gewährleistet, wie §§ 14 II Nr. 3, 15 III MarkenG und Art. 5 II, III MarkenRL[559] zeigen. Die vereinbarten Maßnahmen sind also nicht das einzig denkbare Mittel zur Verwirklichung des angestrebten Ziels, der nachträglichen Verhinderung bzw. Beseitigung einer unzulässigen Kennzeichennutzung als Domain Name.

Nach ständiger Praxis von Kommission und EuGH müssen sich durch unlautere Praktiken betroffene Unternehmen an die nationalen Gerichte oder Behörden wenden, um die Wettbewerbsverstöße mit Hilfe des nationalen Rechtes abzuwehren.[560] Ein Verstoß gegen Art. 81 I EGV kann hier also nicht damit gerechtfertigt werden, die Absprache solle indirekt unlauteres Verhalten verhindern.

bb. Schaffung neuen Wettbewerbs

Das DNS ist bisher dadurch gekennzeichnet, dass die Registrierung unter einer TLD immer nur bei einer Registrierungsstelle möglich ist. Hier versucht der IAHC-Plan Abhilfe zu schaffen. Es sollen grundsätzlich mehrere Registerführer zur Durchführung von Domain-Name-Registrierungen unter einer TLD berechtigt sein. Es gehört jedoch zu den Besonderheiten des DNS, dass dies nur möglich ist, wenn die verschiedenen Registerführer ihre Tätigkeit koordinieren. Die Funktionsfähigkeit des DNS setzt die Einmaligkeit eines Domain Names voraus.[561] Bei einer unkoordinierten Registrierung durch mehrere Registerführer besteht die Gefahr von Mehrfachregistrierungen. Eine Vereinbarung der Beteiligten, die notwendig ist, um diese Gefahr auszuschließen, ist daher gleichzeitig notwendig, um neuen Wettbewerb überhaupt erst zu ermöglichen.

---

[559] Erste Richtlinie des Rates zur Angleichung der Rechtsvorschriften der Mitgliedsstaaten über die Marken (89/104/EWG) ABl-EG 1989 L 40/1

[560] Vgl. Komm. ABl.-EG 1985 L 19/17, 23 - Grohe; ABl.-EG 1985 L 20/38, 44 - Ideal-Standard; EuGH, Slg. 1984, S. 19, 63 - VBVB; Gleiss/Hirsch: Art. 85 I Rn 178

[561] Vgl. dazu bereits oben: Erstes Kapitel, D. III. 2. b.

Eine Maßnahme, die neuen Wettbewerb erst ermöglicht, ohne vorhandenen Wettbewerb einzuschränken oder andernfalls möglichen Wettbewerb zu verhindern, unterliegt nicht dem Kartellverbot des Art 81 I EGV.[562]

Die einfachste und gleichzeitig zuverlässigste Möglichkeit, Mehrfachregistrierungen zu vermeiden, ist sicher die von den Beteiligten gewählte. Es gibt für jede TLD eine zentrale, für alle verbindliche Datei (Hinterlegungsdatei), und alle Registerführer sind berechtigt und verpflichtet, von ihnen registrierte Domain Names in diese Datei einzutragen. Auf diese Weise werden Doppelregistrierungen ebenso wirkungsvoll vermieden wie nach dem bisherigen System, das nur einen Registerführer kennt. Soweit die Beteiligten sich in Art. 5 und 6 CORE-MoU zu einer entsprechenden Koordination verpflichten, ist dies erforderlich, um neuen Wettbewerb zu schaffen und verstößt nicht gegen Art. 81 I EGV.

Diese Privilegierung erfasst beispielsweise auch die Einigung über Maßnahmen und technische Protokolle für die Interaktion zwischen den Registerführern und der Hinterlegungsdatei nach Art. 5 e CORE-MoU. Die Vereinbarung der Beteiligten, mit der Aufgabe der Dateiverwaltung ein Drittunternehmen, den CORE, zu beauftragen und damit gleichzeitig alle anderen Unternehmen auszuschließen, stellt dabei nur die kartellrechtlich unerhebliche Ausübung der Handlungsfreiheit der Beteiligten dar.[563]

Einige der zwischen den Beteiligten getroffenen Vereinbarungen, insbesondere die in Art. 6 und 7 i.V.m. Anhang B, C und D CORE-MoU vorgesehene Abstimmung ihrer Geschäftsbedingungen, gehen aber weit über das hinaus, was zur Vermeidung von Doppelregistrierungen erforderlich ist. Beispielsweise soll einem Antragssteller einheitlich das Angebot einer bis zu sechzigtägigen Vorveröffentlichungsfrist oder einheitlich das Angebot eines Streitschlichtungsverfahrens gemacht werden. Darüber hinaus sollen die Registerführer einheitliche Haftungsfreizeichnungs- und Haftungsfreistellungsklauseln verwenden. Alle diesbezüglichen Bestimmungen des CORE-MoU und seiner Anhänge werden nach den dargestellten Kriterien von Art. 81 I EGV erfasst.

cc. Kartellfreie Kooperationen

Die kartellrechtliche Praxis hat eine ganze Reihe von Formen der Kooperation zwischen Wettbewerbern erarbeitet, die typischerweise nicht gegen Art. 81 I EGV verstoßen. Für diese Formen der Zusammenarbeit hat sich der Begriff "kartellfreie Kooperationen" eingebürgert.[564] In der sogenannten "Kooperationsbekanntmachung" hat die Kommission hierzu eine Zusammenstellung veröffentlicht.[565]

So unterliegen beispielsweise Arbeitsgemeinschaften nicht dem Kartellverbot. Allerdings nur, wenn die beteiligten Unternehmen allein nicht in der Lage sind, die Aufgabe

[562] Vgl. Schröter in: GTE: Art 85 I Rn 78 ff. m.w.N.

[563] Vgl. Gleiss/Hirsch: Art 85 I Rn 139 ff.; Schröter in: GTE Art 85 I Rn 84; Koch in: Grabitz/Hilf: Art 85 Rn 70 f.

[564] Vgl. Gleiss/Hirsch: Art 85 I Rn 414

[565] Bekanntmachung über Vereinbarungen, Beschlüsse und aufeinander abgestimmte Verhaltensweisen, die eine zwischenbetriebliche Zusammenarbeit betreffen, ABl-EG 1968 C 75/3; berichtigt in ABl-EG 1968 C 84/14

zu übernehmen.[566] Dies gilt auch dann, wenn die Bildung der Arbeitsgemeinschaft mit der Gründung eines Gemeinschaftsunternehmens verbunden ist.[567]

Es stellt sich daher die Frage, ob es sich bei dem Zusammenwirken der Unterzeichner im Rahmen des CORE-MoU um eine solche kartellfreie Kooperation handelt.

Es wurde bereits festgestellt, dass die Tätigkeit der Registerführung in technischer und organisatorischer Hinsicht regelmäßig keine höheren Anforderungen an ein Unternehmen stellt, als die Aufgabe des Registerführers. Auch ein Registerführer muss in der Lage sein Registrierungsdateien zu verwalten. Dementsprechend wären die Unterzeichner des CORE sehr wohl in der Lage, dessen Aufgabe zu übernehmen. Der Arbeitsgemeinschaftsgedanke ist daher hier nicht anwendbar.

Soweit der CORE nur als Betriebsunternehmen für die Hinterlegungsdateien dient, besteht eine gewisse Parallele zur gemeinsamen Benutzung von Produktions-, Lager- und Transporteinrichtungen, die nach Ziff. II.4 Kooperationsbekanntmachung[568] unter bestimmten Umständen ebenfalls nicht unter Art. 81 I EGV fallen sollen.[569] Allerdings ist bei Absprachen, die über eine organisatorische und technische Regelung der Anlagennutzung hinausgehen oder den Betrieb eines Gemeinschaftsunternehmens vorsehen, eine Einzelfallprüfung erforderlich.[570]

Der CORE soll nach Art. 5 c CORE-MoU die Anträge derer bearbeiten, die Registerführer werden wollen oder nach Art. 5 d CORE-MoU kontrollieren und durchsetzen, dass die Registerführer die Vorgaben des CORE-MoU einhalten. Darüber hinaus soll der CORE nach Art. 5 g CORE-MoU den POC finanziell unterstützen. All diese Maßnahmen stehen in keinem Zusammenhang mit dem Betrieb einer Hinterlegungsdatei, sondern dienen der Umsetzung des CORE-MoU und der Koordination der Unterzeichner. Die Vereinbarungen über die Errichtung des CORE weisen diesem also Aufgaben zu, die über eine organisatorische und technische Regelung der Anlagennutzung hinausgehen. Demgemäss bleibt Art. 81 I EGV hier anwendbar.

Die Vereinbarungen über die Errichtung und Nutzung des CORE im Rahmen des CORE-MoU stellen damit insgesamt keine kartellfreie Kooperation dar.

dd. Rule of Reason

Die von den Unterzeichnern vereinbarten Maßnahmen sind aber keineswegs a priori auf eine Benachteiligung ihrer Abnehmer gerichtet. Beispielsweise soll die Möglichkeit einer Vorveröffentlichung eines Registrierungsantrages Dritten und den Antragstellern die Chance geben, Streitigkeiten zu klären, noch bevor es zu einer Kennzeichenverletzung

---

[566] Vgl. Bekanntmachung über Vereinbarungen, Beschlüsse und aufeinander abgestimmte Verhaltensweisen, die eine zwischenbetriebliche Zusammenarbeit betreffen, ABl-EG 1968 C 75/3; berichtigt in ABl-EG 1968 C 84/14, Ziff. II. 5; Komm. ABl-EG 1988 L 311/36, 38; Gleiss/Hirsch: Art 85 I Rn 473; Langen/von Stoephasius: Art 85 Fallgruppen Rn 31

[567] Langen/von Stoephasius: Art 85 Fallgruppen Rn 31

[568] Bekanntmachung über Vereinbarungen, Beschlüsse und aufeinander abgestimmte Verhaltensweisen, die eine zwischenbetriebliche Zusammenarbeit betreffen, ABl-EG 1968 C 75/3; berichtigt in ABl-EG 1968 C 84/14

[569] Vgl. 13 WB 1983 Ziff. 130 f. - Servicelager

[570] Vgl. Bekanntmachung über Vereinbarungen, Beschlüsse und aufeinander abgestimmte Verhaltensweisen, die eine zwischenbetriebliche Zusammenarbeit betreffen, ABl-EG 1968 C 75/3; berichtigt in ABl-EG 1968 C 84/14, Ziff. II. 4; Komm. ABl-EG 1988 L 311/36, 38; Gleiss/Hirsch: Art 85 I Rn 489; Langen/von Stoephasius: Art 85 Fallgruppen Rn 30

gekommen ist. Auch das Streitschlichtungsverfahren soll den potentiellen Parteien einer Kennzeichenstreitigkeit die Möglichkeit einer kostengünstigen und vor allem schnellen Konfliktbereinigung bieten.

Unter dem aus dem amerikanischen Antitrustrecht stammenden Stichwort "rule of reason" wurde verschiedentlich gefordert, dass solche positiven Aspekte in die Beurteilung der Zulässigkeit einer Wettbewerbsbeschränkung miteinbezogen werden und nur "unreasonable restraints" verboten sein sollen.[571]

Dem wird jedoch von der herrschenden Meinung zu Recht entgegengehalten, dass Art. 81 I EGV nicht nach positiven oder negativen Aspekten einer Wettbewerbsbeschränkung unterscheidet. Dahinter steht das Vertrauen, dass sich die für den Verbraucher günstigen Marktbedingungen durchsetzen werden, wenn die Wettbewerbsmöglichkeiten ausreichend geschützt sind und dass im übrigen Art. 81 III EGV genügend Raum für die Berücksichtigung positiver Aspekte einer Verhaltensabstimmung lässt.[572]

3. Zwischenstaatlichkeitsklausel

Die wettbewerbsbeschränkenden Vereinbarungen des CORE-MoU, insbesondere die Vereinbarung weitgehend einheitlicher Geschäftsbedingungen für die Registrierung von Domain Names unter den ngTLDs, sind nach Art. 81 I EGV nur verboten, wenn sie geeignet sind, den Handel zwischen den Mitgliedsstaaten spürbar zu beeinträchtigen.

a. Eignung zur Handelsbeeinträchtigung

Eine Eignung zur Handelsbeeinträchtigung ist immer dann anzunehmen, wenn sich anhand einer Gesamtheit objektiver, rechtlicher oder tatsächlicher Umstände mit hinreichender Wahrscheinlichkeit voraussehen lässt, dass die Vereinbarung unmittelbar oder mittelbar, tatsächlich oder potentiell den Geschäftsverkehr zwischen Mitgliedsstaaten beeinflussen und dadurch die Errichtung eines einheitlichen Marktes zwischen den Mitgliedsstaaten behindern kann.[573]

Handel im Sinne der Vorschrift ist nach allgemeiner Ansicht der gesamte grenzüberschreitende Wirtschaftsverkehr und erfasst sowohl den Güter- als auch den Dienstleistungsverkehr.[574] Der zwischenstaatliche Handel wird insbesondere durch solche Praktiken beeinträchtigt, die der Verwirklichung der Ziele eines einheitlichen Marktes zwischen den Mitgliedsstaaten nachteilig sein können, indem insbesondere die nationalen Märkte abgeschottet oder die Wettbewerbsstrukturen im Gemeinsamen Markt verändert werden.[575]

---

[571] Vgl. zum Begriff im amerikanischen Antitrustrecht und zum Streitstand: Ackermann, Art. 85 1 EGV und die rule of reason, S. 11 ff., 53 ff.; Joliet: The rule of reason in antitrust law, insbesondere S. 184 f.; Schöter in: GTE: Art 85 I Rn 82 m.w.N.

[572] Vgl. Emmerich in: Imm/Mest: WbR-EG, Art. 85 I A Rn 257 ff.; Koch in: Grabitz/Hilf: Art 85 Rn 103 ff.; Langen/Bunte: Art 85 GenPrin Rn 41; Schöter in: GTE: Art 85 I Rn 82

[573] Vgl. EuGH Rs. 56/65, Slg. 1966 S. 282, 303 - Maschinenbau Ulm; Slg. 1966, S. 322, 389 - Grundig/Consten; Slg. 1980, S. 3775, 3791 - L'Oreal; Koch in: Grabitz/Hilf: KEU, Art 85 Rdnr. 91; Schröter in: GTE, Art. 85 Rdnr. 169 f.

[574] Vgl. Koch in: Grabitz/Hilf: KEU, Art 85 Rdnr. 90 m.w.N.

[575] Vgl. EuGH Slg. 1979 S. 1869, 1899 - Hugin; Slg. 1974, S. 213, 252 f. - Commercial Solvents/Kommission; Koch in: Grabitz/Hilf, KEU, Art. 86 Rdnr. 92; Schröter in: GTE, Art. 86 Rdnr. 233; Art. 85 Rdnr. 165

Auch Verhaltensweisen von Unternehmern die keine Marktspaltung bezwecken oder bewirken, können deshalb geeignet sein, den Handel zwischen den Mitgliedsstaaten zu beeinträchtigen, weil sie auf andere Weise den Wettbewerb einschränken oder verfälschen.[576]

Art. 81 I EGV setzt nicht voraus, dass jede Klausel einer Vereinbarung für sich gesehen den innergemeinschaftlichen Handel beeinträchtigen kann; maßgebend ist die Wirkung der Vereinbarung insgesamt.[577]

Das CORE-MoU hat Unterzeichner aus der ganzen Welt, unter anderem auch aus einer ganzen Reihe von Mitgliedsstaaten.[578] Das Absatzgebiet der Unterzeichner ist grundsätzlich weltweit nicht beschränkt. Dementsprechend wirkt sich die Vereinbarung auch im gesamten Gemeinschaftsgebiet aus. Durch die Vereinbarung wird der Wettbewerb im Bereich der Konditionen für die Registrierung von Domain Names unter den ngTLDs in weiten Teilen ausgeschlossen, da nur die Unterzeichner des CORE-MoU als Registerführer zugelassen werden und Zugang zu der Hinterlegungsdatei erhalten sollen. Die Vereinbarung hat damit denkbar starken Einfluss auf die Struktur des (potentiellen) Konditionenwettbewerbs.

Darüber hinaus kann die Vereinbarung aber auch in gewissem Umfang zur Abschottung nationaler Märkte führen. Beispielsweise sieht Anhang C Ziff. 18 CORE-MoU vor, dass die Unterzeichner eine Schiedsvereinbarung für Streitigkeiten zwischen den Antragstellern und den Registerführern oder dem CORE in die Registrierungsverträge aufnehmen. Diese beinhaltet unter anderem, dass Ort des Schiedsgerichtsverfahrens regelmäßig der Sitz des Registerführers sein soll. Es besteht daher eine erhebliche Wahrscheinlichkeit, dass die Antragssteller vorzugsweise solche Registerführer wählen, deren Sitz in der Nähe und insbesondere im gleichen Staat und nicht beispielsweise in einem anderen Mitgliedsstaat liegt.

b. Spürbarkeit

Nach ständiger Rechtsprechung des EuGH muss die Beeinträchtigung des zwischenstaatlichen Handels spürbar sein.[579] Eine Vereinbarung fällt daher nicht unter das Verbot des Art. 81 I EGV, wenn sie sich in Anbetracht der schwachen Stellung der Betroffenen auf dem Markt nur in unbedeutender Weise auswirkt.[580] Zur Konkretisierung der Spürbarkeit hat die Kommission eine Bekanntmachung[581] über die sogenannten Bagatellkartelle erlassen. Der Marktanteil der beteiligten Unternehmen darf auf dem relevanten Markt für die

---

[576] EuGH Slg. 1966, S. 457, 483 - Italien/Rat; Slg. !975, S. 563, 584 - Frubo; Schröter in: GTE, Art. 86 Rdnr. 235

[577] Vgl. EuGH, Slg. 1986, S. 611, 664 - Windsurfing International; Koenigs in: Festschrift für Pfeifer, S. 569, 572

[578] Z.B. Spanien, Frankreich, Deutschland, Groß-Britanien, Italien, Schweden, Dänemark, Niederlande, vgl. die Liste der anerkannten Registerführer, im Internet abrufbar unter: http://www.corenic.org/number.htm

[579] Vgl. EuGH Slg. 1966, S. 281, 306 - Maschinenbau Ulm; Slg. 1969, S. 295, 302 - Völk; Slg. 1971, S. 351, 383 - Cadillon/Höss; Slg. 1971, S. 949, 960 - Beguelin

[580] Vgl. Koenigs in: Festschrift für Pfeifer, S. 569, 571

[581] Bekanntmachung der Kommission vom 3. Sept. 1986 über Vereinbarungen von geringer Bedeutung, die nicht unter Art. 85 I des Vertrages zur Gründung der Europäischen Wirtschaftsgemeinschaft fallen, ABl. 1986 C 231/2 i.d.F. ABl. 1994 C 368/20

Erzeugnisse, um die es geht, nicht höher als 5 % sein. Die Gesamtumsätze aller beteiligten Unternehmen dürfen zusammen 300 Mio. ECU nicht übersteigen.

An der Vereinbarung sind alle Registerführer für die ngTLDs beteiligt, darunter auch sehr große Firmen wie die Deutsche Telekom AG oder die France Telecom Transpac. Der Gesamtumsatz allein dieser Unternehmen übersteigt den Grenzwert der Bagatellbekanntmachung bei weitem.[582] Die Spürbarkeit der Beeinträchtigung des zwischenstaatlichen Handels steht damit außer Frage.

4. Freistellungsmöglichkeit

Die Bestimmungen des Art. 81 I EGV können aber nach Art. 81 III EGV für nicht anwendbar erklärt werden. Die Freistellungen kann für einzelne Verhaltensabstimmungen oder für ganze Gruppen erfolgen.

a. Gruppenfreistellung

Eine Gruppenfreistellungsverordnung, die auf das CORE-MoU anwendbar sein und nach der das vereinbarte Verbot des Domain-Name-Handels oder die Verpflichtung zur Verwendung einheitlicher Geschäftsbedingungen freigestellt werden könnten, ist nicht ersichtlich.

b. Einzelfreistellung

Auch eine Einzelfreistellung ist bislang nicht veröffentlicht. Es stellt sich also nur die Frage, ob die beschriebenen Absprachen gegebenenfalls freistellungsfähig wären, ob also die materiellen Freistellungsvoraussetzungen vorliegen.

Eine Freistellung ist nach Art. 81 III EGV möglich, wenn das CORE-MoU unter angemessener Beteiligung der Verbraucher an dem entstehenden Gewinn, zur Verbesserung der Warenerzeugung oder -verteilung oder zur Förderung des technischen oder wirtschaftlichen Fortschritts beiträgt. Den beteiligten Unternehmen dürfen dabei keine Beschränkungen auferlegt werden, die für die Verwirklichung dieser Ziele nicht unerlässlich sind. Es darf ihnen auch nicht die Möglichkeiten eröffnet werden, für einen wesentlichen Teil der betreffenden Waren den Wettbewerb auszuschalten. Diese Voraussetzungen müssen kumulativ erfüllt sein.[583]

aa. Rationalisierungsgewinn

Eine Verbesserung der Warenverteilung liegt beispielsweise vor, wenn die Absprache durch Erhöhung der Zahl der Verkaufsstellen oder der angebotenen Waren die Wahl-

---

[582]France Telecom gibt ihren Umsatz für das Jahr 1998 mit über 24 Milliarden Euro an, vgl. die Unternehmensdaten, abrufbar im Internet unter: http://www.francetelecom.fr; die Deutsche Telekom gibt ihren Umsatz für 1998 mit über 35 Milliarden Euro Umsatz an, vgl. die Unternehmensdaten, abrufbar im Internet unter: http://www.telekom.de

[583]Vgl. EuGH Slg. 1966, S. 322, 399 - Grundig/Consten; Slg. 1984, S. 19, 70 - VBVB und VBBB; Schröter in: GTE: Art 85 III Rn 295; Gleiss/Hirsch: Art 85 III Rn 1852

möglichkeiten der Kunden erweitert.[584] Das CORE-MoU zielt darauf ab, neue gTLDs einzuführen und gleichzeitig eine Registrierung von Domain Names unter diesen TLDs durch mehrere Registerführer zu ermöglichen und nicht wie bislang üblich, durch eine einzige Registrierungsstelle.

Auch das Verbot des Handels bzw. der Förderung des Handels mit Domain Names und die Einführung einer Vorveröffentlichungsmöglichkeit eines Domain Names und eines Streitschlichtungsverfahrens dient der Verbesserung der Warenverteilung. Ersteres führt dazu, dass die Zahl der frei registrierbaren Domain Names zunächst möglichst groß bleibt. Das "Horten" von Domain Names durch Einzelne wird wesentlich erschwert. Die Vorveröffentlichungsmöglichkeit reduziert die Gefahr einer Inanspruchnahme der Registerführer und Registrierenden durch Dritte im Falle einer Kennzeichenverletzung gleichermaßen bzw. wirkt sich gegebenenfalls günstig auf die Höhe denkbarer Ersatzansprüche aus. Das auch für die Registerführer verbindliche Streitschlichtungsverfahren soll die Möglichkeit einer für alle Beteiligten schnellen und kostengünstigen Erledigung kennzeichenrechtlicher Streitigkeiten bieten. Durch diese Form der Streiterledigung sollen strittige Domain Names schnell wieder verfügbar und das Kostenrisiko für die Registerführer und Registrierende reduziert werden.

Das CORE-MoU dient demnach der Verbesserung der Warenverteilung und gleichzeitig verbessert sich die Kostenstruktur der Registerführer.

bb. Angemessene Beteiligung

Die Verbraucher müssen an dem entstehenden Gewinn angemessen beteiligt werden. Verbraucher sind alle unmittelbaren und mittelbaren Abnehmer der in Betracht kommenden Erzeugnisse.[585] Dies sind hier vor allem die an einer Domain-Name-Registrierung Interessierten. Gewinn ist jeder Vorteil, der den Verbrauchern aufgrund der Absprache zufließt.[586]

Der Vorteil der Erhöhung der Zahl der Registrierungsstellen und damit verbunden der Möglichkeit einer internationalen Verteilung der Registrierungsstellen oder Zahl der angebotenen TLDs kommt den Registrierungswilligen ganz unmittelbar zugute. Darüber hinaus ist es sehr wahrscheinlich, dass durch den zu erwartenden Wettbewerb zwischen der Registrierungsstelle für die bestehenden gTLDs und den Registrierungsstellen für die ngTLDs sowie deren Wettbewerb untereinander, die Registerführer gezwungen werden, die angesprochenen Kostenvorteile an die Verbraucher weiterzuleiten. Je lebhafter der Wettbewerb auf dem jeweiligen Markt ist, desto eher wird man erfahrungsgemäß davon ausgehen können, dass die Kartellmitglieder die durch die Zusammenarbeit erzielten Vorteile an ihre Abnehmer weitergeben.[587]

Eine angemessene Beteiligung der Verbraucher liegt aber nur vor, wenn diese aus der Absprache erheblichen Nutzen ziehen, der die Nachteile, die sich für sie aus der Wettbe-

[584]Vgl.Komm. ABl.-EG 1972 L 13/47, 49 - Sopelem/Langen; ABl.-EG 1972 L 31/34 f. - MAN/Saviem; ABl-EG 1972 L 143/31, 35 - Davidson Rubber; Schröter in: GTE: Art 85 III Rn 301 m.w.N.
[585]Vgl. Schröter in: GTE: Art 85 III Rn 304; Gleiss/Hirsch: Art 85 III Rn 1906 ff.
[586]Vgl. EuGH, Slg. 1977, S. 1875, 1916 - Metro/Saba; Komm. ABl.-EG1964 S. 2545, 2550 - Grundig/Consten
[587]Vgl. Komm. ABl-EG 1969 L 195/5, 8 f. - Jaz/Peter; ABl-EG 1976 L 28/19 Saba; ABl-EG 1983 L 224/19, 25 - Rockwell/Iveco

werbsbeschränkung ergeben, übertrifft.[588] Ein solcher erheblicher Nutzen ist bei der Erhöhung der Zahl der gTLDs und der Registerführer gegeben. Hier sind keine unmittelbaren Nachteile für die Verbraucher ersichtlich.

Die Anwendbarkeit des Streitschlichtungsverfahren und die Vorveröffentlichungsmöglichkeit kann der Verbraucher ablehnen. Ein Nachteil kann für ihn nur insoweit entstehen, als die Wahrscheinlichkeit sinkt, dass die Registerführer alternative, für den Abnehmer möglicherweise günstigere Streitschlichtungsverfahren anbieten werden. Da die bisher tätigen Registerführer von dieser Möglichkeit kaum Gebrauch gemacht haben, überwiegt hier der Nutzen deutlich.

Das Verbot des Domain-Name-Handels hat für den Verbraucher in der Regel ebenfalls nur Vorteile, da die Domain-Name-Händler für die von ihnen registrierten Domain Names normalerweise Preise verlangen, die deutlich über den bloßen Registrierungskosten liegen, ohne dafür eine eigenständige Leistung anzubieten.

cc. Unerlässlichkeit

Die den Beteiligten auferlegten wettbewerbsbeschränkenden Verpflichtungen müssen sich nach ihrem Gegenstand, ihrem Inhalt und ihren Auswirkungen in den Grenzen halten, die zur Erreichung der angestrebten Vorteile als unbedingt erforderlich anzusehen sind. Lassen sich diese Ziele auch ohne Wettbewerbsbeschränkungen[589] oder mit einem weniger weitreichenden Eingriff in die wirtschaftliche Handlungsfreiheit der Kartellmitglieder[590] erreichen, so verstößt die Absprache gegen den Grundsatz der Verhältnismäßigkeit. Die Freistellung muss dann abgelehnt werden.[591]

Die nach Art. 6 und Anhang B und C CORE-MoU vorgesehenen einheitlichen Regelungen für die Registrierung von Domain Names unter den ngTLDs gehen jedoch nicht nur über das zur Verhinderung von Doppelregistrierungen notwendige hinaus, sondern teilweise auch über das, was zur Erreichung der angestrebten Vorteile unbedingt erforderlich ist. Beispiele sind die in Anhang C Ziff. 10 CORE-MoU vorgesehenen Haftungsausschlüsse und Haftungsfreistellungsverpflichtungen zugunsten der Registerführer oder die Gerichtsstands-, Rechts- und Schiedsvereinbarung nach Anhang C Ziff. 17, 18 CORE-MoU. Hier ist keinerlei Zusammenhang mit den angestrebten Vorteilen zu erkennen.

Schon aus diesem Grund kommt eine Freistellung des CORE-MoU nach Art. 81 III EGV nicht in Betracht.

dd. Ausschaltung wesentlichen Wettbewerbs

Nur der Vollständigkeit halber sei darauf hingewiesen, dass hier auch die vierte Voraussetzung einer Freistellung nicht unproblematisch ist.

Nach dem CORE-MoU sollen alle Registerführer für die ngTLDs gebunden sein. Damit ist zwar der Wettbewerb auf dem relevanten Markt nicht vollständig ausgeschlossen,

---

[588] Vgl. Komm. ABl.-EG 1971 L 10/15, 22 - Wand- und Bodenfliesen; ABl.-EG 1989 L 226/25, 31 - UIP

[589] Vgl. Komm. ABl-EG 1972 L 22/16, 26 - NCH; ABl-EG 1977 L 215/11, 18 - de Leval/Stork; ABL-EG 1991 L 63/32, 44 - Screensport/EBU-Mitglieder

[590] Vgl. Komm ABl-EG 1975 L 222/34, 38 - Kabelmetall; ABl-EG 1976 L 30/13, 19 - Bayer/Gist-Brocades

[591] Vgl. Komm. ABl-EG 1989 L 22/12, 21 ff. - NBA; Schröter in: GTE Art 85 III Rn 306

denn wie oben dargelegt wurde, besteht zumindest teilweise Austauschbarkeit zwischen den derzeitigen gTLDs und den ngTLDs. Bei der Abgrenzung des relevanten Marktes sind dieselben Maßstäbe anzulegen, wie bei Art. 81 I EGV, da beide Absätze der Vorschrift eine untrennbare Einheit bilden.[592]

Derzeit ist nicht abzusehen, weshalb die ngTLDs gegebenenfalls eine andere Entwicklung nehmen sollten als die bestehenden TLDs. Es wäre daher zu erwarten, dass mittelfristig die sieben ngTLDs im Hinblick auf die Marktanteile mit den drei teilweise austauschbaren derzeitigen gTLDs gleichziehen bzw. diese sogar überrunden werden. Der Marktanteil der ngTLDs stiege dann auf mindestens fünfzig Prozent oder mehr an. Insbesondere in letzterem Fall wäre wohl von einer Ausschaltung wesentlichen Wettbewerbs auszugehen.[593]

5. Zwischenergebnis

Das CORE-MoU verstößt gegen Art. 81 EGV. Diese Vereinbarung verfolgt zwar als Ziel die Schaffung von Wettbewerb, was wettbewerbspolitisch günstig zu beurteilen ist und an eine Freistellung nach Art. 81 III denken lässt. Das Vereinbarte geht dabei aber über das zur Verwirklichung dieses Vorhabens Erforderliche hinaus. Hinzu kommt, dass zu erwarten wäre, dass durch die Vereinbarung der Konditionenwettbewerb für einen wesentlichen Teil des relevanten Marktes ausgeschaltet wird. Entsprechend wäre das CORE-MoU auch nicht freistellungsfähig.

Auf eine gesonderte Überprüfung des Vorhabens nach deutschem Kartellrecht kann hier verzichtet werden. Hinsichtlich des CORE-MoU folgt dies bereits aus dem Vorrang des Gemeinschaftsrechts. Darüber hinaus verlangt aber auch deutsches Kartellrecht nach § 1 GWB eine rechtlich oder faktisch verbindliche Vereinbarung bzw. eine Verhaltensabstimmung. Aus diesem Grund ist davon auszugehen, dass auch das deutsche Kartellrecht zu keinen abweichenden Ergebnissen führt.

IV. CORE-MoU: Beschlüsse einer Unternehmensvereinigung

Die Unterzeichner des CORE-MoU haben wichtige Befugnisse, wie beispielsweise die Auswahl der geeigneten Registerführer (Art. 5 CORE-MoU), die Festlegung der Auswahlkriterien für die Zulassung als Registerführer (Art. 4 b CORE-MoU) oder die inhaltlicher Ausgestaltung des CORE-MoU (Art. 8 c CORE-MoU) auf das CORE bzw. das POC übertragen. Das POC entscheidet durch Beschluss (§ 6 c gTLD-MoU). Beim CORE handelt es sich um einen Verband nach Schweizer Recht, dessen Organe ebenfalls durch Beschluss entscheiden.[594] Gegebenenfalls wären Beschlüsse des CORE oder des POC im Rahmen des CORE-MoU daher möglicherweise Beschlüsse einer Unternehmensvereinigung i.S.d. des Art. 81 I EGV. Es stellt sich daher die Frage, ob es sich beim CORE-MoU um eine Unternehmensvereinigung i.S.d. Vorschrift handelt.

---

[592] Vgl. Gleiss/Hirsch: Art. 85 III Rn 1948
[593] Vgl. Komm. ABl-EG 1977 L 16/8, 12 - Gerofabriek; ABl-EG 1980 L 383/19, 25 - Gußglas
[594] Vgl. Satzung des CORE, Anlage 7

Der Begriff der Unternehmensvereinigung ist weit auszulegen.[595] Zweck, Organisation, Rechtsform oder Sitz spielen keine Rolle. Selbst eine lose Interessenverknüpfung kann genügen.[596] Entscheidend ist , dass es sich um einen (beliebig strukturierten) Zusammenschluss mehrerer Unternehmen handelt, dessen Zweck (u.a.) darin besteht, die Interessen seiner Mitglieder zu wahren.[597] So kann z.B. das Büro oder Sekretariat, welches damit beauftragt ist, für die Handhabung einer Kartellvereinbarung in der Praxis zu sorgen, Unternehmensvereinigung sein.[598]

Durch das CORE-MoU werden die Grundlagen der Organisation des CORE und dessen Aufgaben sowie eine Reihe von Mindestbedingungen für den Abschluss von Registrierungsverträgen geregelt. Diese Regelungen liegen unmittelbar im Interesse der Unterzeichner, da sie ihre Aufgabe als Registerführer betreffen. Das CORE-MoU schafft damit die organisatorische Grundlage für eine einheitliche Interessenwahrung der Unterzeichner.

Das CORE-MoU stellt damit auch eine Unternehmensvereinigung i.S.d. Art. 81 I EGV dar und Beschlüsse des POC oder des CORE müssten sich, soweit sie im Rahmen des CORE-MoU getroffen werden, ebenfalls am Maßstab des Art. 81 I EGV messen lassen.

V. CORE

Die Errichtung des CORE hat neben dem CORE-MoU zunächst keine eigenständige kartellrechtlich relevante Bedeutung, sondern ist nur eine praktische Umsetzung des im CORE-MoU vereinbarten. Aus diesem Grund wird auf eine gesonderte Untersuchung verzichtet. Sofern der CORE seine Tätigkeit plangemäß aufnehmen würde, wäre allerdings im Einzelfall zu prüfen, ob seine Maßnahmen nicht gegen das Missbrauchsverbot des Art. 82 EGV verstoßen.

D. Zusammenfassung

Die Zielsetzung des IAHC-Planes, durch Vermehrung der gTLDs und durch die Einführung von Wettbewerb bei der Domain-Name-Registrierung, zentrale Probleme des bestehenden DNS zu beseitigen, ist zu begrüßen. Aber die geplanten Maßnahmen sind zur Verwirklichung dieser Zielsetzung leider nur bedingt geeignet.

Dies liegt zunächst daran, dass bei der Einführung der ngTLDs die kennzeichenrechtlichen Vorgaben nicht ausreichend berücksichtigt werden, insbesondere dass die kennzeichenrechtlich bedeutsame Unterscheidung zwischen privatem und geschäftlichem Handeln bzw. die Unterscheidung nach Waren- oder Branchengruppen nicht oder nicht konsequent genug zur Grundlage der ngTLDs gemacht werden. Darüber hinaus aber vor allem deswegen, weil die kartellrechtlichen Grenzen einer Koordinierung von Unterneh-

---

[595] Vgl. Emmerich in: Imm/Mest: WbR-EG: Art 85 I A Rn 36

[596] Vgl. Komm. ABl.-EG 1977 L 32726, /31 - GEC/Weir

[597] Vgl. Emmerich in: Imm/Mest: WbR-EG: Art 85 I A Rn 36; Gleiss/Hirsch: Art 85 I Rn 69 ff.;

[598] Vgl. Komm. ABl.-EG 1975 L 159/22, 26 - Kachelhandel

mensaktivitäten nicht berücksichtigte werden. Maßnahmen gegen missbräuchliche Domain-Name-Registrierungen mögen zwar aus Sicht der Kennzeichenrechtsinhaber durchaus wünschenswert sein, aber solche Maßnahmen müssen sich in den Grenzen dessen halten, was kartellrechtlich zulässig ist. Das europäische Kartellrecht kennt eben gerade keine "rule of reason".

Zusammenfassend ist festzuhalten, dass sich dieses Reformvorhaben, wegen der beschriebenen Mängel, zu Recht nicht durchsetzen konnte.

Fünftes Kapitel: Vorschlag der U.S. Regierung

Nachdem die Bemühungen des IAHC weitgehend abgeschlossen, veröffentlicht, diskutiert und mit der Unterzeichnung des gTLD-MoU durch zahlreiche Organisationen auch schon zum Teil in die Tat umgesetzt waren, rief die U.S. Regierung, unter Hinweis auf ihre bisherige Führungsrolle bei der Finanzierung, der Entwicklung und der Organisation des Internet zu einer neuerlichen Diskussion des Themas auf und hielt eine öffentliche Anhörung ab.[599]

Nach Ablauf der Anhörungsfrist am 18.08 1997 veröffentlichte das federführende United Stetes Department of Commerce (DOC) zunächst eine Zusammenfassung der eingesandten Beiträge[600] und stellte dann Anfang 1998 einen eigenen Vorschlagsentwurf (Green Paper)[601] zur Diskussion. Ein abschließender Bericht (White Paper)[602] wurde dann im Juni 1998 veröffentlicht.

A. Das Vorhaben

Der Plan hat zwei Schwerpunkte. Einmal sollen die bisher von der IANA übernommenen Aufgaben auf eine neue Organisation (New Corporation) übertragen werden. Weiter soll ein System eingeführt werden, das im Bereich der gTLDs, .com, .net und .org, die Registrierung von SLDs durch konkurrierende Registerführer ermöglicht. Allerdings soll die Gestaltung der Einzelheiten dieses Systems der New Corporation vorbehalten bleiben. Die noch im Green Paper vorgesehene Einführung neuer gTLDs wurde aufgegeben bzw. zurückgestellt bis die New Corporation errichtet und eingeführt ist.

I. New Corporation/Internet Corporation for Assigned Names and Numbers (ICANN)

Da der Vertrag zwischen der U.S. Regierung und ISI über die von der IANA zu erfüllenden Aufgaben Ende 1999 ausgelaufen ist und damit ein akuter Handlungsbedarf besteht, beschäftigt sich der Plan zunächst damit, von wem, wie und in welcher Form die bislang von der IANA erbrachten Leistungen in Zukunft ausgeführt werden sollen.

---

[599] Vgl. Request for Comments on the Registration and Administration of Internet Domain Names, Federal Register, 02.07.1997, Docket No. 970613137-7137-01, im Internet abrufbar unter: http://www.ntia.doc.gov/ntiahome/domainname/dn5notic.htm

[600] Vgl. Summary of Comments, im Internet abrufbar unter: http://www.ntia.doc.gov/ntiahome/domainname/DNSComments_SUM.htm

[601] Vgl. Discussion Draft, Proposed Rules ("Green Paper"), Federal Register, 20.02.1998, im Internet abrufbar unter: http://www.ntia.doc.gov/ntiahome/domainname/022098fedreg.htm

[602] United States Department of Commerc: Management of Internet Names and Adresses (White Paper), Docket Number: 980212036-8145-02, im Internet abrufbar unter: http://www.ntia.doc.gov/ntiahome/domainname/6_5_98dns.htm

1. Aufgabenstellung der "New Corporation"

An die Stelle der IANA soll eine private gemeinnützige Organisation ("New Corporation") mit Sitz in den Vereinigten Staaten von Amerika treten. Aufgabe dieser Organisation soll es sein:

- Richtlinien für die Vergabe von IP-Adressen aufzustellen und IP-Adressblöcke an die Regional Registries zu vergeben,
- den Betrieb des maßgeblichen Internet-Rootserversystems zu überwachen,
- Richtlinien für die Einführung neuer TLDs vorzugeben und
- die Vergabe von anderen technischen Parametern zu koordinieren, sofern dies nötig ist, um die allgemeine Konnektivität im Internet zu erhalten.

Die Errichtung der New Corporation soll sich an bestimmten Zielvorstellungen orientieren. Im Vordergrund steht die Stabilität. Die Sicherheit und Zuverlässigkeit des DNS soll während der Übergangsphase gewährleistet werden. Soweit möglich sollen bei der Verwaltung des DNS Marktmechanismen eingesetzt werden, die den Wettbewerb unterstützen. Sofern die Verwaltung eine Koordination verschiedener Funktionen erforderlich macht, soll diese auf privater Ebene erfolgen und möglichst dem basisdemokratischen Ansatz gerecht werden, der die Entwicklung des Internets bislang charakterisiert hat. Die New Corporation soll als private Einrichtung zum Wohl der ganzen "Internetgemeinde" tätig werden. Ihre Verwaltungsstruktur soll die funktionelle und geographische Vielgestaltigkeit des Internets widerspiegeln und eine internationale Beteiligung bei Entscheidungsprozessen sicherstellen.

2. Errichtung der Internet Corporation for Assigned Names and Numbers

Zwischenzeitlich wurde die Errichtung der Internet Corporation for Assigned Names and Numbers (ICANN) in Angriff genommen und die amerikanische Regierung hat in einem Memorandum of Understanding[603] zwischen dem U.S. Department of Commerce (DOC) und der ICANN diese grundsätzlich als die New Corporation im Sinne des White Paper anerkannt.

ICANN wird als gemeinnützige Vereinigung ohne Gewinnerzielungsabsicht[604], mit Hauptsitz in Los Angeles, California, USA[605], bezeichnet. Der Zweck der Vereinigung entspricht nach den Gründungsstatuten[606] den dargestellten Aufgaben der New Corporation, wie sie im White Paper formuliert wurden.

a. Leitung

Die Vereinigung wird satzungsgemäß[607] vom Vorstand (Board) geleitet. Die Zahl der Vorstandsmitglieder (Directors) soll, nachdem die Gründungsphase vollständig abge-

[603] Vgl. Memorandum of Understanding between the U.S. Department of Commerce and the Internet Corporation for Assigned Names and Numbers, im Internet abrufbar unter: http://www.ntia.doc.gov/ntiahome/domainname/icann-memorandum.htm
[604] Vgl. Ziff. 3 Articles of Incorporation, Anlage 8
[605] Vgl. Art. I Sec. 1 ICANN Bylaws, Anlage 9
[606] Vgl. Ziff. 3 Articles of Incorporation , Anlage 8
[607] Vgl. Art. IV Sec. 1 ICANN Bylaws, Anlage 9

schlossen ist, neun nicht unter- und neunzehn nicht überschreiten.[608] Bis zu diesem Zeitpunkt wird die Vereinigung von einem Einführungsvorstand (Initial Board) geleitet.[609] Der reguläre Vorstand trifft seine Entscheidungen in der Regel mit der Mehrheit der anwesenden Directors.

b. Mitglieder

Ob die Vereinigung Mitglieder haben wird und wer gegebenenfalls Mitglied werden kann, steht derzeit noch nicht fest.[610] Allerdings scheint der Meinungsbildungsprozess bereits weit fortgeschritten.[611] Der Vorstand hat einen Beschluss gefasst, wonach nur natürliche Personen Mitglieder, sogenannte "At-Large-Members" werden können.[612] Der Status dieser Mitglieder ist noch nicht völlig klar. Diese sogenannte "At-Large-Membership" soll jedenfalls nicht den Status eines Personenzusammenschlusses im Sinne einer Körperschaft bewirken, sondern nur eine Gruppe von Individuen bezeichnen, die berechtigt sind eine bestimmte Anzahl (neun) der Directors zu benennen.[613] Die Diskussion hierzu ist aber noch nicht endgültig abgeschlossen.[614] Damit lässt sich derzeit noch nicht abschließend klären, ob die ICANN körperschaftlich organisiert sein wird oder ob es sich bei ihr, ähnlich einer Anstalt oder Stiftung[615], um einen rechtlich selbständigen Bestand von persönlichen und sachlichen Mitteln handelt, der einem bestimmten Zweck zu dienen bestimmt ist.

c. Supporting Organizations

Eine wichtige Rolle spielen die sogenannten "Supporting Organizations" (SO).[616] Ihre Aufgabe ist es, das Board in den ihnen zugeordneten Aufgabenbereichen der Vereinigung zu beraten und zu unterstützen, insbesondere durch die Entwicklung und Vorlage von Richtlinien. Darüber hinaus stellt jede Supporting Organization drei der Directors. Vorgesehen sind die Address Supporting Organization (ASO), die Domain Name Supporting Organization (DNSO) und die Protocol Supporting Organization (PSO).

---

[608]Vgl. Art V Sec. 3 ICANN Bylaws, Anlage 9

[609]Vgl. Art V Sec. 1 ICANN Bylaws, Anlage 9

[610]Vgl. Art II ICANN Bylaws, Anlage 9

[611]Vgl. ICANN - Staff Report on At-Large Memberschip - August 1999, im Internet abrufbar unter: http://www.icann.org/santiago/membership-staff-report.htm und ICANN - Analysis of Membership Issues - August 1999, im Internet abrufbar unter: http://www.icann.org/santiago/membership-analysis.htm

[612]Vgl. ICANN - Resolutions adopted in Santiago, August 1999, im Internet abrufbar unter: http://www.icann.org/santiago/santiago-resolutions.htm.

[613]Vgl. ICANN - Analysis of Membership Issues - August 1999, im Internet abrufbar unter: http://www.icann.org/santiago/memberschip-analysis.htm und Art II ICANN Bylaws, Anlage 9

[614]Stand: Januar 2000, Informationen zum Diskussionsstand können über die Internetseite der ICANN abgerufen werden, http://www.icann.org

[615]Vgl. dazu allgemein: Palandt/Heinrichs, Einf v § 21 Rn 4; Reuter in: Münch/Komm, § 89 Rn 3

[616]Vgl. dazu und zum folgenden: Art VI ICANN Bylaws, Anlage 9

d. Domain Name Supporting Organization (DNSO)

Im Hinblick auf die hier relevante DNSO[617] enthält die Satzung der ICANN bereits nähere Angaben. Die DNSO soll sich aus einem Name Council (NC), verschiedenen Interessengruppen, den sogenannten "Constituencies" und der General Assembly (GA) zusammensetzen.

Der NC besteht aus je drei Repräsentanten der verschiedenen Constituencies. Er hat im Hinblick auf die DNSO Leitungsfunktion und wählt aus den Vorschlägen der GA die drei von der DNSO zu bestimmenden Directors aus.

Es sind sieben Constituencies vorgesehen. Diese richten sich an:
- ccTLD Registrierungsstellen,
- wirtschaftlich tätige Einrichtungen,
- die Registerführung für die gTLDs,
- ISPs und Access Provider,
- nicht wirtschaftlich tätige Domain-Name-Inhaber,
- Registerführer und
- Inhaber von Marken oder anderen geistigen Eigentums.

Die GA soll als offenes Forum für die Arbeit der DNSO dienen. In der GA soll jeder mitwirken können, der bereit ist, Zeit, Arbeit und Engagement in die Arbeitsbereiche der DNSO einzubringen. Die GA schlägt die Kandidaten für die der DNSO vorbehaltenen Sitze im Vorstand der ICANN vor.

Skizze 3: Organisationsstruktur der ICANN

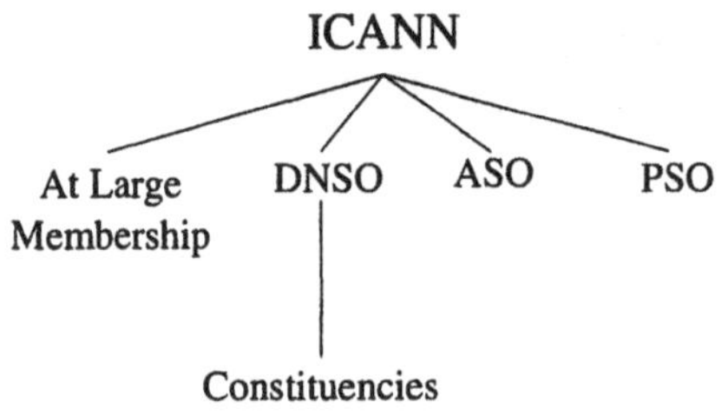

II. Einführung von Wettbewerb

Das bereits angesprochene Memorandum of Understanding[618] betrifft auch die Einführung von Wettbewerb bei der Domain-Name-Registrierung durch die ICANN. Die

[617] Vgl. dazu und zum folgenden Art. VI-B ICANN Bylaws, Anlage 9

[618] Vgl. Ziff. V C 3 Memorandum of Understanding between the U.S. Department of Commerce and the Internet Corporation for Assigned Names and Numbers, im Internet abrufbar unter: http://www.ntia.doc.gov/ntiahome/domainname/icann-memorandum.htm

ICANN hat im Frühjahr 1999 entsprechende Richtlinien[619] für die Registrierung von Domain Names unter den gTLDs .com, .net und .org veröffentlicht (Richtlinien).

Wie beim IAHC-Plan wird grundsätzlich zwischen der Aufgabe der Registerführung und den Registerführern unterschieden. Derzeit ist Wettbewerb nur im Bereich der Registerführer vorgesehen. Die Aufgabe der Registerführung bleibt, wie bisher, der NSI vorbehalten. Die Rolle der NSI wird insoweit durch verschiedene Zusätze[620] zu dem bereits bestehenden Vertrag[621] mit der U.S. Regierung bis September 2000 festgeschrieben. Daneben wird die Rolle der NSI als Registerführer und als Registerführung in einer Reihe von Verträgen mit der ICANN geregelt.

Der Wettbewerb soll in zwei Phasen eingeführt werden, beginnend mit einer Testphase, an der nur fünf Registerführer teilnehmen. Die Testphase wurde Anfang November 1999 beendet.[622] Zwischenzeitlich wurden bereits weitere Registerführer zugelassen.

In den Richtlinien werden die erforderlichen Qualifikationen der zukünftigen Registerführer beschrieben und Vertragsbedingungen für die Domain-Name-Registrierung festgelegt. Diesen Anforderungen und Bedingungen entsprechend sind das Antragsformular für die Registerführer[623], das Vertragsformular für die Registerführer[624] und der Zusatzvertrag für die an der Testphase beteiligten Registerführer[625] ausgestaltet. Daneben müssen die Registerführer aber auch Verträge mit der Registerführung/NSI schließen. Diese Verträge wurden vorab von der U.S. Regierung anerkannt.[626] Neue bzw. geänderte Verträge, die die Zusammenarbeit der Beteiligten regeln, sind im Internet bis Ende Oktober 1999 zur Diskussion gestellt und am 04. November 1999 als verbindlich beschlossen worden.[627] Auf der Grundlage dieser Verträge wird die kartellrechtliche Beurteilung des Reformvorhabens vorgenommen.

---

[619]Vgl. Statement of Registrar Accreditation Policy, Stand: 4. März 1999, im Internet abrufbar unter: http://www.icann.org/policy_statement.html

[620]Vgl. Amendment No. 11, NCR 92 - 18742, im Internet abrufbar unter: http://www.ntia.doc.gov/ntiahome/domainname/proposals/docnsi100698.htm; Amendment No. 12, NCR 92 - 18742, im Internet abrufbar unter: http://www.ntia.doc.gov/ntiahome/domainname/amend12.htm; Amendment No. 13, NCR 92 - 189742, im Internet abrufbar unter: http://www.ntia.doc.gov/ntiahome/domainname/amendment13.htm sowie die Registrar License and Agreement, im Internet abrufbar unter: http://www.ntia.doc.gov/ntiahome/domainname/rla42199.htm und zuletzt, Amendment No. 19, NCR 92 - 18742, im Internet abrufbar unter: http://www.icann.org/nsi/amendment19.htm

[621]Vgl. NSF Cooperative Agreement, NCR 92 - 18742, im Internet abrufbar unter: http://rs.internic.net/nsf/agreement/agreement.html

[622]Vgl. Fact Sheet on NSI-DoC-ICANN Agreements, im Internet abrufbar unter: http://www.icann.org/nsi/factsheets.htm

[623]Shared Registration System Registrar Accreditation Application, im Internet abrufbar unter: http://www.icann.org/application.html

[624]Registrar Accreditation Agreement, Anlage 10

[625]Supplemental Testbed Participation Agreement, im Internet abrufbar unter: http://www.icann.org/testbed_agreement.html

[626]Vgl. Amendment No. 13, NCR 92 - 189742, im Internet abrufbar unter: http://www.ntia.doc.gov/ntiahome/domainname/amendment13.htm sowie die Registrar License and Agreement, Anlage 12

[627]Vgl. Amendment 19 to Cooperative Agreement Nr. NCR 92-18742, im Internet abrufbar unter: http:www.icann.org/nsi/amendment19.htm; Amendment 1 to the ICANN-DoC MoU, im Internet abrufbar unter: http:www.icann.org/nsi/amend1-jpamou.htm; Registry Agreement, Anlage 11; Registrar Accreditation Agreement, Anlage 10; Registrar License and Agreement, Anlage 12

Skizze 4: Vertragsstruktur des Reformvorhabens

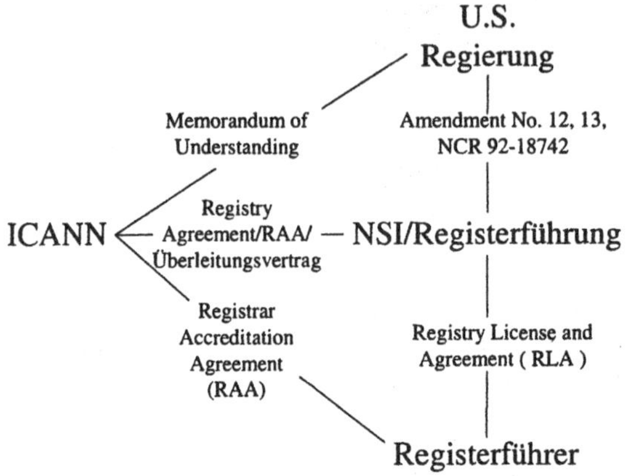

III. Konfliktlösungsrichtlinien

Ähnlich wie der IAHC-Plan sieht auch dieses Reformmodell die einheitliche Anwendung von Konfliktlösungsrichtlinien und ein entsprechendes Verfahren der Registerführer vor. Zu den Modalitäten und über einen Zeitplan der Einführung in die Verträge der Registerführer hat der Vorstand einen Beschluss gefasst.[628]

Anders als beim IAHC-Vorschlag, wird der Anwendungsbereich der Konfliktlösungsmechanismen auf Fälle einer "missbräuchlichen" Domain-Name-Registrierung und -Nutzung beschränkt. Es soll dabei gewährleistet werden, dass auch der Domain-Name-Inhaber seine Rechte ohne Nachteile durch das Konfliktlösungsverfahren in einem gerichtlichen Verfahren wahren und sich gegebenenfalls gegen eine Verfahrensentscheidung wehren kann.[629]

B. Kartellrechtliche Probleme

Die Analyse dieses Reformvorhabens kann sich auf die kartellrechtliche Problematik beschränken, da die noch im Green Paper vorgesehene Einführung neuer gTLDs im Augenblick nicht konkret debattiert wird. Aus kartellrechtlicher Sicht sind verschiedene Komplexe zu unterscheiden, das Verhältnis der U.S. Regierung zur ICANN und der NSI, das Verhältnis der an der Errichtung der ICANN Beteiligten untereinander, das Verhält-

---

[628] Vgl. ICANN - Resolutions adopted in Santiago, August 1999, im Internet abrufbar unter: http://www.icann.org/santiago/santiago-resolutions.htm.

[629] Vgl. Vgl. ICANN - Resolutions adopted in Santiago, August 1999, im Internet abrufbar unter: http://www.icann.org/santiago/santiago-resolutions.htm.

nis der ICANN zu den Registerführern und zur NSI sowie das Verhältnis der Registerführung/NSI zu den Registerführern.

I. Beteiligung der U.S. Regierung

Die amerikanische Regierung, vertreten durch das Department of Commerce (DOC), ist bei diesem Vorschlag nicht nur bei der Konzeption, sondern auch bei der Umsetzung beteiligt. Zum einen erkennt sie mit dem Memorandum of Understanding und seinem Zusatz[630] die ICANN als die "New Corporation" ihres im "White Paper"[631] veröffentlichten Vorschlages an und schreibt damit die Rolle der ICANN bei der Umsetzung dieser Reformvorschläge fest. Zum anderen konzessioniert sie die Rolle der NSI als Registerführung durch die Zusatzverträge[632]. Kartellrechtlich problematisch erscheint hier insbesondere, dass die U.S. Regierung mit der ICANN und der NSI vertragliche Absprachen über deren Verhältnis untereinander und zu den Registerführern trifft.

1. Anwendbarkeit europäischen Kartellrechts

Die Anwendbarkeit europäischen Kartellrechts ist hier, wie bei der Behandlung der derzeitigen Rolle der IANA oder der NSI im herkömmlichen DNS, problematisch, weil es sich bei den Beteiligten, der ICANN und der NSI, um amerikanische Firmen und um die U.S. Regierung handelt. Diese haben ihren Sitz alle außerhalb des Gemeinschaftsgebietes.

Die Anwendbarkeit des Gemeinschaftskartellrechts richtet sich aber nicht nach dem Sitz eines Unternehmens, sondern nach dem Ort, an dem sich die in Frage stehenden Handlungen auswirken.[633]

Die Vereinbarungen zwischen der U.S. Regierung und der ICANN und der NSI betreffen nicht nur deren Verhältnis untereinander, sondern bestimmen vor allem auch deren Verhalten gegenüber Dritten, insbesondere gegenüber den Registerführern.[634] Dies

---

[630]Memorandum of Understanding between the U.S. Department of Commerce and the Internet Corporation for Assigned Names and Numbers, im Internet abrufbar unter: http://www.ntia.doc.gov/ntiahome/domainname/icann-memorandum.htm; Amendment 1 to the ICANN-DoC MoU, im Internet abrufbar unter: http://www.icann.org/nsi/amend1-jpamou.htm

[631]United States Department of Commerc: Management of Internet Names and Adresses (White Paper), Docket Number: 980212036-8145-02, im Internet abrufbar unter: http://www.ntia.doc.gov/ntiahome/domainname/6_5_98dns.htm

[632]Vgl. Amendment No. 11, NCR 92 - 18742, im Internet abrufbar unter: http://www.ntia.doc.gov/ntiahome/domainname/proposals/docnsi100698.htm; Amendment No. 12, NCR 92 - 18742, im Internet abrufbar unter: http://www.ntia.doc.gov/ntiahome/domainname/amend12.htm; Amendment No. 13, NCR 92 - 189742, im Internet abrufbar unter: http://www.ntia.doc.gov/ntiahome/domainname/amendment13.htm und Amentment 19, im Internet abrufbar unter: http://www.icann/nsi/amendment19.htm sowie insbesondere die, Registrar License and Agreement, Anlage 12

[633]Vgl. EuGH, Slg. 1972, S. 619, 664 - Farbstoffurteil; 1972, S. 772, 837 - Geigy; Slg. 1973, S. 215, 242 - Continental Can

[634]Vgl. Memorandum of Understanding between the U.S. Department of Commerce and the Internet Corporation for Assigned Names and Numbers, im Internet abrufbar unter: http://www.ntia.doc.gov/ntiahome/domainname/icann-memorandum.htm; Amendment No. 11, NCR 92 -

geht soweit, dass der Preis festgelegt wird, den die NSI für ihre Tätigkeit als Registerführung von den Registerführern verlangen kann.[635] Plangemäß[636] ist eine weltweite Verteilung der Registerführer vorgesehen und tatsächlich[637] auch gegeben. Darunter sind auch Registerführer aus dem Gemeinschaftsgebiet.[638] Schon aus diesem Grund wirken sich die entsprechenden Vereinbarungen auch im Gemeinschaftsgebiet aus. Entsprechend ist europäisches Kartellrecht anwendbar.

2. Unternehmen

Die kartellrechtlichen Vorschriften richten sich allerdings nur an Unternehmen. Es stellt sich daher die Frage, ob der amerikanische Staat, repräsentiert durch das DOC, hier Unternehmen i.S.d. Kartellrechts ist.

Unternehmen im Sinne der Art. 81, 82 EGV ist "jede eine wirtschaftliche Tätigkeit ausübende Einheit, unabhängig von ihrer Rechtsform und der Art ihrer Finanzierung".[639] Es muss sich dabei um eine einheitliche Organisation personeller, materieller und immaterieller Faktoren handeln, mit der auf Dauer ein bestimmter wirtschaftlicher Zweck angestrebt wird.[640] Hoheitliches Handeln begründet keine Unternehmereigenschaft.[641]

Die Mitwirkung der U.S. Regierung, sowohl hinsichtlich des MoU als auch hinsichtlich der hier maßgeblichen Verträge[642] mit der NSI, ist darauf gerichtet, die Verwaltung des DNS auf die Privatwirtschaft zu übertragen. Dabei will die Regierung im Interesse der Allgemeinheit darauf achten, dass das DNS stabil bleibt und Wettbewerb ermöglicht. [643] Die U.S. Regierung sichert sich hierbei vertraglich umfassende Kontrollmöglichkei-

---

18742, im Internet abrufbar unter: http://www.ntia.doc.gov/ntiahome/domainname/proposals/docnsi100698.htm; Amendment No. 12, NCR 92 - 18742, im Internet abrufbar unter: http://www.ntia.doc.gov/ntiahome/domainname/amend12.htm; Amendment No. 13, NCR 92 - 189742, im Internet abrufbar unter: http://www.ntia.doc.gov/ntiahome/domainname/amendment13.htm

[635]Vgl. Amendment No. 13, NCR 92 - 189742, im Internet abrufbar unter: http://www.ntia.doc.gov/ntiahome/domainname/amendment13.htm

[636]Vgl. Ziff. II C 4 Memorandum of Understanding between the U.S. Department of Commerce and the Internet Corporation for Assigned Names and Numbers, im Internet abrufbar unter: http://www.ntia.doc.gov/ntiahome/domainname/icann-memorandum.htm;

[637]Vgl. die Liste der bereits anerkannten Registerführer, Stand: 21.04.1999, im Internet abrufbar unter: http://www.icann.org/REGIS.html

[638]Vgl. die Liste der bereits anerkannten Registerführer, Stand: 21.04.1999, im Internet abrufbar unter: http://www.icann.org/REGIS.html

[639]EuGH Slg. 1991, S. 1979 Rn. 21 - Höfner und Elser; Grill in: Lenz, EGV-Kommentar, Vorbem. Art. 85- 90 Rn 29

[640]Sogenannter "funktionaler Unternehmensbegriff", EuGH Slg. 1992 II, S. 757 Rn 311 - Shell; Grill in: Lenz, EGV-Kommentar, Vorbem. Art. 85- 90 Rn 29

[641]Allgemeine Ansicht, vgl. Emmerich in: Imm/Mest: EG-WbR, Art 85 I A Rn 21 f., 30; Gleiss/Hirsch: Art 85 I Rn 21; Langen/Bunte: Art 85 GenPrinz Rn 8; Koch in: Grabitz/Hilf: Art 85 Rn 8

[642]Amendment No. 11, NCR 92 - 18742, im Internet abrufbar unter: http://www.ntia.doc.gov/ntiahome/domainname/proposals/docnsi100698.htm; Amendment No. 12, NCR 92 - 18742, im Internet abrufbar unter: http://www.ntia.doc.gov/ntiahome/domainname/amend12.htm; Amendment No. 13, NCR 92 - 189742, im Internet abrufbar unter: http://www.ntia.doc.gov/ntiahome/domainname/amendment13.htm sowie insbesondere die Registrar License and Agreement, Anlage 12

[643]Vgl. United States Department of Commerc: Management of Internet Names and Adresses (White Paper), Docket Number: 980212036-8145-02, im Internet abrufbar unter:

ten.[644] Die Verträge führen nicht zum Austausch von finanziellen Mitteln zwischen den Parteien.[645] Die Kontrolle der wirtschaftlichen Betätigung von Unternehmen ist selbst keine wirtschaftliche Betätigung. Die U.S. Regierung wird hier ausschließlich im öffentlichen Interesse und nicht zu Erwerbszecken tätig. Die Tätigkeit fällt damit nicht unter Art. 81, 82 EGV.[646]

Mangels Unternehmereigenschaft der U.S. Regierung bzw. des DOC fallen die Vereinbarungen zwischen ihr und der ICANN bzw. zwischen ihr und der NSI nicht in den Anwendungsbereich der Art. 81, 82 EGV.

II. ICANN - Errichtung als Kartellvereinbarung

Die Klärung der Frage, ob bereits die Errichtung der ICANN gegen ein kartellrechtliches Verbot verstößt, begegnet erheblichen faktischen Schwierigkeiten.

Zum einen ist unbekannt, ob die Entscheidung zur Errichtung der ICANN auf einer Entschließung eines Einzelnen oder auf einer Vereinbarung zwischen Privatpersonen oder auf einer Vereinbarung zwischen Unternehmen beruht. Die Articles of Incorporation[647] und die Bylaws[648] enthalten diesbezüglich jedenfalls keine Hinweise.

Darüber hinaus ist trotz der Erwähnung von Mitgliedern (Members) in den Bylaws[649] wohl keine körperschaftliche Struktur der ICANN beabsichtigt[650], aus der sich, ähnlich der Situation bei der DENIC eG[651], auf eine Vereinbarung oder Verhaltensabstimmung zwischen Unternehmern und gegebenenfalls auch auf deren wettbewerbsbeschränkenden Inhalt schließen ließe. Vielmehr soll es sich bei der ICANN, ähnlich einer Anstalt oder Stiftung[652], wohl eher um einen rechtlich selbständigen Bestand von persönlichen und sachlichen Mitteln handeln, der einem bestimmten Zweck zu dienen bestimmt ist.[653]

---

http://www.ntia.doc.gov/ntiahome/domainname/6_5_98dns.htm; Ziff. II Memorandum of Understanding between the U.S. Department of Commerce and the Internet Corporation for Assigned Names and Numbers, im Internet abrufbar unter: http://www.ntia.doc.gov/ntiahome/domainname/icann-memorandum.htm;

[644]Vgl. insbesondere Amendment 1 to the ICANN-DoC MoU, im Internet abrufbar unter: http://www.icann.org/nsi/amend1-jpamou.htm; Ziff. I.B.2. Amentment 19, im Internet abrufbar unter: http://www.icann/nsi/amendment19.htm;

[645]Ziff. VI Memorandum of Understanding between the U.S. Department of Commerce and the Internet Corporation for Assigned Names and Numbers, im Internet abrufbar unter: http://www.ntia.doc.gov/ntiahome/domainname/icann-memorandum.htm

[646]Vgl. EuGH, Slg. 1975, S. 699, 713 - ENCC; Koch in: Grabitz/Hilf: Art 85 Rn 8

[647]Articles of Incorporation, Anlage 8

[648]ICANN Bylaws, Anlage 9

[649]Art. II der ICANN Bylaws, Anlage 9

[650]Die Diskussion ist insoweit noch nicht endgültig abgeschlossen, allerdings wird in aktuelleren Versionen der Bylaws darauf hingewiesen, dass es sich trotz der Verwendung des Begriffes "Mitglied" bei der At-Large-Membership nur um eine Gruppe von Individuen handeln soll, die bei der Besetzung des Vorstandes der ICANN mitwirken ohne aber sonstige Teilhaberechte an der ICANN zu besitzen, vgl. Bylaws,Anlage 9

[651]Vgl. oben: Zweites Kapitel, C.

[652]Vgl. dazu allgemein: Palandt/Heinrichs, Einf v § 21 Rn 4; Reuter in: Münch/Komm, § 89 Rn 3

[653] In diese Richtung gehen die im Internet dokumentierte Diskussion und die Resolutionen des Vorstandes der ICANN. Informationen hierzu sind im Internet unter der Homepage der ICANN, http://www.icann.org abrufbar.

Allerdings ist hinsichtlich der At-Large-Membership die Diskussion noch nicht vollständig abgeschlossen, sodass eine endgültige Beurteilung dieser Frage auch insoweit noch nicht möglich ist.

Angesichts dieser unklaren bzw. noch nicht endgültig feststehenden Tatsachengrundlage wird von einer Untersuchung dieser Frage abgesehen.

III. Auswahl der Registerführer

Grundsätzlich ist ein Unternehmen bei der Auswahl seiner Geschäftspartner frei.[654] Etwas anderes kann nach Art. 81, 82 EGV aber gelten, wenn die Auswahl der Kriterien aufgrund einer Abstimmung zwischen Unternehmen (oder einer gleichstehenden "kollektiven" Maßnahme) erfolgt oder es sich um ein marktbeherrschendes Unternehmen handelt.[655]

Ansatzpunkt für kartellrechtliche Kritik des Reformvorhabens könnte insoweit der Beschluss des Vorstandes der ICANN über die Auswahlkriterien[656] für die neuen Registerführer und die damit verbundene Selektion sein. Durch den Beschluss werden eine Reihe von Kriterien aufgestellt, die ein Bewerber erfüllen muss bzw. die nicht vorliegen dürfen, damit er sich als Registerführer qualifizieren kann.

1. Anwendbarkeit europäischen Gemeinschaftsrechts

Wie bei der Untersuchung der Rolle der amerikanischen Regierung ist auch hier zu bedenken, dass es sich bei der ICANN um eine amerikanische Firma handelt, die ihren Sitz außerhalb des Gemeinschaftsgebietes hat. Die Anwendbarkeit des Gemeinschaftskartellrechts richtet sich aber nicht nach dem Sitz eines Unternehmens, sondern nach dem Ort, an dem sich die in Frage stehenden Handlungen auswirken.[657]

Die ICANN soll die Rolle der IANA vollständig übernehmen. Ihre Handlungen haben, wie die der IANA, weltweite Wirkung, insbesondere ist eine weltweite Verteilung der Registerführer für die gTLDs .com, .net und .org vorgesehen[658] und tatsächlich[659] auch gegeben. Auch für eine SLD-Registrierung kommen Interessenten aus der ganzen Welt, auch aus dem Gemeinschaftsgebiet, in Betracht. Die Handlungen der ICANN wirken sich

---

[654] Vgl. Emmerich in: Imm/Mest, Art 85 I B Rn 194; Langen/von Stoephasius, Art 85 Fallgruppen Rn 407; Gleiss/Hirsch, Art 85 I Rn 373, 1655 ff.

[655] Vgl. Emmerich in: Imm/Mest, Art 85 I B Rn 194; Langen/von Stoephasius, Art 85 Fallgruppen Rn 407; Gleiss/Hirsch, Art 85 I Rn 373, 1655 ff.

[656] Vgl. Statement of Registrar Accreditation Policy, im Internet abrufbar unter: http://www.icann.org/policy_statement.html

[657] Vgl. EuGH, Slg. 1972, S. 619, 664 - Farbstoffurteil; 1972, S. 772, 837 - Geigy; Slg. 1973, S. 215, 242 - Continental Can

[658] Vgl. Ziff. II C 4 Memorandum of Understanding between the U.S. Department of Commerce and the Internet Corporation for Assigned Names and Numbers, im Internet abrufbar unter: http://www.ntia.doc.gov/ntiahome/domainname/icann-memorandum.htm;

[659] Vgl. die Liste der bereits anerkannten Registerführer, Stand: 21.04.1999, im Internet abrufbar unter: http://www.icann.org/REGIS.html

daher in gleicher Weise auch im Gemeinschaftsgebiet aus wie die der IANA. Entsprechend der Situation bei der IANA ist daher europäisches Wettbewerbsrecht anwendbar.

2. Beschluss einer Unternehmensvereinigung (Art. 81 I EGV)

Zunächst stellt sich die Frage, ob es sich bei dem Beschluss des Vorstandes der ICANN[660], über die Auswahlkriterien für die Zulassung eines Bewerbers als Registerführer für die .com, .net und .org-Domain um einen wettbewerbsbeschränkenden Beschluss einer Unternehmensvereinigung i.S.d. Art. 81 EGV handelt, der geeignet ist, den zwischenstaatlichen Handel spürbar zu beeinträchtigen.

Der Begriff der Unternehmensvereinigung ist weit auszulegen.[661] Zweck, Organisation, Rechtsform oder Sitz spielen keine Rolle. Selbst eine lose Interessenverknüpfung kann genügen.[662] Entscheidend ist , dass es sich um einen (beliebig strukturierten) Zusammenschluss mehrerer Unternehmen handelt, dessen Zweck (u.a.) darin besteht, die Interessen seiner Mitglieder zu wahren.[663]

Nach der derzeitigen Planung hat die ICANN keine Mitglieder. Die Bylaws sprechen im Rahmen der At-Large-Membership zwar von Mitgliedern, mit At-Large-Membership wird aber zum gegenwärtigen Zeitpunkt nur eine weitere eigenständige beratende Körperschaft bezeichnet, die berechtigt ist eine bestimmte Anzahl (neun) der Directors zu benennen.[664] Eine At-Large-Membership hat keine körperschaftsbildende Wirkung hinsichtlich der ICANN selbst, auch wenn Unternehmer At-Large-Members würden, wäre die ICANN daher noch keine Unternehmensvereinigung.

Auch die Supporting Organizationes (SO) können Unternehmen als Mitglieder haben. Bei den SOs handelt es sich aber ebenfalls nur um beratende Körperschaften. Die Mitgliedschaft in einer SO hat genauso wenig körperschaftsbildende Wirkung hinsichtlich der ICANN selbst, wie eine At-Large-Membership. Der Umstand alleine, dass die ICANN sich von Unternehmen beraten lässt und diese in Form eines beratenden Ausschusses integriert, genügt nicht, um die ICANN selbst als Unternehmensvereinigung einzustufen. Auch der Zusammenschluss von Unternehmen in den SOs und dass es sich bei diesen möglicherweise deshalb möglicherweise um Unternehmensvereinigungen handelt, macht aus der ICANN daher noch keine Unternehmensvereinigung.

Der Beschluss des Vorstandes der ICANN über die Auswahlkriterien für die Registerführer könnte insoweit allenfalls dann als Beschluss einer Unternehmensvereinigung gelten, wenn es sich bei der für diesen Sachbereich zuständigen SO (der DNSO) um eine Unternehmensvereinigung handelt und der Vorstand an die Empfehlungen der DNSO gebunden wäre. Die Handlungen des Vorstandes der ICANN wären dann letztlich als solche der DNSO bzw. der in deren Constituencies organisierten Unternehmen einzustufen.

[660]Vgl. Statement of Registrar Accreditation Policy, im Internet abrufbar unter: http://www.icann.org/policy_statement.html

[661]Vgl. Emmerich in: Imm/Mest: EG-WbR, Art 85 I A Rn 36

[662]Vgl. Komm. ABl.-EG 1977 L 32726, /31 - GEC/Weir

[663]Vgl. Emmerich in: Imm/Mest: WbR-EG: Art 85 I A Rn 36; Gleiss/Hirsch: Art 85 I Rn 69 ff.; Schröter in: GTE, Art 85 I Rn 49 ff.

[664]Vgl. ICANN - Analysis of Membership Issues - August 1999, im Internet abrufbar unter: http://www.icann.org/santiago/memberschip-analysis.htm und Art II ICANN Bylaws, Anlage 9

Die sachlichen Vorschläge der DNSO sind für die ICANN aber nicht bindend.[665] Etwas anderes ergibt sich auch nicht aus dem Einfluss der DNSO auf die Besetzung des Vorstandes. Das Board entscheidet bei Abstimmungen mit einfacher Mehrheit der anwesenden Directors.[666] Das Board hat satzungsgemäß in der Regel neunzehn, mindestens aber neun Direktoren. Die DNSO kann hingegen nur drei der Direktoren bestimmen, sie kann dem Board daher auch nicht über die Bestimmung der Directors ihre Vorstellungen aufzwingen.

Dies gilt um so mehr, als die Vorstandsmitglieder nach der Satzung verpflichtet sind, die Interessen der ICANN zu wahren und nicht als Vertreter der SO, die sie benannt hat oder einer sonstigen Organisation, zu handeln.[667] Entsprechend ist es auch nicht die Aufgabe des Boards, die Interessen der in den SO organisierten Unternehmen zu wahren. Schon diese Regelung macht deutlich, dass die ICANN von den Zwecken der SOs abweichende Ziele verfolgt und dass es nicht die Aufgabe der ICANN ist die Interessen der SOs zu verfolgen.

Darüber hinaus wird bereits in den Articles of Incorporation festgelegt, dass die ICANN ausschließlich im Interesse der "Internetgemeinschaft" als Ganzes tätig werden darf. [668] Selbst wenn man davon ausgehen wollte, dass die ICANN aufgrund einer Vereinbarung zwischen Unternehmen errichtet wurde, was, wie bereits oben festgestellt wurde, in Ermangelung eindeutiger anderweitiger Informationen, hier nicht ausgeschlossen werden kann, wäre es der ICANN verboten die Interessen dieser Unternehmen zu verfolgen. Auch aus diesem Grund kann die ICANN nicht als eine Unternehmensvereinigung angesehen werden.

Der Beschluss über die Auswahlkriterien ist also nach den vorliegenden Informationen kein Beschluss einer Unternehmensvereinigung und daher jedenfalls nicht nach Art. 81 I EGV verboten.

3. Missbräuchliche Auswahlkriterien (Art. 82 EGV)

Der Beschluss des Vorstandes der ICANN über die Auswahlkriterien für Registerführer für die gTLDs .com, .net und .org stellt gleichzeitig gegenüber allen, die diese Anforderungen nicht erfüllen, eine Geschäftsverweigerung dar. Verboten ist eine solche Geschäftsverweigerung nach Art. 82 EGV aber nur, wenn sie sich als missbräuchliche Ausnutzung einer beherrschenden Stellung auf dem Gemeinsamen Markt oder auf einem wesentlichen Teil desselben durch ein oder mehrere Unternehmen darstellt, die dazu führen kann, den Handel zwischen den Mitgliedsstaaten zu beeinträchtigen.

---

[665] Vgl. Art. VI Sect. 2 Bylaws, Anlage 9
[666] Vgl. Art. IV Sec. 1 Bylaws, Anlage 9
[667] Vgl. Art. V Sec. 8 Bylaws, Anlage 9
[668] Vgl. Ziff. 4, 5 Articles of Incorporation, Anlage 8

a. Marktbeherrschendes Unternehmen

Unternehmen im Sinne der Vorschrift ist "jede eine wirtschaftliche Tätigkeit ausübende Einheit, unabhängig von ihrer Rechtsform und der Art ihrer Finanzierung".[669] Gewinnerzielungsabsicht ist nicht erforderlich.[670]

Die ICANN ist eine auf Dauer angelegte gemeinnützige Organisation ohne Gewinnerzielungsabsicht.[671] Sie wird für ihre Dienste zwar nicht wie die IANA von der U.S. Regierung bezahlt, dafür aber von den Registerführern. Diese müssen bereits bei Antragsstellung eine Gebühr[672] bezahlen. Darüber hinaus sind die Registerführer zur Zahlung einer festen Jahresgebühr sowie einer von der ICANN festzulegenden weiteren Gebühr für jede einzelne vom Registerführer unter den gTLDs registrierte SLD verpflichtet.[673] Die ICANN übt damit eine wirtschaftliche Tätigkeit aus und ist somit Unternehmen im Sinne der Vorschrift.

Die ICANN soll die Aufgabe der IANA im Bereich der Domain-Name-Registrierung zunächst für die gTLDs und später insgesamt vollständig übernehmen. Entsprechend übernimmt sie auch deren Stellung auf dem Markt für die Zuweisung von Domains. Bereits im Rahmen der kartellrechtlichen Untersuchung der IANA wurde deren marktbeherrschende Stellung für den gesamten Bereich der Domain-Name-Registrierung festgestellt.[674] Hinsichtlich dieser Stellung auf dem Markt ergibt sich aus dem Reformvorhaben keine Änderung. Entsprechend hat auch die ICANN eine marktbeherrschende Stellung in ihrem Tätigkeitsbereich.

b. Missbrauch

Missbräuchlich ist die Nichtaufnahme von Geschäftsbeziehungen auch bei einem marktbeherrschenden Unternehmen nur, wenn es auf Grund seiner besonderen Marktstellung kontrahierungspflichtig ist und seine Weigerung nicht sachlich rechtfertigen kann.[675] Zur Aufnahme von Geschäftsbeziehungen verpflichtet sind in der Regel Unternehmen, die auf Grund ihrer beherrschenden Stellung den Zugang zum relevanten Markt oder einem abgeleiteten Markt derart kontrollieren, dass sie Dritten den Marktzugang wirksam versperren können. Dies betrifft insbesondere Unternehmen, die ihre Marktstellung aus einem gesetzlichen oder tatsächlichen Monopol ableiten.[676]

---

[669] EuGH Slg. 1991, S. 1979 Rn. 21 - Höfner und Elser; Slg. 1995, S. 4022, 429 Federation Francaise de société d'assurance; Grill in: Lenz, EGV-Kommentar, Vorbem. Art. 85- 90 Rn 29; Langen/Dirksen, Art 86 Rn 4

[670] Vgl. EuGH, Slg. 1980, S. 3125, 3250 - Fedetab; Komm. ABl-EG 1981 L 370/49, 55 - GVL

[671] Vgl. Articles of Incorporation (Stand: 21.11.1998), Anlage 8

[672] Vgl. Ziff. I Statement of Registrar Accreditation Policy, Stand: 4. März 1999, im Internet abrufbar unter: http://www.icann.org/policy_statement.html

[673] Vgl. Ziff. III L Statement of Registrar Accreditation Policy, Stand: 4. März 1999, im Internet abrufbar unter: http://www.icann.org/policy_statement.html; Ziff. III L Registrar Accreditation Agreement, im Internet abrufbar unter: http://www.icann.org/registrar_agreement.html

[674] Vgl. oben: Erstes Kapitel, D. II.

[675] Vgl. Langen/Dirksen, Art 86 Rn 172; Schröter in: GTE, Art. 86 Rn 204 ff.; Koch in: Grabitz/Hilf, Art 86 Rn 63 ff.

[676] EuGH, Slg. 1974, S. 409, 432 - Sacchi; Slg. 1985, S. 3261, 3278 - CBEM-Télémarketing;; Slg. 1983, S. 483 ff. - CBM; Langen/Dirksen, Art 86 Rn 172; Möschel in: Imm/Mest, WbR-EG, Art 86 B Rn 225; Schröter in: GTE, Art 86 Rn 210

Für die Registrierung von Domain Names im DNS wird die ICANN, wie die IANA, ein tatsächliches Monopol besitzen und im Bereich der gTLDs, .com, .net und .org besitzt sie es bereits. Ohne Delegation der Registrierungsbefugnis durch die ICANN ist daher ein Zugang zum Registrierungsmarkt nicht möglich. Die ICANN wäre demnach grundsätzlich kontrahierungspflichtig, es sei denn, ihre Geschäftsverweigerung wäre sachlich gerechtfertigt.

Es stellt sich daher die Frage, ob die von der ICANN gewählten Auswahlkriterien sachlich gerechtfertigt sind oder nicht. Sachlich gerechtfertigt sind die Auswahlkriterien, wenn sie zur Wahrung der geschäftlichen Eigeninteressen der ICANN gerechtfertigt sind und nicht über das Maß dessen hinausgehen, was unter Berücksichtigung der wirtschaftlichen Eigeninteressen der Beteiligten angemessen ist.[677]

Die ICANN unterscheidet bei ihren Auswahlkriterien zwischen Qualifikationen, die ein Bewerber vorweisen muss, um als Registerführer in Betracht zu kommen (positive Merkmale)[678] und Umständen die nicht vorliegen dürfen (negative Merkmale)[679].

aa. Positive Merkmale

Bewerber die erstmalig als Registerführer tätig werden wollen, müssen aufzeigen, dass ihre derzeitigen geschäftlichen Kapazitäten bestimmte näher definierte technische, organisatorische und personelle Voraussetzungen erfüllen bzw. bei Betriebsaufnahme erfüllen werden. Beispielsweise müssen sie in der Lage sein, das vernünftiger Weise zu erwartende Registrierungsvolumen zu bewältigen und gegebenenfalls auch Änderungen der Registrierungsdaten eines SLD-Inhabers zügig zu bearbeiten. Weiter müssen sie sicherstellen, dass ihre Verpflichtungen gegenüber den SLD-Inhabern und der Registerführung auch dann erfüllt werden, wenn sie selbst ihre Geschäftstätigkeit beenden. Insbesondere müssen sie gewährleisten, dass die SLD-Inhaber ihren Domain Name weiter nutzen können. Darüber hinaus müssen die Bewerber eine Haftpflichtversicherung für den Zeitraum ihrer Geschäftstätigkeit mit einer Haftungssumme von US $ 500.000,00 und verfügbares Geschäftskapital in Höhe von US $ 70.000,00 nachweisen. Allerdings sollen auch geringere Summen ausreichen können, wenn der Bewerber nachweist, dass diese im Einzelfall für eine vernünftige Absicherung des Haftungsrisikos bzw. als ausreichendes Arbeitskapital genügen. Auch sonst ist eine Einschränkung der geforderten Kapazitäten möglich, wenn sich dies im Einzelfall rechtfertigen lässt.

bb. Negative Merkmale

Die Bewerbungsunterlagen dürfen keine schwerwiegend falsche oder irreführende Darstellungen oder Ungenauigkeiten enthalten und der Bewerber darf nicht innerhalb des letzten Jahres eine Bewerbung abgegeben haben, die solche Mängel enthielt.

Der Bewerber oder ein Mitglied der Geschäftsleitung oder eine Person, die mehr als fünf Prozent Eigentum an dem Bewerber hat, darf in den vergangenen zehn Jahren nicht

---

[677]EuGH, Slg. 1978, S. 207, 298 Tz. 184/194 United Brands; GA Kirschner, Schlußantrag EuG, Slg. 1990 II, S. 309, 341 Tz. 89; Möschel in: Imm/Mest, WbR-EG, Art 86 Rn 120

[678]Vgl. Ziff. II.A. Statement of Registrar Accreditation Policy, im Internet abrufbar unter: http://www.icann.org/policy_statement.html

[679]Vgl. Ziff. II.B. Statement of Registrar Accreditation Policy, im Internet abrufbar unter: http://www.icann.org/policy_statement.html

wegen bestimmter näher aufgeführter Verbrechen oder Vergehen, wie beispielsweise Betrug, Untreue oder Bruch treuhänderischer Verpflichtungen verurteilt oder von der Regierung oder von einer Selbstverwaltungskörperschaft der Industrie gemaßregelt worden sein. Die vorgenannten Personen dürfen auch nicht derzeit in ein Verfahren verwickelt sein, welches einen entsprechenden Ausgang haben kann.

Weiter dürfen die genannten Personen nicht von der ICANN aufgrund näher bezeichneter Umstände, wie Verstoß gegen die Verpflichtungen eines Registerführers, von der Registerführung ausgeschlossen worden sein.

cc. Abwägung

Die von der ICANN aufgestellten Auswahlkriterien zielen darauf ab, sicherzustellen, dass ein Registerführer ein gewisses Maß an persönlicher Zuverlässigkeit, insbesondere in finanzieller Hinsicht und über die persönlichen, finanziellen und organisatorischen Ressourcen verfügt, die zum reibungslosen Betrieb einer Registrierungsstelle erforderlich sind. Darüber hinaus sollen sie sicherstellen, dass die Funktionsfähigkeit des DNS gewährleistet bleibt, auch wenn ein Registerführer seine Tätigkeit einstellt.

An dem Vorliegen dieser Voraussetzungen hat die ICANN aus verschiedenen Gründen ein erhebliches geschäftliches Eigeninteresse.

Wie bereits mehrfach ausgeführt, soll die ICANN weitgehend die Rolle der IANA übernehmen. Dies bedeutet zunächst, dass die ICANN für die Funktionsfähigkeit des DNS und die Domain-Name-Registrierung insgesamt verantwortlich ist. Zwar weist die ICANN in ihrem Gründungsstatut nicht wie die IANA in RFC 1591 ausdrücklich auf ihre treuhänderische Stellung hin, stellt aber doch klar, dass sie sich dem Wohl der ganzen Internetgemeinschaft verpflichtet fühlt.[680]

Darüber hinaus besteht eine Erfolgsaussicht dieses Reformvorschlages nur dann, wenn es der ICANN gelingt, das Vertrauen zu erhalten, das bislang in die Zuverlässigkeit und Funktionsfähigkeit des DNS und in die IANA gesetzt wurde. Ohne dieses Vertrauen besteht die Möglichkeit, dass sich die am Internet Beteiligten einem alternativen Registrierungssystem[681] zuwenden.

Die Position der IANA/ICANN und die Anwendung des DNS beruht eben nicht auf einer staatlichen Verleihung oder gesetzlichen Vorschriften, sondern allein auf einem entsprechenden Konsens der "Internetgemeinschaft", den es zu erhalten gilt. Daran ändert auch nichts, dass die U.S. Regierung mit dem MoU die ICANN anerkennt und ihr damit - zunächst für die gTLDs - die Funktion der IANA überträgt. Dass dies möglich ist, zeigt zwar welche faktische Machtposition die U.S. Regierung aufgrund ihrer Verträge mit der NSI und der damit verbundenen Kontrolle über die wichtigsten Root- und Name-Server-Dateien hat. Bei einem entsprechenden Konsens der Internetgemeinschaft hätte sie aber keine Möglichkeit, die Einführung bzw. Durchsetzung eines alternativen Registrierungssystems oder auch nur die Übernahme dieser Root- und Name-Server-Dateien durch die am Internet Beteiligten und Registrierten zu verhindern.

Die Delegation der Registrierungsverantwortung für eine TLD ist gleichbedeutend mit der Delegation der eigenen Verantwortung der ICANN und zwar nicht nur für die TLD, sondern auch für alle tiefer liegenden Domain-Name-Ebenen. Entsprechend muss aus

---

[680]Vgl. Ziff. 4 Articles of Incorporation (Stand: 21.11.1998), Anlage 8

[681]Vgl. beispielsweise die im Dritten Kapitel, D. angespochenen Systeme

Sicht der ICANN gewährleistet sein, dass auch bei einer Registrierung durch Dritte, das in sie selbst gesetzte Vertrauen erhalten bleibt. Dies gilt ganz besonders bei den TLDs, da bei Unregelmäßigkeiten auf dieser Ebene, wegen der hierarchischen Struktur des DNS, potentiell besonders viele Internetteilnehmer betroffen sind.

Dieses Vertrauen kann verloren gehen, wenn einer oder gar mehrere der Registerführer aus persönlichen, technischen, organisatorischen oder finanziellen Gründen nicht in der Lage ist, die übernommene Aufgabe ordnungsgemäß auszuführen. Dies gilt insbesondere, wenn die Funktionsfähigkeit des DNS in Mitleidenschaft gezogen wird, beispielsweise weil einzelne Registerführer plötzlich vorübergehend oder auf Dauer ausfallen und die von ihnen registrierten Domain Names nicht mehr genutzt werden können. Es spielt dabei keine Rolle, ob dieser Ausfall auf eine mangelhafte persönliche, technische, organisatorische oder finanzielle Ausstattung zurückzuführen ist.

Die Anforderungen, die die ICANN an die Bewerber stellt, erscheinen daher angemessen. Sie lassen sich mit dem dargestellten starken und berechtigten Interesse der ICANN, dass nur qualifizierte Registerführer zugelassen werden und der Notwendigkeit, die Funktionsfähigkeit des DNS auch bei Ausfall eines Registerführers zu gewährleisten, rechtfertigen. Dies gilt um so mehr, als es den Bewerbern ermöglicht wird, aufzuzeigen, dass hinsichtlich des von ihnen vorgesehenen Geschäftsumfanges auch geringere persönliche, finanzielle und organisatorische Mittel ausreichend sind.[682] Die von der ICANN aufgestellten Anforderungen für die Zulassung als Registerführer sind daher nicht nach Art. 82 EGV missbräuchlich.

IV. Registrar Accreditation Agreement (RAA) als Kartellvereinbarung (Art. 81 EGV)

Beim Registrar Accreditation Agreement (RAA) handelt es sich um die Vereinbarung zwischen der ICANN und den einzelnen Registerführern. Diese Vereinbarung regelt sowohl die Beziehungen zwischen den Beteiligten als auch die Außenbeziehungen der Registerführer zu ihren Kunden und damit ihr Marktverhalten als Wettbewerber. Gerade im Hinblick auf die das Außenverhältnis der Registerführer betreffenden Regelungen stellt sich die Frage, ob das RAA eine verbotene Kartellabsprache i.S.d. Art. 81 I EGV darstellt.

Art. 81 I EGV wendet sich gegen alle Vereinbarungen zwischen Unternehmen, Beschlüsse von Unternehmensvereinigungen und aufeinander abgestimmte Verhaltensweisen, die eine Verhinderung, Einschränkung oder Verfälschung des Wettbewerbs innerhalb des Gemeinsamen Marktes bezwecken oder bewirken und geeignet sind den Handel zwischen den Mitgliedsstaaten zu beeinträchtigen.

1. Vereinbarung zwischen Unternehmen

Das Kartellverbot des Art. 81 I EGV bezieht sich zunächst auf Vereinbarungen zwischen Unternehmen. Unternehmen im Sinne der Vorschrift ist "jede eine wirtschaftliche Tätig-

---

[682]Hinsichtlich der Anforderung, die Verpflichtungen des Delegationsvertrages gegenüber der ICANN einzuhalten, ist Voraussetzung für die Angemessenheit, dass diese Verpflichtungen selbst nicht verboten sind. Dies wird unten sogleich gesondert untersucht und deshalb hier ausgeklammert.

keit ausübende Einheit, unabhängig von ihrer Rechtsform und der Art ihrer Finanzierung".[683]

Dass es sich bei der ICANN um ein Unternehmen i.S.d. Kartellrechts handelt, wurde bereits festgestellt. Die Registerführer sind nach dem Plan[684] und nach dem Vertrag[685] mit der ICANN verpflichtet Domain-Name-Registrierungen nur gegen Entgelt vorzunehmen. Die Registerführer betätigen sich also wirtschaftlich und erfüllen damit ebenfalls den Unternehmensbegriff des Art. 81 I EGV, ohne dass hier auf die bereits anerkannten Registerführer[686] im Einzelnen eingegangen werden müsste.

Das RAA ist eine Vereinbarung i.S.d. Art. 81 I EGV, wenn es sich bei ihr um eine zwei- oder mehrseitige Übereinkunft handelt, durch die wenigstens einer der Partner zu einem Tun oder Unterlassen verpflichtet wird.[687]

Mit dem RAA[688] verpflichtet sich jeder Registerführer gegenüber der ICANN zur Zahlung[689] einer Anmeldegebühr, einer Jahresgebühr und einer Einzelregistrierungsgebühr. Darüber hinaus verpflichten sich die Registerführer, SLDs unter den gTLDs nicht unentgeltlich zu registrieren und mit ihren Vertragspartnern bestimmte von der ICANN vorgegebene Geschäftsbedingungen zu vereinbaren[690]. Im Gegenzug verpflichtet sich die ICANN, den Bewerber als Registerführer für die .com, .net und .org-Domain zu akkreditieren.[691] Diese Verpflichtungen sind für die Parteien bindend. Dies zeigt sich schon daran, dass die Vertragspflichten, gegebenenfalls nach Durchführung des vereinbarten Schlichtungsverfahrens, gerichtlich durchsetzbar sein sollen[692]. Das RAA ist damit eine Vereinbarung i.S.d. Vorschrift.

2. Wettbewerbsbeschränkung

Eine Vereinbarung zwischen Unternehmen ist nach Art. 81 I EGV aber nur verboten, wenn sie eine Verhinderung, Einschränkung oder Verfälschung des Wettbewerbs innerhalb des Gemeinsamen Marktes bezweckt oder bewirkt.

Eine Wettbewerbsbeeinträchtigung kommt nach allgemeiner Ansicht in Betracht, wenn die wirtschaftliche Handlungsfreiheit, der an einer Vereinbarung beteiligten Unter-

---

[683]EuGH Slg. 1991, S. 1979 Rn. 21 - Höfner und Elser; Grill in: Lenz, EGV-Kommentar, Vorbem. Art. 85-90 Rn 29

[684]Vgl. United States Department of Commerc: Management of Internet Names and Adresses (White Paper), Docket Number: 980212036-8145-02, im Internet abrufbar unter: http://www.ntia.doc.gov/ntiahome/domainname/6_5_98dns.htm; Ziff. III J 4 Statement of Registrar Accreditation Policy, Stand: 4. März 1999, im Internet abrufbar unter: http://www.icann.org/policy_statement.html

[685]Vgl. Ziff. III 4 Registrar Accreditation Agreement, Anlage 10

[686]Vgl. die Liste der bereits anerkannten Registerführer, Stand: 21.04.1999, im Internet abrufbar unter: http://www.icann.org/REGIS.html

[687]Vgl. Gleiss/Hirsch: Art. 85 I Rn 74; Grill in: Lenz, EGV-Kommentar, Art. 85 Rn 1; Koch in: Grabitz/Hilf KEU Art. 85 Rn 19

[688]Registrar Accreditation Agreement, Anlage 10

[689] Registrar Accreditation Agreement, Ziff. II.J. und L. , Anlage 10

[690]Vgl. Registrar Accreditation Agreement, Ziff. II.J. , Anlage 10

[691]Vgl. Registrar Accreditation Agreement, Ziff. II.A. , Anlage 10

[692]Vgl. Registrar Accreditation Agreement, Ziff. II.P. , Anlage 10

nehmen eingeschränkt wird und sich dies auf deren Verhältnis zu Dritten oder zwischen Dritten auswirkt.[693]

Bei den einzelnen Bestimmungen des Vertrages ist zu unterscheiden zwischen den Regelungen, die ausschließlich das Innenverhältnis der Beteiligten und nur mittelbar Dritte betreffen und denen, die das Verhältnis der Registerführer zu den Registrierungswilligen oder zur Registerführung bestimmen.

Zur ersten Gruppe gehören beispielsweise die Bestimmungen über die Festlegung der zu zahlenden Gebühren, die Berechtigung zur Nutzung des Namens der ICANN, die Regeln über die Vertragsbeendigung oder -verlängerung, die Haftungsbeschränkung oder die Schlichtungsvereinbarung.[694] Hierbei handelt es sich um Regelungen, wie sie typischerweise in Austauschverträgen enthalten sind.

a. Typischerweise in Austauschverträgen enthaltene Regelungen

Vereinbarungen, die typischerweise in Austauschverträgen enthalten sind, unterfallen in der Regel nicht dem Anwendungsbereich des Art. 81 I EGV. Zwar schränken auch hier die Beteiligten ihr Verhalten auf eine bestimmte Maßnahme ein, dies stellt aber keine Beschränkung der Handlungsfreiheit der Beteiligten i.S.d. Art. 81 I EGV dar. Die Parteien haben vielmehr in einer für eine Wettbewerbswirtschaft typischen Weise von ihrer Handlungsfreiheit Gebrauch gemacht.[695]

Soweit durch diese Bestimmungen auch Dritte betroffen werden, beispielsweise weil ihnen die Gebühr zu hoch und damit der Zugang zur Domain-Name-Registrierung verwehrt ist oder weil sie durch die Schlichtungsregelung als Schlichter nicht in Betracht kommen, hat dies nichts mit einer Wettbewerbsbeschränkung zu tun. In einer Wettbewerbswirtschaft soll gerade der Preis die Ressourcenverteilung steuern und die Einmaligkeit bzw. Nichtwiederholbarkeit eines Rechtsgeschäfts darf nicht mit einer Wettbewerbsbeschränkung gleichgesetzt werden.[696]

Zwar kann auch für solche Bestimmungen etwas anderes gelten, wenn besondere Umstände hinzutreten. So kann die Abtretung eines Warenzeichens oder eines sonstigen gewerblichen Schutzrechts, Dritten in einer nach Art. 81 I EGV bedenklichen Weise den Zugang zum Markt versperren oder nationale Märkte innerhalb des Gemeinschaft voneinander abschotten.[697] Solche besonderen Umstände sind hier bezüglich der angesprochenen, das Innenverhältnis der Beteiligten regelnden Bestimmungen aber nicht ersichtlich. Die entsprechenden Vereinbarungen sind daher allenfalls einer Missbrauchskontrolle nach Art. 82 EGV zugänglich.

---

[693] Sog. "Selbständigkeitspostulat", vgl. EuGH Slg. 1975, S. 1663 Rn 173, 174 - Suiker Unie; Slg. 1993 S. 1307 Rn 63 - Ahlström; Emmerich in: Imm/Mest: EG-WbR, Art. 85 I A Rn 140; Gleiss/Hirsch: Art. 85 I Rn 133 ff.; Koch in: Grabitz/Hilf, Art 85 Rn 45 ff.

[694] Registrar Accreditation Agreement, Ziff. II.A, B, L, N, O, P, Q, S. , Anlage 10

[695] Vgl. Gleiss/Hirsch: Art 85 I Rn 139 ff.; Schröter in: GTE, Art. 85 I Rn 84; Langen/Bunte, Art 85 Rn 38

[696] Vgl. Gleiss/Hirsch: Art 85 I Rn 140; Schröter in: GTE, Art 85 I Rn 84

[697] Vgl. EuGH, Slg. 1971, S. 69, 82 f. - Sirena; Schröter in: GTE, Art 85 I Rn 85

b. Preis- und Konditionenbindungen

Zu den Regelungen, die das Verhältnis der Registerführer zu den Registrierungswilligen oder zur Registerführung bestimmen, gehören insbesondere die Vereinbarungen, dass eine Registrierung nur für eine bestimmte Zeit erfolgen darf, dass für jeden Zeitabschnitt eine Erneuerungsgebühr zu bezahlen ist und dass eine SLD erst nach Zahlungseingang aktiviert werden darf.[698] Darüber hinaus muss ein Registrierungsvertrag bestimmte Mindestbedingungen enthalten. So soll der Registerführer von dem Registrierungswilligen die Angabe bestimmter (persönlicher) Daten fordern, ihn über deren Verwendung aufklären und ihn verpflichten, der Verwendung dieser Daten - auch deren Veröffentlichung im Rahmen eines sogenannten "Whois"-Dienstes[699] oder massenhaften Weitergabe an Dritte - zuzustimmen. Diese Angaben zu unterlassen, unrichtige Angaben zu machen oder Änderungen nicht anzuzeigen, soll einen schweren Vertragsverstoß darstellen, der zur Streichung der Registrierung führen kann. Die Zustimmung zur Veröffentlichung der Daten ist eine zwingende Voraussetzung für eine Domain-Registrierung[700]

Weiter soll eine Gerichtsstandsvereinbarung zwischen Registerführer und Antragsteller getroffen werden. Streitigkeiten, die sich aus der Nutzung der SLD ergeben, sollen ohne Ausschließlichkeit der Gerichtsbarkeit des Sitzes des SLD-Inhabers oder des Sitzes des Registerführers unterliegen.[701] Die Registerführer müssen auf Anforderung der ICANN ein für die Registrierungswilligen verpflichtendes Domain-Name-Streitlösungsverfahren vereinbaren.[702] Der Registrierungswillige muss auch einer Aussetzung, Streichung oder Übertragung der Registrierung zustimmen, um Registrierungsfehler durch den Registerführer oder die Registerführung zu korrigieren oder um die SLD betreffende Streitigkeit aufzulösen.[703]

Durch die angesprochenen Regelungen wird den Registerführern die Möglichkeit genommen, alternative Finanzierungsmöglichkeiten für ihre Dienste zu suchen[704] und eine Registrierung kostenfrei anzubieten. Daneben werden sie zur Erbringung zusätzlicher Dienste (whois-Dienst, massenhafte Weitergabe von Registrierungsdaten an Dritte)

---

698 Registrar Accreditation Agreement, Ziff. II.J. , Anlage 10

699 Programm zur Suche von Personeninformationen im Internet

700 Registrar Accreditation Agreement, Ziff. II.F, J. , Anlage 10

701 Registrar Accreditation Agreement, Ziff. II.J.7.h. , Anlage 10

702 Registrar Accreditation Agreement, Ziff. II.K. , Anlage 10; die Einzelheiten dieses Verfahrens stehen noch nicht abschließend fest, allerdings ergibt sich das Wesentliche aus: ICANN - Proposal for Uniform Dispute Resolution Policy, im Internet abrufbar unter: http://www.icann.org/santiago/udrp.htm und dem entsprechenden Abschlußbericht der DNSO Arbeitsgruppe A, im Internet abrufbar unter: http://192.134.4.239/dnso/notes/19990804.NCwga-to-ICANN.html sowie der Model Domain Name Dispute Resolution Policy for Voluntary Adoption by Registrars, im Internet abrufbar unter: http://www.icann.org/santiago/registrar-dispute-policy.htm und das Registrars' Statement Regarding Their Model Uniform Dispute Policy, im Internet abrufbar unter: http://www.icann.org/santiago/registrar-policy-statement.htm oder den Abschußbericht der WIPO, im Internet abrufbar unter: http://ecommerce.wipo.int/domains/process/eng/processhome.html oder als offizielle WIPO Publikation Nr. 92-805-0779-6 sowie dem entsprechenden Vorstandsbeschluß der ICANN, ICANN - Resolutions adopted in Santiago, August 1999, im Internet abrufbar unter: http://www.icann.org/santiago/santiago-resolutions.htm

703 Registrar Accreditation Agreement, Ziff. II.J.7.i., Anlage 10

704 Entsprechend den Verhältnissen bei sonstigen Internet Service Providern, könnten sich die Registerführer eine Vereinsstruktur geben und sich über die Beiträge finanzieren oder sie könnten ihr Angebot über Werbung finanzieren.

verpflichtet und ihnen wird in Teilbereichen verboten, ihre Geschäftsbedingungen selbständig zu gestalten. Somit wird die wirtschaftliche Handlungsfreiheit der Registerführer eingeschränkt.

Die Registrierungswilligen sind von diesen Bestimmungen betroffen, weil ihnen die Möglichkeit genommen wird, die Bedingungen einer Registrierung mit ihrem Registerführer im Einzelfall auszuhandeln. Die angesprochenen Vereinbarungen haben damit auch Drittwirkung.

Allerdings ist nicht jede Beschränkung der wirtschaftlichen Handlungsfreiheit der Beteiligten mit Drittwirkung gleichzeitig zwingend eine verbotene Wettbewerbsbeschränkung. Gerade bei vertikalen Vereinbarungen und Absprachen bedarf es einer wertenden Betrachtung unter Berücksichtigung der Gesamtumstände.[705] Die Rechtsprechung[706] hat Fallgruppen herausgearbeitet, bei denen sie trotz einer Handlungsbeschränkung der Beteiligten mit Drittwirkung die Anwendbarkeit von Art. 81 I EGV verneint.

aa. Schaffung neuen Wettbewerbs

Es stellt sich die Frage, ob die im RAA enthaltenen Preis- und Konditionenbindungen aus dem Tatbestand des Art. 81 I EGV auszunehmen sind, weil sie erforderlich sind, um neuen Wettbewerb zu ermöglichen.

Für eine ordnungsgemäße Funktion des DNS ist es erforderlich, dass jede SLD nur einmal vergeben wird. Um dies sicherzustellen und gleichzeitig Wettbewerb bei der Registrierung von SLD und einer TLD zu ermöglichen, sieht der vorliegende Reformvorschlag vor, dass alle SLDs in einer zentralen Hinterlegungsdatei, die von der Registerführung verwaltet wird, eingetragen werden müssen. In diese Hinterlegungsdatei sind einzutragen die SLD, die IP-Adressen und Domain Names der entsprechenden Nameserver, der Registerführer und das Auslaufdatum der Registrierung.[707]

Ohne diese Angaben durch die Antragssteller und deren Genehmigung zur Weiterleitung dieser Daten an die Registerführung wäre das DNS generell nicht funktionsfähig, vor allem aber keine geteilte Registrierungsverantwortung möglich, weil die Gefahr von Mehrfachregistrierungen bestünde. Die entsprechenden Bestimmungen sind also erforderlich, um einen Wettbewerb zwischen Registerführern überhaupt erst zu ermöglichen und fallen daher nicht in den Anwendungsbereich des Art. 81 I EGV.[708]

Dies vermag eine Ausnahme allerdings nur für die genannten Daten zu rechtfertigen. Für die Angaben zur Person des Domain-Name-Inhabers oder die Zustimmung zur Veröffentlichung dieser Daten in einer frei zugänglichen Datei gilt dies nicht.

---

[705] Vgl. EuGH Slg. 1966, S. 281, 302 - Maschinenbau Ulm; Slg. 1991 I, S. 935, 984 - Delimits/Henninger Bräu; Grill in: Lenz, EGV-Kommentar, Art. 85 Rn 10; Gleiss/Hirsch: Art. 85 I Rn 144

[706] Vgl. EuGH, Slg. 1988, S. 2117, 2186 - Belasco; Komm. ABl.-EG 1970 L 148/9, 11 - ASPA oder die Zusammenstellungen bei Gleiss/Hirsch: Art 85 I Rn 414 ff. oder Langen/von Stoephasius: Art 85 Fallgruppen Rn 1 ff.

[707] Vgl. Registrar Accreditation Agreement, Ziff. II.E. , Anlage 10

[708] Vgl. Schröter in: GTE: Art 85 I Rn 78 ff. m.N.

bb. Nicht schützenswerter Wettbewerb

Hintergrund für eine ganze Reihe der angesprochenen Vereinbarungen, die das Verhältnis der Registerführer zu ihren Kunden regeln, ist die Praxis der unbefugten bzw. missbräuchlichen Verwendung rechtlich geschützter fremder Kennzeichen als Domain Names und der Handel mit diesen.[709] Nicht zuletzt hat diese bildhaft auch "Cybersquatting" oder "Domain Name Piracy" genannte Verhaltensweise und die damit verknüpften kennzeichenrechtlichen Probleme die Reformdiskussion um das DNS mit ausgelöst.

Es hat sich gezeigt, dass gerade die "Cybersquatter/-pirats" massenhaft Domain Names, insbesondere solche, die fremde rechtlich geschützte Kennzeichen enthalten, registrieren. Sie nutzen dabei den Umstand aus, dass Monate vergehen können zwischen der Registrierung und dem Zeitpunkt, zu dem der Domain Name wieder gelöscht wird, weil der Domain-Name-Inhaber die Registrierungsgebühr nicht bezahlt. Auf diese Weise wird dem "Cybersquatter/-pirat" sein etwa nach §§ 14, 15 MarkenG rechtswidriges Tun ohne finanziellen Aufwand ermöglicht und damit mittelbar Vorschub geleistet. Dem soll die Pflicht zur wiederkehrenden Registrierungsgebühr und zur Aktivierung eines Domain Names erst nach Zahlungseingang entgegenwirken.

Durch Veröffentlichung des Namens und der Adresse des Domain-Name-Inhabers soll den durch eine Domain-Name-Registrierung betroffenen Inhabern kollidierender Kennzeichen die Inanspruchnahme des Verletzers erleichtert werden. Dem gleichen Ziel dient letztlich das Streitschlichtungsverfahren[710] und die Vereinbarung eines zusätzlichen Gerichtsstands am Sitz des Registerführers.

Anerkannt ist, dass nach Art. 81 I EGV nur der redliche Wettbewerb vor Beeinträchtigungen geschützt wird[711]. Nicht geschützt ist der rechtswidrige oder unlautere Wettbewerb[712], also nicht der, der gegen nationale Lauterkeitsregeln verstößt oder gewerbliche Schutzrechte anderer verletzt.[713] Es stellt sich hier die Frage, ob die vereinbarten Preis- und Konditionenbindungen nicht ausschließlich der Verhinderung unredlichen Handelns dienen sollen.

Problematisch hierbei ist zunächst, dass nicht unmittelbar ein unredliches Wettbewerbsverhalten der Vertragsbeteiligten verhindert werden soll, sondern allenfalls ein

---

[709] Zur inzwischen umfangreichen Diskussion dieses kennzeichenrechtlichen Problems vgl. LG Mannheim, CR 1996, S. 353 ff.; LG Frankfurt, NJW CoR 1997, S. 303; LG Lüneburg, CR 1997, S. 288; LG Düsseldorf, CR 1998, S. 165; Kur, CR 1996, S. 327 ff. und S. 590 ff.; Kur: Festgabe Beier, 1996, S. 265 ff. Bettinger, GRUR Int. 1997, S. 402 ff.; Graefe: Marken und Internet, MA1996, S. 100 ff.; Nordemann, NJW 1997, 1891 ff.; Poeck in: Schwarz, Recht im Internet, Stadtbergen, 1996, 4.2.2.; Ubber: WRP 1997, S. 497 ff.; Stratmann: BB 1997, S. 689 ff.; Wilmer: CR 1997, S. 562 ff.; Völker/Weidert: WRP 1997, S. 652 ff.; Freitag: MA 1996, S. 495 ff.; Omsels: CR 1997, S. 328 ff.; Wiebe: CR 1998, S. 157 ff.; Kelly/Kumor: Intellectual Property Protection on the Information Super Highway, in EIPR 1995, S. 481 ff.

[710] Zwar wird in Ziff. II K des Registrar Acreditation Agreements nichts über die Inhalte eines zu vereinbarenden Streitschlichtungsverfahrens ausgesagt, es wird aber festgelegt, dass die ICANN insoweit Vorgaben machen kann. Von dieser Möglichkeit hat sie zwischenzeitlich auch Gebrauch gemacht und genaue Regeln für ein Streitschlichtungsverfahren veröffentlicht. Diese sind über ihre Internetseite, unter: http://www.icann.org abrufbar. Diese Vorgaben werden der Beurteilung dieser Klausel zugrundegelegt.

[711] Vgl. EuGH, Slg. 1966, S. 457, 483 - Italienische Klage; Slg. 1980, S. 3775, 3794 - Oréal; Slg. 1991 I, S. 3359, 3495 - AKZO Chemie

[712] Vgl. EuGH, Slg. 1989, S. 2117, 2186 - Belasco; Gleiss/Hirsch, Art 85 I Rn 175; Langen/Bunte, Art 85 GenPrinz Rn 42

[713] Gleiss/Hirsch, Art 85 I Rn 175; Langen/Bunte, Art 85 GenPrinz Rn 42

unredliches Verhalten Dritter. Allerdings könnte argumentiert werden, dass die Beteiligten ohne die vereinbarten Regelungen dem unredlichen Tun Dritter Vorschub leisten und sich damit gegenüber ihren Konkurrenten einen Vorteil verschaffen, der ebenfalls als unlauter eingestuft werden muss. Hierbei darf jedoch nicht übersehen werden, dass der Domain-Name-Handel nicht a priori als unlauter eingestuft werden kann, sondern allenfalls dann, wenn er den Handel mit rechtlich geschützten Kennzeichen Dritter betrifft. Die Maßnahmen richten sich damit also auch gegen zwar möglicherweise unerwünschtes, aber jedenfalls redliches Wettbewerbsverhalten.

Darüber hinaus zielt die Gebührenregelung nur mittelbar auf eine Verhinderung des rechtswidrigen Handelns dieser Dritten ab. Das "Domain Name Grabbing" bzw. die "Cyberpiracy" wird durch diese Maßnahmen nicht unmöglich, sondern allenfalls erschwert. Derjenige der sich unlauter verhält, kann dies nicht mehr ohne jegliches finanzielle Risiko tun. Auch die anderen Vereinbarungen dienen der Verhinderung eines unredlichen Wettbewerb nur mittelbar, indem sie die Beendigung des rechtswidrigen Zustandes erleichtern sollen.

Eine Wettbewerbsbeschränkung kann aber nicht damit gerechtfertigt werden, die Absprache solle indirekt unlauteres Verhalten verhindern. Nach ständiger Praxis von Kommission und EuGH müssen sich durch unlautere Praktiken betroffene Unternehmen an die nationalen Gerichte oder Behörden wenden, um die Wettbewerbsverstöße mit Hilfe des nationalen Rechtes abzuwehren.[714]

Aus diesem Grund kann eine Ausnahme vom Verbot des Art. 81 I EGV hier nicht damit begründet werden, dass sich die vereinbarten Preis- und Konditionenbindungen gegen unlauteren Wettbewerb richten.

cc. Kartellfreie Kooperation/Franchisinggedanke

Zu den "kartellfreien Kooperationen" werden auch diverse Vereinbarungen im Rahmen von vertikalen Vertriebssystemen gerechnet.[715] So wird beispielsweise bei Handelsvertretern, Kommissionsagenten und Kommissionären unter bestimmten Bedingungen eine Bindung an Weisungen des Geschäftsherrn als mit Art. 81 I EGV vereinbar angesehen.[716] Ähnlich werden auch Franchisingvereinbarungen teilweise von der Anwendung des Art. 81 I EGV ausgenommen.[717]

Bereits bei der Darstellung des Verhaltens der IANA[718] wurde auf die Nähe des bestehenden DNS zu Franchisingsystemen, mit der IANA als einer Art Franchisegeber, hingewiesen. Der Reformvorschlag ändert an dieser Sachlage nichts. Die ICANN übernimmt insoweit die Rolle der IANA in vollem Umfang. Die zur IANA gemachten Ausführungen treffen daher in gleicher Weise auch für die ICANN zu. Die Parallele zu den Franchisingsystemen wird sogar eher stärker, denn die ICANN erteilt den Registerführern ausdrück-

---

[714] Vgl. Komm. ABl.-EG 1985 L 19/17, 23 - Grohe; ABl.-EG 1985 L 20/38, 44 - Ideal-Standard; EuGH, Slg. 1984, S. 19, 63 - VBVB; Gleiss/Hirsch: Art. 85 I Rn 178

[715] Vgl. die Aufstellung bei Langen/von Stoephasius: Art 85 Fallgruppen Rn 310 ff., 340 ff.

[716] Vgl. Emmerich in: Imm/Mest: EG-WbR, Art 85 I A Rn 270 f.; Langen/von Stoephasius: Art 85 Fallgruppen Rn 344; GTE/Jakob-Siebert/Jorna: Art 85 Fallgruppen, Liefer- und Bezugsvereinbarungen, Rn 19

[717] Vgl. Emmerich in: Imm/Mest: EG-WbR, Art 85 I B Rn 239 ff.; GTE/Jakob-Siebert/Jorna: Art 85 Fallgr, Liefer- und Bezugsvereinbarungen Rn 31 ff.; Gleiss/Hirsch: Art 85 I Rn 1549

[718] Vgl. oben: Erstes Kapitel, C. III. 2.

lich die Erlaubnis, auf ihre Anerkennung als Registerführer durch die ICANN hinzuweisen und erteilt ihnen eine entsprechende Lizenz.[719] Dadurch wird der Eindruck eines einheitlichen Auftretens nach außen verstärkt.

Es stellt sich damit die Frage, ob die angesprochenen Preis- und Konditionenbindungen nicht vom Kartellverbot ausgenommen sind, weil sie erforderlich sind, damit das einem Franchisesystem ähnliche DNS funktionieren kann. Anerkannt ist, dass Vereinbarungen die dem Know-how-Schutz bei Franchisesystemen[720] bzw. dem Schutz der Identität und des Namens, der durch die Geschäftsbezeichnung symbolisierten Vertriebsorganisation[721] dienen, nicht in den Anwendungsbereich des Art. 81 I EGV fallen. Dagegen sollen Bestimmungen, die den Wettbewerb zwischen den Franchisenehmern beschränken, selbst dann gegen Art. 81 I EGV verstoßen, wenn sie der Einheitlichkeit des Franchisesystems dienen oder sonst wie für das Franchisesystem erforderlich sind.[722]

Im Rahmen des DNS wird zwar kein (geheimes) Know-how übertragen, dafür aber die Teilhabe am "Good Will" der IANA/ICANN gestattet. Entsprechend müssen solche Maßnahmen zulässig sein, die darauf abzielen diesen "Good Will", also das Vertrauen in die Sicherheit und Funktionsfähigkeit des DNS und vor allem in die unparteiliche, am Interesse der ganzen Internetgemeinschaft ausgerichtete Verwaltung der Domain Names durch die IANA bzw. ICANN zu erhalten. Nur so ist es möglich, dass die IANA/ICANN die Domain Names nicht selbst verwaltet, sondern die Registrierungsbefugnis an die Registerführer delegiert. Letztlich dienen die Beschränkungen damit ebenfalls der Schaffung neuen Wettbewerbs.

Die hier relevanten Preis- und Konditionenbindungen schützen aber nicht unmittelbar den "Good Will" der ICANN. Sie sollen kein Fehlverhalten der Beteiligten vermeiden oder ausgleichen oder die Qualität der Registrierungsdienstleistung schützen. Allenfalls mittelbar kommen die Regelungen auch dem Schutz des "Good Will" zugute, indem sie sich gegen einen Missbrauch des DNS durch Dritte richten und helfen sollen, die Folgen eines solchen Missbrauchs zu beseitigen. Insoweit muss aber das Gleiche gelten, wie bei der Abwehr unlauteren Wettbewerbs allgemein. Eine Wettbewerbsbeschränkung kann nicht damit gerechtfertigt werden, die Absprache solle indirekt unlauteres Verhalten verhindern. Durch unlautere Praktiken betroffene Unternehmen müssen sich an die nationalen Gerichte oder Behörden wenden, um die Wettbewerbsverstöße mit Hilfe des nationalen Rechtes abzuwehren.[723]

Vor allem aber wird durch die Vereinbarungen der Preis- und Konditionenwettbewerb zwischen den Registerführern eingeschränkt. Aus diesem Grund ist Art. 81 I EGV auf diese Vertragsbestimmungen anwendbar. Eine Freistellung solcher Klauseln kann allenfalls im Rahmen des Art. 81 III EGV erfolgen.[724]

---

[719]Registrar Accreditation Agreement, Ziff. II B, Anlage 10

[720]Vgl. dazu EuGH, Slg. 1986, S. 353, 381 f. - Pronuptia; Emmerich in: Imm/Mest: EG-WbR, Art 85 I B Rn 239 ff.; GTE/Jakob-Siebert/Jorna: Art 85 Fallgr, Liefer- und Bezugsvereinbarungen Rn 31 ff.; Gleiss/Hirsch: Art 85 I Rn 1549

[721]Vgl. dazu EuGH, Slg. 1986, S. 353, 382 - Pronuptia; Emmerich in: Imm/Mest: EG-WbR, Art 85 I B Rn 239 ff.; GTE/Jakob-Siebert/Jorna: Art 85 Fallgr, Liefer- und Bezugsvereinbarungen Rn 31 ff.; Gleiss/Hirsch: Art 85 I Rn 1549

[722]Vgl. dazu EuGH, Slg. 1986, S. 353, 383 - Pronuptia; Komm. ABl-EG 1988 L 332/38, 39 - Service-Master; Gleiss/Hirsch: Art 85 I Rn 1549

[723]Vgl. Komm. ABl.-EG 1985 L 19/17, 23 - Grohe; ABl.-EG 1985 L 20/38, 44 - Ideal-Standard; EuGH, Slg. 1984, S. 19, 63 - VBVB; Gleiss/Hirsch: Art. 85 I Rn 178

[724]Vgl. dazu EuGH, Slg. 1986, S. 353, 384 - Pronuptia

dd. Zwischenergebnis

Die angesprochenen Preis- und Konditionenbindungen des RAA sind daher, mit Ausnahme der Angaben, die notwendig sind um die Einmaligkeit und Funktionsfähigkeit eines Domain Names zu gewährleisten und der entsprechenden Weiterleitung an die Registerführung, nicht ausnahmsweise vom Anwendungsbereich des Art. 81 I EGV ausgenommen.

3. Zwischenstaatlichkeitsklausel

Die wettbewerbsbeschränkenden Regelungen des Vertrages, insbesondere die Vereinbarung weitgehend einheitlicher Geschäftsbedingungen für die Registrierung von Domain Names unter den gTLDs, sind nach Art. 81 I EGV nur verboten, wenn sie geeignet sind, den Handel zwischen den Mitgliedsstaaten spürbar zu beeinträchtigen.

a. Eignung zur Handelsbeeinträchtigung

Eine Eignung zur Handelsbeeinträchtigung ist immer dann anzunehmen, wenn sich an Hand einer Gesamtheit objektiver, rechtlicher oder tatsächlicher Umstände mit hinreichender Wahrscheinlichkeit voraussehen lässt, dass die Vereinbarung unmittelbar oder mittelbar, tatsächlich oder potentiell den Geschäftsverkehr zwischen Mitgliedsstaaten beeinflussen und dadurch die Errichtung eines einheitlichen Marktes zwischen den Mitgliedsstaaten behindern kann.[725]

Der zwischenstaatliche Handel wird insbesondere durch solche Praktiken beeinträchtigt, die für die Verwirklichung der Ziele eines einheitlichen Marktes zwischen den Mitgliedsstaaten nachteilig sein können, indem insbesondere die nationalen Märkte abgeschottet oder die Wettbewerbsstrukturen im Gemeinsamen Markt verändert werden.[726] Auch Verhaltensweisen von Unternehmern, die keine Marktspaltung bezwecken oder bewirken, können deshalb geeignet sein, den Handel zwischen den Mitgliedsstaaten zu beeinträchtigen, weil sie auf andere Weise den Wettbewerb einschränken oder verfälschen.[727] Art. 81 I EGV setzt nicht voraus, dass jede Klausel einer Vereinbarung für sich gesehen, den innergemeinschaftlichen Handel beeinträchtigen kann; maßgebend ist die Wirkung der Vereinbarung insgesamt.[728]

Das Absatzgebiet der ICANN und der Unterzeichner des RAA ist grundsätzlich weltweit nicht beschränkt. Die Vereinbarung hat auch Unterzeichner aus aller Welt, auch aus

---

[725] Vgl. EuGH Rs. 56/65, Slg. 1966 S. 282, 303 - Maschinenbau Ulm; Slg. 1966, S. 322, 389 - Grundig/Consten; Slg. 1980, S. 3775, 3791 - L'Oreal; Koch in: Grabitz/Hilf: KEU, Art 85 Rdnr. 91; Schröter in: GTE, Art. 85 Rdnr. 165 f.

[726] Vgl. EuGH Slg. 1979 S. 1869, 1899 - Hugin; Slg. 1974, S. 213, 252 f. - Commercial Solvents/Kommission; Koch in: Grabitz/Hilf, KEU, Art. 86 Rdnr. 92; Schröter in: GTE, Art. 86 Rdnr. 233; Art. 85 Rdnr. 165

[727] EuGH Slg. 1966, S. 457, 483 - Italien/Rat; Slg. 1975, S. 563, 584 - Frubo; Schröter in: GTE, Art. 86 Rdnr. 235

[728] Vgl. EuGH, Slg. 1986, S. 611, 664 - Windsurfing International; Koenigs in: Festschrift für Pfeifer, S. 569, 572

einer ganzen Reihe von Mitgliedsstaaten.[729] Dementsprechend wirkt sich die Vereinbarung auch im gesamten Gemeinschaftsgebiet aus. Durch die Vereinbarung wird der Wettbewerb im Bereich der Konditionen und der Preise für die Registrierung von Domain Names unter den gTLDs teilweise ausgeschlossen, da alle Registerführer gleichermaßen gebunden werden. Die Vereinbarung hat damit starken Einfluss auf die Struktur des (potentiellen) Konditionenwettbewerbs und des Preiswettbewerbs.

Darüber hinaus kann die Vereinbarung aber auch in gewissem Umfang zur Abschottung nationaler Märkte führen. Die Registerführer werden verpflichtet, mit den Registrierungswilligen zu vereinbaren, dass im Falle eines Rechtsstreits im Zusammenhang mit der Nutzung der jeweiligen SLD auch der Sitz des Registerführers als möglicher Gerichtsstand gilt. Wählt der Registrierungswillige einen Registerführer mit Sitz in einem anderen Land, so wird er mit dem Risiko belastet, in diesem Land verklagt zu werden, ohne dass er hierzu durch eigenes Handeln Anlass gegeben hätte. Es besteht daher eine erhebliche Wahrscheinlichkeit, dass die Antragssteller, um dieses Risiko zu vermeiden, vorzugsweise solche Registerführer wählen, deren Sitz im gleichen Staat liegt und nicht etwa in einem anderen Mitgliedsstaat. Auf diese Weise werden die Märkte der Mitgliedsstaaten gegeneinander abgeschottet.

b. Spürbarkeit

Nach ständiger Rechtsprechung des EuGH muss die Beeinträchtigung des zwischenstaatlichen Handels spürbar sein.[730] Eine Vereinbarung fällt daher nicht unter das Verbot des Art. 81 I EGV, wenn sie sich in Anbetracht der schwachen Stellung der Betroffenen auf dem Markt nur in unbedeutender Weise auswirkt.[731] Zur Konkretisierung der Spürbarkeit hat die Kommission eine Bekanntmachung[732] über die sogenannten Bagatellkartelle erlassen. Der Marktanteil der beteiligten Unternehmen darf auf dem relevanten Markt für die Erzeugnisse, um die es geht, nicht höher als 5 % sein. Die Gesamtumsätze aller beteiligten Unternehmen dürfen zusammen 300 Mio. ECU nicht übersteigen.

Die ICANN hat auf dem relevanten Markt eine Alleinstellung, dementsprechend wird der gesamte Markt von der Beeinträchtigung erfasst. Darüber hinaus überschreitet aber schon der Umsatz einzelner beteiligter Unternehmen die Gesamtumsatzschwelle von 300 Mio. ECU.[733] Die Beeinträchtigung ist daher auf jeden Fall spürbar.

[729] Z.B. Spanien, Frankreich, Deutschland, Großbritanien, Schweden, vgl. die Liste der anerkannten Registerführer, im Internet abrufbar unter: http://www.icann.org/registrars/accredited-list.html

[730] Vgl. EuGH Slg. 1966, S. 281, 306 - Maschinenbau Ulm; Slg. 1969, S. 295, 302 - Völk; Slg. 1971, S. 351, 383 - Cadillon/Höss; Slg. 1971, S. 949, 960 - Beguelin

[731] Vgl. Koenigs in: Festschrift für Pfeifer, S. 569, 571

[732] Bekanntmachung der Kommission vom 3. Sept. 1986 über Vereinbarungen von geringer Bedeutung, die nicht unter Art. 85 I des Vertrages zur Gründung der Europäischen Wirtschaftsgemeinschaft fallen, ABl. 1986 C 231/2 i.d.F. ABl. 1994 C 368/20

[733] Z.B. France Telecom, America Online oder PSI Net Inc. nach eigenen Angaben, im Internet abrufbar unter: http://www.francetelecom.fr oder Angaben des Yahoo Finanzdienstes, im Internet abrufbar unter: http://biz.yahoo.com

4. Freistellungsmöglichkeit

Die Bestimmungen des Art. 81 I EGV können aber nach Art. 81 III EGV für nicht anwendbar erklärt werden. Die Freistellungen kann für einzelne Verhaltensabstimmungen oder für ganze Gruppen erfolgen.

Eine Gruppenfreistellungsverordnung, die auf die Vereinbarung zwischen der ICANN und den Registerführern passen könnte und nach der die Gebührenpflicht oder die Verpflichtung zur Verwendung einheitlicher Geschäftsbedingungen freigestellt werden könnten, ist nicht ersichtlich. Insbesondere kommt hier die Franchiseverordnung[734] nicht in Betracht, da es wie bereits oben bei der Darstellung zur IANA ausgeführt wurde, an den Voraussetzungen des Art. 1 III b fehlt. Die Vereinbarung führt nicht zur Benutzung eines gemeinsamen Namens oder Zeichens durch die Beteiligten.[735] Auch eine Einzelfreistellung ist bislang nicht veröffentlicht. Es stellt sich daher die Frage, ob die beschriebenen Absprachen gegebenenfalls freistellungsfähig wären, ob also die materiellen Freistellungsvoraussetzungen vorliegen.

Eine Freistellung ist nach Art. 81 III EGV möglich, wenn das RAA unter angemessener Beteiligung der Verbraucher an dem entstehenden Gewinn, zur Verbesserung der Warenerzeugung oder -verteilung oder zur Förderung des technischen oder wirtschaftlichen Fortschritts beiträgt. Den beteiligten Unternehmen dürfen aber keine Beschränkungen auferlegt werden, die für die Verwirklichung dieser Ziele nicht unerlässlich sind, oder Möglichkeiten eröffnet werden, für einen wesentlichen Teil der betreffenden Waren den Wettbewerb auszuschalten. Diese Voraussetzungen müssen kumulativ erfüllt sein.[736]

a. Spürbare Vorteile

Eine Verbesserung i.S.d. Art. 81 III EGV liegt nicht schon dann vor, wenn die Absprache für die beteiligten Unternehmen vorteilhaft ist, sie muss vielmehr spürbare objektive Vorteile mit sich bringen, die geeignet sind, die mit ihr verbundenen Nachteile für den Wettbewerb auszugleichen.[737] Es kommt darauf an, ob sich bei objektiver Betrachtung durch die Beschränkung eine Verbesserung gegenüber dem Zustand ergibt, der ohne Beschränkung bestehen würde.[738] Ganz unerhebliche Vorteile reichen nicht aus. Es ist vielmehr erforderlich, dass die Vorteile von einigem Gewicht, also spürbar sind.[739]

---

[734]Verordnung (EWG) Nr. 4087/88 der Kommission vom 30. Nov. 1988 über die Anwendung von Artikel 85 III des Vertrags auf Gruppen von Franchisevereinbarungen, ABl-EG 1988 L 359/46

[735]Das RAA wird zwar möglicherweise von der Verordnung (EG) Nr. 2790/1999 der Kommission vom 22. Dez. 1999 über die Anwendung von Artikel 81 III des Vertrages auf Gruppen von vertikalen Vereinbarungen und aufeinander abgestimmte Verhaltensweisen, ABl-EG 1999 L 336/21, erfaßt, aber auch insoweit kommt eine Freistellung nicht in Betracht, da die vorliegenden Vereinbarungen an der 30% Schranke scheitern, vgl. Erwägungen 8 und 9 der Verordnung. Die neue Freistellungsverordnung wird ab dem 01.06.2000 anwendbar sein und die Franchiseverordnung ablösen.

[736]Vgl. EuGH Slg. 1966, S. 322, 399 - Grundig/Consten; Slg. 1984, S. 19, 70 - VBVB und VBBB; Schröter in: GTE: Art 85 III Rn 295; Gleiss/Hirsch: Art 85 III Rn 1852

[737]Vgl. EuGH Slg. 1966, S. 322, 397 - Grundig/Consten; Slg. 1980, S. 3125, 3279 - van Landewijk; Slg. 1984, S. 19, 68 ff. - VBVB und VBBB

[738]Komm. ABl.-EG 1972 L 303/24, 36 - Cimbel; Langen/Bunte, Art. 85 GenPrinz Rn. 131

[739]Vgl. EuGH Slg. 1966, S. 322, 397 - Grundig/Consten; Komm. Abl.-EG 1971 L 10/15, 22 - Fliesenhersteller

Eine Verbesserung der Warenverteilung kann beispielsweise vorliegen, wenn die Absprache durch Erhöhung der Zahl der Verkaufsstellen oder der angebotenen Waren die Wahlmöglichkeiten der Kunden erweitert.[740] Aber auch Kosteneinsparungen sind stets als Rationalisierungsgewinn i.S.d. Art. 81 I EGV anzusehen.[741]

aa. Gebührenklausel

Durch die Verpflichtung SLD nur gegen Bezahlung und nur auf bestimmte Dauer zu registrieren, soll das "Horten" von Domain Names erschwert werden. Damit soll erreicht werden, dass die Zahl der frei registrierbaren Domain Names möglichst groß bleibt. Gleichzeitig soll eine missbräuchliche Domain-Name-Registrierung erschwert werden. Dahinter steht die Überlegung, dass nur derjenige, der eine SLD auch wirklich nutzen will, bereit ist, für die Registrierung Geld auszugeben.

Problematisch hierbei ist, dass die Registerführer bei der Bestimmung der Höhe der Registrierungsgebühr völlig freie Hand haben. In Betracht kommt also auch eine symbolische Gebühr von einem Pfennig für die ersten hundert Jahre. Bei einem symbolischen oder einem sonst sehr niedrigen Preis verliert die Gebührenpflicht aber ihre "Abschreckungswirkung" für Domain-Name-Grabber vollständig und die Regelung läuft ins Leere.

Ein solches Angebotsverhalten der Registerführer ist keineswegs abwegig. Die Praxis der Internet Service Provider hat gezeigt, dass es durchaus möglich ist, alternative Finanzierungsmöglichkeiten für ihre Dienste zu finden.[742] Es ist denkbar, dass solche Finanzierungsmodelle auch auf den Bereich der Domain-Name-Registrierung übertragen werden könnten. Dies würde es einem Registerführer ermöglichen einen Domain Name kostenfrei oder zu einem mehr symbolischen Preis auch für einen sehr langen Zeitraum zu registrieren.

Der Eintritt, der mit der Gebührenpflicht bzw. der Pflicht zur zeitlich beschränkten Registrierung angestrebten Vorteile ist daher unabhängig von der zu beurteilenden Bindung, da sie den Registerführern einen Gestaltungsspielraum lässt, der auch eine Umsetzung erlaubt, bei der die angestrebten Vorteile mit Sicherheit nicht eintreten. Die Klausel vermag damit im Ergebnis nichts zur Verwirklichung der angestrebten Vorteile beizutragen. Entsprechend fehlt es bei dieser Regelung schon an der ersten Freistellungsvoraussetzung.

bb. Streitschlichtungsverfahren

Dem gleichen Ziel wie die angesprochene Gebührenklausel dient in gewissem Umfang auch die Vereinbarung eines verbindlichen Streitschlichtungsverfahren. Es soll die Möglichkeit einer für alle Beteiligten schnellen und kostengünstigen Erledigung kennzeichen-

---

[740] Vgl.Komm. ABl.-EG 1972 L 13/47, 49 - Sopelem/Langen; ABl.-EG 1972 L 31/34 f. - MAN/Saviem; ABl-EG 1972 L 143/31, 35 - Davidson Rubber; Schröter in: GTE: Art 85 III Rn 301 m.w.N.

[741] Vgl. Langen/Bunte, Art 85 GenPrinz Rn 134; Schröter in: GTE Art. 85 III Rn 301 mit Nachweisen aus der Praxis der Kommission

[742] Entsprechend den Verhältnissen bei sonstigen Internet Service Providern könnten sich die Registerführer eine Vereinsstruktur geben und sich über die Beiträge finanzieren oder sie könnten ihr Angebot über Werbung finanzieren. Beispiele finden sich sowohl im Bereich der Zugangs- als auch der Inhaltsanbieter. Für Letztere sollen nur die "Suchmaschinen", "Yahoo" oder "AltaVista" genannt werden.

rechtlicher Streitigkeiten bieten. [743] Durch diese Form der Streiterledigung sollen unter anderem strittige Domain Names schnell wieder verfügbar werden.

Ein Problem des DNS ist die beschränkte Zahl sinnvoller SLDs, die unter einer bestimmten TLD zur Verfügung stehen. Regelungen, die dazu dienen, dass SLDs nicht auf Vorrat, sondern nur registriert werden, wenn auch eine Nutzung unmittelbar als Rechneradresse beabsichtigt ist, haben im Rahmen des DNS daher eine ähnliche Wirkung wie sonst eine Erhöhung der Zahl angebotener Waren. Die Zahl und die Auswahl der für eine Nutzung zur Verfügung stehenden SLDs bleibt möglichst hoch. Hierin ist eine Verbesserung der Warenverteilung zu sehen.

Darüber hinaus können das Streitschlichtungsverfahren und die Veröffentlichungspflicht bestimmter Daten des Domain-Name-Inhabers dazu beitragen, die Kostenstruktur der Registerführer bzw. der ICANN zu verbessern. Kosteneinsparungen sind stets als Rationalisierungsgewinn i.S.d. Art. 81 I EGV anzusehen.[744]

Grundsätzlich kann ein durch die Registrierung oder Nutzung eines Domain Names in seinen (kennzeichenrechtlich geschützten) Interessen verletzter Dritter Ansprüche gegen den Domain-Name-Inhaber, aber auch gegen den Registerführer und wohl auch gegen die Registerführung geltend machen .[745] Hierdurch können diesen gegebenenfalls erhebliche Kosten entstehen.

Es besteht keine Pflicht für einen Domain-Name-Inhaber seinen Namen und seine Anschrift, etwa auf seiner Internetseite, bekanntzugeben und de facto verweisen Domain Names häufig auch nur auf anonyme Internetseiten, die keinen weiteren Inhalt haben, als den Hinweis: "Under Construction". Ohne Veröffentlichung der Daten des Domain-Name-Inhabers hätte ein von einer Domain-Name-Registrierung beeinträchtigter Kennzeichenrechtsinhaber vielfach nur die Möglichkeit, den jeweiligen Registerführer oder sogar die ICANN selbst in Anspruch zu nehmen, wenn er gegen die Registrierung oder Nutzung eines Domain Names vorgehen möchte. Mit der Veröffentlichung dieser Daten schaffen die Registerführer die Voraussetzungen für eine unmittelbare Inanspruchnahme des Domain-Name-Inhabers durch den Dritten.

Ein entsprechend gestaltetes Streitschlichtungsverfahren, das Dritten eine zeit- und kostengünstige Möglichkeit bietet, gegen Verletzungen ihrer Interessen durch die Registrierung oder Nutzung eines Domain Names vorzugehen, kann unter Umständen diese dazu bewegen, sich vorrangig mit dem Domain-Name-Inhaber auseinander zu setzen. Ein solches Streitschlichtungsverfahren kann sich daher günstig auf die Kostenstruktur der Registerführer auswirken.

---

[743]Zwar wird in Ziff. II K des Registrar Acreditation Agreements nichts über die Inhalte eines zu vereinbarenden Streitschlichtungsverfahrens ausgesagt, es wird aber festgelegt, dass die ICANN insoweit Vorgaben machen kann. Von dieser Möglichkeit hat sie zwischenzeitlich auch Gebrauch gemacht und genaue Regeln für ein Streitschlichtungsverfahren veröffentlicht. Die Verfahrensregelungen scheinen in ihrem Anwendungsbereich auch tatsächlich geeignet eine vergleichsweise schnelle Streitentscheidung herbeizuführen. Die Regeln sind über die Internetseite der ICANN, unter: http://www.icann.org abrufbar. Diese Vorgaben werden der Beurteilung der Freistellungsfähigkeit der Verpflichtung zur Einbeziehung eines Streitschlichtungsverfahrens zugrundegelegt.

[744]Vgl. Langen/Bunte, Art 85 GenPrinz Rn 134; Schröter in: GTE Art. 85 III Rn 301 mit Nachweisen aus der Praxis der Kommission

[745]Vgl. Nordemann, NJW 1997, S. 1896; Völker/Weidert, WRP 1997, S. 652, 661; Ernst, BB 1997, S. 1057, 1061; Freitag, MA 1996, S. 495, 496 f.; Ingerl/Rohnke, Markengesetz, Vor §§ 14 - 19 Rn 10; a.A. LG Mannheim, NJW 1997, S. 2736

Sowohl die Veröffentlichungspflicht als auch das Streitschlichtungsverfahren können daher zur Verbesserung der Kostenstruktur der Registerführer und gegebenenfalls sogar der ICANN beitragen und sind deshalb als Vorteil i.S.d. Art. 81 I EGV anzusehen.[746]

cc. Gerichtsstandsklausel

Auch die Vereinbarung eines obligatorischen Gerichtsstand am Sitz des Registerführers für Streitigkeiten im Zusammenhang mit der Nutzung einer SLD kann vor diesem Hintergrund möglicherweise zu einer Kosteneinsparung führen.

Wählt ein SLD-Inhaber seinen Sitz so, dass aufgrund der örtlichen rechtlichen Gegebenheiten eine Klage gegen eine von ihm ausgehende Kennzeichenrechtsverletzung nur wenig oder keine Aussicht auf Erfolg hat, so besteht eine erhöhte Wahrscheinlichkeit, dass der Verletzte statt seiner den jeweiligen Registerführer in Anspruch nehmen wird, wenn dies seine Erfolgschancen erhöht. Dies kann sich negativ auf die Kostenstruktur des Unternehmens auswirken. Dieses Risiko kann der Registerführer reduzieren, wenn er die Möglichkeit schafft, den Verletzter unabhängig von dessen Sitz nach denselben rechtlichen Bedingungen zu verklagen, wie den Registerführer selbst. Soweit der Registerführer selbst Streitpartei ist, sind die Vorteile offensichtlich. Das (Kosten-) Risiko eines Streits vor einem Gericht, das nicht am Sitz des Unternehmens ist, insbesondere die Gefahr der Inanspruchnahme vor einem ausländischen Gericht, wird reduziert.

b. Angemessene Beteiligung

Die Verbraucher müssen an dem entstehenden Gewinn angemessen beteiligt werden. Verbraucher sind alle unmittelbaren und mittelbaren Abnehmer der in Betracht kommenden Erzeugnisse.[747] Dies sind hier vor allem die an einer Domain-Name-Registrierung Interessierten. Der Begriff des "Verbrauchers" ist aber nicht wörtlich zu verstehen. Es können auch unbeteiligte Dritte darunter fallen, die beispielsweise von Verbesserungen im Bereich der Umweltverträglichkeit eines Produkts profitieren.[748] Gewinn ist jeder Vorteil, der den Verbrauchern aufgrund der Absprache zufließt.[749]

aa. Vorteil für die Verbraucher

Als Vorteil kommt hier zunächst ein Preisvorteil für die Verbraucher in Betracht. Soweit es durch die angesprochenen Maßnahmen zu einer Verbesserung der Kostenstruktur der Registerführer bzw. der ICANN kommt, ist es sehr wahrscheinlich, dass durch den zu erwartenden Wettbewerb zwischen den Registerführern, diese gezwungen werden, die angesprochenen Kostenvorteile an die Verbraucher weiterzuleiten. Je lebhafter der Wettbewerb auf dem jeweiligen Markt ist, desto eher wird man erfahrungsgemäß davon aus-

---

[746] Vgl. Langen/Bunte, Art 85 GenPrinz Rn 134; Schröter in: GTE Art. 85 III Rn 301 mit Nachweisen aus der Praxis der Kommission

[747] Vgl. Schröter in: GTE: Art 85 III Rn 304; Gleiss/Hirsch: Art 85 III Rn 1906 ff.

[748] Vgl. EuGH, Slg. 1966, S. 321, 397 - Grundig/Consten; Komm. ABl-EG 1994 L 144/20, 32 - Exxon/Shell; Schröter in: GTE: Art 85 III Rn 304; Waelbroeck/Frignani in: Mégret, Le droit de la CEE, Bd. 4, Concurrence, Nr. 222

[749] Vgl. EuGH, Slg. 1977, S. 1875, 1916 - Metro/Saba; Komm. ABl.-EG1964 S. 2545, 2550 - Grundig/Consten

gehen können, dass die Kartellmitglieder die durch die Zusammenarbeit erzielten Vorteile an ihre Abnehmer weitergeben.[750] Bei der ICANN handelt es sich um eine nichtgewinnorientierte Organisation, die Kostenvorteile schon aus diesem Grund an ihre Abnehmer weitergeben muss.

Der Vorteil, dass mehr sinnvolle SLD zur Verfügung stehen käme den Registrierungswilligen ganz unmittelbar zu Gute. Das Gleiche gilt, soweit es gelingt, mit dem Streitschlichtungsverfahren tatsächlich ein zeit- und kostengünstiges Verfahren anzubieten. Schließlich kann potentiell jeder Domain-Name-Inhaber Partei eines entsprechenden Streites werden. Letzteres kommt, ebenso wie die Veröffentlichungspflicht, auch all denen zugute, die als Dritte von einer Domain-Name-Registrierung betroffen werden, weil die registrierte SLD mit einem Kennzeichenrecht des Dritten kollidiert. Es liegt auch auf der Hand, dass die Vereinbarung eines zusätzlichen Gerichtsstands auf Seite der von der Nutzung einer SLD betroffenen Dritten vorteilhaft ist.

bb. Abwägung

Eine angemessene Beteiligung der Verbraucher liegt aber nur vor, wenn diese aus der Absprache erheblichen Nutzen ziehen, der die Nachteile, die sich für sie aus der Wettbewerbsbeschränkung ergeben, übertrifft.[751]

Dies ist insbesondere hinsichtlich der Gebührenpflicht fragwürdig. Zwar soll die Bestimmung der Höhe der Gebühr ausdrücklich dem einzelnen Registerführer vorbehalten bleiben[752], die Regelung verspricht aber nur dann Erfolg, wenn es sich nicht nur um einen symbolischen Preis handelt. Ab welcher Höhe eine Gebührenpflicht die gewünschte Wirkung zeigt, lässt sich nur schwer abschätzen. Immerhin gibt es beispielsweise auch im Bereich der .de-Domain Domain-Name-Händler[753] und dies, obwohl bei einer Registrierung Gebühren in beträchtlicher Höhe[754] fällig werden. Jedenfalls bei begehrten Domain Names hätte die Regelung erst dann Aussicht auf Erfolg, wenn die Gebühr höher läge als die Gebühren, die bislang bereits, beispielsweise für eine Registrierung unter der .de-Domain, zu zahlen waren.

Tatsächlich können bislang, nach wie vor, die meisten SLD direkt bei den Registerführern registriert werden und müssen nicht bei Domain-Name-Händlern gekauft werden. Potentiell bestünde also sogar die Möglichkeit, dass eine Domain umsonst registriert wird. Da die Regelung über die Gebührenpflicht und zeitlich begrenzten Registrierung aber nur Erfolg haben kann, wenn bei jeder Registrierung ein hoher Preis gefordert wird, überwiegen hier die Nachteile dieser Regelung.

Genauso fragwürdig ist die obligatorische Gerichtsstandsvereinbarung für Streitigkeiten im Zusammenhang mit der Nutzung einer SLD. Für die Registrierungswilligen hat diese Regelung den Nachteil, dass sie sich nicht nur im Verhältnis zu ihrem Vertragspartner, sondern auch gegenüber Dritten auf einen zusätzlichen Gerichtsstand einlassen müs-

---

[750]Vgl. Komm. ABl-EG 1969 L 195/5, 8 f. - Jaz/Peter; ABl-EG 1976 L 28/19 Saba; ABl-EG 1983 L 224/19, 25 - Rockwell/Iveco

[751]Vgl. Komm. ABl.-EG 1971 L 10/15, 22 - Wand- und Bodenfliesen; ABl.-EG 1989 L 226/25, 31 - UIP

[752]Vgl. Ziff. II.J.11. in der derzeit diskutierten Fassung, abrufbar unter: http://www.icann.org/nsi/icann-raa-28Sept99.htm

[753]Im Internet werden sogar "Auktionen" abgehalten und Domain Names meistbietend verkauft, vgl. beispielsweise: http://www.domain-markt.de oder http://www.newdomains.de

[754]Vgl. beispielsweise die Gebühren der DENIC eG, im Internet abrufbar unter: http://www.denic.de

sen. Insbesondere wenn dieser in einem anderen Land liegt, kann dies zu einem hohen zusätzlichen Prozess- und Kostenrisiko führen. Dem kann der Registrierungswillige nur ausweichen, wenn er einen Registerführer an seinem Sitz oder aber zumindest im eigenen Land wählt. Die Regelung führt also zu einer Marktabschottung und dadurch möglicherweise auch zu einer Erstarrung des Preisgefüges. In solchen Fällen kann in der Regel nicht von einer angemessenen Beteiligung ausgegangen werden.[755] Der Nachteil für den Wettbewerb insgesamt und für die Registrierungswilligen überwiegt den Kostenvorteil, soweit dieser nicht ohnehin schon durch die Erstarrung des Preisgefüges konsumiert wird.

Aber auch im Hinblick auf die Veröffentlichungspflicht ist die angemessene Beteiligung fragwürdig. Zwar besteht wie ausgeführt eine gewisse Wahrscheinlichkeit, dass die Registerführer die Domain-Name-Inhaber an den Kostenvorteilen partizipieren lassen und die Vorteile für die von einer Registrierung betroffenen Dritten sind ohnehin offensichtlich. Dagegen steht jedoch der Verlust an Privatsphäre durch die Veröffentlichung. Hinzu kommt die Gefahr des massenhaften Missbrauchs der veröffentlichten Daten, beispielsweise durch kommerzielle Adresshändler. Gerade aus letzterem Grund überwiegen hier die Nachteile.

Beim obligatorischen Streitschlichtungsverfahren liegen die Vorteile für alle unbeteiligten Dritten klar auf der Hand. Nachteile haben sie nicht zu befürchten, da es ihnen freisteht, ob sie sich diesem Verfahren unterwerfen wollen oder nicht. Schwieriger ist die Situation im Hinblick auf die Domain-Name-Inhaber zu beurteilen, da für sie das Verfahren obligatorisch ist und weil die endgültige Form des Streitschlichtungsverfahrens bzw. dessen Eignung zur Erreichung der vorgegebenen Ziele noch nicht feststeht[756]. Soweit sich die in das Verfahren gesetzten Erwartungen erfüllen, beschränkt sich der Nachteil für die in Anspruch genommenen Domain-Name-Inhaber darauf, dass ihnen die unberechtigte Nutzung einer SLD schneller wieder entzogen wird, als dies unter Umständen vor einem ordentlichen Gericht möglich wäre. Dieser Nachteil bleibt hinter den erwarteten Vorteilen zurück.

---

[755] Vgl. Schröter in: GTE, Art 85 III Rn 305 m.w.N.

[756] Soweit ersichtlich, soll das Verfahren auf die vorsätzliche unerlaubte Registrierung oder Nutzung eines identischen oder ähnlichen Kennzeichen eines Dritten als SLD beschränkt werden. Dabei soll gewährleistet werden, dass sich der Domain-Name-Inhaber ohne Nachteile gegen eine Verfahrensentscheidung gerichtlich zur Wehr setzen kann. Vgl. dazu und zum Stand der Diskussion: ICANN - Proposal for Uniform Dispute Resolution Policy, im Internet abrufbar unter: http://www.icann.org/santiago/udrp.htm und der entsprechende Abschlußbericht der DNSO Arbeitsgruppe A, im Internet abrufbar unter: http://192.134.4.239/dnso/notes/19990804.NCwga-to-ICANN.html sowie die Model Domain Name Dispute Resolution Policy for Voluntary Adoption by Registrars, im Internet abrufbar unter: http://www.icann.org/santiago/registrar-dispute-policy.htm und das Registrars' Statement Regarding Their Model Uniform Dispute Policy, im Internet abrufbar unter: http://www.icann.org/santiago/registrar-policy-statement.htm oder den Abschußbericht der WIPO, im Internet abrufbar unter: http://ecommerce.wipo.int/domains/process/eng/processhome.html oder als offizielle WIPO Publikation Nr. 92-805-0779-6 sowie die Umfangreiche Kritik zum WIPO-Bericht von A. Michael Froomkin: ACommentary on WIPO's the Management of Internet Names and Addresses: Intellectual Property Issues, im Internet abrufbar unter: http://personal.law.miami.edu/~amf/commentary.htm und ICANN - Resolutions adopted in Santiago, August 1999, im Internet abrufbar unter: http://www.icann.org/santiago/santiago-resolutions.htm. Informationen zur aktuellen Diskussion sind über die Internetseite der ICANN, unter: http://www.icann.org, vergübar.

c. Unerlässlichkeit

Die den Beteiligten auferlegten wettbewerbsbeschränkenden Verpflichtungen müssen sich nach ihrem Gegenstand, ihrem Inhalt und ihren Auswirkungen in den Grenzen halten, die zur Erreichung der angestrebten Vorteile als unbedingt erforderlich anzusehen sind. Lassen sich diese Ziele auch ohne Wettbewerbsbeschränkungen[757] oder mit einem weniger weitreichenden Eingriff in die wirtschaftliche Handlungsfreiheit der Kartellmitglieder[758] erreichen, so verstößt die Absprache gegen den Grundsatz der Verhältnismäßigkeit. Die Freistellung muss dann abgelehnt werden.[759]

Diese Voraussetzung ist gerade bei der Veröffentlichungspflicht fragwürdig. Der erhoffte Vorteil ließe sich auch erreichen, wenn die Registerführer nicht zu einer generellen Veröffentlichung der Daten des Domain-Name-Inhabers verpflichtet würden, sondern nur bei Nachweis eines näher zu bestimmenden berechtigten Interesses, den Namen und die Anschrift des Domain-Name-Inhabers bekannt geben müssten. Auch aus diesem Grund kommt für diese Regelung eine Freistellung nicht in Betracht.

Dagegen ist nicht ersichtlich, wie sich die Vorteile des Streitschlichtungsverfahrens ohne seine für die Antragssteller obligatorische Vereinbarung mit vergleichbarer Effizienz erreichen lassen sollen.

d. Ausschaltung wesentlichen Wettbewerbs

Besonders die vierte Voraussetzung einer Freistellung ist hier problematisch. Bei der Beurteilung der Frage, ob durch die Vereinbarung wesentlicher Wettbewerb ausgeschlossen wird, ist nicht nur auf die Marktstellung der beteiligten Unternehmen abzustellen, sondern auch darauf, ob diese untereinander noch konkurrieren.[760] Eine wesentliche Rolle spielt dabei, ob die Beteiligten den Wettbewerb untereinander insgesamt regeln oder ob sich die Absprache nur auf eines von mehreren Wettbewerbsmitteln beschränkt. Erstreckt sich die Absprache nur punktuell auf ein Wettbewerbsmittel, lässt sie aber andere, für den Wettbewerb insgesamt wesentliche Mittel unberührt, ist sie selbst dann nicht geeignet, den Wettbewerb auszuschalten, wenn alle Unternehmen einer Branche beteiligt sind.[761]

Durch das Registrar Accreditation Agreement sollen alle Registerführer für die gTLDs gebunden sein. Damit ist zwar der Außenwettbewerb auf dem relevanten Markt vollständig ausgeschlossen, denn die Beteiligten haben auf dem relevanten Markt eine Alleinstellung. Allerdings wird der Wettbewerb zwischen den Beteiligten nicht vollständig ausgeschlossen, sondern nur in bestimmten Bereichen beschränkt.

Die Registerführer werden zwar verpflichtet SLDs nur gegen Gebühr zu registrieren, die Höhe der Gebühr kann jedoch jeder Registerführer uneingeschränkt selbst bestimmen. Der den Registerführern verbleibende Preisgestaltungsspielraum ist damit denkbar groß.

---

[757] Vgl. Komm. ABl-EG 1972 L 22/16, 26 - NCH; ABl-EG 1977 L 215/11, 18 - de Leval/Stork; ABL-EG 1991 L 63/32, 44 - Screensport/EBU-Mitglieder

[758] Vgl. Komm ABl-EG 1975 L 222/34, 38 - Kabelmetall; ABl-EG 1976 L 30/13, 19 - Bayer/Gist-Brocades

[759] Vgl. Komm. ABl-EG 1989 L 22/12, 21 ff. - NBA; Schröter in: GTE Art 85 III Rn 306

[760] Vgl. Komm. ABl-EG 1972 L 182/24, 28 - Feinpapier; ABl-EG 1973 L 296/24, 27 - Prym-Beka; ABl-EG 1975 L 29/20, 24 Rank/SOPELEM; ABl-EG 1976 L 28/19, 28 SABA; Gleiss/Hirsch, Art 85 Rn 1958; Sauter in: Imm/Mest, Art 85 III Rn 28

[761] Vgl. Komm. ABl-EG 1969 L 69/13, 19 - EWA; ABl-EG 1971 L 227/26, 31 - CEMATEX; ABl-EG 1975 L 228/17, 21 - UNIDI; Gleiss/Hirsch, Art 85 Rn 1959;

Aus diesem Grund kann in der Gebührenpflicht alleine noch keine Ausschaltung wesentlichen Wettbewerbs gesehen werden. Darüber hinaus werden die Registerführer aber verpflichtet, ihr Verhältnis zu den Registrierungswilligen in weiteren wichtigen Punkten einheitlich zu regeln. Es wird also nicht nur auf ein Wettbewerbsmittel Einfluss genommen, sondern gleich auf mehrere und bei den Konditionen sogar in ganz erheblichem Umfang.

Dies zusammengenommen wird durch das Registrar Accreditation Agreement der Wettbewerb in wesentlicher Weise ausgeschlossen. Die materiellen Voraussetzungen für eine Freistellung dieser Vereinbarung sind damit nicht gegeben.

5. Zwischenergebnis

Die Regelungen des Registrar Accreditation Agreement, die die Außenbeziehungen der Registerführer betreffen, stellen in ihrer derzeitigen Form damit nach Art. 81 I EGV verbotene Vereinbarungen dar und sind nach Art. 81 II EGV nichtig. Nur die Bestimmung, dass die Registerführer von den Registrierungswilligen bestimmte Informationen einfordern und diese an die Registerführung weiterleiten müssen, ist hiervon nicht betroffen, sofern diese Informationen erforderlich sind, um die Funktionsfähigkeit des DNS zu gewährleisten.

Zu den verbotenen Regelungen, die das Verhältnis der Registerführer zu den Registrierungswilligen oder zur Registerführung bestimmen, gehören insbesondere die Vereinbarungen, dass eine Registrierung nur für eine bestimmte Zeit erfolgen darf, dass für jeden Zeitabschnitt eine Erneuerungsgebühr zu bezahlen ist und dass eine SLD erst nach Zahlungseingang aktiviert werden darf.[762] Darüber hinaus, dass ein Registrierungsvertrag bestimmte Mindestbedingungen wie eine Gerichtsstandsvereinbarung und die Vereinbarung eines Streitlösungsverfahrens zugunsten Dritter enthalten muss.

V. Registrar Accreditation Agreement als Missbrauch einer marktbeherrschenden Stellung (Art. 82 EGV)

Es stellt sich die Frage, ob die ICANN auch gegen Art. 82 EGV verstößt und hinsichtlich der Regelungen des RAA ihre marktbeherrschende Stellung auf dem Gemeinsamen Markt in einer Weise missbräuchlich ausnutzt, die geeignet ist, den Handel zwischen Mitgliedsstaaten zu beeinträchtigen. Bedenklich sind insoweit vor allem die Bestimmungen des RAA, die das Verhältnis der Registerführer zu den Domain-Name-Inhabern regeln.

1. Marktbeherrschende Stellung der ICANN

Was die Unternehmereigenschaft und die marktbeherrschende Stellung der ICANN auf dem Gemeinsamen Markt betrifft, gilt das bei der Prüfung der Zulässigkeit der Kriterien für die Auswahl der Registerführer Gesagte entsprechend. Die ICANN ist ein Unternehmen und sie beherrscht den relevanten Markt weltweit.

---

[762] Registrar Accreditation Agreement, Ziff. II.J. , Anlage 10

2. Missbrauch

Art. 82 S. 1 EGV verbietet die missbräuchliche Ausnutzung der beherrschenden Stellung auf dem Gemeinsamen Markt. Art. 82 S. 2 EGV konkretisiert die Generalklausel des 1. Satzes und nennt Beispiele für mögliche Missbrauchsfälle.

Nach Art. 82 S. 2 a EGV stellt insbesondere die unmittelbare oder mittelbare Erzwingung von unangemessenen Einkaufs- oder Verkaufspreisen oder sonstiger Geschäftsbedingungen eine missbräuchliche Ausnutzung der marktbeherrschenden Stellung dar. Unangemessen sind Bedingungen jedenfalls dann, wenn ein Marktbeherrscher seine Vertragspartner zu Konditionen zwingt, deren Vereinbarung gegen das Kartellverbot des Art. 81 EGV verstößt.[763] Legitime Ziele des Marktbeherrschers sind dann nicht vorstellbar.

Die Bestimmungen des Registrar Accreditation Agreements, die das Verhältnis der Registerführer zu den Domain-Name-Inhabern regeln, verstoßen, wie gezeigt wurde, überwiegend gegen Art. 81 I EGV. Sie sind damit auch missbräuchliche Geschäftsbedingungen i.S.d. Art. 82 EGV.

Dies betrifft insbesondere die Vereinbarungen, dass eine Registrierung nur für eine bestimmte Zeit erfolgen darf, dass für jeden Zeitabschnitt eine Erneuerungsgebühr zu bezahlen ist und dass eine SLD erst nach Zahlungseingang aktiviert werden darf.[764] Es betrifft aber auch die Regelung der Sammlung und Weiterleitung von Daten des Domain-Name-Inhabers durch den Registerführer, [765] mit Ausnahme der Daten die erforderlich sind, um eine Doppelregistrierung zu verhindern. Gegen Art. 81 I EGV verstößt aber auch die Verpflichtung eine bestimmte Gerichtsstandsvereinbarung[766] zwischen Registerführer und Domain-Name-Inhaber oder ein für die Registrierungswilligen verpflichtendes Domain-Name-Streitlösungsverfahren[767] zu vereinbaren.

"Erzwingung" bedeutet die einseitige Auferlegung der unangemessenen Geschäftsbedingungen. Die wirtschaftliche Übermacht des Marktbeherrschers bewirkt den Zwang.[768]

---

[763] Vgl. EuGH, Slg. 1978, S. 207, 292 ff. - United Brands; Slg. 1979, S. 461, 535 ff. - Hoffmann-La Roche; Slg. 1989, S. 838, 849 ff. - Ahmed Saeed Flugreisen; Schöter in: GTE, Art. 86 Rn 37; Möschel in: Imm/Mest, WbR-EG, Art. 86 Rn 7; Koch in: Grabitz/Hilf, Art 86 Rn 8

[764] Registrar Accreditation Agreement, Ziff. II.J. Anlage 10

[765] Registrar Accreditation Agreement, Ziff. II.J. , Anlage 10

[766] Registrar Accreditation Agreement, Ziff. II.J.7.h. , Anlage 10

[767] Registrar Accreditation Agreement, Ziff. II.K. , Anlage 10; die Einzelheiten dieses Verfahrens stehen noch nicht abschließend fest, allerdings ergibt sich das Wesentliche aus: ICANN - Proposal for Uniform Dispute Resolution Policy, im Internet abrufbar unter: http://www.icann.org/santiago/udrp.htm und der entsprechende Abschlußbericht der DNSO Arbeitsgruppe A, im Internet abrufbar unter: http://192.134.4.239/dnso/notes/19990804.NCwga-to-ICANN.html sowie die Model Domain Name Dispute Resolution Policy for Voluntary Adoption by Registrars, im Internet abrufbar unter: http://www.icann.org/santiago/registrar-dispute-policy.htm und das Registrars' Statement Regarding Their Model Uniform Dispute Policy, im Internet abrufbar unter: http://www.icann.org/santiago/registrar-policy-statement.htm oder den Abschußbericht der WIPO, im Internet abrufbar unter: http://ecommerce.wipo.int/domains/process/eng/processhome.html oder als offizielle WIPO Publikation Nr. 92-805-0779-6 sowie dem entsprechenden Vorstandsbeschluß der ICANN, ICANN - Resolutions adopted in Santiago, August 1999, im Internet abrufbar unter: http://www.icann.org/santiago/santiago-resolutions.htm

[768] Vgl. Möschel in: Imm/Mest: EG-WbR Art 86 Rn 137

Als "erzwungen" gelten Geschäftsbedingungen auch dann, wenn die Marktgegenseite auf Grund der überlegenen Marktposition des beherrschenden Unternehmens dessen Geschäftsbedingungen ohne weiteres hinnehmen.[769] Hiervon kann im vorliegendem Fall aufgrund der Alleinstellung der ICANN ausgegangen werden.

3. Zwischenstaatlichkeitsklausel

Die Zwischenstaatlichkeitsklausel hat hier dieselbe Funktion wie in Art. 81 I EGV. Sie soll auf dem Gebiet des Wettbewerbsrechts den Geltungsbereich des Gemeinschaftsrechts von dem des innerstaatlichen Rechts abgrenzen.[770] Auch bezügliche des Inhalts und der Tragweite dieses Tatbestandsmerkmals besteht zwischen beiden Vorschriften kein Unterschied und es ist deshalb einheitlich auszulegen.[771] Die Eignung der Bestimmungen des RAA, die das Verhältnis der Registerführer zu den Domain-Name-Inhabern regeln, zur spürbaren Beeinträchtigung des zwischenstaatlichen Handels, wurde bereits bei der Untersuchung der Anwendbarkeit des Art. 81 I EGV auf diese Konditionen festgestellt. Daher ist auch der diesbezüglich Missbrauch der marktbeherrschenden Stellung der ICANN zur spürbaren Beeinträchtigung des zwischenstaatlichen Handels geeignet.

4. Zwischenergebnis

Die Bestimmungen des Registrar Accreditation Agreements, die das Verhältnis der Registerführer zu den Domain-Name-Inhabern regeln, verstoßen damit auch gegen Art. 82 EGV.

VI. ICANN/NSI Überleitungsvertrag[772]

Neben dem RAA schließen die ICANN und NSI einen Überleitungsvertrag (Transition Agreement) mit dem der Wechsel der NSI von ihrer bisherigen Funktion als einziger und einheitlicher Registrierungsstelle für die gTLDs zu ihrer neuen Funktion als ein Registerführer unter vielen verbindlich geregelt werden soll. Dieser Vertrag enthält im Wesentlichen Bestimmungen, die der NSI ein befristetes Abweichen von den für alle Registerführer gleichen Regelungen des RAA erlauben. Hierin könnte eine Diskriminierung der anderen Registerführer i.S.d. Art. 81 I d EGV bzw. Art. 82 S. 2 c EGV liegen.

1. Kollektive Diskriminierung (Art. 81 I d EGV)

Soweit auch die weiteren Tatbestandsvoraussetzungen des Art. 81 I EGV vorliegen, ist nach Art. 81 I d EGV, die Vereinbarung der Anwendung unterschiedlicher Bedingungen

---

[769] Allgemeine Ansicht, vgl. Langen/Dirksen: Art 86 Rn 90, Schröter in: GTE, Art 86 Rn 146;
[770] Vgl. Schröter in: GTE, Art 86 Rn 233; Langen/Dirksen, Art 86 Rn 199
[771] Vgl. EuGH, Slg. 1979, S. 1869, 1899 - Hugin; Slg. 1980, S. 3775, 3792 - L'Oréal; Schröter in: GTE, Art 86 Rn 233; Langen/Dirksen, Art 86 Rn 198 f.
[772] Anlage 13

bei gleichwertigen Leistungen gegenüber Handelspartnern, wodurch diese im Wettbewerb benachteiligt werden, verboten.

An der Unternehmereigenschaft der ICANN und der NSI besteht nach dem zum RAA Gesagten kein Zweifel. Das Transition Agreement regelt die Rechte und Pflichten der Parteien rechtlich verbindlich, es handelt sich also auch um eine Vereinbarung i.S.d. Art. 81 I EGV.

Durch die Vereinbarung wird aber nicht die Diskriminierung Dritter vereinbart, sondern das Verhältnis zwischen den Parteien individuell und abweichend von den sonstigen Registerführerverträgen bestimmt. Art. 81 I d EGV begründet nach allgemeiner Ansicht aber kein allgemeines Diskriminierungsverbot.[773] Die ungleiche Behandlung gleichartiger Sachverhalte ist vielmehr ein wesentlicher Grundsatz der wirtschaftlichen Betätigungsfreiheit der Marktteilnehmer und soll durch Art. 81 I EGV geschützt werden.[774]. Die wirtschaftliche Betätigungsfreiheit der Marktteilnehmer besteht gerade darin, die Wettbewerbsparameter im Rahmen der materiellen Verfügbarkeit jederzeit individuell zu verändern.[775] Die Parteien haben mit dem Überleitungsvertrag also nicht ihre wirtschaftliche Handlungsfreiheit i.S.d. Art. 81 I EGV beschränkt, sondern gerade von ihrer Handlungsfreiheit autonom Gebrauch gemacht.

Die Vereinbarung ist daher nicht wettbewerbsbeschränkend i.S.d. Art. 81 I EGV. Auf die Benachteiligung der anderen Registerführer braucht daher an dieser Stelle gar nicht mehr eingegangen werden.

2. Missbräuchliche Diskriminierung (Art. 82 EGV)

Die Freiheit zur ungleichen Behandlung gleichartiger Sachverhalte ist aber nicht unbeschränkt, sondern findet ihre Grenze, wo das autonome Marktverhalten sich als Missbrauch einer beherrschenden Stellung i.S.d. Art. 82 S.2 c EGV darstellt.

a. Missbrauch einer marktbeherrschenden Stellung

Die Überleitungsvereinbarung betrifft denselben Markt, wie das RAA selbst. Die marktbeherrschende Stellung der ICANN wurde insoweit bereits festgestellt.

Nach Art. 82 S.2 c EGV kann der Missbrauch einer marktbeherrschenden Stellung insbesondere bestehen in der Anwendung unterschiedlicher Bedingungen bei gleichwertiger Leistung gegenüber Handelspartnern, wodurch diese im Wettbewerb benachteiligt werden.

aa. Gleichwertige Leistung

NSI erhält von ICANN, wie die anderen Registerführer, die Befugnis, SLDs unter den gTLDs .com, .net und .org zu registrieren und muss dafür die gleichen Gebühren bezahlen. Sowohl die Leistung der ICANN als auch die Gegenleistung der Registerführer sind identisch.

---

[773]Vgl. Gleiss/Hirsch, Art. 81 I Rn 373; Koch in: Grabitz/Hilf, Art 85 Rn 129; Langen/Bunte Art 85 GenPrinz Rn 74; Schröter in: GTE, Art. 85 Wettbewerbsregeln Rn 160

[774]Vgl. Koch in: Grabitz/Hilf, Art 85 Rn 131

[775]Vgl. Koch in: Grabitz/Hilf, Art 85 Rn 129

bb. Unterschiedliche Bedingungen

Durch den Überleitungsvertrag wird NSI insoweit eine Sonderstellung eingeräumt, als sie einen interaktiven "Whois"-Dienst[776] erst sechs Monate[777] nach Abschluss des RAA und nicht sofort[778] bereitstellen muss. Weiter soll NSI erst vier Monate[779] nach Abschluss des RAA und nicht sofort[780] verpflichtet sein, SLDs erst nach Bezahlung ihrer Gebührenforderung zu registrieren. Dies gilt nicht für Neuregistrierungen für die sie einen anderen Preis fordert als den, den sie unmittelbar vor Inkrafttreten des Amendment 19 zum Cooperative Agreement Nr. NCR 92-18742 forderte. NSI wird insoweit gegenüber den anderen Registerführern privilegiert.

cc. Sachliche Rechtfertigung

Umstritten ist, ob jede unterschiedliche Behandlung gleicher Leistung eine Diskriminierung i.S.d. Art. 82 S. 2 c EGV und damit einen Missbrauch einer marktbeherrschenden Stellung darstellt[781] oder nur solche ohne sachliche Rechtfertigung.[782] Für letztere Ansicht spricht, dass es bei Art. 82 EGV um missbräuchliches Verhalten geht und ein Verhalten, das sachlich gerechtfertigt ist, nicht missbräuchlich i.S.d. Vorschrift sein kann. Insoweit kann nach Art. 82 S. 2 EGV nichts anderes gelten als nach der Generalklausel in Art. 82 S. 1 EGV. Beide Ansichten kommen allerdings ohnehin häufig zum gleichen Ergebnis, da die Vertreter der ersten Ansicht Eigenarten der jeweiligen Erzeugnisse oder Dienstleistungen und die Besonderheiten des jeweiligen Marktes bei der Prüfung der Gleichwertigkeit der Leistung berücksichtigen wollen und Rechtfertigungsgründe als Indiz für eine Ungleichwertigkeit berücksichtigen.[783] Der Streit soll daher nicht weiter vertieft werden.

Eine sachliche Rechtfertigung für die Privilegierung der NSI könnte darin zu sehen sein, dass NSI seine Registerführertätigkeit nicht erst nach Unterzeichnung des RAA aufnimmt, sondern bereits eine ganze Reihe von Jahren zu anderen Bedingungen tätig war. Die Daten der Domain-Name-Inhaber, deren SLDs bereits vor Unterzeichnung des RAA durch NSI registriert wurden, liegen deshalb nicht in einer Form vor, die einen "Whois"-Service in der in dem RAA geforderten Form erlaubt. Für die Umstellung benötigt NSI Zeit.

Soweit NSI bis zur Unterzeichnung des RAA SLDs nach Bedingungen registriert hat, die nicht mit denen des RAA deckungsgleich sind und die insbesondere eine Aktivierung eines SLD auch vor Zahlung der Gebühr erlauben, ist sie an die geschlossenen Vereinbarungen gebunden. Die Durchführung der geschlossenen Verträge muss NSI gestattet bleiben, bis eine Umstellung der Verträge möglich ist.

---

776 Mittels des "whois"-Dienst werden im Internet Informationen zum Domain-Name-Inhaber zur Verfügung gestellt.
777 Vgl. Ziff. 2 Transition Agreement, Anlage 13
778 Vgl. Ziff. Ziff. II J.4 RAA,Anlage 10
779 Vgl. Ziff. 3 Transition Agreement, Anlage 13
780 Vgl. Ziff. Ziff. II F RAA, Anlage 10
781 Vgl. Schröter in: GTE, Art 86 Wettbewerbsregeln Rn 182
782 So Komm. ABl-EG 1976 L 95/1, 16- Chiquita; ABl-EG 1981 L 390/49, 56 - GVL; Gleiss/Hirsch, Art. 86 Rn 91; Koch in: Grabitz/Hilf, Art. 86 Rn 67; Langen/Dirksen, Art 86 Rn 146
783 Vgl. Schröter in: GTE, Art 86 Wettbewerbsregeln Rn 182 f.

Dieser Sachverhalt rechtfertigt allerdings nicht, dass NSI auch im Hinblick auf Neuregistrierungen nach Unterzeichnung des RAA anders behandelt werden soll als die anderen Registerführer. Es ist insbesondere nicht nachvollziehbar, weshalb die Pflicht zur Zahlung vor SLD-Aktivierung nach Ziff. II J 4 RAA nur für solche Neuregistrierungen gelten soll, für die NSI einen anderen Preis fordert als den, den sie unmittelbar vor Inkrafttreten des Amendment 19 zum Cooperative Agreement Nr. NCR 92-18742 forderte. Insoweit ist die Sonderbehandlung der NSI sachlich nicht gerechtfertigt.

dd. Benachteiligung im Wettbewerb

Die Vorschrift verbietet die Diskriminierung aber nicht um ihrer selbst willen, sondern wegen ihrer tatsächlichen oder voraussichtlichen Folgen. Die Ungleichbehandlung muss Handelspartner im Wettbewerb benachteiligen. Dies setzt voraus, dass diese aktuelle oder potentielle Konkurrenten sind.[784] Die Benachteiligung muss sich in einer Verschlechterung der Wettbewerbsposition der betroffenen Unternehmen niederschlagen.[785]

NSI und die übrigen Registerführer sind gleichermaßen Handelspartner der ICANN und konkurrieren bei der Registrierung von SLDs unter der .com-, .net- und .org-Domain unmittelbar miteinander.

Die Pflicht zur Vorhaltung eines "Whois"-Service, wie er im RAA vorgesehen ist, kann mit Kosten verbunden sein. Insbesondere die Pflicht zur Aktualität kann hier einen kostenverursachenden Mehraufwand bedeuten, da Personal vorgehalten werden muss, um die Aktualität des "Whois"-Services auch in Registrierungsstoßzeiten zu gewährleisten. Dieser Mehraufwand hat negative Folgen für die Kostenstruktur der Registerführer. Dadurch werden die Registerführer bei der Gestaltung eines wettbewerbsfähigen Preises und damit im Wettbewerb mit NSI benachteiligt.

Die Befreiung von der Verpflichtung zur Aktivierung erst nach Bezahlung hat für NSI den Vorteil, dass sie Registrierungswilligen eine sofortige Registrierung auch dann anbieten können, wenn diese über keine Kreditkarte verfügen oder diese bei Internettransaktionen nicht nutzen wollen. NSI vermag damit als einziger Registerführer dieser Gruppe schnell zu einem Domain Name zu verhelfen. Die Wettbewerbsbenachteiligung der anderen Registerführer ist offensichtlich. Darüber hinaus erlaubt diese Regelung NSI eine Sammelabrechnung bei all denen, die eine Vielzahl von Domain Names registrieren, was Vorteile für die Kostenstruktur dieser Domain-Name-Inhaber und der NSI haben kann. Dies ist den anderen Registerführern ebenfalls nicht möglich und erschwert diesen die Gestaltung eines gegenüber NSI konkurrenzfähigen Leistungsangebots. Die Registerführer werden auch insoweit im Wettbewerb benachteiligt.

b. Zwischenstaatlichkeitsklausel

Auch eine Diskriminierung i.S.d. Art. 82 S. 2 c EGV ist nur verboten, wenn sie geeignet ist, den Handel zwischen den Mitgliedsstaaten zu beeinträchtigen.

---

[784] Vgl. EuGH, Slg. 1975, S. 1663, 2021 - Suiker Unie; Schröter in: GTE, Art. 86 Rn 186;
[785] Vgl. Schröter in: GTE, Art. 86 Rn 187

aa. Eignung zur Handelsbeeinträchtigung

Die Zwischenstaatlichkeitsklausel hat hier dieselbe Funktion wie in Art. 81 I EGV. Sie soll auf dem Gebiet des Wettbewerbsrechts den Geltungsbereich des Gemeinschaftsrechts von dem des innerstaatlichen Rechts abgrenzen.[786]

Eine Eignung zur Handelsbeeinträchtigung ist immer dann anzunehmen, wenn sich anhand einer Gesamtheit objektiver, rechtlicher oder tatsächlicher Umstände mit hinreichender Wahrscheinlichkeit voraussehen lässt, dass die Vereinbarung unmittelbar oder mittelbar, tatsächlich oder potentiell den Geschäftsverkehr zwischen Mitgliedsstaaten beeinflussen und dadurch die Errichtung eines einheitlichen Marktes zwischen den Mitgliedsstaaten behindern kann.[787]

Der zwischenstaatliche Handel wird besonders durch solche Praktiken beeinträchtigt, die der Verwirklichung der allgemeinen Ziele des Vertrages, wie dem eines einheitlichen Marktes zwischen den Mitgliedsstaaten, nachteilig sein können, indem insbesondere die nationalen Märkte abgeschottet oder die Wettbewerbsstrukturen im Gemeinsamen Markt verändert werden.[788] Ein weiteres Ziel des Vertrages ist die Aufrechterhaltung eines redlichen, unverfälschten und wirksamen Wettbewerbs auf dem Gemeinsamen Markt. Auch Verhaltensweisen von Unternehmern, die keine Marktspaltung bezwecken oder bewirken, können geeignet sein, den Handel zwischen den Mitgliedsstaaten zu beeinträchtigen, weil sie auf andere Weise den Wettbewerb einschränken oder verfälschen.[789] Der Zwischenstaatsbezug ist hergestellt, wenn sich der Missbrauch der Marktmacht auf das Angebot von oder die Nachfrage nach Gütern oder Leistungen bezieht, die - als solche, als Vorprodukt oder nach Weiterverarbeitung - Gegenstand des grenzüberschreitenden Wirtschaftsverkehrs sind, waren oder sein können oder einen Wettbewerber betrifft, der Anbieter oder Nachfrager im grenzüberschreitenden Wirtschaftsverkehr ist oder sein kann.[790]

Bei den Registerführern sieht der Plan eine weltweite Verteilung vor und es sind auch bereits Registerführer aus einer Reihe von Mitgliedsstaaten[791] anerkannt. Diese sind alle gleichermaßen durch die Sonderbehandlung der NSI im Wettbewerb benachteiligt. Die Vereinbarung hat damit starken Einfluss auf die Wettbewerbsstruktur im Gemeinsamen Markt. Schon deshalb sind die Vereinbarungen geeignet, den zwischenstaatlichen Handel zu beeinträchtigen.

Vor allem aber betreffen die diskriminierenden Sonderbedingungen die Registrierung von Domain Names quasi als "Vorprodukt" der Registrierung für die Domain-Name-

---

[786] Allg. A., vgl. Schröter in: GTE, Art. 86 Rn 233; Langen/Dirksen, Art. 86 Rn 199; Koch in: Grabitz/Hilf, Art 86 Rn 81 f.

[787] Vgl. EuGH Rs. 56/65, Slg. 1966 S. 282, 303 - Maschinenbau Ulm; Slg. 1966, S. 322, 389 - Grundig/Consten; Slg. 1980, S. 3775, 3791 - L'Oreal; Koch in: Grabitz/Hilf: KEU, Art 85 Rdnr. 91; Schröter in: GTE, Art. 85 Rdnr. 165 f.

[788] Vgl. EuGH Slg. 1979 S. 1869, 1899 - Hugin; Slg. 1974, S. 213, 252 f. - Commercial Solvents/Kommission; Koch in: Grabitz/Hilf, KEU, Art. 86 Rdnr. 92; Schröter in: GTE, Art. 86 Rdnr. 233; Art. 85 I Wettbewerbsregeln Rdnr. 168

[789] EuGH Slg. 1966, S. 457, 483 - Italien/Rat; Slg. !975, S. 563, 584 - Frubo; Schröter in: GTE, Art. 86 Rdnr. 235; Schröter in: GTE, Art. 85 I Wettbewerbsregeln Rn 168; kritisch zu dieser Ausweitung der Zwischenstaatlichkeitsklausel, Gleiss/Hirsch, Art. 85 I Rn 238

[790] Vgl. Koch in: Grabitz/Hilf, Art 86 Rn 83

[791] Z.B. Spanien, Frankreich, Deutschland, Großbritanien, Schweden, vgl. die Liste der anerkannten Registerführer, im Internet abrufbar unter: http://www.icann.org/registrars/accredited-list.html

Inhaber durch die Registerführer. Gerade bei den gTLDs ist davon auszugehen, dass diese auch Gegenstand eines grenzüberschreitenden Wirtschaftsverkehrs sein können, da diese TLDs sich vor allem an weltweit oder zumindest international tätige Internetnutzer richten. Auch insoweit ist also der Zwischenstaatsbezug hergestellt.[792]

bb. Spürbarkeit

Die vorliegenden Maßnahmen benachteiligen alle konkurrierenden Registerführer weltweit gleichermaßen und gefährden die Verwirklichung der allgemeinen Vertragsziele, insbesondere die Gewährleistung des freien Dienstleistungsverkehrs und die Aufrechterhaltung eines redlichen, unverfälschten und wirksamen Wettbewerbs. Solche Maßnahmen sind stets mehr als nur geringfügige, vielmehr sind sie spürbare Handelsbeeinträchtigungen.[793]

VII. Vertrag der ICANN mit der Registerführung/NSI als Kartellvereinbarung (Art. 81 EGV)

Der Vertrag der ICANN mit der Registerführung/NSI (Registry Agreement) regelt nicht nur das Verhältnis zwischen den Vertragsparteien, sondern auch zwischen der Registerführung und den Registerführern sowie im Hinblick auf (potentielle) Konkurrenten der NSI. Es stellt sich die Frage, ob es sich bei den betreffenden Bestimmungen um wettbewerbsbeschränkende Vereinbarungen zwischen Unternehmen i.S.d. Art. 81 I EGV handelt, die geeignet sind, den zwischenstaatlichen Handel zu beeinträchtigen.

1. Vereinbarung zwischen Unternehmen

Durch das Registry Agreement sollen die Rechte und Pflichten der ICANN und der NSI hinsichtlich deren Tätigkeit als Registerführung für die gTLDs .com, .net und .org für beide Seiten rechtlich verbindlich geregelt werden. Die Unternehmereigenschaft der ICANN wurde bereits oben festgestellt. Die NSI übernimmt die Aufgabe der Registerführung nur gegen Entgelt. Dass sie für ihre Tätigkeit nicht von der ICANN bezahlt wird[794], sondern von den Registerführern[795] spielt insoweit keine Rolle, da es nur auf die wirtschaftliche Betätigung ankommt und nicht darauf, wer eine Leistung bezahlt.[796] Damit ist auch die NSI Unternehmen i.S.d. Art. 81 I EGV. Das Registry Agreement ist also eine Vereinbarung zwischen Unternehmen i.S.d. Art. 81 I EGV.

---

[792] Vgl. Koch in: Grabitz/Hilf, Art 86 Rn 83

[793] Vgl. EuGH, Slg. 1983, S. 483 ff. Rn 36 ff.; Schröter in: GTE, Art 86 Rn 242

[794] Im Gegenteil NSI ist verpflichtet die ICANN dafür zu bezahlen, dass sie die Aufgabe der Registerführung übernehmen darf, vgl. Ziff. 6 Agreements, Registry Agreements, Anlage 11

[795] Vgl. die Registrar License and Agreement, Anlage 12 und Amendment 13, Spezial Award Condition, NCR 92-189742, im Internet abrufbar unter:
http:www.ntia.doc.gov/ntiahome/domainname/amendment13.htm

[796] Vgl. Gleiss/Hirsch: Art. 85 I Rn 15

2. Wettbewerbsbeschränkung

Es fragt sich daher, ob das Registry Agreement eine Verhinderung, Einschränkung oder Verfälschung des Wettbewerbs innerhalb des Gemeinsamen Marktes bezweckt oder bewirkt. Eine solche Wettbewerbsbeeinträchtigung kommt nach verbreiteter Ansicht in Betracht, wenn die wirtschaftliche Handlungsfreiheit der an einer Vereinbarung oder Verhaltensabstimmung Beteiligten oder durch einen Beschluss betroffenen Unternehmen eingeschränkt wird und sich dies auf deren Verhältnis zu Dritten oder zwischen Dritten auswirkt.[797]

Auch beim Registry Agreement kann hinsichtlich eines wettbewerbsbeschränkenden Zwecks bzw. einer wettbewerbsbeschränkenden Wirkung der Vereinbarung, zwischen den Regelungen, die ausschließlich das Innenverhältnis der Beteiligten betreffen und denen, die das Verhältnis der Beteiligten zu Dritten bestimmen, unterschieden werden.

a. Regelungen, die typischerweise in Austauschverträgen enthalten sind

Zu den Regelungen des Registry Agreements, die das Innenverhältnis der Beteiligten betreffen, gehören die Bestimmungen über die von der NSI an die ICANN zu zahlenden Gebühren, die Regeln über die Vertragslaufzeit, -beendigung oder -verlängerung, die Haftungsbeschränkung oder die Schlichtungsvereinbarung.[798] Hierbei handelt es sich um Regelungen wie sie typischerweise in Austauschverträgen enthalten sind. Solche Regelungen unterfallen normalerweise nicht dem Anwendungsbereich des Art. 81 I EGV. Zwar schränken auch hier die Beteiligten ihr Verhalten auf eine bestimmte Maßnahme ein, dies stellt aber keine Beschränkung der Handlungsfreiheit der Beteiligten i.S.d. Art. 81 I EGV dar, sondern die Parteien haben nur in einer für eine Wettbewerbswirtschaft typischen Weise von ihrer Handlungsfreiheit Gebrauch gemacht.[799]

Soweit durch diese Bestimmungen auch Dritte betroffen werden, beispielsweise weil ihnen die Gebühr zu hoch und damit der Zugang verwehrt ist, hat dies nichts mit einer Wettbewerbsbeschränkung zu tun. In einer Wettbewerbswirtschaft soll gerade der Preis die Ressourcenverteilung steuern und die Einmaligkeit bzw. Nichtwiederholbarkeit eines Rechtsgeschäfts darf nicht mit einer Wettbewerbsbeschränkung gleichgesetzt werden.[800]

Allerdings kann auch für solche Bestimmungen etwas anderes gelten, wenn besondere Umstände hinzutreten. Beispielsweise können langfristige Lieferverträge zwischen einem Hersteller und einem Weiterverarbeiter oder Händler sich wie Alleinbelieferungs- oder Alleinbezugsverpflichtungen auswirken und so in einer nach Art. 81 I EGV erheblichen Art und Weise die Absatz- oder Versorgungsmöglichkeiten dritter Unternehmen empfindlich beeinträchtigen.[801]

Der Vertrag zwischen NSI und ICANN soll eine Laufzeit von vier Jahren mit einer Option auf weitere vier Jahre, also eine potentielle Gesamtlaufzeit von acht Jahren haben.

---

[797] Sog. "Selbständigkeitspostulat", vgl. EuGH Slg. 1975, S. 1663 Rn 173, 174 - Suiker Unie; Slg. 1993 S. 1307 Rn 63 - Ahlström; Emmerich in: Imm/Mest: EG-WbR, Art. 85 I A Rn 140; Gleiss/Hirsch: Art. 85 I Rn 133 ff.; Koch in: Grabitz/Hilf, Art 85 Rn 45 ff.

[798] Vgl. Ziff. 6, 11, 13, 14, 22, 23, Agreements, Registry Agreements, Anlage 11

[799] Vgl. Gleiss/Hirsch: Art 85 I Rn 139 ff.; Schröter in: GTE, Art. 85 I Wettbewerbsregeln Rn 84; Langen/Bunte, Art 85 Rn 38

[800] Vgl. Gleiss/Hirsch: Art 85 I Rn 140; Schröter in: GTE, Art 85 I Wettbewerbsregeln Rn 84

[801] Vgl. Komm., ABl-EG 1980 L 39/64 - Rohrzucker; ABl-EG 1986 L 348/5o, 61 - Meldoc; Schröter in: GTE, Art 85 I Wettbewerbsregeln Rn 85

NSI kann die Option nur ausüben, wenn sie bestimmte Voraussetzungen erfüllt. Darüber hinaus werden Kriterien festgelegt, nach denen zukünftige Bewerber für die Aufgabe der Registerführung zu beurteilen sind.

Diese Regelung der Vertragslaufzeit alleine wäre möglicherweise noch nicht geeignet, den Tatbestand des Art. 81 I EGV zu erfüllen. NSI soll aber darüber hinaus das Recht erhalten, die Entscheidung der ICANN im Rahmen der getroffenen Schlichtungsvereinbarung oder gerichtlich überprüfen zu lassen, falls die ICANN sich nach Ablauf der Vertragslaufzeit für einen anderen Bewerber entscheidet.[802] Mit dieser Regelung erhält die NSI eine Möglichkeit, auf unbestimmte Zeit die Entscheidung der ICANN bei der Auswahl der Registerführung zu kontrollieren. Die ICANN begibt sich insoweit nicht nur für die Laufzeit des Vertrages seiner wirtschaftlichen Handlungsfreiheit, sondern auch für die Zukunft. Betroffen von dieser Regelung sind alle Unternehmen, die zukünftig die Aufgabe der Registerführung übernehmen wollen.

Diese Regelung beschränkt die wirtschaftliche Handlungsfreiheit der ICANN in einer für Art. 81 I EGV erheblichen Weise, weil sich die Parteien unverhältnismäßig lang, d.h. über den normalen Zeitrahmen hinaus, binden.[803] Die Regelung zielt mittelbar darauf ab, auf Dauer alle anderen Unternehmen vom Markt der Registerführung auszuschließen oder diesen zumindest den Marktzutritt zu erschweren. Diese Bestimmungen des Registry Agreements haben insoweit also auch Drittwirkung.

b. Preis- und Konditionenbindungen

Zu den Regelungen, die das Verhältnis der ICANN bzw. der NSI zu Dritten betreffen, gehört insbesondere die Vereinbarung, dass NSI den Registerführern gleichberechtigten Zugang zu der Hinterlegungsdatei nach den Bedingungen und den Preisen des NSI/Registrar License and Agreement und den SRS Specifications, Vers. 1.0.6, Sept.,10, 1999[804] ermöglichen soll. Alle Änderungen des NSI/Registrar License and Agreement bedürfen der vorherigen Genehmigung der ICANN. ICANN soll die SRS Specifications, Vers. 1.0.6, Sept. 10, 1999 unter bestimmten Bedingungen ersetzen dürfen.[805]

Die NSI begibt sich hier der Möglichkeit, ihre Geschäftspartner selbst auszuwählen und die Preise und Konditionen ihrer Tätigkeit als Registerführung für die Registerführer und sonstige Dritte selbständig zu gestalten. Entsprechend wird diesen die Möglichkeit genommen, die jeweiligen Verträge individuell auszuhandeln und zu anderen Konditionen abzuschließen. Das Registry Agreement beschränkt insoweit die wirtschaftliche Handlungsfreiheit der NSI mit Drittwirkung.

c. Ausnahmen

Grundsätzlich gilt aber auch hier, nicht jede Beschränkung der wirtschaftlichen Handlungsfreiheit der Beteiligten mit Drittwirkung ist gleichzeitig zwingend eine verbotene

---

[802]Vgl. Ziff. 22, 23 Agreements, Registry Agreements, Anlage 11

[803]Vgl. Schröter in: GTE, Art 85 I Wettbewerbsregeln Rn 85

[804]Registrar License and Agreement, Anlage 12 und SRS Specifications, Vers. 1.0.6, Sept.,10, 1999

[805]Vgl. Ziff. 17, 18, 20, 21 Agreements, Registry Agreements, Anlage 11, im Internet abrufbar unter: http://www.icann.org/nsi/appendix-e.htm

Wettbewerbsbeschränkung. Gerade bei vertikalen Vereinbarungen und Absprachen bedarf es einer wertenden Betrachtung unter Berücksichtigung der Gesamtumstände.[806]

Die Rechtsprechung hat Fallgruppen herausgearbeitet, bei denen sie trotz einer Handlungsbeschränkung der Beteiligten mit Drittwirkung die Anwendbarkeit von Art. 81 I EGV verneint. Beispielsweise kann die Tatbestandsmäßigkeit des Art. 81 I EGV zu verneinen sein, wenn nicht schützenswerter Wettbewerb beschränkt wird[807] oder wenn die Beteiligten durch die getroffenen Maßnahmen neuen Wettbewerb erst ermöglichen ohne vorhandenen Wettbewerb einzuschränken oder andernfalls möglichen Wettbewerb zu verhindern[808] oder weil es sich um sonstige sogenannte "kartellfreie Kooperationen" handelt[809].

aa. Schaffung neuen Wettbewerbs

Zunächst könnten die angesprochenen Regelungen des Registry Agreements erforderlich sein, um neuen Wettbewerb zu ermöglichen.

(1). Auswahl der zukünftigen Registerführer

Ein dauerhafter Einfluss der NSI auf die Auswahl der Registerführung durch die ICANN ist für die Trennung der einheitlichen Aufgabe der bisherigen Registrierungsstelle für die gTLDs in die Aufgabe der Registerführung und die der Registerführer und damit für die Ermöglichung neuen Wettbewerbs nicht erforderlich.

(2). Kontrahierungspflicht

Wie bei der Untersuchung der Tätigkeit der IANA herausgearbeitet wurde, ist es für eine ordnungsgemäße Funktion des DNS erforderlich, dass jede SLD nur einmal vergeben wird. Um dies sicherzustellen und gleichzeitig Wettbewerb bei der Registrierung von SLDs unter einer TLD zu ermöglichen, sieht der vorliegende Reformvorschlag vor, dass alle SLDs in einer zentralen Hinterlegungsdatei eingetragen werden müssen. Diese Hinterlegungsdatei soll von der Registerführung verwaltet werden.

Durch das Registry Agreement erhält NSI zunächst[810] das Monopol für die Registerführung. Nach dem vorliegenden Plan der geteilten Registrierungsverantwortung soll die Auswahl der Registerführer der ICANN vorbehalten bleiben. Ohne die Verpflichtung der NSI, für die von der ICANN anerkannten Registerführer tätig zu werden und nur für

---

[806] Vgl. EuGH Slg. 1966, S. 281, 302 - Maschinenbau Ulm; Slg. 1991 I, S. 935, 984 - Delimits/Henninger Bräu; Grill in: Lenz, EGV-Kommentar, Art. 85 Rn 10; Gleiss/Hirsch: Art. 85 I Rn 144

[807] Vgl. EuGH, Slg. 1988, S. 2117, 2186 - Belasco; Komm. ABl.-EG 1970 L 148/9, 11 - ASPA; Gleiss/Hirsch: Art 85 I Rn 174 ff. m.w.N.; Langen/Bunte. Art 85 Gen.Prinz. Rn 42 f. m.w.N.

[808] Vgl. Schröter in: GTE: Art 85 I Rn 78 ff. m.N.

[809] Vgl. die Zusammenstellungen bei Gleiss/Hirsch: Art 85 I Rn 414 ff. oder Langen/von Stoephasius: Art 85 Fallgruppen Rn 1 ff.

[810] In Ziff. 16 Agreements, Registry Agreements, Anlage 11, im Internet abrufbar unter: http://www.icann.org/nsi/appendix-e.htm wird der Gedanke, dass auch im Bereich der Registerführung zukünftig Wettbewerb eröffnet werden soll, zum Ausdruck gebracht, ohne dass jedoch klar ist, wie dies technisch möglich sein soll, ohne dass dann wieder die Gefahr von Doppelregistrierungen gegeben ist. Darüber hinaus stellt sich dann die Frage, welchen Sinn die Aufspaltung der Tätigkeit der bisherigen Registrierungsstelle in die der Registerführung und die des Registerführers noch hat.

diese, wäre das von der ICANN gewählte System der geteilten Registrierungsverantwortung nicht möglich. Die Auswahl der Registerführer würde von der NSI und nicht von der ICANN gesteuert. Insoweit ist die Kontrahierungspflicht der NSI erforderlich, um neuen Wettbewerb durch mehrere Registerführer überhaupt erst zu ermöglichen.

(3). Preis- und Konditionenbindungen

Allerdings ist damit noch nichts darüber gesagt, ob auch die Preisvorgabe und die Konditionenbindung notwendig sind, um das System der geteilten Registrierungsverantwortung und damit Wettbewerb bei der Registrierung der gTLDs zu ermöglichen.

Hinsichtlich der Preisvorgabe ließe sich dies damit rechtfertigen, dass die Gefahr besteht, dass die NSI über den Preis den Zugang zur Registerführung so reguliert, dass die Tätigkeit eines Registerführers für kein Unternehmen, außer für NSI selbst, wirtschaftlich sinnvoll wäre. Die NSI könnte, im Gegensatz zu anderen Unternehmen, eine Registrierung ohne weiteres auch dann zu einem für den Markt akzeptablen Preis anbieten, wenn dieser Preis unter dem der Registerführung liegt, denn sie könnte die entstehenden Verluste mit Gewinnen aus dem Bereich der Registerführung kompensieren. Die NSI könnte auf diese Weise de facto, trotz der Reform des DNS, seine Alleinstellung in vollem Umfang und damit den status quo ante aufrecht erhalten.

Gegen die Notwendigkeit einer Preisvorgabe spricht jedoch, dass ein solches Verhalten der NSI bereits nach Art. 82 EGV wegen missbräuchlicher Preisgestaltung unzulässig wäre. Die Registerführer können die NSI deshalb gegebenenfalls gerichtlich zwingen, zu einem angemessen Preis abzuschließen. Die Preisvorgabe ist daher nicht notwendig, um neuen Wettbewerb zu ermöglichen.

Was die weiteren Bindungen angeht, die der NSI durch die Einbeziehung des NSI/Registrar License and Agreement und der SRS Specifications, Vers. 1.0.6, Sept. 10, 1999[811] auferlegt werden, ist zu differenzieren. Einmal beschreiben und bestimmen die Regelungen, insbesondere in den SRS Specifications, Vers. 1.0.6, Sept. 10, 1999[812], die Leistung und die technische Ausführung der Registerführung. Damit wird letztlich sichergestellt, dass das DNS auch bei einer geteilten Registrierungsverantwortung ebenso sicher und zuverlässig funktioniert, wie wenn die Registrierungsverantwortung nur an eine Registrierungsstelle delegiert wird. Diese Regelungen sind daher erforderlich, um Wettbewerb bei der Registrierung von Domain Names erstmalig zu ermöglichen.

Daneben werden aber besonders im NSI/Registrar License and Agreement auch die sonstigen Vertragsbedingungen zwischen der NSI und den Registerführern und sogar den Registerführern und Dritten festgelegt, darunter die Verpflichtung der Registerführer zur Vorhaltung eines Domain-Name-Streit-Schlichtungsverfahrens, zur Stellung einer Sicherheit in Höhe von 100.000,00 US-Dollar oder eine Gerichtsstandsvereinbarung, Haftungsfreizeichnungs- oder Haftungsfreistellungserklärung zugunsten der NSI[813]. Keine dieser Regelungen ist für die Aufspaltung der einheitlichen Aufgabe einer Registrierungsstelle in die von Registerführung und Registerführer und damit für die Schaffung neuen Wettbewerbs erforderlich.

---

[811] Registrar License and Agreement,Anlage 12 und SRS Specifications, Vers. 1.0.6, Sept. 10, 1999
[812] Registrar License and Agreement,Anlage 12 und SRS Specifications, Vers. 1.0.6, Sept. 10, 1999
[813] Vgl. Ziff. 2.7, 2.14, 6.1, 6.7, 6.12, 6.16 Registrar License and Agreement, Anlage 12

bb. Nicht schützenswerter Wettbewerb

Anerkannt ist auch, dass nach Art. 81 I EGV nur der redliche Wettbewerb vor Beeinträchtigungen geschützt wird[814], nicht aber der rechtswidrige oder unlautere Wettbewerb[815]. Also nicht der Wettbewerb, der gegen nationale Lauterkeitsregeln verstößt oder gewerbliche Schutzrechte anderer verletzt.[816] Die zur Abwehr des unlauteren oder nicht leistungsgerechten Wettbewerbs ins Auge gefassten Maßnahmen haben sich auf das unerlässliche Maß zu beschränken, damit der freie Warenverkehr und der Wettbewerb möglichst wenig beeinträchtigt werden.[817]

Durch die Bindung der NSI an das NSI/Registrar License and Agreement und die damit verbundene Festlegung von Preisen und Konditionen will die ICANN möglicherweise verhindern, dass NSI seine Monopolstellung gegenüber den Registerführern i.S.d. Art. 82 EGV missbraucht. Entsprechend würden die Bindungen möglicherweise nur nicht schützenswerten Wettbewerb einschränken. Das würde aber voraussetzen, dass die zwischen der NSI und den Registerführern zu vereinbarenden Preise und Konditionen die einzig redlichen wären.

Bereits für das Verhältnis der ICANN zu den Registerführern wurde gezeigt, dass die Verpflichtung der Registerführer zur Vorhaltung eines Domain-Name-Streit-Schlichtungsverfahrens für den Schutz des redlichen Wettbewerbs nicht erforderlich ist. Es sind keine Gründe ersichtlich, weshalb hier etwas anderes gelten sollte. Auch der Verzicht der NSI auf die Stellung einer Sicherheit in Höhe von 100.000,00 US-Dollar, auf eine Gerichtsstandsvereinbarung oder auf Haftungsfreizeichnungs- oder Haftungsfreistellungserklärung käme ausschließlich den Registerführern zugute und wäre daher nicht missbräuchlich i.S.d. Art. 82 EGV. Im Gegenteil besteht die Gefahr, dass solche Vereinbarungen zwischen der NSI und den Registerführern ihrerseits einen Verstoß gegen Art. 81 oder Art. 82 EGV darstellen. [818] Eine Ausnahme vom Anwendungsbereich des Art. 81 I EGV lässt sich hinsichtlich der angesprochenen Preis- und Konditionenbindungen daher auch nicht mit dem Argument des nicht schützenswerten Wettbewerbs rechtfertigen.

cc. Kartellfreie Kooperation/Franchisinggedanke

Es stellt sich auch die Frage, ob sich der bereits mehrfach angesprochene Franchisinggedanke hier zur Rechtfertigung einer Ausnahme der vereinbarten Wettbewerbsbeschränkungen vom Anwendungsbereich des Art. 81 I EGV heranziehen lässt. Dies würde voraussetzen, dass es sich auch bei dem Verhältnis der ICANN zur NSI/Registerführung um ein dem Franchising nahes Vertriebsverhältnis handelt und dass die wettbewerbsbeschränkenden Vereinbarungen für den Bestand diese Vertriebsverhältnisses erforderlich sind.

---

814 Vgl. EuGH, Slg. 1966, S. 457, 483 - Italienische Klage; Slg. 1980, S. 3775, 3794 - Oréal; Slg. 1991 I, S. 3359, 3495 - AKZO Chemie

815 Vgl. EuGH, Slg. 1989, S. 2117, 2186 - Belasco; Gleiss/Hirsch, Art 85 I Rn 175; Langen/Bunte, Art 85 GenPrinz Rn 42

816 Gleiss/Hirsch, Art 85 I Rn 175; Langen/Bunte, Art 85 GenPrinz Rn 42

817 Vgl. Langen/Bunte: Art 85 Gen.Prinz. Rn 44

818 Auf diese Frage wird bei der Prüfung des Vertrags zwischen der NSI und den Registerführern eingegangen, vgl. unten: B. IX. und X.

Dagegen spricht, dass die Registerführung, anders als bei der Übertragung der Registrierungsbefugnis auf die Registrierungsstellen, nicht am Good Will der ICANN partizipiert, sondern schlicht als Dienstleister für die ICANN bzw. die Registerführer tätig wird. Anders als im Verhältnis der Registerführer zu den Endabnehmern besteht hier auch nicht die Gefahr, dass sich die Registerführer bei Fehlleistungen der NSI einem alternativen Registrierungssystem zuwenden. Die Registerführer sind vielmehr aufgrund ihres Vertrages mit der ICANN zur Inanspruchnahme der Dienste der Registerführung verpflichtet. Auf diese Situation lassen sich die für das Franchising entwickelten Rechtsgedanken nicht übertragen.

Andere Gründe, die dafür sprechen könnten, die wettbewerbsbeschränkenden Bestimmungen des Registry Agreement, insbesondere die durch den Verweis auf das NSI/Registrar License and Agreement bewirkten Preis- und Konditionenbindungen, vom Anwendungsbereich des Art. 81 I EGV auszunehmen, sind nicht ersichtlich.

dd. Zwischenergebnis

Es hat sich gezeigt, dass die vereinbarte Kontrahierungspflicht der NSI gegenüber den Registerführern und die, vor allem durch die Einbeziehung der SRS Specifications, Vers. 1.0.6, Sept. 10, 1999[819], erfolgte nähere Bestimmung der Leistungen und der technischen Ausführung der Registerführung erforderlich sind, um die einheitliche Aufgabe einer Registrierungsstelle in die der Registerführung und die des Registerführers aufzuspalten. Diese Aufspaltung ist wiederum die Voraussetzung dafür, dass im Bereich der Registerführer Wettbewerb ermöglicht wird. Anderweitiger Wettbewerb wird dadurch nicht beeinträchtigt. Diese Regelungen des Registry Agreements sind daher vom Anwendungsbereich des Art. 81 I EGV ausgenommen.

Bei der Vereinbarung über die Voraussetzungen für die Auswahl zukünftiger Registerführungen und dem Recht der NSI, die Auswahl der ICANN (schieds-) gerichtlich überprüfen zu lassen, handelt es sich dagegen um eine Wettbewerbsbeschränkung i.S.d. Art. 81 I EGV. Das Gleiche gilt für die Preisbestimmung sowie für die durch Verweis auf das NSI/Registrar License and Agreement erfolgten Konditionenbindungen, wonach die NSI mit den Registerführer die Vorhaltung eines Domain-Name-Streit-Schlichtungsverfahrens, die Stellung einer Sicherheit in Höhe von 100.000,00 US-Dollar, eine Gerichtsstandsvereinbarung, eine Haftungsfreizeichnung oder Haftungsfreistellungserklärung zugunsten von NSI vereinbaren muss.[820]

3. Zwischenstaatlichkeitsklausel

Die Bindung der ICANN bei der Auswahl einer zukünftigen Registerführung sowie die Preis- und Konditionenbindungen der NSI sind nach Art. 81 I EGV nur verboten, wenn sie geeignet sind, den Handel zwischen den Mitgliedsstaaten spürbar zu beeinträchtigen.

---

[819] Registrar License and Agreement, Anlage 12 und SRS Specifications, Vers. 1.0.6, Sept. 10, 1999
[820] Vgl. Ziff. 2.7, 2.14, 6.1, 6.7, 6.12, 6.16 Registrar License and Agreement,Anlage 12

a. Eignung zur Handelsbeeinträchtigung

Der zwischenstaatliche Handel wird besonders durch solche Praktiken beeinträchtigt, die der Verwirklichung der Ziele eines einheitlichen Marktes zwischen den Mitgliedsstaaten nachteilig sein können, in dem die nationale Märkte abgeschottet oder die Wettbewerbsstrukturen im Gemeinsamen Markt verändert werden.[821] Auch Verhaltensweisen von Unternehmern die keine Marktspaltung bezwecken oder bewirken, können deshalb geeignet sein, den Handel zwischen den Mitgliedsstaaten zu beeinträchtigen, weil sie auf andere Weise den Wettbewerb einschränken oder verfälschen.[822] Grundsätzlich beeinträchtigen daher alle wettbewerbsbeschränkenden Absprachen, deren aktuelle oder potentielle Wirkungen über das Gebiet eines Mitgliedsstaates hinausreichen, auch den zwischenstaatlichen Handel. Dies betrifft beispielsweise grenzüberschreitende Preis- und Konditionenbindungen.

Bei den Registerführern sieht der Plan eine weltweite Verteilung vor und es sind auch bereits Registerführer aus einer Reihe von Mitgliedsstaaten[823] anerkannt. Diese sind alle von den angesprochenen Preis- und Konditionenbindungen betroffen. Durch die Vereinbarung wird der Wettbewerb im Bereich der Konditionen und der Preise für die Registerführung ausgeschlossen. Die Vereinbarung hat damit starken Einfluss auf die Struktur des (potentiellen) Konditionenwettbewerbs und Preiswettbewerbs auch im Gemeinsamen Markt. Schon deshalb sind die Vereinbarungen geeignet, den zwischenstaatlichen Handel zu beeinträchtigen.

Darüber hinaus kommen als Nachfolger der NSI bei der Registerführung ebenfalls Unternehmen aus der ganzen Welt und damit eben auch aus dem Gemeinschaftsgebiet in Betracht. Die Bindung der ICANN bei der Auswahl eines Unternehmens, das die Registerführung in Zukunft übernehmen soll, benachteiligt alle diese Unternehmen. Die Vereinbarung hat also auch insoweit Einfluss auf die Struktur des Wettbewerbs auf dem Gemeinsamen Markt und ist auch insoweit geeignet, den zwischenstaatlichen Handel zu beeinträchtigen.

b. Spürbarkeit

Nach ständiger Rechtsprechung des EuGH muss die Beeinträchtigung des zwischenstaatlichen Handels spürbar sein.[824] Eine Vereinbarung fällt daher nicht unter das Verbot des Art. 81 I EGV, wenn sie sich in Anbetracht der schwachen Stellung der Betroffenen auf dem Markt nur in unbedeutender Weise auswirkt.[825] Die ICANN hat auf dem relevanten Markt eine Alleinstellung, dementsprechend wird der gesamte Markt von der Beeinträchtigung erfasst. Die Beeinträchtigung ist daher auf jeden Fall spürbar.

---

[821] Vgl. EuGH Slg. 1979 S. 1869, 1899 - Hugin; Slg. 1974, S. 213, 252 f. - Commercial Solvents/Kommission; Koch in: Grabitz/Hilf, KEU, Art. 86 Rdnr. 92; Schröter in: GTE, Art. 86 Rdnr. 233; Art. 85 I Wettbewerbsregeln Rdnr. 168

[822] EuGH Slg. 1966, S. 457, 483 - Italien/Rat; Slg. !975, S. 563, 584 - Frubo; Schröter in: GTE, Art. 86 Rdnr. 235; Schröter in: GTE, Art. 85 I Wettbewerbsregeln Rn 168; kritisch zu dieser Ausweitung der Zwischenstaatlichkeitsklausel, Gleiss/Hirsch, Art. 85 I Rn 238

[823] Z.B. Spanien, Frankreich, Deutschland, Großbritanien, Schweden, vgl. die Liste der anerkannten Registerführer, im Internet abrufbar unter: http://www.icann.org/registrars/accredited-list.html

[824] Vgl. EuGH Slg. 1966, S. 281, 306 - Maschinenbau Ulm; Slg. 1969, S. 295, 302 - Völk; Slg. 1971, S. 351, 383 - Cadillon/Höss; Slg. 1971, S. 949, 960 - Beguelin

[825] Vgl. Koenigs in: Festschrift für Pfeifer, S. 569, 571

4. Freistellungsmöglichkeit

Nachdem die Bindung der ICANN bei der Auswahl der Nachfolger der NSI und die Preis- und Konditionenbindungen der NSI die Tatbestandsvoraussetzungen des Art. 81 I EGV erfüllen, stellt sich die Frage, ob die zu beanstandenden Regelungen des Registry Agreements nach Art. 81. III EGV freigestellt sind bzw. freistellungsfähig wären. Eine Gruppenfreistellungsverordnung, die auf die Vereinbarung zwischen der ICANN und den Registerführern passen könnte und nach der die Gebührenpflicht oder die Verpflichtung zur Verwendung einheitlicher Geschäftsbedingungen freigestellt werden könnten, ist nicht ersichtlich. Auch eine Einzelfreistellung ist bislang nicht veröffentlicht.

Eine Freistellung ist nach Art. 81 III EGV möglich, wenn das Registry Agreement, unter angemessener Beteiligung der Verbraucher an dem entstehenden Gewinn, zur Verbesserung der Warenerzeugung oder -verteilung oder zur Förderung des technischen oder wirtschaftlichen Fortschritts beiträgt. Den beteiligten Unternehmen dürfen keine Beschränkungen auferlegt werden, die für Verwirklichung dieser Ziele nicht unerlässlich sind und es darf nicht die Möglichkeit eröffnet werden, für einen wesentlichen Teil der betreffenden Waren den Wettbewerb auszuschalten. Diese Voraussetzungen müssen kumulativ erfüllt sein.[826]

Besonders problematisch ist hier die letzte Voraussetzung. Eine Absprache an der alle Unternehmen einer Branche beteiligt sind, ist nur dann nicht geeignet, den Wettbewerb auszuschalten, wenn sie sich nur punktuell auf ein Wettbewerbsmittel erstreckt und andere für den Wettbewerb insgesamt wesentlichen Mittel unberührt lässt.[827]

Die Vereinbarung erfasst den gesamten Markt der Registerführung und mit der Einschränkung der Freiheit der ICANN bei der Auswahl der Registerführer sowie durch die Einbeziehung des NSI/Registrar License and Agreement wird der Preis- und Konditionenwettbewerb für diesen Markt weitgehend ausgeschlossen. Schon aus diesem Grund kommt eine diesbezügliche Freistellung nach Art. 81 III EGV hier keinesfalls in Betracht, weil die Vereinbarung den Wettbewerb wesentlich beeinträchtigt.

Die Bindung der ICANN bei der Auswahl der Registerführer und die Preis- und Konditionenbindung der NSI sind daher nach Art. 81 I EGV verboten und nach Art. 81 II EGV nichtig.

5. Zwischenergebnis

Die zwischen der ICANN und der NSI getroffene Nachfolgeregelung verstößt gegen Art. 81 I EGV. Das Gleiche gilt auch für die Verpflichtung der NSI, die Registerführer zur Vorhaltung eines Domain-Name-Streit-Schlichtungsverfahrens, zur Stellung einer Sicherheit in Höhe von 100.000,00 US-Dollar zu verpflichten und mit den Registerführern eine Gerichtsstandsvereinbarung zu treffen und Haftungsfreizeichnungs- oder Haftungsfreistellungserklärung zugunsten von NSI zu vereinbaren. Dagegen verstoßen die vereinbarte Kontrahierungspflicht und die Vereinbarung der technischen Vorgaben für die Ausführung der Registerführung nicht gegen Art. 81 EGV, sondern sind erforderlich, um Wettbewerb im Bereich der Registerführer zu ermöglichen.

---

[826] Vgl. EuGH Slg. 1966, S. 322, 399 - Grundig/Consten; Slg. 1984, S. 19, 70 - VBVB und VBBB; Schröter in: GTE: Art 85 III Rn 295; Gleiss/Hirsch: Art 85 III Rn 1852

[827] Vgl. Komm. ABl-EG 1969 L 69/13, 19 - EWA; ABl-EG 1971 L 227/26, 31 - CEMATEX; ABl-EG 1975 L 228/17, 21 - UNIDI; Gleiss/Hirsch, Art 85 Rn 1959;

VIII. Missbrauch: ICANN - Registerführung(Art. 82 EGV)

Angesichts der marktbeherrschenden Stellung der ICANN stellt sich die Frage, ob sie diese Stellung im Verhältnis zur Registerführung missbräuchlich ausnutzt. Ein solcher Missbrauch könnte einerseits in einer Geschäftsverweigerung gegenüber den Unternehmen zu sehen sein, die wie die NSI in der Lage sind, die Aufgabe der Registerführung zu übernehmen. Darüber hinaus könnte ein Missbrauch nach Art. 82 S. 2 EGV vorliegen, falls die ICANN ihre marktbeherrschende Stellung nutzt, um gegenüber der NSI unangemessene Geschäftsbedingungen zu erzwingen.

1. Geschäftsverweigerung

Eine Geschäftsverweigerung der ICANN kann aber nur gegen Art. 82 EGV verstoßen, wenn die ICANN auf Grund ihrer besonderen Marktstellung kontrahierungspflichtig ist und ihre Weigerung nicht sachlich rechtfertigen kann.[828]

Die ICANN hat für den relevanten Markt ein faktisches Monopol, eine Kontrahierungspflicht der ICANN kommt daher in Betracht.[829] Die Geschäftsverweigerung könnte hier aber sachlich gerechtfertigt sein. Dies wäre der Fall, wenn sie zur Wahrung der geschäftlichen Eigeninteressen der ICANN erforderlich ist und nicht über das hinausgeht, was unter Berücksichtigung der wirtschaftlichen Eigeninteressen der Beteiligten angemessen ist.[830]

Durch die Alleinstellung der Registerführung soll sichergestellt werden, dass es trotz einer Vielzahl von Registerführern nicht zur Mehrfachregistrierung von Domains kommt und dass die zentrale Datei der .com-, .net- und .org-Domain immer vollständig und auf dem aktuellen Stand ist. Die Gewährleistung dieser Ziele ist eine zentrale Voraussetzung für die Funktionsfähigkeit des DNS.

Um diese Ziele zu verwirkliche greift die ICANN zum Mittel der institutionalisierten Trennung zwischen der Aufgabe der Registerführung und der des Registerführers und weist der Registerführung die Aufgabe der Hauptregistrierungsdatei einer TLD zu. Eine Zulassung mehrerer zur Registerführung würde das ganze System, mit dem die ICANN die Einführung von Wettbewerb bei der Registrierung von SLD ermöglichen will, konterkarieren. Die Problematik, die durch die Trennung von Registerführung und Registerführer umgangen werden soll, würde dann in den Bereich der Registerführung verlagert und die von der ICANN angestrebte Sicherung der Funktionsfähigkeit des DNS wäre nicht gewährleistet.

Die ICANN ist für die Funktionsfähigkeit des DNS verantwortlich und ihre eigene Stellung hängt vollständig von der Funktionsfähigkeit des DNS ab, denn Störungen in diesem Bereich können dazu führen, dass sich die Internetnutzer einem alternativen Registrierungssystem zuwenden. Die Geschäftsverweigerung ist aus diesem Grund zur Wahrung der Eigeninteressen erforderlich und sachlich gerechtfertigt. Sie verstößt daher nicht gegen Art. 82 EGV.

---

[828] Vgl. Langen/Dirksen: KartR, Art 86 Rn 168, 172; Schröter in: GTE, Art 86 Rn 204, 210 f.; Koch in: Grabitz/Hilf, Art 86 Rn 63 f.; Möschel in: Immenga/Mestmäcker: EG-WbR, S. 753 Rn 225

[829] Vgl. EuGH, Slg. 1974, S. 409, 431 - Sacchi; Slg. 1985, S. 3261, 3278 - CBEM-Telemarketing; Slg. 1983, S. 483, 509 - GVL; Slg. 1991, II, S. 535 ff. - BBC/Kommission

[830] Vgl. EuGH, Slg. 1978, S. 207, 298 Rn 184/194 - United Brands; GA Kirschner, Schlußantrag, EuGH, Slg. 1990, II, S. 307, 341 Rn 89 - Tetra Pak

2. Missbräuchliche Klauseln im ICANN/NSI - Registry Agreement

Ein Missbrauch einer marktbeherrschenden Stellung bei der Durchsetzung von unangemessenen Geschäftsbedingungen würde nach Art. 82 S. 2 a EGV voraussetzen, dass die fraglichen Konditionen von der ICANN gegenüber der NSI "erzwungen" werden und nicht umgekehrt. "Erzwingung" bedeutet in diesem Zusammenhang die einseitige Auferlegung der unangemessenen Geschäftsbedingungen. Die wirtschaftliche Übermacht des Marktbeherrschers bewirkt den Zwang.[831] Als "erzwungen" gelten Geschäftsbedingungen auch dann, wenn die Marktgegenseite auf Grund der überlegenen Marktposition des beherrschenden Unternehmens dessen Geschäftsbedingungen ohne weiteres hinnehmen.[832] Diese Voraussetzungen sind hier zweifelhaft.

Dagegen spricht, dass die Regelungen des Vertrages, die Zweifel zulassen, ob sie bei einem normalen funktionierenden Wettbewerb so getroffen worden wären, zu Lasten der ICANN gehen oder sonst für die NSI vorteilhaft sind. Dies zeigt sich beispielsweise an der Bindung der ICANN bei der Auswahl einer zukünftigen Registerführung, aber auch bei der Pflicht der NSI von den Registerführern die Stellung einer Sicherheit in Höhe von 100.000,00 US-Dollar, eine Gerichtsstandsvereinbarung, eine Haftungsfreizeichnung oder Haftungsfreistellungserklärung zugunsten der NSI zu vereinbaren. Weiter spricht dagegen, dass das NSI/Registrar License and Agreement, das nach dem Registry Agreement dem Verhältnis der Registerführung zu den Registerführern zugrundezulegen ist, weitgehend mit dem zwischen der NSI und den an der Versuchsphase beteiligten Registerführern geschlossenen Vertrag[833] übereinstimmt.

Hintergrund für diesen starken Einfluss der NSI auf den Inhalt des Registry Agreement ist, dass die NSI aufgrund ihrer bisherigen Rolle im Rahmen des DNS alleine im Besitz der vollständigen Rootdateien für die TLDs und der Registrierungsdateien für die gTLDs ist. Diesen Umstand scheint sie bei Verhandlungen mit der U.S. Regierung bzw. mit der ICANN auszunutzen. Sie erhält dadurch eine Verhandlungsposition, die derjenigen der ICANN mindestens ebenbürtig ist. Es ist demnach hier trotz der marktbeherrschenden Stellung der ICANN nicht davon auszugehen , dass die Geschäftsbedingungen von dem ihr erzwungen wurden. Entsprechend hat die ICANN ihrer marktbeherrschende Stellung auch nicht gegenüber der NSI missbraucht.

IX. Vertrag der NSI mit den Registerführern als Kartellvereinbarung (Art. 81 I EGV)

Auch der Vertrag zwischen der NSI und den Registerführern, das sogenannte "NSI/Registrar License and Agreement" (RLA) enthält eine ganze Reihe von Bestimmungen, die möglicherweise gegen Art. 81 I EGV verstoßen.[834] Hierzu gehören die

---

[831] Vgl. Möschel in: Imm/Mest: EG-WbR Art 86 Rn 137

[832] Allgemeine Ansicht, vgl. Langen/Dirksen: Art 86 Rn 90, Schröter in: GTE, Art 86 Rn 146;

[833] Im Internet veröffentlicht unter: http://www.ntia.doc.gov/ntiahome/domainname/rla42199.htm

[834] Zu diesem Ergebnis kommt im Hinblick auf den Vertrag zwischen der NSI und den Registerführern der Testphase, der mit dem vorgeschlagenen Vertrag nahezu identisch ist, auch die Kommission. Sie hat deshalb ein Prüfungsverfahren eingeleitet, vgl. Presseinformation IP 99/596 der EG-Kommission vom 29.07.1999, WuW., 1999, S. 863 ff.

Pflicht zur Leistung einer Erfüllungsgarantie[835] seitens der Registerführer, sowie die Verpflichtung der Registerführer in den Verträgen mit ihren Kunden, den Domain-Name-Inhabern, eine verbindliche Streitlösungsrichtlinie[836], eine Haftungsfreistellung[837] zugunsten der NSI und bestimmte Regelungen[838] für den Fall, dass ein Domain-Inhaber den Registerführer wechseln möchte, zu vereinbaren.

1. Vereinbarung zwischen Unternehmen

Art. 81 I EGV wendet sich zunächst gegen Vereinbarungen zwischen Unternehmen. Bei den Vertragsbeteiligten handelt es sich, wie bereits festgestellt wurde, um Unternehmen. Diese regeln mit dem NSI/Registrar License and Agreement rechtlich verbindlich ihre gegenseitigen Rechte und Pflichten im Hinblick auf die Registerführung für die .com-, .net- und .org-Domain. Es handelt sich damit beim RLA um eine Vereinbarung zwischen Unternehmen i.S.d. Art. 81 I EGV

2. Wettbewerbsbeschränkung

Die Regelungen des RLA können allerdings nur gegen Art. 81 I EGV verstoßen, wenn sie eine Verhinderung, Einschränkung oder Verfälschung des Wettbewerbs innerhalb des Gemeinsamen Marktes bezwecken oder bewirken. Eine solche Wettbewerbsbeeinträchtigung kommt nach verbreiteter Ansicht in Betracht, wenn die wirtschaftliche Handlungsfreiheit der an einer Vereinbarung oder Verhaltensabstimmung beteiligten oder durch einen Beschluss betroffenen Unternehmen eingeschränkt wird und sich dies auf deren Verhältnis zu Dritten oder zwischen Dritten auswirkt.[839]

Auch bei den einzelnen Bestimmungen des RLA kann grundsätzlich wieder zwischen den Regelungen unterschieden werden, die ausschließlich das Innenverhältnis der Beteiligten betreffen und denen, die das Verhältnis der Beteiligten zu Dritten bestimmen.

a. Regelungen die typischerweise in Austauschverträgen enthalten sind.

Zu den Regelungen des RLA, die das Innenverhältnis der Beteiligten betreffen, gehören die Bestimmungen über die von den Parteien zu erbringenden Leistungen, wie die von der NSI zu entwickelnde und zu lizenzierende Software, die zur Datenübermittlung erforderliche Technik, der an NSI zu zahlenden Gebühren, die Regeln über die Vertragsbeendigung oder -verlängerung, die Haftungsbeschränkung, die Schlichtungsvereinbarung oder die Pflicht zur Leistung einer Erfüllungsgarantie.[840]

---

[835] Vgl. Ziff. 2.14 i.V.m. 6.16 NSI/Registrar License and Agreement, Anlage 12, die Registerführer sollen eine Erfüllungsgarantie in Höhe von $ 100.000,00 zur Absicherung des Haftungsfreistellungsanspruchs der NSI beibringen.

[836] Vgl. Ziff. 2.7 NSI/Registrar License and Agreement, Anlage 12

[837] Vgl. Ziff. 2.17 NSI/Registrar License and Agreement, Anlage 12

[838] Vgl. Ziff. 2.10, 5.3 und Anhang B des NSI/Registrar License and Agreement, Anlage 12

[839] Sog. "Selbständigkeitspostulat", vgl. EuGH Slg. 1975, S. 1663 Rn 173, 174 - Suiker Unie; Slg. 1993 S. 1307 Rn 63 - Ahlström; Emmerich in: Imm/Mest: EG-WbR, Art. 85 I A Rn 140; Gleiss/Hirsch: Art. 85 I Rn 133 ff.; Koch in: Grabitz/Hilf, Art 85 Rn 45 ff.

[840] Vgl. Ziff. 2.1- 2.6, 2.14, 3, 4, 5, 6 NSI/Registrar License and Agreement, im Internet abrufbar unter: http://www.icann.org/nsi/nsi-rla-04nov99.htm

Solche Regelungen sind für Austauschverträge typisch und fallen normalerweise nicht in den Anwendungsbereich des Art. 81 I EGV. Zwar schränken die Beteiligten ihr Verhalten auch mit diesen Bestimmungen auf eine bestimmte Maßnahme ein, dies stellt aber keine Beschränkung der Handlungsfreiheit der Beteiligten i.S.d. Art. 81 I EGV dar, sondern die Parteien haben nur in einer für eine Wettbewerbswirtschaft typischen Weise von ihrer Handlungsfreiheit Gebrauch gemacht. [841]

Allerdings kann auch für solche Bestimmungen etwas anderes gelten, wenn besondere Umstände hinzutreten. Solche besonderen Umstände könnten im Hinblick auf die geforderte Erfüllungsgarantie[842] darin zu sehen sein, dass diese nicht dem Sicherungsinteresse der NSI als Registerführung dient, sondern kleineren Unternehmen den Marktzutritt erschweren soll.

Für ein solches, auf eine Wettbewerbsbeschränkung gerichtetes Interesse der NSI spricht, dass die NSI nicht nur die Aufgabe der Registerführung übernimmt, sondern gleichzeitig auch als Registerführer auftritt und deshalb daran interessiert ist, potentiellen Konkurrenten den Marktzugang zu erschweren. Dagegen spricht jedoch, dass ein berechtigtes Sicherungsinteresse der Registerführung nicht von der Hand zu weisen ist.

Ein durch die Registrierung oder Nutzung eines Domain Names in seinen (rechtlich geschützten) Interessen verletzter Dritter kann Ansprüche nicht nur gegen den Domain-Name-Inhaber, sondern auch gegen den Registerführer und gegen die Registerführung geltend machen.[843] Hierdurch können diesen gegebenenfalls erhebliche Kosten entstehen. Im Innenverhältnis sind die Registerführer verpflichtet diese Kosten zu tragen.[844]

Die Erfüllungsgarantie in Höhe von $ 100.000,00 dient der Sicherung dieser Ausgleichsansprüche. Vergleichbare Sicherungsabreden sind auch sonst in Austauschverhältnissen üblich und teilweise sogar ausdrücklich gesetzlich geregelt, z.B. die Mietsicherheit in § 550 b BGB oder die Sicherungshypothek des Bauunternehmers in § 648 BGB. Insoweit wäre die Erfüllungsgarantie als immanenter Teil des Austauschverhältnisses zwischen der NSI und den Registerführern und nicht als Wettbewerbsbeschränkung i.S.d. Art. 81 I EGV einzuordnen.

Etwas anderes kommt aber in Betracht, wenn die Höhe der Erfüllungsgarantie sich nicht an der Höhe der zu erwartenden Ansprüche orientiert, sondern deutlich überhöht ist. Dies wäre ein starkes Indiz, dass nicht der Sicherungsaspekt, sondern der wettbewerbsbeschränkende Zweck im Vordergrund steht. Angesichts des Interesses der NSI als Registerführer die Zahl potentieller Konkurrenten gering zu halten, wäre dann hier von einer besonderen Sachlage auszugehen. Diese würde es rechtfertigen, die Erfüllungsgarantie nicht als immanenten Teil eines Austauschgeschäftes sondern als wettbewerbsbeschränkende Vereinbarung i.S.d. Art. 81 I EGV einzuordnen.

Eine abschließende Beurteilung dieser Frage erfordert, Erhebungen zur Höhe der zu sichernden Ansprüche, wie den Kosten eines kennzeichenrechtlichen Streites oder möglicher Schadensersatzforderungen, die hier nicht möglich ist. Die Frage muss daher offen bleiben.

---

[841]Vgl. Gleiss/Hirsch: Art 85 I Rn 139 ff.; Schröter in: GTE, Art. 85 I Wettbewerbsregeln Rn 84; Langen/Bunte, Art 85 Rn 38

[842]Vgl. Ziff. 2.14 i.V.m. 6.16 NSI/Registrar License and Agreement, Anlage 12

[843]Vgl. Nordemann, NJW 1997, S. 1896; Völker/Weidert, WRP 1997, S. 652, 661; Ernst, BB 1997, S. 1057, 1061; Freitag, MA 1996, S. 495, 496 f.; Ingerl/Rohnke, Markengesetz, Vor §§ 14 - 19 Rn 10; a.A. LG Mannheim, NJW 1997, S. 2736

[844]Vgl. Ziff. 6.16 NSI/Registrar License and Agreement, Anlage 12

b. Konditionenbindungen

Zu den Regelungen, die das Verhältnis der NSI und Registerführern zu Dritten regeln gehört die Vereinbarung, dass die Registerführer für ihre Registrierungstätigkeit einen Vertrag ausarbeiten und anwenden sollen, der eine Streitschlichtungsrichtlinie umfasst, die dem vorliegenden Vertrag als Anlage beizufügen ist.[845] Dieser Vertrag muss darüber hinaus eine Haftungsfreistellungsklausel zugunsten der NSI enthalten.[846] Hierher gehören aber auch die Regelungen für den Fall der Übernahme der Registrierungsverantwortung für eine SLD durch einen anderen Registerführer. Insbesondere soll der Registrierungsvertrag der Registerführer festlegen, dass ein Wechsel des Registerführers frühestens mit Beginn des einundsechzigsten Tages der ursprünglichen Registrierung zulässig sein soll und dann nur nach genau festgelegten Regeln und vor allem nur mit Zustimmung des ursprünglichen Registerführers.

Durch diese Regelungen wird die wirtschaftliche Handlungsfreiheit der Registerführer hinsichtlich ihrer Kundenbeziehung eingeschränkt und entsprechend wird diesen die Möglichkeit genommen, Verträge individuell auszuhandeln und zu anderen Konditionen abzuschließen. Gleichzeitig wird der nachträgliche Wechsel des Registerführers für die Domain-Name-Inhaber deutlich erschwert. Im Hinblick auf die angesprochenen Regelungen könnte daher der Anwendungsbereich des Art. 81 I EGV eröffnet sein.

c. Ausnahmen

Aber nicht jede Beschränkung der wirtschaftlichen Handlungsfreiheit der Beteiligten mit Drittwirkung ist gleichzeitig zwingend eine verbotene Wettbewerbsbeschränkung. Beim NSI/Registrar License and Agreement handelt es sich um eine vertikale Vereinbarung, deren Beurteilung einer wertenden Betrachtung unter Berücksichtigung der Gesamtumstände bedarf.[847]

aa. Streitschlichtungsrichtlinie

Auf die Frage der ausnahmsweisen Zulässigkeit einer Verpflichtung zur Aufnahme eines Streitschlichtungsverfahrens in einen Vertrag mit Dritten, wurde bereits im Zusammenhang mit dem Vertrag zwischen der ICANN und den Registerführern eingegangen. Dort wurde festgestellt, dass eine Ausnahme nicht in Betracht kommt.[848] Gründe die im Verhältnis der NSI zu den Registerführern hinsichtlich der vereinbarten Streitschlichtungsrichtlinie zu einer abweichenden Beurteilung führen könnten, sind nicht ersichtlich. Art. 81 I EGV ist auf diese Vereinbarung anwendbar.

---

[845] Vgl. Ziff. 2,7 des NSI/Registrar License and Agreement, Anlage 12

[846] Vgl. Ziff. 2.17 NSI/Registrar License and Agreement, Anlage 12

[847] Vgl. EuGH Slg. 1966, S. 281, 302 - Maschinenbau Ulm; Slg. 1991 I, S. 935, 984 - Delimits/Henninger Bräu; Grill in: Lenz, EGV-Kommentar, Art. 85 Rn 10; Gleiss/Hirsch: Art. 85 I Rn 144

[848] Vgl. oben B. IV. 2.

bb. Haftungsfreistellungsklausel

Etwas anderes könnte aber für die Verpflichtung der Registerführer gelten, eine Haftungsfreistellungserklärung zugunsten von NSI mit ihren Vertragspartner zu vereinbaren. Sofern diese Regelung erforderlich ist, um neuen Wettbewerb erstmals zu ermöglichen, ohne vorhandenen Wettbewerb einzuschränken oder andernfalls möglichen Wettbewerb zu verhindern, wäre sie vom Anwendungsbereich des Art. 81 I EGV ausgenommen.[849]

Im Rahmen des DNS kann es vorkommen, dass ein registrierter Domain Name vermeintlich oder tatsächlich die geschützten Kennzeichenrechte eines Dritten verletzt und der Dritte deshalb die Registrierung und Nutzung dieses Domain Names zu verhindern sucht. Bei Kennzeichenrechtsverletzungen durch Domain Names ist nach verbreiteter Ansicht nicht nur der Verletzer selbst, sondern auch der zugehörige Service Provider und die Vergabestelle als Störer passivlegitimiert.[850] Die Kosten einer solchen Inanspruchnahme kann die Registrierungsstelle aber normalerweise vertraglich auf den Domain-Name-Inhaber abwälzen.

Durch die Aufteilung der einheitlichen Registrierungsstelle in die Aufgabe der Registerführung und die des Registerführers wird die Registerführung nun der Gefahr einer Inanspruchnahme ausgesetzt, ohne das Kostenrisiko durch eine entsprechende Haftungsregelung auf den Domain-Name-Inhaber überleiten zu können. Eine Haftungsfreistellungserklärung zugunsten der NSI in den Registrierungsverträgen der Registerführer könnte daher erforderlich sein, um das mit der Übernahme der Registerführung verbundene wirtschaftliche Risiko auf ein aus kaufmännischer Sicht vertretbares Maß zu reduzieren. Die Existenz einer Registerführung ist nach dem System der ICANN Voraussetzung für die Registrierung von Domain Names durch mehrere Registerführer und damit für Wettbewerb in diesem Bereich.

Gegen die Erforderlichkeit der Regelung spricht jedoch, dass sich die NSI gegen das Kostenrisiko bereits durch eine Haftungsfreistellungsklausel im NSI/Registrar License and Agreement zu Lasten des jeweiligen Registerführers schützen kann und dies auch getan hat[851]. Dies stellt zwar möglicherweise kein vollständiges Äquivalent für eine Haftungsfreistellungserklärung seitens des Domain-Name-Inhabers dar, da bei der Vielzahl der Registrierungen, die durch einen Registerführer getätigt werden, die Folgen einer Insolvenz des Registerführers für NSI erheblich größer sind als bei der Insolvenz eines einzelnen Domain-Name-Inhabers. Dieses Defizit wird aber durch die Versicherungspflicht[852] der Registerführer ausgeglichen. Darüber hinaus kann NSI dieses Risiko im Rahmen ihrer Preisgestaltung berücksichtigen und angesichts der Alleinstellung der Registerführung besteht keine Gefahr, dass ein entsprechender Preis am Markt nicht durchgesetzt werden könnte.

Folglich ist die Haftungsüberleitungsklausel nicht erforderlich, um neuen Wettbewerb zu ermöglichen. Das mit der Teilung der Registrierungsverantwortung und der Registerführung verbundene Risiko kann auch auf andere, den Wettbewerb nicht oder weniger

---

[849] Vgl. EuGH, Slg. 1966, S. 281, 303 f. - Maschinenbau Ulm; Schröter in: GTE: Art 85 I Rn 78 ff. m.w.N.

[850] Vgl. Nordemann, NJW 1997, S. 1896; Völker/Weidert, WRP 1997, S. 652, 661; Ernst, BB 1997, S. 1057, 1061; Freitag, MA 1996, S. 495, 496 f.; Ingerl/Rohnke, Markengesetz, Vor §§ 14 - 19 Rn 10; a.A. LG Mannheim, NJW 1997, S. 2736

[851] Vgl. Ziff. 6.16 des NSI/Registrar License and Agreement, Anlage 12

[852] Vgl. Vgl. Ziff. II.A.3. Statement of Registrar Accreditation Policy, im Internet abrufbar unter: http://www.icann.org/policy_statement.html

beeinträchtigende Weise reduziert werden. Der Anwendungsbereich des Art. 81 I EGV ist daher bei dieser Klausel eröffnet.

cc. Richtlinien für den Wechsel des Registerführers

Die Regelungen für den Fall des Registerführerwechsels könnten erforderlich sein, um eine geteilte Registrierungsverantwortung und damit Wettbewerb bei der Registrierung von Domain Names überhaupt erst zu ermöglichen.

Dadurch, dass der Domain-Name-Inhaber die Möglichkeit erhält, den Registerführer nachträglich zu wechseln, wird der Wettbewerb zwischen den Registerführern wesentlich verstärkt. Allerdings besteht bei einer Domain-Name-Registrierung nicht die Möglichkeit, dass der Domain-Name-Inhaber seinen Domain Name dem neuen Registerführer "physisch" übergibt. Der Übergang der Registrierungsverantwortung kann nur durch eine Änderung der entsprechenden Registerdateien dokumentiert und vollzogen werden. Da die für diese Registerdatei verantwortliche Registerführung selbst keinen unmittelbaren Kontakt zum Domain-Name-Inhaber hat, muss sie auf andere Weise sicherstellen, dass eine Änderung der Registerdatei nur mit Willen und auf Veranlassung des Domain-Name-Inhabers erfolgt. Das Gleiche gilt auch für den Fall, dass die Domain-Name-Inhaberschaft übertragen werden soll. Ohne eine entsprechende Regelung bestünde die Gefahr, dass die Registrierungsverantwortung für eine oder die Inhaberschaft an einer Domain unbefugt übertragen würde. Der daraus resultierende Vertrauensverlust der Internetnutzer in die Sicherheit und Zuverlässigkeit dieses DNS würde, das System der geteilten Registrierungsverantwortung und den dadurch ermöglichten Wettbewerb zwischen verschiedenen Registerführern gefährden.

Fraglich ist aber, ob die getroffenen Vereinbarungen erforderlich sind, um dieses an sich zulässige Ziel zu erreichen. Dies ist für die Bestimmung, dass der neue Registerführer von dem Domain-Name-Inhaber einen Nachweis für dessen Verfügungsbefugnis im Hinblick auf den Domain Name fordern und archivieren und dies der NSI auch mitteilen und bestätigen muss[853], ohne weiteres zu bejahen.

Problematisch ist hingegen, dass der neue Registerführer verpflichtet sein soll, den Transfer seinem Vorgänger mitzuteilen und die NSI sich verpflichtet, die Registerdatei nur mit der (unter Umständen auch fingierten) Zustimmung des Vorgängers zu ändern.[854] Es sind eine Reihe von Beispielstatbeständen aufgeführt, die den Vorgänger berechtigen sollen, seine Zustimmung zu verweigern. Davon dient jedoch nur einer ("Dispute over the identity of the SLD Holder") der Gewährleistung, dass nur berechtigte Domain-Name-Inhaber einen Registerführerwechsel initiieren. Die anderen dienen allenfalls sonstigen Interessen des Vorgängers, der NSI oder Dritter.[855] Sie sind insbesondere nicht erforderlich, um eine geteilte Registrierungsverantwortung und damit Wettbewerb in diesem Bereich zu ermöglichen. Die pauschale Verpflichtung, die Registrierungsdatei nur mit Zustimmung des Vorgängers zu ändern, kann daher auch nicht mit dieser Begründung vom Anwendungsbereich des Art. 81 I EGV ausgenommen werden.

---

[853]Vgl. Ziff. 1, 2, 3 Anhang B des NSI/Registrar License and Agreement, im Internet abrufbar unter: http://www.icann.org/nsi/nsi-rla-04nov99.htm, Anlage 12

[854]Vgl. Anhang B des NSI/Registrar License and Agreement, im Internet abrufbar unter: http://www.icann.org/nsi/nsi-rla-04novt99.htm, Anlage 12

[855]Vgl. Anhang B des NSI/Registrar License and Agreement, im Internet abrufbar unter: http://www.icann.org/nsi/nsi-rla-04nov99.htm, Anlage 12

Darüber hinaus sollen die Registerführer verpflichtet werden, den von ihnen registrierten Domain-Name-Inhabern einen Wechsel erst nach Ablauf einer Frist von sechzig Tagen zu ermöglichen. Es ist nicht ersichtlich, inwieweit diese Regelung erforderlich sein soll, um ein System einer geteilten Registrierungsverantwortung und damit Wettbewerb in diesem Bereich zu ermöglichen. Entsprechend lässt sich auch hier keine Ausnahme von Art. 81 I EGV mit dem Argument der Schaffung neuen Wettbewerbs rechtfertigen.

3. Zwischenstaatlichkeitsklausel

Die Bindung der NSI an eine Zustimmung des Vorgängers beim Registerführerwechsel sowie die Konditionenbindungen der Registerführer sind nach Art. 81 I EGV nur verboten, wenn sie geeignet sind, den Handel zwischen den Mitgliedsstaaten spürbar zu beeinträchtigen.

a. Eignung zur Handelsbeeinträchtigung

Der zwischenstaatliche Handel wird insbesondere durch solche Praktiken beeinträchtigt, die für die Verwirklichung der Ziele eines einheitlichen Marktes zwischen den Mitgliedsstaaten nachteilig sein können, indem insbesondere die nationalen Märkte abgeschottet oder die Wettbewerbsstrukturen im Gemeinsamen Markt verändert werden.[856] Auch Verhaltensweisen von Unternehmern, die keine Marktspaltung bezwecken oder bewirken, können deshalb geeignet sein, den Handel zwischen den Mitgliedsstaaten zu beeinträchtigen, weil sie auf andere Weise den Wettbewerb einschränken oder verfälschen.[857] Grundsätzlich beeinträchtigen daher alle wettbewerbsbeschränkenden Absprachen, deren aktuelle oder potentielle Wirkungen über das Gebiet eines Mitgliedsstaates hinaus reichen, auch den zwischenstaatlichen Handel. Dies betrifft beispielsweise grenzüberschreitende Preis- und Konditionenbindungen.[858]

Bei den Registerführern sieht der Plan eine weltweite Verteilung vor. Es sind auch bereits Registerführer aus einer Reihe von Mitgliedsstaaten[859] anerkannt. Die Registerführer sind alle gleichermaßen verpflichtet, ein Streitschlichtungsverfahren, eine Haftungsfreistellungserklärung zugunsten von NSI und die Regeln für den Wechsel des Registerführers in ihre Registrierungsverträge aufzunehmen. Durch die Vereinbarung wird der Wettbewerb im Bereich dieser Konditionen zwischen den Registerführern auch im Gemeinsamen Markt ausgeschlossen, da alle Registerführer gleichermaßen gebunden werden. Die Vereinbarung hat damit starken Einfluss auf die Struktur des Konditionenwettbewerbs im Gemeinsamen Markt. Schon deshalb sind die Vereinbarungen geeignet, den zwischenstaatlichen Handel zu beeinträchtigen.

---

[856] Vgl. EuGH Slg. 1979 S. 1869, 1899 - Hugin; Slg. 1974, S. 213, 252 f. - Commercial Solvents/Kommission; Koch in: Grabitz/Hilf, KEU, Art. 86 Rdnr. 92; Schröter in: GTE, Art. 86 Rdnr. 233; Art. 85 I Wettbewerbsregeln Rdnr. 168

[857] EuGH Slg. 1966, S. 457, 483 - Italien/Rat; Slg. !975, S. 563, 584 - Frubo; Schröter in: GTE, Art. 86 Rdnr. 235; Schröter in: GTE, Art. 85 I Wettbewerbsregeln Rn 168; kritisch zu dieser Ausweitung der Zwischenstaatlichkeitsklausel, Gleiss/Hirsch, Art. 85 I Rn 238

[858] Vgl. Schröter in: GTE, Art. 85 I Wettbewerbsregeln Rn 167

[859] Z.B. Spanien, Frankreich, Deutschland, Großbritanien, Schweden, vgl. die Liste der anerkannten Registerführer, im Internet abrufbar unter: http://www.icann.org/registrars/accredited-list.html

Darüber hinaus erschweren die Regelungen, dass ein Wechsel des Registerführers erst nach sechzig Tagen und nur mit Zustimmung des Vorgängers erfolgen kann, auch den grenzüberschreitenden Wechsel zu einem anderen Registerführer. Ein solcher grenzüberschreitender Registerführerwechsel kommt auch innerhalb des Gemeinsamen Marktes in Betracht. Insoweit kann der zwischenstaatliche Handel auch ganz unmittelbar beeinträchtigt werden.

b. Spürbarkeit

Die Beeinträchtigung des zwischenstaatlichen Handels muss spürbar sein.[860] Eine Vereinbarung fällt daher nicht unter das Verbot des Art. 81 EGV, wenn sie sich in Anbetracht der schwachen Stellung der Betroffenen auf dem Markt nur in unbedeutender Weise auswirkt.[861]

Um die Spürbarkeit feststellen oder beurteilen zu können, muss der relevante Markt abgegrenzt werden. Zum selben relevanten Markt gehören alle austauschbaren Erzeugnisse, d.h. alle Erzeugnisse, die aufgrund ihrer Eigenschaften, ihres Preises und ihres Verwendungszwecks als gleichartig angesehen werden und daher einander ganz oder zu einem erheblichen Teil ersetzen können.[862]

Der Vertrag betrifft die Führung der Hinterlegungsdatei für die gTLDs, .com, .net und .org. Diese Tätigkeit gibt es bislang nur bei den genannten TLDs, nur diese werden vom Reformvorschlag erfasst. Insoweit sind keine Alternativen ersichtlich. Es fragt sich allenfalls, ob die Tätigkeit der Registerführung nicht mit der des Registerführers austauschbar ist. Dafür spricht zunächst, dass beide Tätigkeiten die Registrierung von Domain Names unter den gleichen TLDs betreffen. Dagegen spricht aber vor allem, dass die Tätigkeiten sich an völlig unterschiedliche Abnehmerkreise wenden und dass deshalb die Tätigkeitsschwerpunkte ganz verschiedenartig sind.

Die Außenkontakte der Registerführung beschränken sich auf die vergleichsweise geringe Zahl der Registerführer. Diese sind regelmäßig über die technischen Eigenschaften des Internet und des DNS gut aufgeklärt, sodass sich die Aufgabe der Registerführung im Wesentlichen auf die Bereitstellung der für die Hinterlegungsdatei erforderlichen technischen Einrichtungen beschränken kann. Die Registerführer müssen sich dagegen mit der Vielzahl der Domain-Name-Inhaber auseinandersetzen und diese gegebenenfalls in Fragen der Domain-Name-Registrierung beraten. Aufgrund dieser völlig unterschiedlichen Aufgaben können die Tätigkeit der Registerführung und des Registerführers nicht als austauschbar angesehen werden. Der relevante Markt ist damit die Führung der Hinterlegungsdatei für die gTLDs, .com, .net und .org.

Die NSI hat auf dem relevanten Markt eine Alleinstellung, dementsprechend wird der gesamte Markt von der Beeinträchtigung erfasst. Die Beeinträchtigung ist daher auf jeden Fall spürbar. Die angesprochenen Regelungen erfüllen damit die Tatbestandsvoraussetzungen des Kartellverbots nach Art. 81 I EGV.

---

[860] Vgl. EuGH Slg. 1966, S. 281, 306 - Maschinenbau Ulm; Slg. 1969, S. 295, 302 - Völk; Slg. 1971, S. 351, 383 - Cadillon/Höss; Slg. 1971, S. 949, 960 - Beguelin

[861] Vgl. Koenigs in: Festschrift für Pfeifer, S. 569, 571

[862] Vgl. Komm, Abl 1976 L 95/1, S. 11, 12 - Chiquita; EuGH Slg. 1980, S. 3775, 3793 L'Oreál

4. Freistellungsmöglichkeit

Es bleibt hier noch zu klären, ob Art. 81 I EGV bei den fraglichen Bestimmungen des NSI/Registrar License and Agreement nach Art. 81 III EGV für nicht anwendbar erklärt werden kann. Eine Gruppenfreistellungsverordnung, die auf die Vereinbarung zwischen der NSI und den Registerführern anwendbar sein könnte, ist nicht ersichtlich. Auch eine Einzelfreistellung ist bislang nicht veröffentlicht. Es stellt sich also die Frage, ob die beschriebenen Absprachen gegebenenfalls freistellungsfähig wären, ob also die materiellen Freistellungsvoraussetzungen vorliegen.

Eine Freistellung ist nach Art. 81 III EGV möglich, wenn das NSI/Registrar License and Agreement unter angemessener Beteiligung der Verbraucher an dem entstehenden Gewinn zur Verbesserung der Warenerzeugung oder -verteilung oder zur Förderung des technischen oder wirtschaftlichen Fortschritts beiträgt, ohne dass den beteiligten Unternehmen Beschränkungen auferlegt werden, die für Verwirklichung dieser Ziele nicht unerlässlich sind, oder Möglichkeiten eröffnet werden, für einen wesentlichen Teil der betreffenden Waren den Wettbewerb auszuschalten.

a. Rationalisierungsgewinn

Eine Verbesserung i.S.d. Art. 81 III EGV liegt nicht schon dann vor, wenn die Absprache für die beteiligten Unternehmen vorteilhaft ist, sie muss vielmehr spürbare objektive Vorteile mit sich bringen, die geeignet sind, die mit ihr verbundenen Nachteile für den Wettbewerb auszugleichen.[863] Es kommt darauf an, ob sich durch die Beschränkung bei objektiver Betrachtung ein Verbesserung gegenüber dem Zustand ergibt, der ohne Beschränkung bestehen würde.[864] Kosteneinsparungen sind stets als Verbesserung der Warenverteilung i.S.d. Art. 81 I EGV anzusehen.[865]

aa. Streitschlichtungsverfahren

Bereits bei der Untersuchung der diesbezüglichen Freistellungsfähigkeit des Registrar Agreements wurde festgestellt, dass ein Streitschlichtungsverfahren sowohl zur Verbesserung der Warenverteilung als auch zur Verbesserung der Kostenstruktur beitragen kann. Um Wiederholungen zu vermeiden, wird auf diese Ausführungen verwiesen. Sie sind hier entsprechend anwendbar.

Aber nicht alle Streitschlichtungsverfahren bewirken a priori eine Verbesserung der Kostenstruktur, dies hängt vielmehr von der Ausgestaltung des jeweiligen Verfahrens und insbesondere von dessen Attraktivität für betroffene Dritte und von der Bindung des Domain-Name-Inhabers ab. Die hier zu beurteilende Klausel macht den Registerführern bei der Ausgestaltung des Streitschlichtungsverfahrens keine Vorgaben.[866]

Es besteht kein allgemeiner Erfahrungssatz, dass die Registerführer unter allen Umständen ein Streitschlichtungsverfahren wählen, das geeignet ist, die angesprochenen

---

[863] Vgl. EuGH Slg. 1966, S. 322, 397 - Grundig/Consten; Slg. 1980, S. 3125, 3279 - van Landewijk; Slg. 1984, S. 19, 68 ff. - VBVB und VBBB

[864] Komm. ABl.-EG 1972 L 303/24, 36 - Cimbel; Langen/Bunte, Art. 85 GenPrinz Rn. 131

[865] Vgl. Langen/Bunte, Art 85 GenPrinz Rn 134; Schröter in: GTE Art. 85 III Rn 301 mit Nachweisen aus der Praxis der Kommission

[866] Vgl. Ziff. 2.7 NSI/Registrar Licence and Agreement, Anlage 12

Vorteile zu bewirken. Die Erfahrungen mit dem Streitschlichtungsverfahren der NSI[867] können insoweit nicht zur Beurteilung herangezogen werden. Dieses Streitschlichtungsverfahren wurde im Rahmen einer Alleinstellung der NSI eingeführt. Diese Sachlage ist auf Grund der Wettbewerbssituation der zukünftigen Registerführer nicht vergleichbar.

Im Gegenteil kann es angesichts dieser Wettbewerbssituation für einen Registerführer vorteilhafter sein, ein Verfahren anzubieten, das einseitig die Interessen des Domain-Name-Inhabers begünstigt, um diesen zum Vertragsschluss zu veranlassen. Auf diese Weise würde der Klausel genüge getan, ohne dass die mit der Klausel angestrebten Vorteile erzielt werden könnten. Ein betroffener Dritter jedenfalls wird sich in aller Regel nicht auf ein solches, für ihn nachteilhaftes Verfahren einlassen und kann dazu auch nicht verpflichtet werden.

Es hängt also trotz der Klausel vom Willen des jeweiligen Registerführers ab, ob er ein Streitschlichtungsverfahren in seinen Vertrag aufnehmen will, das die angestrebten Vorteile zu erreichen geeignet ist oder nicht. Diese Möglichkeit besteht in gleicher Weise ohne die Klausel. Die Klausel führt damit zu keiner Verbesserung gegenüber der Situation, die ohne sie bestünde. Ein Rationalisierungsgewinn ist nicht erkennbar. Dementsprechend kommt eine Freistellung hier nicht in Betracht und die Regelung über das Streitschlichtungsverfahren wird bei der weiteren Darstellung nicht mehr berücksichtigt.

bb. Haftungsfreistellung

Die Haftungsfreistellung zu Gunsten von NSI und zu Lasten der Domain-Name-Inhaber kann sich ebenfalls vorteilhaft auf die Kostenstruktur der NSI und der Registerführer auswirken. Bei der NSI als Registerführung wirkt die Haftungsfreistellungsklausel unmittelbar und der Vorteil ist offensichtlich. Mittelbar dient diese Klausel aber auch der Kostenstruktur der Registerführer, denn diese sind gegenüber der Registerführung ebenfalls zur Haftungsfreistellung[868] verpflichtet. Nur die Vereinbarung einer Haftungsfreistellung zugunsten der NSI und zu Lasten der Domain-Name-Inhaber in den Registrierungsverträgen der Registerführer schafft die Voraussetzungen für eine Inanspruchnahme der Domain-Name-Inhaber durch die NSI. Insbesondere wenn der Registerführer es versäumt hat, eine entsprechende Haftungsfreistellung zu seinen eigenen Gunsten in den Vertrag aufzunehmen, kann sich dies sehr vorteilhaft auf seine Kostenstruktur auswirken. Insoweit ist das Vorliegen eines Rationalisierungsgewinns zu bejahen.

cc. Richtlinie für den Wechsel des Registerführers

Schwieriger ist diese Frage im Hinblick auf die Richtlinie für den Wechsel des Registerführers, insbesondere für die Sechzig-Tage-Regelung und das pauschale Zustimmungserfordernis des Ausgangsregisterführers.

---

[867]Vgl. Network Solutions' Domain Name Dispute Policy, Revision 03, Stand: 25.02.1998 im Internet abrufbar unter: http://www.networksolutions.com/legal/dispute-policy.html, auch abgedruckt in: Hoeren, Thomas/ Holznagel, Bernd/ Geppert, Martin: ITM Informations-, Telekommunikations- und Medienrecht, Textsammlung, Stand: Juni 1999, München. Bei diesem Verfahren können Inhaber einer eingetragenen Marke sehr leicht und schnell gegen eine behauptete Verletzung ihrer Rechte durch die Registrierung oder Nutzung eines Domain Names vorgehen. Das Verfahren zeichnet sich dadurch aus, dass die Inhaber eingetrager Marken einseitig, gegebenenfalls auch gegenüber den Domain-Name-Inhabern begünstigt werden.

[868]Vgl. Ziff. 6.16 NSI/Registrar Licence and Agreement, Anlage 12

Hintergrund für die Sechzig-Tage-Regelung ist wohl die Registrierungspraxis der NSI als Registerführer[869]. Diese ermöglicht Großkunden eine Domain-Name-Registrierung gegen Rechnungsstellung. Die Registrierungsgebühr wird erst dreißig Tage nach Rechnungsstellung fällig. Durch die Vereinbarung wird sichergestellt, dass ein Wechsel des Registerführers bei monatlicher Rechnungsstellung nicht möglich ist, bevor die Registrierungsgebühr bezahlt oder zumindest fällig ist. Wäre ein Wechsel früher möglich, bestünde die Gefahr, dass der Domain-Name-Inhaber nicht mehr oder erst nach einem Beitreibungsverfahren, das für die NSI mit zusätzlichen Kosten verbunden wäre, bezahlt. Mangels Fälligkeit könnte die NSI noch nicht einmal ein gesetzliches Zurückbehaltungsrecht geltend machen. Gleichzeitig bliebe die NSI aber gegenüber der Registerführung zur Zahlung der Registrierungsgebühr verpflichtet. Die Regelung soll also helfen, mögliche Verluste bzw. Kosten der NSI zu vermeiden und damit deren Kostenstruktur zu verbessern. Dies gilt regelmäßig als Rationalisierungsgewinn i.S.d. Vorschrift.[870]

Den gleichen Hintergrund dürfte auch das Zustimmungserfordernis haben. Diese Regelung trägt aber gleichzeitig dazu bei zu gewährleisten, dass ein Wechsel nur vom berechtigten Domain-Name-Inhaber initiiert wird. Das Widerspruchsrecht soll gerade auch bei einem diesbezüglichen Streit bestehen. Insoweit trägt die Regelung zur Qualitätssicherung des DNS und insbesondere des Systems der geteilten Registrierungsverantwortung bei. Auch Qualitätssicherungsmaßnahmen können eine Verbesserung i.S.d. Art. 81 III EGV darstellen, insbesondere wenn sie für die Unternehmen kostenneutral sind.[871]

b. Angemessene Beteiligung

Die Verbraucher müssen an dem entstehenden Gewinn angemessen beteiligt werden. Verbraucher sind alle unmittelbaren und mittelbaren Abnehmer der in Betracht kommenden Erzeugnisse.[872] Dies sind hier vor allem die an einer Domain-Name-Registrierung Interessierten. Gewinn ist jeder Vorteil, der den Verbrauchern aufgrund der Absprache zufließt.[873]

Als Vorteil kommt hier zunächst ein Preisvorteil für die Verbraucher in Betracht. Soweit durch die angesprochenen Maßnahmen die Kostenstruktur der Registerführer verbessert wird, ist es sehr wahrscheinlich, dass diese durch den zu erwartenden Wettbewerb zwischen den Registerführern gezwungen werden, die angesprochenen Kostenvorteile an die Verbraucher weiterzuleiten. Je lebhafter der Wettbewerb auf dem jeweiligen Markt ist, desto eher wird man erfahrungsgemäß davon ausgehen können, dass die Kartellmit-

---

[869] Dieses Argument gilt nicht für die anderen Registerführer, da diese nach dem (insoweit nach Art. 81 II nichtigen) Registrar Agreement verpflichtet sind, eine Registrierung nur gegen Vorauszahlung zu ermöglichen.

[870] Vgl. Langen/Bunte, Art 85 GenPrinz Rn 134; Schröter in: GTE Art. 85 III Rn 301 mit Nachweisen aus der Praxis der Kommission

[871] Vgl. Komm. Abl.-EG 1989 253/1, 10 f. Niederländische Banken; ABl. EG 1990 L 15/25, 28 - Concordato Incendio; Schröter in: GTE, Art. 85 III Rn 301m.w.N.

[872] Vgl. Schröter in: GTE: Art 85 III Rn 304; Gleiss/Hirsch: Art 85 III Rn 1906 ff.

[873] Vgl. EuGH, Slg. 1977, S. 1875, 1916 - Metro/Saba; Komm. ABl.-EG1964 S. 2545, 2550 - Grundig/Consten

glieder die durch die Zusammenarbeit erzielten Vorteile an ihrer Abnehmer weitergeben.[874]

Anders ist die Sachlage bei Kosteneinsparungen der NSI als Registerführung. Diese steht unter keinem Wettbewerbsdruck. Fehlt der Wettbewerbsdruck von vornherein, ist es unwahrscheinlich, dass ein Unternehmen die Kosteneinsparungen weiterleitet.[875] Insoweit kann also nicht erwartet werden, dass die NSI die Verbraucher bei der Haftungsfreistellung angemessen am Gewinn beteiligen wird.

Soweit durch die Richtlinien für den Wechsel des Registerführers verhindert wird, dass der Wechsel durch einen Unbefugten eingeleitet wird, kommt dieser Vorteil dem Domain-Name-Inhaber ganz unmittelbar zugute.

Eine angemessene Beteiligung der Verbraucher liegt aber nur vor, wenn diese aus der Absprache erheblichen Nutzen ziehen, der die Nachteile, die sich für sie aus der Wettbewerbsbeschränkung ergeben, übertrifft.[876] Dies ist im Hinblick auf die in den Richtlinien für den Wechsel des Registerführers enthaltene Sechzig-Tage-Frist sehr fragwürdig. Diese Regelung dient soweit ersichtlich nicht der Qualitätssicherung, sondern ausschließlich dem Interesse der NSI an einer leichteren Durchsetzung ihrer Gebührenforderung. Entsprechend profitieren von dieser Regelung allenfalls die Vertragspartner der NSI. Gleichzeitig sind von dieser Regelung aber alle Domain-Name-Inhaber und der gesamte Wettbewerb zwischen den Registerführern betroffen. Insoweit überwiegen die Nachteile der Regelung die Vorteile deutlich und es fehlt daher an einer angemessenen Beteiligung der Verbraucher i.S.d. Art. 81 III EGV. Nichts anderes gilt für die an das pauschale Widerspruchsrecht gekoppelten Vorteile für die Kostenstruktur der NSI als Registerführer.

c. Unerlässlichkeit

Die den Beteiligten auferlegten wettbewerbsbeschränkenden Verpflichtungen müssen sich nach ihrem Gegenstand, ihrem Inhalt und ihren Auswirkungen in den Grenzen halten, die zur Erreichung der angestrebten Vorteile als unbedingt erforderlich anzusehen sind. Lassen sich diese Ziele auch ohne Wettbewerbsbeschränkungen[877] oder mit einem weniger weitreichenden Eingriff in die wirtschaftliche Handlungsfreiheit der Kartellmitglieder[878] erreichen, so verstößt die Absprache gegen den Grundsatz der Verhältnismäßigkeit. Die Freistellung muss dann abgelehnt werden.[879]

Diese Voraussetzung ist sowohl im Hinblick auf die Haftungsfreistellungsklausel als auch bezüglich der Richtlinie für den Wechsel des Registerführers problematisch. Der Vorteil für die Kostenstruktur durch die Haftungsfreistellungsklausel ließe sich auch ohne eine entsprechende Verpflichtung der Registerführer erreichen. Auch ohne Absprache steht es jedem Registerführer frei, eine entsprechende Klausel in seinen Registrierungsvertrag aufzunehmen. Solange er die Kostenvorteile über den Preis an seine Geschäfts-

---

[874]Vgl. Komm. ABl-EG 1969 L 195/5, 8 f. - Jaz/Peter; ABl-EG 1976 L 28/19 Saba; ABl-EG 1983 L 224/19, 25 - Rockwell/Iveco

[875]Vgl. Gleiss/Hirsch, Art. 85 III Rn 1922;

[876]Vgl. Komm. ABl.-EG 1971 L 10/15, 22 - Wand- und Bodenfliesen; ABl.-EG 1989 L 226/25, 31 - UIP

[877]Vgl. Komm. ABl-EG 1972 L 22/16, 26 - NCH; ABl-EG 1977 L 215/11, 18 - de Leval/Stork; ABL-EG 1991 L 63/32, 44 - Screensport/EBU-Mitglieder

[878]Vgl. Komm ABl-EG 1975 L 222/34, 38 - Kabelmetall; ABl-EG 1976 L 30/13, 19 - Bayer/Gist-Brocades

[879]Vgl. Komm. ABl-EG 1989 L 22/12, 21 ff. - NBA; Schröter in: GTE Art 85 III Rn 306

partner weitergibt, wird ihm aus einer solchen Klausel kein Wettbewerbsnachteil gegenüber seinen Konkurrenten erwachsen. Eine einheitliche Verpflichtung aller Registerführer ist daher nicht erforderlich, um die angestrebten Vorteile zu erreichen.

Die qualitätssichernde Funktion der Richtlinie für den Wechsel des Registerführers ließe sich auch mit einem auf den Identitätsstreit beschränkten Widerspruchsrecht erreichen. Insoweit ist das pauschale Widerspruchsrecht also nicht unerlässlich.

Nachdem eine Freistellung der angesprochenen wettbewerbsbeeinträchtigenden Klauseln bereits an den ersten drei Voraussetzungen des Art. 81 III EGV scheitert, kommt es auf die Frage, ob durch die angesprochenen Regelungen wesentlicher Wettbewerb ausgeschlossen wird, nicht mehr an. Auf eine Untersuchung dieser Freistellungsvoraussetzung wird deshalb verzichtet.

5. Zwischenergebnis

Verschiedene Regelungen des NSI/Registrar Licence and Agreement, insbesondere die Verpflichtung zur Aufnahme eines Streitschlichtungsverfahrens und einer Haftungsfreistellungsklausel zugunsten der NSI in die Registrierungsverträge der Registerführer sowie die Richtlinie für den Wechsel der Registerführer, verstoßen gegen das Kartellverbot des Art. 81 I EGV. Die entsprechenden Vereinbarungen sind auch nicht nach Art. 81 III EGV freistellungsfähig und daher nach Art. 81 II EGV nichtig.

X. Das NSI/Registrar License and Agreement als Missbrauch einer marktbeherrschenden Stellung (Art. 82 EGV)

Einzelne Bestimmungen des NSI/Registrar Licence and Agreement (RLA) könnten aber auch eine i.S.d. Art. 82 EGV missbräuchliche Ausnutzung der beherrschenden Stellung der NSI auf dem Gemeinsamen Markt darstellen, die dazu führen kann, den Handel zwischen Mitgliedstaaten zu beeinträchtigen.

Bei der vorliegenden Vereinbarung erscheinen insbesondere die Richtlinie für den Wechsel des Registerführers, die Haftungsfreistellung zu Gunsten der NSI und zu Lasten der Domain-Name-Inhaber bzw. zu Lasten der Registerführer, die Pflicht zur Sicherheitsleistung, die Regelung der verspäteten Zahlung der Registrierungsgebühr[880] und der umfassende Haftungs- und Gewährleistungsausschluss bedenklich.[881]

1. Marktbeherrschende Stellung der NSI

Die Vorschrift richtet sich an marktbeherrschende Unternehmen. Die Registerführer für die gTLDs .com, .net und .org sind aufgrund ihres Vertrages mit der ICANN verpflichtet, bei der Registrierung von SLDs unter diesen TLDs die Dienste einer Registerführung in Anspruch zu nehmen. NSI ist das einzige Unternehmen, das von der ICANN als Register-

---

[880]Vgl. Ziff. 5.4. i.V.m. 5.2.c. NSI/Registrar License and Agreement, Anlage 12

[881]Vgl. Ziff. 5.3 i.V.m. Anhang B, 2.16, 6.16, 2.14 i.V.m. 6.16, 2.12, 5.4 i.V.m. 6.1.b, 6.12, 6.15.c NSI/Registrar Licence and Agreement, im Internet abrufbar unter: http://www.icann.org/nsi/nsi-rla-28Sept99.htm, Anlage 12

führung für die gTLDs .com, .net und .org anerkannt ist. NSI hat damit eine Alleinstellung. Insoweit besteht an der marktbeherrschenden Stellung der NSI kein Zweifel.

2. Missbrauch

Art. 82 S. 1 EGV verbietet die missbräuchliche Ausnutzung der beherrschenden Stellung auf dem Gemeinsamen Markt. Art. 82 S. 2 EGV konkretisiert die Generalklausel des 1. Satzes und nennt Beispiele für mögliche Missbrauchsfälle.

a. Bereits nach Art. 81 I EGV verbotene Klauseln

Nach Art. 82 S. 2 a EGV stellt insbesondere die unmittelbare oder mittelbare Erzwingung von unangemessenen Geschäftsbedingungen eine missbräuchliche Ausnutzung der marktbeherrschenden Stellung dar. "Erzwingung" bedeutet die einseitige Auferlegung der unangemessenen Geschäftsbedingungen. Die wirtschaftliche Übermacht des Marktbeherrschers bewirkt den Zwang.[882] Als "erzwungen" gelten Geschäftsbedingungen auch dann, wenn die Marktgegenseite auf Grund der überlegenen Marktposition des beherrschenden Unternehmens dessen Geschäftsbedingungen ohne weiteres hinnehmen.[883] Im vorliegendem Fall ist angesichts der Alleinstellung der NSI davon auszugehen, dass es sich bei den Regelungen des NSI/Registrar License and Agreement um erzwungene Geschäftsbedingungen i.d.S. handelt.

Unangemessen sind Bedingungen jedenfalls dann, wenn ein Marktbeherrscher seine Vertragspartner zu Konditionen zwingt, deren Vereinbarung gegen das Kartellverbot des Art. 81 EGV verstößt.[884] Legitime Ziele des Marktbeherrschers sind dann nicht vorstellbar. Entsprechend ist die Verpflichtung zur Aufnahme eines Streitschlichtungsverfahrens und einer Haftungsfreistellungsklausel zugunsten der NSI in die Registrierungsverträge der Registerführer sowie die Richtlinie für den Wechsel der Registerführer nicht nur nach Art. 81 I EGV verboten, sondern stellt auch eine unangemessene Bedingung i.S.d. Art. 82 EGV dar. Zwischen den Tatbeständen des Art. 81 und Art. 82 EGV besteht nach allgemeiner Ansicht[885] Idealkonkurrenz. Die Anwendbarkeit des einen schließt die des anderen nicht aus.

b. Haftungs- und Gewährleistungsausschluss

Im Übrigen sind Geschäftsbedingungen auch dann unangemessen, wenn sie offensichtlich unbillig sind.[886] Im Zweifelsfall bedarf es einer Abwägung der Interessen der Beteiligten, um den unangemessenen Charakter von Vertragsklauseln festzustellen. Das beherrschende Unternehmen hat bei der Wahrnehmung seiner Interessen, den Grundsatz der

---

[882] Vgl. Möschel in: Imm/Mest: EG-WbR Art 86 Rn 137

[883] Allgemeine Ansicht, vgl. Langen/Dirksen: Art 86 Rn 90, Schröter in: GTE, Art 86 Rn 146; Weiß in: Calliess/Ruffert, EUV/EGV, Art. 82 Rn 43

[884] Vgl. EuGH, Slg. 1978, S. 207, 292 ff. - United Brands; Slg. 1979, S. 461, 535 ff. - Hoffmann-La Roche; Slg. 1989, S. 838, 849 ff. - Ahmed Saeed Flugreisen; Schöter in: GTE, Art. 86 Rn 37; Möschel in: Imm/Mest, WbR-EG, Art. 86 Rn 7; Koch in: Grabitz/Hilf, Art 86 Rn 8

[885] Vgl. Schröter in: GTE, Art. 86 Rn 33 ff. m.w.N.

[886] Vgl. EuGH Slg. 1974, S. 409, 431 - Sacchi; Komm., Dritter Wettbewerbsbericht (1973), Ziff. 68 - Eisenbahnmaterial

Verhältnismäßigkeit zu beachten.[887] Insbesondere trifft den Marktbeherrscher das Übermaßverbot. Dem Vertragspartner dürfen keine Verpflichtungen auferlegt werden, die für die Verwirklichung eines an sich legitimen Ziels entbehrlich sind und/oder die Freiheit des Vertragspartners unbillig einschränken.[888]

Eine offenbare Unbilligkeit wird allgemein dann angenommen, wenn die Maßstäbe der Einzelfallgerechtigkeit in grober, für den unbefangenen, sachverständigen Beurteiler sofort erkennbarer Weise verletzt sind. Dabei muss sich die Unbilligkeit zwar nicht jedermann, aber doch jedem sachkundigen und unbefangenen Beobachter ohne weiteres aufdrängen, wenn auch möglicherweise erst nach einer eingehenden Prüfung.[889] Die Unbilligkeit muss offen zutage liegen und in die Augen springen.[890]

Die NSI schließt die Haftung[891] für alle (Folge-) Schäden, die im Zusammenhang mit dem NSI/Registrar License and Agreement auftreten aus und lehnt darüber hinaus jegliche Zusicherung[892], sogar die der Tauglichkeit zum vertragsgemäßen Gebrauch, vollständig ab. Das Vertragsrisiko wird damit vollständig auf die Registerführer übertragen und zwar ohne jede Rücksicht auf die Risikosphären der Vertragsparteien. NSI soll weder für vorsätzlich herbeigeführte Schäden haften noch dafür einstehen müssen, dass die gelieferte Software in irgendeiner Weise geeignet ist, die in der Leistungsbeschreibung genannte Zweckbestimmung zu erfüllen. Mit anderen Worten, NSI soll sanktionslos sogar vorsätzlich den Vertragszweck vereiteln oder die Registerführer schädigen können und dabei ihren Vergütungsanspruch behalten. Eine solche Regelung gefährdet den Vertragszweck, denn für NSI gibt es keinerlei Anreiz zur ordnungsgemäßen Vertragserfüllung. Die Unbilligkeit einer solchen vertraglichen Regelung ist für jedermann offensichtlich.

Es sei erwähnt, dass auch im amerikanischen Rechtskreis, dem die NSI angehört, solche unfairen Regelungen nach dem Konzept der "Unconsionability" für unwirksam gehalten werden.[893]

c. Nicht fristgerechte Gebührenzahlung

Für den Fall, dass ein Registerführer nicht innerhalb von fünf Kalendertagen nach Rechnungsstellung den Rechnungsbetrag vollständig bezahlt, soll NSI berechtigt sein, von dem Registerführer keine weiteren Eintragungen mehr zu akzeptieren. Daneben oder statt dessen soll NSI berechtigt sein, alle Domain Names zu löschen, die mit der nicht vollständig bezahlten Rechnung im Zusammenhang stehen. Dies betrifft nicht nur Erstregist-

---

[887] Vgl.EuGH Slg. 1978, S. 207, 298 - United Brands; Schröter in: GTE, Art 86 Rn 155; Langen/Dirksen: Art 86 Rn 105; Möschel in: Imm/Mest: EG-WbR Art 86 Rn 148; Weiß in: Calliess/Ruffert, EGV/EUV Art. 82 Rn 45

[888] Vgl. EuGH Slg. 1974, S. 313, 317 - BRT II; Komm. ABl-EG 1971 L134/15, 22, 24 - GEMA I; ABl-EG 1972 L 166/22 - GEMA II; ABl-EG 1982 L 94/12, 16 ff. - GEMA-Satzung; Langen/Dirksen: Art 86 Rn 105; Schröter in: GTE, Art 86 Rn 155

[889] Vgl. Hoyningen-Huene, Billigkeit, S. 38; Sauer, Juristische Methodenlehre, S. 274; Staudinger/Mader (1995) § 319 Rn 9 f.

[890] Vgl. RGZ 96, 62

[891] Vgl. Ziff. 6.12 NSI/Registrar License and Agreement, Anlage 12

[892] Vgl. Ziff. 6.15.c NSI/Registrar License and Agreement, Anlage 12

[893] Vgl. Jacobs v. Metro Chrysler-Plymouth, Inc. 125 Ga App 462, 188 SE2d 250, 10 UCC Rep Serv 771; Wilson Trading Corporation v. David Ferguson, LTD. Court of Appeals of New York, 1968. 23 N.Y.2d 398, 244 N.E.2d 685; Farnsworth/Young, On Contracts, S. 406 ff.; Jaeger in: Williston on Contracts, Volume 15, S. 223 ff.

rierungen, sondern auch Verlängerungen. Eine vorherige Benachrichtigung ist nicht vorgesehen.[894]

Diese Regelung kann aus verschiedenen Gründen eine unangemessene Geschäftsbedingung i.S.d. Art. 82 S.2 a EGV darstellen. Zum einen, weil sie den Registerführern eine unverhältnismäßig kurze Zahlungsfrist gewährt, und zum anderen, weil angesichts der kurzen Frist eine ordnungsgemäße Prüfung der möglicherweise mehrere tausend Einzelpositionen umfassenden Rechnung und entsprechende Einwendungen nicht möglich sind. Vor allem aber, weil sie einen Verstoß gegen das Zahlungsziel mit übermäßig harten Sanktionen belegt.

Eine Zahlungsfrist von fünf Kalendertagen ist in dem heute üblichen bargeldlosen Zahlungsverkehr selbst unter günstigen Bedingungen kaum einzuhalten.[895] Bezieht man die Wochenend- und Feiertagsproblematik, die zu einer Verzögerung der Zahlungsabwicklung führen kann, in die Überlegung mit ein, so ist das vorgegebene Zahlungsziel, insbesondere für nicht in den USA residierende Registerführer, von vornherein nicht oder nur unter sehr günstigen Bedingungen realisierbar.

Als Folge einer Nichteinhaltung der Zahlungsfrist soll NSI seine Leistungsbereitschaft nicht nur für die Zukunft verweigern, sondern darüber hinaus Domain Names löschen können. Gelöschte Domain Names können von einem anderen Registerführer registriert werden und sind damit für den betroffenen Registerführer und den bisherigen Registerführer verloren. Das Löschungsrecht kommt unter diesen Bedingungen einem endgültigen Leistungsverweigerungsrecht gleich. Eine Mahnung ist nicht erforderlich. Die Folge der Löschung kann den Registerführer dementsprechend nicht nur bei einer bewussten Verspätung treffen, sondern auch, wenn er berechtigter Weise davon ausgeht, dass er bezahlt hat. Dies kommt beispielsweise in Betracht, wenn im Überweisungsverkehr ein von Registerführer nicht bemerkter und nicht zu vertretender Fehler aufgetreten ist. Hinzu kommt, dass die Frist so knapp bemessen ist, dass dem jeweiligen Registerführer keine Möglichkeit bleibt, Fehler im Rahmen des Zahlungsverkehrs festzustellen und zu korrigieren. Nach der Regelung kann darüber hinaus eine Löschung aller mit der Rechnung im Zusammenhang stehender Domain Names erfolgen, nur weil ein möglicherweise geringfügiger Teil der Rechnung nicht bezahlt wurde.

Potentielle Konsequenz einer solchen Löschung ist, dass ein betroffener Domain-Name-Inhaber seinen eventuell schon seit Jahren eingeführten Domain Name auf Dauer verliert. Für den hieraus entstehenden - unter Umständen ganz erheblichen - Schaden kann der Domain-Name-Inhaber regelmäßig den Registerführer in Anspruch nehmen. Dies kann wiederum schnell zu einer existenzvernichtenden Belastung des Registerführers führen.

Die Regelung über die Zahlungsfrist und die Verspätungsfolgen soll dem Interesse der NSI an einer möglichst schnellen und fristgerechten Bezahlung ihrer Rechnungen dienen. Die Bestimmung der Zahlungsfrist ist hierzu nicht geeignet, da eine Bezahlung innerhalb der gesetzten Frist selbst unter günstigen Umständen häufig nicht möglich ist. Schon aus diesem Grund stellt die Regelung eine unangemessene Geschäftsbedingung dar.

Darüber hinaus werden bei dieser Regelung die Interessen der Registerführer nicht berücksichtigt. Die vorgesehenen schweren Folgen einer Fristversäumnis stehen in keinem

---

[894] Vgl. Ziff. 5.4. i.V.m. 5.2.c. NSI/Registrar License and Agreement, Anlage 12

[895] Nach Auskunft der Stadtsparkasse München sind für eine Überweisung innerhalb Deutschlands durchschnittlich zwei bis drei und für eine Überweisung von Deutschland nach Amerika durchschnittlich sieben Arbeitstage zu veranschlagen.

angemessenen Verhältnis zu dem Fehlverhalten des Registerführers.[896] Gerade geringfügige Fristüberschreitungen rechtfertigen keinen Rücktritt vom Vertrag.[897] Dies gilt um so mehr bei unverschuldeten Fristüberschreitungen.[898] Das Löschungsrecht wirkt wie ein Rücktrittsrecht. Darüber hinaus sind auch die potentiellen Folgen der Löschung viel zu schwerwiegend, als dass sie durch die Vorteile, die der NSI bei der Forderungseinziehung entstehen können, gerechtfertigt wären. Die vorliegende Regelung entspricht daher nicht den Anforderungen der Einzelfallgerechtigkeit und ist unbillig[899]. Auch sie stellt eine unangemessene Geschäftsbedingung i.S.d. Art. 82 S.2 a EGV dar

d. Erfüllungsgarantie

Die Registerführer sind verpflichtet, die NSI umfassend gegen alle Ansprüche, die im Zusammenhang mit der Geschäftstätigkeit des Registerführers gegen NSI geltend gemacht werden, abzusichern und zu verteidigen und gegebenenfalls NSI schadlos zu halten.[900] Zur Absicherung der Kosten, die der NSI entstehen können, weil der Registerführer diese Verpflichtung nicht erfüllt, soll der Registerführer eine Erfüllungsgarantie in Höhe von $ 100.000.- U.S. beibringen. Die Sicherheit soll in Form eines Kreditbriefes oder einer vergleichbaren Maßnahme eines von der NSI anerkannten Garanten beigebracht werden. Vorausgesetzt, die NSI hat den Garanten vorher von den Ansprüchen und deren Grundlage in Kenntnis gesetzt und bescheinigt, dass sie Ausgaben hatte, deren Erstattung sie nach der vereinbarten Haftungsfreistellungsregelung verlangen kann, soll der Garant innerhalb von zehn Tagen zur Zahlung in voller Höhe verpflichtet sein.[901]

Diese Regelung der Erfüllungsgarantie kann aus verschiedenen Gründen missbräuchlich sein. Zunächst einmal ist möglicherweise die Sicherungssumme angesichts der zu erwartenden Leistungsverpflichtungen unangemessen hoch. Weiter stellt die Regelung eventuell eine Einschränkung des Absatzes zum Schaden des Verbrauchers i.S.d. Art. 82 S.2 b EGV bzw. einen Verstoß gegen die Generalklausel des Art. 82 S. 1 EGV[902] dar. Als Absatzbeschränkung kann sich die Regelung auswirken, wenn die Höhe der Sicherheit für kleinere Unternehmen eine unüberwindliche Hürde bedeutet und im Ergebnis eine Leistungsverweigerung der NSI darstellt. Dies würde den Verbrauchern schaden, weil deren Auswahlmöglichkeiten eingeschränkt würden.

Beides setzt voraus, dass die Höhe der Erfüllungsgarantie nicht durch die Höhe der zu sichernden Ansprüche gerechtfertigt ist. Um die Höhe dieser Ansprüche bestimmen zu können, wären Erhebungen auch zu den in anderen Rechtskreisen im Rahmen eines kennzeichenrechtlichen Streites möglichen Prozesskosten oder Schadensersatzbeträgen

---

[896] Vgl. allgemein zu dem Grundsatz der Verhältnismäßigkeit und dem Übermaßverbot im Zivilrecht, insbesondere zum Verhältnis eines Fehlverhaltens zu seinen Folgen, Staudinger/Schmidt (1995) § 242 Rn 779 ff.

[897] Vgl. RGZ 117, S. 354, 356; 150 S. 232

[898] BGH NJW 1974, S. 360

[899] Vgl. Hoyningen-Huene, Billigkeit, S. 36

[900] Vgl. Ziff. 6.16. NSI/Registrar License and Agreement, Anlage 12

[901] Vgl. Ziff. 2.14. i.V.m. Ziff. 6.16. NSI/Registrar License and Agreement, Anlage 12

[902] Auf die Streitfrage, ob eine solche Leistungsverweigerung eine Absatzbeschränkung i.S.d. Art. 82 S. b EGV darstellt oder unter die Generalklausel des ersten Satzes zu subsumieren ist, soll hier nicht eingegangen werden, da beide Ansichten in der Regel zum gleichen Ergebnis kommen werden. Vgl. zum Streitstand Langen/Dirksen, Art. 86 Rn 127; Koch in: Grabitz/Hilf, Art. 86 Rn 58

erforderlich. Die Frage nach der missbräuchlichen Höhe der Erfüllungsgarantie und einem daraus resultierenden Verstoß gegen Art. 82 EGV kann daher insoweit nicht abschließend beantwortet werden.

Darüber hinaus verschiebt die Auszahlungsregelung der Erfüllungsgarantie das Vertragsrisiko möglicherweise unbillig zu Lasten der Registerführer, da eine Auszahlung und damit Verwertung der Erfüllungsgarantie erfolgen soll, ohne dass es hierfür auf einen Leistungsverzug des Registerführers oder die Fälligkeit des Anspruchs ankommen soll. Auch eine Androhung mit Fristsetzung ist nicht erforderlich.

Dem Registerführer wird durch eine Verwertung vor Fälligkeit oder Verzug das Recht der Einrede oder Einwendung abgeschnitten. Interessen der NSI, die eine solche Benachteiligung[903] des Registerführers rechtfertigen könnten, sind nicht ersichtlich. Das Interesse der NSI an einer problemlosen und schnellen Forderungsabwicklung jedenfalls ist geringer einzuschätzen, als das Rechtsverteidigungsinteresse der Registerführer.

Die Verwertung einer Sicherheit stellt auch einen wesentlichen Eingriff in die Sphäre des Sicherungsgebers dar, mit dem teilweise auch wirtschaftliche Verluste verbunden sein können. Eine Verwertung ohne Androhung mit Fristsetzung stellt nach allgemeiner Ansicht[904] ebenfalls eine unangemessene Benachteiligung des Sicherungsgebers dar, da ihm die Möglichkeit genommen wird, die Verwertung und die damit verbundenen Nachteile durch Leistung abzuwenden. Das Interesse der NSI an einer problemlosen und schnellen Forderungsabwicklung vermag diese Benachteiligung nicht zu rechtfertigen.

Die Regelung zur Verwertung der Erfüllungsgarantie stellt demnach keine angemessene Maßnahme zur Durchsetzung des Interesses der NSI an einer problemlosen und schnellen Forderungsabwicklung dar und verletzt daher den Grundsatz der Verhältnismäßigkeit. Die betreffenden Bestimmungen sind damit unangemessen i.S.d. Art. 82 S. 2 a EGV.

3. Zwischenstaatlichkeitsklausel

Die Richtlinie für den Wechsel des Registerführers, die Haftungsfreistellung zu Gunsten der NSI und zu Lasten der Domain-Name-Inhaber bzw. zu Lasten der Registerführer, die Pflicht zur Leistung einer Erfüllungsgarantie, die Regelung der verspäteten Zahlung der Registrierungsgebühr und der umfassende Gewährleistungsausschluss sind nach Art. 81 I EGV nur verboten, wenn sie geeignet sind, den Handel zwischen den Mitgliedsstaaten spürbar zu beeinträchtigen.

a. Eignung zur Handelsbeeinträchtigung

Die Zwischenstaatlichkeitsklausel hat hier dieselbe Funktion wie in Art. 81 I EGV. Sie soll auf dem Gebiet des Wettbewerbsrechts den Geltungsbereich des Gemeinschaftsrechts von dem des innerstaatlichen Rechts abgrenzen.[905]

---

[903] Vgl. BGH NJW 1992, S. 2626, 2627

[904] Vgl. BGH NJW 1992, S. 2626; BGH NJW 1994, S. 2754; Wolf in: Wolf/Horn/Lindacher, AGBG, § 9 Rn S 107 m.w.N.

[905] Allg. A., vgl. Schröter in: GTE, Art. 86 Rn 233; Langen/Dirksen, Art. 86 Rn 199; Koch in: Grabitz/Hilf, Art 86 Rn 81 f.

Der zwischenstaatliche Handel wird insbesondere durch solche Praktiken beeinträchtigt, die der Verwirklichung der Ziele eines einheitlichen Marktes zwischen den Mitgliedsstaaten nachteilig sein können, in dem insbesondere die nationalen Märkte abgeschottet oder die Wettbewerbsstrukturen im Gemeinsamen Markt verändert werden.[906] Ein weiteres Ziel des Vertrages ist die Aufrechterhaltung eines redlichen, unverfälschten und wirksamen Wettbewerbs auf dem Gemeinsamen Markt. Auch Verhaltensweisen von Unternehmern die keine Marktspaltung bezwecken oder bewirken, können geeignet sein, den Handel zwischen den Mitgliedsstaaten zu beeinträchtigen, weil sie auf andere Weise den Wettbewerb einschränken oder verfälschen.[907] Der Zwischenstaatsbezug ist hergestellt, wenn sich der Missbrauch der Marktmacht auf das Angebot von oder die Nachfrage nach Gütern oder Leistungen bezieht, die - als solche, als Vorprodukt oder nach Weiterverarbeitung - Gegenstand des grenzüberschreitenden Wirtschaftsverkehrs sind, waren oder sein können oder einen Wettbewerber betrifft, der Anbieter oder Nachfrager im grenzüberschreitenden Wirtschaftsverkehr ist oder sein kann.[908]

Der Plan sieht eine weltweit Verteilung der Registerführer vor und es sind auch bereits Registerführer aus einer Reihe von Mitgliedsstaaten[909] anerkannt. Diese sind alle gleichermaßen verpflichtet ein Streitschlichtungsverfahren, eine Haftungsfreistellungserklärung zugunsten von NSI und die Regeln für den Wechsel des Registerführers in ihre Registrierungsverträge aufzunehmen. Durch die Vereinbarung wird der Wettbewerb im Bereich dieser Konditionen zwischen den Registerführern ausgeschlossen. Die Vereinbarung hat damit starken Einfluss auf die Struktur des (potentiellen) Konditionenwettbewerbs im Gemeinsamen Markt. Schon deshalb sind die Vereinbarungen geeignet, den zwischenstaatlichen Handel zu beeinträchtigen.

Darüber hinaus erschweren die Regelungen, dass ein Wechsel des Registerführers erst nach sechzig Tagen und nur mit Zustimmung des Vorgängers erfolgen kann, nicht nur den Wechsel zu einem anderen Registerführer aus dem Staat des Domain-Name-Inhabers, sondern auch den grenzüberschreitenden Registerführerwechsel. Insofern kann der zwischenstaatliche Handel auch ganz unmittelbar beeinträchtigt werden.

Daneben betreffen die unangemessen Bedingungen des RLA quasi als "Vorprodukt" die Tätigkeit der Registerführer für die Domain-Name-Inhaber. Gerade bei der Registrierung von SLDs der gTLDs ist davon auszugehen, dass diese Gegenstand eines grenzüberschreitenden Wirtschaftsverkehrs sein kann, da die gTLDs sich vor allem an weltweit oder zumindest international tätige Internetnutzer richten. Auch insoweit ist also der Zwischenstaatsbezug hergestellt.[910]

---

[906] Vgl. EuGH Slg. 1979 S. 1869, 1899 - Hugin; Slg. 1974, S. 213, 252 f. - Commercial Solvents/Kommission; Koch in: Grabitz/Hilf, KEU, Art. 86 Rdnr. 92; Schröter in: GTE, Art. 86 Rdnr. 233; Art. 85 I Wettbewerbsregeln Rdnr. 168

[907] EuGH Slg. 1966, S. 457, 483 - Italien/Rat; Slg. !975, S. 563, 584 - Frubo; Schröter in: GTE, Art. 86 Rdnr. 232; Schröter in: GTE, Art. 85 I Wettbewerbsregeln Rn 168; kritisch zu dieser Ausweitung der Zwischenstaatlichkeitsklausel, Gleiss/Hirsch, Art. 85 I Rn 238

[908] Vgl. Koch in: Grabitz/Hilf, Art 86 Rn 83

[909] Z.B. Spanien, Frankreich, Deutschland, Großbritanien, Schweden, vgl. die Liste der anerkannten Registerführer, im Internet abrufbar unter: http://www.icann.org/registrars/accredited-list.html

[910] Vgl. Koch in: Grabitz/Hilf, Art 86 Rn 83

b. Spürbarkeit

Umstritten ist, ob die Handelsbeeinträchtigung spürbar sein muss.[911] Der Streit kann jedoch dahingestellt bleiben, wenn die vorliegenden Maßnahmen zu einer spürbaren Handelsbeeinträchtigung führen. Die vorliegenden Maßnahmen betreffen die Registrierung von gTLDs insgesamt und weltweit und gefährden die Verwirklichung der allgemeinen Vertragsziele, insbesondere die Gewährleistung des freien Dienstleistungsverkehrs und die Aufrechterhaltung eines redlichen, unverfälschten und wirksamen Wettbewerbs. Solche Maßnahmen sind stets mehr als nur geringfügige Handelsbeeinträchtigungen.[912]

4. Zwischenergebnis

Die Verpflichtung der Registerführer in ihre Registrierungsverträge eine Streitlösungsrichtlinie und eine Haftungsfreistellungsklausel zugunsten der NSI aufzunehmen sowie die Regeln für einen Wechsel des Registerführers stellen missbräuchliche Geschäftsbedingungen i.S.d. Art. 82 EGV dar. Das Gleiche gilt für den vollständigen Haftungs- und Gewährleistungsausschluss der NSI und für die Bestimmungen für den Fall der nicht fristgerechten Gebührenzahlung durch die Registerführer sowie für die Erfüllungsgarantie in ihrer derzeitigen Form.

C. Zusammenfassung

Der Vorteil des Planes der U.S. Regierung besteht darin, dass er eine Möglichkeit aufzeigt, wie das DNS aus seiner Abhängigkeit von der U.S. Regierung gelöst und die Aufgabe der IANA auf eine von den Nutzern des DNS selbst finanzierte Institution übertragen werden kann, ohne dass dabei kartellrechtliche Vorschriften verletzt werden. Dies setzt aber voraus, dass der Errichtung der ICANN tatsächlich keine wettbewerbsbeschränkende Verhaltensabstimmung zwischen Unternehmen zugrunde liegt und sich im Hinblick auf die At-Large-Membership keine wesentlichen Änderungen mehr ergeben. Insoweit lässt sich der Vorschlag derzeit noch nicht abschließend beurteilen. Ein weiterer Vorteil dieses Vorschlags ist, dass er die Einführung von Wettbewerb bei der Registrierung von SLDs unter den gTLDs ermöglicht, ohne dass dafür grundsätzlich wettbewerbsbeschränkende Vereinbarungen erforderlich sind.

Das Problem dieses Vorschlags besteht darin, dass die ICANN versucht durch Preis- und Konditionenbindungen in den Verträgen mit der NSI und den Registerführern auf kennzeichenrechtliche Probleme des DNS zu reagieren. Die entsprechenden Vereinbarungen sind kartellrechtlich unzulässig und verboten. Ein weiteres Problem dieses Reformvorhabens besteht darin, dass die Registerführung im Verhältnis zu den Registerführern ein Monopol hat. Die Probleme des bisherigen Systems werden auf diese Weise nicht beseitigt, sondern nur verlagert. Zwar sind nun nicht mehr unmittelbar diejenigen, die eine SLD registrieren wollen, der Gefahr eines Marktmachtmissbrauchs i.S.d.

---

[911] Ein solches zusätzliches Tatbestandsmerkmal lehnt Koch in: Grabitz/Hilf, Art 86 Rn 84 f. ab, a.A. Gleiss/Hirsch, Art. 86, Rn 97 f., 128

[912] Vgl. EuGH, Slg. 1983, S. 483 ff. Rn 36 ff.; Schröter in: GTE, Art 86 Rn 242

Art. 82 EGV ausgesetzt, dafür aber die Registerführer. Mittelbar kann sich dieser Marktmachtmissbrauch auch gegenüber den Domain-Inhabern auswirken.

Tatsächlich gelingt es auch nicht, die Trennung der Aufgaben der Registerführer und der Registerführung so zu organisieren, dass die Registerführung ihre systembedingte Alleinstellung nicht in kartellrechtlich verbotener Weise missbrauchen kann. Im Gegenteil, dieser Missbrauch erfolgt in Abstimmung mit der ICANN. Im Registry Agreement verpflichtet die ICANN die NSI zur Verwendung des Registrar License and Agreement und macht Änderungen des RLA von einer vorherigen Genehmigung abhängig. Auch insoweit stellt dieses Reformvorhaben und seine Umsetzung einen Verstoß gegen europäisches Kartellrecht dar.

Schlussbetrachtung

Die Untersuchung hat gezeigt, dass das DNS mit einer ganzen Reihe von kartellrechtlichen Problemen belastet ist. Das gilt nicht nur für das bestehende System, sondern auch für die verschiedenen Reformvorhaben.

Als besonders problematisch hat sich hierbei die Alleinstellung der Registrierungsstellen bzw. der Registerführung (IAHC-Vorschlag und Plan der U.S. Regierung) erwiesen. Sie wird bei der Gestaltung der Preise und der sonstigen Geschäftsbedingungen in kartellrechtlich verbotener Weise missbraucht. Ziel einer Reform des DNS muss es daher sein, eine Alleinstellung der Registrierungsstellen so weit als möglich zu vermeiden oder zumindest die Möglichkeit eines Missbrauchs zu reduzieren.

Eine weitere Schwierigkeit besteht darin, dass Wettbewerb bei der Domain-Registrierung systembedingt ein gewisses Maß an Koordination der Registrierungsstellen erfordert, da sonst die Funktionsfähigkeit des DNS nicht gewährleistet werden kann. Die tatsächlich erfolgte bzw. die nach den Reformvorhaben vorgesehene Koordination der Beteiligten geht vielfach über das systembedingt Notwendige hinaus und ermöglicht es den Beteiligten, den Wettbewerb in wesentlichen Teilen auszuschalten. Eine solche Koordination ist kartellrechtlich verboten. Bei einer Reform muss also darauf geachtet werden, dass sich die Koordination der Beteiligten auf das systembedingt Notwendige beschränkt oder nur unwesentliche Teile des Wettbewerbs betrifft.

Problematisch ist darüber hinaus, dass im Rahmen der Reformvorhaben versucht wird, den angesprochenen kennzeichenrechtlichen Problemen des bestehenden DNS und einer Verknappung der zur Verfügung stehenden sinnvollen Domain Names mittels Preis- und Konditionenbindungen der Registrierungsstellen entgegenzuwirken. Die Verwirklichung dieser Ziele ist zwar a priori nicht verwerflich, ganz im Gegenteil, diese Probleme müssen dringend gelöst werden. Ansonsten besteht die Gefahr, dass sich die Internetnutzer vom DNS abwenden oder dessen Funktionsfähigkeit beeinträchtigt wird, weil keine (sinnvollen) Domain Names mehr zur Verfügung stehen. Die gewählten Preis- und Konditionenbindungen sind aber vielfach kartellrechtlich unzulässig und teilweise zur Verwirklichung der angestrebten Ziele ungeeignet. Eine Reform des DNS muss daher beachten, dass auch aus Sicht der Allgemeinheit wünschenswerte Ziele nicht mit kartellrechtlich verbotenen Mitteln erreicht werden können.

Die Untersuchung hat aber auch gezeigt, dass Reformvorhaben, welche die angesprochenen kennzeichenrechtlichen und sonstigen Probleme des DNS nicht beachten oder sogar noch verschärfen oder die im bestehenden DNS erworbenen Besitzstände der Internetnutzer nicht ausreichend wahren oder aber schlicht benutzerunfreundlich sind, keine Akzeptanz unter den Internetnutzern finden. Ohne diese Akzeptanz hat kein Reformvorschlag eine Chance auf Umsetzung, denn die Anwendung des DNS beruht nicht auf staatlicher Verleihung oder gesetzlichem Zwang, sondern auf der Überzeugung der Internetnutzer, vom Nutzen und der Funktionalität des Systems. Im Rahmen dieser kartellrechtlichen Darstellung des DNS können diese Punkte zwar nicht vertieft werden, aber ein an dieser Stelle formulierter Reformvorschlag hat nur dann Aussicht, ernst genommen zu werden, wenn er die Bewältigung der angesprochenen Schwierigkeiten nicht behindert.

A. Verantwortung für das Rootverzeichnis

Ein bislang hauptsächlich im Rahmen des Reformvorschlags der U.S. Regierung angesprochenes Problem besteht darin, dass die IANA, die für das Rootverzeichnis des DNS und das DNS insgesamt die Verantwortung trägt, bislang von der U.S. Regierung finanziert wurde. Die U.S. Regierung will sich aber finanziell aus dem DNS zurückziehen.

Ein ersatzloser Wegfall der IANA kann nicht ernsthaft in Betracht gezogen werden, da es gilt, die Funktion des DNS für das Internet und für die Wirtschaft insgesamt und den in mittlerweile vielen Millionen registrierten Domains repräsentierten Besitzstand zu wahren. Für die IANA muss daher ein Finanzierungsmodell erarbeitet werden.[913] Die Schwierigkeit besteht darin, dass die Verantwortung für das Rootverzeichnis und das DNS an eine Stelle weitergeleitet werden muss, die die gleiche Akzeptanz unter den am Internet Beteiligten findet, wie dies bislang bei der IANA der Fall war.

Ein System konkurrierender Registrierungsstellen als Nachfolger der IANA ist aus verschiedenen Gründen nicht sinnvoll. Gegen Wettbewerb bei der Verwaltung des Rootverzeichnisses spricht, dass jeder Fehler in diesem Bereich sich wegen des hierarchischen Aufbaus des DNS in seinen Auswirkungen potenziert und daher besonders schwerwiegend und gefährlich ist. Zum Schutz der Funktionsfähigkeit des DNS muss daher absolut sichergestellt sein, dass es zu keinen Doppelregistrierungen im Bereich des Rootverzeichnisses kommt und dass dieses immer aktuell und vollständig ist. Am einfachsten und zuverlässigsten lässt sich dies gewährleisten, wenn es nur eine Registrierungsstelle gibt. Darüber hinaus enthält das Rootverzeichnis zwangsläufig verhältnismäßig wenige Einträge, da es nur weniger als dreihundert TLDs gibt. Angesichts der geringen Zahl aktueller oder potentieller Kunden ist keine wirtschaftliche Basis für mehrere konkurrierende Unternehmen vorstellbar.

Die systembedingte Alleinstellung des für das Rootverzeichnis und das DNS Verantwortlichen, birgt aber, wie die vorliegende Untersuchung gezeigt hat, aus kartellrechtlicher Sicht die Gefahr des Missbrauchs dieser marktbeherrschenden Stellung zu Gunsten des Verantwortlichen. Darüber hinaus besteht die Gefahr, dass sich potentielle Konkurrenten zusammenschließen, um die Verantwortung für das Rootverzeichnis zu übernehmen.

Die Gefahr eines eigennützigen Missbrauchs der Alleinstellung des für das Rootverzeichnis Verantwortlichen lässt sich aber reduzieren, wenn diese Aufgabe einer Stelle übertragen wird, die keine eigenen Erwerbszwecke verfolgt und deren Zweck und Ziel auf den Erhalt und die Sicherung der Funktionsfähigkeit des DNS gerichtet ist. Missbräuchliche Preise sind bei einer solchen Stelle nicht vorstellbar, da bei einer Stelle, die keine Erwerbszwecke verfolgt, Preise zu erwarten sind, die nur die Kosten decken. Diese Preise sind durch die Kosten sachlich gerechtfertigt. Die Gefahr einer kartellrechtlich bedenklichen Kooperation aktueller oder potentieller Konkurrenten bei der Verwaltung des Rootverzeichnisses kann ausgeschaltet werden, wenn die Aufgabe nicht an eine Stelle delegiert wird, die als Personen- oder Kapitalgesellschaft organisiert ist und deren Errichtung nicht auf einem abgestimmten Verhalten zwischen Unternehmen beruht.

---

[913] Die Aufgabe der IANA wird zwar mittlerweile von der ICANN wargenommen, die Finanzierung, beispielsweise im Bereich der ccTLDs wird aber immer noch diskutiert. Informationen hierzu können über die Internetseite der ICANN, http://www.icann.org, abgerufen werden.

Diesen kartellrechtlichen Vorgaben scheint die im Rahmen des Vorschlages der U.S. Regierung errichtete ICANN weitgehend gerecht zu werden. Bei ihr handelt es sich um eine nichtgewinnorientierte Organisation, deren Zweck und Ziel die Sicherung der Funktionsfähigkeit des DNS ist. Beim derzeitigen Entwicklungstand ist die ICANN weder als Personen- noch als Kapitalgesellschaft organisiert. Vielmehr handelt es sich bei ihr, wie bei einer Anstalt oder Stiftung, um einen rechtlich selbständigen Bestand von persönlichen und sachlichen Mitteln, der einem bestimmten Zweck, der Sicherung des Bestandes und der Funktionsfähigkeit des DNS, zu dienen bestimmt ist. Eine Einschränkung könnte sich allenfalls insoweit ergeben, als nicht bekannt ist, ob die Errichtung der ICANN auf einer Verhaltensabstimmung von Unternehmern, insbesondere von Wettbewerbern um die Aufgabe der Verwaltung des Rootverzeichnisses und um die Verantwortung für das DNS, beruht. Zumindest aus den Articles of Incorporation und den Bylaws der ICANN ergeben sich hierfür keine Hinweise. Aus diesem Grund wird diese Möglichkeit hier vernachlässigt.

Darüber hinaus hat die ICANN durch die Eingliederung der SOs eine kartellrechtlich unbedenkliche institutionalisierte Form der Kundenbefragung organisiert. Auf diese Weise wird ermöglicht, dass alle am Internet und dem DNS Interessierten, im Rahmen einer Mitarbeit in den SOs, ihre Vorstellungen zur Entwicklung des DNS formulieren, diskutieren und der ICANN zur Verfügung stellen können. Gleichzeitig ist die Zusammensetzung des Entscheidungsgremiums der ICANN, des Board of Trustees, so strukturiert, dass sich die weltweiten Auswirkungen des Internet und des DNS und die verschiedenen am Internet beteiligten Interessengruppen auch in der Besetzung des Vorstandes widerspiegeln. Dies geschieht einmal dadurch, dass die in den SOs organisierten Interessengruppen, neben der At-Large-Membership, bei der Besetzung des Vorstandes mitwirken. Zum anderen müssen bei der Auswahl der Vorstandsmitglieder auf geographische Regionen abgestimmte Quoten beachtet werden.

Auf diese Weise wird einerseits verhindert, dass die ICANN dem Nutzen einzelner verpflichtet werden kann und gleichzeitig wird sichergestellt, dass sich die Gestaltung des DNS an den Wünschen der Internetnutzer orientiert. Diese Maßnahmen scheinen geeignet, der ICANN die gleiche Akzeptanz unter den am Internet Beteiligten zu sichern, wie sie bislang die IANA hatte.

Angesichts dieser Vorzüge der ICANN, die sie zum Nachfolger der IANA prädestinieren und mit Rücksicht darauf, dass sie diese Nachfolge bereits de facto angetreten hat, wird hier auf die Formulierung eigener abweichender Vorstellungen für eine Nachfolgeregelung verzichtet.

B. Registrierung von SLDs

Anders als hinsichtlich der Nachfolgeregelung für die IANA vermögen weder das bestehende System der SLD-Registrierung noch die vorgetragenen Reformvorschläge zu überzeugen. Darüber hinaus sind sie in Teilen kartellrechtlich unzulässig. Aus diesem Grund sollen hier Strukturen einer Reform des DNS herausgearbeitet werden, welche die Einführung von Wettbewerb ermöglicht, die Sicherheit, den Bestand und die Funktionsfähigkeit des DNS wahrt und die Position der Inhaber rechtlich geschützter Kennzeichen verbessert. Hierbei wird nicht zwischen den gTLDs und den ccTLDs unterschieden, da aus kartellrechtlicher Sicht keine Gründe erkennbar sind, die eine Unterscheidung erforderlich machen.

I. Einführung von Wettbewerb bei der SLD-Registrierung

Die Analyse des DNS hat gezeigt, dass eine Alleinstellung einer Registrierungsstelle zu kartellrechtlichen Problemen führen kann, gleichgültig ob es sich insoweit um die Registrierungsstelle für die TLDs oder um eine Registrierungsstelle für die SLDs handelt. Aus diesem Grund erscheint es sinnvoll, zumindest die Registrierung von SLDs so zu organisieren, dass die Registrierungsstellen nicht bereits systembedingt eine Alleinstellung auf dem relevanten Markt haben.

Hier kommen grundsätzlich zwei unterschiedliche Lösungsansätze in Betracht. Eine Möglichkeit besteht darin, die TLDs so zu gestalten, dass sie untereinander austauschbar sind. Entsprechende Vorschläge haben sich aber als unbrauchbar bzw. nicht durchsetzungsfähig erwiesen.[914] Die andere Möglichkeit ist die vom IAHC-Vorschlag und der U.S. Regierung favorisierte Zulassung konkurrierender Registrierungsstellen für jede TLD.

Diese zweite Lösung hat den Vorteil, dass sie im Hinblick auf die angesprochenen weiteren Problembereiche des DNS neutral ist. Gegen einen solchen Wettbewerb sprechen auch nicht die im Zusammenhang mit der Nachfolge der IANA angesprochenen Gründe. Zum einen sind die Gefahren für das DNS bei Störungen im Bereich der SLD-Registrierung nicht ganz so groß wie im Bereich des Rootverzeichnisses, da die Zahl der unmittelbar Betroffenen wegen des hierarchischen Aufbaus des DNS regelmäßig geringer sein wird. Zum anderen entfällt das wirtschaftliche Argument, da unter den TLDs regelmäßig weit mehr Domains registriert werden als es TLDs gibt. Aus diesem Grund wird auch hier die Zulassung konkurrierender Registerführer für jede TLD gefordert.

II. Keine institutionalisierte Trennung zwischen Registerführung und Registerführer

Um Wettbewerb bei der Registrierung von SLDs zu ermöglichen, sehen der IAHC-Plan und der Vorschlag der U.S. Regierung eine zwingende institutionalisierte Trennung der bisher einheitlichen Aufgabe einer Registrierungsstelle, in die der Registerführung und die des Registerführers, vor. Dabei sollen die Registerführer keinen Einfluss auf die Auswahl der Registerführung haben. Dies ist abzulehnen.

Gegen eine solche institutionalisierte Trennung spricht zum einen, dass hier ein Monopol für die Registerführung geschaffen wird. Die Schwierigkeiten durch die Alleinstellung der bisherigen Registrierungsstellen werden, wie die Analyse der entsprechenden Reformvorschläge gezeigt hat, in den Bereich der Registerführung verlagert. Aus kartellrechtlicher Sicht bringt dies keinen Vorteil gegenüber dem bestehenden System. Darüber hinaus lässt sich dieses Modell nicht auf alle TLDs übertragen. Bei den ccTLDs gibt es

---

[914] Vgl. Drittes Kapitel

einzelne, die sehr kleine Länder repräsentieren.[915] Bei diesen ccTLDs ist es unwahrscheinlich, dass sie für eine Vielzahl von Registerführern interessant sein werden. Eine zwingende organisatorische und personelle Abgrenzung zwischen Registerführung und Registerführer, würde zu einem erhöhten Kosten- und Verwaltungsaufwand führen. Dieser verteuert und erschwert nur die SLD-Registrierung.

Begründet wird diese Aufspaltung damit, dass die Trennung sicherstellen soll, dass eine autoritative vollständige und aktuelle Datei für jede TLD existiert und dass keine Doppelregistrierungen möglich sind. Auf diese Weise soll die Zuverlässigkeit und Funktionsfähigkeit des DNS trotz konkurrierender Registerführer gewährleistet werden.

Dieses Ziel lässt sich auch ohne die Trennung erreichen. Ausreichend ist es, wenn jede einzelne Registrierungsstelle sich gegenüber der ICANN[916] verpflichtet, dafür zu sorgen, dass keine Doppelregistrierungen möglich sind und dass eine autoritative vollständige und aktuelle Hauptregistrierungsdatei für die betreffende TLD existiert, zu der jede von der ICANN anerkannte Registrierungsstelle gleichberechtigten Zugang hat. Im Rahmen einer entsprechenden Vereinbarung, die hier "Registerführervertrag" genannt werden soll, kann die ICANN inhaltliche, personelle, technische und organisatorische Anforderungen und Kriterien für die Führung dieser Hauptregistrierungsdatei aufstellen. Auf diese Weise kann die ICANN die Sicherheit und Funktionsfähigkeit des DNS genauso zuverlässig gewährleisten wie durch die eigene Auswahl und Verpflichtung einer Registerführung. Der Vorteil dieses Systems ist, dass es den Registrierungsstellen selbst überlassen bleibt, wie sie die Führung der Hauptregistrierungsdatei organisieren wollen.

Gegen dieses System könnte eingewandt werden, dass es zwingend eine Koordination zwischen den konkurrierenden Registerführern voraussetzt. Eine solche Koordination zwischen Wettbewerbern ist aus kartellrechtlicher Sicht aber unbedenklich, solange sie erforderlich ist, um neuen Wettbewerb zu ermöglichen.[917] Ohne diese Kooperation könnte die Sicherheit und Zuverlässigkeit des DNS bei einer Registrierung von SLDs durch verschiedene Registrierungsstellen nicht gewährleistet werden. Die Zulassung konkurrierender Registrierungsstellen wäre dann nicht möglich. Die Kooperation ist daher erforderlich, um neuen Wettbewerb zu ermöglichen.

Denkbar sind hier ganz unterschiedliche Kooperationsmodelle. Beispielsweise könnten die Registrierungsstellen gemeinsam einen Dritten mit der Führung dieser Datei beauftragen oder sie könnten ein mit der Führung dieser Datei betrautes Gemeinschaftsunternehmen errichten. Denkbar wäre auch, dass sich die Registrierungsstellen bei der Führung dieser Datei turnusmäßig abwechseln oder dass sie die Datei einem unter ihnen anvertrauen. Für das vorgeschlagene System spricht daher auch, dass die Registrierungsstellen ihre Kooperationsform den Gegebenheiten der jeweiligen TLD anpassen können.

Probleme können bei der hier vorgeschlagenen Lösung auftreten, wenn sich die Registrierungsstellen nicht über die Führung der Hauptregistrierungsdatei einigen können oder wollen. Um insoweit Schwierigkeiten vorzubeugen, darf die Anerkennung einer neuen Registrierungsstelle erst erfolgen, wenn der Bewerber nachweist, dass er Zugang zu der Hauptregistrierungsdatei hat. Darüber hinaus wird im Registerführervertrag festgelegt, dass alle Registerführer jährlich zu einem festgesetzten Termin erneut den Nach-

---

[915]Z.B. die ccTLD ".pn" für Pitcairn Island, einem überseeischen Territorium des United Kingdom, dessen ganze Bevölkerung aus ca. fünfzig Nachfahren der Meuterer von der Bounty besteht.

[916]Der Einfachheit halber wird in der Folge davon ausgegangen, dass die ICANN die Nachfolge der IANA insgesamt übernommen hat.

[917]Vgl. Schröter in: GTE: Art 85 I Rn 78 ff. m.w.N.

weis erbringen müssen, dass sie für das folgende Jahr Zugang zur Hauptregistrierungsdatei haben werden.

Für den Fall, dass dies nicht allen Registerführern möglich ist, muss der Registerführervertrag eine Regelung enthalten, die es der ICANN ermöglicht, im Namen und auf Rechnung der Registerführer einen Dritten mit der Führung der Hauptregisterdatei zu beauftragen oder einzelnen Registerführern die Anerkennung wieder zu entziehen. Letzteres kommt dann in Betracht, wenn eine Einigung mit diesen Registerführern den anderen Registerführern nicht zugemutet werden kann, weil die betreffenden Registerführer im vergangenen Jahr ihre Verpflichtungen im Hinblick auf die Führung der Hauptregisterdatei in schwerwiegender Weise verletzt haben.

Auf diese Weise kann sichergestellt werden, dass die Sicherheit und Funktionsfähigkeit des DNS gewährleistet ist, auch wenn die Registerführer sich nicht aus eigenem Antrieb hinsichtlich der Führung der Hauptregisterdatei einigen können. Gleichzeitig ist sichergestellt, dass die Registrierungsstellen sich immer wieder einigen müssen, so dass auch neue Registrierungsstellen die Möglichkeit erhalten, ihre Interessen gleichberechtigt geltend zu machen.

Aus kartellrechtlicher Sicht ist eine solche Regelung unbedenklich. Soweit die ICANN einen Dritten mit der Führung der Hauptregisterdatei beauftragt, wird sie als Vertreter für die Registrierungsstellen tätig. Die Handlungsfreiheit der Beteiligten wird also formell gar nicht eingeschränkt. Schon deshalb könnte es an einer Wettbewerbsbeschränkung i.S.d. Art. 81 I EGV fehlen. Darüber hinaus ist diese Regelung aber erforderlich und das mildeste Mittel, um die Sicherheit und die Funktionsfähigkeit des DNS trotz konkurrierender Registrierungsstelle zu gewährleisten. Die Bestimmung ist damit notwendig, um Wettbewerb bei der SLD-Registrierung zu ermöglichen. Aus den gleichen Gründen ist die Regelung auch sachlich gerechtfertigt und kann daher keinen Missbrauch der marktbeherrschenden Stellung der ICANN i.S.d. Art. 82 EGV darstellen.

III. Missbräuchliche SLD-Registrierung

Es kann nicht Aufgabe dieser Darstellung sein, Lösungsmöglichkeiten für die kennzeichenrechtlichen oder systembedingten Probleme des DNS zu entwickeln. Dennoch soll aufgezeigt werden, dass die diesbezüglichen Ziele des IAHC-Vorschlags und des Reformvorhabens der U.S. Regierung auch ohne Verstoß gegen europäisches oder deutsches Kartellrecht verwirklicht werden können.

1. Anzahl sinnvoller Domain Names

Beim derzeitigen DNS wird die Anzahl der verfügbaren sinnvollen Domain Names aus systemfremden Gründen reduziert, weil viele ausschließlich wegen ihres möglichen Wiederverkaufswertes registriert werden und nicht zur Rechneradressierung, ihrer eigentlichen Funktion. Dem soll nach dem Plan der U.S. Regierung dadurch entgegengewirkt werden, dass die ICANN die Registerführer verpflichtet, Domain Names nur gegen Gebühr und nur auf Zeit zu registrieren. Auf diese Weise sollen Domain Name Grabber abgeschreckt und damit erreicht werden, dass Domain Names nicht längerfristig oder auf Dauer einer systemgerechten Nutzung entzogen werden. Diese Verpflichtungen sind jedoch kartellrechtlich unzulässig und darüber hinaus wegen ihrer Unbestimmtheit auch kaum geeignet, die selbstgesteckten Ziele zu erreichen.

Besser ist es, die Registerführer unmittelbar auf die angestrebten Ziele zu verpflichten und es den Registerführern zu überlassen, wie sie diese erreichen wollen. Entsprechend muss ein Registerführervertrag bestimmen, dass jeder Registerführer angemessene Vorsorge treffen muss, dass die von ihm registrierten und verwalteten Domain Names nicht längere Zeit einer systemgerechten Nutzung entzogen werden. Als Hilfestellung für die Registerführer kann die ICANN im Vertrag oder durch sonstige Veröffentlichung Empfehlungen aussprechen, wie solche angemessenen Maßnahmen aussehen können. Die ICANN sollte dann allerdings klarstellen, dass ihre Vorschläge vollständig unverbindlich und keinesfalls abschließend sind.

Auch eine solche Vereinbarung beschränkt zwar die wirtschaftliche Handlungsfreiheit der Registerführer und sie hat Drittwirkung. Sie verpflichtet die Registerführer zu einem bestimmten Verhalten und erschwert es den Domain-Name-Inhabern, ihre Domain Names auf Dauer ungenutzt zu lassen. Die Regelung dient aber dem Schutz des Good Will der ICANN und fällt daher ausnahmsweise nicht in den Anwendungsbereich des Art. 81 I EGV.

Dem Schutz des Good Will der ICANN dient eine solche Regelung in zweifacher Weise. Zum einen trägt sie dazu bei, die Funktionsfähigkeit und die Geschäftsgrundlage des DNS zu erhalten, denn sie dient dazu, dass möglichst viele sinnvolle Domain Names für eine systemgerechte Nutzung zur Verfügung stehen. Stehen nicht mehr genug sinnvolle Domain Names zur Rechneradressierung zur Verfügung, ist eine systemgerechte Nutzung des DNS nicht mehr möglich. Die Internetnutzer werden sich dann mit großer Wahrscheinlichkeit einem alternativen Registrierungssystem zuwenden. Zum anderen schützt die Regelung das Ansehen der ICANN. Das Ansehen der ICANN beruht darauf, dass sie - wie die IANA - ihre Tätigkeit an dem weltweiten öffentlichen Interesse an der Stabilität des Internet[918] orientieren muss und zum Nutzen der Internetgemeinschaft als Ganzes[919] tätig wird. Ohne dass dies ausdrücklich erwähnt wird, ist daher auch das von der ICANN repräsentierte DNS durch eine - untechnisch gesprochen - treuhänderische Domain-Verwaltung charakterisiert. Diesem Anspruch kann die ICANN angesichts der begrenzten Anzahl sinnvoller Domain Names nur gerecht werden, wenn sie auf eine systemgerechte Nutzung der Domain Names achtet.

Auch bei dem hier vorgeschlagenen System der Domain-Registrierung handelt es sich, wie bei dem bestehenden DNS, um ein dem Franchising vergleichbares System, auf das deshalb die für das Franchising entwickelten Regeln entsprechende Anwendung finden sollten.[920] Für das Franchising ist anerkannt, dass Vereinbarungen, die dem Know-how-Schutz dienen, nicht in den Anwendungsbereich des Art. 81 I EGV fallen.[921] Beim DNS hat der Schutz des Good Will die gleiche Funktion wie der Know-how-Schutz beim Franchising. Vereinbarungen, die seinem Schutz dienen, sind daher vom Anwendungsbereich des Art. 81 I EGV ausgenommen.[922]

---

[918] Vgl. Ziff. 3 der Bylaws, Anlage 9

[919] Vgl. Ziff. 4 der Bylaws, Anlage 9

[920] Vgl. hierzu oben Erstes Kapitel, C. III

[921] Vgl. dazu EuGH, Slg. 1986, S. 353, 381 f. - Pronuptia; Emmerich in: Imm/Mest: Art 85 I B Rn 239 ff.; GTE/Jakob-Siebert/Jorna: Art 85 Fallgr, Liefer- und Bezugsvereinbarungen Rn 31 ff.; Gleiss/Hirsch: Art 85 I Rn 1549

[922] Vgl. hierzu die grundsätzlichen Ausführungen oben im Ersten Kapitel, C. III.2.b.bb.(1)

Eine auch im Rahmen des Franchising verbotene Preis- oder Konditionenbindung[923] enthält die Regelung selbst dann nicht, wenn die ICANN konkrete Maßnahmen empfiehlt, die nach ihrer Ansicht zur Verwirklichung dieser Ziele dienen können. Die Registerführer können unabhängig von diesen Empfehlungen entscheiden, wie sie die angestrebten Ziele verwirklichen wollen. Solche unverbindlichen Empfehlungen beschränken weder die Handlungsfreiheit der Registerführer noch haben sie Drittwirkung. Sie sind daher nicht nach Art. 81 EGV verboten.[924]

Eine entsprechende Regelung verstößt auch trotz der marktbeherrschenden Stellung der ICANN nicht gegen Art. 82 EGV, da sie sachlich gerechtfertigt ist. Die Regelung dient dem Schutz der Sicherheit und der Funktionsfähigkeit und damit auch dem Bestand des von der IANA/ICANN geprägten DNS. Sie dient damit gleichzeitig den Interessen der Registrierungsstellen. Überwiegende Interessen der Registrierungsstellen, die dieser Regelung entgegenstehen könnten, sind nicht ersichtlich.

2. Kennzeichenrechtliche Konflikte

Nach dem gleichen Prinzip kann auch einer missbräuchlichen Nutzung von rechtlich geschützten Kennzeichen als Domain Names durch unberechtigte Dritte vorgebeugt und die Situation der Kennzeichenrechtsinhaber für den Fall einer missbräuchlichen Registrierung ihrer rechtlich geschützten Kennzeichen verbessert werden, ohne gegen kartellrechtliche Bestimmungen zu verstoßen.

Der IAHC-Vorschlag und das Vorhaben der U.S. Regierung wollen die Situation der Kennzeicheninhaber dadurch verbessern, dass den Registerführern bestimmte Preis- und Konditionenbindungen auferlegt werden. Diese sollen eine massenhafte Domain-Registrierung erschweren und dem Kennzeicheninhaber gegebenenfalls die Inanspruchnahme eines Domain-Inhabers erleichtern. Neben der bereits erwähnten Gebühren- und Befristungspflicht sollen die Registerführer die Zustimmung des Domain-Inhabers zur Veröffentlichung seiner Kontaktdaten fordern und ihm im Hinblick auf diese Daten eine Wahrheits- und Aktualisierungspflicht auferlegen. Weiter sollen die Registerführer mit den Domain-Inhabern eine Gerichtsstandsvereinbarung zugunsten Dritter treffen und die Unterwerfung unter ein Domain-Name-Streitlösungsverfahren mit Wirkung zugunsten Dritter vereinbaren. Diese Bindungen haben sich als kartellrechtlich unzulässig erwiesen.

a. Verbot der Teilnahme

Kartellrechtlich zulässig ist es jedoch, wenn die ICANN die Registerführer vertraglich verpflichtet, in angemessener Weise dafür zu sorgen, dass sie sich nicht durch die Registrierung einer Domain an einer missbräuchlichen Nutzung eines rechtlich geschützten Kennzeichens durch einen unberechtigten Dritten beteiligen. Auch hier kann die ICANN - als Hilfestellung für die Registerführer - im Vertrag oder durch sonstige Veröffentlichung Maßnahmen empfehlen, die sie für angemessen und zur Vorsorge gegen eigenes missbräuchliches Verhalten geeignet und ausreichend hält. Die ICANN muss gegebenen-

---

[923]Vgl. dazu EuGH, Slg. 1986, S. 353, 383 - Pronuptia; Komm. ABl-EG 1988 L 332/38, 39 - Service-Master; Gleiss/Hirsch: Art 85 I Rn 1549

[924]Vgl. Langen/Bunte, Art. 85 GenPrin Rn 33, Bunte in: Festschrift für Everling, 1995, S. 165, 167.

falls auch insoweit klarstellen, dass ihre Vorschläge unverbindlich und nicht abschließend sind.

Eine solche Vereinbarung beschränkt zwar die wirtschaftliche Handlungsfreiheit der Registerführer und sie hat Drittwirkung, da sie die Registerführer zu einer Geschäftsverweigerung gegenüber denen verpflichtet, die unberechtigt ein rechtlich geschütztes Kennzeichen eines Dritten als Domain registrieren wollen. Die Regelung soll aber eigenes unlauteres bzw. rechtswidriges Verhalten der Registerführer in Form der Teilnahme am rechtswidrigen Verhalten Dritter verhindern. Eine solche Vereinbarung fällt ausnahmsweise nicht in den Anwendungsbereich des Art. 81 I EGV, da eine Wettbewerbsbeschränkung i.S.d. Art. 81 I EGV nicht vorliegt, wenn nicht schützenswerter Wettbewerb beschränkt wird.[925].

Dies folgt daraus, dass nach Art. 81 und Art. 82 EGV nur der redliche Wettbewerb geschützt ist.[926] Nicht schützenswert ist rechtswidriger Wettbewerb.[927] Darunter ist Wettbewerb zu verstehen, der gegen nationale Lauterkeitsregeln verstößt oder gewerbliche Schutzrechte anderer verletzt.[928] Auch die Teilnahme an einer Kennzeichenrechtsverletzung ist rechtswidrig.[929]

Gegen die hier vorgeschlagene Vereinbarung könnte angeführt werden, dass sie die Interessen der Kennzeichenrechtsinhaber möglicherweise nicht so effektiv zu schützen vermag, wie die vom IAHC-Vorschlag oder dem Reformvorhaben der U.S. Regierung vorgesehenen Maßnahmen, weil sie die Registerführer nicht zu einer konkreten einheitlichen Schutzmaßnahme verpflichten auf die sich die Kennzeichenrechtsinhaber unmittelbar berufen können.

Diesem Argument steht jedoch entgegen, dass die potentiell positiven Wirkungen dieser Regelungen nach deutschem oder europäischem Kartellrecht irrelevant sind. Weder das deutsche noch das europäische Kartellrecht kennen eine solche "rule of reason".[930] Auch Wettbewerbsbeschränkungen, die überwiegend positive Wirkungen haben, bleiben kartellrechtlich verboten. Darüber hinaus ist nicht auszuschließen, dass die Registerführer aufgrund der hier vorgeschlagenen Verpflichtung Maßnahmen zum Schutz der Interessen der Kennzeichenrechtsinhaber ergreifen, die geeigneter sind, als die vom IAHC-Vorschlag oder dem Reformvorhaben der U.S. Regierung vorgesehenen. Sollte sich aber beispielsweise das Streitlösungsverfahren[931] und die damit in Zusammenhang stehende

---

[925]Vgl. Komm. ABl-EG 1970 L 148/9, 11 - Aspa; ABl-EG 1972 L 303/32 - Cimbel; ABl-EG 1974 L 160/11 - IFTRA-Verpackungsglas; ABl-EG 1975 L 228/3 - IFTRA-Hüttenaluminium; ABl-EG 1978 L 29/18, 24 Rijwielhandel

[926]Vgl. EuGH, Slg. 1966, S. 457, 483 - Italienische Klage; Langen/Bunte, Art. 85 GenPrin Rn 42

[927]Vgl. Komm. ABl-EG 1990 L 21/71, 76 - Bayo-n-ox; EuGH Slg. 1988, S. 2117, 2186 - Belasco; Langen/Bunte, Art. 85 GenPrin Rn 42;

[928]Vgl. Langen/Bunte, Art. 85 GenPrin Rn 42; Gleiss/Hirsch, Art. 85 Rn 175

[929]Bettinger/Freytag, CR 1999, S. 28, 36; Fezer: MarkenG § 3 Rn 314; Koch: Internet Recht, München 1998, S. 509 Kur in: Loewenheim/Koch, S. 325, 373;

[930]Vgl. Emmerich in: Imm/Mest: WbR-EG, Art. 85 I A Rn 257 ff.; Koch in: Grabitz/Hilf: Art 85 Rn 103 ff.; Langen/Bunte: Art 85 GenPrin Rn 41; Schöter in: GTE: Art 85 I Rn 75

[931]Vgl. Registrar Accreditation Agreement, Ziff. II.K. Anlage 10; die Einzelheiten dieses Verfahrens stehen noch nicht abschließend fest, allerdings ergibt sich das Wesentliche aus: ICANN - Proposal for Uniform Dispute Resolution Policy, im Internet abrufbar unter: http://www.icann.org/santiago/udrp.htm und der entsprechende Abschlußbericht der DNSO Arbeitsgruppe A, im Internet abrufbar unter: http://192.134.4.239/dnso/notes/19990804.NCwga-to-ICANN.html sowie die Model Domain Name Dispute Resolution Policy for Voluntary Adoption by Registrars, im Internet abrufbar unter:

Negativliste[932] als taugliches Mittel zur Lösung oder Vermeidung kennzeichenrechtlicher Streitigkeiten erweisen, so liegt es schon im eigenen Interesse der Registrierungsstellen, entsprechende Regelungen freiwillig in ihre Registrierungsverträge aufzunehmen. Auf diese Weise können sie nämlich die Gefahr einer eigenen Inanspruchnahme reduzieren.

b. Veröffentlichungspflicht

Zulässig ist darüber hinaus, dass die ICANN die Registerführer verpflichtet, eine Liste der von ihnen registrierten Domains zu veröffentlichen und für den Fall, dass diese die Verpflichtung durch Veröffentlichung der Hauptregistrierungsdatei erfüllen, die Benennung der für die SLD verantwortlichen Registrierungsstelle fordert.

Bei dieser Vereinbarung kommt eine Wettbewerbsbeschränkung i.S.d. Art. 81 I EGV nicht in Betracht, weil es an einer Drittwirkung der Maßnahmen fehlt. Die Regelung kann sich allenfalls mittelbar auf die wettbewerbliche Situation der Domain-Inhaber auswirken, die unbefugt ein rechtlich geschütztes Kennzeichen eines Dritten registrieren lassen, indem sie die Voraussetzung für die Inanspruchnahme der zuständigen Registrierungsstelle schafft. Letzteres kann dazu führen, dass die Registrierungsstelle ihre Mitwirkung an dem rechtswidrigen Tun des Domain-Inhabers aufgeben muss, was für diesen den Verlust der Domain bedeutet. Insoweit hat die Regelung zwar mittelbare Drittwirkung. Art. 81 EGV schützt aber nur rechtmäßigen Wettbewerb, deshalb fehlt es hier an einer Drittwirkung i.S.d. Vorschrift. Auch wenn man der Ansicht[933] folgt, die eine Drittwirkung der Wettbewerbsbeeinträchtigung für entbehrlich hält, führt dies zu keinem anderen Ergebnis, da die Maßnahme spürbare Auswirkungen nur auf den nicht schützenswerten Wettbewerb haben kann. Es fehlt daher auch an der Spürbarkeit der Maßnahme.

Da sich die Vereinbarungen nur gegen nicht schützenswerten Wettbewerb richten, sind sie auch nicht missbräuchlich i.S.d. Art. 82 EGV.[934] Darüber hinaus dienen die Vereinbarungen dem Schutz des Ansehens des DNS insgesamt und sind deshalb auch sachlich gerechtfertigt.

C. .de-Domain

Die vorliegende Analyse des DNS hat gerade auch im Bereich der Registrierung von SLDs unter der .de-Domain kartellrechtlich verbotenes Verhalten aufgedeckt. Gleichzei-

---

http://www.icann.org/santiago/registrar-dispute-policy.htm und das Registrars' Statement Regarding Their Model Uniform Dispute Policy, im Internet abrufbar unter: http://www.icann.org/santiago/registrar-policy-statement.htm oder den Abschußbericht der WIPO, im Internet abrufbar unter: http://ecommerce.wipo.int/domains/process/eng/processhome.html oder als offizielle WIPO Publikation Nr. 92-805-0779-6 sowie dem entsprechenden Vorstandsbeschluß der ICANN, ICANN - Resolutions adopted in Santiago, August 1999, im Internet abrufbar unter: http://www.icann.org/santiago/santiago-resolutions.htm;

[932] Eine Liste von Kennzeichen, die als "international" bekannt gelten und bei denen deshalb eine berechtigte Nutzung durch Dritte nicht vorstellbar ist. Diese Kennzeichen sollen nur von den Kennzeicheninhabern als Domains registriert werden dürfen. Informationen zum diesbezüglichen Diskussionsstand sind über die Internetseite der ICANN unter: http://www.icann.org abrufbar.

[933] Vgl. Imm/Mest: Art. 85 I A Rn 157

[934] Vgl. EuGH, Slg. 1966, S. 457, 483 - Italienische Klage; Langen/Bunte, Art. 85 GenPrin Rn 42

tig ist noch nicht absehbar, wann eine Reform des DNS sich auch auf die ccTLDs erstrecken und zur Beseitigung der hier bestehenden Probleme beitragen wird. Deshalb sollen hier - als eine Art Sofortmaßnahme - Möglichkeiten aufgezeigt werden, wie die Ziele der hier vorgeschlagenen Reform des DNS bei einer Registrierung von SLDs unter der .de-Domain mit geringen Änderungen der Registrierungspraxis für die .de-Domain verwirklicht werden können.

I. Konkurrierende Registerführer

Erforderlich ist hierfür zunächst, dass die Genossen ihren Wettbewerbsverzicht zugunsten der DENIC eG aufgeben und gegenüber denen, die eine SLD unter der .de-Domain registrieren wollen, selbst als Registrierungsstelle auftreten. Dies ist trotz der Vergabepraxis der IANA möglich, wenn die Rolle der DENIC eG auf eine "Strohmannfunktion" gegenüber der IANA reduziert wird. Das bedeutet, dass die DENIC eG zwar gegenüber der IANA als Registrierungsstelle auftritt und die Führung der Hauptregistrierungsdatei übernimmt, gleichzeitig aber den Genossen (und geeigneten Dritten) ermöglicht, in eigener Verantwortung SLDs der .de-Domain zu registrieren und ohne Diskriminierung Eintragungen in die Hauptregistrierungsdatei vorzunehmen.

II. Gleichberechtigter Zugang zur Registerdatei

Darüber hinaus müsste die DENIC eG sicherstellen, dass alle, die geeignet sind, gleichberechtigten Zugang zur Hauptregistrierungsdatei erhalten und als Registrierungsstelle für die .de-Domain tätig werden können. Als Maßstab für die Eignung sollten die von der IANA in RFC 1591 für die Zuweisung einer Domain aufgestellten Kriterien herangezogen werden, da sich diese in der Praxis bewährt und als geeignet erwiesen haben.

III. Grenze der Kooperation

Soweit die beteiligten Unternehmen im Hinblick auf SLD-Registrierung kooperieren, müssen sich diese Absprachen auf das zur Ermöglichung einer Registrierung durch konkurrierende Registrierungsstellen oder sonst zur Markteröffnung Notwendige beschränken und dürfen nicht vorhandenen Wettbewerb einschränken oder anderenfalls möglichen Wettbewerb verhindern. Insoweit können die Beteiligten die Modalitäten des Zugangs zur Hauptregistrierungsdatei und deren Verwaltung regeln. Eine Regelung wie die Inländerklausel hingegen kann in ihrer derzeitigen Form (SLD-Registrierung nur für Personen mit Sitz im Inland) keinen Bestand haben.

IV. Markteröffnungswirkung

Auf die vorgeschlagene Weise wird Wettbewerb hinsichtlich der SLD-Registrierung unter der .de-Domain ermöglicht und damit die Gefahr eines Missbrauchs einer marktbeherrschenden Stellung durch die DENIC eG i.S.d. Art. 82 EGV und der entsprechenden Vorschriften des deutschen Kartellrechts reduziert. Soweit sich die Kooperation der beteiligten Unternehmen auf das zur Führung der Hauptregistrierungsdatei erforderliche beschränkt, stellt sie keine Wettbewerbsbeschränkung i.S.d. Art. 81 I EGV dar, da sie zur Markteröffnung erforderlich ist. Auch § 1 GWB fordert eine Verhinderung, Einschränkung oder Verfälschung des Wettbewerbs die durch solche Kooperationen gerade nicht bezweckt oder bewirkt werden. Insbesondere fehlt es insoweit an einer Spürbarkeit der Wettbewerbsbeschränkung im Sinne einer konkret feststellbaren Veränderung der relevanten Produktions- und Marktfaktoren zum Nachteil Dritter, wobei in erster Linie an eine Verringerung der Alternativen der Marktgegenseite zu denken ist.[935] Die Kooperation dient hier gerade dazu, für diejenigen Auswahlalternativen zu schaffen, die eine SLD der .de-Domain registrieren wollen.

V. Nachfragekooperation

Problematisch bei dem hier vorgeschlagenen Verhalten der Beteiligten ist, dass es bei dem Wettbewerbsverzicht der Genossen im Hinblick auf ihre Position als Nachfrager gegenüber der IANA bleibt. Der Wettbewerbsverzicht auf der Nachfragerseite hat auch keine wettbewerbseröffnende Wirkung, denn die Genossen hätten gegebenenfalls auch alleine die Zuweisung der .de-Domain bei der IANA beantragen können. Eine Kooperation war insoweit nicht erforderlich.

Allerdings betrifft die Beschränkung des Nachfragewettbewerbs nur die IANA, da nur deren Auswahlalternativen eingeschränkt werden. Die IANA hat ihren Sitz aber in den Vereinigten Staaten von Amerika. Es fehlt daher an einer Auswirkung der Wettbewerbsbeschränkung auf das Gemeinschaftsgebiet bzw. auf das Gebiet der Bundesrepublik. Die Nachfragekooperation kann auch keine mittelbaren Auswirkungen auf das Gemeinschaftsgebiet oder auf Deutschland haben, da die IANA eine TLD ausschließlich nach dem Prioritätsgrundsatz zuweist. Aktuelle oder potentielle Konkurrenten der DENIC eG mit Sitz im Gemeinschaftsgebiet oder Deutschland können daher durch die Kooperation nicht benachteiligt werden. Dementsprechend ist hier weder europäisches[936] noch deutsches[937] Kartellrecht anwendbar, da beide Rechtsordnungen eine Auswirkung der wettbewerbsbeschränkenden Maßnahme im räumlichen Geltungsbereich des jeweiligen Rechts erfordern. Für das deutsche Kartellrecht stellt dies § 130 II GWB ausdrücklich klar.

---

[935] Vgl. Emmerich: Kartellrecht, 8. Aufl. , 1999 S. 45

[936] Vgl. Vgl. Komm. ABl-EG 1978 L 242/15, 29 - CSV II; ABl-EG 1989 L 74/1, 14 - PVC; EuGH, Slg. 1972, S. 619, 664 - Farbstoffurteil; 1972, S. 772, 837 - Geigy; Slg. 1973, S. 215, 242 - Continental Can; Langen/Bunte: Einführung zum EG-Kartellrecht Rn 34 ff.; Gleiss/Hirsch: Einl Rn 27 ff.

[937] Vgl. Vgl. Wiedemann: Handbuch des Kartellrechts, § 5 Rn 11

Aus kartellrechtlicher Sicht steht deshalb auch die Kooperation der Genossen auf der Nachfrageseite der Umsetzung der hier vorgeschlagenen Maßnahmen für die Verwaltung der .de-Domain nicht im Wege.

Literaturverzeichnis:

Ackermann,Thomas: Art. 85 1 EGV und die rule of reason, Heymann, Köln 1977

Althammer, Werner/ Klaka, Rainer/ Ströbele, Paul: Markengesetz, 5. Aufl., Heymann, Köln 1997 (zit.: Althammer/Bearbeiter MarkenG, § ... Rdnr. ...)

Baron, Michael: Meinungen zur 6. GWB-Novelle, WuW 1998, S. 651 ff.

Bartholomeyczik, Horst/ Benisch, Werner: Da Gegenmachtsprinzip in der Wirtschaftsordnung, Bd. 3: Rechtsgrundlagen der Gegengewichtsbildung, Köln 1966 (zit.: Bearbeiter in: Das Gegenmachtsprinzip in der Wirtschaftsordnung, Bd. 3, S. ...)

Baumann, Horst: Der Mittelstandsgedanke und § 1 GWB, ZfG 1985, S. 229 ff.

Bechtold, Rainer: Kartellgesetz, Gesetz gegen Wettbewerbsbeschränkungen, München 1993, (zit.: Bechtold: Kartellgesetz, § ... Rdnr. ...)

Bettinger, Torsten/Freytag, Stefan: Verantwortlichkeit der DENIC e.G. für rechtswidrige Domains?, CR 1999, S. 28 ff.

ders.: Kennzeichenrecht im Cyberspace: der Kampf um die Domain-Namen, in GRUR Int. 1997, S. 402 ff.

Beuthien, Volker: Gesellschaftsrecht und Kartellrecht, ZHR 1978, S. 259 ff.

Bieling, Franz: Das Verhältnis von Kartellen und Genossenschaften, Marburg/Lahn 1953

Biere, Sebastian: Anmerkung zu LG Frankfurt: CR 1999, S. 452 ff.

Black, Henry Campbell: Black's Law Dictionary, 4. Aufl., West Publishing Co., St. Paul, Minn.1951

Bosch, Wolfgang: Zur Anwendbarkeit des § 15 GWB auf durchgereichte Vertriebs- und Verwendungsbeschränkungen in mehrstufigen Vertriebs- und Lizenzsystemen, BB 1996, S. 1513 ff.

Breuer, Barbara: Anwendbarkeit des deutschen Strafrechts auf exterritorial handelnde Internet-Benutzer, MMR 1998, S. 141 ff.

Bücking, Jens: Internet-Domains - Neue Wege und Grenzen des bürgerlich-rechtlichen Namensschutzes, NJW 1997, 1886 ff.

Bunte, Hermann-Josef: Die 6. GWB-Novelle - Das neue Gesetz gegen Wettbewerbsbeschränkungen, DB 1998, S. 1748 ff.

ders.: Empfehlungen im europäischen Kartellrecht, Festschrift für Everling, 1995, S. 163 ff.

Busse, Rudolf/Starck, Johannes: Warenzeichengesetz nebst Pariser Verbandsübereinkunft und Madrider Abkommen, Kommentar, Berlin 1990 (zit.: Busse/Starck: WZG §... Rdnr. ...)

Calliess, Christian/Ruffert, Matthias: Kommentar des Vertrages über die Europäische Union und des Vertrages zur Gründung der Europäischen Gemeinschaft, Neuwied 1999 (zit.: Bearbeiter in: Calliess/Ruffert, EUV/EGV, Art ... Rn ...)

Decker, Ute: Haftung für Urheberrechtsverletzungen im Internet, MMR 1999, S. 7 ff.

Dietl, Clara-Erika:Wörterbuch für Recht, Wirtschaft und Politik, Teil I, Englisch - Deutsch, 3. Aufl., München 1985

Emmerich, Volker: Kartellrecht, 7. Aufl., München 1994

Ernst, Stefan: Wirtschaftsrecht im Internet, BB 1997, S. 1057 ff.

Ertl, Gunter: Zivilrechtliche Haftung im Internet, CR 1998, S. 179 ff.

Farnsworth, Allan E./ Young, William F.: Cases and Materials on Contracts, Westbury, New York, USA, 1988 (zit.: Farnsworth/Young, On Contracts, S. ...)

Fezer, Karl- Heinz: Markenrecht, 2. Aufl., München 1999 (zit.: Fezer: MarkenG § ... Rn ..)

Flume, Werner: Allgemeiner Teil des Bürgerlichen Rechts, Bd. 2, 4. Aufl., Berlin 1992 (zit.: Flume: AT Bd. 2, § ...)

Freitag, Andreas: Domain Name: Technische Adresse oder geschütztes Unternehmenskennzeichen, MA 1996, S. 495 ff.

Gabel, Detlev: Internet: Die Domain-Namen, NJW-CoR 1996, S. 322

Gamm, Otto-Friedrich Frhr. von: Kartellrecht: Kommentar zum Gesetz gegen Wettbewerbsbeschränkungen u. zu Art. 85, 86 EWGV, 2. Aufl., Köln 1990 (zit.: v. Gamm: Kartellrecht § ... Rdnr. ...)

Geert, Jan: Verbraucherschutz bei Haustürgeschäften im Internet, K&R, 1999, S. 53ff.

Gernhuber, Joachim: Die fiduziarische Treuhand, JuS 1988, S. 355

Gerwing, Bernd: Kooperative Gemeinschaftsunternehmen im EWG-Kartellrecht unter besonderer Berücksichtigung der Abgrenzungsfragen, Köln 1994

Glassen, Helmut/ v. Hahn, Helmuth/ Kersten, Hans-Christian/ Kollvenbach, Walter/ Lehmann, Jürgen (Hrsg.): Frankfurter Kommentar zum Gesetz gegen Wettbewerbsbeschränkungen, 3. Aufl., Verlag Dr. Otto Schmidt, Köln Stand: Januar 1993 (zit.: Bearbeiter in: FK § ... Rdnr. ...)

Gleiss, Alfred/Hirsch, Martin: Kommentar zum EG-Kartellrecht, Band I, 4. Aufl., Verlag Recht und Wirtschaft, Heidelberg 1993, (zit.: Gleiss/Hirsch: Art. 85 Rdnr. ...)

Grabitz, Eberhard/Hilf, Meinhard (Hrsg.): Kommentar zur Europäischen Union, München, Stand: 10. Ergänzungslief., Okt. 1996 (zit.: Bearbeiter in: Grabitz/Hilf KEU Art.... Rdnr....)

Graefe, Thomas: Marken und Internet, MA 1996, S. 100 ff.

Groeben, Hans von der/Thiesing, Jochen/Ehlermann, Claus-Dieter: Kommentar zum EWG-Vertrag, 4 Bände, 4. Aufl., Nomos, Baden-Baden 1991 (zit.: GTE/ Bearbeiter: Art. ... Rdnr. ...)

Großfeld, Bernhard/Strümpell, Harald: Genossenschaften, Kartellgesetz und Mittelstandsempfehlungen, Tübingen 1976 (zit.: Großfeld/Stümpell: § ... Rn ...)

Hay, Peter: Einführung in das Amerikanische Recht, Wissenschaftliche Buchgesellschaft, Darmstadt 1975

Hettrich, Eduard/Pöhlmann, Peter: Genossenschaftsgesetz, München 1995 (zit.: Hettrich/Pöhlmann: Genossenschaftsgesetz § ... Rdnr. ...)

Hailbronner, Kay: Handkommentar zum Vertrag über die Europäische Union, Loseblatt, Stand: Januar 1999, Köln (zit.: Hailbronner/Bearbeiter: Art ... Rn ...)

Hoeren, Thomas/Sieber, Ulrich: Handbuch Multimediarecht, Loseblatt, Stand: Dezember 1998, München (zit.: Hoeren/Sieber, Ziff. Rn ...)

Hoeren, Thomas: Suchmaschinen, Navigationssysteme und das Wettbewerbsrecht, MMR 1999, S. 649 ff.

ders.: Selbstregulierung im Banken- und Versicherungsrecht, Habil. Münster 1994, (zit.: Hoeren: Selbstregulierung, S. ...)

ders.: Vorschlag für eine EU-Richtlinie über E-Commerce, Eine erste kritische Analyse, MMR 1999, S. 192 ff.

ders.: Überlegungen zur urheberrechtlichen Qualifizierung des elektronischen Abrufs, CR 1996, S. 517 ff.

Holznagel, Bernd/Holznagel, Ina: Zukunft der Haftungsregeln für Internet-Provider, K&R 1999, S. 103 ff.

Hosenfeld, Friedhelm: Next Generation, Internet-Protokoll Version 6: ein neues Kommunikationszeitalter?, in c't, 1996, S. 380 ff.

Hoyningen-Huene, Gerrick Frhr. von, Die Billigkeit im Arbeitsrecht, Beck, München 1978

Immenga, Ulrich/Mestmäcker, Ernst-Joachim (Hrsg.): Gesetz gegen Wettbewerbsbeschränkungen, Kommentar, Beck, München 1992 (zit.: Bearbeiter in Immenga/Mestmäcker § ... Rdnr. ...

Immenga, Ulrich/Mestmäcker, Ernst-Joachim (Hrsg.): EG-Wettbewerbsrecht, Kommentar, Band I, München 1997 (zit.: Bearbeiter in: Imm/Mest, EG-WbR Art ... Rn ..)

Ingerl, Reinhard/Rohnke, Christian: Markengesetz, München 1998 (zit.: Ingerl /Rohnke: MarkenG: § ... Rn ...)

Jäger, Regina: Mitregierungsvarianten an Gemeinschaftsunternehmen, EuZW 1995, S. 203 ff.

Joliet, René: The rule of reason in antitrust law, Diss. Université de Liège 1967

Kahlenberg, Harald: Novelliertes deutsches Kartellrecht, BB 1998, S. 1593 ff.

Kaiser, Andreas/Voigt, Dennis: Vertragsschluß und Abwicklung des Electronic Commerce im Internet - Chancen und Risiken, K&R 1999, S. 445 ff.

Kelly, David M./Kumor, Kathleen: Intellectual Property Protection on the Information Super Highway, in EIPR 1995, S. 481, 485

Koch, Alexander: Strafrechtliche Verantwortlichkeit beim Setzen von Hyperlinks auf mißbilligte Inhalte, MMR 1999, S. 704 ff.

Koch, Frank A.: Internet Recht, München 1998

Kochinke, Clemens/Tröndle, Rüdiger: Links, Frames und Meta-Tags, CR 1999, S. 190 ff.

Koehler, Philipp: Allgemeine Geschäftsbedingungen im Internet, MMR 1998, S. 289 ff.

Koehler, Helmut/Piper, Henning: Gesetz gegen den unlauteren Wettbewerb, München 1995 (zit.: Koehler/Piper: UWG § ... Rn ...)

Koenigs, Folkmar: Die Beeinträchtigung des Handels zwischen Mitgliedstaaten, Festschrift für Gerd Pfeifer, Köln 1988, S. 569 ff.

Kur, Annette: Der Bericht des Internationalen Ad Hoc Committee, CR 1997, S. 325

dies.: Kennzeichenkonflikte im Internet - "Kinderkrankheiten" oder ernstzunehmendes Problem? Festschrift für Beier, 1996, S. 270 f.

dies.: Namens- und Kennzeichenschutz im Cyberspace, CR 1996 S. 590 ff.

dies.: Internet und Kennzeichenrecht, in: Loewenheim, Ulrich/ Koch, Frank A.: Praxis des Online-Rechts, Weinheim 1998 (zit.: Kur in: Loewenheim/Koch S. ...)

Lackum, Jens von: Verantwortlichkeit der Betreiber von Suchmaschinen, MMR 1999, S. 697 ff.

Lang, Johann/Weidmüller, Begr., Genossenschaftsgesetz, Kommentar, 32. Aufl., Berlin, New York 1988 (zit.: Bearbeiter in: Lang/Weidmüller § ... Rdnr. ...)

Langen, Eugen† Hrsg./fortgef. von: Bunte, Hermann-Josef: Kommentar zum deutschen und europäischen Kartellrecht, Band 1, 8. Aufl., Neuwied 1998 (zit.: Langen/Bearbeiter, KartR § ... Rdnr. ...)

Larenz, Karl/Wolf, Manfred: Allgemeiner Teil des Bürgerlichen Rechts, 8. Aufl., München 1997 (zit.: Larenz/Wolf: AT, § ...)

Lehmann, Michael/Tucher, Tobias v.: Urheberrechtlicher Schutz von multimedialen Webseiten, CR 1999, S. 700 ff.

Lenz, Carl Otto (Hrsg.): EG-Vertrag: Kommentar zu dem Vertrag zur Gründung der Europäischen Gemeinschaften, 2. Aufl., Köln 1999

Mack, Manfred: Neuere Vertragssysteme in der BRD, Bielefeld 1975

Maher, David W.: TRADEMARK ON THE INTERNET: WHO'S IN CHARGE?, im Internet abrufbar unter: http://aldea.com/cix/maher.html

Mankowski, Peter: Internet und besondere Aspekte des Internationalen Vertragsrechts, CR 1999, S. 512 ff. und S. 581 ff.

Martinek, Michael/Semler, Franz-Jörg: Handbuch des Vertriebsrechts, München 1996 (zit.: Martinek/Semler, Vertriebsrecht, S. ...)

Martinek, Michael: Franchising, Heidelberg 1987 (zit.: Martinek: Franchising, S. ...)

Mégret, Jacques Le droit de la CEE, Bd. 4, Edition de l'Université de Bruxelles, Bruxelles 1997 (zit.: Bearbeiter in: Mégret, Le droit de la CEE, Bd. 4, ...)

Mehrings, Josef: Vertragsabschluß im Internet, MMR 1998, S. 30 ff.

Meier, Gert: Genossenschaften als "per se"-Kartelle?, ZHR 1978, S. 124 ff.

Mestmäcker, Ernst-Joachim: Europäisches Wettbewerbsrecht, München 1974 (zit.: Mestmäcker: Europ. WbR, S. ...)

Meyer, Emil H./ Meulenberg, Gottfried/ Beuthien, Volker: Genossenschaftsgesetz, 12. Aufl., München 1983 (zit.: Meyer/Meulenberg/Beuthien: § ... Rn ...)

Müller, Klaus: Kommentar zum Gesetz betreffend die Erwerbs- und Wirtschaftsgenossenschaft, 2. Aufl., Gieseking, Bielefeld 1991 (zit.: Müller: Genossenschaftsgesetz § ... Rdnr. ... Anm. ...)

Müller-Henneberg, Hans/Schwarz, Gustav: Kommentar zum GWB, 4. Aufl., Heymann, 1980 ff. (zit.: Bearbeiter im GK § ...)

Münchener Kommentar zum Bürgerlichen Gesetzbuch, Rebmann, Kurt/Säcker, Franz Jürgen (Hrs.), München

Bd. 1 Allgemeiner Teil (§§ 1- 240) AGB-Gesetz, 3. Aufl. 1993

Bd. 2 Schuldrecht, Allgemeiner Teil (§§ 241 - 432), 3. Aufl. 1994

Bd. 4 Schuldrecht, Besonderer Teil II (§§ 607 - 704) 3. Aufl. 1997

(zit.: MünchKomm/Bearbeiter: § ...)

Nordemann, Axel/Goddar, Heinz/Tönhardt, Marion/Czychowski, Christian: Gewerblicher Rechtsschutz und Urheberrecht im Internet, CR 1996, S. 645, 652;

Nordemann, Jan Bernd/ Czychowski, Christian/Grüter, Patrick Winfried: Das Internet, die Name Server und das Kartellrecht, NJW 1997, S. 1987 ff.

Omsels, Hermann-Josef: Die Kennzeichenrechte im Internet, GRUR 1997, S. 328 ff.

Oppendahl, Carl: Analysis and Suggestions Regarding NSI Domain Trademark Dispute Policy, im Internet abrufbar unter: http://www.patents.com/nsi/iip.sht, auch veröffentlicht in: Fordham Intellectual Property, Media& Entertainment Law Journal, vol. 7, no 1, Autum 1996, p. 73

Palandt, Otto†: Bürgerliches Gesetzbuch, 58, Aufl., München 1999, (zit.: Palandt/Bearbeiter § ... Rdnr. ...)

Plate, Jürgen: Internet kompakt: Das müssen Sie wissen, München 1997 (zit.: Plate, S. .)

Presseinformation IP 99/596 der EG-Kommission vom 29.07.1999, WuW., 1999, S. 863 ff.

Ritter, Lennart: Spezialisierung durch Gemeinschaftsunternehmen, NJW 1983, S. 489 ff.

Rittner, Fritz: Die Ausschließlichkeitsbindungen nach dem Gesetz gegen Wettbewerbsbeschränkungen, DB 1957, S. 1091 ff.

Rittner, Fritz: Das Wettbewerbsverbot in Handelsvertreterverhältnissen, in Festschrift für Reinhardt, Köln 1972

Rüßmann, Helmut: Wettbewerbshandlungen im Internet - Internationale Zuständigkeit und anwendbares Recht, K&R 1998, S. 422 ff.

Sauer, Wilhelm, Juristische Methodenlehre, Stuttgart 1946

Schmidt, Karsten: Gesellschaftsrecht, 3. Aufl, Köln 1997 (zit.: Schmidt: Gesellschaftsrecht, S. ...)

ders.: Handelsrecht, 5. Aufl., Köln 1999 (zit.: Schmidt: Handelsrecht, S. ...)

ders.: Kartellverbot und "sonstige Wettbewerbsbeschränkungen"

Schmittmann, Jens: Domain-Names von Gebietskörperschaften - Streitpunkte in der Praxis, K&R, 1999, S. 510 ff.

Schultz, Dietrich: Genossenschaften und Kartellrecht, ZfG 1984, S. 52 ff.

Schwarz, Mathias: Recht im Internet, Loseblattausgabe, Stand: Dezember 1999, Stadtbergen, 1996

Sieber, Ulrich: Kontrollmöglichkeiten zur Verhinderung rechtswidriger Inhalte in Computernetzen, CR 1997, S. 581 ff. und 653 ff.

Skaupy, Walter: Zu den Begriffen "Franchise", "Franchisevereinbarung" und "Franchising", NJW 1992, S. 1785 ff.

Soergel, Hans Theodor (Begr.): Bürgerliches Gesetzbuch mit Einführungsgesetz und Nebengesetzen, AT §§ 1 - 240, 12. Aufl., Kohlhammer, Stuttgart 1987 ff. (zit.: Soergel/Bearbeiter § ... Rdnr. ...)

Spindler, Gerald: Haftungsklauseln in Provider-Verträgen, CR 1999, S. 626 ff.

ders.: Zugangsgewährung durch Internet-Provider - Typische Klauseln und Inhaltskontrolle, K&R 1999, S. 488 ff.;

ders.: Verschuldensabhängige Produkthaftung im Internet, MMR 1999, S. 23 ff. und S. 119 ff

Sporman, Kurt: Förderung europäischer Spezialisierungskartelle, WuW 1973, S. 165ff.

Staudinger, Julius von: Staudingers Kommentar zum Bürgerlichen Gesetzbuch,

Buch 1. Allgemeiner Teil, §§ 90 - 240, 12. Aufl. 1980 (zit.: Staudinger/Bearbeiter: § ... Rn ...)

Buch 1. Allgemeiner Teil, §§ 164 - 240, 13. Bearb. 1995 (zit.: Staudinger/Bearbeiter (1995) § .. Rn ..)

Buch 2. Recht der Schuldverhältnisse, §§ 328 - 361, 13. Bearb. 1995 (zit.: Staudinger/Bearbeiter (1995) § .. Rn ..)

Buch 2. Recht der Schuldverhältnisse, §§ 652 - 704, 13. Bearb. 1995 (zit.: Staudinger/Bearbeiter (1995) § ... Rn ...)

Steindorff, Ernst: Sind Handelsgenossenschaften Kartelle?, Heidelberg 1978

Stratmann, Holger: Internet domain names oder der Schutz von Namen, Firmenbezeichnungen und Marken gegen die Benutzung durch Dritte als Internet-Adresse, BB 1997, S. 689 ff.

Stumpf, Herbert: Der Know-How-Vertrag, 3. Aufl., Heidelberg 1977

ders.: Der Lizenzvertrag, 5. Aufl., Heidelberg 1984

Teplitzky, Otto: Wettbewerbliche Ansprüche, 7. Aufl., Köln 1997

Tietz, Bruno (Hrsg.): Handwörterbuch der Absatzwirtschaft, Stuttgart 1974 (zit.: Bearbeiter in: Handwörterbuch der Absatzwirtschaft S. ...)

Traub, Fritz: Die Eintragungsfähigkeit von Etablissementsbezeichnungen als Dienstleistungsmarken, GRUR 1993, S. 327 ff.

Ubber, Thomas: Rechtsschutz bei Missbrauch von Internet-Domains, WRP, 1997, S.497 ff

Ulmer, Peter: Buchbesprechung, RabelsZ, 42 (1978) S. 190 ff.

Ulmer, Peter: Der Vertragshändler, München 1969

Vassilaki, Irini E.: Strafverfolgung der grenzüberschreitenden Internet-Kriminalität, CR 1999, S. 574 ff.

dies.: Strafrechtliche Verantwortlichkeit durch Einrichten und Aufrechterhalten von elektronischen Verweisen (Hyperlinks), CR 1999, S. 85 ff.

dies.: Kommunikationsrechtliche, computer- und internetspezifische Entscheidungen der Strafgerichte, Einfluss der Informations- und Telekommunikationstechnik auf die Strafrechtsfortbildung im Jahre 1998, MMR 1999, S. 525 ff.

Viefhues, Martin: Internet und Kennzeichenrecht: Meta-Tags, MMR 1999, S. 336 ff.

ders.: Reputationsschutz bei Domain Names und Kennzeichenrecht, MMR 1999, S. 123 ff.

Völker, Stefan/Weidert, Stefan: Domain-Namen im Internet, WRP 1997, S. 652 ff.

Wallenberg, Gabriela von: Kartellrecht, Luchterhand, Neuwied 1997

Wiebe, Andreas, Zur Kennzeichnungsfunktion von Domain Names, CR 1998, S. 157 ff.

Wiedemann, Gerhard: Handbuch des Kartellrechts, München 1999

Williston, Samuel: Williston on Contracts, Third Edition, Volume 15, Rochester, New York, USA, 1972 (zit.: Bearbeiter in: Williston on Contracts, Volume 15, S. ...)

Wilmer, Thomas: Offene Fragen der rechtlichen Einordnung von Internetdomains, CR 1997, S. 562 ff.

Wolf, Manfred/Horn, Norbert/Lindacher, Walter F., Gesetz zur Regelung des Rechts der Allgemeinen Geschäftsbedingungen, 4. Aufl., München 1999 (zit.: Bearbeiter in: Wolf/Horn/Lindacher, AGBG, § ... Rn ...)

Internetquellen

Abschlußbericht der DNSO Arbeitsgruppe A, im Internet abrufbar unter: http://192.134.4.239/dnso/notes/19990804.NCwga-to-ICANN.html

Abschlußbericht der WIPO, im Internet abrufbar unter: http://ecommerce.wipo.int/domains/process/eng/processhome.html

Amendment 1 to the ICANN-DoC MoU, im Internet abrufbar unter: http:www.icann.org/nsi/amend1-jpamou.htm

Amendment No. 11, NCR 92 - 18742, im Internet abrufbar unter: http://www.ntia.doc.gov/ntiahome/domainname/proposals/docnsi100698.htm

Amendment No. 12, NCR 92 - 18742, im Internet abrufbar unter: http://www.ntia.doc.gov/ntiahome/domainname/amend12.htm

Amendment No. 13, NCR 92 - 189742, im Internet abrufbar unter: http://www.ntia.doc.gov/ntiahome/domainname/amendment13.htm

Amendment No. 19, NCR 92 - 18742, im Internet abrufbar unter: http://www.icann.org/nsi/amendment19.htm

Application Form, im Internet abrufbar unter: http://www.gtld-mou.org/docs/application.htm

Articles of Incorporation of Internet Society, im Internet abrufbar unter: ftp://ftp.isoc.org/isoc/basic_docs/incorp.txt

cctld News Memo # 2, im Internet abrufbar unter: http://www.iana.org/cctld-news2.html

DENIC Ihre häufigsten Fragen, unsere Antworten: im Internet abrufbar unter: http://www.denic.de/doc/faq/index.html

Draft Specification for Administration and Management of gTLDs, im Internet abrufbar unter: http://www.iahc.org/draft-iahc-gTLDspec-00.html

Fact Sheet on NSI-DoC-ICANN Agreements, im Internet abrufbar unter: http://www.icann.org/nsi/factsheets.htm

Froomkin, A. Michael: A Commentary on WIPO's the Management of Internet Names and Addresses: Intellectual Property Issues, im Internet abrufbar unter: http://personal.law.miami.edu/~amf/commentary.htm

"Green Paper" in dem die U.S. Regierung ihre Pläne zur Reform des DNS erstmalig zusammenfasst, Discussion Draft, Proposed Rules, Federal Register, 20.02.1998, im Internet abrufbar unter: http://www.ntia.doc.gov/ntiahome/domainname/022098fedreg.htm

IAHC Press Release, im Internet abrufbar unter: http://www. iahc. org/press/press1.html

IAHC Press Release vom 06.05.1997, im Internet abrufbar unter: http://www.iahc.org/press/press-lottery.html

IAHC Proposal, im Internet abrufbar unter: http://www.iahc.org/draft-iahc-recommend-00.html

IANA: Statement on New Generic TLDs, im Internet abrufbar unter: http://www.iana.org/new-gtld-statement.html

IANA: TLD Delegation Practices, im Internet abrufbar unter: http://www.iana.org/tld-deleg-prac.html oder http://www.icann.org/tld-deleg-prac.html

ICANN - Analysis of Membership Issues - August 1999, im Internet abrufbar unter: http://www.icann.org/santiago/membership-analysis.htm

ICANN - Proposal for Uniform Dispute Resolution Policy, im Internet abrufbar unter: http://www.icann.org/santiago/udrp.htm

ICANN - Resolutions adopted in Santiago, August 1999, im Internet abrufbar unter: http://www.icann.org/santiago/santiago-resolutions.htm.

ICANN - Staff Report on At-Large Memberschip - August 1999, im Internet abrufbar unter: http://www.icann.org/santiago/membership-staff-report.htm

Internet Architecture Board Overview, im Internet abrufbar unter: http://www.iab.org/overview.html

Internet Society By-Laws, im Internet abrufbar unter: ftp://ftp.isoc.org/isoc/basic_docs/bylaws.htm

Liste der bereits anerkannten Registerführer, im Internet abrufbar unter: http://www.icann.org/registrars/accredited-list.html

Liste der Unterzeichner des gTLD-MoU, im Internet abrufbar unter: http://www.itu.int/net-itu/gtld-mou/simple.htm

Maher, David W.: TRADEMARK ON THE INTERNET: WHO'S IN CHARGE?, im Internet abrufbar unter: http://aldea.com/cix/maher.html

Memorandum of Understanding, Dept. of Commerce and ICANN, im Internet abrufbar unter: http://www.ntia.doc.gov/ntiahome/domainname/icann-memorandum

Mitgliederliste des CORE, im Internet abrufbar unter: http://www.corenic.org/number.htm

Mitgliederliste der DENIC eG, im Internet abrufbar unter: http://www.denic.de/doc/DENIC/mitglieder.shtml

Model Domain Name Dispute Resolution Policy for Voluntary Adoption by Registrars, im Internet abrufbar unter: http://www.icann.org/santiago/registrar-dispute-policy.htm

Network Solutions' Domain Name Dispute Policy, Revision 03, Stand: 25.02.1998 im Internet abrufbar unter: http://www.networksolutions.com/legal/dispute-policy.html, auch abgedruckt in: Hoeren, Thomas/ Holznagel, Bernd/ Geppert, Martin: ITM Informations-, Telekommunikations- und Medienrecht, Textsammlung, Stand: Juni 1999, München

New Registration/Modification Template, im Internet abrufbar unter: http://www.iana.org/cctld-template.txt

NSF Cooperative Agreement, NCR 92 - 18742, im Internet abrufbar unter: http://rs.internic.net/nsf/agreement/agreement.html

On-Line Dispute Resolution Procedures for Domain Names and Other Intellectual Property Disputes, im Internet abrufbar unter: http://www.wipo.int/eng/arbit/online.htm

Regelungen der CORE Association zur Geschäftsordnung, in deutscher Übersetzung im Internet abrufbar unter: http://www.gtld-mou.org/docs/core-ass-g.htm

Registrars' Statement Regarding Their Model Uniform Dispute Policy, im Internet abrufbar unter: http://www.icann.org/santiago/registrar-policy-statement.htm

"Request for Comment" Editor Overview, im Internet abrufbar unter: http://www.rfc-editor.org/overview.html

Request for Comments on the Registration and Administration of Internet Domain Names, Federal Register, 02.07.1997, Docket No. 970613137-7137-01, im Internet abrufbar unter: http://www.ntia.doc.gov/ntiahome/domainname/dn5notic.htm

RFC 1034, im Internet abrufbar, z.B. unter: ftp://ftp.isi.edu/in-notes/rfc1034.txt

RFC 1035, im Internet abrufbar, z.B. unter: ftp://ftp.isi.edu/in-notes/rfc1035.txt

RFC 1480, im Internet abrufbar, z.B. unter: ftp://ftp.isi.edu/in-notes/rfc1480.txt

RFC 1603, im Internet abrufbar unter ftp://ftp.isi.edu/in-notes/rfc1603.txt

RFC 1718, im Internet abrufbar unter: ftp://ftp.isi.edu/in-notes/rfc1718.txt

RFC 2000 (STD 1), im Internet abrufbar, beispielsweise unter: ftp.//ftp.isi.edu/in-notes/rfc2000.txt

RFC 2014, im Internet abrufbar unter: ftp://ftp.isi.edu/in-notes/rfc2014.txt

RFC 2026, im Internet abrufbar, z.B. unter: ftp://ftp.isi.edu/in-notes/rfc2026.txt

RFC 2027, im Internet abrufbar unter: ftp://ftp.isi.edu/in-notes/rfc2027.txt

RFC 2028, im Internet abrufbar unter: ftp://ftp.isi.edu/in-notes/rfc2028.txt

RFC 2031, im Internet abrufbar unter: ftp://ftp.isi.edu/in-notes/rfc2031.txt

RIPE Region Hostcount, im Internet abrufbar unter: http://www.ripe.net/ripencc/pub-services/stats/hostcount/

Shared Registration System Registrar Accreditation Application, im Internet abrufbar unter: http://www.icann.org/application.html

Signatories to the gTLD-MoU, im Internet abrufbar unter: http://www.itu.int/net-itu/gtld-mou/simple.htm

Statement of Registrar Accreditation Policy, Stand: 4. März 1999, im Internet abrufbar unter: http://www.icann.org/policy_statement.html

STD 1, im Internet abrufbar, z.B. unter: ftp://ftp.isi.edu/in-notes/std/std1.txt

Substantive Guidelines concerning Administrative Domain Name Panels (Third Revised Draft), im Internet abrufbar unter: http://www.gtld-mou.org/docs/tracps.htm

Summary of Comments, im Internet abrufbar unter: http://www.ntia.doc.gov/ntiahome/domainname/DNSComments_SUM.htm

Supplemental Testbed Participation Agreement, im Internet abrufbar unter: http://www.icann.org/testbed_agreement.html

Welcome to CNRI! Corporation for National Research Initiatives, im Internet abrufbar unter: http://www.cnri.reston.va.us/home/cnri.html

WIPO Arbitration Rules, im Internet abrufbar unter: http://www.wipo.int/eng/arb/rules/arbitrat/arb_rule.htm

WIPO ACP RULES, Draft: WIPO Rules for Administrative Challenge Panel Procedures concerning internet Domain Names, im Internet abrufbar unter: http://www.wipo.int/eng/arbit/acprules.htm

WIPO Expedited Arbitration Rules, im Internet abrufbar unter: http://www.wipo.int/eng/arb/rules/expedite/exp_rule.htm

WIPO Mediation Rules, im Internet abrufbar unter: http://www.wipo.int/eng/arb/rules/mediatio/med_rule.htm

What ist the Internet Society, im Internet abrufbar unter: http://www.isoc.org/whatis/what-is-isoc.html

"White Paper", im Internet abrufbar unter: http://www.ntia.doc.gov/ntiahome/domainname/6_5_98dns.htm

Anlagen

Anlage 1. RFC 1591

Network Working Group J. Postel
Request for Comments: 1591 ISI
Category: Informational March 1994

Domain Name System Structure and Delegation

Status of this Memo

This memo provides information for the Internet community. This memo does not specify an Internet standard of any kind. Distribution of this memo is unlimited.

1. Introduction

This memo provides some information on the structure of the names in the Domain Name System (DNS), specifically the top-level domain names; and on the administration of domains. The Internet Assigned Numbers Authority (IANA) is the overall authority for the IP Addresses, the Domain Names, and many other parameters, used in the Internet. The day-to-day responsibility for the assignment of IP Addresses, Autonomous System Numbers, and most top and second level Domain Names are handled by the Internet Registry (IR) and regional registries.

2. The Top Level Structure of the Domain Names

In the Domain Name System (DNS) naming of computers there is a hierarchy of names. The root of system is unnamed. There are a set of what are called "top-level domain names" (TLDs). These are the generic TLDs (EDU, COM, NET, ORG, GOV, MIL, and INT), and the two letter country codes from ISO-3166. It is extremely unlikely that any other TLDs will be created.

Under each TLD may be created a hierarchy of names. Generally, under the generic TLDs the structure is very flat. That is, many organizations are registered directly under the TLD, and any further structure is up to the individual organizations.

In the country TLDs, there is a wide variation in the structure, in some countries the structure is very flat, in others there is substantial structural organization. In some country domains the second levels are generic categories (such as, AC, CO, GO, and RE), in others they are based on political geography, and in still others, organization names are listed directly under the country code. The organization for the US country domain is described in RFC 1480 [1]. Each of the generic TLDs was created for a general category of organizations. The country code domains (for example, FR, NL, KR, US) are each organized by an administrator for that country. These administrators may further delegate the management of portions of the naming tree. These administrators are performing a public service on behalf of the Internet community. Descriptions of the generic domains and the US country domain follow.

Of these generic domains, five are international in nature, and two are restricted to use by entities in the United States.

World Wide Generic Domains:

COM - This domain is intended for commercial entities, that is companies. This domain has grown very large and there is concern about the administrative load and system performance if the current growth pattern is continued. Consideration is being taken to subdivide the COM domain and only allow future commercial registrations in the subdomains.

EDU - This domain was originally intended for all educational institutions. Many Universities, colleges, schools, educational service organizations, and educational consortia have registered here. More recently a decision has been taken to limit further registrations to 4 year colleges and universities. Schools and 2-year colleges will be registered in the country domains (see US Domain, especially K12 and CC, below).

NET - This domain is intended to hold only the computers of network providers, that is the NIC and NOC computers, the administrative computers, and the network node computers. The customers of the network provider would have domain names of their own (not in the NET TLD).

ORG - This domain is intended as the miscellaneous TLD for organizations that didn't fit anywhere else. Some non-government organizations may fit here.

INT - This domain is for organizations established by international treaties, or international databases.

United States Only Generic Domains:

GOV - This domain was originally intended for any kind of government office or agency. More recently a decision was taken to register only agencies of the US Federal government in this domain. State and local agencies are registered in the country domains (see US Domain, below).

MIL - This domain is used by the US military.

Example country code Domain:

US - As an example of a country domain, the US domain provides for the registration of all kinds of entities in the United States on the basis of political geography, that is, a hierarchy of <entity-name>.<locality>.<state-code>.US. For example, "IBM.Armonk.NY.US". In addition, branches of the US domain are provided within each state for schools (K12), community colleges (CC), technical schools (TEC), state government agencies (STATE), councils of governments (COG),libraries (LIB), museums (MUS), and several other generic types of entities (see RFC 1480 for details [1]).

To find a contact for a TLD use the "whois" program to access the database on the host rs.internic.net. Append "-dom" to the name of TLD you are interested in. For example:

```
whois -h rs.internic.net us-dom
```

or

```
whois -h rs.internic.net edu-dom
```

3. The Administration of Delegated Domains

The Internet Assigned Numbers Authority (IANA) is responsible for the overall coordination and management of the Domain Name System (DNS), and especially the delegation of portions of the name space called top-level domains. Most of these top-level domains are two-letter country codes taken from the ISO standard 3166.

A central Internet Registry (IR) has been selected and designated to handled the bulk of the day-to-day administration of the Domain Name System. Applications for new top-level domains (for example, country code domains) are handled by the IR with consultation with the IANA. The central IR is INTERNIC.NET. Second level domains in COM, EDU, ORG, NET, and GOV are registered by the Internet Registry at the InterNIC. The second level domains in the MIL are registered by the DDN registry at NIC.DDN.MIL. Second level names in INT are registered by the PVM at ISI.EDU.

While all requests for new top-level domains must be sent to the Internic (at hostmaster@internic.net), the regional registries are often enlisted to assist in the administration of the DNS, especially in solving problems with a country administration. Currently, the RIPE NCC is the regional registry for Europe and the APNIC is the regional registry for the Asia-Pacific region, while the INTERNIC administers the North America region, and all the as yet undelegated regions.

The contact mailboxes for these regional registries are:

INTERNIC	hostmaster@internic.net
APNIC	hostmaster@apnic.net
RIPE NCC	ncc@ripe.net

The policy concerns involved when a new top-level domain is established are described in the following. Also mentioned are concerns raised when it is necessary to change the delegation of an established domain from one party to another.

A new top-level domain is usually created and its management delegated to a "designated manager" all at once.

Most of these same concerns are relevant when a sub-domain is delegated and in general the principles described here apply recursively to all delegations of the Internet DNS name space.

The major concern in selecting a designated manager for a domain is that it be able to carry out the necessary responsibilities, and have the ability to do a equitable, just, honest, and competent job.

1) The key requirement is that for each domain there be a designated manager for supervising that domain's name space. In the case of top-level domains that are country codes this means that there is a manager that supervises the domain names and operates the domain name system in that country.

The manager must, of course, be on the Internet. There must be Internet Protocol (IP) connectivity to the nameservers and email connectivity to the management and staff of the manager.

There must be an administrative contact and a technical contact for each domain. For top-level domains that are country codes at least the administrative contact must reside in the country involved.

2) These designated authorities are trustees for the delegated domain, and have a duty to serve the community.

The designated manager is the trustee of the top-level domain for both the nation, in the case of a country code, and the global Internet community.
Concerns about "rights" and "ownership" of domains are inappropriate. It is appropriate to be concerned about "responsibilities" and "service" to the community.

3) The designated manager must be equitable to all groups in the domain that request domain names.

This means that the same rules are applied to all requests, all requests must be processed in a non-discriminatory fashion, and academic and commercial (and other) users are treated on an equal basis. No bias shall be shown regarding requests that may come from customers of some other business related to the manager -- e.g., no preferential service for customers of a particular data network provider. There can be no requirement that a particular mail system (or other application), protocol, or product be used.

There are no requirements on subdomains of top-level domains beyond the requirements on higher-level domains themselves. That is, the requirements in this memo are applied recursively. In particular, all subdomains shall be allowed to operate their own domain name servers, providing in them whatever information the subdomain manager sees fit (as long as it is true and correct).

4) Significantly interested parties in the domain should agree that the designated manager is the appropriate party.

The IANA tries to have any contending parties reach agreement among themselves, and generally takes no action to change things unless all the contending parties agree; only in cases where the designated manager has substantially mis-behaved would the IANA step in.

However, it is also appropriate for interested parties to have some voice in selecting the designated manager.

There are two cases where the IANA and the central IR may establish a new top-level domain and delegate only a portion of it: (1) there are contending parties that cannot agree, or (2) the applying party may not be able to represent or serve the whole country. The later case sometimes arises when a party outside a country is trying to be helpful in getting networking started in a country -- this is sometimes called a "proxy" DNS service.

The Internet DNS Names Review Board (IDNB), a committee established by the IANA, will act as a review panel for cases in which the parties can not reach agreement among themselves. The IDNB's decisions will be binding.

5) The designated manager must do a satisfactory job of operating the DNS service for the domain.

That is, the actual management of the assigning of domain names, delegating subdomains and operating nameservers must be done with technical competence. This includes keeping the central IR (in the case of top-level domains) or other higher-level domain manager advised of the status of the domain, responding to requests in a timely manner, and operating the database with accuracy, robustness, and resilience.

There must be a primary and a secondary nameserver that have IP connectivity to the Internet and can be easily checked for operational status and database accuracy by the IR and the IANA.

In cases when there are persistent problems with the proper operation of a domain, the delegation may be revoked, and possibly delegated to another designated manager.

6) For any transfer of the designated manager trusteeship from one organization to another, the higher-level domain manager (the IANA in the case of top-level domains) must receive communications from both the old organization and the new organization that assure the IANA that the transfer in mutually agreed, and that the new organization understands its responsibilities.

It is also very helpful for the IANA to receive communications from other parties that may be concerned or affected by the transfer.

4. Rights to Names

1) Names and Trademarks

In case of a dispute between domain name registrants as to the rights to a particular name, the registration authority shall have no role or responsibility other than to provide the contact information to both parties.

The registration of a domain name does not have any Trademark status. It is up to the requestor to be sure he is not violating anyone else's Trademark.

2) Country Codes

The IANA is not in the business of deciding what is and what is not a country.
The selection of the ISO 3166 list as a basis for country code top-level domain names was made with the knowledge that ISO has a

procedure for determining which entities should be and should not be on that list.

5. Security Considerations

Security issues are not discussed in this memo.

6. Acknowledgements

Many people have made comments on draft version of these descriptions and procedures. Steve Goldstein and John Klensin have been particularly helpful.

7. Author's Address

Jon Postel
USC/Information Sciences Institute
4676 Admiralty Way
Marina del Rey, CA 90292

Phone: 310-822-1511
Fax: 310-823-6714
EMail: Postel@ISI.EDU

7. References

[1] Cooper, A., and J. Postel, "The US Domain", RFC 1480, USC/Information Sciences Institute, June 1993.

[2] Reynolds, J., and J. Postel, "Assigned Numbers", STD 2, RFC 1340, USC/Information Sciences Institute, July 1992.

[3] Mockapetris, P., "Domain Names - Concepts and Facilities", STD 13, RFC 1034, USC/Information Sciences Institute, November 1987.

[4] Mockapetris, P., "Domain Names - Implementation and Specification", STD 13, RFC 1035, USC/Information Sciences Institute, November 1987.

[6] Partridge, C., "Mail Routing and the Domain System", STD 14, RFC 974, CSNET CIC BBN, January 1986.

[7] Braden, R., Editor, "Requirements for Internet Hosts -- Application and Support", STD 3, RFC 1123, Internet Engineering Task Force, October 1989.

Anlage 2. Vergaberichtlinie der DENIC eG, Teil I

Richtlinie zur Registrierung von deutschen Internet-Domains
Teil 1: Registrierungsbestimmungen

Stand: 15. Mai 1997, überarbeitete Fassung vom 1. November 1997

Alle hier registrierten Domains sind direkte Subdomains der deutschen Top Level Domain "DE" (ISO 2-Zeichen-Kode für Deutschland). Sie werden zentral vom DENIC für alle deutschen Antragssteller vergeben, um die Eindeutigkeit im weltweiten Namensraum zu gewährleisten. Der Antragsteller erwirbt durch die Registrierung der Domain kein Eigentum an dieser; sie wird ihm lediglich zur Nutzung überlassen.

Eine Bearbeitung kann nur bei Vollständigkeit der notwendigen Angaben erfolgen. Weitere Bitten, Ergänzungen oder Hinweise können an jeder Stelle des Antrages durch eine oder mehrere Zeile(n) jeweils eingeleitet mit remarks: angebracht werden.

Der Antragsteller erklärt sein Einverständnis, daß die Daten in den Datenbanken der DENIC eG und den kooperierenden Institutionen des Internets (z.B. RIPE NCC oder InterNIC) in elektronischer oder schriftlicher Form veröffentlicht werden.

Antragsteller und Inhaber von Domains können nur natürliche und juristische Personen sein, die ihren allgemeinen Gerichtsstand (§§ 13, 17 ZPO) in Deutschland haben. Der administrative Kontakt (admin-c) muß eine natürliche Person sein, die ihren allgemeinen Gerichtsstand (§§ 13, 17 ZPO) in Deutschland hat.

Der Antragsteller ist verpflichtet, die als Domain zu registrierende Zeichenfolge auf ihre Vereinbarkeit mit den Rechten Dritter, z.B. mit Namens-, Marken-, Urheber- oder sonstigen Schutzrechten, sowie mit den allgemeinen Gesetzen zu prüfen. Mit der Antragstellung versichert der Antragsteller, daß er dieser Verpflichtung nachgekommen ist und daß sich bei dieser Prüfung keine Anhaltspunkte für die Verletzung von Rechten Dritter oder sonstiger Rechtsvorschriften ergeben haben. Die DENIC eG übernimmt insoweit keine Verpflichtungen.

Jede Haftung durch die DENIC eG, gleich aus welchem Rechtsgrund, die auf leichter Fahrlässigkeit beruht, ist ausgeschlossen. Im übrigen beschränkt sich die Haftung auf denjenigen Schaden, den das DENIC als mögliche Folge der Vertragsverletzung vorausgesehen hat oder hätte voraussehen müssen.

Wird die DENIC eG in Bezug auf die Domain oder ihre Nutzung von Dritten in Anspruch genommen, insbesondere wegen der tatsächlichen oder angeblichen Verletzung von Namens-, Marken-, Urheber- oder sonstigen Schutzrechten oder wegen einer - aus welchem Grund auch immer - tatsächlich oder angeblich unzulässigen Verwendung der Domain durch ihren Nutzer, so hat der Inhaber die DENIC eG von sämtlichen Kosten und sonstigen nachteiligen Folgen dieser Inanspruchnahme freizuhalten. Der Inhaber erklärt sich mit sämtlichen Maßnahmen einverstanden, die die DENIC eG zu treffen hat, um vollziehbaren Anordnungen oder vollstreckbaren Entscheidungen nachzukommen, und hält die DENIC eG auch insoweit von sämtlichen Kosten und nachteiligen Folgen frei.

Domains können nur mit Zustimmung der DENIC eG auf einen neuen Inhaber übertragen werden. Die DENIC eG kann die Zustimmung verweigern, wenn eine Registrierung zugunsten des neuen Inhabers abgelehnt werden könnte oder dies aus einem anderen wichtigen Grund gerechtfertigt ist. Der bisherige und der zukünftige Inhaber der Domain haften gesamtschuldnerisch für alle zum Zeitpunkt der Übertragung bestehenden Verpflichtungen des Inhabers.

Eine Domainüberlassung kann fristlos gekündigt werden, wenn der Inhaber die Vergaberichtlinie oder eine sonstige vertragliche Verpflichtung gröblich verletzt hat oder die Domain nach rechtskräftiger Feststellung eines Gerichts Rechte Dritter verletzt oder unter Verstoß gegen gesetzliche Vorschriften genutzt worden und dieser Verstoß erheblich ist.

Begriffsbestimmungen:
Domain-Name
Ein gültiger Domain-Name besteht aus Zahlen und Buchstaben und dem Zeichen "-" (Bindestrich), wobei er mit einer Zahl oder einem Buchstaben beginnen und enden muß. Das Zeichen "-" (Bindestrich) ist weder am Anfang noch am Ende zulässig. Ein Domain-Name muß mindestens einen Buchstaben enthalten (ansonsten wäre Verwechslung mit IP-Adressen möglich). Beim Domain-Namen wird nicht zwischen Groß/Kleinschreibung unterschieden. Die Mindestlänge des Domain-Namens beträgt 3 Zeichen, die Höchstlänge 63 Zeichen (vergleiche RFC 1035). Die Namen bestehender Top Level Domains (arpa, com, edu, gov, int, net, nato, mil, org), 1- und 2-buchstabige Abkürzungen sowie deutsche Kfz-Kennzeichen sind als Domain-Namen nicht zulässig. Eine weitere, eigene Unterteilung ist möglich (direkte Subdomain von uni-karlsruhe.de ist z.B. rz.uni-karlsruhe.de). Die antragstellende Organisation ist bei der Wahl des Domainnamens selbst für die Einhaltung des Namensrechts verantwortlich, evtl. auftretende Konflikte mit eingetragenen oder geschützten Namen sind zu beheben. Der Antragsteller VERSICHERT DURCH DEN ANTRAG, KEINE RECHTE DRITTER ZU VERLETZEN. Ansprechpartner, an den wir Dritte bei Problemen verweisen, ist der admin-c der Domain, deshalb muß dieser immer innerhalb der Organisation, für die die Domain beantragt wurde, angesiedelt sein. Die DENIC eG kann für Namenskonflikte NICHT verantwortlich gemacht werden. Weitere rechtliche Hinweise siehe unter den vorgenannten Vergabebestimmungen. Antragstellende Organisation (Antragsteller/Domain-Inhaber) Hierbei handelt es sich um die Beschreibung des zukünftigen Domain-Inhabers (z.B. eine Firma, ein Verein oder eine Behörde), dieses muß eine rechtsfähige (auch juristische) Person sein und wenn vorhanden, muß die Organisations/Rechtsform mit angegeben werden. Zusätzlich müssen Sie die vollständige postalische Adresse, evtl. separat für Adresse zur Straßenangabe und Adresse mit Postfachangabe, angeben.
Antragsteller und
Inhaber von Domains können nur natürliche und juristische Personen sein, die ihren allgemeinen Gerichtsstand (§§ 13, 17 ZPO) in Deutschland haben.
admin-C / Administrativer Ansprechpartner
Damit ist die verantwortliche Autorität für die Domain gemeint, hier ist nur eine Person anzugeben, diese kann mit dem technischen Ansprechpartner übereinstimmen, ist aber der allgemeine Ansprechpartner bei Rückfragen. Sie/Er ist 'BesitzerIn' der Domain und für die Einrichtung von Subdomains und die Einhaltung des Namensrechts verantwortlich. Als solcher MUSS sie/er in der Organisation angesiedelt sein, für die diese Domain eingetragen wird (siehe Abschnitt 2. 'descr:'). Der admin-c übernimmt die rechtliche Verantwortung, wenn die antragstellende Organisation nicht oder nicht mehr existiert oder keinen allgemeinen Gerichtsstand (§§ 13, 17 ZPO) in Deutschland hat oder sonst nicht oder nicht mehr erreichbar ist. Die Person muß mit dem nic-hdl angegeben werden und in der RIPE-Datenbasis eingetragen sein. Der admin-c muß eine natürliche Person sein, die
ihren allgemeinen Gerichtsstand (§§ 13, 17 ZPO) in Deutschland hat.

tech-c / Technischer Ansprechpartner
Die Person(en), die die technische Abwicklung in der Organisation/für die Organisation vornehmen, dieses können mehrere sein oder auch mit dem administrativen Kontakt übereinstimmen. Die Person muß mit dem nic-hdl angegeben werden und in der RIPE-Datenbasis eingetragen sein. (Oftmals ist hier der Provider eingetragen.) zone-c / Zonenverwalter
Die Person, die den Nameserver betreut. Diese Angabe ist nur notwendig sofern ein eigener Nameserver für die Domain delegiert ist/werden soll. Bitte unbedingt eine Person angeben, selbst wenn im 'start of authority' Ressource Record des Nameservers eine funktionale Mailadresse (z.B. hostmaster@domain.de, netadm@domain.de) angegeben wird. Die Person muß mit dem nic-hdl angegeben werden und in der RIPE-Datenbasis eingetragen sein. Der zone-c kann jedoch auch ein Roleobjekt sein.

Eine genaue Erläuterung der Einzelpunkte des Antrags finden Sie in Teil 2 der Vergaberichtlinie.

Fragen, die die Zahlungsmodalitäten für direkt beim DENIC beantragte Domains betreffen, stellen Sie bitte direkt bei der Inkassostelle bzw. der DENIC eG Geschäftsstelle (siehe unten).

Sollten Sie noch technische bzw. inhaltliche Fragen zum Antrag haben, wenden Sie sich bitte an:

DENIC eG Domain Verwaltungs- und
Betriebsgesellschaft
Wiesenhüttenplatz 26
60329 Frankfurt am Main
E-Mail: hostmaster@denic.de
Telefon: 01802 / 336420 oder 01802 denic0

Telefax: +49 (0)69 / 27235-236
Wenn sie rechtliche Fragen zu den Vergabebestimmungen haben, wenden Sie sich bitte an:

DENIC eG Domain Verwaltungs- und
Betriebsgesellschaft
Wiesenhüttenplatz 26
60329 Frankfurt am Main
E-Mail: recht@denic.de
Telefon: 01802 / 336420 oder 01802 denic0
Telefax: +49 (0)69 / 27235-236

Anlage 3. Vergaberichtlinie der DENIC eG, Teil II

Richtlinie zur Registrierung von deutschen Internet-Domains

Teil 2: Erläuterung der Einzelpunkte des Antrags

Stand: 15. Mai 1997, überarbeitete Fassung vom 1. November 1997

Hinweise zum Anfang

Wenn Sie bereits einen Internet Service Provider haben, wenden Sie sich bitte an diesen. Er kann Sie beim Ausfüllen der notwendigen Formulare beraten und stellt den Antrag für Sie direkt bei der DENIC eG.

Anhand eines Beispiels und erläuternder Hinweise wollen wir Ihnen die notwendigen Informationen zum Ausfüllen des Antrages geben. Der Antrag selbst ist in einem separaten Dokument enthalten.

Bitte setzen Sie Ihre Angaben zu den einzelnen Feldern jeweils hinter den Doppelpunkt (:) mit mindestens einem Leerzeichen Abstand. Die Angaben können sich über mehrere Zeilen erstrecken, jedoch muß dann das einleitende Schlüsselwort am Zeilenanfang wiederholt werden.

Beim Ausfüllen bitten wir um die Auflösung von Umlauten und Sonderzeichen und die Verwendung des 7 Bit ASCII Zeichensatzes, da die meisten Daten international benutzt und bereitgestellt werden.

Bitte geben Sie Telefonnummern stets in internationaler Konvention +Landeskennzahl Ortskennzahl_ohne_Null Rufnummer_mit_Nebenstelle an, zum Beispiel +49 721 608 4039, aber nicht +49-721-608-4039 oder auch nicht 0049 721 608 4039 oder auch nicht nur 0721 608 4039.

Bitte schicken Sie den ausgefüllten Antrag an Ihren Internet Service Provider bzw. an unsere Inkassostelle.

Fragen, die die Zahlungsmodalitäten für direkt beim DE-NIC beantragte Domains betreffen, stellen Sie bitte direkt bei der Inkassostelle.

Erläuterung der Einzelpunkte des Antrags
(bitte nicht hier ausfüllen)

1. Domain-Name

domain: (1 mal)

WICHTIG: Die antragstellende Organisation ist bei der Wahl des Domain-Namens selbst für die Einhaltung des Namensrechts verantwortlich, evtl. auftretende Konflikte mit eingetragenen oder geschützten Namen sind zu beheben. Der Antragsteller VERSICHERT DURCH DEN ANTRAG, KEINE RECHTE DRITTER ZU VERLETZEN. Ansprechpartner, an den wir Dritte bei Problemen verweisen ist der admin-c der Domain, deshalb sollte dieser immer innerhalb der Organisation, für die die Domain beantragt wurde, angesiedelt sein. Die DENIC eG kann für Namenskonflikte NICHT verantwortlich gemacht werden. Weitere rechtliche Hinweise siehe unter den vorgenannten Vergabebestimmungen.

Ein gültiger Domainname besteht aus Zahlen und Buchstaben und dem Zeichen "-" (Bindestrich), wobei er mit einer Zahl oder einem Buchstaben beginnen und enden muß. Ein

Domainname muß mindestens einen Buchstaben enthalten (ansonsten wäre Verwechslung mit IP-Adressen möglich). Beim Domainnamen wird nicht zwischen Groß/Kleinschreibung unterschieden. Die Mindestlänge des Domainnamens beträgt 3 Zeichen, die Höchstlänge 63 Zeichen (vergleiche RFC1035).

Die Namen bestehender Top Level Domains (arpa, com, edu, gov, int, net, nato, mil, org), 1- und 2-buchstabige Abkürzungen sowie deutsche Kfz-Kennzeichen sind als Domainnamen nicht zulässig.

Es wird davon ausgegangen, daß innerhalb der antragstellenden Organisation eine interne Abstimmung über die Benutzung der beantragten Domain erfolgt ist. Grundsätzlich wird pro Organisation nur eine Domain empfohlen.

Eine weitere, eigene Unterteilung ist möglich (direkte Subdomain von uni-karlsruhe.de ist zum Beispiel rz.uni-karlsruhe.de)

Beispiel:

domain: uni-karlsruhe.de

2. Antragstellende Organisation (Antragsteller/Domain-Inhaber)

descr: (1-10 mal)

Beschreibung des zukünftigen Domain-Inhabers (z.B. eine Firma, ein Verein oder eine Behörde), dieses muß eine rechtsfähige (auch juristische) Person sein und wenn vorhanden, muß die Organisations/Rechtsform mit angegeben werden. Zusätzlich müssen Sie die vollständige postalische Adresse, evtl. separat für Adresse zur Straßenangabe und Adresse mit Postfachangabe, angeben.

Bitte geben Sie in der ersten Zeile eine Beschreibung der zukünftigen Domain-InhaberIn an (z.B. eine Firma, ein Verein oder eine Behörde), dieses muß eine rechtsfähige (auch juristische) Person sein und wenn vorhanden, geben Sie bitte die Organisations/Rechtsform mit an.

Antragsteller und Inhaber von Domains können nur natürliche und juristische Personen sein, die ihren allgemeinen Gerichtsstand (§§ 13, 17 ZPO) in Deutschland haben.

Zusätzlich müssen Sie die vollständige postalische Adresse, evtl. separat für Adresse zur Straßenangabe und Adresse mit Postfachangabe, angeben.

Falls Sie nur die erstgenannten Angaben machen, stellen Sie bitte sicher, daß der administrative Ansprechpartner mit der vollständigen Adresse der Organisation angegeben wird.

Beispiel:

descr: Allgemeintest GmbH

descr: Hauptstr. 1

descr: D-12345 Adorf

descr: Germany

oder

descr: Universitaet Karlsruhe

descr: Kaiserstr. 12

descr: D-76138 Karlsruhe

descr: Germany

3. Ansprechpartner

3.1 Administrativer Ansprechpartner

admin-c: (1 mal)

Verantwortliche Autorität für die Domain, hier ist nur eine Person anzugeben, diese kann mit dem technischen Ansprechpartner übereinstimmen, ist aber der allgemeine Ansprechpartner bei Rückfragen. Sie/Er ist 'BesitzerIn' der Domain und für die Einrichtung von Subdomains und die Einhaltung des Namensrechts verantwortlich. Als solcher MUSS sie/er in der Organisation angesiedelt sein, für die diese Domain eingetragen wird (siehe Abschnitt 2. 'descr:'). Der admin-c übernimmt die rechtliche Verantwortung, wenn die antragstellende Organisation nicht oder nicht mehr existiert oder keinen allgemeinen Gerichtsstand (§§ 13, 17 ZPO) in Deutschland hat oder sonst nicht oder nicht mehr erreichbar ist.

Die Person muß mit dem nic-hdl angegeben werden und in der RIPE-Datenbasis eingetragen sein.

Bitte beachten Sie, daß wir in Problemfällen und bei Rückfragen zuerst über Ihren Provider mit Ihnen Kontakt aufnehmen, wir gehen davon aus, daß er sich mit Ihnen koordiniert.

Antragsteller und Inhaber von Domains können nur natürliche und juristische Personen sein, die ihren allgemeinen Gerichtsstand (§§ 13, 17 ZPO) in Deutschland haben. Das gilt insbesondere für den admin-c.

Beispiel:

admin-c: BL118

oder

admin-c: AB102-RIPE

3.2 Technischer Ansprechpartner

tech-c: (1-3 mal)

Die Person(en), die die technische Abwicklung in der Organisation/für die Organisation vornehmen, dieses können mehrere sein oder auch mit dem administrativen Ansprechpartner übereinstimmen.

Die Person muß mit dem nic-hdl angegeben werden und in der RIPE-Datenbasis eingetragen sein. Der tech-c kann jedoch auch ein Roleobjekt sein.

Beispiel:

tech-c: WF8-RIPE

3.3 Zonenverwalter

zone-c: (1-3 mal)

Die Person, die den Nameserver betreut. Diese Angabe ist nur notwendig sofern ein eigener Nameserver für die Domain delegiert ist/werden soll. Bitte unbedingt eine Person angeben, selbst wenn im 'start of authority' Ressource Record des Nameservers eine funktionale Mailadresse (z.B. hostmaster@domain.de, netadm@domain.de) angegeben wird.

Die Person muß mit dem nic-hdl angegeben werden und in der RIPE-Datenbasis eingetragen sein. Der zone-c kann jedoch auch ein Roleobjekt sein.

Beispiel:

zone-c: SD24

Hinweis: Bei Domains, die nur Mail empfangen (MX-only Domain), wird die Zone immer durch die DENIC eG verwaltet. Lassen Sie dieses Feld entweder frei oder tragen Sie die nic-hdl HD4-RIPE dort ein.

4. Technische Daten der Domain

4.1. Verwendung der Domain (usage)

usage: (1 mal)

Hinter dem Schlüsselwort "usage:" verbirgt sich die Art der Domainverwendung. Zu welchem Zweck beantragen Sie Ihre Domain?

Voller Internet-Zugang:

usage: I

Die genaue Spezifikation des Internetzugangs ist unter 4.3 ff erläutert.

4.2. Netzadressen (dom-net)

dom-net: (0-n mal)

Falls die beantragte Domain Rechner umfaßt, die an IP-Netze angeschlossen sind, geben Sie bitte die Netz-Nummer(n) (nur offiziell zugewiesene!) an.

Beispiel:

dom-net: 129.13.0.0

4.3. Konnektivitätsinformationen

Bitte beachten Sie, daß nur einer der folgenden Abschnitte in Frage kommt entweder Electronic Mail bzw. Adressrecords oder Nameserver.

4.3.1 Electronic Mail bzw. Adressrecords (nsentry)

nsentry: (0-5 mal)

Für Electronic Mail ist mindestens ein Mail-eXchanger notwendig, geben Sie diesen in Abstimmung mit Ihrem Dienstanbieter an, bei mehreren bitte mit unterschiedlichen Präferenzwerten.

Beispiel:

nsentry: ihre-domain.de MX 100 mail1.ihr-provider.de

nsentry: ihre-domain.de MX 200 mail2.ihr-provider.de

nsentry: *.ihre-domain.de MX 100 mail1.ihr-provider.de

nsentry: *.ihre-domain.de MX 200 mail2.ihr-provider.de

Falls Sie zusätzlich die Eintragung der IP-Adresse eines Rechners wünschen, geben Sie bitte den Namen des Rechners und seine IP-Adresse hinter dem Schlüsselwort "nsentry:" an. Für als Mailexchanger eingetragene Rechner (im Beispiel mail1.ihr-provider.de) müssen A-RR existieren, CNAMES sind unzulässig.

Beispiel:

nsentry: www.ihre-domain.de A 127.0.0.1

Die Zeilen hinter nserver: (vgl. nächster Abschnitt) bleiben in diesem Falle leer.

WICHTIG: Die hinter dem Schlüsselwort "nsentry:" angegeben Zeilen werden exakt so im Nameserver eingetragen. Sie müssen also in jedem Fall gemäß RFC 1034 (DO ...) syntaktisch korrekt sein.

4.3.2. Voller Internet-Zugang, Domain Name Server (nserver)

nserver: (0-5 mal)

Für einen vollständigen Internet-Zugang werden Domain-Name-Server benötigt. Es sind (mindestens) zwei erforderlich, die ständig und über redundante Wege erreichbar sein müssen.

Bei den Domain Name Servern ist der Primary als erster, gefolgt von den Secondaries anzugeben. Bei Nameservern in der Zone ist hinter dem Namen die IP-Nummer mit anzugeben.

In jedem Fall ist die Unterstützung durch fremde DNS zuvor mit den entsprechenden Betreuern abzusprechen! Vor einer endgültigen Delegation durch die DENIC eG müssen alle Nameserver geladen und testbar sein.

Beispiel:

domain: uni-karlsruhe.de

nserver: netserv.rz.uni-karlsruhe.de 129.13.64.5

nserver: iraun1.ira.uka.de

nserver: noc.belwue.de

Nur im 1. Fall muß die IP-Nummer angegeben werden, da der Server innerhalb der Domain ist. Bei Änderungen dieser IP-Adresse muß dies unbedingt über den Provider dem DENIC und den Betreibern der Secondaries mitgeteilt werden, ansonsten können Konnektivitätsverluste auftreten.

5. weitere Schlüsselworte

Die weiteren Schlüsselwörter werden inzwischen nicht mehr verwendet.

6. Beispielanträge

Fügt man alle Teile eines Antrags zusammen, kann ein Antrag so aussehen, wie in den folgenden beiden Beispielen gezeigt.

6.1. vollständiger Internetzugang über Provider

domain: uni-karlsruhe.de

descr: Universitaet Karlsruhe

descr: Rechenzentrum

descr: D-76138 Karlsruhe

admin-c: BL118

tech-c: EW2-RIPE

zone-c: EW2-RIPE

nserver: netserv.rz.uni-karlsruhe.de

nserver: nz20.rz.uni-karlsruhe.de

nserver: noc.belwue.de

dom-net: 129.13.0.0

dom-net: 193.196.32.0 - 193.196.69.0

usage: I

order:

expire:

6.2. Nur Mail-Domain direkt über DENIC eG

domain: uni-karlsruhe.de

descr: Universitaet Karlsruhe

descr: Rechenzentrum

descr: D-76138 Karlsruhe

admin-c: BL118

tech-c: EW2-RIPE

zone-c: HD4-RIPE

nsentry: uni-karlsruhe.de IN MX 100 mail.myprovider.net

nsentry: uni-karlsruhe.de IN MX 200 mail2.myprovider.net

nsentry: www.uni-karlsruhe.de IN A 129.13.99.15

usage: I

7. Personeneinträge beim RIPE

Zu jeder Person, die oben unter admin-c, tech-c oder zone-c eingetragen wurde, ist es notwendig die Person mit nic-hdl in der RIPE-Datenbank zu registrieren. Dies kann jeder Provider für Sie erledigen. Er benötigt dazu folgende Angaben:

Hinter dem "person:"-Schlüsselwort folgt der Name der Person in der Reihenfolge "Vorname Nachname", keine Anrede, keine Titel etc.
Es folgt die vollständige Adresse "address:" mit Angaben zu Telefon "phone:" und Faxnummer "fax-no:". Diese Nummern sind in internationaler Schreibweise anzugeben. Soweit vorhanden, tragen Sie auch die E-Mail-Adresse "e-mail:" der Person ein. Das NIC-Handle "nic-hdl:" ist bitte nur anzugeben, falls Sie bereits eine solche vom RIPE oder InterNIC zugeteilt bekommen haben. Andernfalls lassen Sie diesen Eintrag frei.

Beispiel:

person: Bruno Lortz

address: Rechenzentrum

address: Universitaet Karlsruhe

address: Kaiserstr. 12

address: D-76138 Karlsruhe

address: Germany

phone: +49 721 608 4030

fax-no: +49 721 32550

e-mail: lortz@rz.uni-karlsruhe.de

nic-hdl: BL118

Sollten Sie noch technische bzw.
inhaltliche Fragen zum Antrag haben,
wenden Sie sich bitte an:

DENIC eG Domain Verwaltungs- und
Betriebsgesellschaft
Wiesenhüttenplatz 26
60329 Frankfurt am Main
E-Mail: hostmaster@denic.de
Telefon: 01802 / 336420 oder 01802 denic0

Telefax: +49 (0)69 / 27235-236

Wenn sie rechtliche Fragen zu den
Vergabebestimmungen haben, wenden Sie
sich bitte an:

DENIC eG Domain Verwaltungs- und
Betriebsgesellschaft
Wiesenhüttenplatz 26
60329 Frankfurt am Main
E-Mail: recht@denic.de
Telefon: 01802 / 336420 oder 01802 denic0
Telefax: +49 (0)69 / 27235-236

Anlage 4. Statut der DENIC eG

Statut der DENIC eG

Domain Verwaltungs- und Betriebsgesellschaft eG
mit Sitz in Frankfurt am Main
Stand: 16. Juli 1998

I. Allgemeine Bestimmungen

§ 1 Firma und Sitz

1.Die Genossenschaft führt die Firma "DENIC Domain Verwaltungs- und Betriebsgesellschaft eingetragene Genossenschaft".

2.Sie hat ihren Sitz in Frankfurt am Main.

§ 2 Zweck und Gegenstand

1.Zweck der Genossenschaft ist die Förderung des Erwerbs und der Wirtschaft ihrer Mitglieder durch gemeinschaftlichen Geschäftsbetrieb.

2.Gegenstand des Unternehmens ist die Verwaltung und der Betrieb von Internet-Adressen (Domain-Namen), insbesondere der Top-Level Domain „de", mit allen dazugehörigen Tätigkeiten für Mitglieder und Nichtmitglieder, z.B. Inkasso, technische und betriebliche Betreuung der Anlagen und Geräte, Wahrnehmung der Interessen der Genossenschaft, Herstellung und Unterhaltung der notwendigen eigenen Konnektivität (national und international).

3.Die Aufnahme weiterer Geschäftsfelder bedarf der Zustimmung der Generalversammlung.

II. Mitgliedschaft

§ 3 Erwerb der Mitgliedschaft

1. Die Mitgliedschaft können erwerben:
   a. jede natürliche Person in Ausübung ihres Gewerbebetriebes, jede Personengesellschaft und jede juristische Person des privaten oder öffentlichen Rechts,
      a. die Dritten in der Bundesrepublik Deutschland gewerblich den technischen Zugang zum Internet (sog. Internet-Konnektivität), einschließlich sämtlicher Basisdienste (E-Mail, WWW, FTP, Telnet usw.), anbietet und für diese unterhält,
      b. die mit keinem anderen Mitglied der Genossenschaft (ausgenommen einem Mitglied nach (b)) im Sinne des § 15 des Aktiengesetzes verbunden ist, wobei § 23 Absatz (1), Satz 10, GWB entsprechend anzuwenden ist, und
      c. die ihre eigene oder die Dritten angebotene Inter-Konnektivität weder unmittelbar noch mittelbar, insbesondere als Franchisenehmer, ausschließlich von einem anderen Mitglied der Genossenschaft ableitet, sowie
   b. jede natürliche Person, die gesetzlicher Vertreter eines Mitgliedes oder des geschäftsführenden Gesellschafters eines Mitgliedes ist, wenn und solange diese natürliche Person Mitglied des Vorstandes oder Aufsichtsrats der Genossenschaft ist.
2. jede natürliche Person, die nicht gesetzlicher Vertreter eines Mitgliedes oder geschäftsführender Gesellschafter eines Mitgliedes ist, wenn und solange diese natürliche Person hauptamtliches Mitglied des Vorstandes ist. §1(a)(bb) gilt entsprechend.
3. Zum Erwerb der Mitgliedschaft hat der Beitrittswillige eine unbedingte und den gesetzlichen sowie satzungsmäßigen Anforderungen, insbesondere §15a Genossenschaftsgesetz, entsprechende Beitrittserklärung zu unterzeichnen.
4. Über die Zulassung zum Beitritt entscheidet der Vorstand. Lehnt der Vorstand einen Beitritt ab, so entscheidet der Aufsichtsrat nach Anhörung des Vorstands über die Zulassung des Beitrittswilligen endgültig, wenn der Beitrittswillige innerhalb eines Monats ab Zugang der Ablehnung durch den Vorstand bei der Genossenschaft schriftlich Beschwerde einlegt.
5. Nach Zulassung zur Mitgliedschaft ist das neue Mitglied unverzüglich in die von der Genossenschaft zu führende Mitgliederliste einzutragen und hiervon unverzüglich zu benachrichtigen.
6. Nach Zulassung zur Mitgliedschaft hat das neue Mitglied ein Eintrittsgeld zu entrichten, dessen Höhe die Generalversammlung festgelegt.

§ 4 Ende der Mitgliedschaft

1. Die Mitgliedschaft endet durch
   a. Kündigung,
   b. Tod des Mitglieds bzw. - wenn es sich bei dem Mitglied um eine Personengesellschaft oder juristische Person des privaten oder öffentlichen Rechts handelt - durch deren Auflösung oder Erlöschen,
   c. Ausschluß.
2. Die Beendigung der Mitgliedschaft ist unverzüglich in die Mitgliederliste einzutragen.

§ 5 Kündigung eines Mitgliedes

Ein Mitglied kann seine Mitgliedschaft, bei mehreren Geschäftsanteilen auch ganz oder teilweise, zum Schluß eines Geschäftsjahres kündigen. Die Kündigung muß schriftlich erfolgen und der Genossenschaft spätestens sechs Monate vor Ende des laufenden Geschäftsjahres zugegangen sein.

§ 6 Tod oder Auflösung bzw. Erlöschen eines Mitgliedes

1. Stirbt ein Mitglied, so gilt es mit dem Schluß des Geschäftsjahres, in dem der Tod eingetreten ist, als ausgeschieden. Bis zu diesem Zeitpunkt wird die Mitgliedschaft des Verstorbenen durch seine Erben, die der Genossenschaft unverzüglich einen gemeinschaftlich bevollmächtigten Vertreter zu benennen haben, fortgesetzt. Mehrere Erben können die Rechte aus der Mitgliedschaft nur einheitlich ausüben.
2. Im Falle der Auflösung oder des Erlöschens einer Einzelfirma, Personengesellschaft oder juristische Person des privaten oder öffentlichen Rechts endet die Mitgliedschaft mit Schluß des Geschäftsjahres, in dem die Auflösung oder das Erlöschen wirksam geworden ist.

§ 7 Ausschluß eines Mitgliedes

1. Ein Mitglied
   a. kann zum Schluß eines Geschäftsjahres aus der Genossenschaft ausgeschlossen

werden,

a. wenn es trotz zweimaliger schriftlicher Aufforderung unter Androhung des Ausschlusses nicht innerhalb von drei Monaten ab Zugang der letzten Aufforderung die ihm gegenüber der Genossenschaft nach Gesetz, Statut oder nach einem im Rahmen der Geschäftsbeziehung mit der Genossenschaft geschlossenen Vertrag obliegenden Verpflichtungen erfüllt; dies gilt besonders dann, wenn durch das Verhalten des Mitglieds die Gefahr einer wesentlichen Beeinträchtigung des Ansehens der Genossenschaft, ihrer Leistungsfähigkeit oder der Belange ihrer Mitglieder herbeigeführt wird;

b. wenn es in anderer Weise durch ein genossenschaftswidriges Verhalten schuldhaft das Ansehen oder wirtschaftliche Interessen der Genossenschaft oder ihrer Mitglieder schädigt oder zu schädigen versucht; oder

c. wenn über sein Vermögen Konkurs oder ein gerichtliches Vergleichsverfahren eröffnet ist oder die Eröffnung mangels Masse abgelehnt wird;

b. ist zum Schluß eines Geschäftsjahres aus der Genossenschaft auszuschließen,

a. wenn die Voraussetzungen des § 3 Absatz (1) für den Erwerb der Mitgliedschaft, gleich aus welchem Grunde (insbesondere bei falschen Angaben hierüber), zum Zeitpunkt der Zulassung zur Mitgliedschaft nicht erfüllt wurden oder

b. wenn die Voraussetzungen des § 3 Absatz (1) nach der Zulassung von dem Mitglied nicht mehr erfüllt werden und das Mitglied die Voraussetzungen nicht innerhalb von 6 (sechs) Monaten ab Zugang einer entsprechenden Aufforderung durch den Vorstand wieder herbeigeführt hat. Bei einer temporären Nichterfüllung der Voraussetzungen müssen diese nach Abmahnung durch den Vorstand für mindestens 12 Monate wieder erfüllt werden. Der Vorstand hat in regelmäßigen Abständen diese Bedingungen zu prüfen. Bei einem entsprechenden Hinweis hat der Vorstand das betreffende Mitglied unverzüglich aufzufordern, die Voraussetzungen nachzuweisen. Ein Mitglied des Vorstands oder des Aufsichtsrats kann jedoch erst nach seiner Amtsenthebung durch die Generalversammlung ausgeschlossen werden.

2. Der Ausschluß erfolgt durch Beschluß des Vorstands.

a. Der Vorstand hat vor der Beschlußfassung dem Mitglied die Einleitung des Ausschlußverfahrens unter Nennung der Gründe, die den Ausschluß rechtfertigen sollen, mitzuteilen. Dem auszuschließenden Mitglied ist vor einer anschließenden Beschlußfassung die Möglichkeit zu geben, sich zu den Ausschlußgründen und dem Verfahren zu äußern.

b. Beschließt der Vorstand den Ausschluß, so hat er dem Ausgeschlossenen den Ausschließungsgrund unverzüglich per Einschreiben mitzuteilen. Ab Zugang dieses Briefes beim Ausgeschlossenen ist dieser nicht mehr zur Inanspruchnahme der Dienste und Leistungen der Genossenschaft berechtigt, kann er nicht mehr an einer Generalversammlung teilnehmen und kann er nicht mehr Mitglied des Vorstands oder des Aufsichtrats werden.

3. Der Ausgeschlossene ist berechtigt, gegen den Beschluß des Vorstandes Beschwerde einzulegen. Über die Beschwerde entscheidet der Aufsichtsrat.

a. Die Beschwerde ist innerhalb eines Monats ab Zugang des Ausschließungsbeschlusses durch einen an den Vorstand zu richtenden eingeschriebenen Brief einzulegen.

b. In dem Verfahren vor dem Aufsichtsrat ist dem Ausgeschlossenen und dem Vorstand Gehör zu gewähren. Über die Verhandlung ist eine Niederschrift anzufertigen. Der Aufsichtsrat entscheidet über die Beschwerde durch Beschluß. Der Beschluß ist mit Gründen zu versehen und vom Vorsitzenden zu unterzeichnen.

c. Die Beschwerdeentscheidung des Aufsichtsrates ist genossenschaftsintern endgültig. Legt der Ausgeschlossene nicht fristgerecht Beschwerde ein, ist der ordentliche Rechtsweg ausgeschlossen.

§ 8 Auseinandersetzung

1. Endet die Mitgliedschaft eines Mitgliedes, so hat sich die Genossenschaft mit ihm oder - im Falle seines Todes - seinen Erben auseinanderzusetzen. Maßgebend hierfür ist die nach den Grundsätzen ordnungsmäßiger Rechnungslegung festgestellte Bilanz für das Geschäftsjahr, mit dem die Mitgliedschaft endet.

2. Das Auseinandersetzungsguthaben wird berechnet nach den Einzahlungen des Mitglieds

zuzüglich zugeschriebener Gewinnanteile und abzüglich abgeschriebener Verluste. Eventuelle Anteile an den Rücklagen der Genossenschaft bleiben unberücksichtigt. Verlustvorträge sind nach dem Verhältnis der Geschäftsguthaben zu berücksichtigen.

a. Ergibt die Berechnung des Auseinandersetzungsguthabens einen Saldo zugunsten des ausgeschiedenen Mitgliedes, so ist dieser binnen sechs Monaten, frühestens aber nach Feststellung der Auseinandersetzung zugrundeliegenden Bilanz, auszuzahlen. Der Anspruch auf Auszahlung verjährt in zwei Jahren ab Fälligkeit.

b. Weist die der Auseinandersetzung zugrunde liegende Bilanz einen Verlust aus, der die Geschäftsguthaben und die gesetzliche Rücklage übersteigt, so hat der Ausgeschiedene den auf ihn entfallenden Anteil - bis zur Höhe seiner Haftsumme - binnen zwei Monaten an die Genossenschaft zu zahlen. Dieser Anteil wird nach dem Verhältnis der Haftsumme des Ausgeschiedenen zur Gesamt-Haftsumme aller Mitglieder einschließlich der zum Schluß desselben Geschäftsjahres Ausscheidenden berechnet. Der Ausgeschiedene ist auch dann zur Verlustdeckung heranzuziehen, wenn der Verlust auf neue Rechnung vorgetragen wird. Die Auseinandersetzungsforderung der Genossenschaft wird zwei Wochen nach der Generalversammlung fällig, die die Bilanz festgestellt hat.

§ 9 Rechte und Pflichten der Mitglieder

1. Jedes Mitglied hat das Recht, nach Maßgabe des Genossenschaftsgesetzes und dieses Statuts an der Gestaltung der Genossenschaft mitzuwirken und deren Leistungen in Anspruch zu nehmen. Jedes Mitglied ist darüber hinaus insbesondere berechtigt,

   a. die Leistungen der Genossenschaft hinsichtlich der Verwaltung und des Betriebes von Internet-Adressen (Domain-Namen) für die INTERNET Dienstleistungen zu nutzen sowie

   b. die Gemeinschaftseinrichtungen der Genossenschaft zu benutzen,

   wobei die gemäß § 17 Absatz (2) des Statuts festgelegten Allgemeinen Bestimmungen zu beachten sind und jedes Mitglied verpflichtet ist, die darin enthaltenen Verpflichtungen zu erfüllen.

   Jedes Mitglied nimmt seine Rechte so wahr, daß die Genossenschaft ihre Aufgaben erfüllen kann, und wahrt deren Interessen.

2. Jedes Mitglied ist verpflichtet, die Regelungen des Genossenschaftsgesetzes und dieses Statuts einzuhalten und die Beschlüsse der Generalversammlung zu erfüllen. Jedes Mitglied hat insbesondere die Pflicht,

   a. das Eintrittsgeld gemäß § 3 Absatz (5) des Statuts sowie die Einzahlungen auf den Geschäftsanteil gemäß § 10 des Statuts fristgerecht zu leisten;

   b. für die Nutzung der Verwaltung und des Betriebs von Internet-Adressen sowie für seine Betreuung durch die Genossenschaft die dafür jeweils geltenden Preise und Gebühren zu entrichten;

   c. nicht für Dritte bestimmte Angelegenheiten der Genossenschaft, insbesondere Angebotsunterlagen, Preise und Konditionen, Rundbriefe, Bekanntmachungen und sonstige Informationen der Genossenschaft, gegenüber Außenstehenden vertraulich zu behandeln; sowie

   d. der Genossenschaft unverzüglich und unaufgefordert jede grundlegende Änderung in der Person oder hinsichtlich des Unternehmens des Mitglieds mitzuteilen, insbesondere solche Änderungen, die Voraussetzungen zum Erwerb der Mitgliedschaft (§ 3 Absatz (1) des Statuts) betreffen.

§ 10 Geschäftsanteil, Geschäftsguthaben und gesetzliche Rücklage

1. Das Mitglied beteiligt sich an der Genossenschaft durch Übernahme eines Geschäftsanteils. Der Geschäftsanteil beträgt DM 3.000,00 (dreitausend Deutsche Mark). Der erste Geschäftsanteil ist mit Eintragung des Mitglieds in die Mitgliederliste zur Einzahlung fällig.

2. Die Einzahlungen des Mitglieds auf seine(n) Geschäftsanteil(e) zuzüglich zugeschriebener Gewinnanteile und abzüglich abgeschriebener Verlustanteile bilden sein Geschäftsguthaben.

3. Eine Abtretung oder Verpfändung des Geschäftsguthabens und/oder des Geschäftsanteils eines Mitglieds an ein anderes Mitglied oder einen Dritten ist ausgeschlossen.

4. Es wird eine gesetzliche Rücklage gebildet. Sie ist ausschließlich zur Deckung eines bilanzmäßigen Verlustes bestimmt. Dieser Rücklage werden jährlich mindestens 10% des Jahresüberschusses zugewiesen (zuzüglich eines etwaigen Gewinnvortrags oder

abzüglich eines etwaigen Verlustvortrags), solange die Rücklage 10% der Bilanzsumme nicht erreicht. Über die Verwendung der gesetzlichen Rücklage entscheidet die Generalversammlung. Außerdem können Ergebnisrücklagen gebildet werden; über ihre Verwendung entscheiden Vorstand und Aufsichtsrat gemeinsam (§ 17 des Statuts).

§ 11 Nachschußpflicht und Haftsumme
Nachschüsse zur Konkursmasse haben die Mitglieder lediglich in Höhe der Haftsumme zu leisten. Diese Haftsumme beträgt für jeden Geschäftsanteil DM 30.000,00 (dreißigtausend Deutsche Mark).

III. Organe der Genossenschaft

§ 12 Organe
Die Genossenschaft hat folgende Organe:
a. den Vorstand,
b. den Aufsichtsrat und
c. die Generalversammlung.

§ 13 Vorstand
1. Der Vorstand besteht aus mindestens drei und höchstens fünf Mitgliedern, die Mitglieder der Genossenschaft sein müssen und von denen ein Mitglied zum hauptamtlichen Vorstandsmitglied bestellt werden kann.
   a. Die Vorstandsmitglieder werden vom Aufsichtsrat für die Dauer von zwei vollen Geschäftsjahren bestellt. Der Aufsichtsrat wählt dabei aus einer Kandidatenliste aus, über die von der Generalversammlung beschlossen wird. Jedes Mitglied der Genossenschaft ist berechtigt, eine Person zur Aufnahme in die Kandidatenliste zur Wahl zu stellen. Die Kandidatenliste muß mehr Personen nennen, als Vorstandsmitglieder zu bestellen sind, höchstens die doppelte Anzahl. Die Amtszeit beginnt, soweit nichts anderweitig bestimmt wird, mit dem Schluß der Aufsichtsratssitzung, in der die Bestellung erfolgt ist. Wiederbestellung durch den Aufsichtsrat für die gleiche Dauer ist zulässig.
   b. Über Abschluß und Inhalt der Anstellungsverträge mit Vorstandsmitgliedern entscheidet der Aufsichtsrat durch Beschluß. Sie werden vom Aufsichtsratsvorsitzenden für die Genossenschaft unterzeichnet. Sie dürfen höchstens auf die Dauer der Bestellung abgeschlossen werden und können auch im Falle des Widerrufs der Bestellung nur aus wichtigem Grund gekündigt werden, es sein denn, daß der Vertrag ausdrücklich etwas Anderes bestimmt.
2. Die Mitglieder des Vorstandes sind der Genossenschaft gegenüber verpflichtet, diejenigen Beschränkungen einzuhalten, die ihnen durch Gesetz, durch Statut, eine Geschäftsordnung des Vorstandes oder durch ihren Anstellungsvertrag auferlegt sind.
3. Jeweils zwei Vorstandsmitglieder oder ein Vorstandsmitglied gemeinsam mit einem Prokuristen vertreten die Genossenschaft. Ist ein hauptamtliches Vorstandsmitglied bestellt, so vertritt dieses die Genossenschaft allein.
4. Der Vorstand leitet die Genossenschaft in eigener Verantwortung nach Maßgabe der Gesetze und dieses Statuts und hat die ihm obliegenden Pflichten mit der Sorgfalt eines ordentlichen und gewissenhaften Geschäftsleiters zu erfüllen. Er hat dabei insbesondere auch die Pflicht, für eine ordnungsmäßige und zuverlässige Erbringung der Leistungen der Genossenschaft an die Mitglieder einschließlich deren Betreuung zu sorgen.
5. Der Vorstand hat dem Aufsichtsrat auf Verlangen jederzeit in den Angelegenheiten der Genossenschaft zu berichten und in den Sitzungen des Aufsichtsrats jedes Vierteljahr Auskunft zu erteilen sowie dem Aufsichtsrat jedes Vierteljahr eine Aufstellung zur Verfügung zu stellen, nämlich:
   a. zur Geschäftsentwicklung der Genossenschaft seit der vorhergehenden Aufstellung (jeweils mit Zwischenabschluß);
   b. zu den Gesamtverbindlichkeiten der Genossenschaft (einschl. Verbindlichkeiten aus Wechseln und Bürgschaften);
   c. zu den von der Genossenschaft gewährten Krediten;
   d. zum geplanten Investitions- und Kreditbedarf.
6. Die Generalversammlung ist berechtigt, die Bestellung eines Vorstandsmitgliedes jederzeit nach Maßgabe der gesetzlichen Bestimmungen zu widerrufen. Der Aufsichtsrat kann das

betreffende Vorstandsmitglied bis zur Entscheidung durch die Generalversammlung vorläufig gemäß § 40 Genossenschaftsgesetz des Amtes entheben; ein solcher Beschluß bedarf einer Mehrheit von drei Vierteln aller Mitglieder des Aufsichtsrats.
Für die ordentliche Kündigung des Anstellungsvertrages eines Vorstandsmitglieds ist der Aufsichtsrat, vertreten durch seinen Vorsitzenden, zuständig. Eine außerordentliche Kündigung aus wichtigem Grund fällt in die Zuständigkeit der unverzüglich einzuberufenden Generalversammlung, die vor ihrer Entscheidung dem betreffenden Vorstandsmitglied Gehör zu gewähren hat.

§ 14 Beschlüsse des Vorstands

1. Der Vorstand faßt seine Beschlüsse mit der Mehrheit aller seiner Mitglieder. Bei Stimmengleichheit gilt ein Antrag als abgelehnt. Der Aufsichtsrat kann dem Vorstand nach dessen Anhörung eine Geschäftsordnung geben.
2. Beschlüsse des Vorstands sind im Wortlaut in eine Niederschrift aufzunehmen, die über jede Vorstandssitzung zu fertigen ist. Die Niederschriften sind mit dem jeweiligen Datum zu versehen und von den Vorstandsmitgliedern zu unterzeichnen, die an der Beschlußfassung mitgewirkt haben.
3. In allen Fällen kann der Vorstand auch außerhalb einer ordentlichen Sitzung Beschlüsse fassen, sofern dies schriftlich, fernschriftlich, telegrafisch, durch Telefax oder per e-mail geschieht, der Beschlußvorschlag jedem Vorstandsmitglied zugeht und kein Vorstandsmitglied dieser Form der Beschlußfassung widerspricht. E-mails sind auszudrucken, fortlaufend zu numerieren und bei den Genossenschaftsunterlagen aufzubewahren.
4. In Angelegenheiten, die die Interessen eines Vorstandsmitglieds, seines Ehegatten, seiner Eltern, seiner Kinder, seiner Geschwister oder einer von ihm kraft Gesetzes oder Vollmacht vertretenen Person berühren, ist das betreffende Vorstandsmitglied von Beratungen und Abstimmungen in einer Vorstandssitzung ausgeschlossen. Doch ist das Vorstandsmitglied vor einer Beschlußfassung zu hören.

§ 15 Aufsichtsrat

1. Der Aufsichtsrat besteht aus mindestens drei und höchstens fünf Mitgliedern. Die Mitglieder des Aufsichtsrats müssen Mitglieder der Genossenschaft sein. Sie sind ehrenamtlich tätig.
2. Die Generalversammlung wählt die Aufsichtsratsmitglieder für eine Amtszeit von zwei Jahren. Diese beginnt mit Schluß der Generalversammlung, in der die Wahl erfolgt ist und endet mit Schluß der Generalversammlung, die über die Entlastung für das dritte Geschäftsjahr nach der Wahl beschließt. Wiederwahl ist zulässig.
3. Scheiden Aufsichtsratsmitglieder vor Ablauf ihrer Amtszeit aus, sind durch eine unverzüglich einzuberufende Generalversammlung Ersatzwahlen vorzunehmen, wenn die Anzahl der verbliebenen Aufsichtsratsmitglieder die gesetzlich vorgeschriebene Mindestanzahl von drei unterschreitet. Für ein Aufsichtsratsmitglied, das im Wege der Ersatzwahl berufen wird, gilt die restliche Amtszeit des ausgeschiedenen Mitglieds.
4. Der Aufsichtsrat hat den Vorstand in seiner Geschäftsführung zu fördern, zu beraten und nach Maßgabe der gesetzlichen Bestimmungen, insbesondere §38 Genossenschaftsgesetz, zu überwachen. Zur Erfüllung seiner Aufgaben kann er sich dabei auf Kosten der Genossenschaft der Hilfe von Sachverständigen bedienen. Im Rahmen der Überwachung hat der Aufsichtsrat auch ein vom Vorstand aufzustellendes Jahresbudget zu prüfen und - nach freiem Ermessen - zu genehmigen; er ist ferner berechtigt, die vom Vorstand gemäß § 13 Absatz (5) überreichten Aufstellungen zu prüfen, jederzeit Angestellte der Genossenschaft zu den Angelegenheiten letzterer zu befragen sowie alle Unterlagen der Genossenschaft durch einen zur Berufsverschwiegenheit verpflichteten Dritten einzusehen und zu überprüfen.
5. Der Vorstand ist verpflichtet zu Beginn jedes Haushaltsjahrs den Mitgliedern einen Ertrags-, Aufwands- und Liquiditätsplan vorzulegen.

§ 16 Beschlüsse des Aufsichtsrats

1. Nach Konstituierung und jeweils nach Änderung seiner Zusammensetzung wählt der Aufsichtsrat aus seiner Mitte einen Vorsitzenden, einen Schriftführer und deren Vertreter.
2. Der Aufsichtsrat kann sich nach Anhörung des Vorstands eine Geschäftsordnung des Aufsichtsrats geben. Er kann auch aus seiner Mitte Ausschüsse bilden, wobei er deren

Mitgliederanzahl bestimmt und zugleich festlegt, ob der Ausschuß nur beratende oder auch entscheidende Befugnis haben soll.

3. Die Sitzungen des Aufsichtsrats beruft sein Vorsitzender unter Angabe der Tagesordnung ein und leitet sie, im Falle seiner Verhinderung dessen Vertreter. Der Aufsichtsrat hält mindestens vierteljährlich eine Sitzung ab. Eine Sitzung des Aufsichtsrats hat auch stattzufinden, wenn die Hälfte seiner Mitglieder oder der Vorstand schriftlich unter Angabe des Zwecks und der Gründe dies verlangen. Kommt der Aufsichtsratsvorsitzende oder gegebenenfalls sein Vertreter diesem Verlangen nicht nach, kann derjenige, der das Verlangen stellt, die Aufsichtsratssitzung unter Angabe der Erörterungsgegenstände selbst einberufen.
4. Der Aufsichtsrat ist beschlußfähig, wenn mehr als die Hälfte seiner Mitglieder in der Sitzung anwesend ist. Er faßt, soweit es das Gesetz oder dieses Statut nichts anderes bestimmen, seine Beschlüsse mit der Mehrheit der abgegebenen Stimmen. Bei Stimmengleichheit gilt ein Antrag als abgelehnt. Bei Wahlen hat in diesem Falle eine Losentscheidung stattzufinden. § 14 Absätze (2) bis (4) dieses Statuts finden auch auf Beschlüsse des Aufsichtsrats entsprechende Anwendung; die Niederschriften über die Beschlüsse sind allerdings nur vom Vorsitzenden des Aufsichtsrats zu unterzeichnen.

§ 17 Gemeinsame Sitzungen von Vorstand und Aufsichtsrat

1. Vorstand und Aufsichtsrat beraten gemeinsam und beschließen - nach den für sie jeweils geltenden Bestimmungen - in getrennter Abstimmung über
   a. die in den §§ 10 Absatz (3) und 19 Absatz (5) genannten Angelegenheiten;
   b. Erwerb, Belastung, Bebauung und Veräußerung von Grundstücken und ähnlichen Rechten;
   c. Abschluß von Verträgen von besonderer Bedeutung, insbesondere solchen, durch die wiederkehrende Verpflichtungen der Genossenschaft begründet werden, sowie solchen über Erwerb oder Veräußerung von Gegenständen, einschließlich Beteiligungen, gleich welcher Art, an anderen Unternehmen, im Wert von mehr als DM 50.000,00 (ohne Mehrwertsteuer) im Einzelfall oder pro Geschäftsjahr, soweit nicht im genehmigten Jahresbudget enthalten;
   d. von Darlehen, gleich welcher Art, durch die Genossenschaft, soweit diese im Einzelfall den Betrag von DM 100.000,-- übersteigen;
   e. Erteilung und Widerruf von Prokura;
   f. Aufnahme oder Aufgabe eines Geschäftszweigs;
   g. Errichtung von Zweigniederlassungen;
   h. Beitritt zu und Austritt aus Verbänden und anderen Organisationen.
2. Gleichermaßen entscheiden Vorstand und Aufsichtsrat in folgenden Angelegenheiten des Unternehmensgegenstandes:
   a. Allgemeine Bestimmungen für die Inanspruchnahme von Genossenschaftsleistungen und für die Benutzung von Gemeinschaftseinrichtungen;
   b. Bericht über die gesetzliche Prüfung und die insoweit zu treffenden Maßnahmen.
3. Gemeinsame Sitzungen des Vorstands und des Aufsichtsrats finden mindestens halbjährlich statt. Der Aufsichtsratsvorsitzende oder sein Vertreter leiten diese Sitzungen. Beide Organe müssen nach den für sie jeweils geltenden allgemeinen Bestimmungen dieses Statuts beschlußfähig sein. Die getrennten Abstimmungen richten sich für jedes einzelne Organ nach den für dieses geltenden Bestimmungen, wobei zur Annahme eines Antrages die erforderliche Mehrheit in beiden Organen erreicht sein muß. § 14 Absätze (2) bis (4) dieses Statuts finden auf Beschlüsse der beiden Organe entsprechende Anwendung; die Beschlüsse sind allerdings in einer gemeinsamen Niederschrift festzuhalten und nur vom Vorsitzenden des Aufsichtsrats und hauptamtlichen Vorstandsmitglied bzw., sollte es ein solches nicht geben oder dieses verhindert sein, vom nach Lebensjahren ältesten Vorstandsmitglied zu unterzeichnen.

§ 18 Generalversammlung

1. Die Mitglieder üben ihre Rechte in der Generalversammlung aus.
2. Die ordentliche Generalversammlung hat innerhalb des ersten Kalenderhalbjahres stattzufinden. Versammlungsort ist der Sitz der Genossenschaft; Vorstand und Aufsichtsrat können in gemeinsamer Sitzung (§ 17) etwas anderes beschließen. Eine außerordentliche Generalversammlung ist, abgesehen von den im Genossenschaftsgesetz oder in diesem Statut ausdrücklich bestimmten Fällen, ohne Verzug einzuberufen, wenn

mindestens ein Zehntel der Mitglieder dies unter Angabe des Zwecks und der Gründe durch schriftlichen Antrag verlangt.

3. Der Beschlußfassung der Generalversammlung unterliegen - neben den gesetzlich, insbesondere in §§16 und 48 Genossenschaftsgesetz, oder in diesem Statut bestimmten Angelegenheiten - die folgenden Angelegenheiten:
   a. Umwandlungen nach dem Umwandlungsgesetz;
   b. Umfang der Bekanntgabe des Prüfungsergebnisses und Prüfungsverbandes;
   c. Entlastung des Vorstands und des Aufsichtsrats.

Beschlüsse über Entlastung von Vorstand und von Aufsichtsrat müssen getrennt ergehen. Vorstands- und Aufsichtsratsmitglieder dürfen hierbei nicht mit abstimmen.

§ 19 Beschlüsse der Generalversammlung

1. Die Generalversammlung wird durch den Vorstand oder mit seiner Zustimmung durch den Vorsitzenden des Aufsichtsrats einberufen.
   a. Die Einladung erfolgt, vom Einladenden unterzeichnet, schriftlich an sämtliche Mitglieder. Zwischen Absendung der Einladung und dem Tage der Generalversammlung muß eine Frist von mindestens vierzehn Kalendertagen liegen, wobei der Tag der Generalversammlung nicht einzurechnen ist.
   b. Mit der Einberufung sind die Tagesordnung und insbesondere die Gegenstände der Beschlußfassung bekanntzugeben. Vorstands- und Aufsichtsratsmitglieder sowie mindestens ein Zehntel der Mitglieder können jeweils für sich unter Angabe von Zweck und Gründen eine Ergänzung der Tagesordnung und eine Erweiterung der Gegenstände der Beschlußfassung verlangen. Beschlüsse können nur gefaßt werden, wenn ihr Gegenstand spätestens am siebten Kalendertag vor der Generalversammlung bekanntgemacht worden ist. Von dieser Regelung ausgenommen sind Beschlüsse zum Versammlungsablauf und über Anträge auf Einberufung einer außerordentlichen Generalversammlung
2. Der Vorsitz der Generalversammlung obliegt dem Vorsitzenden des Aufsichtsrats oder seinem Vertreter. Der Versammlungsleiter ernennt einen Schriftführer und Personen zur Hilfe bei Stimmenauszählungen.
3. Jedes Mitglied hat eine Stimme und soll sein Stimmrecht persönlich oder durch seinen gesetzlichen oder bevollmächtigten Vertreter ausüben. Bevollmächtigte Vertreter haben ihre Vertretungsbefugnis in der Versammlung schriftlich nachzuweisen.
4. Die Beschlüsse der Generalversammlung werden mit einfacher Mehrheit der abgegebenen Stimmen gefaßt, soweit nicht das Gesetz oder dieses Statut eine größere Mehrheit vorschreiben. Einer Mehrheit von drei Vierteln der abgegebenen Stimmen bedürfen - außer in den gesetzlich geregelten Fällen - auch Beschlüsse der Generalversammlung über einen Widerruf der Bestellung von Mitgliedern des Vorstands.
5. Ein Beschluß über eine Umwandlung nach dem Umwandlungsgesetz, eine Auflösung oder eine Fortsetzung der Genossenschaft nach einem Auflösungsbeschluß bedarf - über die gesetzlichen und statutarischen Bestimmungen hinaus - zu seiner Gültigkeit einer nur zu diesem Zweck einberufenen Generalversammlung und der Anwesenheit mindestens der Hälfte der Mitglieder in dieser Versammlung. Wird diese Mitgliederzahl nicht erreicht, ist jede weitere innerhalb von drei Monaten zu demselben Beschlußgegenstand einberufene Generalversammlung ohne Rücksicht auf die Anzahl der erschienenen Mitglieder beschlußfähig. Weitere Voraussetzung ist stets, daß in der betreffenden Generalversammlung vor der Beschlußfassung ein - vom Vorstand rechtzeitig zu beantragendes - Gutachten des Prüfungsverbandes verlesen worden ist.
6. Jedem Mitglied sowie einem von einem Mitglied schriftlich Bevollmächtigten, zur Wahrung des Berufsgeheimnisses verpflichteten Angehörigen der wirtschafts-, steuer- und rechtsberatenden Berufe ist auf Verlangen in der Generalversammlung von Vorstand und Aufsichtsrat Auskunft über Angelegenheiten der Genossenschaft zu geben, soweit dies zur sachgemäßen Beurteilung des Gegenstands der Tagesordnung erforderlich ist. Erteilte Auskünfte sind vertraulich zu behandeln. Die Auskunft darf nur verweigert werden,
   a. soweit ihre Erteilung nach vernünftiger kaufmännischer Beurteilung geeignet ist, der Genossenschaft einen nicht unerheblichen Nachteil zuzufügen;
   b. soweit sie sich auf steuerliche Wertansätze oder die Höhe einzelner Steuern bezieht; oder
   c. soweit sich Vorstand oder Aufsichtsrat durch die Erteilung der Auskunft strafbar

machen oder eine Pflicht zur Geheimhaltung verletzen würden;
d. soweit das Auskunftsverlangen die persönlichen oder geschäftlichen Verhältnisse eines Dritten betrifft;
e. soweit es sich um arbeitsvertragliche Vereinbarungen mit Vorstandsmitgliedern oder Mitarbeitern der Genossenschaft handelt.

7. Bei Abstimmungen und Wahlen erfolgt die Stimmabgabe durch Handaufheben. Mit den Stimmen von einem Viertel der anwesenden Mitglieder kann geheime Abstimmung durch Stimmzettel beschlossen werden. Für die Feststellung eines Abstimmungsergebnisses werden nur die abgegebenen Stimmen gezählt. Enthaltungen und ungültige Stimmen bleiben unberücksichtigt. Bei Stimmengleichheit gilt ein Antrag als abgelehnt.
8. Für Wahlen können nur einzelne Personen vorgeschlagen werden; Listenwahlvorschläge sind nicht zulässig. Bei geheimer Wahl durch Stimmzettel kann jedes Mitglied so viele Stimmen abgeben, wie Ämter zu besetzen sind, indem auf dem Stimmzettel derjenige Bewerber angegeben wird, der die Stimme erhalten soll; für einen Bewerber kann jeder Wahlberechtigte nur eine Stimme abgeben. Erfolgt eine Wahl durch Handaufheben, ist nach den zu besetzenden Ämtern und über jeden Bewerber in einem besonderen Wahlgang abzustimmen; der vorhergehende Satz gilt entsprechend. Der Bewerber, der die meisten Stimmen auf sich vereinigt, ist gewählt. Er hat sich unverzüglich über die Annahme der Wahl zu erklären.
9. Über die Generalversammlung ist eine mit Datum versehene Niederschrift innerhalb von zwei Wochen nach der Versammlung herzustellen.
   a. In der Niederschrift sind Ort und Tag der Versammlung, der Name des Versammlungsleiters und seine Stellung in der Genossenschaft sowie die Art und das Ergebnis der Abstimmungen und die Feststellung des Versammlungsleiters über die Beschlußfassungen anzugeben. Beschlüsse sind im Wortlaut wiederzugeben, ohne daß dies Wirksamkeitsvoraussetzung für Beschlüsse ist.
   b. Zu Wahlen sind die Namen der Kandidierenden und die Anzahl der auf sie entfallenden Stimmen aufzunehmen; die Stimmzettel brauchen nicht aufbewahrt zu werden.
   c. In der Generalversammlung ist ein Verzeichnis der erschienenen oder vertretenen Mitglieder und der Vertreter von Mitgliedern mit Angabe ihres Namens und Wohnorts sowie ihrer Stimmenanzahl aufzustellen. Dieses Verzeichnis ist der Niederschrift über die Generalversammlung beizufügen.
   d. Die Niederschrift ist vom Vorsitzenden, den anwesenden Mitgliedern des Vorstands und dem Schriftführer zu unterschreiben. Die Niederschrift nebst Anlagen ist von der Genossenschaft aufzubewahren.
   e. Jedes Mitglied der Genossenschaft hat ein Recht zur Einsichtnahme in die Niederschrift.

IV. Jahresabschluß und Prüfung

§ 20 Jahresabschluß

1. Das Geschäftsjahr ist das Kalenderjahr. Das erste Geschäftsjahr läuft vom Tag der Eintragung der Genossenschaft bis zum Ende des betreffenden Kalenderjahres.
2. Nach Ablauf eines jeden Geschäftsjahres hat der Vorstand innerhalb von drei Monaten den Jahresabschluß (Bilanz sowie Gewinn- und Verlustrechnung mit Anhang) und den Lagebericht für das vorangegangene Geschäftsjahr aufzustellen. Bei der Aufnahme der Bestände für das jährlich zu errichtende Inventar wirkt der Aufsichtsrat soweit erforderlich mit.
3. Der Vorstand hat den Jahresabschluß mit Anhang und den Lagebericht unverzüglich, spätestens bis zum 30. April eines jeden Geschäftsjahres dem Aufsichtsrat zur Prüfung und danach mit den Bemerkungen des Aufsichtsrats der Generalversammlung zur Feststellung des Jahresabschlusses vorzulegen.
4. Der Jahresabschluß mit Anhang, der Lagebericht und der Bericht des Aufsichtsrats sind mindestens eine Woche vor der Generalversammlung in den Geschäftsräumen der Genossenschaft zur Einsicht der Mitglieder auszulegen oder ihnen auf andere Weise zur Kenntnis zu geben. Der Bericht des Aufsichtsrats über seine Prüfung ist in der Generalversammlung vorzutragen (§ 15 Absatz (5), letzter Satz).
5. Vorstand und Aufsichtsrat beschließen vor Aufstellung der Bilanz über die Ausschüttung einer Rückvergütung. Mit dem Beschluß erwächst den Mitgliedern ein Anspruch auf die Rückvergütung.

6. Die Generalversammlung beschließt über die Feststellung des Jahresabschlusses und die Verwendung des Jahresüberschusses. Der Reingewinn wird nach Abzug der in die gesetzliche Rücklage eingestellten Beträge unter die Mitglieder verteilt. Die Verteilung erfolgt für das erste Geschäftsjahr nach dem Verhältnis der auf den Geschäftsanteil geleisteten Einzahlungen, für jedes folgende Geschäftsjahr nach dem Verhältnis der Geschäftsguthaben, wie sie durch Zuschreibung von Gewinn oder Abschreibung von Verlust zum Schluß des vorhergehenden Geschäftsjahres jeweils zu ermitteln sind. Gewinnanteile werden dem Geschäftsguthaben solange zugeschrieben, bis der Geschäftsanteil erreicht oder nach seiner Verminderung infolge Abschreibung von Verlust wieder ergänzt ist.
7. Die Generalversammlung beschließt auch über die Deckung eines Jahresfehlbetrages. Soweit ein Fehlbetrag nicht auf neue Rechnung vorgetragen wird, ist die Deckung durch die gesetzliche Rücklage oder durch Abschreibung von den Geschäftsguthaben der Mitglieder oder beides zugleich vorzunehmen. Werden die Geschäftsguthaben zur Verlustdeckung herangezogen, bestimmt sich der Verlustanteil nach dem Verhältnis der Geschäftsguthaben zu Beginn des Geschäftsjahres, in dem der Jahresfehlbetrag aufgetreten ist.

§ 21 Prüfung der Genossenschaft, Prüfungsverband

1. Zur Feststellung der wirtschaftlichen Verhältnisse und der Ordnungsmäßigkeit der Geschäftsführung sind die Einrichtungen, die Vermögenslage und die Geschäftsführung der Genossenschaft nach den Bestimmungen des Genossenschaftsgesetzes zu prüfen. Die Prüfung führt der Prüfungsverband durch, dem die Genossenschaft angehört. Der Prüfungsverband kann aus besonderen Gründen oder auf Antrag der Genossenschaft auch außerordentliche Prüfungen vornehmen.
2. Die Prüfung schließt die Prüfung des Jahresabschlusses (Bilanz sowie Gewinn- und Verlustrechnung nebst Anhang) und des Lageberichts ein. Der Vorstand der Genossenschaft hat dem Prüfungsverband den Jahresabschluß nach der Feststellung durch die Generalversammlung spätestens bis zum 31. Mai des betreffenden Jahres in der vorgeschriebenen Weise einzureichen. Auch darüber hinaus ist der Vorstand der Genossenschaft verpflichtet, die Prüfung sorgfältig vorzubereiten und den Prüfern alle benötigten Unterlagen und Aufklärungen zur Verfügung zu stellen.
3. Über das Prüfungsergebnis haben Vorstand und Aufsichtsrat in gemeinsamer Sitzung (§ 17 des Statuts) unverzüglich nach Eingang des Prüfungsberichts zu beraten. Die Organe der Genossenschaft sind verpflichtet, den Beanstandungen und Auflagen des Prüfungsverbandes nachzukommen. Das zusammengefaßte Prüfungsergebnis wird den Mitgliedern spätestens drei Wochen nach Vorliegen des Prüfungsberichts, ggf. mit Erläuterungen des Aufsichtsrats, in schriftlicher Form per Briefpost zugesandt. Ferner liegen die Unterlagen im direkten Anschluß daran in den Geschäftsräumen der Genossenschaft zur Einsicht der Mitglieder aus.
4. Vertreter des Prüfungsverbandes sind zur beratenden Teilnahme an jeder Generalversammlung berechtigt. Ein Stimmrecht steht ihnen nicht zu.

V. Schlußbestimmungen

§ 22 Auflösung und Abwicklung

Nach der Auflösung ist die Liquidation der Genossenschaft gemäß den Bestimmungen des Genossenschaftsgesetzes vorzunehmen. Die Vermögensüberschüsse der Genossenschaft sind unter Beachtung der gesetzlichen Regelungen an die Mitglieder im Verhältnis ihrer Geschäftsguthaben zu verteilen.

§ 23 Bekanntmachungen

Die Bekanntmachungen der Genossenschaft werden unter ihrer Firma im Bundesanzeiger veröffentlicht. Die die Bekanntmachung veranlassende Person ist in der Bekanntmachung namentlich anzugeben.

§ 24 Gerichtsstand

Gerichtsstand für alle Streitigkeiten zwischen dem Mitglied und der Genossenschaft aus dem Mitgliedschaftsverhältnis ist das Amtsgericht oder das Landgericht am Sitz der Genossenschaft.

Frankfurt, 16. Juli 1998

Anlage 5. gTLD-MoU

gTLD-MoU - 28. Februar 1997

FESTLEGUNG EINES MEMORANDUMS OF UNDERSTANDING ÜBER

DEN GENERISCHEN TOP-LEVEL-DOMAINNAMENSRAUM DES

INTERNET-DOMAINNAMENSYSTEMS (gTLD-MoU)

Die Internet-Gemeinschaft (1997),

in der Erwägung,

daß das Internet-Domainnamensystem (DNS) für Suchmaschinen im Internet durch Aufteilung zwischen Namen, die der menschlichen Merkfähigkeit angepaßt sind, und den dazugehörigen darunterliegenden IP-Adressen entworfen wurde,
daß das DNS ein essentieller Bestandteil der Betriebsinfrastruktur des Internet ist und daß für den effizienten Betrieb des DNS und den Schutz der Interessen gegenwärtiger und zukünftiger Nutzer des Internet-Domainnamenplatzes DNS-Namen nach einer fairen, stabilen, systematischen und gerechten Methode geschaffen, gehandhabt und verwaltet werden müssen

in dem Bewußtsein,

daß das Wachstum des Internet zu einem Bedarf an weiterentwickelten Verfahrensweisen für die DNS-Zuweisung und Handhabung geführt hat,

daß durch die Handhabung und Verwaltung des DNS Angelegenheiten des Gemeinwohls aufgeworfen werden, die unter anderem die angemessene und gerechte Zuweisung von weltweiten Namensressourcen, das Marktangebot und den Zugang zu DNS-Registrierungsdienstleistungen sowie Belange in Zusammenhang mit geistigem Eigentum umfassen

daß diese Angelegenheiten bedeutende Verbesserungen bei Verwaltung und Handhabung des DNS erforderlich machen,

in der Erkenntnis

der einzigartigen Eigenschaften des Internet und die Dynamik seiner schnellen Entscheidungsfindungsprozesse, die seine Entwicklung erleichtert haben;

der Verantwortlichkeiten, die die Internet Assigned Numbers Authority (IANA), die Internet Society (ISOC) und andere verwandte Internet-Verwaltungsorgane gemäß ihren jeweiligen Funktionen und Kompetenzen bei der Schaffung und Verwaltung des DNS haben;

der Tatsache, daß auf Initiative der Internet Society und auf Bitte der Internet Assigned Numbers Authority (IANA) das International Ad Hoc Committee (IAHC, Internationaler Ad-Hoc-Ausschuß) gegründet und mit der Aufgabe betraut wurde, Empfehlungen für die Weiterentwicklung und Handhabung von Internet-Top-Level-Domains zu erarbeiten

in der Ansicht,

daß eine Notwendigkeit besteht, Weiterentwicklungen bei der Handhabung und Verwaltung des DNS insbesondere in bezug auf weltweite Namensressourcen, d. h. den Platz für den generischen Top-Level-Domain-(gTLD)-Namen einzuführen;

daß die gegenwärtigen und zukünftigen Internet-Namensraum-Beteiligten (Stakeholder) bei Registrierungsdienstleistungen für den gTLD-Namensraum aus einem sich selbst regulierenden und marktorientierten Ansatz den größten Nutzen ziehen;

daß durch diesen marktorientierten Ansatz bei Registrierungsdienstleistungen für den gTLD-Namensraum eine weltweite Verteilung der Registerführer vorgesehen werden sollte;

daß der angemessenste Rahmen für internationale Maßnahmen in bezug auf den gTLD-Namensraum eine sich selbst regulierende Struktur im Rahmen eines freiwilligen Memorandums of Understanding (MoU) ist;
daß diese sich selbst regulierende Struktur in der Lage sein sollte, sich im Laufe der Zeit weiterzuentwickeln, um veränderten Umständen Rechnung zu tragen;

daß juristische Personen sowohl aus dem öffentlichen als auch aus dem privaten Bereich gebeten werden sollten, das MoU auf freiwilliger Grundlage zu unterzeichnen;

daß durch das MoU ein Policy Oversight Committee (Maßnahmenbeaufsichtigungsausschuß) eingerichtet werden soll, der aus Einzelpersonen besteht, von denen allgemein anerkannt wird, daß sie gemeinsam in bezug auf die betreffenden Angelegenheiten den entsprechenden Sachverstand und das entsprechende Fachwissen aufweisen; dieser Ausschuß übt auf der Grundlage der für Inhaber von Ämtern des öffentlichen Vertrauens geltenden Praktiken und Normen die notwendigen Beaufsichtigungsmaßnahmen im Rahmen des Gemeinwohls aus;

daß durch das MoU ein formaler Mechanismus für Unterzeichner eingerichtet wird, die sich aus der größtmöglichen Bandbreite von Interessengruppen in Zusammenhang mit dem Internet rekrutieren, mit dem der Maßnahmenbeaufsichtigungsausschuß bei Angelegenheiten in bezug auf allgemeine Maßnahmen in Zusammenhang mit gTLDs und dem DNS beraten wird;

daß die Dynamik der schnellen Entscheidungsfindungsprozesse, die die Entwicklung des Internet erleichtert haben, berücksichtigt werden sollte, und deshalb die Fähigkeit der sich selbst regulierenden Struktur zur rechtzeitigen Entscheidungsfindung durch die Einbeziehung einer großen Bandbreite von zugeführten Anregungen in bezug auf Maßnahmen nicht behindert werden sollte;

daß der Schlußbericht des International Ad Hoc Committee (IAHC, Internationaler Ad-Hoc-Ausschuß) vom 4. Februar 1997 angemessene Empfehlungen für die Erreichung dieser Ziele enthält,

in der weiteren Erkenntnis,

daß gemäß den grundlegenden Bestimmungen der Konstitution der Internationalen Fernmeldeunion (ITU) zu den Aufgaben und Funktionen der ITU gehört,

daß die internationale Zusammenarbeit zwischen allen Mitgliedstaaten und Sektorenmitgliedern der Union zum Zweck der Verbesserung und rationalen Nutzung von Telekommunikation aller Art aufrecht erhalten und ausgeweitet werden soll,

daß die Entwicklung technischer Anlagen und deren möglichst effizienter Betrieb mit dem Ziel gefördert werden sollen, Telekommunikationsdienste zu verbessern, ihre Nützlichkeit zu erhöhen und sie so weit wie möglich der Öffentlichkeit zur Verfügung zu stellen

daß die Verbreitung der Vorteile der neuen Telekommunikationstechnologien gefördert werden sollen, damit sie der gesamten Weltbevölkerung zugute kommen,

ersucht den Generalsekretär der ITU

das gTLD-MoU unter einschlägigen juristischen Personen sowohl aus dem öffentlichen als auch aus dem privaten Bereich zusammen mit einer Aufforderung zur Unterzeichnung, falls sie dies wünschen, in Umlauf bringt,

als Hinterlegungsstelle des gTLD-MoU fungiert und in regelmäßigen Abständen eine aktualisierte Liste der Unterzeichner veröffentlicht und

die weitere Zusammenarbeit bei der Umsetzung des gTLD-MoU erleichtert, und

empfiehlt mit Nachdruck

den einschlägigen juristischen Personen sowohl aus dem öffentlichen als auch aus dem privaten Bereich, das gTLD-MoU zu unterzeichnen, und den Unterzeichnern, an seiner vollständigen Umsetzung aktiv mitzuwirken.

MEMORANDUM OF UNDERSTANDING ÜBER DEN GENERISCHEN TOP-LEVEL-DOMAINNAMENSRAUM DES INTERNET-DOMAINNAMENSYSTEMS ("gTLD-MoU")

Die Unterzeichner dieses Memorandums of Understanding ("gTLD-MoU") vereinbaren hiermit, gemäß ihren jeweiligen Funktionen und Kompetenzen auf freiwilliger Grundlage folgendermaßen zusammenzuarbeiten.

Die Unterzeichner vereinbaren folgendes:

I. ALLGEMEINE BESTIMMUNGEN

§ 1. - Begriffsbestimmungen

Es gelten folgende Begriffsbestimmungen:

a."Domainnamensystem" ("DNS") bezeichnet das System der Namensgebung im Internet nach der Definition in RFC 1591;
b."Top-Level-Domain" ("TLD") bezeichnet die höchste Stufe der Domainnamenhierarchie nach der Definition in RFC 1591;
c."Second-Level-Domain" ("SLD") bezeichnet die Stufe von Domainnamen, die sich unmittelbar unter den TLDs befindet;
d."generische Top-Level-Domains" ("gTLDs") bezeichnet die TLDs ".com", ".org", ".net" nach der Definition in RFC 1591 sowie die unter der Schirmherrschaft der Unterzeichner des vorliegenden MoU oder aufgrund dieser Schirmherrschaft eingerichteten TLDs;
e."Registerführung" bezeichnet die Funktionen und Aktivitäten, die mit der Verwaltung einer TLD im Domainnamensystem verbunden sind, und umfaßt alle Dienstleistungen, die für die Zuweisung und Wartung dieser TLD und ihrer Registrierungen benötigt werden;
f."Registerführer" bezeichnet die juristische Person, die befugt ist, als Reaktion auf die Bitte von juristischen Personen, die eine SLD (Second-Level-Domain) zugewiesen bekommen möchten, auf die durch eine Registerführung gewarteten SLD-Daten zuzugreifen und sie zu ändern;
g."Council of Registrars" ("CORE", Rat der Registerführer) bezeichnetet die Betriebsorganisation, die aus Registerführern besteht, die zur Verwaltung von Zuweisungen unter gTLDs befugt sind;
h."CORE-gTLD" bezeichnet jede gTLD, die zu einem bestimmten Zeitpunkt diesem MoU unterworfen ist;
i."CORE-MoU" bezeichnet das Memorandum of Understanding, durch das CORE-gTLDs und die Maßnahmen, im Rahmen derer der CORE handelt, festgelegt werden;
j."Administrative Domain Name Challenge Panels" ("ACPs", Verwaltungsgremien für Einwendungen gegen Domainnamen) bezeichnet die im Rahmen des vorliegenden MoU eingerichteten Gremien, die sich mit den Einwendungen Dritter gegen die Zuweisung von Second-Level-Domainnamen befassen;

§ 2. - Grundsätze

Folgende Grundsätze werden angenommen:

a.der Platz für den Internet-Top-Level-Domain-(TLD)-Namen ist eine öffentliche Ressource und unterliegt dem öffentlichen Vertrauen;
b.jegliche Verwaltung, Nutzung und/oder Weiterentwicklung des TLD-Platzes im Internet ist eine Angelegenheit des Gemeinwohls und sollte im Interesse und zum Nutzen der Öffentlichkeit durchgeführt werden;
c.bei der Abwägung des Gemeinwohls ist es notwendig, die Interessen der gegenwärtigen und zukünftigen Beteiligten am Internet-Namensraum auszugleichen und zu vertreten;
d.die gegenwärtigen und zukünftigen Beteiligten am Internet-Namensraum können bei Dienstleistungen zur Domainnamenregistrierung im Internet aus einem sich selbst regulierenden und marktorientierten Ansatz den größten Nutzen ziehen;
e.bei Registrierungsdienstleistungen für den gTLD-Namensraum sollte eine weltweite Verteilung der Registerführer vorgesehen werden;
f.es wird eine Maßnahme umgesetzt, die beinhaltet, daß ein Second-Level-Domainname in irgendeinem der CORE-gTLDs, der mit einer alphanumerischen Zeichenkette, die im Sinne dieser Politik als international bekannt gilt, identisch ist oder eine starke Ähnlichkeit mit ihr aufweist, und für die nachweisbare Rechte an geistigem Eigentum bestehen, nur durch den Eigentümer oder mit der Bevollmächtigung des Eigentümers dieser nachweisbaren Rechte an geistigem Eigentum innegehabt oder genutzt werden kann. Die mögliche Nutzung eines solchen

Second-Level-Domainnamens durch einen Dritten, der im Sinne dieser Maßnahme als mit genügend Rechten ausgestattet gilt, muß auf angemessene Weise erwogen werden.

II. SICH SELBST REGULIERENDE RAHMENSTRUKTUR

§ 3. - Durch das vorliegende MoU eingerichtete oder mit dem vorliegenden MoU in Zusammenhang stehende Organe

Die sich selbst regulierende Rahmenstruktur im Rahmen des vorliegenden MoU besteht aus

der Hinterlegungsstelle des TLD-MoU

einem gTLD Policy Advisory Body (PAB)

einem gTLD Policy Oversight Committee (POC)

einem Council of Registrars (CORE)

Administrative Domain Name Challenge Panels (ACPs)

§ 4. - Hinterlegungsstelle

Die Vertragsparteien vereinbaren, daß der Generalsekretär der ITU die Hinterlegungsstelle dieser Urkunde ist. Die Funktion der Hinterlegungsstelle beinhaltet:

a.das Inumlaufbringen des vorliegenden MoU bei einschlägigen juristischen Personen sowohl aus dem öffentlichen als auch aus dem privaten Bereich, die eine große Bandbreite von Interessen am Internet-gTLD-Namensraum vertreten; dazu gehören u. a. einschlägige Organisationen und Organe in Zusammenhang mit dem Internet, Herausgeber von Software, Diensteanbieter und Provider, zwischen Regierungen eingerichtete Organisationen, Regierungsstellen und Behörden, regionale Stellen und Behörden sowie Nichtregierungsorganisationen und Hersteller; dieses Inumlaufbringen ist mit einer Aufforderung zur Unterzeichnung, falls sie dies wünschen, verbunden:
b.die Führung und regelmäßige Veröffentlichung einer aktualisierten Liste der Unterzeichner;
c.die Erleichterung einer weiteren Zusammenarbeit bei der Umsetzung des vorliegenden gTLD-MoU.

Die Unterzeichner können auf Aufforderung durch die Hinterlegungsstelle oder des gTLD Policy Oversight Committee (siehe § 6) unterzeichnen.

§ 5. - gTLD Policy Advisory Body (PAB)

a.Die Unterzeichner des vorliegenden MoU können sich dafür entscheiden, freiwillig an einem gTLD Policy Advisory Body (PAB) teilzunehmen, das in regelmäßigen Abständen entweder persönlich oder online zusammentritt.
b.Die Funktion des Policy Advisory Body besteht darin, dem Policy Oversight Committee (siehe § 6) Empfehlungen bei Angelegenheiten in bezug auf die allgemeine Politik in Zusammenhang mit gTLDs und dem DNS zu unterbreiten und den Policy Oversight Committee in bezug auf Änderungen des vorliegenden MoU und des CORE-MoU zu beraten.
c.Bei der Festlegung ihrer Empfehlungen an den POC gehen die Vertragsparteien nach dem ungefähren Konsensprinzip vor.

§ 6. - gTLD Policy Oversight Committee (POC)

a.Es wird ein Ausschuß eingerichtet, um die Überwachung des CORE und der CORE-gTLDs durchzuführen und in Übereinstimmung mit dem vorliegenden MoU Maßnahmen für den CORE und seine Registerführer festzulegen; er besteht aus Einzelpersonen und Experten, von denen allgemein anerkannt wird, daß sie gemeinsam in bezug auf die betreffenden Angelegenheiten den entsprechenden Sachverstand und das entsprechende Fachwissen aufweisen, um die notwendigen Maßnahmenüberwachungsfunktionen wahrzunehmen.
b.Dieser Ausschuß ist das gTLD Policy Oversight Committee (POC); es hält die Praktiken und Normen ein, die bei der Ausübung einer Funktion des öffentlichen Vertrauens gelten.

c.Das POC trifft Entscheidungen nur, wenn durch mindestens 67% seiner Mitglieder, die anwesend oder durch Vollmacht vertreten werden, Beschlußfähigkeit hergestellt ist. Für Beschlüsse des POC ist eine Mehrheit von mindestens 67% der insgesamt abgegebenen Stimmen erforderlich.
d.Die Urkunde, die zur Ausübung der Überwachung des CORE und der CORE-gTLDs sowie zur Festlegung von Maßnahmen in Übereinstimmung mit dem vorliegenden MoU verwendet wird, ist das CORE-MoU, das vom POC und allen CORE-gTLD-Registerführern unterzeichnet wurde.
e.Das POC legt durch die Unterzeichnung des CORE-MoU das erste Inkrafttreten des CORE-MoU fest; vor der Unterzeichnung durch das POC können keine Änderungen wirksam werden.
f.Das POC konsultiert das PAB und den CORE bei der Wahrnehmung seiner Verantwortlichkeiten.
g.Die folgenden Gruppen und Organisationen ernennen die jeweils angegebene Anzahl von Mitgliedern des Policy Oversight Committee; die Ernannten sind nicht notwendigerweise Mitglied der jeweiligen Gruppe oder Organisation.

i. Internet Assigned Numbers Authority (IANA) - 2

ii. Internet Society (ISOC) - 2

iii. Vertreter der Hinterlegungsstelle des vorliegenden MoU - 1

iv. Internet Architecture Board (IAB) - 2

v. Council of Registrars (CORE) - 2

vi. Internationale Fernmeldeunion (ITU) - 1

vii. World Intellectual Property Organization (WIPO, Weltorganisation zum Schutze des geistigen Eigentums) - 1

viii. International Trademark Association (INTA, Internationaler Warenzeichenverband) - 1

Bis zur Schaffung des CORE besteht ein interim Policy Oversight Committee (iPOC, vorläufiger Maßnahmenüberwachungsausschuß), der aus den ordentlichen Mitgliedern (d. h. denen, die es nicht von Amts wegen sind) des International Ad Hoc Committee (IAHC, internationaler Ad-Hoc-Ausschuß), die von der IANA, dem ISOC, dem IAB, der ITU, der WIPO und dem INTA ernannt worden sind. Der iPOC löst sich auf, wenn der CORE seine Vertreter bei seiner ersten Vollversammlung ernennt; die vorstehenden Gruppen und Organisationen werden gebeten, zu diesem Zeitpunkt ihre Vertreter zu ernennen.

h.Die reguläre Dauer der Mitgliedschaft im Policy Oversight Committee beträgt drei Jahre; hierbei gilt jedoch ebenfalls, daß die ursprüngliche Amtszeit die untenstehende Dauer aufweist, so daß es zu gestaffelten Amtszeiten kommt:

ursprüngliche Amtszeit 1 Jahr: CORE, IAB, IANA, ISOC (je ein Vertreter)

ursprüngliche Amtszeit 2 Jahre: Vertreter der MoU-Hinterlegungsstelle, ITU, WIPO, INTA

ursprüngliche Amtszeit 3 Jahre: CORE, IAB, IANA, ISOC (je ein Vertreter)

Die vorstehenden Gruppen und Organisationen, die zwei Vertreter haben, legen fest, welcher ihrer Vertreter für welche Amtszeit (1 Jahr oder 3 Jahre) ernannt wird. Darüber hinaus bemüht sich jede Gruppe oder Organisation, bei der Ernennung ihres Vertreters bzw. ihrer Vertreter für gerechte geographische Verteilung zu sorgen.

i. Das Policy Oversight Committee arbeitet mit dem Exekutivausschuß des CORE zusammen, um die Durchsetzung der Anforderung sicherzustellen, daß jeder Registerführer in jeglicher Hinsicht gemäß den Anforderungen des vorliegenden MoU und des CORE-MoU handelt.

j.Das Policy Oversight Committee kann von Zeit zu Zeit

i.die Anzahl von gTLDs ändern und Namen neuer gTLDs genehmigen
ii.die Anzahl von Registerführern ändern, mit der Maßgabe, daß die weltweite geographische Verteilung der Registerführer erhalten bleibt

iii.neue Antragsbedingungen für juristische Personen, die Registerführer werden möchten; dazu gehören u. a. Bestimmungen zur Beitragsfestsetzung und Beitragserhebung durch den CORE und alle anderen Dienstleistungen, die er in dem Umfang erbringt, wie er es von Zeit zu Zeit festlegt
iv.dem PAB Änderungen des vorliegenden MoU vorschlagen; dies beinhaltet Änderungen in der Zusammensetzung des Policy Oversight Committee, ist aber nicht darauf beschränkt
v.streicht nach Beratung mit dem PAB und dem CORE Registerführer, die nicht gemäß den Anforderungen des vorliegenden MoU und des CORE-MoU handeln.

§ 7. - CORE

a.Eine aus anerkannten Registerführern bestehende Betriebsorganisation für die Handhabung von Zuweisungen unter gTLDs wird unter dem Namen „Council of Registrars ("CORE") eingerichtet.
b.Der CORE wird nach Schweizer Recht als Schweizer Verein gemäß den Paragraphen 60 - 79 des Schweizer Zivilgesetzbuchs eingetragen.
c.Um als Registerführer in der durch das vorliegende MoU festgelegten Weise zu handeln und Zugang zu CORE-gTLDs zu haben, müssen Registerführer Unterzeichner des CORE-MoU und Mitglieder des CORE sein.
d.Der CORE legt Erfordernisse fest, nach denen jeder Registerführer in jeder Hinsicht nach diesem MoU, des CORE-MoU und den Beschlüssen des Policy Oversight Committee handeln muß, und setzt diese Erfordernisse durch.
e.Jeder CORE-gTLD-Registerführer kann unter der Voraussetzung des zuverlässigen Gebrauchs in der Reihenfolge des Eingangs von Anträgen Second-Level-Domains (SLDs) in jeder gTLD zuweisen, die nach diesem MoU und des CORE-MoU beschrieben oder geschaffen werden.

§ 8 - Administrative Domain Name Challenge Panels (ACPs)

a.Administrative Domain Name Challenge Panels (ACPs) werden eingerichtet, um die in § 2, Absatz (f) angegebenen Maßnahmen durchzuführen.
b.Die Verfahrensweisen für die Schaffung der ACPs und der Erhebung von Einwendungen vor den ACPs werden im CORE-MoU festgelegt; das CORE-MoU legt insbesondere fest, daß die Registerführer verpflichtet sind, alle Entscheidungen von ACPs anzuerkennen und umzusetzen. Die Verfahrensweisen für die Schaffung der ACPs und der Erhebung von Einwendungen vor den ACPs werden vom World Intellectual Property Organization Arbitration and Mediation Center (Schiedsgerichts- und Schlichtungszentrum der Weltorganisation zum Schutze des geistigen Eigentums, WIPO) in Genf (Schweiz) durchgeführt. Beschäftigte der WIPO können nicht Mitglieder eines ACP sein.
c.Durch Entscheidungen eines ACP kann die Befugnis der zuständigen nationalen oder regionalen Gerichte auf Verhandlung von Rechtssachen unter Auslegung und Durchsetzung internationaler Rechte an geistigem Eigentum, die unter ihre Zuständigkeit fallen, nicht eingeschränkt, berührt oder aufgehoben werden. Gleichfalls hindert dieser Paragraph keine Partei daran, irgendeinen solchen Rechtsfall vor das nationale oder regionale Gericht zu bringen, vor das sie anderenfalls gebracht werden könnten, und auch nicht daran, Schiedsgerichts- oder Schlichtungsverfahren anzustrengen, die anderweitig verfügbar sind.

III. STRUKTUR DES gTLD-DNS

§ 9. - gTLDs

a.Mit Inkrafttreten des vorliegenden MoU wird durch das iPOC [siehe § 6, Absatz (g)] ein zusätzlicher Satz gTLDs über die bereits bestehenden gTLDs ".com", ".org" und ".net" im DNS hinaus geschaffen und nach diesem MoU und dem CORE-MoU verwaltet.
b.Beschließt das POC nach Beratung mit dem PAB und dem CORE zu einem späteren Zeitpunkt, daß den Interessen der Nutzer des Internet mit der Schaffung zusätzlicher gTLDs innerhalb des DNS über die gemäß Absatz (a) geschaffenen gTLDs hinaus am besten gedient wäre, wird gegebenenfalls jede zusätzliche gTLD nach diesem MoU und dem CORE-MoU verwaltet. Jede zusätzlich geschaffene gTLD besteht aus einem alphanumerischen Identifikator aus drei oder mehr Zeichen.

§ 10. - Nicht diesem MoU unterliegende TLDs

a.Bis zum Auslaufen oder der entsprechenden Änderung des Kooperationsabkommens, in dessen Rahmen die gTLDs ".com", ".org" und ".net" gegenwärtig verwaltet werden, unterliegen die gTLDs ".com", ".org" und ".net" nicht diesem MoU.

b.Solange die gTLDs ".com", ".org" und ".net" nicht diesem MoU unterliegen, gilt jeder Registerführer, der diese gTLDs verwaltet, nicht als gTLD-Registerführer im Sinne des vorliegenden MoU.
c.Der aus zwei Zeichen bestehende Top-Level-Domainname innerhalb des DNS, der für Abkürzungen von Ländernamen nach ISO 3166 unter bestehenden anerkannten Internet RFCs reserviert ist, unterliegt nicht diesem MoU.
d.Alle anderen Top-Level-Domainnamen, die nicht ausdrücklich im Satz „generischer" Top-Level-Domains enthalten sind, unterliegen nicht diesem MoU.

IV. VERWALTUNGSBESTIMMUNGEN

§ 8. Allgemeine Bestimmungen und Überprüfung

a.Zu den Unterzeichnern des vorliegenden MoU gehören in jedem Fall die Internet Society (ISOC), Reston, Virginia, USA, und die Internet Assigned Numbers Authority (IANA), Marina del Rey, Kalifornien, USA.
b.Das vorliegende MoU tritt an dem Datum in Kraft, an dem es sowohl durch die Internet Assigned Numbers Authority (IANA) als auch durch die Internet Society (ISOC) unterzeichnet worden ist.
c.Die Unterzeichner vereinbaren, in regelmäßigen Abständen die Ergebnisse und Konsequenzen ihrer Zusammenarbeit im Rahmen des vorliegenden MoU zu überprüfen, und wenn dies angemessen ist, die Notwendigkeit von Verbesserungen in ihrer Zusammenarbeit zu erwägen sowie dem Policy Oversight Committee durch das Policy Advisory Body geeignete Vorschläge für die Modifizierung und Aktualisierung der Vereinbarungen und des Umfangs des vorliegenden MoU mitzuteilen.
d.Änderungen des vorliegenden MoU werden vom Policy Oversight Committee nach Beratung mit dem PAB und dem CORE initiiert.
e.Eine Änderung des vorliegenden MoU tritt erst in Kraft, wenn es sowohl durch die Internet Assigned Numbers Authority als auch durch die Internet Society unterzeichnet worden ist; jede solche Änderung tritt am Datum ihrer Unterzeichnung in Kraft.

V. UNTERSCHRIFTEN

Ausgestellt in Genf

[Datum]

UNTERZEICHNER

____

Internet Assigned Numbers Authority

____

Internet Society

____

Andere

Anlage 6. CORE-MoU

MEMORANDUM OF UNDERSTANDING FÜR DEN COUNCIL OF REGISTRARS (CORE, RAT DER REGISTERFÜHRER) DES INTERNET („CORE-MoU")

In Erwägung

des in Genf am 1. Mai 1997 unterzeichneten Memorandum of Understanding über den generischen Top-Level-Domainnamensraum des Internet-Domainnamensystems („gTLD-MoU") und von § 7 des gTLD-MoU, der die Einrichtung eines Council of Registrars (nachstehend bezeichnet als „CORE", Rat der Registerführer) und die Unterzeichnung eines Memorandum of Understanding seitens der Registerführer vorsieht, in dem CORE-gTLDs und die Politik definiert werden, auf der Grundlage derer der CORE handeln muß

vereinbaren die Unterzeichner dieses Memorandum of Understanding (nachstehend bezeichnet als „CORE-MoU") hiermit folgendes:

ALLGEMEINE BESTIMMUNGEN

Artikel 1. Begriffsbestimmungen

in diesem Memorandum gelten die folgenden Definitionen:

„Domainnamensystem" („DNS") bezeichnet das System der Namensgebung im Internet nach der Definition in RFC 1591;

„Top-Level-Domain" („TLD") bezeichnet die höchste Stufe von Domainnamen nach der Definition in RFC 1591;

„Second-Level-Domain" („SLD") bezeichnet die Stufe von Domainnamen, die sich unmittelbar unter den TLDs befindet;

„generische Top-Level-Domains" („gTLDs") bezeichnet die TLDs „.com", „.org", „.net" nach der Definition in RFC 1591 sowie die in vorliegendem MoU oder im Rahmen seiner Befugnis eingerichteten TLDs;

„Registerführung" bezeichnet die Funktionen und Aktivitäten, die mit der Verwaltung einer TLD im Domainnamensystem verbunden sind, und umfaßt alle Dienstleistungen, die für die Zuweisung und Wartung dieser TLD und ihrer Registrierungen benötigt werden;

„Registerführer" bezeichnet die Instanz, die befugt ist, als Reaktion auf die Bitte von Instanzen, die eine SLD zugewiesen bekommen möchten, auf die durch eine Registerführung gewarteten Second-Level-Domain-(SLD)-Daten zuzugreifen und sie zu ändern;

„Council of Registrars" („CORE") bezeichnetet die Geschäftsorganisation, die aus Registerführern besteht, die zur Handhabung von Zuweisungen unter gTLDs bevollmächtigt sind;

„CORE-gTLD" bezeichnet jede gTLD, die zu einem bestimmten Zeitpunkt diesem MoU unterworfen ist;

„gTLD-MoU" bezeichnet das Memorandum of Understanding über den generischen Top-Level-Domainnamensraum des Internet-Domainnamensystems („gTLD-MoU");

„Administrative Domain Name Challenge Panels" („ACPs") bezeichnet die im Rahmen des gTLD-MoU eingerichteten Gremien, die sich mit den Einwendungen Dritter gegen die Zuweisung von Second-Level-Domainnamen befassen;

„POC" bezeichnet den durch das gTLD-MoU eingerichteten Policy Oversight Committee (Maßnahmenüberwachungsausschuß);

„iPOC" bezeichnet den durch das gTLD-MoU vorläufig eingerichteten POC;

„IAHC" bezeichnet den von ISOC und IANA eingerichteten internationalen Ad-Hoc-Ausschuß;

„PAB" bezeichnet das durch das gTLD-MoU eingerichtete Policy Advisory Body (Maßnahmenberatungsorgan);

„Verbundene Organisation" bezeichnet in bezug auf eine bestimmte juristische Person jegliche andere juristische Person, die diese direkt oder indirekt kontrolliert, von dieser oder indirekt kontrolliert wird oder mit dieser unter gemeinsamer Kontrolle steht;

„Kontrolle" über eine juristische Person bezeichnet den direkten oder indirekten Besitz der Macht, die Richtung der Leitung und der Politik einer solchen juristischen Person zu bestimmen oder ihre Bestimmung zu verursachen, und dies entweder durch das Eigentum an stimmberechtigten Wertpapieren oder anderen Beteiligungsrechten, durch die Vertretung in ihrem Board of Directors oder in einem Organ, das ähnliche Amtsbefugnisse hat, durch Vertrag oder anderweitig; die Bedeutungen der Begriffe „kontrollieren" und „kontrolliert" ergeben sich folgerichtig aus dem vorstehend Angegebenen;

„Hinterlegungsstelle" bezeichnet die primäre (Stamm-) Dateneinrichtung für eine Registerführung, und

„Registrierungsvertrag" bezeichnet den Vertrag, der die Zuweisung einer SLD an eine juristische Person durch einen Registerführer regelt.

Artikel 2. Grundsätze

Folgende im gTLD-MoU niedergelegten Grundsätze werden als Teil dieses CORE-MoU angenommen:

(a) der Platz für den Internet-Top-Level-Domain (TLD)-Namen ist eine öffentliche Ressource und unterliegt dem öffentlichen Vertrauen;

(b) jegliche Verwaltung, Nutzung und/oder Weiterentwicklung des TLD-Platzes im Internet ist eine Angelegenheit von öffentlichem Interesse und sollte im Interesse und zum Nutzen der Öffentlichkeit durchgeführt werden;

(c) bei der Rechts- und Wirtschaftsordnung in diesem Zusammenhang ist es notwendig, die Interessen der gegenwärtigen und zukünftigen Teilhaber am Internet-Namensraum auszugleichen und zu vertreten;

(d) die gegenwärtigen und zukünftigen Teilhaber am Internet-Namensraum können bei Dienstleistungen zur Domainnamenregistrierung im Internet aus einem sich selbst regulierenden und marktorientierten Ansatz den größten Nutzen ziehen;

(e) bei Dienstleistungen zur Registrierung für den gTLD-Namensraum sollte eine weltweite Verteilung der Registerführer vorgesehen werden;

(f) wie in der geltenden Fassung von Ziffer 2, Absatz (f) des gTLD-MoU angegeben wird eine Politik umgesetzt, die beinhaltet, daß ein Second-Level-Domainname in einem der CORE-gTLDs, der mit einer alphanumerischen Zeichenkette, die im Sinne dieser Politik als international bekannt gilt, identisch ist oder eine starke Ähnlichkeit mit ihr aufweist, und für die nachweisbare Rechte an geistigem Eigentum bestehen, nur durch den Eigentümer oder mit der Bevollmächtigung des Eigentümers dieser nachweisbaren Rechte an geistigem Eigentum innegehabt oder genutzt werden kann. Die mögliche Nutzung eines solchen Second-Level-Domainnamens durch einen Dritten, der im Sinne dieser Politik als mit genügend Rechten ausgestattet gilt, muß auf angemessene Weise erwogen werden.

Artikel 3. gTLDs

(a) Die CORE-gTLDs sind anfänglich die vom iPOC gemäß Ziffer 9, Absatz (a) des gTLD-MoU geschaffenen gTLDs; danach sind darunter alle zusätzlichen gemäß Ziffer 9, Absatz (b) des TLD-MoU geschaffenen gTLDs zu verstehen.

(b) Bis zum Auslaufen oder der entsprechenden Änderung des NSF-Kooperationsabkommens Nr. NCR-9218742, in dessen Rahmen die gTLDs „.com", „.org" und „.net" gegenwärtig verwaltet werden, unterliegen die gTLDs „.com", „.org" und „.net" nicht dem vorliegenden CORE-MoU.

(c) Solange die gTLDs „.com", „.org" und „.net" nicht dem vorliegenden MoU unterliegen, kann jeder Registerführer, der diese gTLDs verwaltet, im Sinne dieses CORE-MoU nicht als gTLD-Registerführer betrachtet werden.

(d) Der aus zwei Zeichen bestehende Top-Level-Domainname innerhalb des DNS, der für Abkürzungen von Ländernamen gemäß ISO 3166 unter bestehenden anerkannten Internet-RFCs reserviert ist, unterliegt nicht dem vorliegenden CORE-MoU.

AUSWAHL DER REGISTERFÜHRER

Artikel 4. Qualifikationen und Anträge der Registerführer

(a) Die Antragsteller für das Amt des Registerführers füllen ein Antragsformular aus, wodurch sie nachweisen, daß sie die in Anhang A des vorliegenden CORE-MoU angegebenen Anforderungen erfüllen und damit zur Unterzeichnung des vorliegenden CORE-MoU befähigt sind. Das Antragsformular wird unter http://www.gtld-mou.org/docs/application.htm angezeigt. Alle diese Anträge werden von einer unabhängigen Prüfstelle geprüft. Der iPOC bearbeitet die erste Runde von Anmeldungen von juristischen Personen, die einen Antrag für das Amt des Registerführers gestellt haben, oder veranlaßt ihre Bearbeitung.

(b) Wie in Ziffer 6, Absatz (j), Abschnitt (ii), (iii) und (v) des gTLD-MoU angegeben, kann der POC zu gegebener Zeit neue Antragsbedingungen für juristische Personen festlegen, die das Amt eines Registerführers ausüben möchten, und er kann nach Beratung mit dem PAB und dem CORE Registerführer streichen, die nicht gemäß den Anforderungen des gTLD-MoU und des CORE-MoU handeln. Bis der POC anderweitig entscheidet, gelten die Bestimmungen dieses Artikels für alle Anwendungen.

(c) Verbundene Organisationen können zusammen nur einen Antrag stellen. Die Frage, ob zwei oder mehrere Organisationen tatsächlich verbunden sind, wird für die erste Runde von Antragstellern durch den iPOC und danach durch den CORE untersucht.

(d) Ein Registerführer kann ohne die vorherige schriftliche Zustimmung des POC keines seiner Rechte und keine seiner Pflichten an eine andere juristische Person übertragen oder abtreten; der POC handelt vollständig nach eigenem Ermessen und im Interesse der Stabilität des DNS und des Internet im allgemeinen. Jegliche Änderung bei den Besitzverhältnissen oder der Kontrolle, die dazu führen würde, daß der Registerführer nicht die zu diesem Zeitpunkt geltenden Anforderungen für die Auswahl erfüllt, macht den Registerführer für die Ausübung seines Amts untauglich, und er hat nicht mehr das Recht, das Amt des Registerführers auszuüben.

STRUKTUR UND VERANTWORTLICHKEITEN DES CORE

Artikel 5. Struktur und Verantwortlichkeiten des CORE

(a) Jede juristische Person, die gemäß vorstehendem Artikel 4 als zur Unterzeichnung des CORE-MoU qualifiziert ausgewählt wird, wird Mitglied des CORE, und wenn sie den vom CORE festgelegten betrieblichen und technischen Anforderungen entspricht, wird sie Registerführer. Nach dem Beginn der Registrierungsaktivitäten seitens des CORE können nur Registerführer Mitglieder des CORE bleiben. Registerführer, und nur diese, nehmen an den laufenden Aktivitäten des CORE teil.

(b) Der CORE wird gemäß dem Recht der Schweiz als Schweizer Verein gemäß den Paragraphen 60 - 79 des Schweizer Zivilgesetzbuchs eingetragen.

(c) Außer in bezug auf die erste Runde von Anträgen auf Ausübung des Amts des Registerführers, die vom iPOC bearbeitet werden bzw. deren Bearbeitung durch den iPOC veranlaßt wird, bearbeitet der CORE alle Anträge von juristischen Personen, die die Ausübung des Amts des Registerführers beantragt haben, oder veranlaßt ihre Bearbeitung.

(d) Der CORE legt Anforderungen fest, nach denen jeder Registerführer in jeder Hinsicht gemäß diesem CORE-MoU handeln muß, und setzt diese Anforderungen durch.

(e) Der CORE legt die Maßnahmen und technischen Protokolle fest, die notwendig sind, um in bezug auf die Interaktion des Registerführers mit der CORE-Hinterlegungsstellen-Datenbank für die gTLD, unter der die SLD registriert wird, sicherzustellen, daß SLDs in der Reihenfolge eingegangener Anträge zugewiesen werden. Der CORE kann jedoch Maßnahmen und technische Protokolle dergestalt festlegen, daß die Hinterlegungsstellen Anträge von Registerführern auf SLDs so bearbeiten, daß die Reihenfolge nicht sichtbar wird. In ein und derselben gTLD werden SLDs nicht zweimal vergeben.

f.Der CORE unterhält Hinterlegungsstellen aller von den Registerführern registrierten SLDs und nimmt die Verfahrensweisen an, durch die am schnellsten korrekte und zuverlässige Hinterlegungsstellendienste umgesetzt werden. Für jede gTLD gibt es eine separate Hinterlegungsstelle. Der CORE stellt eine Anforderung auf, die beinhaltet, daß jeder Registerführer für jede durch diesen Registerführer registrierte SLD die in Anhang B des vorliegenden CORE-MoU angegebenen Daten zur Verfügung stellt, und setzt sie durch. Der CORE stellt die Daten an jeder Hinterlegungsstelle täglich aktualisiert zur Verfügung, so daß sie durch Suchmaschinen (z. B. whois) gesucht oder als komplette Datei im Internet heruntergeladen werden können (z. B. durch ftp). Der CORE erzeugt DNS-Zonendateien für die Nutzung durch DNS-Server.

g.Der CORE leistet dem POC (und seinen Vorläufern IAHC und iPOC) finanzielle Unterstützung bei der Erstattung von Auslagen in angemessener Höhe, die bei der Wahrnehmung der Verantwortlichkeiten dieser Organisationen tatsächlich entstanden sind. Der POC behält Anteile der von den Registerführern gezahlten Antragsgebühren in der Höhe zurück, die notwendig ist, um diese Auslagen zu erstatten, und der CORE und der POC einigen sich zu gegebener Zeit auf einen Etat für den POC, der durch Finanzmittel, die der CORE erhält, finanziert wird.

(h) Der CORE stellt sicher, daß seine Anwendung einer Technologie für digitale Unterschriften auf dem neuesten Stand der Technik ist. Der POC überprüft und genehmigt die Sicherheitsentwürfe des CORE.

(i) Der CORE stellt Anforderungen auf, die beinhalten, daß Registerführer SLDs in den CORE-gTLDs nicht für ihre eigenen Kunden oder für Kunden eines verbundenen Unternehmens zum Zweck des Handels mit SLDs zum Verkauf, Wiederverkauf oder Übertragung auf Antragsteller einrichten, und setzt sie durch.

(j) Der CORE richtet Verfahrensweisen ein und stellt Anforderungen für die Zahlung der in nachstehendem Artikel 6, Absatz (d), Abschnitt (ii) genau angegebenen Gebühren für die Registrierung von SLDs durch die Registerführer und setzt sie durch.

Artikel 6. Registrierungsmaßnahmen für SLDs in den gTLDs

Die folgenden Regeln gelten für die Registrierung von SLDs in den gTLDs durch Registerführer:

(a) Jeder Registerführer kann Anträge auf Zuweisung von SLDs in einer CORE-gTLD annehmen.

(b) Jeder Registerführer kann gegebenenfalls in seinem billigem Ermessen von ihm festgelegte Gebühren für die von ihm erbrachten Dienstleistungen berechnen.

(c) Jeder Registerführer schließt Registrierungsverträge und nimmt Anträge auf Zuweisung von SLDs nur auf Formularen an, die mindestens die in Anhang C dieses CORE-MoU angeforderten Informationen enthalten und in der festgelegten Sprache ausgefüllt sind.

(d) Einer juristischen Person wird erst dann eine SLD zugewiesen, wenn

(i) das erforderliche Antragsformular ordnungsgemäß ausgefüllt wurde, beim Registerführer eingegangen ist und von ihm akzeptiert wurde, und wenn

(ii) eine Gebühr pro SLD, die zu gegebener Zeit durch den CORE festgelegt wird, vom Registerführer gezahlt wurde und beim CORE eingegangen ist.

(e) Eine SLD bleibt nicht länger als ein Jahr gültig, wenn nicht ein jährlicher Beitrag für die Unterhaltung, der zu gegebener Zeit durch den CORE festgelegt wird, vom Registerführer der SLD gezahlt wurde und beim CORE eingegangen ist.

(f) SLDs werden an Antragsteller, die die entsprechenden Voraussetzungen erfüllen, gemäß in vorstehendem Artikel 5, Absatz (f) vergeben. Den Antragstellern werden keine diskriminierenden Bedingungen auferlegt. Die Registerführer bieten jedem Antragsteller die Möglichkeit an, den vom Antragsteller gewünschten Domainnamen für einen Zeitraum von bis zu 60 Tagen, bevor die Zuweisung des Domainnamens wirksam wird, zu veröffentlichen. Wenn diese Option akzeptiert wird, wird diese Tatsache Teil der ständigen Aufzeichnung über die Registrierung des Domainnamens des Antragstellers.

(g) CORE-Registerführer überprüfen Anträge auf Second-Level-Domainnamen nicht daraufhin, ob sie der in vorstehendem Artikel 2, Abschnitt (f) angegebenen Maßnahme entsprechen.

(h) Vor dem Entzug einer SLD, gleichgültig aus welchem Grund, setzt der CORE die registrierte juristische Person und den Registerführer davon in Kenntnis.

Artikel 7. Streitigkeiten zwischen Inhabern von Domainnamen und Dritten

(a) Die gemäß Ziffer 8 des gTLD-MoU eingerichteten ACPs operieren gemäß der vom WIPO Arbitration and Mediation Center (nachstehend bezeichnet als „WIPO Center") aufgestellten Geschäftsordnung, und wenden die wesentlichen in Anhang D dieses CORE-MoU angegebenen Richtlinien an.

(b) Die Registerführer nehmen in ihre Registrierungsverträge und Antragsformulare für die Zuweisung von SLDs folgende Absätze auf:

(I) Der Antragsteller erkennt an, daß kraft des gTLD-MoU jeder Dritte gegen die Zuweisung oder Nutzung des Domainnamens seitens des Antragstellers vor einem Administrative Domain Name Challenge Panel (Verwaltungsgremium für Einwendungen gegen Domainnamen, nachstehend bezeichnet als „ACP") gemäß den Regelungen des WIPO-ACP Einwendungen erheben kann. Darüber hinaus erkennt der Antragsteller an, daß die Entscheidung eines ACP die Rechte des Antragstellers und/oder anderer Parteien in bezug auf die Zuweisung, Registrierung und Nutzung eines bestimmten Domainnamens festlegen kann und erkennt die Entscheidungen des ACP als bindend an.

(II) Der Antragsteller erkennt an, daß jegliche Streitigkeit oder Kontroverse und jegliche Forderung (nachstehend bezeichnet als „Forderung") zwischen dem Antragsteller und einem Dritten, die aus diesem Antrag auf Registrierung, der Registrierung selbst und der Nutzung des Domainnamens entsteht oder damit in Zusammenhang steht, aufgrund eines durch diesen Dritten beim WIPO-Center gestellten Schlichtungsantrags einer Online-Schlichtung gemäß den WIPO-Online-Schlichtungsregeln unterworfen wird. Darüber hinaus erkennt der Antragsteller an, daß jegliche solche Forderung, wenn (a) sie nicht gemäß einer solchen Schlichtung innerhalb von 30 Tagen nach dem Beginn der Schlichtung beigelegt wurde oder (b) wenn vor Ablauf dieses Zeitraums von 30 Tagen eine der Parteien entweder nicht oder nicht mehr an der Schlichtung teilnimmt, aufgrund eines durch den Dritten gestellten Schiedsantrags durch ein Online-Schiedsgerichtsverfahren gemäß den beschleunigten WIPO-Online-Schiedsgerichtsregeln behandelt und endgültig entschieden wird. Dieses Schiedsgerichtsverfahren wird nicht angewendet, wenn der Antragsteller durch Ankreuzen des untenstehenden Kästchens die zwangsweise Unterwerfung unter das Schiedsgerichtsverfahren ablehnt. Wenn von den Parteien nicht anders festgelegt, ist Englisch die im Schlichtungs- oder Schiedsgerichtsverfahren verwendete Sprache. Unabhängig davon, ob die Parteien entscheiden, daß eine persönliche Anhörung notwendig ist, gilt als Ort des Schiedsgerichtsverfahrens, wenn von den Parteien nicht anders vereinbart, entweder der im Registrierungsvertrag angegebene Sitz des Antragstellers, oder der Sitz des Registerführers nach Wahl des Dritten.

Der Antragsteller lehnt eine zwangsweise Unterwerfung unter ein Schiedsgerichtsverfahren im Falle von im vorstehenden Abschnitt angegebenen Forderungen ab.

(c) Der Registerführer und der CORE arbeiten mit dem WIPO-Center zusammen, indem sie alle vom WIPO-Center im Zusammenhang einer Streitigkeit in bezug auf einen Domainnamen angeforderten Informationen oder Unterlagen umgehend zur Verfügung stellen; sie sind verpflichtet, alle ACP-Entscheidungen und die Ergebnisse jedes WIPO-Schiedsgerichts- und Schlichtungsverfahrens in bezug auf Second-Level-Domainnamen in den CORE-gTLDs anzuerkennen und umzusetzen.. Das WIPO-Center setzt den CORE und den bzw. die betreffenden Registerführer von allen Ergebnissen und Entscheidungen des ACP sowie von Schlichtungs- und Schiedsgerichtsverfahren, die ein Handeln des CORE erforderlich machen, in Kenntnis.

VERWALTUNGSBESTIMMUNGEN

Artikel 8. Allgemeine Bestimmungen und Überprüfung

(a) Dieses CORE-MoU tritt bei Unterzeichnung im Namen des iPOC in Kraft.

(b) Die Unterzeichner kommen überein, in regelmäßigen Abständen die Ergebnisse und Konsequenzen ihrer Zusammenarbeit im Rahmen des vorliegenden CORE-MoU zu überprüfen, und wenn dies angemessen ist, die Notwendigkeit von Verbesserungen in ihrer Zusammenarbeit zu erwägen sowie dem POC und dem PAB geeignete Vorschläge für die Modifizierung und Aktualisierung der Bedingungen und des Umfangs des vorliegenden CORE-MoU mitzuteilen.

(c) Der POC kann eine Änderung oder Änderungen des vorliegenden MoU nur nach Konsultation des PAB und des CORE initiieren. Eine Änderung des vorliegenden CORE-MoU tritt bei Unterzeichnung im Namen des POC in Kraft; es ist keine andere oder zusätzliche Unterschrift erforderlich.

(d) Auf das vorliegende CORE-MoU werden das Recht der Schweiz angewendet.

(e) Alle Streitigkeiten, Kontroversen oder Forderungen, die aufgrund des vorliegenden CORE-MoU, in Zusammenhang damit oder in Zusammenhang mit der Verletzung, Beendigung oder dem Bruch des vorliegenden CORE-MoU entstehen, werden durch ein Schiedsgerichtsverfahren gemäß den UNCITRAL-Schiedgerichtsverfahrensregeln in ihrer gegenwärtig geltenden Form beigelegt. Die ernennende Instanz ist der Generalsekretär des Ständigen Schiedsgerichtshofs. Es gibt einen einzigen Schlichter. Der Ort des Schiedsgerichtsverfahrens ist Genf. Die im Schiedsgerichtsverfahren benutzte Sprache ist Englisch. Die Streitigkeit, Kontroverse oder Forderung wird gemäß Schweizer Recht entschieden.

Artikel 9. Rechtliche Bestimmungen

Jeder Unterzeichner, der die Absicht hat, Registerführer zu werden (zur Unterscheidung vom iPOC nachstehend als „Registerführer" bezeichnet) erklärt sich mit folgendem einverstanden:

(a) Im Sinne dieser rechtlichen Vertragsbestimmungen bezeichnet der Begriff „Verwaltungsparteien" den CORE, alle anderen Registerführer, den POC (oder den iPOC wie im gTLD-MoU angegeben) und das PAB, sowie alle ihre Leiter, Amtsträger, Mitglieder, Beschäftigte, verbundenen Unternehmen und Vertreter.

(b) Der Registerführer bestätigt, daß er die unbeschränkte Macht und Befugnis einschließlich jeglicher unternehmensinterner Genehmigungen hat, die notwendig ist, um als Registerführer zu handeln.

(c) Die Aktivitäten des Registerführers im Rahmen des CORE stehen nicht (i) im Widerspruch zur Gründungsurkunde, Satzung oder anderen anwendbaren geltenden Dokumenten des Registerführers, stehen nicht im Widerspruch (ii) zu einem Mietvertrag, einer Verpflichtung, einem anderen Vertrag oder einer anderen Urkunde oder einer Verfügung, einem Gerichtsurteil oder einer Verordnung, an dem bzw. der der Registerführer als Partei beteiligt ist oder an den bzw. die er gebunden ist, und führen auch nicht zu seiner bzw. ihrer Verletzung, Beendigung oder Schlechterfüllung, darüber hinaus führen sie nicht (iii) zu einer Verletzung eines anwendbaren Rechts oder einer anwendbaren Bestimmung seitens des Registerführers.

(d) Der Registerführer verzichtet im rechtlich gestatteten Umfang auf alle Forderungen und anderen Rechtsmittel, die aus den Aktivitäten des CORE entstehen oder mit ihnen in Zusammenhang stehen, gegen die Verwaltungsparteien.

(e) Der Registerführer erklärt sich damit einverstanden, die Verwaltungsparteien für alle Verbindlichkeiten, Verpflichtungen, Schäden, Mängel, Verluste, Forderungen und Auslagen einschließlich Anwaltskosten in angemessener Höhe und andere bei der Untersuchung von und Verteidigung gegen jegliche Forderung, Klagen oder Ansprüchen, die aus einer falschen Angabe oder dem Bruch einer der Bestimmungen des vorliegenden CORE-MoU durch den Registerführer entstehen oder sich daraus ergeben, zu entschädigen, sie dagegen zu verteidigen und sie davon schadlos zu halten.

(f) Jeder Registerführer erklärt sich damit einverstanden, daß jede Forderung, die aus dem vorliegenden CORE-MoU entsteht oder in Zusammenhang damit steht, oder aus dem Bruch, der Beendigung oder der Ungültigkeit des vorliegenden CORE- MoU entsteht oder in Zusammenhang damit steht, durch ein Schiedsgerichtsverfahren gemäß den UNCITRAL-Schiedgerichtsverfahrensregeln in ihrer gegenwärtig geltenden Form beigelegt werden. Die ernennende Instanz ist der Generalsekretär des Ständigen Schiedsgerichtshofs. Es gibt einen einzigen Schlichter. Der Ort des Schiedsgerichtsverfahrens ist Genf. Die im Schiedsgerichtsverfahren benutzte Sprache ist Englisch. Die Forderung wird gemäß Schweizer Recht entschieden.

(g) Der Registerführer hat kein Eigentums-, Nutzungs- oder sonstiges Recht an einer gTLD oder in einer anderen SLD in den CORE-gTLDs als an den SLDs, die gegebenenfalls vom Registerführer für seinen eigenen Kunden registriert wurden.

UNTERSCHRIFTEN

Ausgefertigt in Genf

im Namen des interim Policy Oversight Committee

____

David W. Maher, Vorsitzender

Datum: ______________________

UNTERSCHRIFTEN DER REGISTERFÜHRER

____

Name des Registerführers in Schreibmaschinenschrift oder Druckbuchstaben

Unterschrift:__________________________________

Funktion:____________________________

Datum:__________________________________

ANHANG A

ANFORDERUNGEN FÜR DIE BERECHTIGUNG ZUR UNTERZEICHNUNG DES CORE-MoU

I. Jeder Antragsteller, der zur Unterzeichnung dieses CORE-MoU berechtigt sein und Registerführer werden möchte, muß die folgenden vier Bedingungen erfüllen, die einer unabhängigen Bestätigung unterliegen:

a.Der Antragsteller muß über eine allgemeine geschäftliche Haftpflichtversicherung über mindestens US$ 500.000 verfügen.
b.Der Antragsteller muß bestätigen, daß er für seine Registrierungsaktivitäten das Äquivalent von mindestens fünf Vollzeitbeschäftigten beschäftigen wird.
c.Der Antragsteller muß über mindestens US$ 300.000 an liquidem Kapital verfügen, das sofort auf den Namen des Antragstellers verfügbar ist. Das Kapital kann ein Bankkredit gegen Sicherheit oder ein Kreditrahmen bzw. Akkreditiv gegen Sicherheit von einer anerkannten Finanzinstitution oder jede andere Art von liquidem Kapital sein.

d.Der Antragsteller muß über eine bestehende SLD (Second-Level-Domain oder Third-Level-Domain, wenn sie unter einer Domain auf Länderebene gemäß ISO-3166 besteht) verfügen, die keine deutlichen Warnmeldungen hervorruft, wenn sie über http://www.gtld-mou.org/dnswalk.html geprüft wird. Der Inhaber wird durch Abfrage öffentlicher Datenbanken, die von bereits bestehenden Internet-Registerführern unterhalten werden, ermittelt.

II. Jedem Antrag muß eine Gebühr von US$ 10.000 beigefügt werden, und die Urkunde, durch die die Gebühr vorgelegt wird, muß zu einer tatsächlichen Zahlung an den CORE führen. Sollte sich herausstellen, daß der Antragsteller nicht berechtigt ist, wird diese Gebühr zurückerstattet.

III. Jeder Antragsteller ist verantwortlich für die Zahlung eines angemessenen Honorars für die Erstellung eines Berichts durch einen vom iPOC bestimmten unabhängigen Wirtschaftsprüfer, der die Vollständigkeit und Richtigkeit des Antrags überprüft; dieses Honorar wird nicht zurückerstattet und kann von der Antragsgebühr in Abzug gebracht werden.

IV.Von jedem Antragsteller, dessen Antrag angenommen wird, wird verlangt, daß er das vorliegende CORE-MoU unterzeichnet.

V.Jeder Antragsteller muß sich damit einverstanden erklären, daß alle Streitigkeiten, Kontroversen oder Forderungen, die aufgrund des vorliegenden CORE-MoU, in Zusammenhang damit oder in Zusammenhang mit der Verletzung, Beendigung oder dem Bruch des vorliegenden CORE-MoU entstehen, durch ein Schiedsgerichtsverfahren gemäß den UNCITRAL-Schiedgerichtsverfahrensregeln in ihrer gegenwärtig geltenden Form beigelegt werden. Die ernennende Instanz ist der Generalsekretär des Ständigen Schiedsgerichtshofs. Es gibt einen einzigen Schlichter. Der Ort des Schiedsgerichtsverfahrens ist Genf. Die im Schiedsgerichtsverfahren benutzte Sprache ist Englisch. Die Streitigkeit, Kontroverse oder Forderung wird gemäß Schweizer Recht entschieden.

ANHANG B

FÜR JEDE SECOND-LEVEL-DOMAIN ERFORDERLICHE DATEN

Vollständiger Domainname......:

Juristische Person oder Einzelperson, die den Domainnamen nutzt

Name..........:

Postanschrift.............:

Stadt.......................:

Bundesstaat......................:

Postleitzahl................:

Land..................:

Länderkennzeichen...............:

E-Mail-Addresse.............:

Bundesstaat oder Land des Sitzes der Gesellschaft................:

Name und Anschrift eines benannten Vertreters für die Abwicklung des Vorgangs am Sitz des Registerführers (der Antragsteller kann den Registerführer
benennen).............:

Ansprechpartner für die Verwaltung

NIC Handle (falls bekannt)......:

(E)inzelperson, (F)unktion ....:

Name.......................:

Name des Unternehmens..........:

Postanschrift............:

Stadt.......................:

Bundesstaat......................:

Postleitzahl................:

Land......................:

Länderkennzeichen...............:

Telefonnummer..............:

Fax-Nummer.................:

E-Mail-Adresse..............:

Ansprechpartner für den technischen Bereich

NIC Handle (falls bekannt)......:

(E)inzelperson, (F)unktion ....:

Name.......................:

Name des Unternehmens..........:

Postanschrift............:

Stadt.......................:

Bundesstaat......................:

Postleitzahl................:

Land......................:

Länderkennzeichen...............:

Telefonnummer..............:

Fax-Nummer.................:

E-Mail-Adresse..............:

Primärer Name-Server

Hostname Primärer Server....:

Internetadresse Primärer Server..:

Sekundäre(r) Name-Server

Hostname(n) Sekundäre(r) Server..:

Internetadresse(n) Sekundäre(r) Server:

ANHANG C

REGISTRIERUNGSVERTRAG UND ANTRAGSFORMULAR FÜR DIE ZUWEISUNG EINES SECOND-DOMAIN-NAMENS IN EINER

GENERISCHEN TOP-LEVEL-DOMAIN

1. Gemäß dem am 1. Mai 1997 in Genf unterzeichneten Memorandums of Understanding über den generischen Top-Level-Domain-Namensraum des Internet-Domainnamensystems („gTLD-MoU") in seiner geänderten Fassung ist dies ein Antrag auf Registrierung des folgenden Domainnamens (vollständigen und richtigen Domainnamen angeben)....:

2. Juristische Person oder Einzelperson, die die Registrierung des Domainnamens beantragt (nachstehend bezeichnet als „Antragsteller")

2a. Name................:

2b.Postanschrift.............:

2c. Stadt.......................:

2d. Bundesstaat......................:

2e. Postleitzahl................:

2f. Land..................:

2g. Länderkennzeichen...............:

2h. E-Mail-Addresse.............:

2g. Bundesstaat oder Land des Sitzes der Gesellschaft................

2h: Name, Anschrift, Fax-Nummer und E-Mail-Adresse eines benannten Vertreters für (i) Mitteilungen in Zusammenhang mit einem Administrative Domain Name Challenge Panel (nachstehend bezeichnet als „ACP"), bzw. eines seitens des WIPO Arbitration and Mediation Center durchgeführten Schlichtungs- oder beschleunigten Schiedsverfahrens und (ii) die Abwicklung des Vorgangs am Sitz des Registerführers (der Antragsteller kann den Registerführer benennen).............:

3. Ansprechpartner für die Verwaltung

3a. NIC Handle (falls bekannt)......:

3b. (E)inzelperson, (F)unktion ....:

3c. Name.......................:

3d. Name des Unternehmens..........:

3e. Postanschrift.............:

3f. Stadt.......................:

3g. Bundesstaat......................:

3h. Postleitzahl................:

3i. Land......................:

3j. Länderkennzeichen...............:

3k. Telefonnummer...............:

3l. Fax-Nummer.................:

3m. E-Mail-Adresse...............:

4. Ansprechpartner für den technischen Bereich

4a. NIC Handle (falls bekannt)......:

4b. (E)inzelperson, (F)unktion........:

4c. Name.......................:

4d. Name des Unternehmens..........:

4e. Postanschrift.............:

4f. Stadt.......................:

4g. Bundesstaat......................:

4h. Postleitzahl................:

4i. Land......................:

4j. Länderkennzeichen...............:

4k. Telefonnummer...............:

4l. Fax-Nummer.................:

4m. E-Mail-Adresse...............:

5. Ansprechpartner für die Abrechnung

5a. NIC Handle (falls bekannt)......:

5b. (E)inzelperson, (F)unktion ....:

5c. Name.......................:

5d. Name des Unternehmens..........:

5e. Postanschrift.............:

5f. Stadt.......................:

5g. Bundesstaat......................:

5h. Postleitzahl................:

5i. Land......................:

5j. Länderkennzeichen...............:

5k. Telefonnummer...............:

5l. Fax-Nummer.................:

5m. E-Mailbox...............:

6. Primärer Name-Server

6a. Hostname Primärer Server....:

6b. Internetadresse Primärer Server..:

7. Sekundäre(r) Name-Server

7a. Hostname(n) Sekundäre(r) Server..:

7b. Internetadresse(n) Sekundäre(r) Server:

8. Rechnungstellung

per (E)-Mail, (p)ostalisch...........:

9. GEBÜHREN:

Für die Registrierung des Domainnamens wird eine Einstandsgebühr von __________ erhoben.

Diese Gebühr deckt alle in den ersten ________ Jahren erforderlich werdenden Updates ab. Dieser Antrag wird nicht bearbeitet, solange der Registerführer nicht
die Zahlung der Einstandsgebühr erhalten hat; der Antrag und die CORE-Gebühr muß beim Betreiber der Hinterlegungsstelle eingehen, bevor die Registrierung
wirksam wird.

10. RECHTE DRITTER:

Der Antragsteller bestätigt, daß nach seinem Wissen die Registrierung und Nutzung des beantragten Domainnamens kein Recht an einem Warenzeichen oder
anderes Recht einer anderen Partei verletzt. Der Antragsteller entschädigt den Registerführer, den CORE, den Betreiber der Hinterlegungsstelle, den POC und
die WIPO für jegliche Kosten, Forderungen, Haftung und Auslagen (einschließlich Anwaltsgebühren), die aus oder in Zusammenhang mit einer solchen Verletzung
entstehen, und hält sie davon schadlos.

11. ABSICHT DER NUTZUNG DES DOMAINNAMENS:

Der Antragsteller bestätigt, daß er nach Treu und Glauben die Absicht hat, den Domainnamen innerhalb von 60 Tagen nach der Registrierung öffentlich zu nutzen
und diese Nutzung auf absehbare Zeit fortzusetzen.

12. ZWECK DER NUTZUNG DES DOMAINNAMENS:

Der Antragsteller beabsichtigt, den Domainnamen für folgenden Zweck zu nutzen:

....

13. GRUND FÜR DIE BEANTRAGUNG DIESES BESTIMMTEN DOMAINNAMENS:

Der Antragsteller beantragt diesen Domainnamen aus folgendem Grund (bitte eine Möglichkeit ankreuzen):

_____ entspricht dem Namen des Antragstellers oder einer Abwandlung davon

_____ entspricht dem Warenzeichen des Antragstellers oder einer Abwandlung davon

_____ aus anderem Grund (bitte angeben)

14. FAKULTATIVE WARTEZEIT VON 60 TAGEN:

_____ der Antragsteller beantragt die Wartezeit von 60 Tagen.

15. STREITIGKEITEN ZWISCHEN DEM ANTRAGSTELLER UND EINEM DRITTEN, DIE VON DIESEM DRITTEN EINEM ACP-VERFAHREN UNTERWORFEN WERDEN

Der Antragsteller erkennt an, daß jeglicher Dritte kraft des gTLD-MoU vor einem Administrative Domain Name Challenge Panel („ACP") gemäß den WIPO-ACP-Regeln Einwendungen gegen die Zuweisung des Domainnamens an den Antragsteller sowie die Registrierung und Nutzung des Domainnamens durch den Antragsteller erheben kann. Darüber hinaus erkennt der Antragsteller an, daß die Entscheidungen eines ACP die Rechte des Antragstellers und/oder anderer Parteien in bezug auf die Zuweisung, Registrierung und Nutzung eines bestimmten Domainnamens festlegen kann, und erkennt die Entscheidungen des ACP als bindend an.

16. STREITIGKEITEN ZWISCHEN DEM ANTRAGSTELLER UND EINEM DRITTEN; DIE VON DIESEM DRITTEN EINER SCHLICHTUNG UND/ODER EINEM SCHIEDSGERICHTSVERFAHREN UNTERWORFEN WERDEN:

Der Antragsteller erkennt an, daß jegliche Streitigkeit oder Kontroverse und jegliche Forderung (nachstehend bezeichnet als „Forderung") zwischen dem Antragsteller und einem Dritten, die aus diesem Antrag auf Registrierung, der Registrierung selbst und der Nutzung des Domainnamens entsteht oder damit in Zusammenhang steht, aufgrund eines durch diesen Dritten beim WIPO-Center gestellten Schlichtungsantrags einer Online-Schlichtung gemäß den WIPO-Online-Schlichtungsregeln unterworfen wird. Darüber hinaus erkennt der Antragsteller an, daß jegliche solche Forderung, wenn (a) sie nicht gemäß einer solchen Schlichtung innerhalb von 30 Tagen nach dem Beginn der Schlichtung beigelegt wurde oder (b) wenn vor Ablauf dieses Zeitraums von 30 Tagen eine der Parteien entweder nicht oder nicht mehr an der Schlichtung teilnimmt, aufgrund eines durch den Dritten gestellten Schiedsantrags durch ein Online-Schiedsgerichtsverfahren gemäß den beschleunigten WIPO-Online-Schiedsgerichtsregeln behandelt und endgültig entschieden wird. DiesesSchiedsgerichtsverfahren wird nicht angewendet, wenn der Antragsteller durch Ankreuzen des untenstehenden Kästchens die zwangsweise Unterwerfung unter das Schiedsgerichtsverfahren ablehnt. Wenn von den Parteien nicht anders festgelegt, ist Englisch die im Schlichtungs- oder Schiedsgerichtsverfahren verwendete Sprache. Unabhängig davon, ob die Parteien entscheiden, daß eine persönliche Anhörung notwendig ist, gilt als Ort des Schiedsgerichtsverfahrens, wenn von den Parteien nicht anders vereinbart, entweder der im Registrierungsvertrag angegebene Sitz des Antragstellers oder der Sitz des Registerführers nach Wahl des Dritten.

Der Antragsteller lehnt eine zwangsweise Unterwerfung unter ein Schiedsgerichtsverfahren im Falle von im vorstehenden Abschnitt angegebenen Forderungen ab.

17. STREITIGKEITEN ZWISCHEN DEM ANTRAGSTELLER UND EINEM DRITTEN; DIE VON DIESEM DRITTEN GERICHTLICHER RECHTSPRECHUNG UNTERWORFEN WERDEN:

Bei jeglicher Klage im Rahmen von anwendbarem Warenzeichenrecht, von Rechtsvorschriften gegen unlauteren Wettbewerb oder von ähnlichen/verwandten Rechtsvorschriften aufgrund der tatsächlichen oder beabsichtigten Nutzung des beantragten Domainnamens unterwirft sich der Antragsteller der Rechtsprechung im Personen- und Sachenrecht eines zuständigem Gerichts an einem Gerichtsstand in dem Land, in dem der Registerführer seinen Sitz hat; darüber hinaus verzichtet der Antragsteller auf jegliches Recht der Anfechtung der Zuständigkeit im Personen- und Sachenrecht und/oder des Gerichtsstands dieser Gerichtsbarkeit.

18. STREITIGKEITEN ZWISCHEN DEM ANTRAGSTELLER UND DEM REGISTERFÜHRER UND/ODER DEM CORE

Der Antragsteller erklärt sich damit einverstanden, daß jegliche Streitigkeit oder Kontroverse und jegliche Forderung zwischen dem Antragsteller und dem Registerführer und/oder dem CORE, die aus diesem Antrag oder der aufgrund dieses Antrags erfolgten Registrierung entsteht oder damit in Zusammenhang steht, durch ein Schiedsgerichtsverfahren gemäß den beschleunigten WIPO-Online-Schiedsgerichtsregeln beigelegt wird. Wenn von den Parteien nicht anders festgelegt, wird das Schiedsgerichtsverfahren in englischer Sprache durchgeführt. Unabhängig davon, ob die Parteien entscheiden, daß eine persönliche Anhörung notwendig ist, gilt als Ort des Schiedsgerichtsverfahrens, wenn von den Parteien nicht anders vereinbart, entweder der im Registrierungsvertrag angegebene Sitz des Antragstellers oder der Sitz des Registerführers nach Wahl des Dritten. Der Antragsteller erkennt an, daß die Entscheidungen und Ergebnisse des durch das WIPO Arbitration and Mediation Center durchgeführten ACP-Schlichtungs- und Schiedsgerichtsverfahrens für den Registerführer und den CORE bindend sind.

19. LAME DELEGATION:

Der Domainname kann entzogen werden, wenn lame delegation vorliegt.

20. WEITERBESTEHEN VON VERPFLICHTUNGEN

Wenn dieser Antrag angenommen wird, bestehen alle Verpflichtungen des Antragstellers aus diesem Antrag nach Annahme des Antrags weiter und bleiben für den Antragsteller nach Wirksamwerden der Registrierung bindend.

21. BESTÄTIGUNG

Der Antragsteller bestätigt, daß er vorstehendes Formular für den Registrierungsantrag zur Kenntnis genommen und wahrheitsgemäß und genau ausgefüllt hat. Der Antragsteller erklärt sich damit einverstanden, daß die Registrierung des Domainnamens diesem Formular für den Registrierungsantrag sowie jeglichen anderen anwendbaren, vom CORE festgelegten Registrierungsbedingungen unterliegt.

ANHANG D

WESENTLICHE RICHTLINIEN ZU ADMINISTRATIVE DOMAIN NAME CHALLENGE PANELS

[Freigehalten bis zu weiteren öffentlichen Diskussionen über die Einzelheiten der

wesentlichen Richtlinien. Der aktuellste Entwurf kann unter

http://www.gtld-mou.org/docs/racps.htm

abgerufen werden.]

Anlage 7. Satzung des CORE

Diese Version wurde vom CORE auf seiner außerordentlichen Gründungssitzung am 3. Oktober 1997 verabschiedet. Diese Version ersetzt den am 23. Mai 1997
versandten Entwurf. Der CORE überarbeitet gegenwärtig die Details dieser Satzung und nimmt Anmerkungen dazu [an folgende Adresse:
CORE-AoA@nominalia.com, vorzugsweise vor dem 23. Oktober 1997] gern entgegen.

SATZUNG

der

"COUNCIL OF REGISTRARS (CORE) ASSOCIATION" (VERBAND DES RATES DER REGISTERFÜHRER; [CORE])

Artikel 1. Name und Sitz; Büros.

Unter dem Namen "CORE ASSOCIATION" besteht ein Verband, für den diese Satzung, alle im Rahmen dieser Satzung bekanntgemachten Statuten und §§ 60 -
79 des Schweizer Zivilgesetzbuchs maßgebend sind. Der Verband hat seinen Sitz in Genf (Schweiz); er kann auch in Ländern außerhalb der Schweiz Büros
unterhalten.

Artikel 2. Begriffsbestimmungen

1. In dieser Satzung (nachstehend bezeichnet als "Satzung")

bezeichnet "Gesetz" das Schweizer Zivilgesetzbuch, insbesondere dessen §§ 60 - 79;

bezeichnet "Verband" die CORE ASSOCIATION;

bezeichnet "Vorsitzender" den Vorsitzenden des Verbands wie in Artikel 12 angegeben;

bezeichnet "Pflichtbeiträge" Beiträge, die von allen Mitgliedern zu zahlen sind;

bezeichnet "CORE-MoU" das im Namen von iPOC und anderen Parteien ausgefertigte, noch nicht verabschiedete Memorandum of Understanding;

bezeichnet "DNS" das Domainnamensystem, worunter das System der Namensvergabe im Internet nach der Definition in RFC 1591 zu verstehen ist;

bezeichnet "gTLD-MoU" das Memorandum of Understanding vom 1. Mai 1997, das im Namen von IANA, ISOC und anderen Parteien ausgefertigt wurde;

bezeichnet "Exekutivausschuß" den Exekutivausschuß des Verbands gemäß Artikel 11 bis 13;

bezeichnet "generische Top-Level-Domains" ("gTLDs") die TLDs ".com", ".org", ".net" nach der Definition in RFC 1591, sowie die im Rahmen des gTLD-MoU
oder aufgrund der Befugnis durch das gTLD-MoU eingerichteten TLDs;

bezeichnet „IANA" die Internet Assigned Numbers Authority;

bezeichnet "iPOC" den interim Policy Oversight Committee (vorläufiger Maßnahmenüberwachungsausschuß), der aufgrund des gTLD-MoU gegründet wurde;

bezeichnet "ISOC" die Internet Society;

bezeichnet "Mitglied" jeden Registerführer, dessen Antrag auf Ausübung der Tätigkeit eines Registerführers vor dem 16. Oktober 1997 gestellt wurde und der
gemäß dem gTLD-MoU angenommen wurde, und jeden Registerführer, der gemäß Artikel 5 als Mitglied in den Verband aufgenommen wird;

bezeichnet "Permanent Reference Document" ("PRDoc", Ständiges Referenzdokument) ein Dokument, daß von einer Vollversammlung festgelegt und vom
Ständigen Sekretariat in die Liste der Permanent Reference Documents aufgenommen wurde;

bezeichnet "Ständiges Sekretariat" das gemäß Artikel 10, Absatz 2, Abschnitt m eingerichtete ständige Sekretariat;

bezeichnet "Vollversammlung" sowohl das von den Mitgliedern gebildete Organ des Verbands als auch die Sitzung der Mitglieder;

bezeichnet "Policy Advisory Body" ("PAB") das gemäß gTLD-MoU gebildete Maßnahmenberatungsorgan;

bezeichnet "Policy Oversight Committee" ("POC") den gemäß gTLD-MoU gebildeten Maßnahmenüberwachungsausschuß;

bezeichnet "Registerführer" alle Registerführer, die zu irgendeinem Zeitpunkt durch das gTLD-MoU eingesetzt werden;

bezeichnet "Warenzeichen" alle Warenzeichen, die der Verband eventuell besitzt;

bezeichnet "freiwillige Beiträge" Beiträge, die nur von denjenigen Mitgliedern gezahlt werden, die sich zur Zahlung dieser Beiträge bereiterklären.

2. Wenn nicht anders festgelegt, wird der Ausdruck „Schriftform" so ausgelegt, daß er auch Druck (Fax, Telex, Fotokopie), elektronische Post und andere Arten der Darstellung oder Wiedergabe von Worten in sichtbarer Form beinhaltet.

3. Wenn nicht anders festgelegt, haben in diesem Artikel enthaltene Wörter und Ausdrücke dieselbe Bedeutung wie im Gesetz in der Fassung, die zu dem Zeitpunkt in Kraft ist, an dem diese Satzung für den Verband bindend wird.

Artikel 3. Verbandsziele

1. Der Verband hat keinen Erwerbscharakter; seine Ziele bestehen in der Schaffung einer Struktur, in der die Registerführer gemäß gTLD-MoU und im besten Interesse des DNS und des Internet handeln.

2. Diese Ziele werden durch die kompatible Weiterentwicklung von Standards, Spezifikationen und Verträge in bezug auf die Zuweisung von SLDs in den gTLDs erreicht.

3. Diese Ziele werden durch die Unterstützung, Teilnahme, Konsultation und Lobbyarbeit der Mitglieder im Verband erreicht.

Artikel 4. Finanzielle Mittel

1. Die finanziellen Mittel des Verbands bestehen aus Beiträgen der Mitglieder, Beihilfen, Schenkungen und anderen Zuwendungen.

2. Einnahmen und Eigentum des Verbands werden unabhängig von ihrem Ursprung ausschließlich für die Förderung der in dieser Satzung festgelegten Verbandsziele verwendet, und kein Teil davon wird direkt oder indirekt durch Zahlung von Dividenden, Prämien oder auf irgendeine andere Weise als Gewinn an die Mitglieder des Verbands gezahlt oder abgetreten; hierbei gilt ebenfalls, daß diese Satzung nicht die Zahlung einer billigen und angemessenen Entschädigung in redlicher Weise an Amtsträger oder Beschäftigte des Verbands und an Verbandsmitglieder verhindert.

Artikel 5. Mitglieder

1. Zusätzlich zu den Registerführern, die Mitglied geworden sind, weil sie vor dem 16. Oktober 1997 Anträge auf Registerführung gestellt haben - diese Anträge wurden gemäß dem gTLD-MoU angenommen - kann jeder Registerführer vorbehaltlich der Aufnahme gemäß Absatz 2 des vorliegenden Artikel 5 Verbandsmitglied werden.

2. Anträge auf Mitgliedschaft werden dem Ständigen Sekretariat vorgelegt, das sie auf Vollständigkeit überprüft und danach an den Exekutivausschuß weiterleitet. Nach Empfang einer Einverständniserklärung mit dieser Satzung und einer Einverständniserklärung mit solchen anderen Unterlagen, bei denen er billigerweise das Einverständnis des Mitglieds verlangen kann, bescheidet der Exekutivausschuß den Antrag zustimmend oder abschlägig. Die Aufnahme als Mitglied wird mit der Entscheidung des Exekutivausschusses wirksam.

3. Bei Wirksamwerden der Mitgliedschaft wird jedem Mitglied eine nicht ausschließliche, gebührenfreie Lizenz zur Nutzung der Warenzeichen gemäß den in den Sonderregelungen zu Warenzeichen festgelegten Regeln und Bedingungen gewährt. Die Statuten in bezug auf Warenzeichen und jegliche Änderung dieser Statuten, die gemäß Artikel 21 verabschiedet werden, sind für alle Mitglieder bindend.

Artikel 6. Beendigung der Mitgliedschaft

Allgemeine Bestimmungen

1. Die Mitgliedschaft endet in folgenden Fällen:

a. Austritt des Mitglieds;

b. Benachrichtigung durch den Verband über die Nichtweiterführung der Mitgliedschaft in einem der nachstehend beschriebenen Fälle:

i. ein Mitglied erfüllt nicht länger die in dieser Satzung festgelegten Voraussetzungen für eine Mitgliedschaft;

ii. ein Mitglied erfüllt seine Verpflichtungen gegenüber dem Verband nicht bzw.

iii. eine Fortführung der Mitgliedschaft kann vom Verband nicht billigerweise erwartet werden;

c. das Mitglied ist nicht länger Registerführer;

d. Ausschluß durch die Vollversammlung; dieser kann nur ausgesprochen werden, wenn ein Mitglied der Satzung, den Statuten und Beschlüssen des Verbands zuwiderhandelt oder dem Verband auf unbillige Weise Schaden zufügt.

2. a. Der Austritt eines Mitglieds oder die Nichtweiterführung der Mitgliedschaft durch den Verband kann nur zum Ende eines Geschäftsjahrs (wie in Artikel 14, Absatz 1 definiert) und unter Einhaltung einer Kündigungsfrist von vier Wochen erfolgen.

Die Mitgliedschaft kann jedoch unverzüglich beendet werden, wenn vom Verband oder vom Mitglied nicht billigerweise erwartet werden kann, daß die Mitgliedschaft fortgeführt wird.

b. Im Falle eines Ausschlusses wird das Datum, an dem die Mitgliedschaft endet, durch die Vollversammlung festgelegt.

3. Im Falle eines Rücktritts, der abweichend von der Bestimmung des vorangegangenen Artikels geschieht, endet die Mitgliedschaft zum frühestmöglichen Zeitpunkt nach dem Tag, an dem die Benachrichtigung von diesem Rücktritt erfolgte.

4. a. Im Falle der Beendigung der Mitgliedschaft gleichgültig aus welchem Grund ist das Mitglied verpflichtet, dem Verband jeglichen finanziellen Beitrag zu zahlen, zu dessen Zahlung das Mitglied vor Beendigung der Mitgliedschaft verpflichtet war.

b. Im Falle der Beendigung der Mitgliedschaft gleichgültig aus welchem Grund ist das Mitglied nicht zu Schadenersatz in bezug auf irgendeinen Verlust oder Schaden, der ihm durch die Beendigung der Mitgliedschaft entsteht, berechtigt.

c. Ein Mitglied kann sich nicht durch Rücktritt den Verpflichtungen aus einem Beschluß entziehen, durch den Rechte und Pflichten finanzieller Natur der Mitglieder geändert werden.

Nichtweiterführung der Mitgliedschaft

5. Die Nichtweiterführung der Mitgliedschaft im Verband wird durch den Exekutivausschuß schriftlich bekanntgemacht. Diese schriftliche Bekanntmachung enthält die Angabe von Gründen für die Nichtweiterführung der Mitgliedschaft. Der Exekutivausschuß nimmt eine solche Bekanntmachung nicht vor, bevor nicht das Mitglied ordnungsgemäß schriftlich davon in Kenntnis gesetzt worden ist, daß eine solche Bekanntmachung erwogen wird.

6. Nach einem Beschluß des Exekutivausschusses über die Nichtweiterführung der Mitgliedschaft gemäß Absatz 1, Abschnitt b kann das betroffene Mitglied innerhalb von vier Wochen nach Erhalt der Bekanntmachung der Nichtweiterführung bei der Vollversammlung Einspruch einlegen, indem es dem Exekutivausschuß ein Schreiben vorlegt, in dem gegen die Nichtweiterführung der Mitgliedschaft Einspruch erhoben wird. Der Exekutivausschuß ist verpflichtet, die Bekanntmachung der Nichtweiterführung der Mitgliedschaft und den gegen sie von dem betroffenen Mitglied eingelegten Einspruch auf die Tagesordnung der ersten Mitgliederversammlung zu setzen, die nach Erhalt des Einspruchs nach frühestens einem stattfindet.

7. Während der Dauer der Entscheidung über den Einspruch und bis zur Entscheidung über den Einspruch werden die Mitgliedsrechte des betroffenen Mitglieds ausgesetzt. Das Mitglied, dessen Mitgliedschaft ausgesetzt worden ist, hat jedoch das Recht, sich auf der Vollversammlung, bei der der Einspruch besprochen wird, zu verteidigen.

8. Die Bekanntmachung der Nichtweiterführung der Mitgliedschaft eines Mitglieds durch den Exekutivausschuß ist nichtig, wenn der Einspruch durch die Vollversammlung angenommen wird; für diese Annahme ist eine Mehrheit von mindestens 67% der abgegebenen Stimmen erforderlich. Das betroffene Mitglied wird von der Entscheidung der Vollversammlung per Einschreiben in Kenntnis gesetzt.

Ausschluß

9. Ein Mitglied kann folgendermaßen von der Mitgliedschaft ausgeschlossen werden:

a. auf Vorschlag des Exekutivausschusses oder

b. auf Vorschlag von mindestens einem Fünftel der Mitglieder, die bei einer Vollversammlung teilnahme- und stimmberechtigt sind.

Der Vorschlag muß der ersten Vollversammlung vorgelegt werden, die frühestens einen Monat nach der schriftlichen Benachrichtigung (per Einschreiben mit Rückschein) des Mitglieds, dessen Ausschluß ansteht, durch das Ständige Sekretariat abgehalten wird. Die schriftliche Benachrichtigung geschieht unter Angabe der Gründe für diesen Vorschlag.

10. Ein Mitglied, dessen Ausschluß vorgeschlagen und auf die Tagesordnung gesetzt wurde, hat das Recht, seinen Standpunkt auf der Vollversammlung zu verteidigen, bei der der Vorschlag für den Ausschluß auf der Tagesordnung steht, oder sich vor dieser Vollversammlung schriftlich an das Ständige Sekretariat zu wenden.

11. Ein Beschluß der Vollversammlung zum Ausschluß eines Mitglieds kann nur mit einer Mehrheit von mindestens 67% der abgegebenen Stimmen gefasst werden. Das Mitglied, dessen Ausschluß vorgeschlagen und auf die Tagesordnung gesetzt wurde, hat nicht das Recht, über seinen vorgeschlagenen Ausschluß abzustimmen, und wird von der Entscheidung per Einschreiben in Kenntnis gesetzt.

Artikel 7. Vollversammlungen

1. Ort und Zeitpunkt von Vollversammlungen des Verbands beschließt die vorausgegangene Vollversammlung auf Anraten des Vorsitzenden. Sollte die Vollversammlung Ort und Zeitpunkt der nächsten Vollversammlung nicht beschlossen haben, wird die Versammlung in Genf oder an jeglichem anderen Ort sowie zu einem Zeitpunkt, den der Vorsitzende für angemessen hält, abgehalten.

2. Vorbehaltlich Absatz 1 hält der Verband innerhalb von sechs Monaten nach Anfang jedes Kalenderjahrs (es sei denn, dieser Zeitraum wäre durch die Vollversammlung verlängert worden) zusätzlich zu jeder anderen Versammlung in diesem Jahr eine Vollversammlung als Jahreshauptversammlung ab; die Jahreshauptversammlung wird in den Benachrichtigungen, mit denen sie einberufen wird, als solche bezeichnet.

3. Die erste Jahreshauptversammlung des Verbands wird einberufen, sobald alle Anträge auf Ausübung der Tätigkeit eines Registerführers, die vor dem 16. Oktober 1997 gestellt wurden, bearbeitet sind.

4. Alle Vollversammlungen außer der Jahreshauptversammlung werden als außerordentliche Vollversammlungen bezeichnet. Bei außerordentlichen Versammlungen kann den Mitgliedern die Möglichkeit geboten werden, mit Hilfe von Telekommunikationsmitteln das Wort zu ergreifen.

5. Der Exekutivausschuß kann eine außerordentliche Vollversammlung einberufen, wann immer er dies für angebracht hält. Eine außerordentliche Vollversammlung kann auch auf Antrag von mindestens einem Zehntel der bei einer Vollversammlung anwesenheits- und stimmberechtigten Mitglieder einberufen werden.

6. Alle Mitglieder haben das Recht, an Vollversammlungen teilzunehmen. Mitglieder, deren Mitgliedschaft ausgesetzt ist, haben jedoch vorbehaltlich Artikel 6, Absatz 6 und 7 sowie Artikel 16, Abschnitt 7 nicht das Recht, an Vollversammlungen teilzunehmen. Ein Mitglied kann ein anderes Mitglied durch Vollmacht beauftragen, es bei einer Vollversammlung zu vertreten. Diese Vollmacht wird auf Anfrage jeglichen Mitglieds vorgewiesen und muß gemäß den Vorschriften der Geschäftsordnung ausgestellt werden. Der Rechnungsprüfer gemäß Artikel 15 wird zur Teilnahme an der Jahreshauptversammlung eingeladen, wann immer der Exekutivausschuß oder teilnahmeberechtigte Mitglieder, die zur Abgabe von mindestens einem Zehntel der Stimmen bei einer Vollversammlung berechtigt sind, dies für notwendig halten.

7. Beschlüsse der Vollversammlung können mit Ausnahme von Beschlüssen gemäß Artikel 6, Absatz 8, Abschnitte 19, 20 und 21 der Satzung auch auf schriftlichem Weg getroffen werden.

8. Alle Reisekosten, Hotelkosten und andere Auslagen, die einem Vertreter eines Mitglieds in Zusammenhang mit seiner Teilnahme an Vollversammlungen oder Arbeitsgruppensitzungen oder in anderem Zusammenhang mit dem Verband entstehen, werden von dem entsprechenden Mitglied bzw. den Mitgliedern getragen, es sei denn, eine Vollversammlung entschiede anders.

Artikel 8. Fristen für die Einberufung von Vollversammlungen

1. Vollversammlungen werden mindestens 20 Tage im voraus schriftlich einberufen. Diese Frist gilt ausschließlich des Tags, an dem die Einberufung zugestellt wird oder als zugestellt gilt sowie des Tags, für den die Einberufung gilt; in der Einberufung werden Ort, Tag und Uhrzeit der Vollversammlung angegeben. Unbeschadet Artikel 19, Absatz 1 und Artikel 20, Absatz 1 werden in der Einberufung die zu behandelnden Themen, die Tagesordnung und im Falle spezieller Themen die allgemeine Art dieser Themen angegeben. Die Einberufung ergeht an die in Artikel 18 angegebenen Personen.

2. Außerordentliche Versammlungen, bei denen den Mitgliedern die Möglichkeit geboten wird, mit Hilfe von Telekommunikationsmitteln teilzunehmen, werden mindestens zwei Tage vorher einberufen.

Artikel 9. Geschäftsordnung bei Vollversammlungen, Beschlußfähigkeit

1. Jedes Mitglied hat bei Vollversammlungen eine Stimme.

2. Bei keiner Vollversammlung wird ein Thema behandelt, bevor nicht durch die Anzahl der anwesenden Mitglieder und Stimmen zu dem Zeitpunkt, an dem die Vollversammlung zur Behandlung von Themen schreitet, Beschlußfähigkeit besteht. Wenn in dieser Satzung nicht anderweitig festgelegt, ist die Vollversammlung beschlußfähig, wenn mindestens die Hälfte der Gesamtzahl der Mitglieder anwesend oder durch Stellvertreter vertreten ist.

3. Soweit in dieser Satzung nicht anderweitig festgelegt, werden alle Beschlüsse der Vollversammlung mit einfacher Mehrheit der tatsächlich abgegebenen Stimmen gefaßt.

Artikel 10. Befugnisse der Vollversammlung

Alle Befugnisse des Verbands, mit denen weder der Exekutivausschuß noch irgendein anderes Organ des Verbands durch das Gesetz oder diese Satzung betraut wird, liegen bei der Vollversammlung.

2. Die Vollversammlung hat insbesondere folgende Aufgaben:

a. die Berufung, zeitweilige Amtsenthebung und Entlassung von Mitgliedern des Exekutivausschusses sowie

b. die Einrichtung und Abschaffung von Arbeitsgruppen, die Wahl der Vorsitzenden von Arbeitsgruppen und die Verabschiedung ihrer Aufgabenbeschreibung und Geschäftsordnung sowie

c. die Einrichtung und Abschaffung von Regional- und Interessengruppen, die Ratifizierung der Wahlen der Vorsitzenden von Regional- und Interessengruppen und die Verabschiedung ihrer Aufgabenbeschreibung und Geschäftsordnung sowie

d. die Verabschiedung des Haushalts einschließlich des Betrags der im Haushalt vorgesehenen Pflichtbeiträge und freiwilligen Beiträge und die Verabschiedung des Jahresberichts des Exekutivausschusses sowie

e. die Berufung eines Wirtschaftsprüfers sowie

f. die Änderung der Satzung und die Auflösung des Verbands sowie

g. die Verabschiedung des Arbeitsprogramms des Verbands und jegliche notwendige Modifizierung oder Ergänzung des Haushalts sowie

h. die Definition der allgemeinen Politik des Verbands sowie

i. die Verabschiedung gemeinsamer Standpunkte, die vom Verband vertreten werden sowie

j. die Verabschiedung von Finanzmaßnahmen sowie

k. die Entscheidung über einen von einem Mitglied eingelegten Einspruch gemäß Artikel 6, Absätze 6 und 8 sowie

l. den Ausschluß von Mitgliedern sowie

m. die Einrichtung des Ständigen Sekretariats und die Berufung von Führungskräften des Verbands einschließlich des Koordinators als Leiter des Ständigen Sekretariats sowie

n. die Aufzeichnung von Permanent Reference Documents, von Maßnahmen zur Geheimhaltung von Dokumenten und Maßnahmen zur besonderen Geheimhaltung von Dokumenten sowie

o.die Kategorisierung oder Neukategorisierung von Dokumenten gemäß der Satzung sowie

p. die Entscheidung über die Notwendigkeit von Kooperationsverträgen mit Dritten, wenn notwendig, die Einrichtung einer Arbeitsgruppe für die Verhandlung über solche Kooperationsverträge, den Abschluß solcher Verträge und die Berufung von Berichterstattern sowie

q. die Verabschiedung gemeinsamer Softwarestandards für alle Mitteilungen sowie die für Bearbeitung und Speicherung aller Unterlagen in Zusammenhang mit dem Verband sowie

r. die Beilegung von Streitigkeiten innerhalb und zwischen Arbeitsgruppen sowie

s. die Verabschiedung und Änderung von Bestimmungen dergestalt, daß sie nicht im Widerspruch zur Satzung stehen.

3. Beschlüsse über in vorliegendem Artikel 10 angegebenen Angelegenheiten können nur mit einer Mehrheit von mindestens 67% der tatsächlich abgegebenen Stimmen gefällt werden.

Artikel 11. Exekutivausschuß

1. Es gibt einen aus mindestens zwei natürlichen Personen, d. h. dem Vorsitzenden und dem stellvertretenden Vorsitzenden, und höchstens sieben natürlichen Personen bestehenden Exekutivausschuß. Die Mitglieder des Exekutivausschusses werden durch die Vollversammlung berufen.

Über die Anzahl von Mitgliedern des Exekutivauschusses wird durch die Vollversammlung entschieden.

2. Nur ein Beauftragter, Direktor oder Beschäftigter eines Mitglieds kann zum Mitglied des Exekutivausschusses berufen werden. Jedes Mitglied des Exekutivausschusses ist Beauftragter, Direktor oder Beschäftigter eines anderen Mitglieds.

3. Jedes Mitglied des Exekutivausschusses wird für eine bestimmte Zeit berufen und kann von der Vollversammlung jederzeit entlassen oder seines Amtes zeitweilig enthoben werden. Jede zeitweilige Amtsenthebung, auf die nicht innerhalb von drei Monaten ein Entlassungsbeschluß folgt, endet mit dem Ablauf dieser Frist.

4. Jedes Mitglied des Exekutivausschusses tritt spätestens drei Jahre nach seiner Berufung gemäß einem vom Exekutivausschuß aufgestellten Rücktrittsturnus zurück. Die Wiederberufung des zurücktretenden Mitglieds ist vorbehaltlich der Absätze 1 und 2 von Artikel 12 möglich; ein Mitglied, das berufen wurde, um einen vorzeitig freiwerdenden Posten zu besetzen, nimmt die Stelle seines Vorgängers im Turnus ein.

5. Darüber hinaus endet die Mitgliedschaft im Exekutivausschuß:

a. durch die Beendigung der Mitgliedschaft im Verband seitens des Mitglieds, bei dem das Mitglied des Exekutivausschuß beschäftigt ist;

b. durch Rücktritt;

c. durch Beendigung des Arbeitsvertrags zwischen dem Mitglied des Exekutivausschusses und einem Mitglied, es sei denn, die Vollversammlung hätte in dem Fall, daß das Mitglied des Exekutivausschusses einen Arbeitsvertrag mit einem anderen Mitglied angenommen hätte, anders entschieden.

6. Unbeschadet der in den vorstehenden Absätzen enthaltenen Bestimmungen dauert die Amtszeit des ersten gewählten Exekutivausschusses bis zur ersten Jahreshauptversammlung gemäß Artikel 7, Absatz 3. Die Wiederwahl von Mitgliedern dieses ersten Exekutivausschusses ist möglich.

7. Alle Reisekosten, Hotelkosten und andere Auslagen, die einem Mitglied des Exekutivausschusses in Zusammenhang mit seiner persönlichen Teilnahme an Sitzungen des Exekutivausschusses entstehen, werden vom Mitglied getragen, es sei denn, eine Vollversammlung entschiede anders.

Artikel 12. Vorsitzender und stellvertretender Vorsitzender

1. Der Vorsitzende und der stellvertretende Vorsitzende werden in ihrem Amt durch die Vollversammlung für eine Amtszeit von einem Jahr berufen; ihre Wiederberufung für ein weiteres Jahr ist möglich. Als Ausnahme zu vorstehender Regel bleiben der erste gewählte Vorsitzende und der erste stellvertretende Vorsitzende bis zur ersten Jahreshauptversammlung gemäß Artikel 7, Absatz 3 im Amt. Die Wiederwahl des ersten Vorsitzenden und des ersten stellvertretenden Vorsitzenden ist möglich.

2. Der stellvertretende Vorsitzende nimmt normalerweise mit Ablauf der Amtszeit des Vorsitzenden dessen Amt ein. Der Name/die Namen des/der Kandidaten für das Amt des stellvertretenden Vorsitzenden im folgenden Jahr werden dem Ständigen Sekretariat innerhalb von drei Monaten vor Ende der Amtszeit des gegenwärtigen Vorsitzenden mitgeteilt. Innerhalb von zwei Wochen nach dem Fälligkeitsdatum des Erhalts dieser Benachrichtigung teilt das Ständige Sekretariat jedem Mitglied die Namen der vorgeschlagenen Personen mit.

3. Der Vorsitzende führt den Vorsitz bei den Sitzungen des Exekutivausschusses und den Vollversammlungen und ist in seiner Eigenschaft als Vorsitzender befugt, den Verband zu vertreten.

4. Der Vorsitzende kann Beobachter zur Vollversammlung oder zu einem Teil der Vollversammlung einladen; dies geschieht zu den Bedingungen, die er festlegt.

Artikel 13. Befugnisse und Pflichten des Exekutivausschusses

1. Der Exekutivausschuß wird mit der Leitung des Verbands vorbehaltlich der gesetzlichen und satzungsmäßigen Einschränkungen betraut.

2. Wenn die Anzahl von Mitgliedern des Exekutivausschusses unter zwei sinkt, wird der Exekutivausschuß zeitweilig seiner Befugnisse enthoben mit der Ausnahme des Rechts, so schnell wie möglich eine Vollversammlung einzuberufen; in dieser Sitzung wird über den bzw. die frei gewordenen Posten entschieden.

3. Der Exekutivausschuß wird vorbehaltlich der vorherigen Zustimmung der Vollversammlung und innerhalb des Rahmens der Verbandsziele ermächtigt, Verträge über den Kauf, den Verkauf und die Belastung registrierten Eigentums, Verträge, in denen der Verband sich als Bürge oder als Gesamtschuldner verpflichtet, Verträge, in denen der Verband die Erbringung einer Leistung durch einen Dritten zusichert oder sich zur Übernahme einer Bürgschaft für die Schuld eines Dritten verpflichtet, abzuschließen.

4. Unbeschadet der Bestimmung in Absatz 3 wird der Verband

a. entweder durch den Exekutivausschuß gemeinsam

b. oder durch den einzeln handelnden Vorsitzenden

c. oder durch zwei gemeinschaftlich handelnde Mitglieder des Exekutivausschusses

d. oder durch bevollmächtigte Unterzeichner, die vom Exekutivausschuß berufen werden,

vertreten.

Artikel 14. Jahresbericht

1. Das Rechnungsjahr geht vom ersten Januar bis einschließlich einunddreißigsten Dezember.

2. Der Exekutivausschuß ist verpflichtet, Aufzeichnungen bezüglich der Finanzlage und aller Aktivitäten des Verbands - gemäß den Anforderungen, die aus diesen Aktivitäten entstehen - zu führen und die damit in Zusammenhang stehenden Unterlagen so aufzubewahren, daß die Rechte und Pflichten des Verbands jederzeit daraus hervorgehen.

3. Bei der Jahreshauptversammlung, die innerhalb von sechs Monaten nach dem Ende des Rechnungsjahres abzuhalten ist, es sei denn, dieser Zeitraum wäre durch die Vollversammlung verlängert worden, legt der Exekutivausschuß einen Jahresbericht über die Geschäftsentwicklung des Verbands und über die durchgeführte Politik vor. Er legt der Vollversammlung eine Bilanz und eine Gewinn- und Verlustrechnung mit Anmerkungen zur Verabschiedung vor. Der Exekutivausschuß legt auch den Prüfungsbericht des Wirtschaftsprüfers gemäß Artikel 15, Abschnitt 3 vor. Nach Ablauf dieses Zeitraums kann jedes Mitglied Verfahren zur Durchsetzung dieser Verpflichtungen gegen alle Mitglieder des Exekutivausschusses einleiten.

4. Der Exekutivausschuß ist verpflichtet, die in den Abschnitten 2 und 3 angegebenen Unterlagen zehn Jahre lang aufzubewahren.

Artikel 15. Wirtschaftsprüfer

1. Der Verband beruft einen Wirtschaftsprüfer zur Prüfung der Bilanz und der Gewinn- und Verlustrechnung.

2. Diese Berufung geschieht durch die Vollversammlung. Wenn die Vollversammlung die Berufung nicht vornimmt, geschieht diese Berufung durch den Exekutivausschuß. Die Berufung kann jederzeit durch die Vollversammlung und durch den Exekutivausschuß widerrufen werden; für letzteren gilt dies nur, wenn er den Wirtschaftsprüfer berufen hat.

3. Der Wirtschaftsprüfer erstellt für den Exekutivausschuß einen Prüfungsbericht.

Artikel 16. Finanzielle Angelegenheiten

1. Der Jahreshaushalt wird jährlich durch eine Vollversammlung verabschiedet, die in der zweiten Hälfte des vorangehenden Jahres abgehalten wird; er enthält:

a. jeglichen Fehlbetrag aus vorangehenden Jahren;

b. alle durch den Verband erwarteten Ausgaben;

c. alle erwarteten Ausgaben in Zusammenhang mit der Verpflichtung, gemäß Artikel 6, Absatz (h) des CORE-MoU Finanzmittel für den POC bereitzustellen ;

d. alle erwarteten Einnahmen einschließlich Beiträgen von Mitgliedern sowie

e. jeglichen Überschuß aus vorangehenden Jahren.

2. a. Im Jahreshaushalt werden gesonderte Regelungen für erwartete Ausgaben, die durch Pflichtbeiträge finanziert werden (im Sinne dieses Artikels 16 "Pflichtausgaben" genannt) und für Ausgaben die durch freiwillige Beiträge finanziert werden (im Sinne dieses Artikels 16 "freiwillige Ausgaben" genannt). Er hat die von der Vollversammlung geforderte äußere Form und enthält die von der Vollversammlung geforderten Einzelheiten. Die Höhe der Pflichtbeiträge, die auf keinen Fall US$ 50.000 übersteigt, wird von der Vollversammlung festgelegt.

b. Jeglicher Fehlbetrag in bezug auf Pflichtausgaben, der in einem Rechnungsjahr aufgrund zusätzlicher, von der Vollversammlung vorher beschlossener Ausgaben oder aufgrund der Tatsache entsteht, daß ein Mitglied oder mehrere Mitglieder seine bzw. ihre Pflichtbeiträge nicht zahlt bzw. zahlen, wird nach Ermessen der Vollversammlung entweder durch das Ständige Sekretariat während des Rechnungsjahrs, in dem er entsteht, von den Mitgliedern erhoben oder gegebenenfalls aus dem Kapital des Verbands finanziert. Sollten die Konten am Ende des Rechnungsjahrs ein Guthaben aufweisen, kann es auf die Mitgliedsbeiträge auf die Art und Weise angerechnet werden, wie es die Vollversammlung beschließt.

c. Jeglicher Fehlbetrag in bezug auf freiwillige Ausgaben, der in einem Rechnungsjahr entsteht, wird durch das Ständige Sekretariat in dem Rechnungsjahr, in dem er entsteht, von den Mitgliedern erhoben, die sich zu einem Beitrag bereiterklärt hatten.

3. Alle finanziellen Transaktionen werden in der Währung vorgenommen, die der Exekutivausschuß zu gegebener Zeit festlegt; dies gilt nicht bei bestehenden Verträgen. Darüber hinaus werden alle finanziellen Angelegenheiten gemäß von der Vollversammlung verabschiedeten Finanzmaßnahmen geregelt.

4. Die Verbindlichkeiten und Verpflichtungen des Verbands können nur gegen seine Aktiva durchgesetzt werden, und kein Mitglied hat irgendeine Individualhaftung für irgendwelche Verbindlichkeiten und Verpflichtungen des Verbands. Die Verbindlichkeiten eines Mitglieds gegenüber dem Verband sind auf die Zahlung seiner Pflichtbeiträge und/oder freiwilligen Beiträge beschränkt.

5. Pflichtbeiträge werden unter den Mitgliedern zu gleichen Teilen aufgeteilt.

6. Freiwillige Beiträge werden unter den Mitgliedern, die sich bereit erklärt haben, einen Beitrag zu den freiwilligen Ausgaben zu leisten, gemäß der von ihnen geäußerten Selbstverpflichtung zur Leistung eines Beitrags aufgeteilt.

7. Die Mitgliedschaft eines Mitglieds, das seinen Beitrag innerhalb von 90 Tagen nach Fälligkeitsdatum nicht zahlt, kann, nachdem es ordnungsgemäß an die Beitragszahlung erinnert worden ist, vom Exekutivausschuß ausgesetzt werden. Die Bestimmungen von Artikel 6, Absatz 5 bis einschließlich 8 gelten entsprechend. Der Exekutivausschuß kann jedoch beschließen, das Mitglied, dessen Mitgliedschaft ausgesetzt worden ist, zur Teilnahme an einer Vollversammlung, jedoch ohne Rede- und Stimmrecht, einzuladen.

Artikel 17. Rechte an geistigem Eigentum

1. Jedes Mitglied ist zur Nutzung der Rechte an geistigem Eigentum des Verbands einschließlich der Warenzeichen in dem Umfang berechtigt, in dem diese Nutzung durch die Vollversammlung gestattet und/oder in spezifischen Statuten bekanntgegeben wurde. Die Vollversammlung gibt auch die Bedingungen einer solchen Nutzung in einer allgemeinen diesbezüglichen Entscheidung bekannt

2. Jedes Mitglied ist verpflichtet, dem Verband zu fairen, angemessenen und nicht diskriminierenden Bedingungen diejenigen Lizenzen an geistigem Eigentum zu gewähren, die für die Erfüllung der Verbandsziele notwendig sind.

Artikel 18. Benachrichtigungen

1. Eine Benachrichtigung gemäß dieser Satzung bedarf der Schriftform und kann, wenn in dieser Satzung nicht anders festgelegt, vom Verband an jedes Mitglied entweder persönlich oder durch Versand per Post, per Fax oder per E-Mail an die registrierte Adresse des Mitglieds bzw. an den letzten dem Ständigen Sekretariat mitgeteilten Hauptsitz seines Unternehmens ergehen. Bei Versand einer Benachrichtigung per Post gilt ihre Zustellung als ordnungsgemäß ergangen, wenn ein Brief, der die Benachrichtigung enthält, ordnungsgemäß adressiert, frankiert und aufgegeben wurde und im Falle der Benachrichtigung von einer Sitzung 96 Stunden vergangen sind, nachdem der Brief, der die Benachrichtigung enthält, aufgegeben wurde; in anderen Fällen gilt die Benachrichtigung zu dem Zeitpunkt als ergangen, zu dem der Brief, der die Benachrichtigung enthält, bei normalem Postbetrieb zugestellt worden wäre. Bei Versand einer Benachrichtigung durch Fax oder E-Mail gilt sie am Tag, der dem Tag der Übertragung folgt, als ergangen.

2. Die Benachrichtigung von einer Vollversammlung ergeht in der vorstehend festgelegten Weise an:

a. jedes Mitglied sowie

b. die Mitglieder des Exekutivausschusses.

Keine andere Person ist von Rechts wegen berechtigt, Benachrichtigungen von Vollversammlungen zu erhalten.

Artikel 19. Änderung der Satzung

1. Die Satzung kann nur durch einen Beschluß der Vollversammlung geändert werden, aus der Einberufung dieser Vollversammlung muß hervorgegangen sein, daß auf ihr eine Satzungsänderung vorgeschlagen werden wird. Dieser Beschluß kann nicht durch ein schriftliches Verfahren getroffen werden.

2. Es darf keine Änderung dieser Satzung erfolgen, die im Widerspruch zu den Prinzipien und Anforderungen des CORE-MoU steht; dies beinhaltet uneingeschränkt die Anforderung in Artikel 5, Absatz (d) des CORE-MoU, daß jeder Registerführer in jeglicher Hinsicht in Übereinstimmung mit dem CORE-MoU handelt.

3. Diejenigen, die eine Vollversammlung einberufen haben, um einen Antrag auf Satzungsänderung zu besprechen, sorgen dafür, daß spätestens 10 Tage vor der Sitzung eine Kopie dieses Antrags mit dem Wortlaut der vorgeschlagenen Änderung allen Mitgliedern und dem Büro des Ständigen Sekretariats zur Prüfung durch die Mitglieder bis zum Ende des Tags, an dem die Sitzung stattfindet, zugegangen ist.

4. Für den Beschluß zu einer Satzungsänderung ist die zustimmende Mehrheit von mindestens 67% der Gesamtzahl der in einer Sitzung tatsächlich abgegebenen Stimmen, bei der mindestens zwei Drittel der Mitglieder anwesend sind oder vertreten werden. Sollten weniger als zwei Drittel der Mitglieder anwesend sein oder vertreten werden, wird nach dieser Sitzung eine zweite Sitzung einberufen, die frühestens 24 Stunden, jedoch innerhalb von vier Wochen nach der ersten Sitzung stattfindet, und bei der die Beschlußfähigkeit bereits erreicht ist, wenn ein Drittel der Mitglieder anwesend sind oder vertreten werden.

5. Jegliche Satzungsänderung wird bei der Verabschiedung eines Beschlusses gemäß den vorstehenden Abschnitten 1, 2 , 3 und 4 wirksam.

Artikel 20. Auflösung

1. Der Verband kann durch Beschluß der Vollversammlung aufgelöst werden. Die Bestimmungen der Abschnitte 1, 2, 3 und 4 des vorstehenden Artikels gelten entsprechend.

2. Jegliches nach der Liquidation verbleibende Guthaben wird unter denjenigen aufgeteilt, die zu dem Zeitpunkt, als der Auflösungsbeschluß verabschiedet wurde, Mitglieder waren. Im Auflösungsbeschluß kann jedoch auch ein anderer Verwendungszweck für das Guthaben angegeben werden. Alle Rechte an geistigem Eigentum, die sich im Eigentum des Verbands befinden, werden bei der Auflösung gemeinsames Eigentum aller derjenigen, die zu dem Zeitpunkt, als der Auflösungsbeschluß verabschiedet wurde, Mitglieder waren.

Artikel 21. Statuten

1. Die Vollversammlung kann Statuten verabschieden und ändern. Die Bestimmungen in den Abschnitten 1, 2, 3 und 4 von Artikel 19 gelten entsprechend.

2. Die Statuten dürfen nicht im Widerspruch zu dieser Satzung stehen.

Artikel 22. Sprache

Englisch ist die Arbeitssprache des Verbands, und alle Permanent Reference Documents sind in englischer Sprache abgefaßt, wenn keine andere Sprache gesetzlich vorgeschrieben ist. Wenn ein Dokument des Verbands nicht in englischer Sprache abgefaßt ist, wird vom Ständigen Sekretariat eine offizielle Übersetzung in die englische Sprache zur Verfügung gestellt.

Artikel 23. Geltendes Recht - Streitigkeiten

Auf diese Satzung und alle im Rahmen dieser Satzung bekanntgemachten Regelungen wird das Recht der Schweiz angewendet.

Alle Streitigkeiten, die in Zusammenhang mit dieser Satzung oder mit Regelungen auftreten, die auf dieser Satzung beruhen, werden durch ein Schiedsgerichtsverfahren gemäß den gegenwärtig geltenden UNCITRAL-Schlichtungsregeln beigelegt. Die berufende Instanz ist der Generalsekretär des Ständigen Schiedsgerichtshofs. Es gibt einen einzigen Schlichter. Der Ort des Schiedsgerichtsverfahrens ist Genf. Die im Schiedsgerichtsverfahren benutzte Sprache ist Englisch. Die Streitigkeit, Kontroverse oder Forderung wird nach Schweizer Recht entschieden.

3. Oktober 1997

REGELUNGEN DER CORE ASSOCIATION

ZUR GESCHÄFTSORDNUNG

Die folgenden Regelungen zur Geschäftsordnung (nachstehend bezeichnet als "Geschäftsordnung") sind als Geschäftsordnung der CORE Association auf der Grundlage von Artikel 21 der Satzung verabschiedet worden. Die Begriffsbestimmungen in der Satzung haben in nachstehender Geschäftsordnung dieselben Bedeutungen.

Artikel 1. Mitglieder

1. Ein Antrag auf Mitgliedschaft wird schriftlich an das Ständige Sekretariat gestellt. Dieser Antrag wird in der vom Ständigen Sekretariat geforderten Form abgefaßt. Der Exekutivausschuß verfährt daraufhin wie in Artikel 5, Absatz 2 der Satzung angegeben und ist berechtigt, weitere oder andere Informationen in dem Umfang anzufordern, wie er es zu diesem Zweck für notwendig hält.

2.a. Es wird vom Ständigen Sekretariat eine aktuelle alphabetische Liste aller Mitglieder geführt und den Mitgliedern zur Verfügung gestellt.

b. Jedes Mitglied ist verpflichtet, dem Ständigen Sekretariat seinen Namen, seine Adresse, Telefonnummer, Fax-Nummer und E-Mail-Adresse sowie jegliche Änderung dieser Angaben mitzuteilen.

Artikel 2. Verfahren bei Vollversammlungen. Beschlußfähigkeit

1. Wenn in der Satzung nicht anders angegeben, gilt die Vollversammlung nur als zusammengetreten, wenn mit mindestens der Hälfte (50%) der Mitglieder Beschlußfähigkeit erreicht ist.

2. Der Vorsitzende hat bei jeder Vollversammlung den Vorsitz inne. Sollte die Position des Vorsitzenden vakant sein oder der Vorsitzende nicht innerhalb vom einer Stunde nach der für die Abhaltung der Vollversammlung angesetzten Uhrzeit anwesend sein, oder sollte der Vorsitzende nicht willens sein, den Vorsitz innezuhaben, hat der stellvertretende Vorsitzende den Vorsitz der Sitzung inne; sollte er nicht innerhalb einer Stunde nach der für die Abhaltung der Vollversammlung angesetzten Uhrzeit anwesend sein oder sollte er nicht willens sein, den Vorsitz innezuhaben, wählen die Mitglieder einen ihrer Vertreter zum Vorsitzenden der Vollversammlung.

3. Der Vorsitzende der Vollversammlung kann mit der Zustimmung jeder beschlußfähigen Vollversammlung die Vollversammlung auf einen anderen Zeitpunkt und an einen anderen Ort vertagen (und ist dazu verpflichtet, wenn er von der Vollversammlung dazu angewiesen wird); bei allen vertagten Vollversammlungen werden jedoch nur solche Themen behandelt, die bei der Vollversammlung, auf der die Vertagung stattgefunden hat, nicht abschließend behandelt worden sind. Wenn eine Vollversammlung für einen Zeitraum von 10 Tagen oder länger vertagt wird, wird die vertagte Versammlung wie eine ursprüngliche Vollversammlung bekanntgemacht. Außer im vorstehend angegebenen Fall ist es nicht notwendig, die Vertagung einer Vollversammlung oder die bei einer vertagten Vollversammlung zu behandelnden Themen bekanntzumachen.

4. Bei jeder Vollversammlung wird ein Beschluß, der der Vollversammlung zur Abstimmung gestellt wird, durch Akklamation oder durch Handzeichen entschieden, es sei denn, vor oder bei der Bekanntgabe des Ergebnisses der Abstimmung durch Handzeichen würde Stimmauszählung gefordert, und zwar

a. durch den Vorsitzenden der Vollversammlung oder

b. durch mindestens zwei anwesende oder vertretene Mitglieder oder

c. durch irgendein anwesendes oder vertretenes Mitglied bzw. anwesende oder vertretene Mitglieder, das bzw. die zur Abgabe von mindestens einem Zehntel der Stimmen bei der Vollversammlung berechtigt ist bzw. sind.

Außer wenn auf diese Weise Stimmauszählung gefordert wird, ist eine Entscheidung des Vorsitzenden der Vollversammlung, daß ein Beschluß durch Akklamation oder durch Handzeichen angenommen, einstimmig angenommen, mit einer bestimmten Mehrheit angenommen oder abgelehnt wurde, und ein diesbezüglicher Eintrag in dem Buch, das die Sitzungsprotokolle des Verbands enthält, ein schlüssiger Beweis der Tatsache auch ohne einen schriftlichen Nachweis der Anzahl oder des Anteils der für oder gegen diesen Beschluß abgegebenen Stimmen.

5. Wird ordnungsgemäß Stimmauszählung gefordert, wird sie in der vom Vorsitzenden der Vollversammlung angegebenen Weise durchgeführt, wobei das Ergebnis der Stimmauszählung als Beschluß der Vollversammlung gilt, auf der die Stimmauszählung gefordert wurde. Die Forderung nach Stimmauszählung kann zurückgezogen werden.

6. Bei Stimmengleichheit bei der Stimmabgabe durch Handzeichen oder bei Stimmauszählung ist der Antrag damit abgelehnt.

7. Eine Stimmauszählung, die bezüglich der Wahl eines Vorsitzenden oder der Frage der Vertagung gefordert wird, wird unverzüglich durchgeführt. Eine Stimmauszählung, die bezüglich irgendeiner anderen Frage gefordert wird, wird zu einem vom Vorsitzenden der Vollversammlung angegebenen Zeitpunkt durchgeführt, und alle anderen Themen als das, über das eine Stimmauszählung gefordert wurde, können behandelt werden, bevor die Stimmauszählung durchgeführt wird.

8.a. Mit Ausnahme der in Artikel 6, Absatz 8 und den Artikeln 19, 20 und 21 der Satzung angegebenen Beschlüsse können Beschlüsse der Vollversammlung auch auf schriftlichem Wege gefaßt werden.

b. Der Exekutivausschuß benachrichtigt durch das Ständige Sekretariat jedes Mitglied von der Absicht, einen Beschluß auf schriftlichem Wege herbeizuführen. Diese Benachrichtigung enthält den vollständigen Wortlaut des Antrags oder die Bedingungen des Beschlusses.

c. Ein Mitglied hat nach dem Erhalt der Benachrichtigung sieben Tage Zeit, um den Exekutivausschuß über das Ständige Sekretariat schriftlich davon in Kenntnis zu setzen, ob es sich für oder gegen den beantragten Beschluß ausspricht. Sollte es ein Mitglied innerhalb dieser sieben Tage versäumen oder unterlassen zu antworten, wird dies als Enthaltung angesehen.

d. Ein auf schriftlichem Wege gefaßter Beschluß der Mitglieder gilt als getroffen, wenn eine Mehrheit von mindestens 67% der tatsächlich abgegebenen Stimmen der gemäß der Satzung stimmberechtigten Mitglieder zugunsten dieses Beschlusses abgegeben werden.

9.a. Der Sitzungsbericht einer Vollversammlung wird in einem Protokoll aufgezeichnet, das Datum, Uhrzeit und Ort der Vollversammlung, die Namen der anwesenden oder vertretenen Mitglieder, die Namen der anwesenden Personen, die Tagesordnung, Anträge, eine Zusammenfassung einschlägiger Diskussionen, eine Liste der bei der

Sitzung vorgelegten Unterlagen, Einzelheiten über behandelte Anträge und gegebenenfalls Einzelheiten über Abstimmungen und über jeglichen Einwand gegen eine Abstimmung enthält.

b. Das Protokoll wird vom Ständigen Sekretariat innerhalb eines angemessenen Zeitraums nach einer Vollversammlung verfaßt.

c. Das Protokoll wird innerhalb eines angemessenen Zeitraums, jedoch spätestens vier Wochen nach der Vollversammlung vom Vorsitzenden vorläufig angenommen und zur Verteilung an alle Mitglieder weitergeleitet. Einwände gegen das Protokoll und Änderungsvorschläge müssen innerhalb eines Monats nach Erhalt des Protokolls schriftlich erhoben bzw. vorgelegt werden. Wenn keine Einwände erhoben werden, gilt das Protokoll als angenommen. Wenn Einwände erhoben werden, behandelt die nächste Vollversammlung diese Einwände und verabschiedet das Protokoll, nachdem die Änderungen, die für angemessen gehalten wurden, vorgenommen wurden.

Artikel 3. Stimmen von Mitgliedern. Vorschläge von Mitgliedern

1. Gegen die Berechtigung irgendeines Mitglieds, seine Stimme(n) abzugeben, darf nur mündlich auf der Vollversammlung oder vertagten Vollversammlung, auf der das Stimmrecht, gegen das Einspruch erhoben wird, direkt oder vertretungsweise wahrgenommen wird, Einwand erhoben werden, und jedes Stimmrecht, das nicht bei dieser Vollversammlung aberkannt wird, ist für alle Zwecke gültig. Jeder solche Einwand, der rechtzeitig erhoben wird, wird an den Vorsitzenden der Vollversammlung gerichtet; seine Entscheidung ist endgültig und abschließend.

2. Mitglieder können der Vollversammlung angemessene Standpunkte und Entscheidungen in Zusammenhang mit der politischen Linie zur Verabschiedung durch die Vollversammlung vorschlagen.

Artikel 4. Vollmachten

1. Unterlagen, die ein Mitglied bevollmächtigen, ein anderes Mitglied durch Vollmacht zu vertreten, müssen von dem Mitglied unterzeichnet sein, das die Vollmacht erteilt, und werden auf Anfrage eines Mitglieds vorgewiesen.

2. Das Dokument, durch das ein Stellvertreter berufen wird, gilt als Verleihung der Befugnis, Stimmauszählung zu fordern oder sich der Forderung nach Stimmauszählung anzuschließen. Ein Stellvertreter ist nicht befugt, für mehr als zehn Mitglieder (einschließlich des Stellvertreters selbst) Stimmen abzugeben.

3. Eine gemäß den Bestimmungen für Vollmachten abgegebene Stimme ist gültig unbeschadet des vorherigen Widerrufs der Vollmacht oder des Widerrufs der Befugnis, im Rahmen derer die Vollmacht ausgestellt wurde, wenn keine schriftliche Mitteilung eines solchen vorstehend erwähnten Widerrufs vor dem Beginn der Vollversammlung oder vertagten Vollversammlung, bei der die Vollmacht benutzt wird, eingeht.

Artikel 5. Befugnisse und Pflichten des Exekutivausschusses

1. Der Exekutivausschuß

a. kann der Vollversammlung angemessene Standpunkte und Entscheidungen in Zusammenhang mit der politischen Linie zur Verabschiedung durch den Verband vorschlagen;

b. kann neue Mitglieder aufnehmen und der Vollversammlung den Ausschluß von Mitgliedern vorschlagen;

c. kann der Vollversammlung Angelegenheiten vorschlagen, die die Auflösung des Verbands betreffen;

d. kann der Vollversammlung Satzungsänderungen vorschlagen;

e. kann für den Verband Zeichnungsberechtigte berufen;

f. kann Berater berufen, die ihn bei der Ausübung seiner Pflichten beraten. Wenn damit die Bezahlung eines Dritten verbunden ist, muß der entsprechende Haushaltsposten dafür im voraus durch eine Vollversammlung verabschiedet werden;

g. legt den Entwurf für ein Arbeitsprogramm sowie einen Haushaltsentwurf vor und beantragt die Annahme der Buchhaltung durch die Vollversammlung;

h. bereitet den Jahresbericht des Exekutivausschusses vor und legt ihn bei einer Vollversammlung vor;

i. legt jährlich die geprüfte Bilanz, Berichte (einschließlich Einzelheiten in Zusammenhang mit Personalfragen) und Berichte über die Buchhaltung der Jahreshauptversammlung zur Annahme vor;

j. übermittelt, falls erforderlich, die von der Vollversammlung oder einer Arbeits-, Regional- oder Interessengruppe festgelegte allgemeine politische Linie an die Presse und andere Medien;

k. berichtet jeder Vollversammlung über seine Aktivitäten und die Aktivitäten seiner Mitglieder oder Delegierten seit der letzten Vollversammlung;

l. überwacht die Arbeit der Arbeits-, Regional- oder Interessengruppen;

m. übt andere Aufgaben aus, die ihm durch die Satzung, diese Geschäftsordnung und/oder die Vollversammlung zugewiesen werden.

2. Der Exekutivausschuß ist berechtigt, unter seiner Verantwortung bestimmte Teile seiner Pflichten dem Vorsitzenden, dem stellvertretenden Vorsitzenden, dem Ständigen Sekretariat oder vom Exekutivausschuß berufenen Ausschüssen zuzuweisen.

3. Der Exekutivausschuß benötigt die Zustimmung der Vollversammlung für folgende Entscheidungen:

a. unbeschadet des nachstehenden Absatzes b. Rechtsgeschäfte einzugehen und von der Vollversammlung beschlossene Ausgaben in Höhe von über US $ 2.000 zu tätigen;

b. i. Immobilien anzumieten, zu vermieten oder auf andere Weise zu erwerben bzw. den Nutzen oder Vorteil davon zu gewähren;

ii. Verträge abzuschließen, durch die dem Verband ein Bankkredit gewährt wird;

iii. Gelder zu verleihen oder zu leihen, mit Ausnahme der Aufnahme von Geldern im Rahmen eines dem Verband gewährten Bankkredits;

iv. Partei in einem Gerichtsverfahren einschließlich der Durchführung eines Schiedsgerichtsverfahrens zu sein; eine Ausnahme bildet das Ergreifen von Maßnahmen erhaltender oder dringlicher Natur;

v. Anstellungsverträge abzuschließen und zu ändern.

Artikel 6. Verfahrensweise des Exekutivausschusses

1. Die Mitglieder des Exekutivausschusses treten zur Ausübung ihrer Amtsgeschäfte zusammen und vertagen bzw. regeln ihre Sitzungen auf andere Weise, wie sie es für angemessen halten. Bei Sitzungen auftretende Fragen werden mit absoluter Mehrheit der abgegebenen Stimmen entschieden. In einer Sitzung des Exekutivausschusses hat jedes Mitglied des Exekutivausschusses eine Stimme. Den Vorsitz bei den Sitzungen führt der Vorsitzende und im Falle seiner Abwesenheit der stellvertretende Vorsitzende. Bei Stimmengleichheit hat der Vorsitzende der Sitzung eine zweite, d. h. die entscheidende Stimme. Ein Mitglied des Exekutivausschusses kann jederzeit eine Sitzung der Mitglieder des Exekutivausschusses einberufen.

2. Die für die Behandlung von Themen seitens der Mitglieder des Exekutivausschusses notwendige Beschlußfähigkeit ist bei einer Beteiligung von zwei Dritteln der Anzahl der Mitglieder des Exekutivausschusses erreicht.

3. Der Sitzungsbericht jeder Sitzung des Exekutivausschusses, unabhängig davon, ob sie mit persönlicher Anwesenheit, über Telefon, Videokonferenz, Internetkonferenz oder andere ähnliche Kommunikationsmittel abgehalten wurde, wird durch das Ständige Sekretariat in einem Protokoll aufgezeichnet. Das Protokoll wird vom Vorsitzenden vorläufig angenommen und innerhalb eines angemessenen Zeitraums zur Verteilung an alle Mitglieder des Exekutivausschusses weitergeleitet. Einwände gegen das Protokoll und Änderungsvorschläge müssen innerhalb von zwei Wochen nach Erhalt des Protokolls schriftlich erhoben bzw. vorgelegt werden. Wenn keine Einwände erhoben werden, gilt das Protokoll als angenommen. Wenn Einwände erhoben werden, behandelt der Exekutivausschuß in seiner nächsten Sitzung diese Einwände und verabschiedet das Protokoll, nachdem die eventuell angemessenen Änderungen vorgenommen wurden.

4. Weitere Regeln in bezug auf die Sitzungen und Beschlüsse des Exekutivausschusses können in Regeln festgelegt werden, die durch die Vollversammlung verabschiedet werden.

5. Ein schriftlicher Beschluß, der von allen Mitgliedern des Exekutivausschusses, die zum jeweiligen Zeitpunkt berechtigt sind, die Benachrichtigung über eine Sitzung der Mitglieder des Exekutivausschusses zu erhalten, unterschrieben ist, ist genauso gültig, als sei er auf einer ordnungsgemäß einberufenen und abgehaltenen Sitzung der Mitglieder des Exekutivausschusses gefaßt worden.

6. Jedes Mitglied des Exekutivausschusses kann an einer Sitzung der Mitglieder des Exekutivausschusses per Telefon, Videokonferenz oder über andere ähnliche Kommunikationsmittel teilnehmen, wenn alle an der Sitzung teilnehmenden Personen sich gegenseitig sprechen hören können. Die Teilnahme an einer Sitzung auf diese Weise gilt als persönliche Teilnahme an dieser Sitzung. Es wird ein Sitzungsprotokoll geführt und in Umlauf gebracht, auch wenn die Sitzung per Telekommunikationsverbindung abgehalten wurde.

Artikel 7. Ständiges Sekretariat. Koordinator

1. Der Exekutivausschuß wird durch das Ständige Sekretariat unterstützt.

2. Das Ständige Sekretariat wird von einem Koordinator geleitet, der durch die Vollversammlung berufen wird. Das Ständige Sekretariat kann, muß aber nicht durch Personen besetzt werden, die vom Verband angestellt werden.

3. Der Sitz des Ständigen Sekretariats wird durch die Vollversammlung festgelegt.

Artikel 8. Befugnisse und Verantwortlichkeiten des Ständigen Sekretariats

1. Das Ständige Sekretariat hat keine Entscheidungsbefugnisse, die über diejenigen hinausgehen, die für die Führung des Ständigen Sekretariats notwendig sind.

2. Das Ständige Sekretariat führt die Aufgaben aus, mit denen es betraut wird, um die gute Verwaltung der Arbeit aufgrund der Satzung und der Geschäftsordnung zu sichern und führt diese so durch, wie es von der Vollversammlung und/oder dem Exekutivausschuß angewiesen wird.

3. Das Ständige Sekretariat

a. bereitet den Entwurf des Jahreshaushalts vor, der vom Exekutivausschuß der Vollversammlung jedes Jahr vorgelegt wird;

b. ist gegenüber dem Exekutivausschuß für die Verwaltung und die Finanzen des Verbands verantwortlich;

c. bereitet jährlich die geprüfte Bilanz, Berichte (einschließlich Einzelheiten in Zusammenhang mit Personalfragen) und Berichte über die Buchhaltung vor, die vom Exekutivausschuß der Jahreshauptversammlung vorgelegt werden;

d. bereitet die Protokolle von Vollversammlungen vor und archiviert diese Protokolle mit Anlagen zusammen mit Permanent Reference Documents für einen Zeitraum von mindestens fünf Jahren; hierbei gilt ebenfalls, daß alle auf Finanzangelegenheiten bezüglichen Unterlagen (dies beinhaltet die Buchhaltung, Jahresabschlüsse, Korrespondenz und Verträge, die Einfluß auf die Buchhaltung und/oder die Bilanz haben, ist jedoch nicht darauf beschränkt) zehn Jahre lang aufbewahrt werden müssen; hierbei gilt weiterhin, daß alle Permanent Reference Documents in ihrer letzen Version für unbegrenzte Zeit archiviert werden;

e. bereitet den Jahresbericht des Ständigen Sekretariats vor, der dem Exekutivausschuß vorgelegt wird;

f. legt dem Exekutivausschuß Tätigkeitsberichte vor und unterhält in bezug auf seinen eigenen Verantwortungsbereich eine regelmäßige Kommunikation mit dem Exekutivausschuß;

g. führt eine aktuelle Liste aller Mitglieder;

h. führt eine Liste der aktuellen Permanent Reference Documents ("PRDocs"). Diese Liste gibt den Status und die Entwicklung von PRDocs an;

i. führt eine PRDoc-Verfahrensweise in bezug auf eine Überwachung von Versionsänderungen der PRDocs durch;

j. führt eine aktuelle Liste mit Namen, Adressen, Telefon- und Fax-Nummern der Vorsitzenden aller Arbeits-, Regional- und Interessengruppen;

k. berät das gastgebende Mitglied bei der Organisation von Vollversammlungen und leistet angemessenerweise geforderte Unterstützung dabei;

l. nimmt Anträge auf Mitgliedschaft gemäß Artikel 5, Absatz 2 der Satzung entgegen und bearbeitet sie;

m. bereitet Änderungen und Aktualisierungen der Stimmen- und Kostenzuweisungen vor, die dem Exekutivausschuß vorgelegt werden;

n. nimmt andere Aufgaben wahr, die ihm durch die Vollversammlung, den Vorsitzenden oder den Exekutivausschuß bzw. durch die Satzung oder die Geschäftsordnung zugewiesen werden.

4. Das Ständige Sekretariat kann mit vorheriger Zustimmung des Exekutivausschusses Berater berufen, die es bei der Ausübung seiner Pflichten beraten. Die Honorare dieser Berater müssen in den Jahreshaushalt eingestellt werden, der von der Vollversammlung verabschiedet wird

Artikel 9. Berufung des Koordinators und anderer Führungskräfte

1. Die Vollversammlung entscheidet über die Berufung (einschließlich der Amtszeit) des Koordinators und anderer Führungskräfte aus einer Kandidatenliste, die vom Exekutivausschuß vorgelegt wird.

2. Bei Vakanz wird der Posten des Koordinators des Ständigen Sekretariats zuerst unter den Mitgliedern ausgeschrieben.

3. Der Exekutivausschuß gibt Richtlinien für das Ständige Sekretariat in bezug auf die Verwaltung von Finanzangelegenheiten wie die Unterzeichnung von Schecks, die Zahlung von Rechnungen und die Verwaltung von Bankkonten heraus.

Artikel 10. Arbeitsgruppen, Regionalgruppen, Interessengruppen

1. Arbeitsgruppen können durch die Vollversammlung berufen werden.

2. Die Vollversammlung legt zum Zeitpunkt ihrer Einrichtung die Aufgabenbeschreibung jeder Arbeitsgruppe fest und überprüft, falls erforderlich, diese Aufgabenbeschreibung.

3. Wenn von der Vollversammlung nicht anders beschlossen, werden alle Kosten, die dadurch entstehen, daß es einer Person ermöglicht wird, an einer Arbeitsgruppe teilzunehmen, von dem Mitglied getragen, das diese Person beschäftigt oder nominiert.

4. Die Aufgabenbeschreibung jeder Arbeitsgruppe beinhaltet:

a. die genaue Aufgabe der Arbeitsgruppe;

b. den Zeitplan für die Vorlage von Fortschrittsberichten an die Vollversammlung;

c. die Art des geforderten Ergebnisses;

d. den Gesamtzeitplan und

e. falls erforderlich, die Namen Dritter, die die Arbeitsgruppe konsultiert, und einen Etat für die Honorare und Auslagen dieser Dritten.

5. Der Vorsitzende jeder Arbeitsgruppe teilt dem Ständigen Sekretariat seinen Namen, seine Adresse, Telefon- und Fax-Nummern sowie jegliche Änderungen dieser Angaben mit.

6. Die Vollversammlung legt zu gegebener Zeit die Geschäftsordnung fest, nach der die Arbeitsgruppen arbeiten. Das Mandat jeder Arbeitsgruppe ist auf einen Zeitraum von zwei Jahren beschränkt. Der Vorsitzende jeder Arbeitsgruppe wird von der Vollversammlung für einen Zeitraum von zwei Jahren berufen.

7. Jede Arbeitsgruppe besteht aus Experten, die von den Mitgliedern nominiert werden; diese Experten müssen einschlägiges Fachwissen für die Aufgaben, mit denen die Arbeitsgruppe betraut wird, aufweisen. Jeder Experte ist ein Beschäftigter oder bevollmächtigter Vertreter des nominierenden Mitglieds. Personen, die nicht Beschäftigte von Mitgliedern sind, sind nicht berechtigt, an Arbeitsgruppensitzungen teilzunehmen. In Ausnahmefällen können Experten, die nicht Beschäftigte von Mitgliedern sind, auf Empfehlung des Vorsitzenden oder eines Mitglieds der Arbeitsgruppe vorbehaltlich der Zustimmung des Vorsitzenden der Arbeitsgruppe an Arbeitsgruppensitzungen teilnehmen, wenn die Aufgabe der Arbeitsgruppe dies erfordert. Die Arbeitsgruppe koordiniert die Teilnahme dieser Personen.

8. Die Kosten, die dadurch entstehen, daß die Dienstleistungen einer Person zur Verfügung gestellt werden, die weder von einem Mitglied noch vom Verband beschäftigt wird, werden vom Vorsitzenden der Arbeitsgruppe bestätigt und vom Ständigen Sekretariat getragen. Die Festlegung, ob diese Kosten durch freiwillige Beiträge oder Pflichtbeiträge aufgebracht werden, ist Angelegenheit der Vollversammlung.

9. Eine Gruppe von Mitgliedern in einer bestimmten Region, die von der Vollversammlung nicht als Arbeitsgruppe eingerichtet wird, und die zur Erreichung der Vertragsziele beiträgt, kann durch die Vollversammlung als Regionalgruppe anerkannt und eingerichtet werden; sie hat die von der Vollversammlung verabschiedeten Rechte. Der Vorsitzende einer solchen Regionalgruppe führt den Titel eines Vize-Vorsitzenden.

10. Eine Gruppe von Mitgliedern mit einem speziellen Interesse, die von der Vollversammlung nicht als Arbeitsgruppe eingerichtet wird, und die zur Erreichung der Vertragsziele beiträgt, kann durch die Vollversammlung als Interessengruppe anerkannt und eingerichtet werden; sie hat die von der Vollversammlung verabschiedeten Rechte. Der Vorsitzende einer solchen Interessengruppe führt ebenfalls den Titel eines Vize-Vorsitzenden.

11. Der Begriff „Mitglied", wie er in vorliegendem Artikel 10 verwendet wird, beinhaltet auch Tochtergesellschaften und verbundene Unternehmen eines Mitglieds.

Artikel 11. Finanzielle Angelegenheiten

1. Die Pflichtbeiträge und/oder freiwilligen Mitgliedsbeiträge haben - außer im Fall neuer Mitglieder - die aktuelle Mitgliederliste zum Zeitpunkt der Vollversammlung, auf der der Haushalt verabschiedet wurde, als Grundlage.

2. Das Ständige Sekretariat stellt jedem Mitglied den Betrag seines jährlichen Pflichtbeitrags und gegebenenfalls seines freiwilligen Beitrags in Rechnung.

3. Alle Mitgliedsbeiträge sind zahlbar innerhalb von vollen 60 Tagen nach Rechnungsdatum oder in einem von der Vollversammlung festgelegten Zeitraum.

4. Wenn der Beitrag irgendeines Mitglieds nicht innerhalb eines Monats nach Fälligkeitsdatum eingegangen ist, zahlt das säumige Mitglied Zinsen in Höhe von 15 Prozent per annum; diese Zinsen laufen täglich vom Fälligkeitsdatum bis zum Eingang der Zahlung auf dem Konto des Verbands auf.

5. Alle Ausgaben außerhalb des verabschiedeten Haushalts werden zur vorherigen Genehmigung an die Vollversammlung überwiesen.

6. Rechnungen in Zusammenhang mit genehmigten Ausgaben von Arbeitsgruppen und anderen (von einem Mitglied der Arbeitsgruppe bestätigten) Zahlungen werden dem Ständigen Sekretariat zur Zahlung vorgelegt.

Artikel 12. Dokumente

1. Dokumente, die in Zusammenhang mit der Befugnis der Satzung vorbereitet und herausgegeben wurden, können für Mitglieder entweder bindend oder nicht bindend sein. Diese Dokumente können der Geheimhaltung unterliegen, also nur für Mitglieder verfügbar sein, oder keiner Geheimhaltung unterliegen, d. h. uneingeschränkt verfügbar sein.

2. Im allgemeinen werden bindende Dokumente unmittelbar nach ihrer Verabschiedung durch die Vollversammlung wirksam. Die Vollversammlung kann einen Übergangszeitraum festlegen, wenn sie dies für notwendig hält.

3. Der Inhalt eines nicht bindenden Dokuments dient ausschließlich Informationszwecken.

4. Ein Dokument, daß der Geheimhaltung unterliegt, ist grundsätzlich nicht zur Verteilung an Nichtmitglieder bestimmt. Die Verfügbarkeit eines Dokuments, das der Geheimhaltung unterliegt, für Nichtmitglieder wird unter den Verfahrensweisen für Dokumente, die der Geheimhaltung unterliegen, festgelegt, die von der Vollversammlung herausgegeben werden.

5. Dokumente, die besonderer Geheimhaltung unterliegen, können selbst Mitgliedern nur unter der Kontrolle einer speziellen Verfahrensweise und gegebenenfalls unter Sonderbedingungen, die von der Vollversammlung festgelegt werden, zur Verfügung gestellt werden.

6. Ein Dokument, das nicht der Geheimhaltung unterliegt, kann ohne jegliche Einschränkung verteilt werden.

7. Sitzungsunterlagen sind Dokumente, die bei Vollversammlungen oder Arbeitsgruppensitzungen als Anträge, Spezifizierenden oder zu Informationszwecken vorgelegt werden.

8. Permanent Reference Documents sind Dokumente, die von der Vollversammlung als solche herausgegeben, verabschiedet oder bezeichnet werden.

9. Vorbehaltlich der Ausübung ihres Rechts auf Kategorisierung oder Neukategorisierung durch die Vollversammlung können Dokumente durch das Mitglied oder die Mitglieder des Exekutivausschusses, der Arbeitsgruppe oder der Vollversammlung, das bzw. die das Dokument vorbereitet, herausgegeben und verabschiedet hat bzw. haben, als nicht der Geheimhaltung unterliegend, der Geheimhaltung unterliegend oder besonderer Geheimhaltung unterliegend kategorisiert werden.

10. Die Mitglieder unternehmen alle angemessenen Schritte, die in ihren Ländern zum Schutz des Urheberrechts und der Vertraulichkeit von Verbandsdokumenten erforderlich sind; falls für diesen Schutz eine Registrierung erforderlich ist, setzen sie unverzüglich das Ständige Sekretariat davon in Kenntnis, damit der Exekutivausschuß damit befaßt wird.

Artikel 13. Weitere Bestimmungen

1. Jedes Mitglied erklärt sich damit einverstanden, daß der Verband, sein Personal, die Mitglieder, die Mitglieder des Exekutivausschusses sowie die Mitglieder der Arbeitsgruppen keine Haftung für irgendeinen Verlust oder Schaden übernehmen, der einem Mitglied dadurch entsteht, daß er sich auf irgendeinen Rat oder irgendeine Information, der bzw. die gleichgültig in welcher Form vom Verband, der Vollversammlung, den Mitgliedern des Exekutivausschusses, von den Mitgliedern der Arbeitsgruppen, dem Personal des Verbands oder irgendeinem Mitglied in Ausübung seiner Pflichten gegenüber dem Verband gegeben oder veröffentlicht wird.

2. Alle Ratschläge und Informationen, die vom Verband, seinen Beschäftigten, von der Vollversammlung, den Mitgliedern des Exekutivausschusses und den Arbeitsgruppen gleichgültig in welcher Form den Mitgliedern gegeben werden, sind nur für den Gebrauch durch die Mitglieder bestimmt, es sei denn, dies wird durch Gesetz, Gerichtsbeschluß oder Anweisung einer Behörde oder anderen Telekommunikationsverwaltung gefordert, die die Aufsichtsbefugnis über ein Mitglied in Zusammenhang mit den Aktivitäten als Registerführer hat, oder sie sind speziell für die Weitergabe an die Öffentlichkeit, die Presse, Medien oder ausgewählte Dritte gekennzeichnet. Jedes Mitglied, das irgendwelche dieser Ratschläge oder Informationen, gleichgültig in welcher Form, an irgendeinen Dritten weitergibt, hält den Verband von jeglicher Haftung, jeglicher Forderung, jeglichem Verlust, jeglichem Schadenersatz sowie allen Kosten und Auslagen schadlos, die daraus entstehen, daß sich irgendeiner dieser Dritten auf diese Ratschläge oder diese Information verläßt.

Anlage 8. Articles of Incorparation

ARTICLES OF INCORPORATION
OF INTERNET CORPORATION FOR
ASSIGNED NAMES AND NUMBERS
As Revised November 21, 1998

1. The name of this corporation is Internet Corporation for Assigned Names and Numbers (the "Corporation").

2. The name of the Corporation's initial agent for service of process in the State of California, United States of America is CT Corporation System.

3. This Corporation is a nonprofit public benefit corporation and is not organized for the private gain of any person. It is organized under the California Nonprofit Public Benefit Corporation Law for charitable and public purposes. The Corporation is organized, and will be operated, exclusively for charitable, educational, and scientific purposes within the meaning of § 501 (c)(3) of the Internal Revenue Code of 1986, as amended (the "Code"), or the corresponding provision of any future United States tax code. Any reference in these Articles to the Code shall include the corresponding provisions of any further United States tax code. In furtherance of the foregoing purposes, and in recognition of the fact that the Internet is an international network of networks, owned by no single nation, individual or organization, the Corporation shall, except as limited by Article 5 hereof, pursue the charitable and public purposes of lessening the burdens of government and promoting the global public interest in the operational stability of the Internet by (i) coordinating the assignment of Internet technical parameters as needed to maintain universal connectivity on the Internet; (ii) performing and overseeing functions related to the coordination of the Internet Protocol ("IP") address space; (iii) performing and overseeing functions related to the coordination of the Internet domain name system ("DNS"), including the development of policies for determining the circumstances under which new top-level domains are added to the DNS root system; (iv) overseeing operation of the authoritative Internet DNS root server system; and (v) engaging in any other related lawful activity in furtherance of items (i) through (iv).

4. The Corporation shall operate for the benefit of the Internet community as a whole, carrying out its activities in conformity with relevant principles of international law and applicable international conventions and local law and, to the extent appropriate and consistent with these Articles and its Bylaws, through open and transparent processes that enable competition and open entry in Internet-related markets. To this effect, the Corporation shall cooperate as appropriate with relevant international organizations.

5. Notwihtstanding any other provision (other than Article 8) of these Articles:

a. The Corporation shall not carry on any other activities not permitted to be carried on (i) by a corporation exempt from United States income tax under § 501 (c)(3) of the Code or (ii) by a corporation, contributions to which are deductible under § 170 (c)(2) of the Code.

b. No substantial part of the activities of the Corporation shall be the carrying on of propaganda, or otherwise attempting to influence legislation, and the Corporation shall be empowered to make the election under § 501 (h) of the Code.

c. The Corporation shall not participate in, or intervene in (including the publishing or distribution of statements) any political campaign on behalf of or in opposition to any candidate for public office.

d. No part of the net earnings of the Corporation shall inure to the benefit of or be distributable to its members, directors, trustees, officers, or other private persons, except that the Corporation shall be authorized and empowered to pay reasonable compensation for services rendered and to make payments and distributions in furtherance of the purposes set forth in Article 3 hereof.

e. In no event shall the Corporation be controlled directly or indirectly by one or more "disqualified persons" (as defined in § 4946 of the Code) other than foundation managers and other than one or more organizations described in paragraph (1) or (2) of § 509 (a) of the Code.

6. To the full extent permitted by the California Nonprofit Public Benefit Corporation Law or any other applicable laws presently or hereafter in effect, no director of the Corporation shall be personally liable to the Corporation or its members, should the Corporation elect to have members in the future, for or with respect to any acts or omissions in the performance of his or her duties as a director of the Corporation. Any repeal or modification of this Article 6 shall not adversely affect any right or protection of a director of the Corporation existing immediately prior to such repeal or modification.

7. Upon the dissolution of the Corporation, the Corporation's assets shall be distributed for one or more of the exempt purposes set forth in Article 3 hereof and, if possible, to a § 501 (c)(3) organization organized and operated exclusively to lessen the burdens of government and promote the global public interest in the operational stability of the Internet, or shall be distributed to a governmental entity for such purposes, or for such other charitable and public purposes that lessen the burdens of government by providing for the operational stability of the Internet. Any assets not so disposed of shall be disposed of by a court of competent jurisdiction of the county in which the principal office of the Corporation is then located, exclusively for such purposes or to such organization or organizations, as such court shall determine, that are organized and operated exclusively for such purposes, unless no such corporation exists, and in such case any assets not disposed of shall be distributed to a § 501(c)(3) corporation chosen by such court.

8. Notwithstanding anything to the contrary in these Articles, if the Corporation determines that it will not be treated as a corporation exempt from federal income tax under § 501(c)(3) of the Code, all references herein to § 501(c)(3) of the Code shall be deemed to refer to § 501(c)(6) of the Code and Article 5(a)(ii), (b), (c) and (e) shall be deemed not to be a part of these Articles.

9. These Articles may be amended by the affirmative vote of at least two-thirds of the directors of the Corporation. When the Corporation has members, any such amendment must be ratified by a two-thirds (2/3) majority of the members voting on any proposed amendment.

Anlage 9. Bylaws

BYLAWS FOR INTERNET CORPORATION FOR ASSIGNED NAMES AND NUMBERS
A California Nonprofit Public Benefit Corporation
As Amended and Restated on October 29, 1999

TABLE OF CONTENTS

ARTICLE I: OFFICES AND SEAL

Section 1. OFFICES

The principal office for the transaction of the business of this corporation (the "Corporation") will be in the County of Los Angeles, State of California, United States of America. The Corporation may also have an additional office or offices within or outside the United States of America as the Board of Directors (the "Board") may from time to time establish.

Section 2. SEAL

The Board may adopt a corporate seal and use the same by causing it or a facsimile thereof to be impressed or affixed or reproduced or otherwise.

ARTICLE II: MEMBERSHIP

Section 1. GENERAL

The Corporation shall not have members as defined in the CNPBCL (as defined herein), notwithstanding the use of the term "Member" in these bylaws. Instead, the Corporation shall allow individuals (described in these bylaws as "Members") to participate in the activities of the Corporation through the selection of an advisory body known as the At Large Council. Such individuals ("Members") will have the rights, and only the rights, set forth in these Bylaws, and shall not be members as defined in the CNPBCL.

Section 2. REGISTRATION OF INDIVIDUALS

The Corporation shall develop and maintain a registration system whereby individuals can register to participate in the selection of the At Large Council. An individual so registered in compliance with the terms of these Bylaws shall be, during the effectiveness of such registration, referred to as a Member. The Board shall establish (i) criteria for such registration, including, but not limited to, requiring registrations to be filed within certain dates, the payment of a fee or dues, if any (subject to Section 3(b) of Article III), the provision by the individual of a valid electronic mail and/or physical address and proof of citizenship and/or residency and (ii) expiration dates or times for such registration. If registration fees or dues are established, the Board may establish different fees or dues for different persons and may waive or reduce the fees or dues for specific persons or groups of persons for reasonable purposes.

Section 3. REGISTRATION LIST

The Corporation shall, pursuant to policies adopted by the Board and consistent with other policies of the Corporation, provide a method for Members to communicate with other Members in such ways and under such circumstances as the Board determines are appropriate and desirable.

Section 4. TERMINATION

A Member's registration shall terminate on the occurrence of any of the following:

(a) The request of the Member;

(b) Expiration of the registration, unless renewed in accordance with any renewal terms fixed by the Board;

(c) Failure to pay when due any applicable fees or dues;

(d) The provision of any false or misleading information in the registration;

(e) Failure to maintain compliance with any of the registration criteria;

(f) Use of the methods made available pursuant to Section 3 of this Article II for an improper purpose or for any purpose not approved by the Corporation;

(g) A finding by the At Large Council or the Board (or the designee of either of them), after notice (by electronic mail at the electronic mail address provided by the Member) and a reasonable opportunity for the Member to respond, that the Member has engaged in conduct prejudicial to the Corporation's purposes; and

(h) Such other reasons as may be determined by a two-thirds vote of the Board.

Section 5. TRANSFER

No Member may transfer (including by a proxy) his or her registration or permit another person, other than the Secretary or an Assistant Secretary of the Corporation, to exercise any rights with respect to the registration or the person's status as a Member, provided that a Member may, in writing or by electronic mail (subject to reasonable verification procedures), grant to the Secretary or an Assistant Secretary of the Corporation a right to exercise any voting rights associated with the registration or the person's status as a Member.

Section 6. INITIAL SELECTION OF THE AT LARGE COUNCIL

As soon as is reasonably practicable following the first date on which the Corporation has in existence not less than 5,000 Members, the Members shall select, pursuant to a process (which may include a quorum or participation requirement) established by a two-thirds vote of all the members of the Board, six individuals to serve on the

At Large Council. One of the six individuals shall be selected by the Members who are resident in countries located in the Africa Geographic Region, one shall be selected by the Members who are residents in the Latin America/Caribbean islands Geographic Region and four shall be selected by the Members as a whole. Following this selection, the Board will examine the selection process and results to determine whether the process and results were reasonably fair and furthered the proper purposes of the Corporation. If, by a two-thirds vote of all the members of the Board, the process is determined to have been fair and effective, then (i) the individuals selected shall become members of the At Large Council and it shall be deemed to have come into existence, (ii) the At Large Council will select three persons to be At Large Directors of the Corporation to replace three Initial At Large Directors of the Corporation so designated by the Initial At Large Directors, and (iii) the Corporation shall, as soon as is reasonably practicable, permit the Members to select the remaining members of the At Large Council pursuant to the process used to select the first six members of the At Large Council, with such modifications as may be approved by two-thirds of all the members of the Board, following which the full At Large Council shall select the remaining six At Large Directors. If two-thirds of all the members of the Board do not determine that the selection process for the first six members of the At Large Council was fair and effective, the selection shall process shall be deemed void, and the Board shall promptly establish a new method to select the first six members of the At Large Council.

Section 7. THE AT LARGE COUNCIL SELECTION

The At Large Council shall consist of 18 Members, two each selected by the residents of each of the five Geographic Regions and eight selected by the Members as a whole; provided, however, that the two members of the At Large Council directly selected by the Members that are resident in any specified Geographic Region (a) must be citizens of countries in that region and (b) may not be citizens of the same country. The process used to select the members of the At Large Council shall be that used pursuant to Section 6 of this Article II to select the members of the At Large Council after the valid selection of the first six members of the At Large Council, except for such changes thereto as may be approved by a two-thirds vote of all members of the Board.

Section 8. SELECTION OF DIRECTORS BY THE AT LARGE COUNCIL

The At Large Council shall be responsible for selecting, from among those persons nominated by Members, its selection(s) for the At Large Directors to fill open At Large Director positions. The At Large Council shall, from time to time, establish reasonable procedures by which Members may make such nominations, including but not limited to a threshold showing of support that must be met to qualify for nomination. Such procedures shall be published on the Web Site. The first three At Large Directors selected shall each have a term ending on September 30, 2001. Of the next six selected, three (as designated by the At Large Council) shall have terms ending on September 30, 2002, and three (as designated by the At Large Council) shall have terms ending on September 30, 2003. Any selection of At Large Directors by the At Large Council must (i) satisfy the geographic diversity requirements of these Bylaws and (ii) have the affirmative support of at least one half of all the members of the At Large Council.

Section 9. PROVISIONS AFFECTING THE AT LARGE COUNCIL

(a) The term of office of each member of the At Large Council shall be three years, except that the term of the first six persons selected to the At Large Council shall expire on June 30, 2001 and, of the remaining twelve members, the terms of six (as designated by the Board prior to their selection) shall expire on June 30, 2002, and the remaining six (as designated by the Board prior to their selection) shall expire on June 30, 2003, no matter when they actually take office. No person shall serve as a member of the At Large Council for more than two consecutive terms.

(b) No more than one officer, director or employee of a corporation or other organization (including its subsidiaries and affiliates) shall serve on the At Large Council at any given time, and no person shall simultaneously serve on the At Large Council and the Council of any Supporting Organization.

(c) No person shall serve simultaneously as (i) a member of the At Large Council or other body that is directly responsible for the selection of At Large Directors and (ii) a Director. If a member of the At Large Council or such other body accepts a nomination to be considered to serve on the Board, such member shall not, following such acceptance, participate in any discussion of, or vote by, the At Large Council or such other body relating to the selection of Directors by such Council or other body.

(d) Meetings of the At Large Council may be held (i) in person or via teleconference, at the discretion of the At

Large Council, so long as all members of the At Large Council participating can speak to and hear one another or (ii) via electronic video screen communication or other communication equipment; provided, that (a) all members of the At Large Council participating in such a meeting can speak to and hear one another, (b) all members of the At Large Council are provided the means of fully participating in all matters before the At Large Council and (c) the At Large Council adopts and implements means of verifying that (x) a person participating in such a meeting is a member of the At Large Council or other person entitled to participate in the meeting and (y) all actions of, or votes by, the At Large Council are taken or cast only by the members of the At Large Council and not persons who are not members of the At Large Council. A majority of the total number of At Large Council members then in office shall constitute a quorum for the transaction of business, and an act of the majority of the At Large Council members present at any meeting at which there is a quorum shall be the act of the At Large Council, unless otherwise provided herein. Advance notice of such meetings shall be posted on a web site that is available for public access and, if reasonably practicable, at least 14 days in advance of the meeting. Except where determined by a majority vote of members of the At Large Council present that a closed session is appropriate, meetings shall be open to physical or electronic attendance by all interested persons.

(e) The At Large Council shall elect the Chairman of the At Large Council annually.

(f) Beginning in 2000, the Chairman of the At Large Council or his or her designee shall hold an open public meeting in connection with each Annual Meeting of the Corporation's Board. The purposes of the meeting shall be to address the effectiveness of the methods used to select members of the At Large Council and the processes for the nomination of At Large Directors and to allow Members to discuss issues of importance to the Members. Any Member desiring to do so shall be permitted to attend such public meeting.

(g) The At Large Council shall establish a record date for determining the Members entitled to participate in the selection of members of the At Large Council, which record date shall be not less than 30, nor more than 75, days prior to the selection date and which shall be, in the absence of any establishment by the At Large Council, 30 days prior to the selection date.

(h) If at any time the number of Members falls below 5000, then the provisions of Section 8 of this Article II shall be suspended, and the At Large Council shall not have the power to select Directors of the Corporation, until such time as the number of Members again reaches or exceeds 5000.

ARTICLE III: TRANSPARENCY AND PROCEDURES

Section 1. GENERAL

The Corporation and its subordinate entities shall operate to the maximum extent feasible in an open and transparent manner and consistent with procedures designed to ensure fairness.

Section 2. ACCESS TO INFORMATION

All minutes of meetings of the Board, the At Large Council, Supporting Organizations (and any councils thereof) and Committees shall be approved promptly by the originating body. No later than twenty-one (21) days after each meeting, draft minutes shall be made publicly available on a publicly-accessible Internet World Wide Web site maintained by the Corporation (the "Web Site"); provided, however, that any minutes relating to personnel or employment matters, legal matters (to the extent the Board determines is necessary or appropriate to protect the interests of the Corporation), matters that the Corporation is prohibited by law or contract from disclosing publicly and other matters that the Board determines, by a three-quarters (3/4) vote of Directors voting, are not appropriate for public distribution shall not be included in the minutes made publicly available. For any matters that the Board determines not to disclose, the Board shall describe in generic terms in the relevant minutes the reason for such nondisclosure.

Section 3. NOTICE AND COMMENT PROVISIONS

(a) The Board shall post on the Web Site (i) periodically a calendar of scheduled meetings for the upcoming year, and (ii) in advance of each Board meeting, a notice of the fact and time that such meeting will be held and, to the extent known, an agenda for the meeting. If reasonably practicable, the Board shall post notices of special meetings of the Board at least fourteen (14) days prior to the meetings.

(b) With respect to any policies that are being considered by the Board for adoption that substantially affect the operation of the Internet or third parties, including the imposition of any fees or charges, the Board will:

(i) provide public notice on the Web Site explaining what policies are being considered for adoption and why;

(ii) provide a reasonable opportunity for parties to comment on the adoption of the proposed policies, to see the comments of others, and to reply to those comments; and

(iii) hold a public forum at which the proposed policy would be discussed.

(c) After voting on any policy subject to Section 3(b) of this Article, the Board will publish in the meeting minutes the reasons for any action taken, the vote of each Director voting on the action, and the separate statement of any Director desiring publication of such a statement.

(d) As appropriate, the Corporation will facilitate the translation of final published documents into various appropriate languages.

Section 4. RECONSIDERATION AND REVIEW

(a) Any person affected by an action of the Corporation may request review or reconsideration of that action by the Board. The Board shall adopt policies and procedures governing such review or reconsideration, which may include threshold standards or other requirements to protect against frivolous or non-substantive use of the reconsideration process.

(b) The Initial Board shall, following solicitation of input from the Advisory Committee on Independent Review and other interested parties and consideration of all such suggestions, adopt policies and procedures for independent third-party review of Board actions alleged by an affected party to have violated the Corporation's articles of incorporation or bylaws.

ARTICLE IV: POWERS

Section 1. GENERAL POWERS

(a) Except as otherwise provided in the Articles of Incorporation or these Bylaws (including Section 2(b) of Article VI which sets forth responsibilities of Supporting Organizations), the powers of the Corporation will be exercised, its property controlled and its business and affairs conducted by or under the direction of the Board. With respect to any matters that would fall within the requirements of Article III, Section 3 (b), the Board may act only by a majority vote of all members of the Board; in all other matters unless otherwise provided herein or by law, the Board may act by majority vote of those present at any official meeting. Any references herein to a vote of the Board shall mean the vote of only those members present at the meeting unless otherwise provided herein by reference to "all of the members of the Board."

(b) The Corporation shall not act as a Domain Name System Registry or Registrar or Internet Protocol Address Registry in competition with entities affected by the policies of the Corporation. Nothing in this Section 1(b) is intended to prevent the Corporation from taking whatever steps are necessary to protect the operational stability of the Internet in the event of financial failure of a Registry or Registrar or other emergency.

(c) The Corporation shall not apply its standards, policies, procedures or practices inequitably or single out any particular party for disparate treatment unless justified by substantial and reasonable cause, such as the promotion of effective competition.

ARTICLE V: STRUCTURE OF THE BOARD OF DIRECTORS

Section 1. INITIAL BOARD

The initial Board of Directors of the Corporation ("Initial Board") shall be the Board that exists prior to the time of the seating of Directors that have been selected in accordance with these bylaws by any Supporting Organization(s) that exists under Section 3(a) of Article VI, and shall consist of nine At Large members and the President. The At Large members of the Initial Board shall serve until September 30, 2000, or until their successors have been selected, whichever is earlier. No At Large member of the Initial Board shall be eligible for additional service on the Board until two years have elapsed following the end of his or her term on the Board.

Section 2. ORIGINAL BOARD MEMBERS SELECTED BY THE SUPPORTING ORGANIZATIONS

As soon as feasible after formation of a Supporting Organization pursuant to Section 3(a) of Article VI, the Supporting Organization shall select three persons to be the Original Directors selected by that Supporting Organization and shall designate which of these persons shall serve each of the staggered terms for such Original Directors specified in Section 9(c) of this Article. The Supporting Organization shall notify the Board and Secretary of the Corporation in writing of the selections and designations. The selected persons shall take office seven days after the notification is received by the Secretary.

Section 3. NUMBER OF DIRECTORS AND ELECTION OF CHAIRMAN

(a) The authorized number of Directors shall be no less than nine (9) and no more than nineteen (19).

(b) The Board shall annually elect a Chairman and a Vice-Chairman from among the Directors, not including the President.

Section 4. QUALIFICATION OF DIRECTORS AFTER THE INITIAL BOARD

Each Board after the Initial Board shall be comprised as follows:

(i) Three (3) Directors selected by the Address Supporting Organization, as defined in Article VI;

(ii) Three (3) Directors selected by the Domain Name Supporting Organization, as defined in Article VI;

(iii) Three (3) Directors selected by the Protocol Supporting Organization, as defined in Article VI;

(iv) Nine (9) At Large Directors, consisting of the At Large members of the Initial Board or their successors selected pursuant to the process set forth in Article II hereof; and

(v) The person who shall be, from time to time, the President of the Corporation.

Section 5. ADDITIONAL QUALIFICATIONS

Notwithstanding anything herein to the contrary, no official of a national government or a multinational entity established by treaty or other agreement between national governments may serve as a Director. As used herein, the term "official" means a person (a) who holds an elective governmental office or (b) who is employed by such government or multinational entity and whose primary function with such government or entity is to develop or influence governmental or public policies.

Section 6. INTERNATIONAL REPRESENTATION

In order to ensure broad international representation on the Board: (1) at least one citizen of a country located in each of the geographic regions listed in this Section 6 shall serve as an At Large Director on the Board (other than the Initial Board) at all times; and (2) no more than one-half (1/2) of the total number of At Large Directors serving at any given time shall be citizens of countries located in any one Geographic Region. The selection of Directors by each Supporting Organization and the At Large Council shall comply with all applicable geographic diversity provisions of these Bylaws or of any Memorandum of Understanding referred to in these Bylaws concerning the Supporting Organization. As used herein, each of the following shall be a "Geographic Region": Europe; Asia/Australia/Pacific; Latin America/Caribbean islands; Africa; North America. The specific countries included in each Geographic Region shall be determined by the Board, and this Section shall be reviewed by the Board from time to time (but at least every three years) to determine whether any change is appropriate, taking account of the evolution of the Internet.

Section 7. CONFLICT OF INTEREST

The Board, through a committee designated for that purpose, shall require a statement from each Director not less frequently than once a year setting forth all business and other affiliations which relate in any way to the business and other affiliations of the Corporation. Each Director shall be responsible for disclosing to the Corporation any matter that could reasonably be considered to make such Director an "interested director" within the meaning of Section 5233 of the California Nonprofit Public Benefit Corporation Law ("CNPBCL"). In addition, each Director shall disclose to the Corporation any relationship or other factor that could reasonably be considered to cause the Director to be considered to be an "interested person" within the meaning of Section 5227 of the CNPBCL. The Board shall adopt policies specifically addressing Director, Officer and Supporting Organization conflicts of interest. No Director shall vote on any matter in which he or she has a material and direct interest that will be affected by the outcome of the vote.

Section 8. DUTIES OF DIRECTORS

Directors shall serve as individuals who have the duty to act in what they reasonably believe are the best interests of the Corporation and not as representatives of the subordinate entity that selected them, their employers, or any other organizations or constituencies.

Section 9. SELECTION AND TERM

(a) At Large Directors (other than the Initial Directors) shall be selected by the At Large Council in accordance with the procedures specified by Article II. The At Large Council shall give the Secretary of the Corporation fifteen days written notice of the selection. The term of such At Large Director shall commence on the October 1 immediately following the Secretary's receipt of such written notice.

(b) Prior to October 1 of each year beginning in the year 2000, each Supporting Organization entitled to select a Director (other than an Original Director selected by the Supporting Organization under Section 2 of this Article) shall (i) make its selection according to the procedures specified by Article VI (including Articles VI-A, VI-B, and VI-C), and (ii) give the Board and the Secretary of the Corporation at least fifteen days written notice of that selection. The term of such a Director shall commence on the October 1 after the Secretary's receipt of such written notice.

(c) The regular term of office of a Director shall be three (3) years, except as follows:

1. The term as Director of the person holding the office of President shall be for as long as, and only for as long as, such person holds the office of President;

2. The term of each At Large Director of the Initial Board shall end on the sooner of September 30, 2000, or the seating of that Director's replacement;

3. The term of At Large Directors selected to replace the At Large Director members of the Initial Board shall be as provided in Article II, Section 8; and

4. The terms of the Original Directors selected by any Supporting Organization shall be one (1) year, two (2) years, and three (3) years, respectively, with each term considered to have begun on October 1, 1999 regardless of when those Original Directors actually take office.

Each Director, including a member of the Initial Board and a Director selected to fill a vacancy or selected at a special meeting, shall hold office until expiration of the term for which selected and qualified and until a successor has been selected and qualified or until that Director resigns or is removed in accordance with these bylaws, provided that if the term of an At Large Director expires during the time when Section 8 of Article II is suspended, that Director shall not continue to hold office after the expiration of his or her term even if a successor has not been selected and qualified. No Director may serve more than two (2) terms.

(d) Resources of the Corporation will not be expended in support of any campaign of any person seeking to be selected as a member of the Board.

Section 10. RESIGNATION

Subject to Section 5226 of the CNPBCL, any Director may resign at any time, either by oral tender of resignation at any meeting of the Board (followed by prompt written notice to the Secretary of the Corporation) or by giving written notice thereof to the President or the Secretary of the Corporation. Such resignation shall take effect at the time specified, and, unless otherwise specified, the acceptance of such resignation shall not be necessary to make it effective. The successor shall be selected pursuant to Section 12 of this Article.

Section 11. REMOVAL OF A DIRECTOR

Any Director may be removed following notice and a three-fourths (3/4) majority vote of all members of the Board; provided, however, that the Director who is the subject of the removal action shall not be entitled to vote on such an action or be counted as a member of the Board when calculating the required three-fourths (3/4) vote; and provided further, that each vote to remove a Director shall be a separate vote on the sole question of the removal of that particular Director. A Director selected by a Supporting Organization can be recommended for removal by that Supporting Organization through procedures adopted by that Supporting Organization and ratified by the Board. An At Large Director selected by the At Large Council may be recommended for removal by the At Large Council through procedures adopted by the At Large Council and ratified by the Board. Upon such recommendation for removal, the Board shall vote to remove such Director. If the Board, without a recommendation by the Supporting Organization or At Large Council, seeks to remove more than one Director selected by a Supporting Organization or more than one At Large Director within a four-month period, the Board must show reasonable cause for its action.

Section 12. VACANCIES

A vacancy or vacancies in the Board of Directors shall be deemed to exist in the case of the death, resignation or removal of any Director, if the authorized number of Directors is increased, or if a Director has been declared of unsound mind by a final order of court or convicted of a felony or incarcerated for more than 90 days as a result of a criminal conviction or has been found by final order or judgment of any court to have breached a duty under Sections 5230 et seq. of the CNPBCL. Any vacancy occurring on the Initial Board shall be filled at any meeting of the Board occurring after such vacancy by a vote of the Initial Board. Any vacancy occurring on the Board of Directors involving an At Large Director selected by the At Large Council shall be filled by the At Large Council following the procedures specified by Article II. Any vacancy occurring on the Board of Directors involving a Director selected by a Supporting Organization shall be filled by the Supporting Organization selecting that Director according to the procedures specified by Article VI (including Articles VI-A, VI-B, and VI-C). A Director selected to fill a vacancy on the Board shall serve for the unexpired term of his or her predecessor in office and until a successor has been selected and qualified. The replacement need not hold the office, if any, of the removed Director. No reduction of the authorized number of Directors shall have the effect of removing a Director prior to the expiration of the Director's term of office.

Section 13. ANNUAL MEETING OF THE CORPORATION

Annual meetings of the Corporation will be held for the purpose of electing Officers and for the transaction of such other business as may come before the meeting. The first annual meeting will be held the last week of September 1999 or on such other date as may be set by the Board. Subsequent annual meetings shall be held as set by the Board not less than ten (10) nor more than thirteen (13) months after the annual meeting held the prior year. In the absence of designation, the annual meeting will be held at the principal office of the Corporation. The annual meeting will be open to the public. If the Board determines that it is practical, the annual meeting should be distributed in real-time and archived video and audio formats on the Internet.

Section 14. REGULAR MEETINGS

Regular meetings of the Board will be held on dates to be determined by the Board. To the extent practicable, regular meetings should be held in different locations around the world on a regular basis. In the absence of other designation, regular meetings will be held at the principal office of the Corporation.

Section 15. SPECIAL MEETINGS

Special meetings of the Board may be called by or at the request of one-quarter (1/4) of the members of the Board or by the Chairman of the Board or the President. A call for a special meeting will be made by the Secretary of the Corporation. In the absence of designation, special meetings will be held at the principal office of the Corporation.

Section 16. NOTICE OF MEETINGS

Notice of time and place of all meetings will be delivered personally or by telephone or by electronic mail to each Director, or sent by first-class mail (air mail for addresses outside the United States) or facsimile, charges prepaid, addressed to each Director at the Director's address as it is shown on the records of the Corporation. In case the notice is mailed, it will be deposited in the United States mail at least fourteen (14) days before the time of the holding of the meeting. In case the notice is delivered personally or by telephone or facsimile or electronic mail it will be delivered personally or by telephone or facsimile or electronic mail at least forty-eight (48) hours before the time of the holding of the meeting. Notwithstanding anything in this Section 16 to the contrary, notice of a meeting need not be given to any Director who signed a waiver of notice or a written consent to holding the meeting or an approval of the minutes thereof, whether before or after the meeting, or who attends the meeting without protesting, prior thereto or at its commencement, the lack of notice to such Director. All such waivers, consents and approvals shall be filed with the corporate records or made a part of the minutes of the meetings.

Section 17. QUORUM

At all annual, regular and special meetings of the Board, a majority of the total number of Directors then in office shall constitute a quorum for the transaction of business, and the act of a majority of the Directors present at any meeting at which there is a quorum shall be the act of the Board, unless otherwise provided herein or by law. If a quorum shall not be present at any meeting of the Board, the Directors present thereat may adjourn the meeting from time to time to another place, time or date. If the meeting is adjourned for more than twenty-four (24) hours, notice shall be given to those Directors not at the meeting at the time of the adjournment.

Section 18. ACTION BY TELEPHONE MEETING OR BY OTHER COMMUNICATIONS EQUIPMENT

Members of the Board or any Committee of the Board may participate in a meeting of the Board or Committee of the Board through use of (i) conference telephone or similar communications equipment, provided that all Directors participating in such a meeting can speak to and hear one another or (ii) electronic video screen communication or other communication equipment; provided, that (a) all Directors participating in such a meeting can speak to and hear one another, (b) all Directors are provided the means of fully participating in all matters before the Board and (c) the Corporation adopts and implements means of verifying that (x) a person participating in such a meeting is a Director or other person entitled to participate in the meeting and (y) all actions of, or votes by, the Board are taken or cast only by the Directors and not persons who are not Directors. Participation in a meeting pursuant to this Section constitutes presence in person at such meeting. The Corporation shall be required to make available at the place of any meeting of the Board the telecommunications equipment necessary to permit members of the Board to participate by telephone.

Section 19. ACTION WITHOUT MEETING

Any action required or permitted to be taken by the Board or a Committee of the Board may be taken without a meeting if all of the Directors entitled to vote thereat shall individually or collectively consent in writing to such action. Such written consent shall have the same force and effect as the unanimous vote of such Directors. Such written consent or consents shall be filed with the minutes of the proceedings of the Board.

Section 20. ELECTRONIC MAIL

If permitted under applicable law, communication by electronic mail shall be considered equivalent to any communication otherwise required to be in writing. The Corporation shall take such steps as it deems appropriate under the circumstances to assure itself that communications by electronic mail are authentic.

Section 21. RIGHTS OF INSPECTION

Every Director shall have the right at any reasonable time to inspect and copy all books, records and documents of every kind, and to inspect the physical properties of the Corporation. The Corporation shall establish reasonable procedures to protect against the inappropriate disclosure of confidential information.

Section 22. COMPENSATION

The Directors shall receive no compensation for their services as Directors. The Board may, however, authorize the reimbursement of actual and necessary reasonable expenses incurred by Directors performing duties as Directors.

Section 23. PRESUMPTION OF ASSENT

A Director present at a Board meeting at which action on any corporate matter is taken shall be presumed to have assented to the action taken unless his or her dissent or abstention is entered in the minutes of the meeting, or unless such Director files a written dissent or abstention to such action with the person acting as the secretary of the meeting before the adjournment thereof, or forwards such dissent or abstention by registered mail to the Secretary of the Corporation immediately after the adjournment of the meeting. Such right to dissent or abstain shall not apply to a Director who voted in favor of such action.

ARTICLE VI: SUPPORTING ORGANIZATIONS

Section 1. DESCRIPTION

(a) There shall be advisory bodies known as Supporting Organizations. The Supporting Organizations shall be those specified in Article VI, Section 1(b), as it may be amended from time to time according to Article XII.

(b) The Supporting Organizations shall be the following:

1. The Address Supporting Organization ("ASO");

2. The Domain Name Supporting Organization ("DNSO"); and

3. The Protocol Supporting Organization ("PSO").

Section 2. RESPONSIBILITIES AND POWERS

(a) Each Supporting Organization shall select Directors to those seats on the Board designated, pursuant to Section 4 of Article V, to be filled by that Supporting Organization. The selection of Directors by each Supporting Organization shall comply with all applicable geographic diversity provisions of these Bylaws.

(b) The Supporting Organizations shall serve as advisory bodies to the Board, with the primary responsibility for developing and recommending substantive policies regarding those matters falling within their specific responsibilities, as described in this Article VI (including VI-A, VI-B and VI-C).

(c) The Board shall refer proposals for substantive policies not received from a Supporting Organization to the Supporting Organization, if any, with primary responsibility for the area to which the proposal relates for initial consideration and recommendation to the Board.

(d) Any recommendation forwarded to the Board by a Supporting Organization shall be transmitted to all other Supporting Organizations so that each Supporting Organization may comment to the Board regarding the implications of such a recommendation on activities within their individual scope of primary responsibility.

(e) Subject to the provisions of Article III, Section 3, the Board shall accept the recommendations of a Supporting Organization if the Board finds that the recommended policy (1) furthers the purposes of, and is in the best interest of, the Corporation; (2) is consistent with the Articles and Bylaws; (3) was arrived at through fair and open processes (including participation by representatives of other Supporting Organizations if requested); and (4) is not reasonably opposed by any other Supporting Organization. No recommendation of a Supporting Organization shall be adopted unless the votes in favor of adoption would be sufficient for adoption by the Board without taking account of either the Directors selected by the Supporting Organization or their votes.

(f) If the Board declines to accept any recommendation of a Supporting Organization, it shall return the recommendation to the Supporting Organization for further consideration, along with a statement of the reasons it declines to accept the recommendation. If, after reasonable efforts, the Board does not receive a recommendation from the Supporting Organization that it finds meets the standards of Section 2(e) of this Article VI or, after attempting to mediate any disputes or disagreements between Supporting Organizations, receives conflicting recommendations from Supporting Organizations, and the Board finds there is a justification for prompt action, the Board may initiate, amend or modify and then approve a specific policy recommendation.

(g) Nothing in this Section 2 is intended to limit the powers of the Board or the Corporation to act on matters not within the scope of primary responsibility of a Supporting Organization or to take actions that the Board finds are necessary or appropriate to further the purposes of the Corporation.

Section 3. SUPPORTING ORGANIZATION FORMATION

(a) The initial Supporting Organizations contemplated by Section 1(b) of this Article VI shall be formed through community consensus, as reflected in applications or similar proposals to create an initial Supporting Organization. Provision for specific supporting organizations shall be set forth in Articles added after this Article VI and before Article VII by Bylaw amendments that shall, in the Board's judgment, (1) be consistent with these Bylaws; (2) ensure that the full range of views of all interested parties will be fairly and adequately reflected in the decisions of the Supporting Organization; and (3) serve the purposes of the Corporation. Upon the adoption of such Bylaw amendments, the Supporting Organization shall be deemed to exist for purposes of these Bylaws. Once accepted by the Board through the amendment of these Bylaws and the failure of the Board to disapprove any subsequent decisions by the Supporting Organizations or their constituent bodies, the procedures of the Supporting Organizations shall prevail in the case of any inconsistency with any other provisions of these By-laws.

(b) The Board may amend the Bylaws to create additional Supporting Organizations if it determines, by a two-thirds (2/3) vote of all members of the Board, that it would serve the purposes of the Corporation. In the event of a staff recommendation that an additional Supporting Organization should be created, the Board will post the staff recommendation on the Web Site, including a detailed explanation of why such action is necessary or desirable, set a reasonable time for the receipt of public comments, and not make a final decision to seek the consensus development of such additional Supporting Organization until it has taken into account all such comments.

Section 4. ELIGIBILITY

No person shall serve simultaneously as (i) a member of any Supporting Organization Council or other body that is directly responsible for the selection of Directors by that Supporting Organization and (ii) a Director or a member of any other Supporting Organization Council. If a member of any such Supporting Organization Council or such other body accepts a nomination to be considered to serve on the Board, such member shall not, following such acceptance, participate in any discussion of, or vote by, such Supporting Organization Council or other body relating to the selection of Directors by such Council or other body.

ARTICLE VI-A: THE ADDRESS SUPPORTING ORGANIZATION

Section 1. DESCRIPTION

(a) The ASO shall advise the Board with respect to policy issues relating to the operation, assignment and management of Internet addresses.

(b) The ASO shall be the entity established by a Memorandum of Understanding between the Corporation and a group of regional Internet registries ("RIRs").

(c) The ASO shall be considered to exist and to be recognized when the Memorandum of Understanding has been signed by the President pursuant to authorization of the Board.

Section 2. ADDRESS COUNCIL

(a) The ASO shall have a Address Council, consisting of representatives of the RIRs that are signatories to the Memorandum of Understanding. The Address Council shall, at least annually, host a meeting (the "General Assembly"), open to participation by all interested individuals.

(b) The Address Council shall select Directors to those seats on the Board designated to be filled by the ASO.

ARTICLE VI-B: THE DOMAIN NAME SUPPORTING ORGANIZATION

Section 1. DESCRIPTION

(a) The DNSO shall advise the Board with respect to policy issues relating to the Domain Name System.

(b) The DNSO shall consist of (i) a Names Council ("NC"), consisting of representatives of constituencies as described in Section 3 of this Article VI-B ("Constituencies") elected by those Constituencies and (ii) a General Assembly ("GA"), consisting of all interested individuals and entities.

Section 2. THE NAMES COUNCIL

(a) The NC shall consist of representatives, selected in accordance with Section 3(c) of this Article, from each Constituency recognized by the Board pursuant to the criteria set forth in Section 3 of this Article.

(b) The NC is responsible for the management of the consensus building process of the DNSO. It shall adopt such procedures and policies as it sees fit to carry out that responsibility, including the designation of such research or drafting committees, working groups and other bodies of the GA as it determines are appropriate to carry out the substantive work of the DNSO. Each recognized Constituency shall be invited to participate in each of such bodies. Each of such bodies shall provide appropriate means, as determined by the NC, for input and such participation as is practicable under the circumstances by other interested parties. Any reports or recommendations presented to the NC by such bodies shall be posted on a web site accessible by the public for public review and comment; absent clear justification, which shall be publicly stated at the time of any action, the NC shall not act on any report or recommendation until a reasonable time for public comment has passed and the NC has reviewed and evaluated all public comments received. The NC is responsible for ensuring that all responsible views have been heard and considered prior to a decision by the NC.

(c) Constituencies or GA participants may propose that the NC consider domain name policies or recommendations. If the NC undertakes consideration of a domain name topic, or if a Constituency so requests, the NC shall designate one or more research or drafting committees, or working groups of the GA, as appropriate to evaluate the topic, and shall set a time frame for the report of such committee or working group. Following the receipt of a report or recommendation from such a body, the NC may accept the report or recommendation for submission to the Constituencies for comment and consultation, or return the report or recommendation to the body from which it originated for further work. After the report or recommendation is submitted to the Constituencies and the comment period for the Constituencies has expired, the NC shall evaluate the comments to determine whether there is a basis for a consensus recommendation to the Board.

(d) If two-thirds (2/3) of the members of the NC determine that the DNSO process has produced a community consensus, that consensus position shall be forwarded to the Board as a consensus recommendation, along with all materials or other information that could reasonably be relevant to the Board's review of that determination, including (but not limited to) the dissenting statement(s) of any member(s) of the NC. If more than one-half (1/2) but less than two-thirds (2/3) of the members of the NC determine that the DNSO process has produced a community consensus, that position may be forwarded to the Board as a NC recommendation, along with statements of majority and minority views, and any separate or dissenting statement(s) of any member(s) of the NC. Any proposed recommendation that is not supported by an affirmative vote of one-half (1/2) of the members of the NC may be returned to the body from which it originated, or may be assigned to a new body, for further work. In such a case, the NC may report to the board the lack of a consensus and the steps, if any, it plans to take from this point forward with respect to this particular recommendation. The NC is responsible for ensuring that the Board is informed of any significant implementation or operational concerns expressed by any responsible party.

(e) The NC shall forward to the Board, from among those persons nominated by the GA, its selection(s) for the Director(s) to fill any open Board position(s) reserved for the DNSO. Any such selection(s) must have the affirmative votes of at least one-half (1/2) of all the members of the NC. At any given time, no two Directors serving on the Board selected by the NC shall be citizens of the same country or of countries located in the same Geographic Region.

(f) Unless shortened by the Board in its recognition of a Constituency, the term of office for each member of the NC shall be two years.

(g) No more than one officer, director or employee of a corporation or other organization (including its subsidiaries and affiliates) shall serve on the NC at any given time.

(h) Meetings of the NC may be held (i) in person or via teleconference, at the discretion of the NC, so long as all members of the NC participating can speak to and hear one another or (ii) via electronic video screen communication or other communication equipment; provided, that (a) all members of the NC participating in such
a meeting can speak to and hear one another, (b) all members of the NC are provided the means of fully participating in all matters before the NC and (c) the NC adopts and implements means of verifying that (x) a person participating in such a meeting is a member of the NC or other person entitled to participate in the

meeting and (y) all actions of, or votes by, the NC are taken or cast only by the members of the NC or other persons entitled to cast votes. A majority of the total number of NC members then in office shall constitute a quorum for the transaction of business, and the act of a majority of the NC members present at any meeting at which there is a quorum shall be the act of the NC, unless otherwise provided herein. Advance notice of such meetings shall be posted on a web site that is available for public access and, if reasonably practicable, at least 14 days in advance of the meeting. Except where determined by a majority vote of members of the NC present that a closed session is appropriate, meetings shall be open to physical or electronic attendance by all interested persons. The NC shall post minutes of its meetings to a web site that is available for public access as soon as practicable following the meeting, and no later than 21 days following the meeting.

(i) The NC shall elect the Chairman of the GA annually.

(j) Administrative and operational costs of the DNSO shall be funded by DNSO participants in a manner to be determined by the NC, consistent with Section 4(c) below.

Section 3. THE CONSTITUENCIES

(a) Each Constituency shall self-organize, and shall determine its own criteria for participation, except that no individual or entity shall be excluded from participation in a Constituency merely because of participation in another Constituency, and constituencies shall operate to the maximum extent feasible in an open and transparent manner and consistent with procedures designed to ensure fairness. The Board shall recognize a Constituency (including the initial Constituencies described in (b) below) by a majority vote, whereby the Constituency shall be deemed to exist for purposes of these Bylaws.

(b) The initial Constituencies shall consist of (in alphabetical order):

1. ccTLD registries;

2. commercial and business entities;

3. gTLD registries;

4. ISP and connectivity providers;

5. non-commercial domain name holders;

6. registrars; and

7. trademark, other intellectual property and anti-counterfeiting interests.

(c) Each Constituency shall select up to three individuals to represent that Constituency on the NC, no two of whom may be citizens of the same Geographic Region, as defined in Article V, Section 6, except that, with the consent of the Board, this latter requirement may be suspended for the term of a particular individual upon a showing that it is impracticable for the Constituency to obtain such geographic diversity. Any such waiver shall be granted only upon a commitment by the constituency to a substantive plan to diversify its membership, thereby minimizing the likelihood of the need for future waivers from the Board. Notwithstanding the foregoing, no Constituency may have more representatives on the NC than there are members of the Constituency.

(d) Any group of individuals or entities may petition the Board for recognition as a new or separate Constituency. Any such petition will be posted for public comment pursuant to Article III, Section 3. The Board may create new Constituencies in response to such a petition, or on its own motion, if it determines that such action would serve the purposes of the Corporation. In the event the Board is considering acting on its own motion it shall post a detailed explanation of why such action is necessary or desirable, set a reasonable time for public comment, and not make a final decision on whether to create such new Constituency until after reviewing all comments received. Whenever the Board posts a petition or recommendation for a new Constituency for public comment, it will notify the names council and will consider any response to that notification prior to taking action.

Section 4. THE GENERAL ASSEMBLY

(a) The GA shall be an open forum for participation in the work of the DNSO, and open to all who are willing to contribute effort to the work of the DNSO. The participants in the GA should be individuals who have a knowledge of and an interest in issues pertaining to the areas for which the DNSO has primary responsibility, and who are willing to contribute time, effort and expertise to the work of the DNSO, including work item proposal and development, discussion of work items, draft document preparation, and participation in research and drafting committees and working groups.

(b) The GA shall meet at least once a year, if possible in conjunction with regularly scheduled meetings of the Board. To the maximum extent practicable, all meetings should be available for online attendance as well as physical attendance.

(c) The costs of GA meetings shall be the responsibility of the DNSO, which may levy an equitable, cost-based fee on GA attendees to recoup those costs. There shall be no other fees required to participate in the GA.

(d) Participants in the GA shall nominate, pursuant to procedures adopted by the NC and approved by the Board, persons to serve on the Board in those seats reserved for the DNSO.

ARTICLE VI-C: THE PROTOCOL SUPPORTING ORGANIZATION

Section 1. DESCRIPTION

(a) The PSO shall advise the Board with respect to policy issues relating to the assignment of parameters for Internet protocols.

(b) The PSO shall be the entity established by a Memorandum of Understanding between the Corporation and a group of open, international, Internet-related standards development organizations ("SDOs").

(c) The PSO shall be considered to exist and to be recognized when the Memorandum of Understanding has been signed by the President and ratified by the Board.

Section 2. PROTOCOL COUNCIL

(a) The PSO shall have a Protocol Council, consisting of representatives of the SDOs that are signatories to the Memorandum of Understanding. The Protocol Council shall, at least annually, host a meeting (the "General Assembly"), open to participation by all interested individuals.

(b) The Protocol Council shall select Directors to those seats on the Board designated to be filled by the PSO.

ARTICLE VII: COMMITTEES

Section 1. COMMITTEES GENERALLY

(a) The Board may establish one or more committees in addition to those set forth in Section 3 of this Article VII. Committees are of two kinds: those having legal authority to act for the Corporation, known as Committees of the Board, and those that do not have that authority, known as Advisory Committees. Except where otherwise stated in these Bylaws, committee members shall be appointed by the Board. Committee members may be removed from a committee at any time by a two-thirds (2/3) majority vote of all members of the Board; provided, however, that if a Director or Directors are the subject of the removal action, such Director or Directors shall not be entitled to vote on such an action or be counted as a member of the Board when calculating the required two-thirds (2/3) vote; and, provided further, however, that in no event shall a Director be removed from a committee unless such removal is approved by not less than a majority of all members of the Board. The Board may delegate to Committees of the Board all legal authority of the Board except with respect to:

(i) The filling of vacancies on the Board or on any committee;

(ii) The amendment or repeal of Bylaws or the Articles of Incorporation or the adoption of new Bylaws or Articles of Incorporation;

(iii) The amendment or repeal of any resolution of the Board which by its express terms is not so amendable or repealable;

(iv) The appointment of committees of the Board or the members thereof;

(v) The approval of any self-dealing transaction, as such transactions are defined in Section 5233(a) of the CNPBCL;

(vi) The approval of the annual budget required by Section 4 of Article XI; or

(vii) The compensation of any officer described in Sections 4 through 8 of Article VIII.

(b) The Board shall have the power to prescribe the manner in which proceedings of any committee shall be conducted. In the absence of any such prescription, such committee shall have the power to prescribe the manner in which its proceedings shall be conducted. Unless these Bylaws, the Board or such committee shall otherwise provide, the regular and special meetings shall be governed by the provisions of Article V applicable to meetings and actions of the Board. Each committee shall keep regular minutes of its proceedings and shall report the same to the Board from time to time, as the Board may require.

Section 2. COMMITTEES OF THE BOARD

Only Directors may be appointed to a Committee of the Board. If a person appointed to a Committee of the Board ceases to be a Director, such person shall also cease to be a member of any Committee of the Board. Each Committee of the Board shall consist of two or more Directors. The Board may designate one or more Directors as alternate members of any such committee, who may replace any absent member at any meeting of the committee. The Board may terminate any Committee of the Board.

Section 3. ADVISORY COMMITTEES

The Board may create one or more Advisory Committees in addition to those set forth in the next paragraph. Advisory Committee membership may consist of Directors only, Directors and nondirectors, or nondirectors only, and may also include nonvoting members and alternate members. Advisory Committees shall have no legal authority to act for the Corporation, but shall report their findings and recommendations to the Board.

There shall be at least the following Advisory Committees:

(a) There shall be a Governmental Advisory Committee. The initial chairman of the Governmental Advisory Committee shall be appointed by the Board and shall hold that position until the election of his or her successor; subsequent chairs shall be elected by the members of the Governmental Advisory Committee pursuant to procedures adopted by such members. Membership of the Governmental Advisory Committee shall be open to all national governments. Membership shall also be open to Distinct Economies as recognized in international fora, and multinational governmental organizations and treaty organizations, on the invitation of the Governmental Advisory Committee through its Chair, or on invitation of the ICANN Board. Members of the Governmental Advisory Committee shall appoint one accredited representative to the Committee. The accredited representative of a member must hold a formal official position with the member's public administration. The term "official" includes a holder of an elected governmental office, or a person who is employed by such government, public authority or multinational governmental or treaty organization and whose primary function with such government, public authority or organization is to develop or influence governmental or public policies. The Governmental Advisory Committee should consider and provide advice on the activities of the Corporation as they relate to concerns of governments, particularly matters where there may be an interaction between the Corporation's policies and various laws, and international agreements. The Board will notify the chairman of the Governmental Advisory Committee of any proposal for which it seeks comments under Article III, Section 3(b) and will consider any response to that notification prior to taking action.

(b) There shall be a DNS Root Server System Advisory Committee. The initial chairman of the DNS Root Server System Advisory Committee shall be appointed by the Board; subsequent chairs shall be elected by the members of the DNS Root Server System Advisory Committee pursuant to procedures adopted by the members. The responsibility of the Root Server System Advisory Committee shall be to advise the Board about the operation of the root name servers of the domain name system. The Root Server System Advisory Committee should consider and provide advice on the operational requirements of root name servers, including host hardware capacities, operating systems and name server software versions, network connectivity and physical environment. The Root Server System Advisory Committee should examine and advise on the security aspects of the root name server system. Further, the Root Server System Advisory Committee should review the number, location, and distribution of root name servers considering the total system performance, robustness, and reliability.

Section 4. TERM OF OFFICE

The chairman and each member of a committee shall serve until his or her successor is appointed, or until such committee is sooner terminated, or until he or she is removed, resigns, or otherwise ceases to qualify as a member of the committee.

Section 5. QUORUM; MEETINGS

A majority of the members of the committee shall constitute a quorum at any meeting of that committee. Each committee shall meet as often as is necessary to perform its duties.

Section 6. VACANCIES

Vacancies on any committee shall be filled in the same manner as provided in the case of original appointments.

Section 7. COMPENSATION

Committee members shall receive no compensation for their services as a member of a committee. The Board may, however, authorize the reimbursement of actual and necessary expenses incurred by committee members, including Directors, performing their duties as committee members.

ARTICLE VIII: OFFICERS

Section 1. OFFICERS

The officers of the Corporation will be a President (who will serve as Chief Executive Officer), a Secretary, a Chief Financial Officer and a Chief Technical Officer. The Corporation may also have, at the discretion of the Board, any additional officers that it deems appropriate. Any person, other than the President, may hold more than one office, except that no member of the Board (other than the President) shall simultaneously serve as an officer of the Corporation.

Section 2. ELECTION OF OFFICERS

The officers of the Corporation will be elected annually by the Board, pursuant to the recommendation of the President. Each such officer shall hold his or her office until he or she resigns, is removed, is otherwise disqualified to serve, or his or her successor is elected.

Section 3. REMOVAL OF OFFICERS

Any Officer may be removed, either with or without cause, by a two-thirds (2/3) majority vote of all the members of the Board. Should any vacancy occur in any office as a result of death, resignation, removal, disqualification or any other cause, the Board may delegate the powers and duties of such office to any Officer or to any Director until such time as a successor for the office has been elected.

Section 4. PRESIDENT

The President will be the Chief Executive Officer (CEO) of the Corporation in charge of all of its activities and business. All other officers and staff shall report to the President or his or her delegate. The President shall serve as a member of the Board, and shall be entitled to attend any meeting of any committee. The President will be empowered to call special meetings of the Board as set forth herein, and shall discharge all other duties as may be required by these Bylaws and from time to time may be assigned by the Board.

Section 5. SECRETARY

The Secretary shall keep or cause to be kept the minutes of the Board in one or more books provided for that purpose, will see that all notices are duly given in accordance with the provisions of these Bylaws or as required by law, and in general perform all duties as from time to time may be prescribed by the President or the Board.

Section 6. CHIEF FINANCIAL OFFICER

The Chief Financial Officer ("CFO") shall be the chief financial officer of the Corporation. If required by the Board, the CFO shall give a bond for the faithful discharge of his or her duties in such form and with such surety or sureties as the Board shall determine. The CFO shall have charge and custody of all the funds of the Corporation and shall keep or cause to be kept, in books belonging to the Corporation, full and accurate amounts of all receipts and disbursements, and shall deposit all money and other valuable effects in the name of the Corporation in such depositories as may be designated for that purpose by the Board. The CFO shall disburse the funds of the Corporation as may be ordered by the Board or the President and, whenever requested by them, shall deliver to the Board and the President an account of all his or her transactions as CFO and of the financial condition of the Corporation. The CFO shall be responsible for the Corporation's financial planning and forecasting and shall assist the President in the preparation of the Corporation's annual budget. The CFO shall coordinate and oversee the Corporation's funding, including any audits or other reviews of the Corporation or its Supporting Organizations. The CFO shall be responsible for all other matters relating to the financial operation of the Corporation.

Section 7. CHIEF TECHNICAL OFFICER

The Chief Technical Officer shall advise the Board and the President on engineering and other technical issues related to the matters which they consider.

Section 8. ADDITIONAL OFFICERS

In addition to the officers described above, any additional or assistant officers who are elected or appointed by the Board shall perform such duties as will be assigned to them by the President or the Board.

Section 9. COMPENSATION AND EXPENSES

The compensation of any Officer of the Corporation shall be approved by the Board. Expenses incurred in connection with performance of their officer duties may be reimbursed to Officers upon approval of the President (in the case of Officers other than the President) or the Board.

ARTICLE IX: INDEMNIFICATION OF DIRECTORS, OFFICERS EMPLOYEES AND OTHER AGENTS

The Corporation shall, to maximum extent permitted by the CNPBCL, indemnify each of its agents against expenses, judgments, fines, settlements and other amounts actually and reasonably incurred in connection with any proceeding arising by reason of the fact that any such person is or was an agent of the Corporation. For purposes of this Article, an "agent" of the Corporation includes any person who is or was a Director, Officer, employee or any other agent of the Corporation, including members of any Supporting Organization or At Large Council acting within the scope of his or her responsibility and on behalf of the best interests of the Corporation; or is or was serving at the request of the Corporation as a Director, Officer, employee or agent of another Corporation, partnership, joint venture, trust or other enterprise. The Board may adopt a resolution authorizing the purchase and maintenance of insurance on behalf of any agent of the Corporation against any liability asserted against or incurred by the agent in such capacity or arising out of the agent's status as such, whether or not this Corporation would have the power to indemnify the agent against that liability under the provisions of this Article.

ARTICLE X: GENERAL PROVISIONS

Section 1. CONTRACTS

The Board may authorize any Officer or Officers, agent or agents, to enter into any contract or execute or deliver any instrument in the name of and on behalf of the Corporation, and such authority may be general or confined to specific instances. In the absence of a contrary Board authorization, contracts and instruments may only be executed by the following Officers: President, any Vice President, or the CFO. Unless authorized or ratified by the Board, no other Officer, agent or employee shall have any power or authority to bind the Corporation or to render it liable for any debts or obligations.

Section 2. DEPOSITS

All funds of the Corporation not otherwise employed will be deposited from time to time to the credit of the Corporation in such banks, trust companies or other depositories as the Board may select.

Section 3. CHECKS

All checks, drafts or other orders for the payment of money, notes or other evidences of indebtedness issued in the name of the Corporation will be signed by such Officer or Officers, agent or agents, of the Corporation and in such a manner as shall from time to time be determined by resolution of the Board.

Section 4. LOANS

No loans will be made by or to this Corporation and no evidences of indebtedness will be issued in its name unless authorized by a resolution of the Board. Such authority may be general or confined to specific instances; provided, however, that no loans will be made by the Corporation to its Directors or Officers.

ARTICLE XI: FISCAL MATTERS

Section 1. ACCOUNTING

The fiscal year end of the Corporation shall be determined by the Board.

Section 2. AUDIT

At the end of the fiscal year, the books of the Corporation will be closed and audited by certified public accountants. The appointment of the fiscal auditors will be the responsibility of the Board.

Section 3. ANNUAL REPORT AND ANNUAL STATEMENT

The Board shall publish, at least annually, a report describing its activities, including an audited financial statement and a description of any payments made by the Corporation to Directors (including reimbursements of expenses). The Corporation shall cause the annual report and the annual statement of certain transactions as required by the CNPBCL to be prepared and sent to each member of the Board and to such other persons as the Board may designate, no later than one hundred twenty (120) days after the close of the Corporation's fiscal year.

Section 4. ANNUAL BUDGET

The President shall prepare and, at least forty-five (45) days prior to the commencement of each fiscal year, submit to the Board, a proposed annual budget of the Corporation for the next fiscal year. The proposed budget shall identify anticipated revenue sources and levels and shall, to the extent practical, identify anticipated material expense items by line item. The Board shall adopt an annual budget and shall publish the adopted Budget on the Web Site.

Section 5. FEES AND CHARGES

The Board may, subject to the procedures set forth in Article III, Section 3, set fees and charges for the services and benefits provided by the Corporation, with the goal of fully recovering the reasonable costs of the operation of the Corporation and establishing reasonable reserves for future expenses and contingencies reasonably related to the legitimate activities of the Corporation. Such fees and charges shall be fair and equitable, and once adopted shall be published on the Web Site in a sufficiently detailed manner so as to be readily accessible.

ARTICLE XII: AMENDMENTS

Except as otherwise provided in the Articles of Incorporation or these Bylaws, the Articles of Incorporation or Bylaws of the Corporation may be altered, amended, or repealed and new Bylaws adopted only upon action by a two-thirds (2/3) vote of all members of the Board.

Anlage 10. Registrar Accreditation Agreement (RAA)

Registrar Accreditation
Agreement

(Approved November 4, 1999)

(Posted November 9, 1999)

On September 28, 1999, ICANN announced tentative agreement with the United States Department of Commerce and Network Solutions, Inc. on a series of agreements that will put the newly introduced competition among registrars in the .com, .net, and .org TLDs on a permanant and firmer footing. After written and oral public comments, these agreements were revised in several respects and were adopted by the ICANN Board on November 4, 1999.

One of these agreements is a revised registrar accreditation agreement to be entered by ICANN with registrars. Registrars with accreditation agreements dated before November 4, 1999 may substitute this agreement for their existing agreements.

To continue to register names with the .com, .net, and .org registry operated by NSI after November 30, 1999, registrars must have entered a new Registrar License and Agreement with NSI and the revised ICANN accreditation agreement (or other version of the accreditation agreement dated after November 4, 1999). The text of the revised accreditation agreement appears below.

REGISTRAR ACCREDITATION AGREEMENT

Table of Contents

This REGISTRAR ACCREDITATION AGREEMENT ("Agreement") is by and between the Internet Corporation for Assigned Names and Numbers, a not-for-profit corporation, and ______________("Registrar"), a __________________, and shall be deemed made on __________, 1999, at Los Angeles,California, USA.

I. DEFINITIONS

As used in this Agreement, the following terms shall have the following meanings:

A. "Accredit" means to identify and set minimum standards for the performance of registration functions, to recognize persons or entities meeting those standards, and to enter into an accreditation agreement that sets forth the rules and procedures applicable to the provision of registration services.

B. A "Consensus Policy" is one adopted by ICANN as follows:

1. "Consensus Policies" are those adopted based on a consensus among Internet stakeholders represented in the ICANN process, as demonstrated by (1) the adoption of the policy by the ICANN Board of Directors, (2) a recommendation that the policy should be adopted, by at least a two-thirds vote of the council of the ICANN Supporting Organization to which the matter is delegated, and (3) a written report and supporting materials (which must include all substantive submissions to the Supporting Organization relating to the proposal) that (i) documents the extent of agreement and disagreement among impacted groups, (ii) documents the outreach process used to seek to achieve adequate representation of the views of groups that are likely to be impacted, and (iii) documents the nature and intensity of reasoned support and opposition to the proposed policy.

2. In the event that Registrar disputes the presence of such a consensus, it shall seek review of that issue from an Independent Review Panel established under ICANN's bylaws. Such review must be sought within fifteen working days of publication of the Board's action adopting the policy. The decision of the panel shall be based on the report and supporting materials required by Section I.B.1 above. In the event that Registrar seeks review and the Panel sustains the Board's determination that the policy is based on a consensus among Internet stakeholders represented in the ICANN process, then Registrar must implement such policy unless it promptly seeks and obtains a stay or injunctive relief under Section II.P.

3. In the event, following a decision by the Independent Review Panel convened under Section I.B.2 above, that Registrar still disputes the presence of such a consensus, it may seek further review of that issue within fifteen working days of publication of the decision in accordance with the dispute-resolution procedures set forth in Section II.P below; provided, however, that Registrar must continue to implement the policy unless it has obtained a stay or injunctive relief under Section II.P or a final decision is rendered in accordance with the provisions of Section II.P that relieves Registrar of such obligation. The decision in any such further review shall be based on the report and supporting materials required by Section I.B.1 above.

4. A policy adopted by the ICANN Board of Directors on a temporary basis, without a prior recommendation by the council of an ICANN Supporting Organization, shall also be considered to be a Consensus Policy if adopted by the ICANN Board of Directors by a vote of at least two-thirds of its members, and if immediate temporary adoption of a policy on the subject is necessary to maintain the stability of the Internet or the operation of the domain name system, and if the proposed policy is as narrowly tailored as feasible to achieve those objectives. In adopting any policy under this provision, the ICANN Board of Directors shall state the period of time for which the policy is temporarily adopted and shall immediately refer the matter to the appropriate Supporting Organization for its evaluation and review with a detailed explanation of its reasons for adopting the temporary policy and why the Board believes the policy should receive the consensus support of Internet stakeholders. If the period of time for which the policy is adopted exceeds 45 days, the Board shall reaffirm its temporary adoption every 45 days for a total period not to exceed 180 days, in order to maintain such policy in effect until such time as it meets the standard set forth in Section I.B.1. If the standard set forth in Section I.B.1 above is not met within the temporary period set by the Board, or the council of the Supporting Organization to which it has been referred votes to reject the temporary policy, it will no longer be a "Consensus Policy."

5. For all purposes under this Agreement, the policies specifically identified by ICANN on its website (www.icann.org/general/consensus-policies.htm) at the date of this Agreement as having been adopted by the ICANN Board of Directors before the date of this Agreement shall be treated in the same manner and have the same effect as "Consensus Policies" and accordingly shall not be subject to review under Section I.B.2.

6. In the event that, at the time the ICANN Board adopts a policy under Section I.B.1 during the term of this Agreement, ICANN does not have in place an Independent Review Panel established under ICANN's bylaws, the fifteen-working-day period allowed under Section I.B.2 to seek review shall be extended until fifteen working days after ICANN does have such an Independent Review Panel in place and Registrar shall not be obligated to comply with the policy in the interim.

C. "DNS" refers to the Internet domain-name system.

D. "ICANN" refers to the Internet Corporation for Assigned Names and Numbers, a party to this Agreement.

E. An "ICANN-adopted policy" (and references to ICANN "adopt[ing]" a policy or policies) refers to a Consen-
sus
Policy adopted by ICANN (i) in conformity with applicable provisions of its articles of incorporation and bylaws and Section II.C of this Agreement and (ii) of which Registrar has been given notice and a reasonable period in which to comply.

F. "IP" means Internet Protocol.

G. "Personal Data" refers to data about any identified or identifiable natural person.

H. The word "Registrar," when appearing with an initial capital letter, refers to
___________________________________, a party to this Agreement.

I. The word "registrar," when appearing without an initial capital letter, refers to a person or entity that contracts with SLD holders and a registry, collecting registration data about the SLD holders and submitting zone file information for entry in the registry database.

J. A "Registry" is the person(s) or entity(ies) then responsible, in accordance with an agreement between ICANN and that person or entity (those persons or entities) or, if that agreement is terminated or expires, in accordance with an agreement between the US Government and that person or entity (those persons or entities), for providing registry services.

K. An "SLD" is a second-level domain of the DNS.

L. An SLD registration is "sponsored" by the registrar that placed the record associated with that registration into the registry. Sponsorship of a registration may be changed at the express direction of the SLD holder or, in the event a registrar loses accreditation, in accordance with then-current ICANN-adopted policies.

M. A "TLD" is a top-level domain of the DNS.

II. TERMS AND CONDITIONS OF AGREEMENT

The parties agree as follows:

A. Accreditation. During the term of this Agreement, Registrar is hereby accredited by ICANN to act as a registrar (including to insert and renew registration of SLDs in the registry database) for the .com, .net, and .org TLDs.

B. Registrar Use of ICANN Name. Registrar is hereby granted a non-exclusive worldwide license to state during the term of this Agreement that it is accredited by ICANN as a registrar in the .com, .net, and .org TLDs. No other use of ICANN's name is licensed hereby. This license may not be assigned or sublicensed by Registrar.

C. General Obligations of ICANN. With respect to all matters that impact the rights, obligations, or role of Registrar, ICANN shall during the Term of this Agreement:

1. exercise its responsibilities in an open and transparent manner;

2. not unreasonably restrain competition and, to the extent feasible, promote and encourage robust competition;

3. not apply standards, policies, procedures or practices arbitrarily, unjustifiably, or inequitably and not single out Registrar for disparate treatment unless justified by substantial and reasonable cause; and

4. ensure, through its reconsideration and independent review policies, adequate appeal procedures for Registrar, to the extent it is adversely affected by ICANN standards, policies, procedures or practices.

D. General Obligations of Registrar.

1. During the Term of this Agreement:

a. Registrar agrees that it will operate as a registrar for TLDs for which it is accredited by ICANN in accordance with this Agreement;

b. Registrar shall comply, in such operations, with all ICANN-adopted Policies insofar as they:

i. relate to one or more of the following: (A) issues for which uniform or coordinated resolution is reasonably necessary to facilitate interoperability, technical reliability and/or stable operation of the Internet or domain-name system, (B) registrar policies reasonably necessary to implement Consensus Policies relating to the Registry, or (C) resolution of disputes regarding the registration of domain names (as opposed to the use of such domain names), and

ii. do not unreasonably restrain competition.

2. To the extent that Consensus Policies are adopted in conformance with Section II.C of this Agreement, the measures permissible under Section II.D.1.b.i shall include, without limitation:

i. principles for allocation of SLD names (e.g., first-come/first-served, timely renewal, holding period after expiration);

ii. prohibitions on warehousing of or speculation in domain names by registrars;

iii. reservation of SLD names that may not be registered initially or that may not be renewed due to reasons reasonably related to (a) avoidance of confusion among or misleading of users, (b) intellectual property, or (c) the technical management of the DNS or the Internet (e.g., "example.com" and single-letter/digit names);

iv. the allocation among continuing registrars of the SLD names sponsored in the registry by a registrar losing accreditation;

v. the transfer of registration data upon a change in registrar sponsoring the registration; and

vi. dispute resolution policies that take into account the use of a domain name.

Nothing in this Section II.D shall limit or otherwise affect Registrar's obligations as set forth elsewhere in this Agreement.

E. Submission of SLD Holder Data to Registry. During the term of this Agreement:

1. As part of its registration of SLDs in the .com, .net, and .org TLDs, Registrar shall submit to, or shall place in the registry database operated by Registry the following data elements concerning SLD registrations that Registrar processes:

a. The name of the SLD being registered;

b. The IP addresses of the primary nameserver and secondary nameserver(s) for the SLD;

c. The corresponding names of those nameservers;

d. Unless automatically generated by the registry system, the identity of the registrar;

e. Unless automatically generated by the registry system, the expiration date of the registration; and

f. Other data required as a result of further development of the registry system by the Registry.

2. Within five (5) business days after receiving any updates from the SLD holder to the data elements listed in Sections II.E.1.b and c for any SLD registration Registrar sponsors, Registrar shall submit the updated data elements to, or shall place those elements in the registry database operated by Registry.

3. In order to allow reconstitution of the registry database in the event of an otherwise unrecoverable technical failure or a change in the designated Registry permitted by the contract Registry has with ICANN and/or the United States Department of Commerce, within ten days of any such request by ICANN Registrar shall submit an electronic database containing the data elements listed in Sections II.F.1.a through d for all active records in the registry sponsored by Registrar, in a format specified by ICANN, to the Registry for the appropriate TLD.

F. Public Access to Data on SLD Registrations. During the term of this Agreement:

1. At its expense, Registrar shall provide an interactive web page and a port 43 Whois service providing free public query-based access to up-to-date (i.e. updated at least daily) data concerning all active SLD registrations sponsored by Registrar in the registry for the .com, .net, and .org TLDs. The data accessible shall consist of elements that are designated from time to time according to an ICANN-adopted policy. Until ICANN otherwise specifies by means of an ICANN-adopted policy, this data shall consist of the following elements as contained in Registrar's database:

a. The name of the SLD being registered and the TLD for which registration is being requested;

b. The IP addresses of the primary nameserver and secondary nameserver(s) for the SLD;

c. The corresponding names of those nameservers;

d. The identity of Registrar (which may be provided through Registrar's website);

e. The original creation date of the registration;

f. The expiration date of the registration;

g. The name and postal address of the SLD holder;

h. The name, postal address, e-mail address, voice telephone number, and (where available) fax number of the technical contact for the SLD; and

i. The name, postal address, e-mail address, voice telephone number, and (where available) fax number of the administrative contact for the SLD.

2. Upon receiving any updates to the data elements listed in Sections II.F.1.b through d and f through i from the SLD holder, Registrar shall promptly update its database used to provide the public access described in Section II.F.1.

3. Registrar may subcontract its obligation to provide the public access described in Section II.F.1 and the updating described in Section II.F.2, provided that Registrar shall remain fully responsible for the proper provision of the access and updating.

4. Registrar shall abide by any ICANN-adopted Policy that requires registrars to cooperatively implement a distributed capability that provides query-based Whois search functionality across all registrars. If the Whois service implemented by registrars does not in a reasonable time provide reasonably robust, reliable, and convenient access to accurate and up-to-date data, the Registrar shall abide by any ICANN-adopted Policy requiring Registrar, if reasonably determined by ICANN to be necessary (considering such possibilities as remedial action by specific registrars), to supply data from Registrar's database to facilitate the development of a centralized Whois database for the purpose of

providing comprehensive Registrar Whois search capability.

5. In providing query-based public access to registration data as required by Sections II.F.1 and II.F.4, Registrar shall not impose terms and conditions on use of the data provided except as permitted by an ICANN-adopted policy. Unless and until ICANN adopts a different policy, Registrar shall permit use of data it provides in response to queries for any lawful purposes except to: (a) allow, enable, or otherwise support the transmission of mass unsolicited, commercial advertising or solicitations via e-mail (spam); or (b) enable high volume, automated, electronic processes that apply to Registrar (or its systems).

6. In addition, Registrar shall provide third-party bulk access to the data subject to public access under Section II.F.1 under the following terms and conditions:

a. Registrar shall make a complete electronic copy of the data available at least one time per week for download by third parties who have entered into a bulk access agreement with Registrar.

b. Registrar may charge an annual fee, not to exceed US$10,000, for such bulk access to the data.

c. Registrar's access agreement shall require the third party to agree not to use the data to allow, enable, or otherwise support the transmission of mass unsolicited, commercial advertising or solicitations via e-mail (spam).

d. Registrar's access agreement may require the third party to agree not to use the data to enable high-volume, automated, electronic processes that apply to Registrar (or its systems).

e. Registrar's access agreement may require the third party to agree not to sell or redistribute the data except insofar as it has been incorporated by the third party into a value-added product or service that does not permit the extraction of a substantial portion of the bulk data from the value-added product or service for use by other parties.

f. Registrar may enable SLD holders who are individuals to elect not to have Personal Data concerning their registrations available for bulk access for marketing purposes based on Registrar's "Opt-Out" policy, and if Registrar has such a policy Registrar shall require the third party to abide by the terms of that Opt-Out policy; provided, however, that Registrar may not use such data subject to opt-out for marketing purposes in its own value-added product or service.

7. Registrar's obligations under Section II.F.6 shall remain in effect until the earlier of (a) replacement of this policy with a different ICANN-adopted policy governing bulk access to the data subject to public access under Section II.F.1, or (b) demonstration, to the satisfaction of the United States Department of Commerce, that no individual or entity is able to exercise market power with respect to registrations or with respect to registration data used for development of value-added products and services by third parties.

8. To comply with applicable statutes and regulations and for other reasons, ICANN may from time to time adopt policies establishing limits on the Personal Data concerning SLD registrations that Registrar may make available to the public through a public-access service described in this Section II.F and on the manner in which Registrar may make them available. In the event ICANN adopts any such policy, Registrar shall abide by it.

G. Retention of SLD Holder and Registration Data.

1. During the term of this Agreement, Registrar shall maintain its own electronic database, as updated from time to time, containing data for each active SLD registration sponsored by it in the registry for the .com, .net, and .org TLDs. The data for each such registration shall include the elements listed in Sections II.F.1.a through i, as well as the name and (where available) postal address, e-mail address, voice telephone number, and fax number of the billing contact.

2. During the term of this Agreement and for three years thereafter, Registrar (itself or by its agent) shall maintain the following records relating to its dealings with the Registry and SLD holders:

a. In electronic form, the submission date and time, and the content, of all registration data (including updates) submitted in electronic form to the Registry;

b. In electronic, paper, or microfilm form, all written communications constituting registration applications, confirmations, modifications, or terminations and related correspondence with actual SLD holders, including registration contracts; and

c. In electronic form, records of the accounts of all SLD holders with Registrar, including dates and amounts of all payments and refunds.

Registrar shall make these records available for inspection by ICANN upon reasonable notice. ICANN shall not disclose such records except as expressly permitted by an ICANN-adopted policy.

H. Rights in Data. Registrar disclaims all rights to exclusive ownership or use of the data elements listed in Sections II.E.1.a through c for all SLD registrations submitted by Registrar to, or sponsored by Registrar in, the registry database for the .com, .net, and .org TLDs. Registrar does not disclaim rights in the data elements listed in Sections II.E.1.d through f and II.F.1.d through i concerning active SLD registrations sponsored by it in the registry for the .com, .net, and .org TLDs, and agrees to grant non-exclusive, irrevocable, royalty-free licenses to make use of and disclose the data elements listed in Sections II.F.1.d through i for the purpose of providing a service (such as a Whois service under Section II.F.4) providing interactive, query-based public access. Upon a change in sponsorship from Registrar of any SLD registration in the registry for the .com, .net, and .org TLDs, Registrar acknowledges that the registrar gaining sponsorship shall have the rights of an owner to the data elements listed in Sections II.E.1.d and e and II.F.1.d through i concerning that registration, with Registrar also retaining the rights of an owner in that data. Nothing in this Section II.H prohibits Registrar from (1) restricting bulk public access to data elements in a manner consistent with any ICANN-adopted policies or (2) transferring rights it claims in data elements subject to the provisions of this Section II.H.

I. Data Escrow. During the term of this Agreement, on a schedule, under the terms, and in the format specified in the then-current ICANN-adopted policy on registrar escrow requirements, Registrar shall submit an electronic copy of the database described in Section II.G.1 to ICANN or, at Registrar's election and at its expense, to a reputable escrow agent mutually approved by Registrar and ICANN, such approval also not to be unreasonably withheld by either party. The data shall be held under an agreement among Registrar, ICANN, and the escrow agent (if any) providing that (1) the data shall be received and held in escrow, with no use other than verification that the deposited data is complete and in proper format, until released to ICANN; (2) the data shall be released from escrow upon expiration without renewal or termination of this Agreement; and (3) ICANN's rights under the escrow agreement shall be assigned with any assignment of this Agreement. The escrow shall provide that in the event the escrow is released under this Section II.I, ICANN (or its assignee) shall have a non-exclusive, irrevocable, royalty-free license to exercise (only for transitional purposes) or have exercised all rights necessary to provide registrar services.

J. Business Dealings, Including with SLD Holders.

1. In the event ICANN adopts a policy supported by a consensus of ICANN-accredited registrars establishing or approving a Code of Conduct for such registrars, Registrar shall abide by that Code.

2. Registrar shall abide by applicable laws and governmental regulations.

3. Registrar shall not represent to any actual or potential SLD holder that Registrar enjoys access to a registry for which Registrar is accredited that is superior to that of any other registrar accredited for that registry.

4. Registrar shall not activate any SLD registration unless and until it is satisfied that it has received a reasonable assurance of payment of its registration fee. For this purpose, a charge to a credit card, general commercial terms extended to creditworthy customers, or other mechanism providing a similar level of assurance of payment shall be sufficient, provided that the obligation to pay becomes final and non-revocable by the SLD holder upon activation of the registration.

5. Registrar shall register SLDs to SLD holders only for fixed periods. At the conclusion of the registration period, failure by or on behalf of the SLD holder to pay a renewal fee within the time specified in a second notice or reminder shall, in the absence of extenuating circumstances, result in cancellation of the registration. In the event that ICANN adopts a policy concerning procedures for handling expiration of registrations, Registrar shall abide by that policy.

6. Registrar shall not insert or renew any SLD name in any registry for which Registrar is accredited by ICANN in a manner contrary to an ICANN-adopted policy stating a list or specification of excluded SLD names that is in effect at the time of insertion or renewal.

7. Registrar shall require all SLD holders to enter into an electronic or paper registration agreement with Registrar including at least the following provisions:

a. The SLD holder shall provide to Registrar accurate and reliable contact details and promptly correct and update them during the term of the SLD registration, including: the full name, postal address, e-mail address, voice telephone number, and fax number if available of the SLD holder; name of authorized person for contact purposes in the case of an SLD holder that is an organization, association, or corporation; and the data elements listed in Section II.F.1.b, c, and h through i above.

An SLD holder's willful provision of inaccurate or unreliable information, its willful failure promptly to update information provided to Registrar, or its failure to respond for over fifteen calendar days to inquiries by Registrar concerning the accuracy of contact details associated with the SLD holder's registration shall constitute a material breach of the SLD holder-registrar contract and be a basis for cancellation of the SLD registration.

Any SLD holder that intends to license use of a domain name to a third party is nonetheless the SLD holder of record and is responsible for providing its own full contact information and for providing and updating accurate technical and administrative contact information adequate to facilitate timely resolution of any problems that arise in connection with the SLD. An SLD holder licensing use of an SLD according to this provision shall accept liability for harm caused by wrongful use of the SLD, unless it promptly discloses the identity of the licensee to a party providing the SLD holder reasonable evidence of actionable harm.

b. Registrar shall provide notice to each new or renewed SLD holder stating:

i. The purposes for which any Personal Data collected from the applicant are intended;

ii. The intended recipients or categories of recipients of the data (including the Registry and others who will receive the data from Registry);

iii. Which data are obligatory and which data, if any, are voluntary; and

iv. How the SLD holder or data subject can access and, if necessary, rectify the data held about them.

c. The SLD holder shall consent to the data processing referred to in Section II.J.7.b.

d. The SLD holder shall represent that notice has been provided equivalent to that described in Section II.J.7.b. above to any third-party individuals whose Personal Data are supplied to Registrar by the SLD holder, and that the SLD holder has obtained consent equivalent to that referred to in Section II.J.7.c of any such third-party individuals.

e. Registrar shall agree that it will not process the Personal Data collected from the SLD holder in a way incompatible with the purposes and other limitations about which it has provided notice to the SLD holder in accordance with Section II.J.7.b, above.

f. Registrar shall agree that it will take reasonable precautions to protect Personal Data from loss, misuse, unauthorized access or disclosure, alteration, or destruction.

g. The SLD holder shall represent that, to the best of the SLD holder's knowledge and belief, neither the registration of the SLD name nor the manner in which it is directly or indirectly used infringes the legal rights of a third party.

h. For the adjudication of disputes concerning or arising from use of the SLD name, the SLD holder shall submit, without prejudice to other potentially applicable jurisdictions, to the jurisdiction of the courts (1) of the SLD holder's domicile and (2) where Registrar is located.

i. The SLD holder shall agree that its registration of the SLD name shall be subject to suspension, cancellation, or transfer pursuant to any ICANN-adopted policy, or pursuant to any registrar or registry procedure not inconsistent with an ICANN-adopted policy, (1) to correct mistakes by Registrar or the Registry in registering the name or (2) for the resolution of disputes concerning the SLD name.

j. The SLD holder shall indemnify and hold harmless the Registry and its directors, officers, employees, and agents from and against any and all claims, damages, liabilities, costs, and expenses (including reasonable legal fees and expenses) arising out of or related to the SLD holder's domain name registration.

8. Registrar shall abide by any ICANN-adopted policies requiring reasonable and commercially practicable (a) verification, at the time of registration, of contact information associated with an SLD registration sponsored by Registrar or (b) periodic re-verification of such information. Registrar shall, upon notification by any person of an inaccuracy in the contact information associated with an SLD registration sponsored by Registrar, take reasonable steps to investigate that claimed inaccuracy. In the event Registrar learns of inaccurate contact information associated with an SLD registration it sponsors, it shall take reasonable steps to correct that inaccuracy.

9. Registrar shall abide by any ICANN-adopted policy prohibiting or restricting warehousing of or speculation in domain names by registrars.

10. Registrar shall maintain in force commercial general liability insurance with policy limits of at least US$500,000 covering liabilities arising from Registrar's registrar business during the term of this Agreement.

11. Nothing in this Agreement prescribes or limits the amount Registrar may charge SLD holders for registration of SLD names.

K. Domain-Name Dispute Resolution. During the term of this Agreement, Registrar shall have in place a policy and procedure for resolution of disputes concerning SLD names. In the event that ICANN adopts a policy or procedure for resolution of disputes concerning SLD names that by its terms applies to Registrar, Registrar shall adhere to the policy or procedure.

L. Accreditation Fees. As a condition of accreditation, Registrar shall pay accreditation fees to ICANN. These fees consist of yearly and on-going components.

1. The yearly component for the term of this Agreement shall be US $5,000. Payment of the yearly component shall be due upon execution by Registrar of this Agreement and upon each anniversary date after such execution during the term of this Agreement (other than the expiration date).

2. Registrar shall pay the on-going component of Registrar accreditation fees adopted by ICANN in accordance with the provisions of Section II.C above, provided such fees are reasonably allocated among all registrars that contract with ICANN and that any such fees must be expressly approved by registrars accounting, in aggregate, for payment of two-thirds of all registrar-level fees. Registrar shall pay such fees in a timely manner for so long as all material terms of this Agreement remain in full force and effect, and notwithstanding the pendency of any dispute between Registrar and ICANN.

3. On reasonable notice given by ICANN to Registrar, accountings submitted by Registrar shall be subject to verification by an audit of Registrar's books and records by an independent third-party that shall preserve the confidentiality of such books and records (other than its findings as to the accuracy of, and any necessary corrections to, the accountings).

M. Specific Performance. While this Agreement is in effect, either party may seek specific performance of any provision of this Agreement in the manner provided in Section II.P below, provided the party seeking such performance is not in material breach of its obligations.

N. Termination of Agreement. This Agreement may be terminated before its expiration by Registrar by giving ICANN thirty days written notice. It may be terminated before its expiration by ICANN in any of the following circumstances:

1. There was a material misrepresentation, material inaccuracy, or materially misleading statement in Registrar's application for accreditation or any material accompanying the application.

2. Registrar:

a. is convicted of a felony or other serious offense related to financial activities, or is judged by a court to have committed fraud or breach of fiduciary duty, or is the subject of a judicial determination that ICANN reasonably deems as the substantive equivalent of any of these; or

b. is disciplined by the government of its domicile for conduct involving dishonesty or misuse of funds of others.

3. Any officer or director of Registrar is convicted of a felony or of a misdemeanor related to financial activities, or is judged by a court to have committed fraud or breach of fiduciary duty, or is the subject of a judicial determination that ICANN deems as the substantive equivalent of any of these; provided, such officer or director is not removed in such circumstances.

4. Registrar fails to cure any breach of this Agreement (other than a failure to comply with a policy adopted by ICANN during the term of this Agreement as to which Registrar is seeking, or still has time to seek, review under Section I.B.2 of whether a consensus is present) within fifteen working days after ICANN gives Registrar notice of the breach.

5. Registrar fails to comply with a ruling granting specific performance under Sections II.M and II.P.

6. Registrar continues acting in a manner that ICANN has reasonably determined endangers the stability or operational integrity of the Internet after receiving three days notice of that determination.

7. Registrar becomes bankrupt or insolvent.

This Agreement may be terminated in circumstances 1 through 6 above only upon fifteen days written notice to Registrar (in the case of circumstance 4 occurring after Registrar's failure to cure), with Registrar being given an opportunity during that time to initiate arbitration under Section II.P to determine the appropriateness of termination under this Agreement. In the event Registrar initiates litigation or arbitration concerning the appropriateness of termination by ICANN, the termination shall be stayed an additional thirty days to allow Registrar to obtain a stay of termination under Section II.P below. If Registrar acts in a manner that ICANN reasonably determines endangers the stability or operational integrity of the Internet and upon notice does not immediately cure, ICANN may suspend this Agreement for five working days pending ICANN's application for more extended specific performance or injunctive relief under Section II.P. This Agreement may be terminated immediately upon notice to Registrar in circumstance 7 above.

O. Term of Agreement; Renewal; Right to Substitute Updated Agreement. This Agreement shall have an initial term until [specific date to be inserted: five years for most agreements; for agreements substituting for the prior one-year agreements the inserted date will be the existing (one year) termination date of those agreements, as required by Section III.M of those agreements], unless sooner terminated. Thereafter, if Registrar seeks to continue its accreditation, it may apply for renewed accreditation, and shall be entitled to renewal provided it meets the ICANN-adopted policy on accreditation criteria then in effect, is in compliance with its obligations under this Agreement, as amended, and agrees to be bound by the then-current Registrar accreditation agreement (which may differ from those of this Agreement) that ICANN adopts in accordance with Sections II.C and II.D (as Section II.D may have been amended by an ICANN-adopted policy). In connection with renewed accreditation, Registrar shall confirm its assent to the terms and conditions of the such then-current Registrar accreditation agreement by signing that accreditation agreement. In the event that, during the term of this Agreement, ICANN posts on its web site an updated form of registrar accreditation agreement applicable to accredited registrars in the .com, .net, or .org TLDs, Registrar (provided it has not received (1) a notice of breach that it has not cured or (2) a notice of termination of this Agreement under Section II.N above) may elect, by giving ICANN written notice, to enter an agreement in the updated form in place of this Agreement. In the event of such election, Registrar and ICANN shall promptly sign a new accreditation agreement that contains the provisions of the updated form posted on the web site, with the length of the term of the substituted agreement as stated in the updated form posted on the web site, calculated as if it commenced on the date this Agreement was made, and this Agreement will be deemed terminated.

P. Resolution of Disputes Under this Agreement. Disputes arising under or in connection with this Agreement, including (1) disputes arising from ICANN's failure to renew Registrar's accreditation and (2) requests for specific performance, shall be resolved in a court of competent jurisdiction or, at the election of either party, by an arbitration conducted as provided in this Section II.P pursuant to the International Arbitration Rules of the American Arbitration Association ("AAA"). The arbitration shall be conducted in English and shall occur in Los Angeles County, California, USA. There shall be three arbitrators: each party shall choose one arbitrator and, if those two arbitrators do not agree on a third arbitrator, the third shall be chosen by the AAA. The parties shall bear the costs of the arbitration in equal shares, subject to the right of the arbitrators to reallocate the costs in their award as provided in the AAA rules. The parties shall bear their own attorneys' fees in connection with the arbitration, and the arbitrators may not reallocate the attorneys' fees in conjunction with their award. The arbitrators shall render their decision within ninety days of the conclusion of the arbitration hearing. In the event Registrar initiates arbitration to contest the appropriateness of termination of this Agreement by ICANN, Registar may at the same time request that the arbitration panel stay the termination until the arbitration decision is rendered, and that request shall have the effect of staying the termination until the arbitration panel has granted an ICANN request for specific performance and Registrar has failed to comply with such ruling. In the event Registrar initiates arbitration to contest an Independent Review Panel's decision under Section I.B.2 sustaining the Board's determination that a policy is supported by consensus, Registar may at the same time request that the arbitration panel stay the requirement that it comply with the policy until the arbitration decision is rendered, and that request shall have the effect of staying the requirement until the decision or until the arbitration panel has granted an ICANN request for lifting of the stay. In all litigation involving ICANN concerning this Agreement (whether in a case where arbitration has not been elected or to enforce an arbitration award), jurisdiction and exclusive venue for such litigation shall be in a court located in Los Angeles, California, USA; however, the parties shall also have the right to enforce a judgment of such a court in any court of competent jurisdiction. For the purpose of aiding the arbitration and/or preserving the rights of the parties during the pendency of an arbitration, the parties shall have the right to seek temporary or preliminary injunctive relief from the arbitration panel or in a court located in Los Angeles, California, USA, which shall not be a waiver of this arbitration agreement.

Q. Limitations on Monetary Remedies for Violations of this Agreement. ICANN's aggregate monetary liability for violations of this Agreement shall not exceed the amount of accreditation fees paid by Registrar to ICANN under Section II.L of this Agreement. Registrar's monetary liability to ICANN for violations of this Agreement shall be limited to accreditation fees owing to ICANN under this Agreement. In no event shall either party be liable for special, indirect, incidental, punitive, exemplary, or consequential damages for any violation of this Agreement.

R. Handling by ICANN of Registrar-Supplied Data. Before receiving any Personal Data from Registrar, ICANN shall specify to Registrar in writing the purposes for and conditions under which ICANN intends to use the Personal Data. ICANN may from time to time provide Registrar with a revised specification of such purposes and conditions, which specification shall become effective no fewer than thirty days after it is provided to Registrar. ICANN shall not use Personal Data provided by Registrar for a purpose or under conditions inconsistent with the specification in effect when the Personal Data were provided. ICANN shall take reasonable steps to avoid uses of the Personal Data by third parties inconsistent with the specification.

S. Miscellaneous.

1. Assignment. Either party may assign or transfer this Agreement only with the prior written consent of the other party, which shall not be unreasonably withheld, except that ICANN may, with the written approval of the United States Department of Commerce, assign this agreement by giving Registrar written notice of the assignment. In the event of assignment by ICANN, the assignee may, with the approval of the United States Department of Commerce, revise the definition of "Consensus Policy" to the extent necessary to meet the organizational circumstances of the assignee, provided the revised definition requires that Consensus Policies be based on a demonstrated consensus of Internet stakeholders.

2. No Third-Party Beneficiaries. This Agreement shall not be construed to create any obligation by either ICANN or Registrar to any non-party to this Agreement, including any SLD holder.

3. Notices, Designations, and Specifications. All notices to be given under this Agreement shall be given in writing at the address of the appropriate party as set forth below, unless that party has given a notice of change of address in writing. Any notice required by this Agreement shall be deemed to have been properly given when delivered in person, when sent by electronic facsimile, or when scheduled for delivery by internationally recognized courier service. Designations and specifications by ICANN under this Agreement shall be effective when written notice of them is deemed given to Registrar.

If to ICANN, addressed to:

Internet Corporation for Assigned Names and Numbers
Registrar Accreditation
4676 Admiralty Way, Suite 330
Marina Del Rey, California 90292
Telephone: 1/310/823-9358
Facsimile: 1/310/823-8649

If to Registrar, addressed to:

With a copy to:

4. Dates and Times. All dates and times relevant to this Agreement or its performance shall be computed based on the date and time observed in Los Angeles, California, USA.

5. Language. All notices, designations, and specifications made under this Agreement shall be in the English language.

6. Entire Agreement. Except for any written transition agreement that may be executed concurrently herewith by both parties, this Agreement constitutes the entire agreement of the parties hereto pertaining to the subject matter hereof and supersedes all prior agreements, understandings, negotiations and discussions, whether oral or written, of the parties.

7. Amendments and Waivers. No amendment, supplement, or modification of this Agreement or any provision hereof shall be binding unless executed in writing by both parties. No waiver of any provision of this Agreement shall be binding unless evidenced by a writing signed by the party waiving compliance with such provision. No waiver of any of the provisions of this Agreement shall be deemed or shall constitute a waiver of any other provision hereof, nor shall any such waiver constitute a continuing waiver unless otherwise expressly provided.

8. Counterparts. This Agreement may be executed in one or more counterparts, each of which shall be deemed an original, but all of which together shall constitute one and the same instrument.

IN WITNESS WHEREOF, the parties hereto have caused this Agreement to be executed in duplicate by their duly authorized representatives.

INTERNET CORPORATION FOR ASSIGNED NAMES AND NUMBERS
By:____________________________
Michael M. Roberts
President and CEO

[REGISTRAR]
By:____________________________

Page modified 9-November-1999

Anlage 11. Registry Agreement

Tentative Agreements among ICANN, the U.S. Department of Commerce, and Network Solutions, Inc.

(Posted September 28, 1999)

[Note: ICANN has posted the following document for public review and comment. To submit comments, click here.]

REGISTRY AGREEMENT

This REGISTRY AGREEMENT ("Agreement") is by and between the Internet Corporation for Assigned Names and Numbers, a not-for-profit corporation, and Network Solutions, Inc., a Delaware corporation.

Definitions

For purposes of this Agreement, the following definitions shall apply:

1. A "Consensus Policy" is one adopted by ICANN as follows:

(a) "Consensus Policies" are those adopted based on a consensus among Internet stakeholders represented in the ICANN process, as demonstrated by (1) the adoption of the policy by the ICANN Board of Directors, (2) a recommendation that the policy should be adopted by at least a two-thirds vote of the council of the ICANN Supporting Organization to which the matter is delegated, and (3) a written report and supporting materials (which must include all substantive submissions to the Supporting Organization relating to the proposal) that (i) documents the extent of agreement and disagreement among impacted groups, (ii) documents the outreach process used to seek to achieve adequate representation of the views of groups that are likely to be impacted, and (iii) documents the nature and intensity of reasoned support and opposition to the proposed policy.

(b) In the event that NSI disputes the presence of such a consensus, it shall seek review of that issue from an Independent Review Panel established under ICANN's bylaws. Such review must be sought within fifteen working days of the publication of the Board's action adopting the policy. The decision of the panel shall be based on the report and supporting materials required by subsection (a) above. In the event that NSI seeks review and the Panel sustains the Board's determination that the policy is based on a consensus among Internet stakeholders represented in the ICANN process, then NSI must implement such policy unless it promptly seeks and obtains injunctive relief under Section 13 below.

(c) If, following a decision by the Independent Review Panel convened under subsection (b) above, NSI still disputes the presence of such a consensus, it may seek further review of that issue within fifteen working days of publication of the decision in accordance with the dispute resolution procedures set forth in Section 13 below; provided, however, that NSI must continue to implement the policy unless it has obtained injunctive relief under Section 13 below or a final decision is rendered in accordance with the provisions of Section 13 that relieves NSI of such obligation. The decision in any such further review shall be based on the report and supporting materials required by subsection (a) above.

(d) A policy adopted by the ICANN Board of Directors on a temporary basis, without a prior recommendation by the council of an ICANN Supporting Organization, shall also be considered to be a Consensus Policy if adopted by the ICANN Board of Directors by a vote of at least two-thirds of its members, and if immediate temporary adoption of a policy on the subject is necessary to maintain the stability of the Internet or the operation of the domain name system, and if the proposed policy is as narrowly tailored as feasible to achieve those objectives. In adopting any policy under this provision, the ICANN Board of Directors shall state the period of time for which the policy is temporarily adopted and shall immediately refer the matter to the appropriate Supporting Organization for its evaluation and review with a detailed explanation of its reasons for adopting the temporary policy and why the Board believes the policy should receive the consensus support of Internet stakeholders. If the period of time for which the policy is adopted exceeds 45 days, the Board shall reaffirm its temporary adoption every

45 days for a total period not to exceed 180 days, in order to maintain such policy in effect until such time as it meets the standard set forth in subsection (a) above. If the standard set forth in subsection (a) above is not met within the temporary period set by the Board, or the council of the Supporting Organization to which it has been referred votes to reject the temporary policy, it will no longer be a "Consensus Policy."

(e) For all purposes under this Agreement, the policies identified in Appendix A adopted by the ICANN Board of Directors before the effective date of this Agreement shall be treated in the same manner and have the same effect as "Consensus Policies."

(f) In the event that, at the time the ICANN Board adopts a policy under subsection (a) above during the term of this Agreement, ICANN does not have in place an Independent Review Panel established under ICANN's bylaws, the fifteen working day period allowed under subsection (b) above to seek review shall be extended until fifteen working days after ICANN does have such an Independent Review Panel in place and NSI shall not be obligated to comply with the policy in the interim.

2. The "Effective Date" is the date on which the Agreement is signed by ICANN and NSI.

3. The "Expiration Date" is the date specified in Section 23 below.

4. "gTLDs" means the .com, .net, and .org TLDs, and any new gTLDs established by ICANN.

5. "ICANN" refers to the Internet Corporation for Assigned Names and Numbers, a party to this Agreement.

6. "NSI" refers to Network Solutions, Inc., in its capacity as a domain name registry for the Registry TLDs, a party to this Agreement.

7. "Personal Data" refers to data about any identified or identifiable natural person.

8. "Registry Data" means all data maintained in electronic form in the registry database, and shall include Zone File Data, all data submitted by registrars in electronic form, and all other data concerning particular registrations or nameservers maintained in electronic form in the registry database.

9. "Registry Services" means operation of the registry for the Registry TLDs and shall include receipt of data concerning registrations and nameservers from registrars, provision of status information to registrars, operation of the registry TLD zone servers, and dissemination of TLD zone files.

10. "Registry TLDs" refers to the .com, .net, and .org TLDs.

11. "SLD" refers to a second-level domain in the Internet domain name system.

12. "Term of this Agreement" begins on the Effective Date and runs through the earliest of (a) the Expiration Date, (b) termination of this Agreement under Section 14 or Section 16(c), or (c) termination of this Agreement pursuant to withdrawal of the Department of Commerce's recognition of ICANN under Section 24.

13. "TLD" refers to a top-level domain in the Internet domain name system.

14. "Zone File Data" means all data contained in domain name system zone files for the Registry TLDs as provided to TLD nameservers on the Internet.

Agreements

NSI and ICANN agree as follows:

1. Designation of Registry. ICANN acknowledges and agrees that NSI is and will remain the registry for the Registry TLD(s) throughout the Term of this Agreement.

2. Recognition in Authoritative Root Server System. In the event and to the extent that ICANN is authorized to set policy with regard to an authoritative root server system, it will ensure that (A) the authoritative root will point to the TLD zone servers designated by NSI for the Registry TLDs throughout the Term of this Agreement

and (B) any changes to TLD zone server designation submitted to ICANN by NSI will be implemented by ICANN within five business days of submission. In the event that this Agreement is terminated (A) under Section 14 or 16(C) by NSI or (B) under Section 24 due to the withdrawal of recognition of ICANN by the United States Department of Commerce, ICANN's obligations concerning TLD zone server designations for the .com, .net, and .org TLDs in the authoritative root server system shall be as stated in a separate agreement between ICANN and the Department of Commerce.

3. General Obligations of NSI.

(A) During the Term of this Agreement:

(i) NSI agrees that it will operate the registry for the Registry TLDs in accordance with this Agreement;

(ii) NSI shall comply, in its operation of the registry, with all Consensus Policies insofar as they:

(a) are adopted by ICANN in compliance with Section 4 below,

(b) relate to one or more of the following: (1) issues for which uniform or coordinated resolution is reasonably necessary to facilitate interoperability, technical reliability and/or stable operation of the Internet or domain-name system, (2) registry policies reasonably necessary to implement Consensus Policies relating to registrars, or (3) resolution of disputes regarding the registration of domain names (as opposed to the use of such domain names), and

(c) do not unreasonably restrain competition.

(B) NSI acknowledges and agrees that upon the earlier of (i) the Expiration Date or (ii) termination of this Agreement by ICANN pursuant to Section 14, it will cease to be the registry for the Registry TLDs, unless prior to the end of the term of this Agreement NSI is chosen as the Successor Registry in accordance with the provisions of this Agreement.

(C) To the extent that Consensus Policies are adopted in conformance with Section 4 of this Agreement, the measures permissible under Section 3(A)(ii)(b) shall include, without limitation:

(i) principles for allocation of SLD names (e.g., first-come/first-served, timely renewal, holding period after expiration);

(ii) prohibitions on warehousing of or speculation in domain names by registries or registrars;

(iii) reservation of SLD names that may not be registered initially or that may not be renewed due to reasons reasonably related to (a) avoidance of confusion among or misleading of users, (b) intellectual property, or (c) the technical management of the DNS or the Internet (e.g., "example.com" and single-letter/digit names); and

(iv) the allocation among continuing registrars of the SLD names sponsored in the registry by a registrar losing accreditation.

Nothing in this Section 3 shall limit or otherwise affect NSI's obligations as set forth elsewhere in this Agreement.

4. General Obligations of ICANN. With respect to all matters that impact the rights, obligations, or role of NSI, ICANN shall during the Term of this Agreement:

(A) exercise its responsibilities in an open and transparent manner;

(B) not unreasonably restrain competition and, to the extent feasible, promote and encourage robust competition;

(C) not apply standards, policies, procedures or practices arbitrarily, unjustifiably, or inequitably and not single out NSI for disparate treatment unless justified by substantial and reasonable cause; and

(D) ensure, through its reconsideration and independent review policies, adequate appeal procedures for NSI, to the extent it is adversely affected by ICANN standards, policies, procedures or practices.

5. Protection from Burdens of Compliance With ICANN Policies. ICANN hereby agrees to indemnify and hold harmless NSI, and its directors, officers, employees and agents from and against any and all claims, damages or liabilities arising solely from NSI's compliance as required by this Agreement with an ICANN policy adopted after both parties have entered into this Agreement, except that NSI shall not be indemnified or held harmless hereunder to the extent that the claims, damages or liabilities arise from the particular manner in which NSI has

chosen to comply with the policy. In addition, NSI shall be given a reasonable period after receiving notice of adoption of an ICANN Consensus Policy in which to comply with that policy.

6. NSI Registry-Level Financial Support of ICANN. NSI, in its role as operator of the registry for the Registry TLDs, shall pay the gTLD registry-level fees adopted by ICANN in conformance with Section 4 of this Agreement, provided such fees are reasonably allocated among all gTLD registries that contract with ICANN and provided further that, if NSI's share of the total gTLD registry-level fees are or are budgeted to be in excess of $250,000 in any given year, any such excess must be expressly approved by gTLD registries accounting, in aggregate, for payment of two-thirds of all gTLD registry-level fees. NSI shall pay such fees in a timely manner throughout the Term of this Agreement, and notwithstanding the pendency of any dispute between NSI and ICANN. NSI agrees to prepay $250,000 toward its share of gTLD registry-level fees at the time of signing of this Agreement.

7. Data Escrow. NSI shall deposit into escrow all Registry Data on a schedule (not more frequently than weekly for a complete set of Registry Data, and daily for incremental updates) and in an electronic format mutually approved from time to time by NSI and ICANN, such approval not to be unreasonably withheld by either party. The escrow shall be maintained, at NSI's expense, by a reputable escrow agent mutually approved by NSI and ICANN, such approval also not to be unreasonably withheld by either party. The escrow shall be held under an agreement among ICANN, NSI, the United States Department of Commerce, and the escrow agent providing that (A) the data shall be received and held in escrow, with no use other than verification that the deposited data is complete and in proper format, until released to ICANN or to the United States Department of Commerce; (B) the data shall be released to ICANN upon termination of this Agreement by ICANN under Section 14 or upon the Expiration Date if (1) this Agreement has not sooner been terminated and (2) it has been finally determined by the ICANN Board (and no injunction obtained pursuant to Section 13 has been obtained) that NSI will not be designated as the successor registry under Section 22 of this Agreement; and (C), in the alternative, the data shall be released to the United States Department of Commerce according to the terms of the cooperative agreement between NSI and the United States Government.

8. NSI Handling of Personal Data. NSI agrees to notify registrars sponsoring registrations in the registry of the purposes for which Personal Data submitted to the registry by registrars is collected, the recipients (or categories of recipients) of such Personal Data, and the mechanism for access to and correction of such Personal Data. NSI shall take reasonable steps to protect Personal Data from loss, misuse, unauthorized disclosure, alteration or destruction. NSI shall not use or authorize the use of Personal Data in a way that is incompatible with the notice provided to registrars.

9. Publication by NSI of Registry Data.

(A) NSI shall provide an interactive service (such as a WHOIS service) providing free public query-based (web and, after January 15, 2000, command-line) access to current registry database data which, in response to input of an SLD name, shall report at least the following data elements in response to queries: (a) the SLD name registered, (b) the TLD in which the SLD is registered; (c) the IP addresses and corresponding names of the primary nameserver and second .ry nameserver(s) for such SLD, (d) the identity of the sponsoring Registrar, and (e) the date of the .nost recent modification to the domain name record in the registry database; provided, however, that if ICANN adopts a Consensus Policy that adds to or subtracts from these elements, NSI will implement that policy.

(B) To ensure operational stability of the registry, NSI may temporarily limit access under subsection (A) on an equitable basis, in which case NSI shall immediately notify ICANN of the nature of and reason for the limitation. NSI shall not continue the limitation longer than three business days if ICANN objects in writing, which objection shall not be unreasonably made.

(C) NSI as registry shall comply with Consensus Policies providing for development and operation of a capability that provides distributed free public query-based (web and command-line) access to current registration data implemented by registrars providing for capabilities comparable to WHOIS, including (if called for by the Consensus Policy) registry database lookup capabilities according to a specified format. If such a service implemented by registrars on a distributed basis does not within a reasonable time provide reasonably robust, reliable and convenient access to accurate and up-to-date registration data, NSI as registry shall cooperate and, if reasonably determined to be necessary by ICANN (considering such possibilities as remedial action by specific registrars), provide data from the registry database to facilitate the development of a centralized service providing equivalent functionality in a manner established by a Consensus Policy.

10. Rights in Data. Except as permitted by the Registrar License and Agreement, NSI shall not be entitled to claim any intellectual property rights in data in the registry supplied by or through registrars other than NSI. In the event that Registry Data is released from escrow under Section 7 or transferred to a Successor Registry under Section 22(D), any rights held by NSI as registry in the data shall automatically be licensed on a non-exclusive, irrevocable, royalty-free, paid-up basis to the recipient of the data.

11. Limitation of Liability. Neither party shall be liable to the other under this Agreement for any special, indirect, incidental, punitive, exemplary or consequential damages.

12. Specific Performance. During the Term of this Agreement, either party may seek specific performance of any provision of this Agreement as provided by Section 13, provided the party seeking such performance is not in material breach of its obligations.

13. Resolution of Disputes Under This Agreement. Disputes arising under or in connection with this Agreement, including requests for specific performance, shall be resolved in a court of competent jurisdiction or, at the election of both parties (except for any dispute over whether a policy adopted by the Board is a Consensus Policy, in which case at the election of either party), by an arbitration conducted as provided in this Section pursuant to the International Arbitration Rules of the American Arbitration Association ("AAA"). The arbitration shall be conducted in English and shall occur in Los Angeles County, California, USA. There shall be three arbitrators: each party shall choose one arbitrator and, if the two arbitrators are not able to agree on a third arbitrator, the third shall be chosen by the AAA. The parties shall bear the costs of the arbitration in equal shares, subject to the right of the arbitrators to reallocate the costs in their award as provided in the AAA rules. The parties shall bear their own attorneys' fees in connection with the arbitration, and the arbitrators may not reallocate the attorneys' fees in conjunction with their award. The arbitrators shall render their decision within ninety days of the initiation of arbitration. In all litigation involving ICANN concerning this Agreement (whether in a case where arbitration has not been elected or to enforce an arbitration award), jurisdiction and exclusive venue for such litigation shall be in a court located in Los Angeles, California, USA; however, the parties shall also have the right to enforce a judgment of such a court in any court of competent jurisdiction. For the purpose of aiding the arbitration and/or preserving the rights of the parties during the pendency of an arbitration, the parties shall have the right to seek temporary or preliminary injunctive relief from the arbitration panel or a court located in Los Angeles, California, USA, which shall not be a waiver of this arbitration agreement.

14. Termination.

(A) In the event an arbitration award or court judgment is rendered specifically enforcing any provision of this Agreement or declaring a party's rights or obligations under this Agreement, either party may, by giving written notice, demand that the other party comply with the award or judgment. In the event that the other party fails to comply with the order or judgment within ninety days after the giving of notice (unless relieved of the obligation to comply by a court or arbitration order before the end of that ninety-day period), the first party may terminate this Agreement immediately by giving the other party written notice of termination.

(B) In the event of termination by DOC of its Cooperative Agreement with NSI pursuant to Section I.B.8 of that Agreement, ICANN shall, after receiving express notification of that fact from DOC and a request from DOC to terminate NSI as the operator of the registry database for the Registry TLDs, terminate NSI's rights under this Agreement, and shall cooperate with DOC to facilitate the transfer of the operation of the registry database to a successor registry.

15. Assignment. Neither party may assign this Agreement without the prior written approval of the other party, such approval not to be unreasonably withheld. Notwithstanding the foregoing sentence, a party may assign this Agreement by giving written notice to the other party in the following circumstances, provided the assignee agrees in writing with the other party to assume the assigning party's obligations under this Agreement: (a) NSI may assign this Agreement as part of the transfer of its registry business approved under Section 25 and (b) ICANN may, in conjunction with a reorganization or reincorporation of ICANN and with the written approval of the Department of Commerce, assign this Agreement to another non-profit corporation organized for the same or substantially the same purposes as ICANN.

16. Relationship to Cooperative Agreement Between NSI and U.S. Government.

(A) NSI's obligations under this Agreement are conditioned on the agreement by NSI and the Department of Commerce to Amendment 19 to the Cooperative Agreement in the form attached to this Agreement as Appendix C.

(B) If within a reasonable period of time ICANN has not made substantial progress towards having entered into agreements with competing registries and NSI is adversely affected from a competitive perspective, NSI may terminate this Agreement with the approval of the U.S. Department of Commerce. In such event, as provided in Section 16(A) above, the Cooperative Agreement shall replace this Agreement.

(C) In the case of conflict while they are both in effect, and to the extent that they address the same subject in an inconsistent manner, the term(s) of the Cooperative Agreement shall take precedence over this Agreement.

17. NSI Agreements with Registrars. NSI shall make access to the Shared Registration System available to all ICANN-accredited registrars subject to the terms of the NSI/Registrar License and Agreement (attached as Appendix B). Such agreement may be revised by NSI, provided however, that any such changes must be approved in advance by ICANN.

18. Performance and Functional Specifications for Registry Services. Unless and until ICANN adopts different standards as a Consensus Policy pursuant to Section 4, NSI shall provide registry services to ICANN-accredited registrars meeting the performance and functional specifications set forth in SRS specification version 1.0.6 dated September 10, 1999, as supplemented by Appendix E. In the event ICANN adopts different performance and functional standards for the registry as a Consensus Policy in compliance with Section 4, NSI shall comply with those standards to the extent practicable, provided that compensation pursuant to the provisions of Section 20 has been resolved prior to implementation and provided further that NSI is given a reasonable time for implementation. In no event shall NSI be required to implement any such different standards before 3 years from the Effective Date of this Agreement.

19. Bulk Access to Zone Files. NSI shall provide third parties bulk access to the zone files for .com, .net, and .org TLDs on the terms set forth in the zone file access agreement (attached as Appendix D). Such agreement may be revised by NSI, provided however, that any such changes must be approved in advance by ICANN.

20. Price for Registry Services. The price(s) to accredited registrars for entering initial and renewal SLD registrations into the registry database and for transferring a SLD registration from one accredited registrar to another will be as set forth in Section 5 of Appendix B, Registrar License and Agreement. These prices shall be increased through an amendment to this Agreement as approved by ICANN and NSI, such approval not to be unreasonably withheld, to reflect demonstrated increases in the net costs of operating the registry arising from (1) ICANN policies adopted after the date of this Agreement, or (2) legislation specifically applicable to the provision of Registry Services adopted after the date of this Agreement, to ensure that NSI recovers such costs and a reasonable profit thereon; provided that such increases exceed any reductions in costs arising from (1) or (2) above.

21. Additional NSI Obligations.

(A) NSI shall provide all licensed Accredited Registrars (including NSI acting as registrar) with equivalent access to the Shared Registration System. NSI further agrees that it will make a certification to ICANN every six months, using the objective criteria set forth in Appendix F that NSI is providing all licensed Accredited Registrars with equivalent access to its registry services.
(B) NSI will ensure, in a form and through ways described in Appendix F that the revenues and assets of the registry are not utilized to advantage NSI's registrar activities to the detriment of other registrars.

22. Designation of Successor Registry.

(A) Not later than one year prior to the end of the term of this Agreement, ICANN shall, in accordance with Section 4, adopt an open, transparent procedure for designating a Successor Registry. The requirement that this procedure be opened one year prior to the end of the Agreement shall be waived in the event that the Agreement is terminated prior to its expiration.

(B) NSI or its assignee shall be eligible to serve as the Successor Registry and neither the procedure established in accordance with subsection (A) nor the fact that NSI is the incumbent shall disadvantage NSI in comparison to other entities seeking to serve as the Successor Registry.

(C) If NSI or its assignee is not designated as the Successor Registry, NSI or its assignee shall cooperate with ICANN and with the Successor Registry in order to facilitate the smooth transition of operation of the registry to Successor Registry. Such cooperation shall include the timely transfer to the Successor Registry of an electronic copy of the registry database and of a full specification of the format of the data.

(D) ICANN shall select as the Successor Registry the eligible party that it reasonably determines is best qualified to perform the registry function under terms and conditions developed as a Consensus Policy, taking into account all factors relevant to the stability of the Internet, promotion of competition, and maximization of consumer choice, including without limitation: functional capabilities and performance specifications proposed by the eligible party for its operation of the registry, the price at which registry services are proposed to be provided by the party, relevant experience of the party, and demonstrated ability of the party to handle operations at the required scale. ICANN shall not charge any additional fee to the Successor Registry.

(E) In the event that a party other than NSI or its assignee is designated as the Successor Registry, NSI shall have the right to challenge the reasonableness of ICANN's failure to designate NSI or its assignee as the Successor Registry under the provisions of Section 13 of this Agreement.

23. Expiration of this Agreement. The Expiration Date shall be four years after the Effective Date, unless extended as provided below. In the event that NSI completes the legal separation of ownership of its Registry Services business from its registrar business by divesting all the assets and operations of one of those businesses within 18 months after Effective Date to an unaffiliated third party that enters an agreement enforceable by ICANN and the Department of Commerce (i) not to be both a registry and a registrar in the Registry TLDs, and (ii) not to control, own or have as an affiliate any individual(s) or entity(ies) that, collectively, act as both a registry and a registrar in the Registry TLDs, the Expiration Date shall be extended for an additional four years, resulting in a total term of eight years. For the purposes of this Section, "unaffiliated third party" means any entity in which NSI (including its successors and assigns, subsidiaries and divisions, and their respective directors, officers, employees, agents and representatives) does not have majority equity ownership or the ability to exercise managerial or operational control, either directly or indirectly through one or more intermediaries. "Control," as used in this Section 23, means any of the following: (1) ownership, directly or indirectly, or other interest entitling NSI to exercise in the aggregate 25% or more of the voting power of an entity; (2) the power, directly or indirectly, to elect 25% or more of the board of directors (or equivalent governing body) of an entity; or (3) the ability, directly or indirectly, to direct or cause the direction of the management, operations, or policies of an entity.

24. Withdrawal of Recognition of ICANN by the Department of Commerce. In the event that, prior to the expiration or termination of this Agreement under Section 14 or 16(C), the United States Department of Commerce withdraws its recognition of ICANN as NewCo under the Statement of Policy pursuant to the procedures set forth in Section 5 of Amendment 1 (dated November __, 1999) to the Memorandum of Understanding between ICANN and the Department of Commerce, this Agreement shall terminate.

25. Assignment of Registry Assets. NSI may assign and transfer its registry assets in connection with the sale of its registry business only with the approval of the Department of Commerce.

26. Option to Substitute Generic Agreement. At NSI's option, it may substitute any generic ICANN/Registry agreement that may be adopted by ICANN for this Agreement; provided, however, that Sections 16, 19, 20, 21, 23, 24, and 25 of this Agreement will remain in effect following any such election by NSI.

27. Notices, Designations, and Specifications. All notices to be given under this Agreement shall be given in writing at the address of the appropriate party as set forth below, unless that party has given a notice of change of address in writing. Any notice required by this Agreement shall be deemed to have been properly given when delivered in person, when sent by electronic facsimile, or when scheduled for delivery by internationally recognized courier service. Designations and specifications by ICANN under this Agreement shall be effective when written notice of them is deemed given to Registry.

If to ICANN, addressed to:

Internet Corporation for Assigned Names and Numbers
4676 Admiralty Way, Suite 330
Marina Del Rey, California 90292
Telephone: 1/310/823-9358
Facsimile: 1/310/823-8649
Attention: Chief Executive Officer

If to Registry, addressed to:

1. Network Solutions, Inc.
505 Huntmar Park Drive
Herndon, VA 20170
Telephone: 1/703/742-0400
Facsimile: 1/703/742-3386
Attention: General Counsel

2. Network Solutions, Inc.
505 Huntmar Park Drive
Herndon, VA 20170
Telephone: 1/703/742-0400
Facsimile: 1/703/742-3386
Attention: Registry General Manager

28. Dates and Times. All dates and times relevant to this Agreement or its performance shall be computed based on the date and time observed in Los Angeles, California, USA.

29. Language. All notices, designations, and specifications made under this Agreement shall be in the English language.

30. Entire Agreement. This Agreement constitutes the entire agreement of the parties hereto pertaining to the registry for the Registry TLDs and supersedes all prior agreements, understandings, negotiations and discussions, whether oral or written, between the parties on that subject. This Agreement is intended to coexist with any Registrar Accreditation Agreement between the parties.

31. Amendments and Waivers. No amendment, supplement, or modification of this Agreement or any provision hereof shall be binding unless executed in writing by both parties. No waiver of any provision of this Agreement shall be binding unless evidenced by a writing signed by the party waiving compliance with such provision. No waiver of any of the provisions of this Agreement shall be deemed or shall constitute a waiver of any other provision hereof, nor shall any such waiver constitute a continuing waiver unless otherwise expressly provided.

32. Counterparts. This Agreement may be executed in one or more counterparts, each of which shall be deemed an original, but all of which together shall constitute one and the same instrument.

IN WITNESS WHEREOF, the parties hereto have caused this Agreement to be executed in duplicate by their duly authorized representatives.

INTERNET CORPORATION FOR ASSIGNED NAMES AND NUMBERS
By:________________________
Michael M. Roberts
Interim President and CEO
Date: ______________________

NETWORK SOLUTIONS, INC.
By:________________________
Date: ________________________

Page updated 28-September-1999

Anlage 12. Registrar License and Agreement (RLA)

NSI-Registrar License and Agreement

(Approved November 4, 1999)

(Posted November 9, 1999)

On September 28, 1999, ICANN announced tentative agreement with the United States Department of Commerce and Network Solutions, Inc. on a series of agreements that will put the newly introduced competition among registrars in the .com, .net, and .org TLDs on a permanant and firmer footing. After written and oral public comments, these agreements were revised in several respects and were adopted by the ICANN Board on November 4, 1999.

One of these agreements is a revised NSI-Registrar License and Agreement under which competitive ICANN-accredited registrars are permitted to place and renew registrations in the registry.

The text of the revised NSI-Registrar License and Agreement appears below.

REGISTRAR LICENSE AND AGREEMENT

This Registrar License and Agreement (the "Agreement") is dated as of __________, 1999 ("Effective Date") by and between Network Solutions, Inc., a Delaware corporation, with its principal place of business located at 505 Huntmar Park Drive, Herndon, Virginia 20170 ("NSI"or the "Registry"), and __________________, a ______________________ corporation, with its principal place of business located at _____________________________________ ("Registrar"). NSI and Registrar may be referred to individually as a "Party" and collectively as the "Parties."

WHEREAS, multiple registrars will provide Internet domain name registration services within the .com, .org and .net top-level domains wherein NSI operates and maintains certain TLD servers and zone files ("Registry");

WHEREAS, Registrar wishes to register second-level domain names in the multiple registrar system for the .com, .org and .net TLDs.

NOW, THEREFORE, for and in consideration of the mutual promises, benefits and covenants contained herein and for other good and valuable consideration, the receipt, adequacy and sufficiency of which are hereby acknowledged, NSI and Registrar, intending to be legally bound, hereby agree as follows:

1. DEFINITIONS

1.1. "DNS" refers to the Internet domain name system.

1.2. "IP" means Internet Protocol.

1.3. An "SLD" is a second-level domain of the DNS.

1.4. The "System" refers to the multiple registrar system developed by NSI for registration of second-level domain names in the .com, .org and .net TLDs.

1.5. A "TLD" is a top-level domain of the DNS.

1.6. The "Licensed Product" refers to the RRP, APIs, and software, collectively.

2. OBLIGATIONS OF THE PARTIES

2.1. System Operation and Access. Throughout the Term of this Agreement, NSI shall operate the System and provide Registrar with access to the System enabling Registrar to transmit domain name registration information for the .com, .org and .net TLDs to the System according to a protocol developed by NSI and known as the Registry Registrar Protocol ("RRP").

2.2. Distribution of RRP, APIs and Software. No later than three business days after the Effective Date of this Agreement, NSI shall provide to Registrar (i) full documentation of the RRP, (ii) "C" and "Java" application program interfaces ("APIs") to the RRP with documentation, and (iii) reference client software ("Software") that will enable Registrar to develop its system to register second-level domain names through the System for the .com, .org and .net TLDs. If NSI elects to modify or upgrade the APIs and/or RRP, NSI shall provide updated APIs to the RRP with documentation and updated Software to Registrar promptly as such updates become available.

2.3. New Architectural Features. NSI will use its best commercial efforts to develop and implement two additional modifications to the Licensed Product by January 15, 2000 as follows:

2.3.1. NSI will issue an upgrade to the Licensed Product that will enable a Registrar to accept initial domain name registrations or renewals of a minimum of one year in length, or in multiples of one year increments.

2.3.2. NSI will issue an upgrade to the Licensed Product that will enable registrars to accept the addition of one additional year to a registrant's "current" registration period when a registrant changes from one registrar to another.

In no event shall the total unexpired term of a registration exceed ten (10) years.

Registrars will be able to offer these new features only for new registrations or renewals occurring after the Upgrade is deployed. Both Upgrades will be introduced into the Operational Test and Evaluation environment for testing prior to deployment.

2.4. Registrar Responsibility for Customer Support. Registrar shall be responsible for providing customer service (including domain name record support), billing and technical support, and customer interface to accept customer (the "SLD holder") orders.

2.5. Data Submission Requirements. As part of its registration of all SLD registrations in the .com, .net, and .org TLDs during the Term of this Agreement, Registrar shall submit the following data elements using the RRP concerning SLD registrations it processes:

2.5.1. The name of the SLD being registered;

2.5.2. The IP addresses of the primary nameserver and secondary nameserver(s) for the SLD;

2.5.3. The corresponding host names of those nameservers;

2.5.4. Unless automatically generated by the registry system, the identity of the registrar;

2.5.5. Unless automatically generated by the registry system, the expiration date of the registration; and

2.5.6. Other data required as a result of further development of the registry system by the Registry.

2.6. License. Registrar grants NSI as Registry a non-exclusive non-transferable limited license to the data elements consisting of the SLD name registered, the IP addresses of nameservers, and the identity of the registering registrar for propagation of and the provision of authorized access to the TLD zone files.

2.7. Registrar's Registration Agreement and Domain Name Dispute Policy. Registrar shall have developed and employ in its domain name registration business an electronic or paper registration agreement, including a domain name dispute policy, a copy of which is attached to this Agreement as Exhibit A (which may be amended from time to time by Registrar, provided a copy is furnished to the

Registry three (3) business days in advance of any such amendment), to be entered into by Registrar with each SLD holder as a condition of registration. Registrar shall include terms in its agreement with each SLD holder that are consistent with Registrar's duties to NSI hereunder.

2.8. Secure Connection. Registrar agrees to develop and employ in its domain name registration business all necessary technology and restrictions to ensure that its connection to the System is secure. All data exchanged between Registrar's system and the System shall be protected to avoid unintended disclosure of information. Each RRP session shall be authenticated and encrypted using two-way secure socket layer ("SSL") protocol. Registrar agrees to authenticate every RRP client connection with the System using both an X.509 server certificate issued by a commercial Certification Authority identified by the Registry and its Registrar password, which it shall disclose only to its employees with a need to know. Registrar agrees to notify Registry within four hours of learning that its Registrar password has been compromised in any way or if its server certificate has been revoked by the issuing Certification Authority or compromised in any way.

2.9. Domain Name Lookup Capability. Registrar agrees to employ in its domain name registration business NSI's Registry domain name lookup capability to determine if a requested domain name is available or currently unavailable for registration.

2.10. Transfer of Sponsorship of Registrations. Registrar agrees to implement transfers of SLD registrations from another registrar to Registrar and vice versa pursuant to the Policy on Transfer of Sponsorship of Registrations Between Registrars appended hereto as Exhibit B.

2.11. Time. Registrar agrees that in the event of any dispute concerning the time of the entry of a domain name registration into the Registry database, the time shown in the NSI Registry records shall control.

2.12. Compliance with Terms and Conditions. Registrar agrees to comply with all other reasonable terms or conditions established from time to time, to assure sound operation of the System, by NSI as Registry in a non-arbitrary manner and applicable to all registrars, including NSI, and consistent with NSI's Cooperative Agreement with the United States Government or NSI's Registry Agreement with the Internet Corporation for Assigned Names and Numbers ("ICANN"), as applicable, upon NSI's notification to Registrar of the establishment of those terms and conditions.

2.13. Resolution of Technical Problems. Registrar agrees to employ necessary employees, contractors, or agents with sufficient technical training and experience to respond to and fix all technical problems concerning the use of the RRP and the APIs in conjunction with Registrar's systems. Registrar agrees that in the event of significant degradation of the System or other emergency, Network Solutions, as Registry, may, in its sole discretion, temporarily suspend access to the System. Such temporary suspensions shall be applied in a nonarbitrary manner and shall apply fairly to any registrar similarly situated, including NSI.

2.14. Surety Instrument. During the Initial Term and any Renewal Terms, Registrar shall have in place a performance bond, letter of credit or equivalent instrument (the "Surety Instrument") from a surety acceptable to NSI, in the amount of $100,000 U.S. dollars. The terms of the Surety Instrument shall indemnify and hold harmless NSI and its employees, directors, officers, representatives, agents and affiliates from all costs and damages (including reasonable attorneys' fees) which it may suffer by reason of Registrar's failure to indemnify NSI as provided in Section 6.16 by making payment(s) up to the full amount of the bond within ten (10) days of NSI's having notified the surety of its claim(s) of damages, having identified the basis for any such claim. NSI shall not be entitled to payment under the Surety Instrument until such time as it has certified that it has incurred expenses for which it is entitled to reimbursement in accordance with the provisions of Section 6.16 of this Agreement.

2.15. Prohibited Domain Name Registrations. Registrar agrees to comply with the policies of NSI as Registry that will be applicable to all registrars and that will prohibit the registration of certain domain names in the .com, .org and .net TLDs which are not allowed to be registered by statute or regulation.

2.16. Indemnification Required of SLD Holders. Registrar shall require each SLD holder to indemnify, defend and hold harmless NSI, and its directors, officers, employees and agents from and against any and all claims, damages, liabilities, costs and expenses, including reasonable legal fees and expenses arising out of or relating to the SLD holder's domain name registration.

3. LICENSE

3.1. License Grant. Subject to the terms and conditions of this Agreement, NSI hereby grants Registrar and Registrar accepts a non-exclusive, non-transferable, worldwide limited license to use for the Term and purposes of this Agreement the RRP, APIs and Software, as well as updates and redesigns thereof, to provide domain name registration services in the .com, .org and .net TLDs only and for no other purpose. The RRP, APIs and Software, as well as updates and redesigns thereof, will enable Registrar to register domain names with the Registry on behalf of its SLD holders. Registrar, using the RRP, APIs and Software, as well as updates and redesigns thereof, will be able to invoke the following operations on the System: (i) check the availability of a domain name, (ii) register a domain name, (iii) re-register a domain name, (iv) cancel the registration of a domain name it has registered, (v) update the nameservers of a domain name, (vi) transfer a domain name from another registrar to itself with proper authorization, (vii) query a domain name registration record, (viii) register a nameserver, (ix) update the IP addresses of a nameserver, (x) delete a nameserver, (xi) query a nameserver, and (xii) establish and end an authenticated session.

3.2. Limitations on Use. Notwithstanding any other provisions in this Agreement, except with the written consent of NSI, Registrar shall not: (i) sublicense the RRP, APIs or Software or otherwise permit any use of the RRP, APIs or Software by or for the benefit of any party other than Registrar, (ii) publish, distribute or permit disclosure of the RRP, APIs or Software other than to employees, contractors, and agents of Registrar for use in Registrar's domain name registration business, (iii) decompile, reverse engineer, copy or re-engineer the RRP, APIs or Software for any unauthorized purpose, or (iv) use or permit use of the RRP, APIs or Software in violation of any federal, state or local rule, regulation or law, or for any unlawful purpose.

Registrar agrees to employ the necessary measures to prevent its access to the System granted hereunder from being used for (i) the transmission of unsolicited, commercial e?mail (spam) to entities other than Registrar's customers; (ii) high volume, automated, electronic processes that apply to NSI for large numbers of domain names, except as reasonably necessary to register domain names or modify existing registrations; or (iii) high volume, automated, electronic, repetitive queries for the purpose of extracting data to be used for Registrar's purposes, except as reasonably necessary to register domain names or modify existing registrations.

3.3. Changes to Licensed Materials. NSI may from time to time make modifications to the RRP, APIs or Software licensed hereunder that will enhance functionality or otherwise improve the System. NSI will provide Registrar with at least sixty (60) days notice prior to the implementation of any material changes to the RRP, APIs or software licensed hereunder.

4. SUPPORT SERVICES

4.1. Engineering Support. NSI agrees to provide Registrar with reasonable engineering telephone support (between the hours of 9 a.m. to 5 p.m. local Herndon, Virginia time or at such other times as may be mutually agreed upon) to address engineering issues arising in connection with Registrar's use of the System.

4.2. Customer Service Support. During the Term of this Agreement, NSI will provide reasonable telephone and e-mail customer service support to Registrar, not SLD holders or prospective customers of Registrar, for non-technical issues solely relating to the System and its operation. NSI will provide Registrar with a telephone number and e-mail address for such support during implementation of the RRP, APIs and Software. First-level telephone support will be available on a 7-day/24-hour basis. NSI will provide a web-based customer service capability in the future and such web-based support will become the primary method of customer service support to Registrar at such time.

5. FEES

5.1. License Fee. As consideration for the license of the RRP, APIs and Software, Registrar agrees to pay NSI on the Effective Date a non-refundable one-time fee in the amount of $ 10,000 payable in

United States dollars (the "License Fee") and payable by check to Network Solutions, Inc., Attention: Registry Accounts Receivable, 505 Huntmar Park Drive, Herndon, Virginia 20170 or by wire transfer to Bank of America, for the credit of Network Solutions, Inc., Account #004112889843, ABA # 051000017, Swift, NABKUS3ARIC. No later than three (3) business days after either the receipt (and final settlement if payment by check) of such License Fee, or the Effective Date of this Agreement, whichever is later, NSI will provide the RRP, APIs and Software to Registrar.

5.2. Registration Fees.

(a) From the Effective Date of this Agreement through January 15, 2000, Registrar agrees to pay NSI the non-refundable amounts of $18 United States dollars for each initial two-year domain name registration and $9 United States dollars for each one-year domain name re-registration (collectively, the "Registration Fees") registered by Registrar through the System.

(b) Thereafter, and for the balance of the term of this Agreement, Registrar agrees to pay NSI the non-refundable amounts of $6 United States dollars for each annual increment of an initial domain name registration and $6 United States dollars for each annual increment of a domain name re-registration (collectively, the "Registration Fees") registered by Registrar through the System.

(c) NSI reserves the right to adjust the Registration Fees prospectively upon thirty (30) days prior notice to Registrar, provided that such adjustments are consistent with NSI's Cooperative Agreement with the United States Government or its Registry Agreement with ICANN, as applicable, and are applicable to all registrars in the .com, .org and .net TLDs. NSI will invoice Registrar monthly in arrears for each month's Registration Fees. All Registration Fees are due immediately upon receipt of NSI's invoice pursuant to a letter of credit, deposit account, or other acceptable credit terms agreed by the Parties.

5.3. Change in Registrar Sponsoring Domain Name. Registrar may assume sponsorship of an SLD holder's existing domain name registration from another registrar by following the policy set forth in Exhibit B to this Agreement. Registrar agrees to pay NSI the applicable Registration Fee as set forth above. For transfers taking place after January 15, 2000, this shall result in a corresponding extension of the existing registration, provided that in no event shall the total unexpired term of a registration exceed ten (10) years. The losing registrar's Registration Fees will not be refunded as a result of any such transfer.

5.4. Non-Payment of Registration Fees. Timely payment of Registration Fees is a material condition of performance under this Agreement. In the event that Registrar fails to pay its Registration Fees, either initial or re-registration fees, within five (5) days of the date when due, NSI may stop accepting new registrations and/or delete the domain names associated with invoices not paid in full from the Registry database and give written notice of termination of this Agreement pursuant to Section 6.1(b) below.

6. MISCELLANEOUS

6.1. Term of Agreement and Termination.

(a) Term of the Agreement. The duties and obligations of the Parties under this Agreement shall apply from the Effective Date through and including the last day of the calendar month sixty (60) months from the Effective Date (the "Initial Term"). Upon conclusion of the Initial Term, all provisions of this Agreement will automatically renew for successive five (5) year renewal periods until the Agreement has been terminated as provided herein, Registrar elects not to renew, or NSI ceases to operate as the registry for the .com, .org and .net TLDs. In the event that revisions to NSI's Registrar License and Agreement are approved or adopted by the U.S. Department of Commerce, or ICANN, as appropriate, Registrar will execute an amendment substituting the revised agreement in place of this Agreement, or Registrar may, at its option exercised within fifteen (15) days, terminate this Agreement immediately by giving written notice to NSI.

(b) Termination For Cause. In the event that either Party materially breaches any term of this Agreement including any of its representations and warranties hereunder and such breach is not substantially cured within thirty (30) calendar days after written notice thereof is given by the other Party, then the non-breaching Party may, by giving written notice thereof to the other Party, terminate this Agreement as of the date specified in such notice of termination.

(c) Termination at Option of Registrar. Registrar may terminate this Agreement at any time by giving NSI thirty (30) days notice of termination.

(d) Termination Upon Loss of Registrar's Accreditation. This Agreement shall terminate in the event Registrar's accreditation by ICANN, or its successor, is terminated or expires without renewal.

(e) Termination in the Event that Successor Registry is Named. This Agreement shall terminate in the event that the U.S. Department of Commerce or ICANN, as appropriate, designates another entity to serve as the registry for the .com, .net. and .org TLDs (the "Successor Registry").

(f) Termination in the Event of Bankruptcy. Either Party may terminate this Agreement if the other Party is adjudged insolvent or bankrupt, or if proceedings are instituted by or against a Party seeking relief, reorganization or arrangement under any laws relating to insolvency, or seeking any assignment for the benefit of creditors, or seeking the appointment of a receiver, liquidator or trustee of a Party's property or assets or the liquidation, dissolution or winding up of a Party's business.

(g) Effect of Termination. Upon expiration or termination of this Agreement, NSI will complete the registration of all domain names processed by Registrar prior to the date of such expiration or termination, provided that Registrar's payments to NSI for Registration Fees are current and timely. Immediately upon any expiration or termination of this Agreement, Registrar shall (i) transfer its sponsorship of SLD name registrations to another licensed registrar(s) of the Registry, in compliance with any procedures established or approved by the U.S. Department of Commerce or ICANN, as appropriate, and (ii) either return to NSI or certify to NSI the destruction of all data, software and documentation it has received under this Agreement.

(h) Survival. In the event of termination of this Agreement, the following shall survive: (i) Sections 2.6, 2.7, 6.1(g), 6.6, 6.7, 6.10, 6.12, 6.13, 6.14 and 6.16; (ii) the SLD holder's obligations to indemnify, defend, and hold harmless NSI, as stated in Section 2.16; (iii) the surety's obligations under the Surety Instrument described in Section 2.14 with respect to matters arising during the term of this Agreement; and (iv) Registrar's payment obligations as set forth in Section 5.2 with respect to initial registrations or re-registrations during the term of this Agreement. Neither Party shall be liable to the other for damages of any sort resulting solely from terminating this Agreement in accordance with its terms but each Party shall be liable for any damage arising from any breach by it of this Agreement.

6.2. No Third Party Beneficiaries; Relationship of The Parties. This Agreement does not provide and shall not be construed to provide third parties (i.e., non-parties to this Agreement), including any SLD holder, with any remedy, claim, cause of action or privilege. Nothing in this Agreement shall be construed as creating an employer-employee or agency relationship, a partnership or a joint venture between the Parties.

6.3. Force Majeure. Neither Party shall be responsible for any failure to perform any obligation or provide service hereunder because of any Act of God, strike, work stoppage, governmental acts or directives, war, riot or civil commotion, equipment or facilities shortages which are being experienced by providers of telecommunications services generally, or other similar force beyond such Party's reasonable control.

6.4. Further Assurances. Each Party hereto shall execute and/or cause to be delivered to each other Party hereto such instruments and other documents, and shall take such other actions, as such other Party may reasonably request for the purpose of carrying out or evidencing any of the transactions contemplated by this Agreement.

6.5. Amendment in Writing. Any amendment or supplement to this Agreement shall be in writing and duly executed by both Parties.

6.6. Attorneys' Fees. If any legal action or other legal proceeding (including arbitration) relating to the performance under this Agreement or the enforcement of any provision of this Agreement is brought against either Party hereto, the prevailing Party shall be entitled to recover reasonable attorneys' fees, costs and disbursements (in addition to any other relief to which the prevailing Party may be entitled).

6.7. Dispute Resolution; Choice of Law; Venue. The Parties shall attempt to resolve any disputes between them prior to resorting to litigation. This Agreement is to be construed in accordance with and governed by the internal laws of the Commonwealth of Virginia, United States of America without giving effect to any choice of law rule that would cause the application of the laws of any jurisdiction other than the internal laws of the Commonwealth of Virginia to the rights and duties of the Parties. Any legal action or other legal proceeding relating to this Agreement or the enforcement of any provision of this Agreement shall be brought or otherwise commenced in any state or federal court located in the eastern district of the Commonwealth of Virginia. Each Party to this Agreement expressly and irrevocably consents and submits to the jurisdiction and venue of each state and federal court located in the eastern district of the Commonwealth of Virginia (and each appellate court located in the Commonwealth of Virginia) in connection with any such legal proceeding.

6.8. Notices. Any notice or other communication required or permitted to be delivered to any Party under this Agreement shall be in writing and shall be deemed properly delivered, given and received when delivered (by hand, by registered mail, by courier or express delivery service, by e-mail or by telecopier during business hours) to the address or telecopier number set forth beneath the name of such Party below, unless party has given a notice of a change of address in writing:

if to Registrar:

____
____
____
____
____
____

with a copy to:

____
____
____
____
____
____

if to NSI:

Network Solutions, Inc.
505 Huntmar Park Drive
Herndon, Virginia 20170
Attention: Director, Customer Affairs
Telecopier: +1 (703) 742-8706
E-mail: julien@netsol.com

with a copy to:

General Counsel
505 Huntmar Park Drive

Herndon, Virginia 20170
Telecopier: + 1 (703) 742-0065

6.9. Assignment/Sublicense. Except as otherwise expressly provided herein, the provisions of this Agreement shall inure to the benefit of and be binding upon, the successors and permitted assigns of the Parties hereto. Registrar shall not assign, sublicense or transfer its rights or obligations under this Agreement to any third person without the prior written consent of NSI.

6.10. Use of Confidential Information. The Parties' use and disclosure of Confidential Information disclosed hereunder are subject to the terms and conditions of the Parties' Confidentiality Agreement (Exhibit C) that will be executed contemporaneously with this Agreement. Registrar agrees that the RRP, APIs and Software are the Confidential Information of NSI.

6.11. Delays or Omissions; Waivers. No failure on the part of either Party to exercise any power, right, privilege or remedy under this Agreement, and no delay on the part of either Party in exercising any power, right, privilege or remedy under this Agreement, shall operate as a waiver of such power, right, privilege or remedy; and no single or partial exercise or waiver of any such power, right, privilege or remedy shall preclude any other or further exercise thereof or of any other power, right, privilege or remedy. No Party shall be deemed to have waived any claim arising out of this Agreement, or any power, right, privilege or remedy under this Agreement, unless the waiver of such claim, power, right, privilege or remedy is expressly set forth in a written instrument duly executed and delivered on behalf of such Party; and any such waiver shall not be applicable or have any effect except in the specific instance in which it is given.

6.12. Limitation of Liability. IN NO EVENT WILL NSI BE LIABLE TO REGISTRAR FOR ANY SPECIAL, INDIRECT, INCIDENTAL, PUNITIVE, EXEMPLARY OR CONSEQUENTIAL DAMAGES, OR ANY DAMAGES RESULTING FROM LOSS OF PROFITS, ARISING OUT OF OR IN CONNECTION WITH THIS AGREEMENT, EVEN IF NSI HAS BEEN ADVISED OF THE POSSIBILITY OF SUCH DAMAGES.

6.13. Construction. The Parties agree that any rule of construction to the effect that ambiguities are to be resolved against the drafting Party shall not be applied in the construction or interpretation of this Agreement.

6.14. Intellectual Property. Subject to Section 2.6 above, each Party will continue to independently own its intellectual property, including all patents, trademarks, trade names, service marks, copyrights, trade secrets, proprietary processes and all other forms of intellectual property.

6.15. Representations and Warranties

(a) Registrar. Registrar represents and warrants that: (1) it is a corporation duly incorporated, validly existing and in good standing under the law of the ______________, (2) it has all requisite corporate power and authority to execute, deliver and perform its obligations under this Agreement, (3) it is, and during the Term of this Agreement will continue to be, accredited by ICANN or its successor, pursuant to an accreditation agreement dated after November 4, 1999, (4) the execution, performance and delivery of this Agreement has been duly authorized by Registrar, (5) no further approval, authorization or consent of any governmental or regulatory authority is required to be obtained or made by Registrar in order for it to enter into and perform its obligations under this Agreement, and (6) Registrar's Surety Instrument provided hereunder is a valid and enforceable obligation of the surety named on such Surety Instrument.

(b) NSI. NSI represents and warrants that: (1) it is a corporation duly incorporated, validly existing and in good standing under the laws of the State of Delaware, (2) it has all requisite corporate power and authority to execute, deliver and perform its obligations under this Agreement, (3) the execution, performance and delivery of this Agreement has been duly authorized by NSI, and (4) no further approval, authorization or consent of any governmental or regulatory authority is required to be obtained or made by NSI in order for it to enter into and perform its obligations under this Agreement.

(c) Disclaimer of Warranties. The RRP, APIs and Software are provided "as-is" and without any warranty of any kind. NSI EXPRESSLY DISCLAIMS ALL WARRANTIES AND/OR CONDITIONS, EXPRESS OR IMPLIED, INCLUDING, BUT NOT LIMITED TO, THE IMPLIED WARRANTIES AND CONDITIONS OF MERCHANTABILITY OR SATISFACTORY QUALITY AND FITNESS FOR A PARTICULAR PURPOSE AND NONINFRINGEMENT OF THIRD PARTY RIGHTS. NSI DOES NOT WARRANT THAT THE FUNCTIONS CONTAINED IN THE RRP, APIs OR SOFTWARE WILL MEET REGISTRAR'S REQUIREMENTS, OR THAT THE OPERATION OF THE RRP, APIs OR SOFTWARE WILL BE UNINTERRUPTED OR ERROR-FREE, OR THAT DEFECTS IN THE RRP, APIs OR SOFTWARE WILL BE CORRECTED. FURTHERMORE, NSI DOES NOT WARRANT NOR MAKE ANY REPRESENTATIONS REGARDING THE USE OR THE RESULTS OF THE RRP, APIs, SOFTWARE OR RELATED DOCUMENTATION IN TERMS OF THEIR CORRECTNESS, ACCURACY, RELIABILITY, OR OTHERWISE. SHOULD THE RRP, APIs OR SOFTWARE PROVE DEFECTIVE, REGISTRAR ASSUMES THE ENTIRE COST OF ALL NECESSARY SERVICING, REPAIR OR CORRECTION OF REGISTRAR'S OWN SYSTEMS AND SOFTWARE.

6.16. Indemnification. Registrar, at its own expense and within thirty (30) days of presentation of a demand by NSI under this paragraph, will indemnify, defend and hold harmless NSI and its employees, directors, officers, representatives, agents and affiliates, against any claim, suit, action, or other proceeding brought against NSI or any affiliate of NSI based on or arising from any claim or alleged claim (i) relating to any product or service of Registrar; (ii) relating to any agreement, including Registrar's dispute policy, with any SLD holder of Registrar; or (iii) relating to Registrar's domain name registration business, including, but not limited to, Registrar's advertising, domain name application process, systems and other processes, fees charged, billing practices and customer service; provided, however, that in any such case: (a) NSI provides Registrar with prompt notice of any such claim, and (b) upon Registrar's written request, NSI will provide to Registrar all available information and assistance reasonably necessary for Registrar to defend such claim, provided that Registrar reimburses NSI for its actual and reasonable costs. Registrar will not enter into any settlement or compromise of any such indemnifiable claim without NSI's prior written consent, which consent shall not be unreasonably withheld. Registrar will pay any and all costs, damages, and expenses, including, but not limited to, reasonable attorneys' fees and costs awarded against or otherwise incurred by NSI in connection with or arising from any such indemnifiable claim, suit, action or proceeding.

6.17. Entire Agreement; Severability. This Agreement, which includes Exhibits A, B and C, constitutes the entire agreement between the Parties concerning the subject matter hereof and supersedes any prior agreements, representations, statements, negotiations, understandings, proposals or undertakings, oral or written, with respect to the subject matter expressly set forth herein. If any provision of this Agreement shall be held to be illegal, invalid or unenforceable, each Party agrees that such provision shall be enforced to the maximum extent permissible so as to effect the intent of the Parties, and the validity, legality and enforceability of the remaining provisions of this Agreement shall not in any way be affected or impaired thereby. If necessary to effect the intent of the Parties, the Parties shall negotiate in good faith to amend this Agreement to replace the unenforceable language with enforceable language that reflects such intent as closely as possible.

IN WITNESS WHEREOF, the Parties hereto have executed this Agreement as of the date set forth in the first paragraph hereof.

Network Solutions, Inc.

By:____________________

Name:____________________

Title:____________________

[Registrar]

By:____________________

Name:____________________

Title:____________________

Exhibit A

Registrar's Dispute Policy

[To be supplied from time to time by Registrar]

Exhibit B

Policy on Transfer of Sponsorship of Registrations Between Registrars

Registrar Requirements.

The registration agreement between each Registrar and its SLD holder shall include a provision explaining that an SLD holder will be prohibited from changing its Registrar during the first 60 days after initial registration of the
domain name with the Registrar. Beginning on the 61st day after the initial registration with the Registrar, the procedures for change in sponsoring registrar set forth in this policy shall apply. Enforcement shall be the responsibility of the Registrar sponsoring the domain name registration.

For each instance where an SLD holder wants to change its Registrar for an existing domain name (i.e., a domain name that appears in a particular top-level domain zone file), the gaining Registrar shall:

1) Obtain express authorization from an individual who has the apparent authority to legally bind the SLD holder (as reflected in the database of the losing Registrar).

a) The form of the authorization is at the discretion of each gaining Registrar.
b) The gaining Registrar shall retain a record of reliable evidence of the authorization.

2) In those instances when the Registrar of record is being changed simultaneously with a transfer of a domain name from one party to another, the gaining Registrar shall also obtain appropriate authorization for the transfer. Such authorization shall include, but not be limited to, one of the following:

a) A bilateral agreement between the parties.
b) The final determination of a binding dispute resolution body.
c) A court order.

3) Request, by the transmission of a "transfer" command as specified in the Registry Registrar Protocol, that the Registry database be changed to reflect the new Registrar.

a) Transmission of a "transfer" command constitutes a representation on the part of the gaining Registrar that:

(1) the requisite authorization has been obtained from the SLD holder listed in the database of the losing Registrar, and
(2) the losing Registrar will be provided with a copy of the authorization if and when requested.

In those instances when the Registrar of record denies the requested change of Registrar, the Registrar of record shall notify the prospective gaining Registrar that the request was denied and the reason for the denial.

Instances when the requested change of sponsoring Registrar may be denied include, but are not limited to:

1) Situations described in the Domain Name Dispute Resolution Policy
2) A pending bankruptcy of the SLD Holder
3) Dispute over the identity of the SLD Holder
4) Request to transfer sponsorship occurs within the first 60 days after the initial registration with the Registrar

In all cases, the losing Registrar shall respond to the e-mail notice regarding the "transfer" request within five (5) days. Failure to respond will result in a default "approval" of the "transfer."

Registry Requirements.

Upon receipt of the "transfer" command from the gaining Registrar, the Registry will transmit an e-mail notification to both Registrars.

The Registry shall complete the "transfer" if either:

1) the losing Registrar expressly "approves" the request, or
2) the Registry does not receive a response from the losing Registrar within five (5) days.

When the Registry's database has been updated to reflect the change to the gaining Registrar, the Registry will transmit an email notification to both Registrars.

Records of Registration.

Each SLD holder shall maintain its own records appropriate to document and prove the initial domain name registration date, regardless of the number of Registrars with which the SLD holder enters into a contract for registration services.

Exhibit C

CONFIDENTIALITY AGREEMENT

THIS CONFIDENTIALITY AGREEMENT is entered into by and between Network Solutions, Inc. ("NSI"), a Delaware corporation having its principal place of business in Herndon, VA, and ________________________, a
_________ corporation having its principal place of business in ________________ ("Registrar"), through their
authorized representatives, and takes effect on the date executed by the final party (the "Effective Date").

Under this Confidentiality Agreement ("Confidentiality Agreement"), the Parties intend to disclose to one another
information which they consider to be valuable, proprietary, and confidential.

NOW, THEREFORE, the parties agree as follows:

1. Confidential Information

1.1. "Confidential Information", as used in this Confidentiality Agreement, shall mean all information and materials including, without limitation, computer software, data, information, databases, protocols, reference implementation and documentation, and functional and interface specifications, provided by the disclosing party to the receiving party under this Confidentiality Agreement and marked or otherwise identified as Confidential, provided that if a communication is oral, the disclosing party will notify the receiving party in writing within 15 days of the disclosure.

2. Confidentiality Obligations

2.1. In consideration of the disclosure of Confidential Information, the Parties agree that:

(a) The receiving party shall treat as strictly confidential, and use all reasonable efforts to preserve the secrecy and confidentiality of, all Confidential Information received from the disclosing party, including implementing reasonable physical security measures and operating procedures.

(b) The receiving party shall make no disclosures whatsoever of any Confidential Information to others, provided however, that if the receiving party is a corporation, partnership, or similar entity, disclosure is permitted to the receiving party's officers, employees, contractors and agents who have a demonstrable need to know such Confidential Information, provided the receiving party shall advise such personnel of the confidential nature of the Confidential Information and of the procedures required to maintain the confidentiality thereof, and shall require them to acknowledge in writing that they have read, understand, and agree to be individually bound by the terms of this Confidentiality Agreement.

(c) The receiving party shall not modify or remove any Confidential legends and/or copyright notices appearing on any Confidential Information.

2.2. The receiving party's duties under this section (2) shall expire five (5) years after the information is received or earlier, upon written agreement of the Parties.

3. Restrictions On Use

3.1. The receiving party agrees that it will use any Confidential Information received under this Confidentiality Agreement solely for the purpose of providing domain name registration services as a registrar and for no other purposes whatsoever.

3.2. No commercial use rights or any licenses under any patent, patent application, copyright, trademark, know-how, trade secret, or any other NSI proprietary rights are granted by the disclosing party to the receiving party by this Confidentiality Agreement, or by any disclosure of any Confidential Information to the receiving party under this Confidentiality Agreement.

3.3. The receiving party agrees not to prepare any derivative works based on the Confidential Information.

3.4. The receiving party agrees that any Confidential Information which is in the form of computer software, data and/or databases shall be used on a computer system(s) that is owned or controlled by the receiving party.

4. Miscellaneous

4.1. This Confidentiality Agreement shall be governed by and construed in accordance with the laws of the Commonwealth of Virginia and all applicable federal laws. The Parties agree that, if a suit to enforce this Confidentiality Agreement is brought in the U.S. Federal District Court for the Eastern District of Virginia, they will be bound by any decision of the Court.

4.2. The obligations set forth in this Confidentiality Agreement shall be continuing, provided, however, that this Confidentiality Agreement imposes no obligation upon the Parties with respect to information that (a) is disclosed with the disclosing party's prior written approval; or (b) is or has entered the public domain through no fault of the receiving party; or (c) is known by the receiving party prior to the time of disclosure; or (d) is independently developed by the receiving party without use of the Confidential Information; or (e) is made generally available by the disclosing party without restriction on disclosure.

4.3. This Confidentiality Agreement may be terminated by either party upon breach by the other party of any its obligations hereunder and such breach is not cured within three (3) calendar days after the allegedly breaching party is notified by the disclosing party of the breach. In the event of any such termination for breach, all Confidential Information in the possession of the Parties shall be immediately returned to the disclosing party; the receiving party shall provide full voluntary disclosure to the disclosing party of any and all unauthorized disclosures and/or unauthorized uses of any Confidential Information; and the obligations of Sections 2 and 3 hereof shall survive such termination and remain in full force and effect. In the event that the Registrar License and Agreement between the Parties is terminated, the Parties shall immediately return all Confidential Information to the disclosing party and the receiving party shall remain subject to the obligations of Sections 2 and 3.

4.4. The terms and conditions of this Confidentiality Agreement shall inure to the benefit of the Parties and their successors and assigns. The Parties' obligations under this Confidentiality Agreement may not be assigned or delegated.

4.5. The Parties agree that they shall be entitled to seek all available legal and equitable remedies for the breach of this Confidentiality Agreement.

4.6. The terms and conditions of this Confidentiality Agreement may be modified only in a writing signed by NSI and Registrar.

4.7. EXCEPT AS MAY OTHERWISE BE SET FORTH IN A SIGNED, WRITTEN AGREEMENT BETWEEN THE PARTIES, THE PARTIES MAKE NO REPRESENTATIONS OR WARRANTIES, EXPRESSED OR IMPLIED, AS TO THE ACCURACY, COMPLETENESS, CONDITION, SUITABILITY, PERFORMANCE, FITNESS FOR A PARTICULAR PURPOSE, OR MERCHANTABILITY OF ANY CONFIDENTIAL INFORMATION, AND THE PARTIES SHALL HAVE NO LIABILITY WHATSOEVER TO ONE ANOTHER RESULTING FROM RECEIPT OR USE OF THE CONFIDENTIAL INFORMATION.

4.8. If any part of this Confidentiality Agreement is found invalid or unenforceable, such part shall be deemed stricken herefrom and the Parties agree: (a) to negotiate in good faith to amend this Confidentiality Agreement to achieve as nearly as legally possible the purpose or effect as the stricken part, and (b) that the remainder of this Confidentiality Agreement shall at all times remain in full force and effect.

4.9. This Confidentiality Agreement contains the entire understanding and agreement of the Parties relating to the subject matter hereof.

4.10. Any obligation imposed by this Confidentiality Agreement may be waived in writing by the disclosing party. Any such waiver shall have a one-time effect and shall not apply to any subsequent situation regardless of its similarity.

4.11. Neither Party has an obligation under this Confidentiality Agreement to purchase, sell, or license any service or item from the other Party.

4.12. The Parties do not intend that any agency or partnership relationship be created between them by this Confidentiality Agreement.

IN WITNESS WHEREOF, and intending to be legally bound, duly authorized representatives of NSI and Regis-trar
have executed this Confidentiality Agreement in Virginia on the dates indicated below.

("Registrar") Network Solutions, Inc. ("NSI")

By: ______________________ By: ______________________
Title: ______________________ Title: ______________________
Date: ______________________ Date: ______________________

Page modified 9-November-1999

Anlage 13. Überleitungsvertrag

ICANN-NSI Registrar Transition
Agreement

(Approved November 4, 1999)
(Signed November 10, 1999)
(Posted November 10, 1999)

On September 28, 1999, ICANN announced tentative agreement with the United States Department of Commerce and Network Solutions, Inc. on a series of agreements that will put the newly introduced competition among registrars in the .com, .net, and .org TLDs on a permanant and firmer footing. After written and oral public comments, these agreements were revised in several respects and were adopted by the ICANN Board on November 4, 1999.

One of these agreements is a transition agreement governing NSI-specific topics such as conversion of its legacy registrar business to conform with the requirements of the ICANN accreditation agreement. The text of the transition agreement appears below.

TRANSITION AGREEMENT

In connection and simultaneously with entry into a Registrar Accreditation Agreement ("Accreditation Agreement"), and as a condition of the effectiveness thereof, ICANN and NSI hereby agree as follows:

1. ICANN accepts NSI's application for accreditation, finds the application fully satisfactory, and agrees that it shall not at any time assert, for purposes of the Accreditation Agreement, that there was any material misrepresentation, material inaccuracy, or materially misleading statement in NSI's application for accreditation or any material accompanying the application.

2. It is recognized that the Whois lookup capability is currently generated by NSI from static database files and lags the Registry database in timeliness. NSI will complete the development of an interactive Whois capability providing near real-time-access to the database within six months after the date of the Accreditation Agreement.

3. NSI's obligation under Section II.J.4 of the Accreditation Agreement shall not become effective until four months after the date of the Accreditation Agreement, provided that Section II.J.4 shall immediately apply to any registration made at a price different from that prescribed by Cooperative Agreement #NCR 92-18742 as in effect immediately prior to Amendment 19 to that Cooperative Agreement. Within seven days after the date of the Accreditation Agreement, NSI shall: (a) issue a press release stating that it will be in full compliance with the obligations under Section II.J.4 no later than four months after the date of the Accreditation Agreement and (b) individually notify its channel partners to the same effect.

4. For so long as it is an ICANN-accredited registrar in the .com, .net, and .org TLDs, NSI will approve the on-going component of Registrar accreditation fees, as provided in Section II.L.2 of the Accreditation Agreement, if its portion thereof does not exceed $2,000,000 annually. NSI agrees to prepay $1,000,000 toward its share of the on-going component of its Registrar accreditation fees at the time of signing of the Accreditation Agreement.

5. For the ICANN fiscal year beginning July 1, 1999, NSI hereby approves the on-going component of Registrar accreditation fees as provided in the "Report and Recommendations on ICANN Permanent Funding Arrangements" of the President's Task Force on Funding and adopted by the ICANN Board on November 4, 1999.

6. In the case of actual conflict while they are both in effect, the term(s) of the Cooperative Agreement shall take precedence over this Agreement.

IN WITNESS WHEREOF, the parties hereto have caused this Agreement to be executed in duplicate by their duly authorized representatives.

INTERNET CORPORATION FOR ASSIGNED NAMES AND NUMBERS

By:___________________________
Michael M. Roberts
President and CEO

NETWORK SOLUTIONS, INC.

By:___________________________
Jonathan W. Emery
Senior Vice President, General
Counsel & Secretary

Page modified 10-November-1999

Anlage 14. DENIC-Registrierungsrichtlinien

DENIC-Registrierungsrichtlinien

Die DENIC eG registriert Internet-Domains unterhalb der deutschen Top Level Domain (TLD) .de. Sie tut dies ohne Gewinnerzielungsabsicht zum Nutzen aller am Internet Interessierten und befindet sich darin in Übereinstimmung mit den international anerkannten Standards für den Betrieb einer Länder-TLD-Registrierungsstelle.

I.

Registrierungsaufträge können entweder über einen Internet-Service-Provider, der DENIC-Mitglied ist (ISP), oder unmittelbar an die DENIC (DENICdirect) erteilt werden. Voraussetzung für die Bearbeitung ist in beiden Fällen, dass der Auftraggeber die nach diesen Richtlinien erforderlichen Angaben vollständig und zutreffend übermittelt und die gewünschte Domain den in diesen Richtlinien enthaltenen Vorgaben entspricht. Der Registrierungsvertrag kommt zwischen dem künftigen Domaininhaber und der DENIC erst durch die Registrierung zustande; für ihn gelten neben diesen Richtlinien die Registrierungsbedingungen der DENIC.

II. Eine Domain kann (neben der TLD .de) nur bestehen aus Ziffern (0 bis 9), Buchstaben des lateinischen Alphabets (A bis Z, also ohne Umlaute und andere Sonderbuchstaben) und Bindestrichen (-). Sie muss wenigstens einen Buchstaben enthalten und darf mit einem Bindestrich weder beginnen noch enden. Groß- und Kleinschreibung werden nicht unterschieden. Die Mindestlänge einer Domain beträgt drei, die Höchstlänge 63 Zeichen. Unzulässig als Domains sind die Namen anderer Top Level Domains (wie gegenwärtig z. B. arpa, com, edu, gov, int, net, nato, mil, org und sämtliche länderbezogenen TLDs) sowie deutsche Kfz-Kennzeichen. Die Einrichtung eigener Subdomains unterhalb der bei der DENIC registrierten Domain ist zulässig.

III. Der Domaininhaber (descr:) ist der Vertragspartner der DENIC und damit der an der Domain materiell Berechtigte. Sofern es sich nicht um eine natürliche Person handelt, ist bei Auftragserteilung die voll-ständige den gesetzlichen Vorschriften entsprechende Firmierung mit Rechtsformzusatz anzugeben. Ebenso muss die Anschrift mitgeteilt werden, wobei die Angabe einer Postfachadresse nicht ausreicht. Der administrative Ansprechpartner (admin-c) ist die vom Domaininhaber benannte natürliche Person, die als sein Bevollmächtigter berechtigt und verpflichtet ist, sämtliche die Domain betreffenden Angelegenheiten verbindlich zu entscheiden, und die damit den Ansprechpartner der DENIC darstellt. Anzugeben sind Name und Adresse des admin-c. Sofern der Domaininhaber seinen Sitz nicht in Deutschland hat, ist der admin-c zugleich dessen Zustellungsbevoll-mächtigter i. S. v. §§ 174 f. ZPO; er muss in diesem Falle seinerseits seinen Sitz in Deutschland haben und seine Straßenanschrift angeben. Der technische Ansprechpartner (tech-c) betreut die Domain in technischer Hinsicht. Für ihn sind Name, Anschrift, Telefon- und Telefaxnummer sowie E-Mail-Adresse anzugeben. Der Zonenverwalter (zone-c) betreut den oder die eigenen Nameserver des Domaininhabers und ist mit Name, Anschrift, Telefon- und Telefaxnummer sowie E-Mail-Adresse anzugeben. Sofern der Domaininhaber keine eigenen Nameserver delegiert, ist ein zone-c nicht erforderlich.

IV. Die DENIC nimmt die nach Ziffer III. erforderlichen Daten in die öffentliche DENIC-Datenbank (whois) auf und gibt sie im Rahmen des DENIC-Abfrageservice weiter, da dies technisch und rechtlich erforderlich ist. Wünscht der Auftraggeber die Veröffentlichung weiterer Telefon- und Telefaxnummern sowie E-Mail-Adressen, hat er diese ebenfalls anzugeben und ausdrücklich seine Zustimmung zur Veröffentlichung zu erteilen.

Anlage 15. DENIC-Registrierungsbedingungen

DENIC-Registrierungsbedingungen

§ 1 Geltungsbereich

Die Allgemeinen Geschäftsbedingungen gelten für den Registrie-rungsvertrag zwischen der DENIC Domain Verwaltungs- und Betriebsgesellschaft eG, Frankfurt am Main, (nachfolgend „DENIC") und dem Auftraggeber (nachfolgend „Kunde"). Der Kunde sendet den Registrierungsauftrag direkt oder über einen Internet Service Provider, der DENIC-Genosse ist, (nachfolgend „ISP") an die DENIC. Die DENIC nimmt den Auftrag durch Bestätigung oder Durchführung der Registrierung an.

§ 2 Aufgaben von DENIC

(1) Die DENIC registriert die Domain unter dem Top-Level .de., wenn die Domain nicht bereits für einen Dritten registriert ist. Die DENIC ist nicht verpflichtet zu prüfen, ob die Nutzung durch den Anmelder rechtmäßig ist. Bei offensichtlichen Rechtsverletzungen kann die DENIC die Registrierung verweigern.
(2) Die DENIC nimmt die Domain und deren technische Daten in ein öffentliches Register (whois) auf, das, ausgenommen der Wartungszeiten, mit dem Internet verbunden ist und in regelmäßigen Abständen zum Herunterladen zur Verfügung gestellt wird. Die Bereitstellung des Registers durch andere Betreiber ist nicht Bestandteil der DENIC-Leistung. (3) Die DENIC versieht eine Domain mit einem Dispute-Eintrag, wenn ein Dritter glaubhaft macht, dass er ein Recht auf die Domain hat und dieses gegenüber dem Domain-Inhaber geltend macht, vorausgesetzt, er stellt die DENIC und den ISP von möglichen Ansprüchen des Domain-Inhabers und Dritter frei. Der Dispute-Eintrag hat Wirkung für ein Jahr. Die DENIC verlängert auf Antrag den Dispute-Eintrag, wenn der Dritte nachweist, dass die Auseinandersetzung noch nicht abgeschlossen ist. Eine Domain, die mit einem Dispute-Eintrag versehen ist, kann vom Inhaber weiter genutzt, jedoch nicht übertragen werden.

§ 3 Pflichten des Kunden

(1) Der Kunde versichert, dass seine Angaben richtig sind und er zur Nutzung der Domain berechtigt ist, insbesondere, dass die Domain keine Rechte Dritter verletzt und nicht gegen allgemeine Gesetze verstößt. Hat er keine(n) Wohnsitz/Niederlassung in Deutschland, benennt er einen in Deutschland ansässigen Zustellungsbevollmächtigten als „admin-c". Jeder „admin-c" ist mit Zustellanschrift anzugeben.
(2) Der Kunde stellt die technischen Voraussetzungen zur Konnektierung der Domain sicher, prüft sofort nach Registrierung die Funktionsfähigkeit des Zugriffs im Internet und die unter <http://www.denic.de> veröffentlichten Angaben und teilt der DENIC oder dem ISP Änderungen hierzu jeweils unverzüglich mit.

§ 4 Vergütung

(1) Wird der Auftrag über einen ISP erteilt und kommt dieser seinen Domain-Zahlungsverpflichtungen gegenüber der DENIC nach, ruht die Vergütungspflicht des Kunden.
(2) Erfüllt der ISP seine Zahlungspflichten gegenüber der DENIC nicht, hat der Kunde die Registrierungsleistungen unmittelbar an die DENIC zu vergüten. Die Registrierungspreise und die Zahlungsfälligkeit ergeben sich aus der jeweils aktuellen DENIC-Preisliste, abrufbar unter <http://www.denic .de.... Die DENIC kann die Preise mit einer Ankündigungsfrist von zwei Monaten ändern.

§ 5 Haftung

(1) Die DENIC haftet nur für von ihr oder ihren Erfüllungsgehilfen grob fahrlässig oder vorsätzlich verursachte Schäden sowie bei verschuldeter Verletzung wesentlicher vertraglicher Hauptpflichten und bei Fehlen zugesicherter Eigenschaften. Der ISP ist nicht DENIC-Erfüllungsgehilfe.
(2) Bei leicht fahrlässiger Verletzung wesentlicher vertraglicher Hauptpflichten haftet die DENIC höchstens bis zum typischerweise vorhersehbaren Schaden, in der Regel bis zur Höhe einer Domain-Jahresvergütung.
(3) Der Kunde haftet für sämtliche Schäden, die der DENIC aufgrund fehlerhafter Registrierungsangaben entstehen.
(4) Der Kunde leistet der DENIC Ersatz für alle Schäden, die der DENIC durch die Inanspruchnahme Dritter wegen fehlender Berechti-gung des Kunden zur Nutzung der Domain entstehen und stellt die DENIC von allen Ansprüchen Dritter frei.

§ 6 ISP-Wechsel und Domain-Übertragung

(1) Bei Beendigung des ISP-Vertrags mit anschließender Selbstverwaltung durch den Kunden oder bei ISP-Wechsel gibt der Kunde selbst oder durch den neuen ISP den Auftrag, die Domain umzuregistrieren. Die DENIC nimmt die Umregistrierung vor, wenn der alte ISP der Freigabe nicht widerspricht oder der DENIC der Umregistrie-rungsauftrag des Kunden vorliegt.
(2) Die Domain ist übertragbar. Die DENIC überträgt die Domain an einen vom Kunden benannten Dritten, wenn der Kunde den Registrierungsvertrag kündigt und der Dritte einen Auftrag zur Registrierung erteilt. Die DENIC ist berechtigt, einen Registrierungsauftrag abzulehnen, solange ein Dritter ein Recht auf die Domain gegenüber der DENIC geltend macht (Dispute-Eintrag).

§ 7 Kündigung und Sperrung

(1) Der Vertrag wird auf unbestimmte Zeit geschlossen. Er kann vom Kunden - erstmals nach Ablauf des ersten Vertragsjahres - mit einer Frist von einem Monat zum Ende des Folgemonats gekündigt werden. Geleistete Vergütungen erstattet die DENIC nicht. Die Kündigung bedarf der Schriftform.

(2) Die DENIC kann den Vertrag ohne Einhaltung einer Frist aus wichtigem Grund kündigen, insbesondere wenn a) der Kunde wesentliche Vertragspflichten nachhaltig verletzt, z.B. nach Mahnung und Fristsetzung die fällige Vergütung nicht bezahlt oder
b) die Domain als solche rechtswidrig ist oder
c) der Kunde schriftlich und uneingeschränkt erklärt, er wolle die Domain nicht nutzen oder
d) in einem rechtskräftigen gerichtlichen Titel festgestellt ist, dass der Kunde nicht berechtigt ist, die Domain zu nutzen oder
e) der ISP des Kunden nach Mahnung und Fristsetzung eine fällige Domain-Vergütung nicht bezahlt oder die Domain nicht ordnungsgemäß verwaltet und der Kunde nach Aufforderung innerhalb einer Frist von einem Monat weder einen neuen ISP benennt noch der Weiterführung ohne ISP zustimmt oder
f) die Identität des Kunden aus den Registrierungsangaben nicht festgestellt werden kann oder
g) die Zustellung an den unter „admin-c" Genannten bei zwei aufeinander folgenden Versuchen scheitert, ohne dass die DENIC dies zu vertreten hat, oder
h) der Kunde nach Aufgabe seines Wohnsitzes/seiner Niederlassung in Deutschland nach Mahnung und Fristsetzung keinen Zustellungsbevollmächtigten in Deutschland als „admin-c" benennt oder
i) Domain-Daten falsch sind.

§ 8 Datenschutzhinweis

Der Kunde wird darauf hingewiesen, dass Namen und Anschriften des Domaininhabers sowie des administrativen und technischen Ansprechpartners und des Zonenverwalters, vom technischen Ansprechpartner und Zonenverwalter zudem die Telefon- und Telefaxnummer sowie die E-Mail-Adresse, im DENIC-Register (whois) veröffentlicht und im Rahmen des DENIC-Abfrageservices weitergegeben werden. Weitere Telefonnummern, Telefaxnummern sowie E-Mail-Adressen werden nur auf ausdrücklichen, schriftlich erklärten Wunsch des Kunden veröffentlicht und mitgeteilt.

§ 9 Rechtswahl und Gerichtsstand

Der Registrierungsvertrag unterliegt deutschem Recht. Für Kaufleute und Personen mit Wohnsitz oder gewöhnlichem Aufenthalt im Ausland ist Frankfurt am Main ausschließlicher Gerichtsstand für alle Ansprüche im Zusammenhang mit dem Vertrag. Die DENIC kann auch im allgemeinen Gerichtsstand des Kunden klagen.

FSC
www.fsc.org
MIX
Papier | Fördert
gute Waldnutzung
FSC® C083411

Kolibri 360 GmbH
Ferdinand-Jühlke-Straße 7
99095 Erfurt, Deutschland
produktsicherheit@kolibri360.de

Druck:
CPI Druckdienstleistungen GmbH
im Auftrag der
Kolibri 360 GmbH
Ferdinand-Jühlke-Str. 7
99095 Erfurt